譯註 我我錄
역주 아아록

• 譯註 我我錄 역주 아아록

• 찍은날 / 2016년 02월 22일
• 펴낸날 / 2016년 02월 29일
• 옮긴이 / 임병수, 이순구, 권윤수, 이성호, 김준은, 류명환
• 펴낸이 / 김경현
• 펴낸곳 / 도서출판 역사문화
• 서울시 성북구 정릉3동 716-21 태웅빌라 303호
• 등록번호 / 제 6-297호
• 전   화 / 02) 942-9717
• 팩   스 / 02) 942-9716
• 홈페이지 / http://www.ihc21.com
• 찍은곳 / 한영문화사

ISBN 9791186969267 93910
CIP 2016005467

값   35,000원

譯註 我我錄
역주 아아록

옮긴이 / 임병수, 이순구, 권윤수, 이성호, 김준은, 류명환

도서출판 역사문화

책을 펴내면서

『아아록』을 세상에 펴내면서 먼저 감사의 인사말부터 시작하고자 한다.

이 책을 처음 대한 1994년 우리들은 대학이나 대학원을 졸업했다고는 하지만 12명 모두의 역량을 다 모아도 일개 시골 서생에도 미치지 못하는 실력과 수준을 갖추고 있을 때였다. 강독을 시작하면서 부닥친 수많은 역사적 사실과 전고典故 및 경전經典들의 숲에서 헤맬 수밖에 없었다.

실력이 미치지 못하니 대안으로 선학先學들이 번역한 서적을 닥치는 대로 구입하여 참고할 도리밖에는 없었다. 그때 제일 먼저 구입한 책이 국역본『조선왕조실록』,『연려실기술』,『대동야승』,『성호사설』등등이었다. 또 당시 한국에서 나온 공구류인『고문헌용어해례古文獻用語解例』및 일본의『대한화사전大漢和辭典』과 중국의『중국인명대사전中國人名大辭典』(중주고적출판사中州古籍出版社),『한어대사전漢語大辭典』,『사원辭源』등을 구입하였다. 정말 몇 년 동안 닥치는 대로 책을 뒤지고 뒤지면서 남기제南紀濟가 서술한 내용의 의미와 근거를 찾기 위해서 노력하였다. 그 결과를 각주에 일일이 입력하면서 역주본의 틀이 조금씩 갖추어지기 시작하였다. 따라서 가장 먼저 선학들에게 감사의 말씀을 올리고자 한다.

당시 우리 공부방은 부산 부전시장의 인삼상가 2층에 자리하고 있었다. 여름철 한낮 시장통 골목에서 올라오는 열기와 습도와 그 냄새는 지금도 잊을 수가 없다. 어찌할 수 없는 가마솥더위를 고작 선풍기 몇 대로 견디던 고난의 시절이었다. 하지만 새벽부터 자신의 삶을 열어가면서 밤까지 땀 흘리며 일하는 그들의 모습이 우리에게는 채찍과도 같았다. 적어도 이들보다는 더 열심히 노력해서 부끄럽지는 않은 사람이 되어야 하겠다는 다짐이었다. 공부는 책으로만 하는 게 아니었다.

다음으로 감사의 말을 전할 사람은 『아아록』의 역주에 함께 동참한 인형仁兄들이다. 어려운 시기, 함께 동고동락하면서 서로 간에 지식과 배움을 주고받았다. 비록 끝까지 함께하지 못한 몇몇이 있지만 그때의 그 순수한 열정은 지금까지 생각만 해도 가슴을 훈훈하게 만든다. 평생 다시 만날 수 없는 즐겁고 행복했던 시절이었다. 감사드린다.

책을 내면서 정말 미흡한 부분이 많은 것도 사실이다. 하지만 부끄러움을 무릅쓰고 용기를 낸 것은 우리들의 공부를 한 단락 마무리 짓고자 하는 의미이다. 너무 오래 붙들고 있었기 때문이다. 이 책이 우리에게 다가온 것은 우연한 인연이었지만 책을 내는 것은 필연이라고 다짐하곤 했다. 내내 묵혀두던 원고가 마침 좋은 출판사를 만나서 20여 년의 기다림을 마무리 할 수 있게 되었다. 이제 시절인연이 도래한 것일까? 『아아록』이 우리 손을 떠날 때가 된 것 같다.

처음 역주를 함께 시작한 진상원, 이만형, 안병출, 김형규, 허승호, 공병돈님께 감사의 말을 전하고 건승을 빈다.

그리고,

다시 한번,

도움을 주신 모든 분께 고개 숙여 감사드린다.

2016년 2월 명륜서당에서
옮긴이들을 대표하여 이성호 올림

일러두기

1. 본 역주본의 저본은 『아아록』(아아록출판사, 1927)과 『정변아아록』(보문사, 1928) 및 필사본 『아아록』(『조선당쟁관계자료집 2』, 여강출판사, 1983)을 바탕으로 원문을 교감하여 사용하였다.

2. 이 책의 구성은 해제를 대신하여 논문 1편을 먼저 싣고, 이어 전문의 역주와 원문 교감본을 수록하는 방식을 택하였다. 논문은 한국사상문화학회의 학술지인 『한국사상과 문화』 제77집(2015)에 실린 이성호의 '남기제南紀濟의 『아아록我我錄』과 조선시대 정치사 인식'을 보완하고 수정한 것이다.

3. 역주본과 원문 교감본에서 각 작품의 순서는 『아아록』과 『정변아아록』에 수록된 순서에 의거하였다. 소제목은 원문 표기에 따랐으며, 원문 표기가 없을 경우에는 내용에 따라 붙였다.

4. 역주는 직역을 원칙으로 하였으며, 다만 문맥상 뜻을 잘 전달하기 위해서 의역을 하기도 하였다. 주석은 각주로 처리하였다. 역주문은 불필요한 한자표기를 줄이고 필요한 경우에는 옆에 작은 글씨로 병기하였다. 각주는 원문의 형태를 살리기 위해 한자의 경우 그대로 표기하였다. 교감 내용은 필요한 경우에만 각주로 표기하였다.

5. 맞춤법과 띄어쓰기는 한글 맞춤법과 표준어 규정을 따랐다.

6. 문장부호 및 인용문 표시는 다음과 같이 처리하였다.

    ( )　　: 원문에는 없는 내용이나 역주 상에 필요할 때 보충한 문구에 사용한다.

    [ ]　　: 원문의 주석 역주나 부연설명에 사용한다.

    『　』　: 책명을 표시한다.

「 」 ： 편명 표시 및 각주의 소제목에서 사용한다.

" " ： 대화내용 및 전거를 인용할 때 사용한다.

' ' ： 강조 부분이나 대화내용 안의 대화에 사용한다.

7. 국왕의 왕명과 연대는 병기하는 것을 원칙으로 하였다.

　예) 영조 46년(1770)

8. 이 책에 나오는『조선왕조실록』인용문의 출전은 국사편찬위원회(sillok.history.go.kr)
　에서 제공하는 번역본이고, 문집류 인용문의 출전은 한국고전번역원(www.itkc.or.kr)
　에서 제공하는 것이다.

9. 중국 경전의 출전은 中國哲學書電子化計劃(http://ctext.org/zh)에서 제공하는 원문
　이고, 역사서의 출전은 漢籍電子文獻資料庫(http://hanchi.ihp.sinica.edu.tw)에서 제공
　하는 원문이다.

차 례

제3편 용문문답 下龍門問答 下

제4편 십이사화十二士禍

제5편 병자사략丙子事略

校勘本

남기제南紀濟의 『아아록我我錄』과 조선시대 정치사 인식 - 삼강三綱 사건과 관련하여

이성호

I. 서론

조선은 성리학을 국시國是로 건국한 국가이다. 따라서 조선시대 정치사는 성리학 긍정론과 붕당론에 근거하여 해석하는 것이 타당하다고[1] 생각한다. 이는 영조대왕이 조선시대 중요 사안을 삼강三綱, 군사부일체君師父一體, 존주론尊周論의 원칙을 지킨 율곡학파 노론 중심으로 정리하는 것과도 관련이 된다.[2]

성리학에서 중시하는 삼강三綱은 군위신강君爲臣綱, 부위자강父爲子綱, 부위부강夫爲婦綱이다. 군위신강과 연결되는 대표적인 사건이 세조찬탈, 인목대비 폐모론, 장희빈 사건이다. 군사부일체론과 관련되는 사건은 회니시비懷尼是非이고, 존주론과 관련되는 사건은 병자호란이다. 따라서 영조대에 태어나 서인-노론으로 이어지는 학맥을 계승한 남기제南紀濟(1747~1813)의 『아아록』은[3] 이를 반영할 수밖에 없다는 점을 밝히고자

---

1) 지두환, 『태조대왕과 친인척』 등 왕실과 친인척 총 52권.
   지두환, 『조선시대 정치사 1·2·3』, 역사문화, 2013.
   지두환, 『왕실친인척과 조선정치사』, 역사문화, 2014.
   양웅열, 『조선의 왕비 가문』, 역사문화, 2014.
2) 지두환, 위의 책, 2013, 서문 참조.
3) 『아아록』(아아록출판사, 1927)과 『정변아아록』(보문사, 1928) 및 필사본 『아아록』(『조선당쟁관계자료집 2』, 여강출판사, 1983)을 참고하여 원문을 교감하여 사용하였다. 『정변아아록』은 「용문문답 상」, 「용문문답 하」, 「십이사화」로 구성되어 있고 '남기제 서'와 「병자사략」이 없으며, 『아아록』은 「용문문답」, 「십이사화」, 「병자사략」으로 구성되어 있다. 내용은 대동소이大同小異하고, 「병자사략」을 제외하고는 구성만 다르기 때문에 통칭하여 『아아록』이라고 하였다.

하는 것이 본 논문의 목적이다.

『아아록』은 중요한 당론서임에도 불구하고 그에 대한 연구는 정호훈의[4] 성과가 유일하다. 그는 이 책에 대해 서인-노론의 정치의식, '사士' 의식의 반영, '절의'의 강조, 일관된 '조선 정치사' 서술임을 밝히고 있다. 여기에다 신권 중심의 이론을 반영하였다고 해석하고 있다.[5] 이는 저자가 참조한 김준석의 연구에서도 확인할 수 있다.[6] 다만 그의 연구는 남기제 저술의 배경이 되는 가계와 학연에 대한 연구는 소홀한 점이 없지 않다. 또한 조선시대 전체를 관통하는 정치사의 원리에 대한 남기제의 인식이라는 부분은 추가할 필요가 있다고 생각되었다.

우선 그의 집안이 서인-노론의 핵심이 되는 이유를 의령남씨, 장수황씨, 덕수장씨와의 관계를 통해 검토하고자 한다. 이어서 5대조 남호학南好學과 김상용金尙容·장유張維 및 인선왕후와의 관계, 고조高祖인 남노성南老星과 그의 배필인 덕수이씨 집안과의 관계, 증조曾祖인 남택하南宅夏와 이재李縡·오두인吳斗寅과 명안공주明安公主 및 여흥민씨 가문과의 관계, 종조부인 남도규南道揆와 중종대왕의 후손과의 관계, 외조부인 기계유씨 유언길兪彦吉의 가문을 살펴보고자 한다. 이어 조부·부친·외조부 순으로 행적과 교유 관계를 검토하고자 한다.

저자의 스승인 김원행金元行은 안동김씨 출신으로 김상헌金尙憲-김수항金壽恒-김창집金昌集을 계승하고, 학문적으로는 김창협金昌協-이재李縡의 낙론洛論을 계승하는 학자였다. 남기제도 노론-낙론을 계승하는 학자로 이해될 수 있는데 그것이 그의 저술에 어떤 영향을 미치는지

---

4) 정호훈, 「『아아록我我錄』의 조선 정치사 서술과 인식 태도」『역사와 현실』 85, 2012.
5) 정호훈, 위의 논문, 73쪽.
6) 노론의 정치사상을 신권론의 성격을 지니고 있다고 파악하는 연구로는 김준석의 『조선후기 정치사상사 연구』(지식산업사, 2003)가 있다.

파악하고자 한다. 한편『아아록』저술의 계기도 스승인 김원행과의 관계
속에서 파악할 수 있는 단서도 검토하도록 하겠다.

II. 가계 및 학연

1. 가계

의령남씨는 조선의 개국공신인 남재南在(1351~1419)가 이름을 알렸
다. 그의 6세손이 남언경南彦經이다. 그의 자는 시보時甫, 호는 동강東岡이
며, 아버지는 영흥부사 치욱致勗이다. 서경덕의 문인이며, 조선시대 최초
로 양명학을 도입하는 인물이다.[7] 그는 서경덕의 기일원론적 입장에서
양명학을 수용하였기 때문에 율곡과 입장을 같이 했다고[8] 한다. 양명학을
숭상한다는 빌미로 탄핵을 받고 사직하여 양근楊根의 영천동靈川洞에
물러나 한거하다 67세로 별세하였다.

[의령남씨, 장수황씨, 덕수장씨][9]

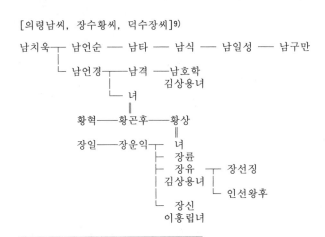

---

7) 윤남한,『조선시대의 양명학 연구』, 집문당, 1982.
8) 국사편찬위원회,『신편 한국사』35, 2002. '중국양명학과 조선양명학' 참조.
9) 양웅열, 앞의 책, 155쪽 참조.

남언경의 사위가 황곤후黃坤厚이고 그의 아들이 황상黃裳인데 그의 부인은 장운익張雲翼의 딸이다. 장운익의 아들은 장유張維이다. 이 때문에 남언경의 손자인 남호학이 장유와 동서지간이 될 수 있었을 것이다. 이는 남언경이 양명학자이고 장유 자신도 양명학자라는 점과10) 무관하지 않을 것이다. 장유는 북벌론의 수장 김상헌의 형님인 선원 김상용의 사위로서 월정 윤근수와 율곡의 수제자인 사계 김장생의 문인이 되어 율곡의 성리철학을 정통으로 이어받고 있었다.11) 이런 부분이 남호학南好學(1585~?)이 율곡 계열의 학문을 계승하게 되는 동기일 수가 있다.

남언경의 형은 남언순南彦純이고 그의 후손이 남구만이다. 그는 송준길의 문하에서 수학하였으며 소론의 영수이기도 하다. 같은 의령남씨에서 노론과 소론이 같이 분기하는 현상을 보이고 있다.

[의령남씨 남기제]12)

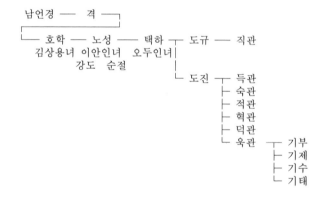

10) 지두환, 「계곡 장유의 생애와 사상: 조선양명학 성립과 관련하여」『태동고전연구』7, 1991.
11) 국사편찬위원회, 앞의 책.
12) 양웅열, 앞의 책, 249쪽 참조.

남기제의 고조高祖는 남노성南老星(1603~1667)이고, 5대조는 남호학
이다. 남호학의 자는 학안學顔이다. 남호학의 부인이 바로 선원 김상용金
尙容(1561~1637)의 맏딸이다. 선원의 둘째 딸은 계곡 장유張維에게 시집
갔다. 따라서 남노성의 외조부는 김상용이 되고 이모부가 계곡 장유가
된다. 계곡 장유의 딸인 인선왕후는 남노성과 이종사촌이 된다. 남호학을
곡한 두 수의 시에서 장유의 생각을 알 수 있는데 그가 장원급제하였음과
자신과 같은 집안에 사위로 왔음을 밝히고 있다. 또 일찍 별세함은 안타깝
지만 집에 훌륭한 아들이 남아 있다고 위로한다.13) 김상용도 자신의
사위를 위해서 만사를 지어서 학안이 50살도 되지 않아 별세하였음을
애석해하고 있다.14)

[안동김씨 김상용]15)

```
김극효┬ 김상용 ┬ 녀 ── 남노성 ── 남택하
      │      │ 남호학
      │      │
      │      └ 녀 ──인선왕후
      │       장유
      │
      └ 김상헌 ─김광찬 ── 김수항
```

김상용은 강화도가 함락될 당시 순절하게 되는데, 그의 동생이 척화파
의 거두인 김상헌이다. 김상용의 순절에 대해서『아아록』은 권순장權順
長·김익겸金益兼도 함께 동반하였다고16) 언급하고 있다. 김상용이 순절
할 때 남노성의 부인 덕수이씨德水李氏도 함께 순절하고 있다. 남노성의
어머니는 김상용의 딸로서 아들이 심양에 가기 전에 외조부 김상용의

---

13)『계곡집』권29, 哭南司禦學顔 二首.
14)『선원유고』상, 南司禦學顔挽.
15) 양웅열, 앞의 책, 180쪽 참조.
16)『아아록』권1, 용문문답.

묘소를 참배하려고 하자 막고 있다.[17] 이때가 인조 19년(1641)으로서 병자호란의 상처가 아물지 않았을 뿐더러 적개심이 남아 있는 상황이기 때문에 더욱 조심스러웠을 것이다.

[덕수이씨 이안인][18]

```
이추 ┬ 이의석 ── 이천 ── 이원수 ── 이이
     │
     └ 이의무 ┬ 이기
              │
              └ 이행 ── 이원정 ── 이형 ── 이안인 ── 녀
                                                    남노성
```

고조비 덕수이씨는 율곡 집안으로 부친은 이안인李安訒, 조부는 이형李洞, 증조부는 이원정李元禎으로 이형李洞이 율곡栗谷과 삼종형제三從兄弟가 되고 있다.[19] 노성의 부인은 이안인李安訒(1567~1639)의 딸이다. 학문뿐만 아니라 집안으로 율곡과 연결되다는 점은 이후 서인-노론의 행보를 자연스럽게 걷게 되는 배경이라고 할 수 있다. 남노성의 아들인 남택하와 송시열과의 연관성을 보여주는 대목이 『아아록』에 있다.[20] 남택하가 송시열에게 서신으로 물은 내용은 『송자대전』에서 확인된다.[21]

---

17) 『인조실록』 인조 19년 4월 11일(병진).
18) 지두환, 『조선시대 정치사 1』, 259쪽 참조.
19) 『송자대전』 권174, 斂樞李公墓碣銘 幷序. "考諱洞 進士壯元 贈吏曹參判 與栗谷先生實爲三從兄弟"
20) 『아아록』 권3, 병자사략. "仁王山石璧中 得一 砂缸 中有成公神主 及成公外孫婦神主 時余之曾王考 書問于宋尤齋"
21) 『송자대전』 권142, 洪州魯恩洞遷奉成先生神主記.

[해주오씨 오두인]22)

```
오두인┬ 관주 ─계)완
     │
     ├ 태주 ─계)원
     │현종부마 권정성녀
     │명안공주 권상하손
     │
     ├ 진주
     │김창협녀
     │
     ├ 녀
     │ 남택하
     │
     ├ 녀
     │ 김창열
     │
     └ 녀
        이재
```

[의령남씨 남택하, 여흥민씨 민승수]23)

```
호학 ── 노성 ──── 택하 ┬ 도규 ── 직관 ── 녀
                오두인녀└ 녀          김시묵
                          ‖
민광훈 ┬ 시중 ── 진하 ── 승수
      │
      └ 유중 ── 진후 ── 우수
```

　남기제의 증조曾祖인 남택하南宅夏의 부인은 해주오씨 오두인吳斗寅 (1624~1689)의 딸이다. 오두인은 1689년 인현왕후 민씨가 폐위되자 이세화李世華·박태보朴泰輔와 함께 이에 반대하는 소를 올려 국문을 받고 의주로 유배되는 도중 파주에서 죽었다. 오두인이 이렇게 상소를 올리는 이유는 그의 아들인 오태주吳泰周(1668~1716)가 현종의 3녀인 명안공주明安公主(1665~1687)의 부마이기 때문이다.24) 남택하의 부인 과 현종의 딸인 명안공주는 시누·올케 사이가 된다. 따라서 남택하에게

---

22) 양웅열, 앞의 책, 292쪽 참조.
23) 양웅열, 앞의 책, 246쪽 참조.
24) 지두환, 『조선시대 정치사 2』, 210쪽.

명안공주는 처남댁이 된다. 오두인의 다른 아들인 오진주吳晉周는 김창협의 딸과 혼인하는데 그녀 역시 남택하에게 처남댁이 된다. 남택하의 동서로는 도암 이재李縡(1680~1746)가 눈에 띈다. 그는 영조의 탕평책蕩平策에 반대한 노론老論 준론峻論의 대표적 인물로, 호락논쟁湖洛論爭 당시 낙론洛論을 주창하였으며 김창협金昌協의 문인으로 학맥을 계승하고 있다. 남택하의 또 다른 동서로 김창열이 있는데 그는 김수흥金壽興의 아들이다.

[전주이씨, 중종대왕]25)

```
중종대왕
 ‖
창빈안씨 ┬ 영양군 거 ─ 홍녕군 수전 ─ 풍해군 호 ─ 능봉군 칭 ─ 중번 ─ 녀
안탄대녀 │   안세형녀           (개명 漕)                    남도규
         │
         ├ 덕흥대원군 초 ─ 선조대왕
         │
         └ 정신옹주
```

종조부從祖父인 남도규南道揆(1662~1741)는 대사간을 역임하였으며, 종실 출신 중번重蕃의 딸과 혼인을 하고 있다. 중번重蕃은 풍해군의 손자이고, 풍해군은 홍녕군興寧君의 아들이자 영양군의 손자이고 중종대왕의 후손이다. 홍녕군興寧君은 당시 왕위 계승이 논의될 정도의 위치에 있었다.26) 조부祖父인 남도규南道振(1674~1735)는 경학經學으로 감역봉사監役奉事에 천거되었으나 벼슬에 나가지 않았다. 아마 학문에 전념하기 위한 것인 듯하다. 하지만 이 때문인지 조부 이후에는 현달하는 관직에

---

25) 지두환, 『중종대왕과 친인척』, 역사문화, 2001.
26) 『사계전서』 권9, 松江鄭文淸公澈行錄. "갑신년(1584, 선조17)에 송언신宋言愼이 전라 순무어사로서 나주에 이르러 기효증奇孝曾에게 말하기를 '당초 서인의 뜻은 홍녕군興寧君에게 있었지 금상今上에게 있지 않았다.' 하여, 그 말이 지극히 흉악하였다."

나가는 인물을 배출하지 못한 것으로 보인다.

[기계유씨 유계]27)

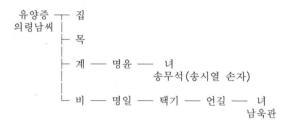

부친인 남욱관南彧寬(1723~1755)의 자字는 계문季文이며, 부인은 기계유씨杞溪兪氏로 진사進士인 유언길兪彦吉의 딸이다. 유언길의 자는 태중泰仲이고, 진사進士에 입격하였다. 그는 유택기兪宅基의 아들이자, 유명일兪命一의 손자이고, 유비兪棐의 증손자이다. 시남市南 유계兪棨(1607~1664)에게는 종증손從曾孫이 된다. 시남 유계는 송시열과 정치적 입장을 함께하는 노론의 거두였다. 남기제는 시남 유계와 외가 쪽으로 연결되고 있다는 점에서 의미가 있다.

2. 학연

남기제의 학연은 먼저 안동김씨와의 관계를 확인할 필요가 있다. 김상헌이 남기제의 5대조인 남호학南好學을 위해서 「곡남사어학안哭南司禦學顔」을28) 짓고 있다. 그 글에서 '매주강한입영천買舟江漢入靈川'라고 하여 남호학의 장지葬地가 영천靈川임을 밝히고 있다. 영천靈川은 양근楊根에 있는 영천동靈川洞으로, 의령남씨의 세거지世居地이다. 학안學顔는 남호

---

27) 지두환, 『숙종대왕과 친인척』, 역사문화, 2009.
28) 『청음집』 권6, 哭南司禦學顔. "淵源岡老花潭出 文學寧陽石壁傳 爭說白眉鍾兩美 更看彤管協雙全 小魁星落天文暗 偏老親傷道路怜 丹旐素車何日返 買舟江漢入靈川"

학의 자이다. 그는 광해군 4년(1612)의 식년시에 급제하였다. 김상용의
아들인 김광현金光炫도 남학안에 대해서 시를 보내고 있다.[29]

남기제의 스승인 미호 김원행金元行(1702~1772)이 남기제에게 보낸
시가 있다.[30] 제목이 '증남기제정해贈南紀濟丁亥'라는 점에서 정해년에
보낸 것임을 알 수 있다. 정해년은 영조 43년(1767)으로 남기제가 21세이
고, 미호가 66세일 때이다. 미호가 21세의 청년에게 학문의 근거지인
미원서원迷源書院에 학문의 유풍이 남아 있으니 뒷일을 잘 부탁한다고
당부하고 있다. 미원서원이 양근의 의령남씨 세거지에 있다는 점도 의미
가 있다고 생각된다. 미원서원은 현종 2년(1661) 지방 유림의 공의로
조광조趙光祖와 김식金湜의 학문과 덕행을 추모하기 위해 창건하여 위패
를 모셨으며, 1668년 김육金堉, 1694년 남언경南彦經, 1734년 이제신李
濟臣을 모시게 되었다. 또 정조 16년(1792)에는 삼연三淵 김창흡金昌翕
(1653~1722)이 양근의 미원서원에 배향된다.

김원행金元行은 가계로는 김상헌金尙憲-김수항金壽恒-김창집金昌集[31]
을 계승하고, 학문적으로는 김창협金昌協-이재李縡의 낙론洛論을 계승하
는 학자였다. 앞에서 보았듯이 의령남씨와 안동김씨는 대대로 연계를
맺고 있다는 점에서 김창흡이 미원서원에 배향된 것이 남기제에게는
의미가 깊었을 것이다. 이들 두 가문은 김상용-남노성, 남택하-김창협을
통해서 집안끼리도 연결되는 상황이고, 김원행-남기제를 통해서 학문적
으로도 연결되는 상황이다. 한편 남택하-이재 및 김창협-이재를 통해서

---

29) 『수북유고』 권3, 與南司禦學顔. "經旬風雨阻參尋 草入柴門路欲深 相憶幾時靑眼
    對 晩來詩句費孤吟"
30) 『미호집』 권1, 詩, 贈南紀濟 丁亥. "誰謂生晩 詠歌虞唐 誰謂苦飢 有水洋洋 迷
    源之曲 先正有躅 遺風不遠 與子歸託"
31) 김원행의 친부는 제겸濟謙인데, 당숙인 숭겸崇謙에게 입양되어 종조부 창협昌
    協의 손자가 되었다. 친조부는 창집昌集이다.

가맥家脈과 학맥學脈이 동시에 연결되고 있다. 결국 남기제에게 집안의 전통과 노론老論-낙론洛論의 정수가 모이고 있다.

한편 남기제의 학문을 짐작할 수 있는 부분은 화서 이항로李恒老(1792~1868)의 기록에서 확인할 수 있다. 이항로가 9세 때 조부인 이성복李聖復과 교유하던 남기제와 주기主氣와 주리主理에 대해서 담론한 것을 언급한 기록이 있다.[32] 남기제는 주기主氣를 주장하고 이항로는 주리主理를 주장하고 있다. 이항로가 9세이면 1800년경으로 남기제는 50대 중반의 장년일 무렵이다. 또 이항로의 기억에 남기제가 조부의 우인 중에서 가장 연장자였기 때문에 명단 중에서 가장 앞에 기록하고 있는 내용도[33] 있다. 남기제가 미호에게 학문적인 질문을 한 것에 대한 미호의 답장이 남아 있다.[34]

앞에서 보았듯이 미호가 남기제에게 시를 보낸 게 1767년이고 미호가 졸하는 게 1772년이다. 1767년이면 남기제가 21살이고 1772년이면 26살이 된다. 이를 참고하면 미호가 남기제의 질문에 답하는 편지는 이 사이에 있었던 사실로 판단된다. 그 내용은 공부의 순서에 관한 것이라고 할 수 있다. 남기제의 학문하는 자세를 칭찬하고 있지만 '성명性命'이나 '성性과 천도天道'에 대해서는 아직 성급하게 접근하지 말라는 뜻이다. 그리고 그 공부 방법은 '하학下學'한 이후에 '상달上達'하라는 것이다.

32) 『화서선생문집』 부록 권9, 年譜, 庚申先生九歲.
33) 『화서선생문집』 권28, 皇考友鹿軒府君遺事.
34) 『미호집』 권12, 書, 答南紀濟. "前後所扣疑義 足見賢者向道之勇 令人甚喜 然其所問 無非性命精微之極致 顧此空疎 何足與聞 雖在左右 亦恐未若先就小大學論孟諸書 涵養體認 循序漸進 一以下學人事爲本 眞積力久 將來自不患於不上達矣 近見湖中諸少讀書 纔通文義 幸有些子聰明 便奮筆說性說命 論巍塘是非 本之則不啻未逮 心常病之 不願吾黨之爲此也 且觀論語 聖門所以爲敎 開口只說孝悌忠信求仁克己之工 於性與天道則盖罕及也 雖以子貢之穎悟 亦歎其未聞 則學者入道之次第 可知也 然旣被盛問 豈容無對 而竊念此事非可以一時筆說 容易說殺而止者 異時或蒙一來 從容講論爲未晚 少俟之如何"

또 김원행이 걱정한 것은 '외당시비巍塘是非'에 대해서 함부로 논하지 말라는 것이었다. '외당시비巍塘是非'는 외암巍巖 이간李柬과 남당南塘 한원진韓元震 사이의 논쟁을 말하는 것으로 역시 호락논쟁이다. 이간은 인물성동론을 주장한 대표적인 학자였다.

그의 『아아록』 저술은 시비是非와 사정邪正을 구분하고, 붕당이 나누어진 상황과 사화에서 일어난 일을 대략 기록하는 것이 목적이었다.[35] 또 『아아록』이라고 이름하게 된 연유는 '지아죄아知我罪我'[36]의 뜻이라고 하였다.[37] 『맹자』에서 말하는 공자의 '나를 알아주는 것도 춘추요, 나를 죄줄 수 있는 것도 춘추'라는 뜻을 표현한 것이다.

남기제가 『아아록』을 저술한 시기는 '금상今上'이란 표현에서 알 수 있듯이 영조대였다. 정확한 시기는 「용문문답」의 서문에 해당하는 내용 중에서 파악할 수 있는데 갑오년임을 알 수 있다.[38] 갑오년은 영조 50년(1774)이다. 이때는 남기제의 나이가 28세일 때다. 그런데 이 해는 스승인 김원행이 1772년에 돌아간 지 만 2년이 지난 후이다. 심상心喪 삼년三年을 치른 직후이기 때문에 스승을 기리면서 헌정한 것으로 볼 수 있다. 이런 자부심은 남기제가 직접 남긴 『아아록』의 서문에서 표현하였듯이[39] 노론 중심의 당론을 바탕으로 우리나라 역사서를 쓰고자 하는 목적이었을 것이다.

---

35) 『아아록』 남기제 서. "是非之分 邪正之卞 或不明於世 作之史者 莫知所措而擇 之 故余以是之懼 畧記朋黨之分 士禍之起 名之曰 我我"
36) 『맹자』 권6, 「등문공 하」. "孔子懼 作春秋 春秋 天子之事也 是故 孔子曰知我者 其惟春秋乎 罪我者 其惟春秋乎"
37) 『아아록』 남기제 서. "愚安敢擬之於知我罪我之義也 其於鬼神在上 焉敢誣也之 戒 吾不爲之辭也 後之史氏 無以人貶言也"
38) 『아아록』 권1, 용문문답. "甲午之歲 余遊於龍門 適四色同會"
39) 『아아록』 남기제 서. "近見吾黨之士 能知中國事者多 明言我國事者少 盖務於遠 而忽於近之病也"

III. 정치사 인식

1. 용문문답[40]

「용문문답」의 서술은 기축옥사에서 시작해서 노소분당을 거쳐 마지막에 동서분당으로 연결하고 있다.[41] 기축옥사를 동서 대립의 출발점이라고 인식하고 있다는 것이 특이 사항이기는[42] 하지만 이미 남인의 당론서인 『동소만록』에서도 당쟁의 시작과 서인 분열을 기축옥사에서부터 시작하고 있었던 점이[43] 참고가 된다.

기축옥사에 대한 논쟁점은 최영경과 이발의 죽음,[44] 정철과[45] 최영경·정인홍의 역할,[46] 유성룡[47] 및 홍여순의 책임론이다.[48] 하지만 남기제가 생각하기에 기축옥사가 중요한 이유가 따로 있었다.[49] 기축옥사 이후 송강 정철이 축출되고, 결국 이것이 왕위계승 문제인 건저의建儲議와

---

40) 「용문문답」에는 기축옥사(1589), 경신환국(1680), 임술삼고변(1682), 기해예송(1659), 갑인예송(1674), 기사환국(1689), 회니시비, 신임사화, 동서분당이 포함되어 있다.
41) 『아아록』 권1, 용문문답. "始自己丑 東西之戰 轉至宋尹 老少之分 末復合爲沈金各立之由"
42) 정호훈, 앞의 논문, 54쪽.
43) 원재린, 「동소만록桐巢漫錄에 반영된 남하정南夏正의 정국인식」, 『역사와 현실』 85, 2012, 88쪽.
44) 『아아록』 권1, 용문문답. "至於己丑之獄 崔三峰永慶之死 李潑兄弟 及九十老母 八歲弱子之死 至今東人寃之"
45) 우인수, 「조선 선조대 남북 분당과 내암 정인홍」, 『역사와 경계』 81, 2011, 207쪽.
46) 『아아록』 권1, 용문문답. "崔三峰 初有孝友淸修之名 牛溪 亦有淸風滿袖之許也 後爲沉染於仁弘輩 有鄭澈朴淳 可梟首之論 及己丑獄起"
47) 『아아록』 권1, 용문문답. "柳西崖成龍 當其委官 不敢出一言而救之"
48) 『아아록』 권1, 용문문답. "時洪汝諄 在金吾 自恐歸罪於己 不問言根出處 惟以嚴加酷刑 又說梁千頃妻從兄奇孝曾 誘說千頃曰 永慶吉三峯之說 歸之松江 然後可以得生 千頃不勝栲掠 誣引松江 二月遞相 閏三月罷職 五月削黜 六月竄江界 是年則辛卯年也 此非松江之所殺 乃洪汝諄之所殺也"
49) 『정변아아록』 권1, 용문문답 상. "自此松江不得於朝 而山海所以乘機攻西 至有辛卯之禍者也 及光海之立 大惡山海 故山海亦懼 乃付仁弘爾瞻輩 投合廢母之事 其實與仁瞻一而二也"

국모를 폐위시킨 폐모론廢母論으로 연결되었다고 생각하고 있다. 삼강 중에서 가장 중요한 효를 다룬 부위자강父爲子綱을 어긴 폐모론과 연결되었다는 점을 인식하고 있는 것이다.

경신환국에 대해, 남기제는 남인들이 복제 개정에 관한 고묘 논의를 내어 예론으로 송시열을 죽이고, 국모에게 까지 피해가 미친 것은 허적이 사주한 것이라고 생각하고50) 있다. 이에 대해 남인은 허적의 죄가 없지는 않지만 모역까지는 아니라고51) 한다. 남기제는 허적은 제외하고 유혁연의 경우는 억울한 부분이 있다고 인정한다.52)53) 하지만 결론적으로 경신환국에 대한 남기제의 인식은 장희빈張禧嬪과 관련된 부위부강夫爲婦綱을 거스르는 것으로 이해하고 있다.

임술고변의 논쟁점은 송시열이 김익훈을 도운 것에 관한54)55) 타당성 여부이다.56) 하지만 남기제의 인식은 임술고변 뿐만 아니라 기사환국과 이인좌의 난까지 모두 남인의 잘못이고, 기사환국과 예송을 일으켜 송시열을 죽이고 인현왕후를 폐출하게 되었다고57) 한다. 결국 남기제는 임술

---

50) 『아아록』 권1, 용문문답. "遂使鄭之虎 發告廟之議 以禮論殺尤翁 則光城以下次 第就戮 而及於國母計也 此莫非堅之嗾 其父而使之也"
51) 『아아록』 권1, 용문문답. "吾豈以社相謂之斷然無罪也 但其謀逆云云 則以爲非公 案矣 今聞子之說 稍解前日之所疑矣"
52) 『아아록』 권1, 용문문답. "若徒知體府之果爲大義 而設者 而不知 其中別有陰秘 之逆謀 則赫然之死 果冤矣"
53) 근래의 연구에서도 이를 확인할 수 있다. 김우철, 「유혁연의 대흥산성 경영과 경신환국」 『한국인물사연구』 20, 2013, 29쪽.
54) 『아아록』 권1, 용문문답. "金益勳之事 子亦知之其非耶 尤庵之前攻後扶 中間變 論之由 子可詳言之乎"
55) 이 때문에 서인이 분열되었다고 할 수 있다. 이희환, 「임술고변과 서인의 분 열」 『전북대 인문논총』 21, 1991.
56) 『아아록』 권1, 용문문답. "時少輩以爲長者亦有偏私 變其初見 伸救益勳 吳道一 趙持謙韓泰東輩 自是各立 是謂少論之一派也"
57) 『아아록』 권1, 용문문답. "非但至壬戌 至己巳戊申 而皆南人之罪也 子所云云之 君子 如許穆尹鑴尹善道輩 首起己巳禮訟 搏殺尤翁 其徒權大運睦來善閔黯等 暗 結熙載 釀出廢母之議"

고변이 인현왕후의 폐모론과 연결된 것으로 인식하고 있다.

기해예송에 대한 논쟁점은 사대부가士大夫家와 제왕가帝王家의 의례에 관한 것이다.58)59) 이는 왕자례부동사서王子禮不同士庶의 입장과 천하동례 天下同禮의 입장 차이일60) 것이다. 갑인예송에서 남기제는 원객과의 대담 형식을 탈피하고 예론 자체를 간단하게 언급하고 결론적으로 기사환국에 서 송시열이 죽은 원인이었다고 언급하고61) 있다.

기사환국에 대해서 남기제는 원객과의 대담 형식을 탈피하고 혼자서 논리를 주장한다. 그는 인현왕후에게 경사가 있어야 함이 우선이고,62) 이는 송시열의 논리라고63) 하였다. 또 남인들은 경신환국의 보복으로 김만기, 김석주를 추삭하고 율곡 이이와 우계 성혼을 출향하였다고64) 한다. 그러면서 결국 기사년에서 갑술년까지 남인의 마음은 인현왕후에 게 불리하였고, 갑술년에서 신사년까지 소론의 마음이 또 인현왕후에게 불리하였고 신축년에 이르러 극심하였다고65) 한다. 앞에서 예송에 대해 서 언급하였지만 남기제는 기사환국에서 또 예송을 언급하고 있다. 앞의 예송에 대한 인식에 추가하여, 예송은 왕위계승의 문제이면서도 인현왕 후에 대한 폐모론으로 인식하고 있다. '자식답지 못하고', '신하답지 못하

---

58) 『아아록』 권1, 용문문답. "士大夫家禮 與帝王之家有異"
59) 『아아록』 권1, 용문문답. "帝王與士大夫之禮 誠有不同者 然 禮曰 父子姑婦之義 無貴賤一也"
60) 지두환, 「조선후기 예송연구」 『부대사학』 11, 1987.
61) 『아아록』 권1, 용문문답. "鑴黨之穆與善道 唾手於前 絅及宇遠 鼓煽於後 假托禮 論 搆担善類 末乃釀成 己巳之變 可勝痛哉"
62) 『아아록』 권1, 용문문답. "時中宮 春秋鼎盛 則此論之發 豈不太遽乎 元子誕降之 辰 卽國本已定之日也 國本之定不定 豈在於位號之定不定也 正后有慶 先事周詳 之慮 古今不易之論也"
63) 『아아록』 권1, 용문문답. "尤翁亦上疏言之 此固義理之當然也"
64) 『아아록』 권1, 용문문답. "伸雪庚申之獄 而光城淸城 次第追削 栗牛兩賢 亦被黜享"
65) 『아아록』 권1, 용문문답. "自己巳 至甲戌 南人之心 不利於仁顯 自甲戌 至辛巳 少論之心 又不利於仁顯 以至于辛丑而極矣"

고', '스승을 배신하는' 것은 바로 부위자강父爲子綱, 군위신강君爲臣綱, 군사부일체君師父一體에 위배된다고[66] 생각한 것이다.

회니시비에 대한 상충점은 윤선거의 훼절과 윤휴와의 절교 문제,[67] 예론,[68] 윤선거의 묘갈문,[69] 『가례원류』에 관한 문제,[70] 박세당의 『사변록』에 관한 문제였다.[71] 하지만 남기제는 회니시비에 대해 결론적으로 세 가지를 중요하게 인식한다. 아버지의 잘못을 감추고자 하였으나 도리어 그 아버지의 악행을 드러내어 만세의 사람들이 알지 못함이 없도록 하였으니 불효한 것이 첫 번째 죄라고 하였다. 스승을 배반하고 남의 손을 빌어 그를 죽였으며, 모두가 존숭하는 주자와 율곡을 무욕하였으니 두 번째 죄라고 하였다. 인현왕후에게 이롭지 못하게 한 불충이 세 번째 죄라고 하였다.[72]

이어서 신임사화에 대해서도 남기제는 윤증이 단서를 열었다고 생각하는데 소론이 기사환국 이후에 남인과 연결되고 장희재와 부합하였기

---

66) 『정변아아록』 권1, 용문문답 상. "自己巳 至甲戌 南人之心 不利於仁顯 自甲戌 至辛巳 少論之心 又不利於仁顯 以至于辛丑而盡矣 其時事 尙忍言哉 黨此之時 子不爲子 臣不爲臣 則雖四十年 父事之師 一朝背之 何足怪哉 然尼尹之背師 亦 出於南人之所使"

67) 『아아록』 권1, 용문문답. "宣擧厲聲曰 豈可以爲黑爲陰 而不絶其人乎 尤翁喜曰 從此洒然矣"

68) 『아아록』 권1, 용문문답. "己庚禮論之起也 鑴主三年之論 首發 貳宗卑主之說 穆 與善道 祖述其餘 宣擧亦有厚情於鑴 知其危險之心 昭不可掩 而常加庇護 一時 士類 亦疑其曲爲鑴地"

69) 『아아록』 권1, 용문문답. "宣擧之死 在於己酉 而其後五年 癸丑 始呈擬書 請其 墓碣 則拯之意 亦可知矣 尤翁於此 旣知宣擧平日言行 皆是假飾 則其於墓文 豈 有贊揚之義哉"

70) 『아아록』 권1, 용문문답. "背其一師而不足 又奪其一師之書 兪市南棨 亦拯之師 事者也 市南之歿也 仍奪其所著 家禮源流 以作其父之書"

71) 『아아록』 권1, 용문문답. "朴世堂 思卞錄 專爲侵斥朱子之書也 拯也俯首聽講 乃 蒙弁卷之屬"

72) 『아아록』 권1, 용문문답. "欲掩其父之過 而反彰其父惡使 萬世人人 無不知之 其 不孝之罪一也 背其師 而假手殺之 並與所尊者 朱子 栗谷 而譏侮不暇 其不悌之 罪二也 樹黨引類 暗結希載 初使南九萬 柳尙運 尹趾完輩 不利於仁顯 末乃使 輝耈鏡夢輩 沮戱國本 其不忠之罪三也"

때문이라고 것이다.[73] 또 하나의 논쟁점은 경종의 질병과 대리청정의 문제였다.[74] 그러면서 결론적으로 이는 영조에 대한 역모이자 경종에 대한 역모라고 여기게 된다. 이것이 신임사화를 이루고 또 이인좌의 난과 나주괘서 사건을 일으켰다고 보며, 이들은 윤증 문하라고 보았다.[75]

「용문문답」의 마지막은 동서분당이다. 마지막을 동서분당으로 설정한 이유는 소북小北과 영창대군의 문제와[76] 이준경에 관한 문제였다.[77] 이에 대해 남기제는 원류가 비록 미미하더라도 그 물줄기의 흐름은 몹시 커서 심의겸과 김효원의 싸움에 이르렀으며 그 실마리를 만든 이준경의 잘못이라고[78] 하였다. 또 남기제가 소북의 논리가 잘못되었다고 인식하는 것은 결국 왕위계승 문제와 관련이 있다. 소북 계열은 선조 말년에 세자인 광해군을 영창대군으로 바꾸려는 의도가 있었다.[79] 한번 정해진 세자를 바꾸려는 시도 자체가 소인이라는[80] 뜻이다. 이것도 역시 군위신강君爲臣綱에 대한 원칙을 어긴 것이라고 인식하는 것이다.

---

73) 『아아록』 권1, 용문문답. "辛壬之禍 莫非尼尹之所開端者也 己巳作禍之徒 無非鑴黨 而拯亦以鑴邊親知 爲南人所扶 只及削黜而已 其時拯徒 締結南類 符合希載"

74) 『아아록』 권1, 용문문답. "鏡虎 天海 肆辱於前 夢徵麟亮 移檄於後 輝喬光恒億 揣摩經營於其間 而精神所注 專在聖躬 建儲諸臣 還爲枝葉矣"

75) 『아아록』 권1, 용문문답. "豈但爲今上之逆也 實爲景宗之逆也 亦有景宗之逆也 是宗祀之逆也 萬世之逆也 一轉爲辛壬之群凶 再轉爲戊乙之凶逆 此莫非 輝喬鏡夢之餘孼 而輝喬輩 亦莫非拯門之忠奴也"

76) 『아아록』 권1, 용문문답. "及永昌大君之生 柳永慶 時以首相 窺上有易樹之意 率百官 陳賀 此豈非小人之態乎"

77) 『아아록』 권1, 용문문답. "李東皐浚慶 四朝元老 一世賢相 … 栗谷其言也惡之疏"

78) 『아아록』 권1, 용문문답. "其源雖微 其流甚大 至於沈金之爭 而益見其東皐開端之失 栗谷防微之智矣"

79) 지두환, 앞의 책, 2013, 제11장 광해군대 정치사 참조.

80) 『아아록』 권1, 용문문답. "及永昌大君之生 柳永慶 時以首相 窺上有易樹之意 率百官 陳賀 此豈非小人之態乎"

2. 십이사화

　「용문문답」이 붕당을 다룬 것이라면 「십이사화」는 조선 초기부터 일어
난 사화를 다루고 있다. 사화는 계유사화에서 시작하여 신임사화로 마무
리 하고 있다. 계유사화 서술에서 주공周公과 성왕成王의 이름을 빌어서
세조를 비판하고 있다.81) 역사 속에서 신하로 임금을 가장 잘 보필한
경우가 주공周公이 성왕成王을 보필하는 경우였다. 이처럼 신하인 세조가
국왕인 단종을 잘 보필해야 한다는 뜻이다. 삼강 중에서 군위신강에
해당하는 것이다. 또 병자사화에 대한 서문에 해당하는 글에서 사육신과
생육신은 마땅히 충신열사의 전기에 실어야 하지만 따로 권을 편성하기는
어렵기 때문에 「십이사화」에 한꺼번에 모으게 되었다고82) 한다. 병자사
화는 계유사화의 연장선이라고 할 수 있다. 무오사화에 대한 남기제의
서술도 역시 계유사화의 지속이라고 할 수 있다. 무오사화 자체가 세조
찬탈의 정당성 여부에 대한 문제이기 때문이다. 한편 갑자사화에서 피해
를 당하는 인물 중에서도 한명회 같은 경우는 특히 계유사화의 중심
인물이었다. 그래서 남기제는 한명회에 대해 하늘이 원한을 갚은 것이다
고83) 표현하고 있다.

　기묘사화에 대해서는 우선 중종의 잠저 때 비인 신비愼妃의 일을 거론하
면서, 신비愼妃의 일을 국모國母를 내친 사건으로84) 해석하고 있다. 이는

---

81) 『아아록』 권2, 십이사화. "昔周公誅管蔡 以安王室 推古較今 異世同符 旣以成王
　　之責周公者 責叔父 當以周公之輔成王者 輔寡躬"
82) 『아아록』 권2, 십이사화. "六臣忠節 貫乎日星 當編之於忠臣烈士之傳 不宜列之
　　於歷代士禍之類也 然其爲善行義 則同歸一轍 故今錄之於是 覽者詳之"
83) 『아아록』 권2, 십이사화. "弼商 明澮 致亨 昌孫等 多害忠良者也 豈天生燕山 償
　　其怨耶"
84) 『아아록』 권2, 십이사화. "此中宗 迫於元宗輩之威脅 不得已行之者也 自古凶逆
　　何代無之 而如劫迫君父 放逐國母者 前史所未見也 國人之憤寃者 久矣"

결국 부위자강父爲子綱을 어긴 사건으로 판단한 것이다. 또 남기제는 장경왕후 승하 이후에는 신비愼妃가 계승하는 게 당연하다고85) 언급하고 있다. 이후 김정과 박상에 대한 찬반 논의가 결국 기묘사화로 이어졌다고 판단하고 있다.86) 결국 신비愼妃가 불가하다는 쪽과 남곤·심정이 합세하여 일으킨 사건이 기묘사화였다고 한다. 마찬가지로 기묘사화도 군위신강君爲臣綱을 어긴 사건에 해당하는 것이다. 신사사화는 노비가 주인을 고발한 사건이기 때문에 군위신강에 해당한다고 할 수 있다.

정미·기유사화도 결국 신비愼妃의 일이 계속 연계된다고 인식하고 있다. 왜냐하면 장경왕후가 승하하면서 계비를 들이는 문제로 인해서 사림이 분열되어 기묘사화가 일어났고 문정왕후가 계비로 들어온 이후 인종과 명종의 대립이 이어졌기 때문이다. 국모와 동궁에 대한 일은 결국 그 뿌리가 신비愼妃의 문제가 지속된 것으로87) 인식하고 있다. 이것이 결국 사림의 피해로 이어졌다고88) 하였다.

임자사화의 시작은 선조의 후계자인 광해군과 새로 태어난 영창대군과 관련된 문제였다. 광해군을 지지하는 정인홍과 이이첨이 임자사화를 일으켰다는89) 인식이다. 사건은 확대되어 임해군과 영창대군까지 미치게 된다고90) 하였다. 다시 사건은 계축사화까지 확대되어 무옥을 만들어

---

85) 『아아록』 권2, 십이사화. "當章敬之薨 金朴之疏 出於堂堂義理"

86) 『아아록』 권2, 십이사화. "時有洪景舟者 附於權李 嘗有害金朴之心 故爲士類所棄 至己卯春 爲贊成 靜菴駁之 景舟大懷憤恨 仍與袞貞等 謀殺靜菴諸賢"

87) 『아아록』 권2, 십이사화. "元衡 謂任曰 謀危國母 任指元衡曰 必傾東宮"

88) 『아아록』 권2, 십이사화. "盖元衡與尹任 怨仇日深 而得罪於士林 故爲芭磁之先鋒 謀殺忠良"

89) 『아아록』 권2, 십이사화. "及永昌大君璜之生也 上頗有易樹之意 永慶等 窺伺上意 率百官陳賀 仁弘上疏 言謀危東宮 宣廟怒竄仁弘 而永慶等 自此專權 六七年 宣廟賓天 光海登位 復用仁弘等 以永慶 謀危宗社 竄而尋殺之 仁弘 爾瞻輩 自此用事"

90) 『아아록』 권2, 십이사화. "廢殺臨海 仁弘等 亦爲錄勳 自是專權 做成永昌之禍"

내고 김제남金悌男이 희생된다. 계속해서 사건은 폐모론까지 확대된다. 임자사화의 서술은 폐모론하고 관계되기 때문인지 십이사화 중에서 가장 자세히 서술하고 있다. 그리고 폐모론에 대한 남기제의 생각을 가장 잘 반영하는 표현은 이항복을 인용하면서 자식의 입장에서 부모를 유폐할 수 없다는[91] 것이다. 폐모론은 결국 부위자강父爲子綱에 위배되는 사건이었다. 당시 중신인 이덕형 등이 인식하기에도 "부자의 은혜와 군신의 의리는 모두 삼강三綱에 해당합니다."라고[92] 하였다. 기사사화와 신임사화는 용문문답에 상세히 기재되어 있다고 저자는 말하면서 자세히 언급하지 않고 있다.

3. 병자사략

「병자사략」은 존주대의와 관계된다. 척화파와 주화파의 대립 과정을 상세하게 묘사하고 있다. 이는 회니시비와 연결되고 결국 노소분당으로 결론이 나고 있다. 병자사략에서 남기제가 강조하는 부분은 역시 척화파의 입장이다. 다만 병자사략은 사건의 전개과정 위주로 서술하였기에 앞의 용문문답이나 십이사화에 비하여 자신의 의견을 많이 개진하지는 않고 있다. 윤선거의 행위에 대해서는 자신의 고조비와 비교하고[93] 있다. 이에 대해 남기제는 자신의 고조비에 대해 "나의 고조비高祖妣 이씨도 갑곶에서 순절하였다."라고[94] 강조하고 있다.

병자사략의 마무리는 효종이 등극하여 송시열과 북벌을 논하다가 장년

---

91) 『아아록』 권2, 십이사화. "爲伋也妻 則爲白也母 天下無不是底父母 春秋無讐母之義"
92) 『아아록』 권2, 십이사화. "僉議 柳灆 啓曰 悌男爲謀叛之首 當賜死而不可告於慈殿 李漢陰德馨 僉判吳百齡 極言爭之曰 父子之恩 君臣之義 俱繫三綱 云云"
93) 『아아록』 권3, 병자사략. "尹宣擧 與妻友約死 妻友皆死 而獨不死 微服爲奴而生還"
94) 『아아록』 권3, 병자사략. "余之高祖妣李氏 殉節於甲串"

의 나이에 갑자기 승하한 것에 대해 안타까움을 표시하고 있다. 마지막으로 대보단과 만동묘의 존주대의로 마무리하고 있다.

IV. 결론

남기제는 의령남씨로 서인-노론 명문가 출신이다. 남기제의 7대조인 남언경부터 명문가와 연혼을 맺게 된다. 남언경의 사위가 황곤후黃坤厚이고 그의 아들이 황상黃裳인데 그의 부인은 장운익張雲翼의 딸이다. 장운익의 아들은 장유張維이다. 5대조 남호학南好學의 부인은 김상용金尙容의 맏딸이고, 김상용의 둘째 딸은 장유張維에게 시집갔다. 남노성의 부인은 덕수이씨로 율곡 집안인 이안인李安訒의 딸로서 병자호란 때 강화도에서 순절하였다. 남기제의 증조인 남택하의 부인은 해주오씨 오두인吳斗寅의 딸이다. 오두인의 아들인 오태주吳泰周는 현종의 3녀인 명안공주明安公主의 남편이다. 따라서 남택하에게 명안공주는 처남댁이 된다. 남택하의 동서로는 호락논쟁에서 낙파를 계승한 도암 이재李縡가 있다.

종조부從祖父인 남도규는 중종대왕의 직계 후손인 전주이씨 중번重蕃의 딸과 결혼한다. 중번은 풍해군의 손자이고, 풍해군은 홍녕군興寧君의 아들이자 영양군의 손자이다. 영양군은 중종대왕中宗大王과 창빈안씨 사이에서 출생하는데 영양군의 동생이 바로 덕흥대원군으로서 선조대왕宣祖大王의 부친이다. 조부인 남도진은 경학經學으로 감역봉사監役奉事에 천거되고 있다. 남기제의 외조부는 기계유씨 유언길兪彦吉인데, 그는 시남市南 유계兪棨의 종증손이다.

그의 학연도 자연스럽게 서인-노론으로 연결되고 있다. 김상용-남노성, 김창협-남택하를 통해서 집안끼리 연결되고, 김원행-남기제를 통해

서 학문적으로도 연결되는 상황이다. 김상헌은 5대조인 남호학에게 「곡
남사어학안哭南司禦學顔」을 쓰고 있다. 남호학이 김상용의 사위이기 때문
이었을 것이다. 김원행은 남기제에게 남긴 '증남기제贈南紀濟'의 시에서
특별히 미원서원迷源書院을 부탁한다. 미원서원은 조광조趙光祖, 김식金
湜, 김육金堉, 남언경南彦經, 이제신李濟臣, 김창흡金昌翕을 모시는 서원으
로 집안인 남언경과 안동김씨의 김창흡을 모시고 있다는 점에서 의의가
있다. 이재李縡-김원행金元行으로 이어지는 낙론을 남기제도 계승하고
있다. 김원행이 1772년 서거하자 남기제는 스승에 대한 학문적인 보답을
『아아록』으로 완성하였다.

　『아아록』의 정치사 서술은 조선 왕조에서 강조하는 삼경三綱과 군사부
일체, 존주론에 대한 해석과 관련이 있다. 군위신강君爲臣綱은 왕위 계승
과 관련되는 내용으로 대표적인 사건이 세조찬탈과 관련된 계유사화癸酉
士禍이다. 부위자강父爲子綱은 부모와 자식과의 관계에서 일어나는 일로
서 가장 대표적인 사건은 인목대비 폐모론廢母論이다. 부위부강夫爲婦綱
과 관련된 가장 중요한 것은 장희빈張禧嬪 사건이다. 삼강 사건과 함께
중요시 되는 것이 군사부일체론君師父一體論이다. 이를 대표하는 사건이
스승과 제자에 관한 회니시비懷尼是非이다. 존주론과 관련 있는 것이
병자호란이다. 남기제는 이를 중심으로 「용문문답」, 「십이사화」, 「병자
사략」을 서술하였다.

　「용문문답」의 기축옥사는 결국 건저의建儲議 및 폐모론廢母論과 연결된
것이기 때문에 중요하다고 여겼다. 경신환국에 대해서는 결국 논의가
국모인 명성왕후에게 까지 미치려고 했으며, 마침내 장희빈張禧嬪 사건으
로 이어진 부위부강夫爲婦綱을 거스르는 것으로 이해하였다. 임술고변의
핵심도 역시 인현왕후의 일과 연관된다고 이해하고 있다. 남기제가 생각

하기에 기해예송·갑인예송은 결국 왕위계승의 문제이면서도 장희빈 사건인 기사환국으로 연결되어 결국 인현왕후의 폐위까지 이어졌다고 생각하고 있다.

남기제는 회니시비에 대해서 국본國本을 저해한 부분에서는 군위신강君爲臣綱을 위배하였으며, 부모를 저버린 점에서 부위자강父爲子綱을 위배하였으며, 장희재와 결탁하여 인현왕후를 저버렸으니 역시 부위자강父爲子綱을 위배하였으며, 스승을 저버렸으니 군사부일체君師父一體를 위배하였다고 비판하고 있다. 신임사화에 대해서는 경종에 대한 역모일 뿐만 아니라 영조에 대한 역모에도 해당한다고 하였다. 결국 신임사화는 무신년 이인좌의 난으로 이어지고, 을해년 나주괘서사건으로 이어진다고 인식하고 있다. 동서분당에 대해 남기제는 이준경의 소로 인해서 심의겸·김효원의 대립이 있게 되었으며, 결국 이준경을 계승한 소북 계열이 선조 말년에 세자인 광해군을 영창대군으로 바꾸려는 의도가 있었던 것을 지적한다. 결국 소북이 군위신강君爲臣綱에 대한 원칙을 어긴 것이라고 인식한 것이다.

「십이사화」에서 남기제가 사화士禍의 출발을 계유사화로 인식한 것은 그것이 삼강三綱 중에서도 중요한 군위신강과 관련되기 때문이다. 기묘사화는 중종 잠저 때의 비인 신비愼妃를 내친 사건을 국모國母를 폐위한 사건으로 해석하고, 결국 계비를 들이는 문제로 인해서 사림이 분열되어 기묘사화가 일어났다고 판단하고 있다. 정미·기유사화도 결국 신비愼妃의 일이 계속 연계된 것으로 이해하고 있다. 왜냐하면 장경왕후가 승하하면서 문정왕후가 계비로 들어온 이후 인종과 명종을 지지하는 세력 간의 대립이 이어졌기 때문이다. 임자사화는 폐모론과 관계된 것으로 이해한다.

「병자사략」은 존주대의와 관계된다. 게다가 자신의 가계와도 밀접한 관련을 지니고 있다. 5대조 남호학南好學의 부인은 김상용金尙容의 맏딸이고, 고조비高祖妣 덕수이씨는 강화도에서 순절하고 있기 때문이다. 「병자사략」은 효종이 송시열과 북벌을 논하다가 장년의 나이에 갑자기 승하한 것에 대해 안타까움을 표시하고, 대보단과 만동묘의 존주대의로 마무리하고 있다.

참고문헌

『경종수정실록』, 『계곡집』, 『맹자』, 『미호집』, 『사계전서』, 『선원유고』, 『송자대전』, 『수북유고』, 『숙종실록』, 『아아록』, 『정변아아록』, 『청음집』, 『화서선생문집』

국사편찬위원회, 『신편 한국사』 35, 2002.
김준석, 『조선후기 정치사상사 연구』, 지식산업사, 2003.
양웅열, 『조선의 왕비 가문』, 역사문화, 2014.
윤남한, 『조선시대의 양명학 연구』, 집문당, 1982.
지두환, 『숙종대왕과 친인척』, 역사문화, 2009.
지두환, 『왕실친인척과 조선정치사』, 역사문화, 2014.
지두환, 『조선시대 정치사 1·2·3』, 역사문화, 2013.
지두환, 『태조대왕과 친인척』 등 왕실과 친인척 총 52권.
김우철, 「유혁연의 대흥산성 경영과 경신환국」 『한국인물사연구』 20, 2013.
우인수, 「조선 선조대 남북 분당과 내암 정인홍」 『역사와 경계』 81, 2011.
원재린, 「동소만록에 반영된 남하정의 정국인식」 『역사와 현실』 85, 2012.
이희환, 「임술고변과 서인의 분열」 『전북대 인문논총』 21, 1991.
정호훈, 「『아아록』의 조선 정치사 서술과 인식 태도」 『역사와 현실』 85, 2012.
지두환, 「계곡 장유의 생애와 사상: 조선양명학 성립과 관련하여」 『태동고전연구』 7, 1991.
지두환, 「조선후기 예송연구」 『부대사학』 11, 1987.

제1편 서序·발跋

1. 남기제 서南紀濟 序

요즈음 우리 붕당의 선비들을 보면 중국의 일을 잘 아는 사람은 많지만, 우리나라의 일을 밝게 말하는 사람은 드물다. 대개 먼 것에는 힘쓰고 가까운 것에는 소홀히 하는 병통이 있다. 그러다 보니 세월이 흘러 후세에 이르러서는 시비是非와 사정邪正을 구분하는 것이 세상에 분명하지 못하게 되니 역사를 쓰는 사람이 손을 대어 택할 바를 알지 못하게 되었다. 그래서 내가 이것을 염려하여 붕당이 나누어진 상황과 사화에서 일어난 일을 대략 기록하여 『아아록我我錄』이라고 이름하였다. 내가 감히 어떻게 '지아죄아知我罪我1)'의 뜻에 견주리오마는 "귀신이 위에 계시니 어찌 감히 속이겠는가?"라는2) 경계警戒에 대해서는 내가 사양하지 않겠다. 후대의 사씨史氏들은 사람 때문에 폄하하는 말을 하지 말라.

설하병수雪下病叟 의령 남기제南紀濟가 쓰다.

---

1) 『맹자』 권6, 「등문공 하」. "孔子懼 作春秋 春秋 天子之事也 是故 孔子曰知我者 其惟春秋乎 罪我者 其惟春秋乎"
2) 한유, 「與孟簡尙書書」. "天地鬼神 臨之在上 質之在傍 又安得因一摧折 自毁其道 而從於邪也"

2. 이덕하 서李德夏 序

역사는 사실을 기록한다. 거기에 선악과 시비를 싣는 것은 크게 세상의 교화에 관계되기 때문이다. 나라를 소유한 자는 잘 살피지 않을 수 없고, 사실을 기록하는 자는 삼가지 않을 수 없다. 그러나 우리나라 역사는 당가黨家의 편견에서 나온 것이 많아서 신필信筆을 전할 수 있는 사람이 드물다.

내가 설하雪下 남기제의 『아아록』을 보니, 그가 동인·남인·북인 삼가三家가 회동하는데 참여하여 서로 질의 응답하다가 일이 12사화에까지 미치게 되었고, 그 개략적인 내용을 실어 한 책으로 완성하였으니 거의 시비의 공정함을 얻었다고 할 것이다. 그런데 그 책을 보면 간혹 선현들의 사적에 관해 우리나라의 제사諸史를 참고하지 않고 나와서 상반되거나, 후현들의 정론定論을 정정하면서 위배되는 것이 또한 많았다.

어찌 그의 뜻이 무훼誣毀하려고 그렇게 하였겠는가? 아마 궁벽한 곳에 살아서 서적이 많지 않은데다가 잘못 들은 것을 기록하면서 신중하지 않았고, 착오가 생겨도 스스로 깨닫지 못하였기 때문에 그렇게 하였을 것이다. 만약 이 책을 그대로 간행하면서 정변正辨하지 않는다면 그의 말이 도리어 세도世道에 근심이 됨이 크지 않겠는가? 지난번 정사(1917)·무오(1918) 연간에 사가史家 두세 사람의 의논이 시랑侍郎 남정필南廷弼에게 들어가게 되었다. 그가 자신의 옛집에서 고증할 수 있는 책을 내 놓게 되어 개략적으로 변정할 수 있게 되었고, 시랑은 또 발문을 써서 그 뜻을 분명히 하였다.

이 책이라고 또한 하자가 없으리오마는, 오직 제현들의 정변正辨을 거쳤기 때문에 다행히 저자에게는 큰 공이 있게 되었다.

만약 설하雪下가 다시 살아나온다고 하더라도 그의 오류를 바로잡은 것을 기뻐하지 않겠으며, 백세토록 무현誣賢하였다는 죄를 면하게 되었다는 것을 손 모아 감사하지 않겠는가? 그해 봄 서포書鋪에 종사하는 이들이 그것을 정오正誤한 사실을 알지 못하고 원본을 간행하여 배포하였으니 많게는 수천 질이나 되었다. 이에 지난번 의논한 몇몇 사가들은 그것이 전파되면 후세 사람들을 혼란스럽게 한다고 염려하여 오류를 바로잡아서 출판하고자 나에게 물어보았다. 이에 내가 서문을 쓴다.

무진년(1928) 3월 하순 완산 이덕하李德夏가 서문序文을 쓰다.3)

---

3) 이덕하의 서문은 『정변아아록』의 서문에 해당한다. 남정필 등이 남기제의 『아아록』을 정변正辨한 사실을 모르고 아아록출판사에서 1927년에 『아아록』을 그대로 간행하게 되자, 다음해인 1928년에 보문사에서 재차 『정변아아록』을 간행하게 된다.

3. 남정필 발南廷弼 跋

역사는 진실을 전해야 하므로 정사·야사를 막론하고 비록 한 오라기라
도 혹시 사실에 어긋남이 있다면 세상에 공정하지 않은 것이 분명하다.
근래에 들으니 사림의 여러 공公들이 함께 의논하여 장차 『아아록』 한
책을 간행한다고 하였다. 이 책은 바로 우리 족조族祖 설하공雪下公이
지은 것이다. 공은 무덕수학茂德邃學⁴⁾하였으나 용문산에 은거하여 여생
을 마쳤다. 평생 역사책 쓰는 것으로 과로하여 자신의 몸을 상傷하게
했다.

일찍이 탄식하기를, 우리나라의 치화治化가 태평한 시대에 이르지
못한 것은 오로지 사론士論이 많이 갈라져 당화黨禍가 연속으로 이어진데
서 말미암은 것이라고 하였다. 우리나라에 수백 년 동안의 사화士禍와
인가에 떠도는 사실을 수집하여 이 『아아록』을 저술함은 후세 사람들에게
보이고자 함이다.

그 마음 씀씀이가 수고롭고 힘들었다고 할만하다. 다만 책 중에 실려
있는 선현들의 사실 중에 간혹 착오가 많아 만약 그대로 간행하여 배포한
다면 반드시 후세 사람들의 의문을 북돋울 것이다. 그렇게 된다면 이
책이 오히려 증거가 되기에는 부족할 것이다. 그래서 참람하고 망령됨을
헤아리지 않고 사림들의 공의公議를 좇아 착오가 있는 곳을 모두 정변正辨
하여서 판목에 새겼다. 뒤에 보는 사람들은 이와 같은 공심公心을 헤아릴
수 있기 바란다.

신유년(1921) 봄 하순에 설하雪下의 종현손從玄孫 남정필南廷弼이⁵⁾ 삼

---

4) 무덕수학茂德邃學: 덕이 무성하고 학문은 깊다.

가 발문跋文을 쓰다.

---

5) 남정필: 1843~?. 자는 치량穉良이고, 본관은 의령이다. 부친은 남홍중南弘重이
고, 형은 남정철南廷哲이다. 고종 10년(1873)에 생원 2등 2위로 합격하였고, 고
종 23년(1886) 정시에서 병과 8위로 급제하였다. 홍문관 수찬, 사간원 사간 및
사례소史禮所의 부원을 역임하였다. 사례소는 대한제국 때 역대 임금의 치적을
정리하기 위해 설치한 역사 편찬 기관이었다.

제2편

제2편

용문문답 상
龍門問答　上

제2편 용문문답 상龍門問答 上

한번 동서분당이 있은 이후로부터 동인에는 남인과 북인의 호
칭이 있고, 서인에는 노론과 소론의 명칭이 있게 되었으니 이
것을 사색四色이라 한다. 박고지사博古之士와 더불어 그 원류
를 논의하고자 한 지 오래였다. 갑오년(영조 50년, 1774)에
내가 용문산에 유람갔을 때, 마침 사색이 함께 모였다. 함께
옛일을 이야기하다가 각자가 들었던 것을 질정하게 되었다.
이야기는 기축년 동서의 다툼으로부터 시작하여, 중간에 송시
열宋時烈(1607~1680)과 윤증尹拯(1629~1714)의 노소 분
당에 이르게 되었고, 마침내는 다시 심의겸沈義謙(1535~
1587)과 김효원金孝元(1532~1590)이 각기 분립하는 사유
까지 이르렀다. '옳다', '그르다' 한 것은 동·서·노·소 각
붕당이 옛날부터 견지해온 공안公案이 아님이 없다. 비록 "자
신들이 공정하다고 기필할 수는 없다."라고 하면서도 붕당의
사람마다 모두 "자신들이 공정하다."라고 한다. 그러니 우선
내가 문답한 내용을 기록하여 뒷사람의 공론을 기다린다.

1. 기축옥사己丑獄事

내가 용문산에 유람갔을 때 설암승사雪菴僧舍에 이르러 세 사람을 만나
함께 숙박하였다. 한 사람은 원주에, 한 사람은 여주에, 한 사람은 한양에
산다고 하였다. 산수를 이야기하다가 마침내 각자 마음에 품고 있던
뜻을 말하게 되었다.

여객驪客이 탄식하여 말하기를 "붕당의 논쟁은 옛날에도 역시 있었지만
우리나라보다 심한 곳이 없다. 자네는 우리 세 사람을 아는가? 원주

사람은 남인이고, 여주 사람은 북인이고, 한양 사람은 소론이다. 지금 노·소·남·북이 우연히 한 곳에 모였으니 각자 들었던 것 중 의심나는 것을 서로 질정質正하면서 하루를 더 유숙하는 것이 어떻겠는가?"라고 하였다.

내가 웃으면서 말하기를 "저는 나이도 어리고 배움도 얕아서 비록 함께 질정하고자 하지만 들은 바가 없으니 어찌 세 군자와 함께 논변함을 청할 수 있겠는가? 저는 마땅히 그 말씀을 공경히 들을 따름이다."라고 하였다.

원객原客이 말하기를 "심의겸과 김효원의 싸움은 이미 지나간 옛일이므로 지금 다시 논의하는 것이 불가하다. 그러나 기축옥사에 이르면 삼봉 최영경崔永慶(1529~1590)의 죽음, 이발李潑(1544~1589) 형제와 90세 노모·8세 아이의 죽음에 대해서는 지금까지도 동인이 원통하게 여긴다. 이는 모두 송강 정철鄭澈(1536~1593)이 주도하고 우계 성혼成渾(1535~1598)이 도와서 이루어진 것이다. 이렇기 때문에 서인의 잘못이라 하는 것이다. 서인의 의론 중에서도 혹시 그 죽음을 억울하다고 여기는 자가 있다고 하는데, 그대의 의견은 어떠하다고 여기는가?"라고 하였다.

내가 말하기를 "최영경과 이발의 죽음에 대해 저도 그것이 억울하다는 것을 안다. 그러나 다만 동인이 최·이를 죽였다고 들었지 서인이 죽였다고는 듣지 못했다. 당시의 사적은 그대들도 역시 자세히 알고 있는데, 오히려 남인의 풍성학려風聲鶴唳[1]의 논의를 배워서 이런 주장을 하는가?"라고 하였다.

---

1) 풍성학려風聲鶴唳: 겁을 집어먹은 사람이 당치 아니한 사물에도 놀라는 것을 이른다. 중국 동진 때 진왕秦王 부견이 비수에서 대패하고 바람의 소리와 학의 소리를 듣고도 진晉나라의 추병追兵이 아닌가 하고 놀랐다는 고사에서 나온 말이다.

원객이 말하기를 "이 무슨 말인가? 어찌 동인들이 그런 일을 할 수 있겠는가?"라고 하였다.

내가 말하기를 "최삼봉은 처음에 효우孝友하고 청수淸修하다는 명성이 있었고,2) 우계도 청풍淸風이 소매에 가득하다고 허여하였다.3) 그 뒤에 정인홍鄭仁弘(1535~1623)의 무리에게 깊이 물들어 정철과 박순朴淳(1523~1589)을 효수하는 것이 마땅하다는4) 의논을 내었다."라고 하였다.

기축년(선조 22년, 1589) 10월에 황해감사 한준韓準(1542~1601)의 밀계5)가 들어왔는데, 이것은 안악군수 이축李軸·재령군수 박충간朴忠侃·신천군수 한응인韓應寅이 상변한 사건이었다. 전주에 사는 전 수찬 정여립鄭汝立(1546~1589)이 모반을 주동한 괴수이고 그와 같은 무리인 안악에 사는 조구趙球가 밀고했다고 하였다.

의금부 도사 유담柳湛이 전주에 도착하여 병사를 파견해 포위하였다. 여립이 이미 몸을 빼서 달아나니, 다시 선전관을 보내 수색하여 잡게 하였다.6)

여립과 그 아들 정옥남 그리고 안악교생 변범邊氾,7) 박연령과 그 아들 박춘룡이 진안 죽도에 숨어있다는 소식을 듣고, 현감 민인백閔仁

---

2) 『신독재선생유고』권11, 「臨汀鄭相公行狀」. "有崔永慶者 嘗遊南溟曺植之門 頗有孝友淸修 名亦爲牛溪栗谷兩先生所稱許 旣而 永慶染汚仁弘汝立等邪議 反詆毁兩賢 至言公及朴相可梟首 其悖妄類如此"
3) 성혼이 최영경을 인정하는 표현은 다음에서 알 수 있다.(『석담일기』권지상, 「萬曆元年癸酉冬」. "渾甚悅 旣退語于白仁傑曰 吾見某人[최영경] 還時忽覺淸風滿袖矣 仁傑驚異之 自此名播士林間")
4) 『혼정편록』권5. 대개 최영경이 평소에 사람을 대할 때마다 큰소리로 말하기를 "박순과 정철을 효시한 뒤에야 국사를 다스릴 수 있다."라고 한 까닭에 정철의 말이 이와 같았던 것이다.
5) 『선조실록』권23, 선조 22년 10월 2일(병자).
6) 『선조실록』권23, 선조 22년 10월 7일(신사).
7) 변범邊氾은 변사邊氾로도 쓰여 있다.

伯(1552~1626)이 관군을 이끌고 잡으러 쫓아갔다. 여립이 먼저
칼로 변범을 베고, 아들 옥남을 베었으나 옥남은 죽지 않았다. 또
칼을 땅에 꽂고 칼 위로 몸을 던져 목을 찔렀다. 관군이 급히 다가가
2구의 사체와 2명의 생포된 역적을 호송하여 왔다.[8] 옥남·춘룡은
함께 자복하고 군기시軍器寺 앞에서 참수되었다.[9] 또 여립의 시체는
거열車裂하여 팔도에 돌려 보였다.

마침내 기축옥사가 일어나자 역도들이 모두 "길삼봉吉三峯이 모반의
주모자이다."라고 말하였고, 또 유언비어에 "삼봉은 길씨吉氏 성姓이 아니
고, 바로 최영경이다."라는 말이 있었다. 당시 전라감사 홍여순洪汝諄
(1547~1609)이 경상감사 김수金睟(1547~1615)에게 공문을 보내어 영
경을 체포하였다.[10] 홍여순은 바로 동인에 속한 사람이 아닌가! 정언신鄭
彦信(1527~1591)·백유양白惟讓(1530~1589)·이발李潑 등을 국문할
때 송강이 위관을 맡아[11] 힘써 구원하였다. 언신과 발 등은 사형에서
감형되어 원배遠配되었다.

정언신·언지(1520~?)·홍종록洪宗祿(1546~1593)·이발·백
유양·이길李洁(1547~1589)·정창연鄭昌衍(1552~1635) 등은 모

---

8) 『선조실록』 권23, 선조 22년 10월 17일(신묘). 선전관 양용준, 내관 김양보를
   파견하여 여립의 아들 옥남만 잡아왔다고 한다.
9) 『선조실록』 권23, 선조 22년 10월 20일(갑오). 정옥남과 박연령이 반역한 사실
   을 승복하므로 군기시 앞에서 책형을 가하였다고 한다.
10) 『신독재선생유고』 권11, 「臨汀鄭相公行狀」. "及逆獄事起 諸賊皆言吉三峯爲謀主
    或言三峯非吉姓 乃崔三峯也 居晉州 嘗與賊往來云 故遂有蜚語 謂三峯爲永慶號
    外議紛然不已 全羅監司洪汝諄密啓以聞 移文嶺南伯金睟 兵使梁士瑩士瑩等 亦
    以飛語先已逮捕矣"
11) 『선조수정실록』 권25, 선조 24년 5월조. 선조 23년 5월 이전에는 정철이 감국
    하였고 그 후에는 유성룡·이양원 등이 대신하였다.
    『연려실기술』 권14, 선조조 고사본말, 「기축년 정여립의 옥사」. 22년 11월 8일
    (임자). 정철을 우의정에 임명하여 위관으로 삼았다.

두 여립의 조카 정즙鄭緝의 공초에서 나왔다. 언신은 중도부처되고,
언지·종록·유양·발과 길 형제는 모두 찬축되고, 창연은 방면되었
다.12)

다시 나국拿鞠되었을 때 서애 유성룡柳成龍(1542~1607)이 위관을 맡았
으나 감히 한마디 말을 내어 그를 구원하지 않았다. 언신13)과 유양·발·
길은 모두 죽고,14) 조대중曹大中(1549~1590)15)·유덕수柳德粹16)·정개
청鄭介淸(1529~1590)17)은 초사나 소장에 연루되어 이때 모두 죽었다.

개청이 투서하였을 때 여립의 억울함을 주재하여 송사하였고, 또
여립과 주고받은 서신 중에는 생사를 함께 한다는 말이 있었다.
조대중은 여립의 죽음을 듣고 눈물을 흘리며 글을 올렸다.18) 이로
인해 둘 다 처형되었다. 개청은 본래 승려였다. 도반道伴 승려인

---

12) 『선조실록』 권23, 선조 22년 11월 12일(병진). 임금이 선정전에 임어하였는데,
   정언신·정언지·홍종록·정창연·이발 등이 정여립의 조카 정즙의 초사에
   관련되어 나온 일 때문이었다. 아울러 정언지·홍종록·이발·백유양·이길에
   게는 원찬을, 정언신에게는 중도부처를, 정창연에게는 방송을 명한다.
13) 정언신은 갑산에 유배 갔다가 선조 24년(1591)에 죽었다.
14) 『선조실록』 권23, 선조 22년 12월 12일(을유). 낙안 교생 선홍복의 초사로 이
   발·이길·백유양·이급을 장사杖死하였다.
15) 『선조수정실록』 권24, 선조 23년 3월. 전 도사 조대중을 하옥하여 죽였다.
   『연려실기술』 권14, 선조조 고사본말, 「기축년 정여립의 옥사」. 3월 13일조에
   전라도사 조대중은 역적을 위하여 눈물을 흘리고 행소行素하였다 하여 대간들
   의 탄핵을 받고 잡혀서 국문당할 때 곤장을 맞아 죽었다.
16) 『선조실록』 권23, 선조 22년 12월 12일(을유). 선홍복의 초사에 이진길이 유덕
   수의 집에서 참서를 입수했다고 하자 그를 잡아들여 국문하였으나 승복하지
   않고 죽었다. 정철이 선홍복에게 은밀히 "만약 이발·이길·백유양 등을 끌어
   넣으면 살아날 수 있다."라고 하였다.
17) 『선조수정실록』 권24, 선조 23년 2월조. 전 현감 정개청을 하옥하여 국문한
   뒤 멀리 유배하도록 하였는데 도중에 죽었다.
   『연려실기술』 권14, 선조조 고사본말, 「기축년 정여립의 옥사」. 경원 아산보로
   유배되었다가 7월에 죽었다고 한다.
18) 『대동야승』 기축록속, 「이해 가을 진사 유경서 등의 소」. '有地下若從比干去
   此時含笑不須悲之'라는 시를 올린 것이 보인다.

천연天然과 함께 사암 박순朴淳의 서당에 기거하였다. 사암이 두 승려의 명민함을 사랑하여 두 승려에게 환속하기를 권하였으나, 천연은 듣지 않고 떠나 버리고 개청은 그대로 따라 머리를 길렀다. 사암이 자식처럼 돌보아 주었으나, 사암이 몰沒한 후에 시론을 부탁하자 사암을 배반하고 말았다.[19]

사계 김장생金長生(1548~1631)이 개청을 만나 묻기를 "일찍이 사암의 문하에 드나들지 않았던가?"라고 하였다. 개청이 말하기를 "나는 그 집에 서책이 많아서 때때로 왕래했을 뿐이다."라고 하니 당시의 사람들이 침 뱉고 욕하였다.[20]

경인년(선조 23년, 1590)에 전라감사 홍여순이 장계狀啓를 올려 말하기를 "정개청과 여립이 산에서 놀았다는 말이 도내에 전파되어 나주 고을에 자세히 캐어보니, 좌수 유발柳潑과 향교 당장 신팽년辛彭年이 모두 틀림없다고 보고하였습니다."라고 하였다. 대간이 국문하기를 청하니, 임금이 윤허하였다.[21]

개청은 공초에서 "신이 전에 교정낭청으로 있을 때 역적〔정여립〕과 여러 날 함께 있으면서 서로 안면이 있을 뿐이고, 그 전후에는 절대로 서로 통할만한 친분이 없었습니다."라고 말하였다. 임금〔선조〕은 개청이 여립에게 준 편지 한 장을 내렸는데, 그 글에 "도道를 보는데 분명한 것이 당세에 존형 한 사람뿐입니다."라고 되어있었다. 전교하기를 "그 글에서 말하는 도라는 것은 어떤 도인가! 전후에 서로 왕래가 없었다는 주장은 이미 기망한 것이 아닌가?"라고 하고, 엄하게 국문하

---

19) 『연려실기술』 권14, 선조조 고사본말, 「기축당적 정개청」.(『일월록』 참고. 여기서 『일월록』 참고라고 함은 『연려실기술』에서 본래 인용했던 책을 말한다. 이하 같음.)
20) 『연려실기술』 권14, 선조조 고사본말, 「기축당적 정개청」.(『일월록』 참고)
21) 『연려실기술』 권14, 선조조 고사본말, 「기축년 정여립의 옥사」. 경인년 5월에 전라감사 홍여순이 나주 향소에서 장계를 올려 사실을 보고하니 대간이 국문을 청하고 허락하였다.(『기축록』 참고)

여 죄상을 얻고는 북도에 정배하였다.[22]

사신詞臣[23]에게 명하여 개청이 지은 「배절의론排節義論」을 조목마다 공박하여 각 고을에 게시하여 알리게 했다.[24] 후일 영남에 개청을 배향하는 사당을 세웠는데,[25] 사계 김장생이 상소하여 헐어버리기를 청하였으나, 실행하지 못하다가 효종대에 헐어버렸다.[26]

서애도 또한 동인의 우두머리가 아닌가! 그 당시 문사낭청 백사 이항복 李恒福(1556~1618) · 독석 황혁黃赫(1551~1612)의 일기와 다른 야사에도 밝게 참고할 만한 것이 있다. 청컨대 그 대강을 이야기하여 동인의 의혹을 풀고자 한다.

천안에 사는 길삼봉은 사노인데 용력이 무리에서 뛰어나 하루에 삼사백리씩 다녔으며 이어서 포악한 도적이 되었다. 갑신 연간(선조 17년, 1584)에는 도망쳐 숨은 곳을 알지 못했다. 병술 연간(선조 19년, 1586)에는 또 함흥咸興에서 잡으려다 놓쳤다. 당시 여립이 승려 함두涵斗를 시켜

---

22) 『연려실기술』 권14, 선조조 고사본말, 「기축년 정여립의 옥사」. 5월에 정개청 鄭介淸을 공초하였다.(『일월록』 참고)
　　『송자대전』 권72, 「與李擇之 丙辰十月七日」. "有曰見道分明 當世惟聲兄一人而已 仍傳曰 所謂道者 何道也 前後絶無相通之說 無已欺罔乎 嚴刑得情"의 내용을 그대로 전재하였다.

23) 사신詞臣: 홍문관 혹은 예문관 관리.

24) 『연려실기술』 권14, 선조조 고사본말, 「기축년 정여립의 옥사」. 5월에 정개청을 공초하였다.(『일월록』 참고)

25) 광해군 8년(1616)에 그를 봉사하는 자산서원紫山書院을 무안현 엄다(현 함평군 엄다면)에 건립하였다. 그 뒤 숙종 20년(1694)까지 집권 세력의 당색에 따라 수차례에 걸쳐 치폐를 반복하여 서원과 당쟁이 연계되었다.
　　『연려실기술』 권14, 선조조 고사본말, 「기축당적을 신설하다 - 붙임 정개청의 사원 훼철」. 계해반정 후에 정개청에게 관작을 도로 주고 사우를 무안에 세웠다.(『조야기문』 참고)

26) 『숙종실록』 권10, 숙종 6년 윤8월 24일(경술). 정개청 사원을 헐게 하였다.
　　『연려실기술』 권14, 선조조 고사본말, 「기축당적을 신설하다 - 붙임 정개청 사원 훼철」. 효종 정유년 송준길이 아뢰어 개청의 사우를 헐고, 그 고을에서 위판을 불사르고 그 재목과 기와로 마구馬廏를 지었다.(『조야기문』 참고)

해서海西에 "길삼봉은 신군을 거느리고 계룡산에 들어가기도 하고, 지리
산에 들어가기도 한다. 멀리서 보면 사람과 말의 수가 얼마인지 알 수
없으나, 가까이서 보면 단지 사람과 말의 발자국만 있을 뿐이더라."라는
말을 퍼뜨리게 하였다. 관서關西와 해서 사람들은 모두 신인神人으로
여겼다. 어떤 사람은 길삼봉이 왕이 된다 하고, 어떤 사람은 정팔룡鄭八龍
[원: 여립의 어릴 적 이름]이 왕이 된다는 말이 파다했다.

여립은 또 "목자[木子, 조선]가 무너지고, 전읍[奠邑, 정여립]이 일어
난다."라는 노래를 지어 돌에 새겨 속리산에 두었다. 또 뽕나무에서
말갈기가 나는 집주인이 마땅히 왕이 되어야 한다는 노래를 지어
승려 의연義衍·도잠道潛 등으로 하여금 전파하게 하였다. 여립은
자기 집 뒤 뽕나무의 껍질을 벗겨 말갈기로 메워놓고 사람들이 보도록
하고는 누설하지 말라고 하였다.27)

여립의 옥사가 일어나자 해서의 역적들이 연달아 복죄당하였다. 한
역적은 공초에서 "정여립이 우리 모주謀主는 길삼봉吉三峯이다."라고 했
다.28) 한 역적은 또 다른 공초에서 "길삼봉은 지리산 아래에 사는데 나이가
오륙십 가량이다. 얼굴은 파리하고 긴 구레나룻은 배를 덮고 말할 때
가끔 천식기가 있다."라고 했다.29)

그때 양천경梁千頃이라는 자는 최영경의 척질 정대성鄭大成과 경성京城

---

27) 『연려실기술』 권14, 선조조 고사본말, 「기축년 정여립의 옥사」. (『일월록』·『조
  야기문』·『혼정록』 참고)
28) 『선조수정실록』 권24, 선조 23년 6월. 정여립의 난이 일어난 초기에 적의 무
  리가 길삼봉이 상장上將, 정팔룡·정여립이 차장次將이라고 천명하였다.
29) 『연려실기술』 권14, 선조조 고사본말, 「기축년 정여립의 옥사」. 위의 두 내용
  이 나온다.(『백사집』·『기축기사』 참고)

에서 함께 살았다. 역적들의 공초를 듣고 정대성이 말하기를 "이 얼굴 모습은 흡사 사축司畜인 우리 최씨崔氏 아저씨다."라고 하였다. 양천경이 이 말을 듣고 여러 사람들 가운데 떠들면서 말하기를 "최영경은 실제 길삼봉이다."라고30) 했다. 연평군 이귀李貴(1557~1633)가 마침 좌상에 있다가 큰소리로 꾸짖었다. 천경이 갑자기 얼굴빛이 변하며 도리어 이귀가 역적을 보호한다고 했다. 그 뒤에 간원에서도 말을 낸 자가 있었다. 추포 황신黃愼(1560~1617)이 당시 정언으로 있었고, 서경 유근柳根(1549~1627) 또한 사간으로 있으면서 힘써 말하여 그것을 그치게 하니, 논의가 드디어 잠잠해졌다.

그 후 진주품관 정홍조鄭弘祚가 판관 홍정서洪廷瑞에게 말하기를 "길삼봉은 실제 최영경이다."라고 하였다.31) 홍정서가 밀양교수 강경희에게 말하고, 경희는 감사 김수金睟에게 말하고, 수는 도사 허흔許昕(1543~1622)에게 말하고, 흔은 우병사 양사형梁士瑩에게 말하고, 사형은 금구의 선비 김사관金士寬에게 말하고, 사관은 제원찰방 조응린趙應麟에게 말하고, 응린은 감사 홍여순에게 말하였다. 여순이 그것을 듣고 놀라 한편으로는 치계하고, 한편으로는 김수와 양사형에게 이문移文하여 최영경을 잡아가두고 문서를 조사하여 의금부로 압송하였다.32)

---

30) 『묵재일기』 平居言行, 「기축년 겨울」.
31) 『선조수정실록』 권24, 선조 23년 6월조. 최영경이 옥에 있을 때 홍정서는 그 말이 진주의 품관 정홍조에게서 나왔다고 하여 잡혀올 때 그와 함께 홍조가 말한 것으로 공초하였다.
32) 『연려실기술』 권14, 선조조 고사본말, 「기축년 정여립의 옥사」. 경인년 6월에 강해姜海・양천경 등이 조응기에게 이 말을 하니 응기는 전라감사 홍여순에게 보고하였다. 여순이 비밀히 장계하고, 한편으로는 경상병사 양사형에게 공문을 보냈더니 양사형은 경상도사 허흔과 감사 김수 등에게 말하여 먼저 영경을 체포하였다.(『노서집』 참고. 노서는 성문준成文濬)
『선조수정실록』 권24, 선조 23년 6월. 전라도 순찰사 홍여순에게 가의대부를 상가하였다.
『연려실기술』 권14, 선조조 고사본말, 「기축년 정여립옥사」. 9월 9일조에 말의 근거를 찾으라고 하였다. 9월 10일조에 말의 근거를 알게 되었다.

　그때 송강이 위관을 맡아 계청啓하기를 "삼봉으로 위호僞號한 여부를
감사〔홍여순〕로 하여금 핵실覈實할 것을 청합니다."라고 하였다. 그리고
탑전에서 계청啓하여 힘껏 영경을 구했다. 영경의 공초에 "역적과 비록
잠시 알고 지냈으나 편지로 문안하는 것은 절대로 통하지 않았습니다."라
고 했다. 임금이 여립이 영경과 주고받은 편지 몇 장을 내리니 영경은
말문이 막혔다. 송강松江이 계청啓하기를 "노인네가 혹시 잊었을 것입니다.
어찌 감히 속이려고 하였겠습니까?"라고33) 하였다.34) 임금이 또 익명시匿
名詩 한 장을 내리고는 "영경의 상자 속에 이 시가 있음은 어찌된 것인가?"
라고 하였다. 그 시에 "우계牛溪에서 어느 날 밤에 범이 바람을 일으키고,
이씨의 뿌리를 흔드는 유발승이 있다."라고 되어있었다.35)

　　이 시는 계미 연간의 익명시匿名詩이다. 우계는 성우계를 가리키고,
　　머리 기를 중은 이율곡李栗谷을 가리킨다. 대개 동인 중에서 서인을
　　모해하기 위해 지은 시이다. 그때 동인 중에서는 이 시로 옥사를
　　일으키고자 하는 자들이 있었으나, 한편으로는 그 논의를 막고자
　　하는 자들이 있어서 사건이 드디어 잠잠해졌다. 영경이 이 시를
　　지닌 것은 반드시 그 화심禍心을 즐기려는 것이 있었을 것이다.

　송강松江이 또 계하여 "이 시는 신이 일찍이 듣건대 여러 해 전에 종루
위에서 발견된 익명시라고 합니다. 영경이 시를 잘 짓지 못한다는 것은
사람들이 모두 알고 있습니다."라고36) 하였다. 임금 마음이 점차 풀리어

---

33) 『선조수정실록』 권24, 선조 23년 6월조.
34) 송강이 위관을 맡은 부분에서 여기까지는 『기축록속』「是年秋進士柳景瑞等疏」
　　에 있다.
35) 『선조수정실록』 권24, 선조 23년 6월조.
36) 『사계전서』 권9, 행장, 「松江鄭文淸公澈行錄」. "최영경은 시를 짓지 못합니다."

석방하기를 명했다.37) 대개 우계가 송강에게 보낸 편지에 이르기를,
"최영경은 지극한 행실이 있습니다. 공公이 신구해 주시길 청합니다."라고
하였다. 이 때문에 송강이 또한 힘써 구하였다.

영경이 국문에 임해서 우계를 욕하고 꾸짖는 말을 많이 하였다.
송강이 헐소청歇所廳에38) 나와서 분개하여 말하기를 "호원浩源[성혼
의 字]이 신구伸救하라는 편지를 했는데 저 사람[최영경]은 이같이
하니 그 마음 쓰는 것을 알 수 있습니다."라고 하였다. 오성鰲城[이항
복]이 말하기를 "그렇지 않습니다. 만일 익명시의 일로써 말하면
성낼만하지만, 오늘날 사건으로 말하면 다만 시비를 가릴 뿐입니다.
어찌 성냄이 있으리오."라고 하였다. 송강이 놀라 사과하여 말하기를
"만약 그대의 말이 아니었으면 거의 국사를 그르칠 뻔하였소."라고
하였다. 그리고 들어가서 힘써 그를 구했다.

간원 구성具宬(1558~1618)과 이상길李尙吉(1556~1637)이 영경을 재
차 국문하자는 명命을 청하자 영경은 또 체포되었다.39) 송강이 듣고
크게 놀라 일송 심희수沈喜壽(1548~1622)에게 일러 말하기를 "영경을
한 번 체포한 것도 아주 심한 일인데, 근거 없이 다시 국문을 청하였으니
뒷날 이 일을 어떻게 여기겠는가? 공 등은 어찌 동년배들과 함께 힘써
그것을 저지하지 않는가?"라고 하였다. 형추刑推의 명이 내리자 이항복李

라고 하였다.

37) 『선조수정실록』 권24, 선조 23년 6월조.
　　『연려실기술』 권14, 선조조 고사본말, 「기축년 정여립의 옥사」. 8월 30일조에
　　전교하기를 "최영경과 김영일 등을 석방하라."라고 하였다.
38) 헐소청歇所廳: 대궐 안의 휴게소.
39) 『연려실기술』 권14, 선조조 고사본말, 「기축년 정여립의 옥사」. 8월 30일조에
　　구성과 이상길이 재차 국문하자는 청을 하였으나 석방하였다.

恒福과 상의하여 계를 초하고는, 서애西崖와 함께 연명聯名하여 그를 구하고자 하였다.40)

서애는 당시 위관이었는데, 오성鰲城이 서애를 보고 영경의 원통함은 대신[유성룡]이 구하지 않으면 안된다는 뜻을 지극하게 말했다. 서애는 말하기를 "나와 같은 자는 감히 구할 수 없습니다. 사인[이항복] 또한 불가합니다. 이같이 비분강개하더라도 끝내 그를 구할 수 없을 것입니다." 라고 하였다.41) 영경은 마침내 옥중에서 병사病死하였다.42) 그 후에 송강이 서애를 보고 말하기를 "사람들이 모두 이견而見[유성룡의 字]을 근신군자로 여길 것이요, 계함季涵[정철의 字]을 허망군자로 여길 것이다. 근신과 허망은 비록 같지 않으나 그 군자라는 것은 하나이다."라고 하였다. 이산해李山海(1539~1609)를 돌아보고 일러 말하기를 "나의 이 말은 헛된 것이 아니다. 뒷날 내[송강]가 최영경을 끌어 죽였다고 여길 것이니, 그때 이 말을 증거로 삼으려는 것이다."라고43) 하였다.

동복同福 정암수丁巖壽는 일찍이 송강의 문하에 출입한 자이다. 당시에 상소하여 이발과 최영경의 사건을 극언極言하고, 유성룡·이산해와 당시의 사류들이 여립의 동류들과 서로 알고 지냈다고 또 논論하니 배척받지 않은 이가 없었다. 시론時論이 아마 송강을 의심하였기 때문에 송강이 이런 말을 하였을 것이다. 동강東岡 남언경南彦經은 우계·율곡·송강·사암과 함께 도의를 나누던 사이였으나 역시

40) 『대동야승』 서애집(2), 유성룡 연보. 경인년(선생 49세) 6월. 최영경을 구출하려고 상소문을 초안하여 놓고 올리지 않았다.
41) 『연려실기술』 권14, 선조조 고사본말, 「기축년 정여립의 옥사」. 9월 10일조에 이항복과 유성룡의 대화가 나온다.(『백사집』·『기축기사』 참조)
42) 『연려실기술』 권14, 선조조 고사본말, 「기축년 정여립옥사」. 9월 8일에 죽었다고 한다.(『수우행장』 참조)
43) 『대동야승』 혼정편록(5).

정암수의 소에서 배척받게 되었다. 우계는 여립과 서로 안다는 것
때문에 상소하여 자송自訟하기를 "남언경과 함께 죄를 받기를 원한
다."라고 하였다. 이 같은 정황을 살펴보면 송강이 정암수의 상소
내용을 알지 못했다는 것을 명확히 알 것이다.44)

서애는 미소 지으며 있고 산해는 말을 않고 잠잠히 있었다.45) 그 후에
산해의 당인들은 송강이 영경을 몰아 죽였고, 양천경梁千頃을 잡아 가두었
다고 여겼다. 당시 홍여순이 금오金吾〔의금부〕에 있었는데 스스로 자기에
게 죄가 돌아올 것을 두려워하여 그 말의 근거와 출처를 묻지 않고 오직
엄하게 혹형을 가하였다. 또 양천경의 처 종형인 기효증奇孝曾을 달래어
양천경을 설득하게 한 말에 "최영경이 길삼봉이다고 한 주장은 송강에게
책임을 돌려라. 그런 뒤에야 살아날 수 있을 것이다."라고 하였다. 양천경
이 고문하여 때리는 것을 이기지 못하고 송강을 무고로 끌어들였다.
송강은 2월에 재상에서 체직되고,46) 윤3월에 파직되고,47) 5월에 삭출되
고,48) 6월에 강계江界로 찬축 되니,49) 이 해가 곧 신묘년이었다. 이 상황으

---

44) 『선조실록』 권23, 선조 22년 12월 14일(정해). 심희수는 정철의 문객으로 그
   상소가 정철의 손에 의해 작성되는 것을 보았는데, 정철이 패한 뒤 심희수가
   죄에서 벗어나기 위해 그 사실을 퍼뜨렸다고 한다.
45) 『연려실기술』 권14, 선조조 고사본말, 「기축년 정여립의 옥사」. 경인년 9월 10
   일조에 대화 내용이 나온다.(『혼정록』 참고)
46) 『선조수정실록』 권25, 선조 24년 2월조. 좌의정 정철을 체직시켜 영돈녕부사
   로 삼고, 찬성 이양원을 우의정으로 삼고, 유성룡을 좌의정으로 승진시킨다.
47) 『선조수정실록』 권25, 선조 24년 윤3월 14일(기묘). 양사가 아뢰어 정철이 파
   직되었다.
48) 『선조수정실록』 권25, 선조 24년 5월조. 정철은 진주에 유배되고 백유함·유
   공신·이춘영은 서쪽 변방에 유배되었는데, 상이 극변으로 이배하도록 하여
   정철은 강계로, 백유함은 경흥으로, 유공신은 경원으로, 이춘영은 삼수로 이배
   되었다.
49) 『선조실록』 권25, 선조 24년 6월 23일(병진). 양사가 합계하여 찬배를 건의하
   였다. 이튿날 윤허하여 유함은 경성, 춘영은 부령, 공진은 희천에 유배되었다.
   뒤에 유함은 경흥, 공진은 경원, 춘영은 삼수, 정철은 강계로 옮겼다.

로 본다면 송강이 죽인 것이 아니고, 바로 홍여순이 죽인 것이다.

해평부원군 윤두수尹斗壽(1533~1601)의 일기에는 "남원에 사는 정자正字 양경우梁慶遇가 나를 보고 말하기를 예전에 최영경의 문인이 와서 '지금 세상에서는 정상[정철]이 최선생[최영경]을 몰아 죽였다 하나 우리들은 전혀 그렇지 않다고 여깁니다.'라고 하였다. 양경우가 말하기를 '왜 그렇게 여기는가?'라고 하니, 그가 말하기를 우리 선생님이 옥중에 있을 때 가족에게 글을 남겼는데 그 글에 '나는 평생 정재상[정철]을 그른 사람이라고 여겼는데 지금 그 사람이 하는 행동을 보니 진실한 군자구나. 내가 살아날 수 있었던 것은 오로지 송강이 구원할 것을 믿은 때문이다.'라고 하였습니다. 그런 까닭으로 우리 동문과 일가친척들은 모두 시론을 원통하게 여깁니다."라고50) 하였다.

정언신鄭彦信 · 백유양白惟讓 · 이발李潑 · 이길李洁은 모두 정여립과 평생 동안 친밀한 교분이 있어 주고받은 편지가 문서 중에 많이 있었다. 정언신은 정즙鄭緝의 공초에서 처음 나왔는데,51) 급제 임국로任國老가 또 상소하여 논하기를 "정언신은 역적을 보호한 흔적이 있습니다."라고 하였다.52) 그리하여 국문을 받고 멀리 유배되었다.53) 대개 그도 송강이 힘써 구원하려 했던 사람이었다.

50) 『우계집속집』 권4, 「與鄭士朝 宗溟」.
51) 『선조실록』 권23, 선조 22년 11월 12일(병진).
52) 『선조실록』 권23, 선조 22년 12월 4일(정축). 사헌부에서 "급제 임국로는 참국할 때 정언신에게 부회하여 역적을 두호하는 뜻이 농후였으니 옥사의 소루함이 또한 이들 때문입니다."라고 하였다.(『선조실록』의 이 기사를 보면 임국로가 정언신을 나쁘게 말한 것 같지는 않다.)
53) 『선조실록』 권23, 선조 22년 12월 4일(정축). 정언신은 남해에 유배되었다.

전라유생 양형梁詗이 또 상소하여 "정언신이 국문을 당하는 날 역모를 고변한 사람을54) 참수해야 한다는 주장을 공공연히 거리낌 없이 말하였습니다. 이 이야기가 전파된 지 이미 오래되었는데 조정에서는 한 사람도 그것에 대해 언급하는 사람이 없으니 이것이 또한 놀랄만합니다."라고 하였다.55) 임금이 당시에 동참한 신하들에게 물으니 김귀영金貴榮(1520~1598)은 귀가 멀어서 듣지 못했다 하고, 이산해李山海는 시간이 오래되어 기억하지 못한다 하고, 유홍兪泓·홍성민洪聖民(1536~1594)은 모두 그 말을 들었다고 했다.56)

홍성민이 또 그것에 대해 계啓하기를 "정언신이 그 말을 할 때 신臣이 참으로 그 말을 저지했습니다. 산해 역시 그 말이 옳지 않다 하고는 신臣을 돌아보고서 말하기를 '나〔이산해〕도 역시 판서〔홍성민〕의 뜻과 같다.'라고 했습니다. 정언신이 재삼 주장하자 이산해는 조금 굽히며 말하기를 '다시 그것을 생각해 보자.'라고 했습니다. 그 뒤 황해감사를 추고推考하고자 하자 산해가 힘써 그 불가함을 말하니 일이 드디어 잠잠해졌는데, 지금 산해의 계啓에 기억이 잘 나지 않는다고 하는 것은 괴이하지 않을 수 없습니다."라고 하였다.57) 전교傳敎 하기를 "경이 직접 유생의 소를 보았고 정언신의 말이 이와 같으니 참으로 패악한 역도逆徒이구나."라고 하고는58) 다시 국문을 명하니 매 맞다가 죽었다.59)

---

54) 황해감사 한준.
55) 『선조수정실록』권24, 선조 23년 4월조. 전주 유생 양형의 상소.
56) 『선조수정실록』권24, 선조 23년 4월조. 전주 유생 양형의 상소.
57) 『선조실록』권24, 선조 23년 5월 19일(기미).
58) 『선조실록』권24, 선조 23년 5월 19일(기미).
59) 『연려실기술』권14, 선조조 고사본말, 「기축년 정여립의 옥사」. 선조 23년 7월 5일에 정언신을 잡아와서, 7월 17일에 궐정에서 추국하라 전교하고, 7월 22일에 갑산으로 귀양보내라고 명하였다. 『한국민족문화대백과사전』에는 유배지에서 죽었다고 되어있다.

이발李潑 형제는 전라도 역적들의 공초에서 많이 언급되었다.[60] 이발과 이길은 함께 같은 도道에 살았는데 서로 왕래가 빈번하였고 또 이름난 선비들과 연계되었다. 그런 까닭으로 많은 역적들이 이름을 익숙히 들어 국문을 당할 때 이와 같이 초사招辭하였을 것이다. 기축년(1589년) 8월 이길李洁이 사인舍人이 되어 상경하는 길에 금구金溝 종악원鍾樂院을 지날 때 정여립이 원루에서 전별연을 열었다. 술이 반 순배쯤 되었을 때 정여립이 술을 찍어 소반에 글을 써 보이자 이길은 낯빛을 잃고 놀라 일어났다. 말에 올라 급히 몰고는 현사에 들어갔다. 형에게 글을 보내서 그의 형이 오기를 기다려 함께 의논하고자 한 것이다. 이발이 편지를 보고 그날로 길을 떠나 삼례역參禮驛에 이르러 정여립의 모반사건을 듣고 길을 재촉하여 서울에 도착하였다.[61]

얼마 되지 않아 양천회의 소로 형제가 함께 갇히게 되었으나 송강松江이 힘써 구하여 한 차례 형을 받고 정배되었다.[62] 유배 가는 길에 죽계竹溪 안민학安敏學을 우연히 만나 이발이 안민학에게 말하기를 "돌아가 계함季 涵에게 '계함은 나에게 진 빚이 없는데 나는 계함에게 진 빚이 많으니 다음에 지하에서 무슨 면목으로 서로 대하겠는가?'라고 이야기하라."라고 하고는 이어 목 놓아 울었다.[63] 백유양白惟讓이 체소 이춘영李春英(156

---

60) 『선조실록』 권23, 선조 22년 11월 3일(정미). 생원 양천회의 상소에 역적 정여 립과 친절한 조신은 이발·이길·김우옹·백유양·정언신·최영경이라고 하였다.
   『선조실록』 권23, 선조 22년 11월 4일(무신). 예조정랑 백유함이 소를 올려 김 우옹·이발·이길 등이 역적과 친밀한 사실을 논하였다.
   『선조실록』 권23, 선조 22년 11월 12일(병진). 상이 선정전에 임어하였다. 정 여립의 조카 정즙의 초사에 정언신·정언지·홍종록·정창연·이발 등이 언 급되었기 때문이다.
61) 『연려실기술』 권14, 선조조 고사본말, 「기축년 정여립의 옥사」.(『부계기문』·『계갑록』참고)
62) 『선조실록』 권23, 선조 22년 11월 12(병진).
63) 『연려실기술』 권14, 선조조 고사본말, 「기축년 정여립의 옥사」.(『일월록』참고)

3~1606)을 보고 또 송강에게 감사한다는 말이 있었다. 이런 정황을 보면 송강이 이발을 구한 것을 또한 알 수 있는 것이다.

낙안樂安 출신 역적 선홍복宣弘福은 초사招辭에서 지극히 추측으로 이발과 이길 및 백유양을 끌어 들였다.64) 또 초사에서 이진길李震吉은 유덕수柳德粹의 처소에서 참서를 얻었다고 하니 유덕수는 국문에 잡혀와 신문받다가 죽었다.65) 이발과 이길은 유배 가는 도중에 다시 잡혀왔다. 이발은 백유양과 함께 매 맞다가 죽었다. 이길에게 아직 형을 내리지 않았을 때, 송강이 서애와 산해를 보고 말하기를 "경함은 이미 죽었으나 이길은 구할 수 없겠는가?"라고 하였다. 서애는 대답하지 않고 산해는 일어나 나가니 송강이 홀로 계啓를 올려 이길을 구하고자 하였다. 임금이 몹시 화내어 말하기를 "이것은 바로 정철이 한 것이다. 산해는 반드시 이와 같이 하지 않을 것이다."라고 하고는, 바로 명하여 형을 가하니 이길도 매 맞고 죽었다. 이때가 기축년 십일월이었다.66)〔원: 최영경과 이발 등을 처음 국문할 때 송강이 위관을 담당하였고, 재차 국문할 때는 서애가 위관을 담당하였다.〕

이발과 이길이 죽은 후에 그 어미 윤씨의 나이 팔십 둘이고, 아들은 아홉 살인데 모두 잡혀오니 이때가 경인년 12월이었다. 임금이 국문하기를 명하니 조정 신하들이 시종일관 법에 따라 논계하여 옥중에 구류하였다. 신묘년 5월에 이르러 서애가 또 위관을 맡아 신문하였다. 윤씨는 압슬형을 가하자 죽었고, 아홉 살 난 아이 또한 옥중에서 죽으니67) 그

---

64) 『선조실록』 권23, 선조 22년 12월 12일(을유).
65) 『선조실록』 권23, 선조 22년 12월 12일(을유).
66) 『선조실록』 권23, 선조 22년 12월 12일(을유). 11월이 아님을 알 수 있다.
67) 『선조수정실록』 권25, 선조 24년 5월조. 윤씨는 82세였고, 아들 명철命哲은 10 세였다.(명철이 경인년 12월에 잡혀올 때 9세였으니 이때는 10세임을 알 수 있다.)

화가 또한 참혹하였다. 임진년에 송강이 강계江界에서 방면되어 서애와 함께 관서關西 행재소行在所에서 만났을 때 송강이 서애를 꾸짖어 말하기를 "대감이 위관을 맡아 어찌하여 경함景涵의 늙은 어미와 어린 아이를 죽였는가?"라고 하니, 유성룡柳成龍이 울면서 말하기를 "대감이 만약 그 자리에 있었다면 구할 수 있었겠는가?"라고 하였다[68]. 이발의 어미와 아들이 죽었을 때 송강은 강계에 찬축되어 있었음을 역시 알 수 있다.

남평南平에 사는 이소李詔란 자는 이발의 동생인 이직의 외손이다. 그 일기에 "나의 외증조모 윤씨는 경인년 시월에 상촌으로 거처를 옮겼다가 십이월에 서울로 잡혀갈 때 중봉 조헌趙憲(1544~1592)이 길에서 절하면서 맞이하여 양가죽 겉옷을 드렸다.[69] 서울에 도착하여 수개월 동안 구금되었는데 내 외조모께서 뒤따라가서 옥바라지를 했다. 윤씨는 신묘년 5월 22일에 마침내 압슬형에 돌아가셨다."라고 하였다.

송강이 정승에서 체직된 것은 신묘년 2월이고 강계로 찬축된 것은 6월이다. 그렇다면 윤씨의 죽음은 바로 서애가 위관으로 있을 때이다. 세월이 이미 오래 지났고 문적이 다 흩어진 뒤에 오히려 송강에게 허물을 돌리는 것은 어찌된 것인가! 나는 틀림없이 서애가 그들을 죽였다고 여긴다. 서애는 90된 늙은 아녀자와 어리고 약한 아이가 가혹한 형벌을 받다 죽을 때 감히 한마디 해서 그들을 구하려고 하지 못하고는, 송강이 책망하는 말에 다만 울기만 하였다. 만약 송강을 공격하도록 하는 자가 진실로 공심公心이 있다면 당연히 송강을 공격하는 대신에 서애를 공격하여야 하는데, 전후에 송강을 공격한 자는 서애의 당파黨派가 아님이 없으니 그 개탄스러움을 이기지 못하겠구나.

---

68) 『대동야승』 권55, 운암잡록, 「최효원」.
69) 『선조수정실록』 권25, 선조 24년 5월조.

서애가 저술한 『운암만록雲巖漫錄』에는 자기가 잘하는 것을 말하여
자랑하는 병이 자못 많으나 다른 사람의 시비를 논하는 곳에서는
감춘 흔적이 없지 않다. 군자라고 하는 사람이 오히려 이와 같이
하는가? 또 기축옥사己丑獄事에서 일처리 한 것을 보면 그 마음 씀씀이
은미하다는 것을 알 수 있으니 동인이 송강에게 원한을 품는 것이
어찌 애통하지 않겠는가!

송강이 건저建儲를 청한 일로 임금의 뜻을 크게 거슬렸는데, 이때부터
동인이 틈을 타서 모함에 빠뜨리고 끝내는 찬축시키고서야 그만두었다.
만약 임진란이 없었다면 기필코 죽였을 것이지 찬축하는 것에 그쳤겠는
가!

신묘년 윤3월에 사헌부에서 계하여 "이조좌랑 유공진柳拱辰(154
7~1604)은 인물 됨됨이 용렬하고 추악하며, 검열 이춘영李春英의
사람됨은 허망하고 망령됩니다. 모두 재상의 집을 드나들었으니
파직하소서."라고 하니 임금이 이에 따랐다.[70] 같은 달 양사 합계에서
"정철이 조정의 권한을 마음대로 농단하고 세상을 함부로 천단하니
파직하기를 청합니다."라고 하니 임금이 이에 따랐다.[71] 5월에 양사
에서 합계하여 삭출을 청하니 이에 따랐다.[72] 6월에 장령 조인득趙仁
得·윤담무尹覃茂·지평　이상의李尙毅(1560~1624)·정광적鄭光

---

70) 『선조수정실록』 권25, 선조 24년 윤3월조.
71) 『선조수정실록』 권25, 선조 24년 윤3월조.
72) 『선조수정실록』 권25, 선조 24년 5월조. 대사헌 홍여순, 장령 조인득·윤담무,
　　지평 이상의·정광적, 대사간 이원익, 사간 권문해, 선납 김민선, 정언 이정
　　신·윤엽 등이 합계하기를 "정철·백유함·유공신·이춘영 등이 서로 붕당을
　　지어 조정을 어지럽히면서 자기들과 뜻이 다른 사람들을 없애고자 하였습니
　　다. 이에 유생들에게 상소하도록 꾀어 이름있는 재상과 사류들을 역당으로 몰
　　아 모두 죽이려고 하였으니 아울러 먼 곳으로 찬축시키소서."라고 하니 임금
　　이 따랐다.(홍여순과 이원익에 대해서는 『선조수정실록』과 차이가 있다.)

績(1551~?)·대사간 홍여순洪汝諄·사간 권문해權文海(1534~15
91)·정언 윤휘尹輝·이정신李廷臣이 합계할 때에 대사헌 이원익李
元翼(1547~1634)은 외방外方에 있었다.[73] 그 내용에 "정철鄭澈·백
유함白惟咸·유공진柳拱辰·이춘영李春英 등이 붕당을 조성하여 조
정을 흐리고 어지럽히면서 자기와 의견이 다른 사람을 함정에 빠뜨리
고자 하니 청컨대 함께 원찬하소서."라고 하니 임금이 이에 따랐다.[74]
정철은 강계江界로, 백유함은 경흥慶興으로, 유공진은 경원慶源으로,
이춘영은 삼수三水로 원찬하였다.[75]

　같은 달 양사에서 합계하여 "우찬성 윤근수尹根壽(1537~1616)·판
중추 홍성민洪聖民·여주목사 이해수李海壽·양양부사 장운익張雲
翼(1561~1599)이 정철에게 당부하여 간사한 무리를 인진引進하였
으니 청컨대 삭직하고 출척하소서."라고 하니 임금이 따랐다.[76] 7월
에 양사에서 합계하여 "병조판서 황정욱黃廷彧(1532~1607)·호조
판서 윤두수尹斗壽(1533~1601)·승지 황혁黃赫·황해감사 이산보
李山甫(1539~1594)·예조좌랑 김권金權(1549~1622)·고산군수
황신黃愼이 정철에게 당부하여 사람을 상하게 하고 재물을 손상케
하였으니 청컨대 파직하소서."라고 하니 임금이 따랐다.[77] 같은 달
양사에서 연계하여 윤두수와 황혁을 죄주도록 청하고 또 계하여
박점朴漸(1532~?)이 정철에게 당부하였다고 파직토록 청하였다.[78]

---

73) 『선조실록』 권25, 선조 24년 6월 23일(병진).
74) 『선조실록』 권25, 선조 24년 6월 23일(병진).
75) 『선조실록』 권25, 선조 24년 6월 23일(병진).
76) 『선조실록』 권25, 선조 24년 6월 25일(무오). 윤근수는 원훈이란 이유로 윤허
　　하지 않다가 이튿날 윤허했고 장운익은 멀리 온성에 유배하였다.
77) 『선조수정실록』 권25, 선조 24년 7월조. 임금이 정욱과 혁은 풍문일 뿐 믿을
　　수 없다 하였고 두수는 관후하고 재기가 있다 하였고, 근수는 문학에 능한 선
　　비라 하여 애석히 여겨 윤허하지 않았다. 나머지는 아뢴 대로 하라고 하였다.
　　그래서 홍성민은 부령으로, 이해수는 종성으로, 장운익은 온성으로 유배하였다.
78) 『선조수정실록』 권25, 선조 24년 7월조.

이성중李誠中(1539~1593)이 정철의 문하에 출입하였다고 파직하
기를 청하니,79) 임금이 모두 따라, 윤두수·홍성민·이해수는 모두
원찬하였다. 전교하기를 "간신 정철이 배척하여 함정에 빠뜨린 자들
을 모두 거두어서 서용하고 탁용하라."라고 하니80) 이로부터 동인이
용사하였다. 이것이 신묘년 서인들이 화를 당한 사건이다.

산해가 그 도당 권유權愉에게 상소하도록 사주하여 송강이 최영경을
몰아 죽였다고 무고하게 하니,81) 한음 이덕형李德馨(1561~1613)은 산해
의 사위이지만 오히려 힘써 송강을 구하였다.

내가 몇 해 전에 익산益山 남태보를 만났는데 말하기를 "자네는
한음이 기축옥사 뒤에 송강을 구하는 상소를 보았는가?"라고 하니,
내가 말하기를 "못 보았소이다."라고 하니, 남태보가 말하기를 『한음
집漢陰集』을 개간할 때에 자손들이 그 상소를 산거刪去한다고 하였으
니, 참으로 애석하다. 내가 그 자손 누구와 서로 친하고 상소 원본이
아직 그 집에 있다고 하니 조만간에 내가 마땅히 볼 수 있을 것이다.
그것을 보면 또한 당연히 그대에게 보이겠다."라고 하였으나, 얼마
안 있어 남태보가 불행해져서 내가 볼 수 없었으니 지금까지도 한이
된다.

정인홍鄭仁弘이 그 도당 박성朴惺(1549~1606)82)·문경호文景虎(?~

---

79) 『선조수정실록』 권25, 선조 24년 7월조.
80) 『선조수정실록』 권25, 선조 24년 7월조.
　　『연려실기술』 권14, 선조조 고사본말, 「신묘년의 시사」. 신묘년 7월 17일.
81) 『연려실기술』 권14, 선조조 고사본말, 「갑오년에 정철의 관작을 추탈하다」. 갑
　　오년 5월 전 현감 권유가 소를 올리기를 "간신이 산림에 숨어 있는 선비를 모
　　함해서 저의 사분私忿을 쾌하게 풀고 원망을 나라에 돌리었습니다."라고 하니
　　임금이 "선비는 누구냐?"고 하니 "최영경입니다."라고 하였다.(『서애집』 참고)

1620)[83] 등을 상소하도록 사주하여 말하기를 "우계와 송강이 최영경을 무고하여 죽게 하였다."라고 하였다. 기자헌奇自獻(1567~1624)은 그 논의를 선동하여 송강을 간흉으로, 우계를 간당으로 삼았다.[84] 동강東岡 김우옹金宇顒(1540~1603)이 또한 스스로 송강을 구하였다.

『동강집東岡集』에 기축옥사를 논함에 송강에게 허물이 돌아간다는 말이 있었다. 대개 기축년 백유함白惟咸이 상소하여 이발과 김우옹이 역적 정여립과 친하게 지냈다는 정황을 논하였다. 이발은 마침내 죽음에 이르고, 우옹은 유배 갔다가 이때에 이르러 조정에 돌아왔다. 겉으로는 구하고 안으로는 실제로 배척한 것인가? 아니면 진정으로 구한 일이 있는데 한음의 소처럼 『동강집』에 싣지 않은 것인가?

한음과 동강은 모두 동인 측의 사람들인데도 정철을 구하려 함이 이와 같으니 송강이 최영경과 이발을 죽이지 않았다는 증거가 더욱 명확한 것이다. 서애西崖와 홍여순洪汝諄을 공격하지 않고 오직 송강을 공격함이 심한 것은 또한 어떤 마음인가?

원객이 말하기를 "아계鵝溪와 정인홍은 모두 동시대의 인물이지만, 정인홍은 시골에 있어서 그때 일의 기미를 아마 상세히 알지 못하였을

---

82) 『연려실기술』 권17, 선조조 고사본말, 「성혼의 관작을 삭탈하고 정인홍이 권력을 잡다」. 정유년 4월에 그 문인인 현풍 사람 전 전랑 박성朴惺을 시켜서 시폐에 대한 16조목의 소를 올렸다.

83) 『연려실기술』 권14, 선조조 고사본말, 「기축당적을 신설하다」. 신축년에 문경호의 소가 들어온 뒤에 양사에서 "전일에 영경이 다시 잡혀 국문당하던 당시의 대간들을 치죄하기를 청합니다."라고 하여 윤허하니, 임인년 2월에 이해수 등 5명의 관작을 삭탈하였다.
『연려실기술』 권17, 선조조 고사본말, 「성혼의 관작을 삭탈하고 정인홍이 권력을 잡다」. 신축년 3월에 인홍이 그 문객인 문경호 등을 사주하여 소를 올렸다.(『일월록』 참고)

84) 『연려실기술』 권17, 선조조 고사본말, 「성혼의 관작을 삭탈하고 정인홍이 권력을 잡다」. 신축년 12월 28일.(『조야기문』 참고)

것이다. 아계는 서울에 있어서 응당 상세히 알지 못할 이유가 없지만,
또 송강·우계와 서로 친하니 어찌 서로 해치려는 이치가 있었겠는가?"라
고 하였다.

내가 다음과 같이 말하였다.

그 당시 사건의 전말을 상세하게 아는 이는 또한 오성鰲城과 한음漢陰
같은 이가 없다. 오성의 일기와 한음의 상소에 있는 말이 속인 것이
아니라면, 그대가 오직 아계만을 이와 같이 믿는 것은 무엇 때문인가?
이산해는 우계와 송강에게 깊이 유감된 일이 있었으니, 기축년 이후에
우계와 송강 및 사계가 서로 모였을 때 이희삼李希參이 합석하였다. 이희삼
은 곧 서인과 남인 사이의 중간파이다. 송강이 말하기를 "여립의 무리는
모두 황해도와 김제현金堤縣에 있으니 그때 정여립을 황해도사와 김제현
령에 의망한 자는 죄 없지 않다."라고 하였다.

사계沙溪가 말하기를 "정여립은 본래 세상을 속이고 이름을 훔친 자이
다. 그때 전조銓曹에서 정여립을 의망한 사람들이 이것을 통해서 어떻게
그 자가 역적이 될 것이라 미리 알아차렸겠는가?"라고 하였다. 우계가
말하기를 "정여립이 과연 황해도사와 김제현령이 되어 흉악한 예봉을
위한 밑천을 삼았다면 그때 전장銓長[이산해]이 무죄일 수 없을 것 같다."라
고 하였다. 그리하여 모임을 마치고 각자 돌아갔는데 이희삼이 바로
이산해의 집에 가서 그 이야기를 말했다. 이산해가 크게 놀라 귀봉龜峯
송익필宋翼弼(1534~1599)에게 말하여 "한 장자長者가 나를 죽이고자
하니 나는 반드시 죽을 것이다."라고 하였다. 대개 그때의 전장은 곧
산해였고, 장자는 우계를 가리킨 것이다. 이때부터 우계와 송강을 크게
원망했다는 것이 이것이다.

이산해가 전장으로서 여립을 김제현령에 의망하고, 이양원李陽元
은 전장으로서 황해도사에 의망했다. 당시 정언 황신이 이것에 대해
죄를 논하다가[85] 고산현감으로 나갔다. 신묘년 서인의 화는 오로지
이것에서 말미암은 것이고 이산해가 주동한 것이다.

그 당시에 또 연회가 있어 모든 조정의 신하가 다 참석하였다. 이산해는
유고有故 때문에 참석하지 못하고 시를 지어 보내 왔는데 연월年月 아래에
'아옹鵝翁'이라고 썼다. 송강이 보고 웃으면서 말하기를 "이것은 대감이
참으로 자기 소리를 낸 것이다."라고 하였다. 세속에서 '아옹'을 고양이
소리로 여긴 때문이다. 이산해가 그 말을 듣고서 깊이 원망하여 항상
독을 품고 있었다. 그래서 몰래 송강을 해치려고 한 일이 한두 가지가
아니었다.

이산해李山海가 영상이 되고 서애가 좌상이 되고 송강이 우상이 되었을
때에 선조에게는 적사適嗣가 없고 왕자만 많았다. 조정의 의논은 대부분
김숙의金淑儀 소생인 광해군光海君에게 귀속되었고, 임금의 뜻은 인빈仁
嬪 소생 정원군定遠君에게 있었다. 이산해가 서애에게 말하기를 "우리가
재상이 된 지 오래인데 건백建白한 적이 없으니 부끄러워 어찌 하겠는가?
지금 급한 일은 세자를 세우는 한 가지 일에 있으니 우상〔정철〕과 의논하여
동참함이 어떠한가?"라고 하였다. 서애가 송강을 보고 이산해의 말을
전했다. 송강 역시 임금의 보령이 이미 높으시니 건저建儲하는 일이
지금의 급무라고 여겨, 마침내 함께 들어가 계청啓請하기로 약속하였
다.[86]

85) 『연려실기술』 권14, 선조조 고사본말, 「기축년 정여립의 옥사」. 경인년 4월 1
일조에 정언 황신이 이들을 탄핵하였다.
86) 『선조수정실록』 권25, 선조 24년 2월조.

그 하루 전날 이산해는 몰래 인빈의 동생 김공량金公諒을 불러 말하기를
"새로 취임한 삼정승이 바야흐로 광해군을 세워 세자로 삼기를 청하려고
한다. 인빈을 제거하지 않으면 불편한 까닭으로 인빈을 제거하고자 한다
는데 자네는 듣지 못했는가? 인빈이 화를 입으면 자네도 면하지 못할
것이다."라고 하였다. 김공량이 크게 놀라 궁에 들어가 인빈에게 알리니,
인빈이 울면서 임금에게 말하기를 "지금 들으니 새로 취임한 삼정승은
광해군을 세워 세자로 삼고자 하고, 아울러 소인과 일족을 죽이려고
한다."라고 하였다. 임금이 말하기를 "어떤 경로를 통해 들었는가?"라고
하니, 인빈이 말하기를 "김공량이 상세히 그 일을 말하였습니다."라고
하였다. 임금이 "무식한 사람의 부랑스러운 말을 어떻게 취신取信하겠는
가?"라고 하였다.[87]

다음날 이산해는 배탈을 핑계로 오지 않았고, 송강 홀로 서애와 함께
탑전에 들어가 첫머리에 건저建儲의 일이 급하지 아니함이 없다고 말하였
다. 임금이 이미 인빈의 말을 듣고 막 의혹을 품고 있을 때 갑자기 이
논의를 듣고는 천노天怒가 진동하였다.[88] 송강은 드디어 나가 대죄하고,
서애는 감히 한마디 말도 내지 못하고 물러났다. 이것이 이산해가 송강을
제거하려는 교묘한 술책이었다. 이때부터 송강은 조정에 등용되지 못하
였으니 이산해가 기회機會를 타고 서인을 공격하여 신묘년의 화가 있게
되었다. 광해군이 등극하자 크게 이산해를 싫어한 까닭으로 이산해는

---

87) 『연려실기술』 권14, 선조조 고사본말, 「신묘년의 시사」.(『송강연보』·『일월록』
참고)
88) 『연려실기술』 권14, 선조조 고사본말, 「신묘년의 시사」. 경연에서 정철이 먼저
"세자를 세워야 한다."라는 의논을 꺼내자 임금이 노하니, 영상 이산해는 벙어
리처럼 아무 말 없이 움츠리었고, 유성룡도 한 마디 말도 하지 않았는데 다만
부제학 이성중·대사간 이해수가 아뢰기를 "이 일은 정철만이 홀로 하는 말
이 아니라 신 등도 모두 같이 의논한 것입니다."라고 하였다.(『송강연보』·『일
월록』 참고)

두려워하여 정인홍鄭仁弘·이이첨李爾瞻(1560~1623)의 무리에게 붙어
폐모사건에 의기투합하였으니, 참으로 정인홍·이이첨과 하나이면서
둘이었다.

2. 경신환국庚申換局

원객이 말하기를 "이러한 사건들은 참으로 옛일이라서 상세히 알 수 없지만, 지금 자네의 말을 들으니 최영경·이발의 일은 과연 서인西人의 잘못이 아닌 듯하다. 그러나 경신庚申의 옥獄은 남인 중에서 원통해 하는 자가 심히 많으니[89] 이른바 청성淸城 김석주金錫胄(1634~1684)·광성光城 김만기金萬基(1633~1687)가 어찌 무죄이겠는가?"라고 하였다.

내가 말하기를 "이른바 원통하다고 원망하는 사람은 누구인가? 이른바 죄가 없지 않다는 것은 어떠한 일인가?"라고 하였다.

원객이 말하기를 "사상社相 허적許積(1610~1680)은 선왕으로부터 막중한 부탁을 받아 나라의 큰일을 담당하고, 청성淸城은 임금의 심중을 헤아리는 신하로서〔肺腑之臣〕 나라의 중책을 맡았던 까닭으로 둘 사이는 친밀하였다.[90] 광성光城이라는 자는 뼈에 사무치는 원망을 품고서 일망타진의 계책을 세워 두 사람을 이간질한 뒤에야 그 흉악함을 드러낼 수 있었다.[91] 그리하여 완녕完寧 이사명李師命(1647~1689)이란 자로 하여금 청성의 마음을 부추겼고, 청성淸城은 또 광남光南 김익훈金益勳(1619~1689)이란 자로 하여금 그 논의를 부추겨 날마다 이입신李立身과 남두북南斗北 무리로 동정을 기찰하도록 하고,[92] 청풍淸風 김우명金佑明(1619~

---

89) 『연려실기술』 권34, 숙종조 고사본말, 「경신년의 대출척과 허견의 옥사」. 대저 남인들은 "이 옥사는 여러 복과 견이 바라서는 안될 자리[王位]를 넘겨다 본 죄뿐이라, 역적과는 다르니 범시犯弒한 형벌은 그들 자신에게 그치는 것으로 족하다."라고 하고 윤휴(삼족을 멸하였다)의 무리가 죽은 데에 대하여는 사화를 입었다고 하면서 석주를 남곤과 심정같이 보았는데 이것은 남인이 경신년 옥사를 원왕寃枉하게 여기는 까닭이다.(『강상문답』 참고)
90) 『숙종실록』 권21, 숙종 15년 7월 18일(임자). 김덕원의 말.
91) 『숙종실록』 권21, 숙종 15년 7월 18일(임자). 김덕원의 말.
92) 『숙종실록』 권21, 숙종 15년 7월 18일(임자). 김만기는 이입신李立身으로, 김석주는 박빈朴斌·남두북南斗北·이광한李光漢으로 기찰하게 하였다.
『연려실기술』 권34, 숙종조 고사본말, 「경신년의 대출척과 허견의 옥사」. 7월

1675)을 꾀어 격분시켜 거짓으로 상변上變하도록 하여 경신년 옥사獄事를
조성하였다.93) 허견許堅(?~1680)이 비록 반역하였으나 어찌 죄 없는
그 아버지를 연관시키는가?"라고 하였다.

내가 다음과 같이 말하였다.

허적許積과 청성淸城이 어찌 친밀할 이유가 있겠는가? 광성光城은 허적
에게 또 어찌 뼈에 사무치는 원한이 있겠는가? 당초 청풍淸風은 수도사건
隧道事件94)으로 우옹尤翁을 깊이 원망하여95) 임금에게 청대하여 배척하고
자 하였다. 또, 윤휴尹鑴(1617~1680)·허적許積·정정〔福昌君〕·남유〔
福善君〕 등이 화화禍禍를 이룰 기미에 기뻐하는 마음이 있어 홍수지변紅袖之變
을 기꺼이 고발하지 않았다.96)

명성왕후明聖王后가 비록 제복諸福97)들이 몰래 궁녀〔원: 업상業相·귀례
貴禮 무리〕98)를 간음한 것을 알았으나 장차 불리한 조짐이 있을까 하여

에 임금이 별군직 이입신·충장장 박빈·남두북에게 비밀히 전교하여, 허적·
유혁연·복선군의 집의 동정과 하는 일을 살펴서 듣고 보는 대로 와서 아뢸
것을 명하였다. 석주가 곧 백금 4백 냥을 주니 세 사람이 나누어 가지고 세
집을 찾아 가서 각자 그 집의 계집종들과 가까이하여 출입과 유숙하기를 밤
낮이 없게 하였으며, 견·남·혁연이 모의하는 것을 알지 못하는 것이 없었
다.(『조야회통』 참고)

93) 『숙종실록』 권9, 숙종 6년 5월 16일(갑진). 비망기에 별군직 이입신, 충장장
남두북·박빈 등을 공훈 감정 때에 모두 녹훈하였다. 빈청에서 김석주가 "정
원로가 고변할 때에 훈련대장 김만기와 의논하였으니 1등에 감정하도록 하
라."라고 건의하였다.

94) 『효종실록』 권21, 효종 10년 4월 8일(무술). 김우명이 아버지 김육의 무덤을
만들 때 길을 내었다.

95) 『현종실록』 권4, 현종 2년 5월 21일(기사). 송시열이 이를 참람하다고 비판하
였다. 이에 김우명이 송시열을 배척하고 허적과 가까워진다.

96) 『연려실기술』 권33, 숙종조 고사본말. 「복창복평홍수지옥」. "갑인년 이후부터
복창군의 여러 형제가 김우명을 비롯하여 여러 남인들과 날로 깊게 교분을
맺어갔다. 정과 연이 몰래 궁녀와 간통하기까지에 이르러서는 장차 국가에 이
롭지 못할 징조가 있었다. 명성왕후가 알고 있었으나 그들을 처단하는 것을
우명이 응낙하지 않았으므로 어찌할 수 없었다."(권상하 『강상문답』 참고)

97) 인조의 아들인 인평대군의 아들. 복창군 정·복선군 남·복평군 연.

98) 『숙종실록』 권3, 숙종 원년 3월 12일(경오). 상업常業·귀례貴禮의 오류이다.

어찌할 수 없었다.99) 윤휴와 허적의 세염勢焰이 점차 불어나자 방자함이 극심해지고 임금을 업신여김이 날로 더욱 심하였다. 정·남은 또 궁궐 안에서 거처하면서 외삼촌인 오정창吳挺昌과 윤휴·허적에 이르기까지 안팎으로 상응하면서 몰래 역모[不軌]할 기회를 엿보았다.

청풍이 처음 울분을 품었을 무렵, 장안의 대 협객 허정許挺은 인조仁祖 잠저 때의 친구 허계許啓의 아들인데 하루는 청풍의 집에 갑자기 들어가서 말하기를 "나는 겉으로는 남인이나 안으로는 서인이고, 공은 겉으로는 서인이나 안으로는 남인이다. 지금 나와 공이 논의를 가려 보는 것이 어떠한가? 인조는 우리 아버지와 각별한 교분이 있었다. 그래서 인조의 자손과 우리 아버지 자손은 대대로 교분이 있게 되었다. 지금 대대로 교분이 있는 집안의 자손이 저렇게 홀로 유약하고 외롭고 위태로워 조석을 보존하기 어려우니, 내가 이것을 근심하여 잠을 이루지 못한다."라고 하고 마침내 눈물 콧물을 비 오듯 흘렸다.100)

청풍이 홀연히 생각하니 성체가 유약하여 병이 많고, 또 형제 및 숙석宿昔 대신도 없는데 저들 제복諸福들과 남인들이 날마다 함께 서로 결탁하면 장래에 임금에게 불리한 일이 있을 것이라 여겼다. 이에 후회하고 뉘우쳐 상소하여 정槇·남柟 등의 홍수지변紅袖之變을 고발하였다.101) 정·남을 가두고 궁녀들에게 곤장을 치니 궁녀들이 마침내 각각 자복하였다.

당시 남인들은 청풍이 궁녀를 무고하여 자복하게 하고는 왕손을 죽이려 한다고 하였고 오히려 청풍을 반좌反坐102)시키고자 하는 의논을 하였다.

---

99) 『연려실기술』 권33, 숙종조 고사본말, 「복창복평홍수지옥」.
100) 『연려실기술』 권33, 숙종조 고사본말, 「복창복평홍수지옥」.
101) 『숙종실록』 권3, 숙종 원년 3월 12일(경오). 김우명 차자.
102) 반좌反坐: 무고誣告 또는 위증僞證을 하여 남을 죄에 빠뜨리게 한 자에게 그 무고 또는 위증한 내용의 죄와 동일한 형벌을 과課하는 일.

그때 허적이 수상으로서 들어와 제복諸福의 애매함과 청풍이 무함하였음을 아뢰었다.103) 명성왕후明聖王后가 마침 장막 뒤에서 허적이 아뢰는 말을 듣고 실성통곡하고는 허적을 꾸짖어 말하기를 "너는 누대에 걸친 조정의 구신으로서 은혜를 받고도 어찌하여 보답할 것을 생각하지 않고 감히 내 눈으로 본 일을 애매하다고 하는가?"라고 하였다.

허적이 황공하게 여겨 제복에게 죄줄 것을 주청하고 나왔다.104) 대개 정정禎·남유柟형제는 효종孝宗·현종顯宗 두 임금 때부터 대궐에 출입하였는데 멋대로 교만하고 음탕한 짓을 하였다. 대상105)의 초에 남유柟은 빈전에 대전代奠하면서 궁궐 안에 거처하였다.106) 위복威福을 몰래 훔쳐 궁녀와 간통하였다.107) 명성왕후가 그 상황을 상세히 알고 있었으며 청풍이 고발한 것이다.

다음날 윤휴의 계에 "자전을 관속하여, 정치에 간여하지 못하게 하소서."라고 하였고,108) 또 탑전에서 암탉[명성왕후]을 조관照管하라는 등의 말을 하였다. 홍우원洪宇遠(1605~1687)은 주역의 가인괘家人卦109)를 빌어 내외가 제 자리를 찾아야 한다고 논의하였고,110) 이수경李壽慶(1627~1680)은 임금과 자전이 다른 궁을 써야 한다고 소疏하였다.111) 박헌朴瀗112)

---

103) 『숙종실록』 권3, 숙종 원년 3월 14일(임신). 허적이 "만약에 귀괴鬼怪한 무리가 이런 말을 만들어 내어 운운한 것이 있다면 …"라고 하였다.

104) 『숙종실록』 권3, 숙종 원년 3월 14일(임신).

105) 효종비 인선왕후의 대상.

106) 『연려실기술』 권33, 숙종조 고사본말, 「복창복평홍수지옥」.(청풍부원군 시장 참고).

107) 『숙종실록』 권3, 숙종 원년 3월 12일(경오).

108) 『숙종실록』 권3, 숙종 원년 4월 1일(기축).

109) 가인괘家人卦: 육십사괘의 하나. 이하離下·손상巽上. 한 집안의 안팎이 바른 상.

110) 『숙종실록』 권3, 숙종 원년 4월 1일(기축). 부제학 홍우원 상소.

111) 『숙종실록』 권4, 숙종 원년 윤5월 24일(신해). 정언 이수경이 항간에 떠도는 "임금과 자전이 다른 궁을 써야 한다."는 소문은 사실이 아니라고 해명하였다.

112) 『아아록』에는 박연朴演, 필사본에는 박헌朴憲이나, 『숙종실록』에는 박헌朴瀗

은 자전을 침척侵斥하고 선조先朝에게 무함이 미쳤다.[113] 조사기趙嗣基 (1617~1694)는 자전을 문정왕후文定王后에 비교하는 소가 있었다.[114] 드디어 자전께서 장차 입을 다물고 죽겠다는 분부가 있기에 이르렀다.[115]

만일 이러한 무리들로 하여금 날짜를 끌게 하였다면 자전을 유폐幽閉하고 폐위廢位하는 일이 없으리라고 어찌 알 수 있겠는가? 허견許堅은 자기 아버지 세력을 믿고 방자하고 꺼림이 없어 양가의 처첩을 약탈하여 자기 집에 두었다.[116] 그 처가 투기하자 허견이 직접 죽이고[117] 아울러 그 처형까지 내쳤는데[118] 처형은 곧 청풍淸風의 첩이었다.

청풍의 첩의 동생은 곧 허견許堅의 처다. 허견이 양가의 처첩을 뺏어 집에 두고 그 처를 타살하였는데, 청풍의 첩이 가서 그를 꾸짖으니 허견에게 구타당하여 이가 부러지고 상처를 입고 울면서 돌아왔다. 그 외 허견이 남의 처첩을 뺏어 범하고 속이고 욕보인 온갖 방법이 하나가 아니어서 족히 도성 사람마다 몹시 원망하고 분노하며 욕하지

으로 되어있다.

113) 『우암연보』 숭정 48년 8월. 또 박헌이란 자가 있어 상소하여 선생을 터무니 없는 말로 얽고, 이에 감히 자성을 침척하고 선조에게 무함이 미쳤다.

114) 『숙종실록』 권4, 숙종 원년 6월 24(신사). 동부승지 조사기의 상소 내용 중 문정왕후에 비교함은 없다. 그러나 이 상소로 인해, 『숙종실록』 권4 숙종원년 6월 29일(병술). 관작을 삭탈당한다.

115) 『숙종실록』 권4, 숙종 원년 6월 21일(무인). 이때 청풍부원군이 상을 당하고 박헌의 상소 내용으로 인해 이런 말을 하였다.
『송자대전』 권110, 「與尹拯 丙辰正月」.

116) 『숙종실록』 권9, 숙종6년 5월 5일(계사). 포도청에서 차옥의 옥사를 추핵한 옥안 내용 중에 나온다.

117) 『숙종실록』 권8, 숙종 5년 2월 18일(계미). 대사간 유하익兪夏益이 "허견의 아내 홍녀洪女는 행실이 음탕하다는 소문이 자자합니다. 풍습을 해치고 인륜을 무너뜨린 죄를 유사로 하여금 단죄하게 하소서."라고 하였다.
『숙종실록』 권8, 숙종 5년 3월 5일(경자). 홍예형洪禮亨은 스스로 목을 베고 죽었다.(따라서 허견이 자기 손으로 죽인 것은 아닌 듯하다.)

118) 『숙종실록』 권8, 숙종 5년 2월 10일(을해). 남구만의 상소에 의하면 이가 부러졌다고 하나 같은 날 허적이 상소하여 사실무근이라고 하였다.

않음이 없어서 그 고기를 씹고자 하였다. 그래서 대간臺諫의 소疏가
있게 되었다.

그때 남구만南九萬(1629~1711)이 상소하기를 "여염의 천부賤婦도 사
사로이 매질하는 사건은 모두 이유를 들어보고 법으로 다스립니다. 하물
며 청풍의 첩은 비록 천인이라도 자전의 서모입니다. 그런데도 감히
구타하고 욕을 보인 것이 이와 같으니 이것은 고금의 위태로운 나라와
어지러운 나라에서도 아직 듣지 못한 바입니다."라고 하였다.119) 또 말하
기를 "남의 재화를 훔친 것을 일러 도적이라 하는데 하물며 남의 처첩을
훔친 자이겠습니까. 청컨대 포도청捕盜廳에 부치어 다스리십시오."라고
하였다.120)

당시 포도대장 구일具鎰(1620~1695)이 조사하니 과연 그 정상을 알게
되었다.121) 허견의 아버지 허적이 다른 재상에게 부탁하여 의금부義禁府로
옮겼다.122) 그때 의금부 판관은 곧 오시수吳始壽(1632~1681)였다.123)
드디어 사건이 번안되어 남구만南九萬과124) 구일은125) 찬축되었다. 그때
남구만이 찬축되어 허견이 끝내 무사하게 되었다는 말이 있었는데, 이로
써 미루어보면 견의 죄가 드러남이 이미 오래되었던 것이다. 당시 의논에
누가 허견이 역모하지 않았다 하겠는가?

---

119) 『숙종실록』 권8, 숙종 5년 2월 10일(을해).
120) 『숙종실록』 권8, 숙종 5년 2월 30일(을미). 이 말은 남구만의 상소 내용이 아
    니고 김석주가 아뢴 것이다.
121) 『숙종실록』 권8, 숙종 5년 2월 30일(을미).
122) 『숙종실록』 권8, 숙종5년 3월 3일(무술). 대신과 비국당상을 인견하였다. 권
    대운 등이 차옥의 옥사를 의금부로 옮길 것을 신청하였다.
123) 『숙종실록』 권8, 숙종 5년 3월 3일(무술).
124) 『숙종실록』 권8, 숙종 5년 3월 19일(갑인). 유배를 명하여 남해로 유배되었다.
125) 『숙종실록』 권8, 숙종 5년 3월 19일(갑인). 구일은 이때 김해로 유배되었다.

   그런 까닭으로 남인의 무리들도 또한 모두 허견이 도리에 어긋난다 하고, 남척柟은 임금이 되려는 마음을 품고 있다고 하여, 진실로 모든 사람이 그 고기를 씹고자 한다고 하였다. 그 무리들은 이미 허견許堅과 남이 역모했다고 알면서도 다만 그 아버지를 용서하고자 한 것은 무엇 때문인가? 남인들의 말에 또 말하기를 "허적은 그 아들의 요사하고 간악함을 익히 알았다. 만약 그 아들이 역모하려는 정상情狀을 알고도 아뢰지 않았다면 그 죄는 역모한 자와 함께 어떻게 해야 하는가? 그 아들이 역모하려는데 그 아버지가 어찌 감히 집에 있으면서 알지 못했다고 하겠는가?"라고 하였다.

   그때 윤휴가 금송 천여 그루를 베어 강상江上에 새 집을 지었는데 역시 남구만의 소로 탄핵을 받았다.[126] 그 때문에 윤휴는 이유정李有楨이라는 자를 사주하여 강도江都에 투서投書하였다. 그 내용은 "축성장 이우가 왕손[127]을 추대하려 한다."라는 말이니, 대개 장자를 폐하고 차자를 세웠다는 설이다.[128] 이우가 청성에게 그 편지를 보냈는데 청성은 그때 병조판서로 있었다. 청성이 임금에게 아뢰어 투서한 사람을 잡자고 청하였다.[129] 허적은 옳지 않다고 하며 이우를 장살하고 왕손인 혼焜과 엽熀 등을 찬축하였으니[130] 대개 서인들에게 책임을 돌려 일망타진하려는 계책이었다. 윤휴는 궁성을 수호하고 또 무원형武元衡의 일을[131] 인용하여 공경가를 호위하자고 청하여[132]

126) 『숙종실록』 권8, 숙종 5년 2월 10일(을해).
127) 소현세자의 손자인 임천군林川君으로 경안군慶安君의 아들이다.
128) 『숙종실록』 권8, 숙종 5년 3월 19일(갑인).
129) 『숙종실록』 권8, 숙종 5년 3월 12일(정미).
130) 『숙종실록』 권8, 숙종 5년 3월 16일(신해). 허적의 말 중에 이우를 장살하자
    는 내용은 없다.
131) 무원형武元衡은 당 덕종·헌종 때 사람이다. 무원형이 헌종 8년, 재상으로 있
    을 적에 조회하러 집을 나서다가 진주대도독부 장사長史 왕승종王承宗이 보

허적의 집을 호위하고자 했다. 이는 자기들의 세력을 공고히 하려는
의도이니, 허적과 윤휴는 그 죄가 둘이라고 말함이 불가하다.

허적과 윤휴 등은 대의를 가탁하여 사동社洞에 체부청體府廳을 옮겨
설치하니133) 곧 허적의 동네였다.

내가 연전에 주서注書 권성언權星彦을 보았는데, 권이 말하기를
"서인은 체부청의 일로 사상社相에게 역모 죄율을 돌리는데, 그렇다
면 처음 체부를 설치한 자의 죄는 또한 어떠한가?"라고 하였다. 내가
말하기를 "당초에 우옹尤翁이 체부를 설치한 것은 북벌北伐을 위한
뜻이었다. 기해년(효종 10년, 1659) 이후 북벌의 뜻은 무용지물無用之
物이 되어 한갓 체부의 이름만 남게 되었다. 허적은 체부를 자기
동네로 옮겨 밖으로는 대의에 가탁함으로써 사람의 눈을 가리고
안으로는 음모를 꾸며 역모를 도모하였다. 앞의 체부는 대의를 위하여
설치되고 뒤의 체부는 도적들이 가탁하여 설치한 것이다. 어찌 처음
체부를 설치한 뜻을 잘못되었다고 하는가?"라고 하니, 권이 말을
굽혔다.

허적이 도체찰사가 되어134) 정·남 등과 매일 밤 모여 음밀하고 비밀스
러운 것을 모의하였다. 또 널리 역사를 모집하고 역모를 꾀하였다.135)

낸 도적에게 피살되었다.(『우암연보』 숭정 52년 4월 10일조에서 인용)
132) 『숙종실록』 권8, 숙종 5년 3월 16일(신해).
133) 『숙종실록』 권7, 숙종 4년 9월 9일(정미). 윤휴가 체찰부 복설을 건의하였다.
    『숙종실록』 권7, 숙종 4년 9월 15일(계축). 대사헌 이원정李元禎 상소하여 체
    찰부 설치를 건의하였다.
    『숙종실록』 권7, 숙종 4년 12월 23일(기축). 행 대사헌 이원정이 체부청 설치
    를 건의하고 윤휴도 강력히 주장하여 설치를 허락하였다.
134) 『숙종실록』 권9, 숙종 4년 12월 23일(기축).
135) 『숙종실록』 권9, 숙종 6년 4월 17일(병자). 임금이 "강만철의 다시 공초한 것

임금의 동정을 살피고 조정의 대신을 사찰하였으나136) 청성과 광성이
있을 때에는 감히 거동하지를 못하였다.137) 동궁을 이간하고 중전[長秋]을
동요시킬 것을 모의하여 허목許穆(1595~1682)을 사주하여 친경親耕과
친잠親蠶하는 의논을 세웠다. 친잠하면 마땅히 빈어嬪御를 갖추어야 하므
로 그때 오정창吳挺昌의 딸을 나아가게 하여 곤위壼位를 도모하고자 꾀하
였다.138) 마침 풍뢰지변風雷之變으로 의논이 드디어 잠잠해졌다.

　마침내 정지호鄭之虎(1605~1677)로 하여금 복제개정에 관한 고묘논
의를 내게 하여,139) 예론禮論으로 송시열을 죽이고 다음으로 광성 이하를
차례로 죽음에 몰고 마침내 국모에게까지 미치고자 하는 계책이었다.140)
이는 허견이 사주하고 허적이 시킨 것이 아님이 없다. 당초에 허견이
등제登第하여 교서관에 들어간 까닭으로 마음에 일찍 원망을 품었다.
정·남이 허견에게 일러 말하기를 "지금 임금이 만일 불행하게 되어
너의 아버지가 우리들로 하여금 후사를 잇게 한다면 우리들은 마땅히
너를 병판으로 삼겠다."라고141) 하고, 드디어 함께 모의하였다.

을 보건대, 체부를 다시 설립한 것과 장사를 불러 뽑은 것은 오로지 역적 남
　柟을 위한 형상이 더욱 명백하다."라고 하였다.
136)『숙종실록』권10, 숙종 6년 8월 30일(병술). 보사공신 교서축.
137)『숙종실록』권9, 숙종 6년 4월 11일(경오). 강만철 공초에 "… 허견이 '반드시
　체부를 설치하여 장사壯士를 모아서 저들이 변을 일으키려고 하면 이로써 대
　응하겠다.'라고 하였는데, 이른바 저들이라고 하는 것은 김석주와 김만기를
　가리킨 것입니다."라고 하였다.
　『숙종실록』권9, 숙종 6년 4월 17일(병자). 강만철의 공사에 "허견이 … 먼저
　김석주와 광성을 수감收監하여 움직이지 못하게 한 연후에 남柟을 옹호해 세
　우면 일이 이루어지지 아니함이 없을 것이라고 하였다."라고 하였다.
138)『숙종실록』권10, 숙종 6년 윤8월 10일(병신).
139)『숙종실록』권6, 숙종 3년 6월 12일(정사). 대사간 정지호가 아뢰기를 "신이
　그 자리에서 고묘해야 한다는 의논을 내었을 때에 …"라고 하였다.
140)『숙종실록』권10, 숙종 6년 윤8월 9일(을미). 역모에 대한 김수항의 의견.
　『숙종실록』권10, 숙종 6년 윤8월 10일(병신). 정원로 자복.
141)『연려실기술』권34, 숙종조 고사본말, 「경신년의 대출척과 허견의 옥사」.(『강
　상문답』참고)

이태서李台瑞는 비록 문재는 있으나 세상에 혐의가 있어[142] 서용되지
못한 자인데, 몸을 영달하고자 하는 계책으로 정·남에 붙어 합심하여
몰래 모의하고, 손가락을 끊어 피를 마시고 하늘에 제사하여 맹세하였다.
이 이야기가 그 당류인 강만송姜萬松과 정원로鄭元老의 공초에서 나온
것이다.[143] 허적이 지금 만일 있다고 하더라도 한마디 말도 아뢰지 못할
것이다. 하물며 그대가 서로 어긋나는 이야기를 듣고 그 사람의 신원을
송사하고자 함이 가하겠는가?

허적에게 궤장几杖을 하사한[144] 것을 축하하는 연회에서 광성을 짐살鴆
殺하고자 하는 일과[145] 자객을 보내어 청성을 죽이고자 하는 일 역시
각각 명백한 증거가 있다. 대개 광성이 연회에 간 것은 동정을 살피고자
함이었다. 술을 잡고 마시지 않고 담소를 그치지 않은 것은 그 속에
독이 있을까 두려워하였기 때문이었다.[146] 임금의 부름을〔命招〕 받자
'수레에 멍에를 맬 때까지 기다리지 않는다.'라는[147] 것을 칭탁하고 술잔을
던지고 일어났는데, 자리에 술이 스며들자 불이 났다. 그때 연회에 참석한
사람들이 모두 보았다. 허적은 즉시 땅에 내려가 요리사를 죽이고 자기

---

142) 『연려실기술』 권33, 숙종조 고사본말, 「이태서가 칼로 아버지의 이름을 긁어
    내다」. 이태서의 아버지 이취인李就仁이 광해조 때 폐모론에 참여했다는 주
    장과 그렇지 않다는 주장.
143) 『숙종실록』 권9, 숙종 6년 4월 12일(신미). 정원로 공사供辭.
    『숙종실록』 권9, 숙종 6년 4월 17일(병자). 임금의 하교에 "이태서가 역적 남
    柟과 더불어 역모를 흉악하게 꾀한 형상은 명백하고 낭자할 뿐만 아니라, 또
    한 제적諸賊의 초사에도 긴요하게 나왔는데, 나라의 형벌을 면하려고 하여
    단단히 숨겨서 마침내 형장 밑에 죽었으니, 어찌 통분함이 심하지 아니한
    가?"라고 하였다.
144) 『숙종실록』 권9, 숙종 6년 3월 19일(무신).
145) 『연려실기술』 권34. 숙종조 고사본말, 「경신년의 대출척과 허견의 옥사」.(『술
    이』 참고)
146) 『당의통략』 숙종조, 「경신환국」.
147) 『논어』 권10, 「향당」에 "공자가 왕의 부름을 받으면 수레에 멍에를 맬 때까
    지 기다리지도 않고 달려갔다.[君命召 不俟駕行矣]"라고 하였다.

마음이 명백한 것처럼 꾸몄다.

그런데 이날 연회가 파하고 오직 정·남만 남게 되자 허견이 남에게 잔을 바치고 만수무강을 불렀다. 이 이야기는 강만철의 입에서 나왔으니 그 마음에 있는 것을 어찌 숨기였겠는가? 또 하루는 깊은 밤에 어떤 사람이 청성의 정원 밖에 잠복하고 있었다. 청성이 그 조짐을 알고 자세히 살펴보고자 벽장 가운데에 촛불을 밝히고 완녕完寧과 함께 숨어 엎드려 방 가운데 사람의 침구를 가설해 놓고는 엿보고 있었다. 과연 야밤에 자객刺客이 칼을 끼고 들어왔다. 청성이 벽장의 문을 열고 꾸짖으니 적이 겁을 먹고 스스로 말하기를, 적이 이곳에 온 것은 곧 허적이 시킨 것이라고 하였다. 이 사실은 완녕完寧 및 집안사람과 친척 및 손님이 함께 목격한 것이다. 그래서 집을 궐문 밖에 옮겨 그 위태로운 기세를 피하니 그 정상을 잘 알 수 있다.

허적이 자객을 보냈다는 주장은 또 정원로의 입에서 나왔으니 허적이 어떻게 변명하겠는가? 정원로는 본래 술인術人으로 신범화申範華와 더불어 서로 친하였는데 신범화는 청성과 내외종이다. 정원로 역시 청성과 서로 알고 또 허견·남과 사귀는 정분이 깊어 그 음모를 알았기 때문에 신범화가 그 실상을 탐색하여 고변한 것이다. 이태서의 공초에도 정원로가 밀모密謀를 알고 있었다고 하니, 역적의 정상은 숨기기 어려운 것이다. 그래서 오인午人〔남인〕들은 청성이 정원로를 사주했다고 의심하였다.

정원로의 공초에 이르기를 "정사 연간(숙종 3년, 1677)에 강만철姜萬
鐵과 함께 허견許堅의 산정山亭에서 모였는데, 허견이 말하기를 '남인
이 조만간 반드시 패하리라. 뒷날 세자가 탄생한 후에 광성이 뜻을
얻으면 곧 이선李選·김만중金萬重 같은 무리가 어떻게 하겠는가?'라

고 하였습니다. 의신矣身148)이 말하기를 '일찍이 들으니 오정창의
딸이 장차 뽑혀들어 간다는 이야기가 있던데, 사세가 이와 같은데
어찌 뽑아들이지 않습니까?'라고 하였습니다. 허견이 말하기를 '앞전
에 간택할 때 오정창의 딸이 입궐하였는데 용색이 매우 아름다워
임금이 자못 마음을 향하게 되었다. 장대비張大妃149)께서 지금의
중전150)을 어질게 여겼기 때문에 오정창의 딸이 뽑혀들지 못하였지
만, 정·남의 뜻은 매번 오정창의 딸을 들이고자 했다.'라고 하였습니
다. 의신은 말하기를 '만약 오정창의 딸이 후궁에 선입된다면 그녀가
본래 아름다우니 반드시 총애를 받아 아들을 낳게 될 것이다. 그리하
면 점차로 양궁을 이간시키고 바야흐로 내전을 쫓아내어 폐위하는
일이 이루어질 것입니다.'라고 하였습니다. 강만철도 말하기를, '임금
이 친경親耕하면 왕후는 친잠親蠶하는 것이 관례입니다. 친잠151)을
하게 되면 반드시 육궁六宮을 갖추어야 하므로 만약 그렇게 한다면
오정창의 딸을 도모하여 들여 일이 성사될 것입니다.'라고 하였습니
다. 의신이 말하기를 '이 계획은 진실로 좋다. 먼저 고묘告廟하고
송시열을 죽인 연후에 광성을 역당으로 처치하면 그 일이 쉽게 이루어
질 것입니다.'라고 하였습니다. 허견도 그렇다 하고 이태서李台瑞로
하여금 이원정李元楨·윤휴尹鑴를 격동시켜서 계획을 세웠습니다.
그 후에 의신은 이것을 신범화申範華에게 말했습니다."라고 하였
다.152)

---

148) 의신矣身: 이두로 이 몸이라는 뜻. 죄인이 취조관에게, 하인이 상전에게 자기
　　를 지칭하여 하는 말이다.
149) 효종비 인선왕후 장씨로 현종 15년 승하하였다.
150) 인경왕후. 김만기의 딸로 현종 12년(1671)에 세자빈에 책봉되었다.
151) 태종 11년 친잠에 관한 기록에서 비롯된다. 성종 7년(1476) 왕궁 후원에 시
　　설한 채상단採桑壇에서 실시한 것이 최초이다. 1477년 친잠응행절목을 제정
　　하고, 1476년 3월과 중종 24년 2월에 친잠 행한다. 왕비는 세자빈, 봉작을 받
　　은 내외명부들을 거느리고 실시한다.
152)『연려실기술』권34, 숙종조 고사본말,「이원성이 고변한 정원로의 옥사」에

김덕원金德遠(1634~1704)은 허적을 박사암朴思菴에게 비교하고,[153] 민암閔黯(1636~1694)은 허적을 곽광霍光에게 비교하고, 이현기李玄紀(1637~1704)는 허적을 소무蘇武[154]에게 비교하였다. 대개 사암의 첩자,[155] 곽광의 손자와 소무蘇武의 아들이 모두 역모를 범하였으나 그 아버지와 조부가 관련이 없다고 한 까닭으로 말한 것이다. 앞뒤에 말한 것이 동일한 마음에서 나온 것이다. 그러니 그대의 말이 잔당들의 입장에서 나온 것이 아니라고 하겠는가?

경신년 옥사가 번안翻案될 때[156] 김덕원의 말에 이르기를 "김만기는 이입신으로 하여금 기찰하게 하고, 김석주는 남두북으로 하여금 기찰하게 하여, 허황된 것을 끌어들여 없는 것을 날조하는 것이 끝이 없었다. 이태서가 비록 문제는 있으나 위인이 요악妖惡하여 남柟과는 같은 동네에 살아서 서로 친하고 허견과는 세력을 따르는 것으로 서로 친압하니 태서가 두 사람을 숭상하지 않음이 없었다. 그때 체부體府를 복설한 것은 단지 우환을 방비한 것인데, 석주 무리가 이일을 빙자하여 모역하였다고 무함하니 교묘하고 참혹하다 할만하다. 김만기는 이간질하고 공동恐動하는 계획을 끝까지 사용하지 않음이 없고, 석주는 대궐에 군사를 매복하였다는 설을 지어내어 역적 허견의 귀에까지 이르게 하였다. 그런 까닭으로 조정 대신들은 단지

자세하게 나온다.
『숙종실록』 권10, 숙종 6년 윤8월 10일(병신). 강만철의 공초에 "정원로가 일찍이 허견과 모의하여, 오정창의 딸을 후궁으로 바쳐서 내전을 동요시킬 계책을 꾸몄습니다."라고 하였다.
153) 『숙종실록』 권21, 숙종 15년 7월 18일(임자).
154) 소무蘇武: BC 140~BC 80. 중국 전한의 명신.
155) 박응서.
156) 『숙종실록』 권20, 숙종 15년 2월 10일(무신). 처음으로 경신년 옥사를 거론하였다.

국경 방비를 위해서 체부를 설치하였으나 허견·이태서·정원로
무리는 몰래 서로 모의하여 이것에 힘입어 타일의 우환을 막는 밑거름
으로 삼으려 했을 따름이다. 이것이 어찌 역모에 간섭한 것이리오."라
고 하였다.157)

　민암閔黯의 말에 이르기를 "정원로는 태을수太乙數를 잘하고 신범화
또한 추보推步를 해석하니 원로와 서로 친했다. 신범화는 바로 석주의
내제內弟이다. 석주는 남柟이 교만방자한 것과 허견이 분수를 지키지
않는 것을 아는 까닭으로 정원로를 보내어 교분을 맺고 유혹하여
그들의 사심私心을 돋구어 점차로 그 계획을 완성하고자 했다. 허견이
늙은 아버지를 속여 병이 있다 하여 따로 거처를 정하였다. 정원로
같은 무리가 추명지술로써 허견의 분수를 지키지 않는 마음을 맞추고,
중간에 서서 허견과 남을 위해 모사가 되었다."라고158) 하였다. 그
당시 남인들의 말이 앞에서는 견과 남을 배척하고 중간에서는 허적·
윤휴를 도우니 그 말한 바를 살펴보면 모두 겉으로는 배척하고 안으로
는 구하려는 뜻이었다. 그들이 계획한 바가 교묘하고 참혹하니 분통하
고 분통하도다.

　원객이 말하기를 "심하구나! 그대의 말이여. 내 어찌 사상〔허적〕이
단연코 무죄라고 했는가? 다만 모역했다고 하니 이것은 공안公案이 아니
라 여기는 것이다. 지금 그대의 이야기를 들으니 전일의 의심난 바를
조금 알겠구나. 그러나 오시수는 바로 문곡文谷 김수항金壽恒(1629~
1689)이 사혐으로 죽였다.159) 유혁연柳赫然(1616~1680)은 바로 청성淸
城 김석주金錫胄가 유인하여 죽였다.160) 양인의 죽음이 과연 원통하다는

157)『숙종실록』권21, 숙종 15년 7월 18일(임자).
158)『숙종실록』권21, 숙종 15년 7월 18일(임자).
159)『숙종실록』권9, 숙종 6년 6월 7일(갑자). 김수항이 조사를 건의하였다.

것을 그대 역시 알고 있는가?"라고 하였다.

내가 말하기를 "소위 '사험'과 소위 '유인'의 일은 내가 알지 못한다. 그러나 오시수는 윤휴·허적과 함께 체부청을 설치하는 모의에 동참하고 청나라와 밀통하여 가만히 화禍의 기미를 빚으니, 바로 그 죄가 윤휴·허적과 다르다고 할 수 없다."라고 하였다.

무릇 오시수가 연경에 사신으로 갔을 때 '주약신강主弱臣强'161)이라는 말이 있었다.162) 이 말이 통역관의 입으로 전파되어 중외에 낭자하였다. 연경의 사신이 오자 오시수가 또 접반사가 되었다.163)

국법의 예에 의하면 호칙胡勅을 청廳에 안전하게 두고는 몰래 먼저 열어 보아 그 말을 밀계하는 일이 있었다. 호칙 중에 과연 '신강주약臣强主弱' 등의 말이 있고 힐책하는 것이 있었으나 오시수가 올린 밀계 속에는 역시 이런 말들이 없었다.164) 칙사가 도착한 이후에 다음과 같은 말을 하였으니 "오시수가 이 말을 지어낸 것을 보니 당신 나라의 정상을 알 수 있구나."라고 하였다.

그러나 오시수 옥사가 일어나자 우암 송시열은 힘써 구하고자 하여

---

160) 『숙종실록』 권10, 숙종 6년 윤8월 28일(갑인). 유혁연 사사賜死.
　　『숙종실록』 권20, 숙종 15년 윤3월 28일(을축). 김수항, 송시열을 죽일 것을 청할 때 김덕원이 김수항은 오시수의 죽음에 대한 당연한 보복이라고 하였다.
161) '숙종은 약하고 송시열은 강하다'는 뜻이다.
162) 오시수는 연경에 사신으로 간 적이 없다. '주약신강'의 말이 최초로 나온 것은, 『현종실록』 권20, 현종 12년 2월 20일(임인). 동지사 복선군 남, 부사 정익이 산해관에서 치계하여, 황제가 "너희 나라 백성이 빈궁하여 살아갈 길이 없어서 다 굶어 죽게 되었는데 이것은 신하가 강한 소치라고 한다. 돌아가서 이 말을 국왕에게 전하라."라고 하였다.
163) 『숙종실록』 권3, 숙종 원년 3월 3일(신유). 원접사 오시수가 청대하여 아뢰기를 "… 장효례가 말하기를 '황제가 선왕이 여러 해 동안 병을 앓는 중에 강신에게 견제 받아 일마다 자유로이 하지 못하다가 …'하였다."라고 하였다.
164) 『숙종실록』 권3, 숙종 원년 3월 3일(신유). "이것은 신하로서 차마 들을 수 없고 차마 말할 수도 없는 말이므로, 감히 장계 안에 언급하지 못하였습니다."라고 하였다.

말하기를 "그가 어찌 완전히 거짓말했겠는가? 아마도 살리는 도리가 있을 듯하다."라고[165] 하였다.

여양부원군 민유중閔維重(1630~1687)이 다른 사람에게 일러 말하기를 "오활하다. 대로大老여！"라고[166] 하였다. 이 말로 미루어 보면 혹시 윤휴·허적에게 이간질당함이 있은 것인가?

유혁연柳赫然의 일에 대해서 이야기하면 당시 훈련대장으로서 허적의 지휘를 받아 이천伊川의 향토 둔병屯兵을 마음대로 설치하여 역모에 상응할 밑거름으로 삼았다. 유혁연은 허견이 역모를 꾀하는지 알지 못하고서 둔병을 설치하였는지, 그렇지 않으면 그 반역할 뜻을 알고서도 설치하였는지 알지 못하겠구나.

만약 단지 체부體府가 과연 대의를 위해서 설치되었다고 알고, 그 속에 별다른 음흉한 역모가 있음을 알지 못했다면 유혁연의 죽음은 과연 원통하다. 그러나 감히 질언質言하지는 못하겠다.

---

165) 『송자대전부록』 권19, 「김창흡」. "渠豈全然誣罔乎 恐猶有活理"
166) 『송자대전부록』 권19, 「김창흡」.

3. 임술삼고변壬戌三告變

원객이 말하기를 "유혁연의 죽음이 원통함은 그대도 알고 있으며, 그것은 서인의 공론이다. 김익훈의 일은 자네도 잘못되었음을 알지 않는가? 우암尤庵이 앞에서는 공격하고 뒤에서 도왔으니, 중간에서 의논을 변경한 이유를 자네는 상세히 말할 수 있는가?"라고 하였다.

내가 말하기를 "이 사건의 전말에 대해 세상 사람들 중 잘 아는 이가 드물다. 그래서 지금까지 남인南人은 원통해하고 소론少論은 의심하는 것이다."라고 하였다.

신유년 감시監試에 빈 피봉이 있어서 고시관이 그것을 보니 고변서였다. 그 속에 고변한 것은 바로 남인南人 13집안이었다. 한 고관考官은 "익명서匿名書를 공개하면 형률이 있을 것이니 이는 마땅히 불태워야 한다."라고 하였다. 한 고관은 "이는 국가대사이니 태우는 것이 불가하다."라고 하였다. 드디어 봉해서 몰래 올렸다. 임금이 즉시 청성부원군을 불러 맡기고 비밀히 관찰하게 하였다. 청성이 몰래 부탁을 받았으나 고변당한 사람이 사방에 흩어져 있어 깊이 살필 연고가 없었다.

그때 김환金煥이라는 자가 있었는데 본래 서인西人 무변으로 남인에게 관직을 얻은 자였다. 청성은 김환을 불러 이르기를 "나라에 큰 변고가 있는데 살필 길이 없다. 네가 모름지기 밀찰을 잘하여 오면 마땅히 중한 상이 있을 것이다."라고 하였다. 김환이 말하기를 "어떻게 몰래 살필 수 있습니까?"라고 하니, 청성이 말하기를 "지금 허새許璽와 허영許瑛이 용산龍山에 살고 있다. 네가 피접避接을 핑계대고 그 이웃에 가서 살면서 깊이 사귄 이후에 그 기색을 살펴 가만히 함께 반역할 것을 의논하여 그 진위를 살펴라."라고 하였다. 김환이 말하기를 "저들이 반역할 마음이 없고 오히려 나더러 반역한다고 하면 어찌합니까."라고 하니 청성이 말하기를 "내가 있으니 염려 말라."라고 하였다.

드디어 김환에게 교제하는데 필요한 물건을 주었다. 김환이 한번 그 같은 말을 하니 허새·허영이 과연 응하였다. 김환이 곧 청성에게 보고하였다. 청성이 또 유명견柳命堅(1628~?)을 사찰하게 하니 김환이 그와는 친하지 못하고, 다만 유명견의 친척인 전익대全益戴와 사귀어 정이 깊어졌다. 그래서 전익대로 하여금 유명견의 동정을 살피게 하였으나 상세히 알지 못하였을 때 청성이 부득이한 일로 청국 사신으로 가게 되었다.[167] 그 까닭으로 김환의 일을 광남 김익훈에게 부탁하고 갔다.

광남이 김환으로 하여금 급히 유명견의 소식을 염탐하게 하니 김환이 매번 몰래 전익대에게 물었다. 전익대가 수상한 일이 있다고 대답하였으니, 대개 갑옷을 제작하고 궁시弓矢를 만드는 등의 일이었다. 그러나 실제로는 정확한 일이 아니었다.

또 고변서 가운데 이덕주李德周라는 자가 그 괴수라고 한 까닭으로 역시 몰래 사찰하였으나 미치지 못하였다. 갑자기 물의가 일어나 김환이 겉으로 밀찰하고 실제로는 역모한다고 중외에 떠들썩하였다.

광남이 김환을 불러 그 설 때문에 급하게 상변해야 한다고 하였다. 김환이 크게 두려워하여 군관을 청하여 익대를 잡아 함께 고변하기를 원하니 광남이 허락하였다. 김환이 어둠을 틈타 전익대의 집에 이르렀다. 전익대를 불러 나오게 하여 잡아서 집으로 돌아가 내실에 가두었다. 그를 협박하여 말하기를 "나와 함께 급히 고변하면 큰 화를 면할 것이다."라고 하였다. 전익대가 말하기를 "유명견의 일은 미처 상세히 알지 못하는데 어찌 무고하겠는가?"라고 하고는 굳세게 거절하고 듣지 않았다.

---

167) 『숙종실록』 권13하, 숙종 8년 8월13일(무자).

김환이 그리하여 광남에게 말하기를 "제가 마땅히 들어가서 고변하면 국청鞫廳이 설치될 것입니다. 국청이 설치된 후에 즉시 전익대를 불러 그 사건을 심문하여 가두고 기다리기 바랍니다."라고 하였다. 광남이 드디어 그 말을 따랐다. 그래서 김환이 고변하니168) 국청을 설치하고 잡아들였다. 허새許璽와 허영許瑛은 일장一杖도 못되어 자복하였다. 김환이 즉시 훈신이 되어 자리가 중계中階에 올랐다. 김환은 전익대가 혼란스럽게 말하여 근거가 없어지면 공연히 자기 일을 방해할까 두려워 드디어 추래推來하지 않았다. 광남은 계속 추래推來를 기다렸으나 끝내 소식이 없었다. 그래서 번민이 심하고 난처하여 스스로 국청에 나아가 그 일을 고했다.

그때 문곡文谷이 위관이었는데 말하기를 "국청의 일은 어교御敎에서 나온 것도 아니고, 죄인들의 초사에서 죄가 나온 것도 아니니 거론하기가 불가하다."라고 했다. 광남光南이 고민되어 어찌할지 몰랐다. 그때 청성이 이미 돌아와서 함께 위관으로 있은 까닭에 광남에게 말하기를 "아방兒房169)에 가서 밀계하면 사건이 국청에 내릴 것이니 처리할 수 있다."라고 했다. 광남이 즉시 아방에 나아가 밀계를 하니170) 드디어 국청하라는 하교가 내렸다. 즉시 전익대를 잡아와 심문했다. 전익대는 김환이 훈신이 된 것을 보고 자기도 고변하면 마땅히 김환과 같이 되리라 여겼다. 그래서 유명견柳命堅의 역모 사건을 고변하였다. 마침내 유명견을 잡아와 대면하였으나171) 본래 혐의가 없어서 전익대를 참하니172) 이것이 그 시말이다.173)

---

168) 『숙종실록』 권13하, 숙종 8년 10월 21일(갑오).
169) 아방兒房: 궐내에 있는 장신의 휴게소.
170) 『숙종실록』 권13하, 숙종 8년 10월 27일(경자).
171) 『숙종실록』 권13하, 숙종 8년 10월 27일(경자).
172) 『숙종실록』 권14상, 숙종 9년 1월 29일(신미).
173) 『연려실기술』 권34, 숙종조 고사본말, 「임술년 역변을 고한 세 가지의 옥사」

대개 고관이 시권試卷의 일을 비밀히 바친 것, 임금이 청성에게 몰래 부탁한 것, 청성이 광남에게 비밀히 부탁한 일은 일의 기미가 매우 비밀스러운 것이었다. 그런 까닭으로 그 당시 젊은 무리들이 곡절을 알 수 없었다. 다만 광남이 김환에게 돈을 주어 허새와 허영을 꾀어서 끝내 역모에 이르도록 했다고 들었다. 그 마음 쓰는 것이 직접 반역하는 것보다 심하다 하고 장차 광남을 치죄致罪 하자는 논의가 있었다.174)

우암이 그때 여주에 있었는데 임금께서 승지를 보내어 함께 오도록 하였다.175) 승지는 바로 조지겸趙持謙(1639~1685)이었다. 여러 날 모시고 머물면서 광남이 꾀어서 반역에 이르도록 한 일을 가만히 말하였다. 우옹이 듣고 또한 무상無狀한 것으로 여겼다.176) 젊은 무리들이 크게 기뻐하면서 장자의 견해도 우리들과 같구나 하였다.

우암이 서울에 오자 노봉老峰〔민정중〕·문곡文谷〔김수항〕·광성光城〔김만기〕 등 여러 사람들이 각각 그 사건의 본말과 일의 기미를 이야기하니, 우암이 비로소 곡절을 알게 되었다. 그래서 말하기를 "이와 같으면 곧 김익훈은 잘못됨이 없고, 청성은 사직에 공이 없지 않다."라고 하였다.177) 그 때문에 임금에게 아뢰어 말하기를 "옛날에 문순공文純公 이황李滉(1501~1570)에게는 제자 조목趙穆(1524~1606)이 있었습니다. 문순공 사후

와 「노·소론의 갈림」조에서 '신유년 감시의 고변서'와 '김환의 고변사건'을 그대로 전재한 것 같다.

174) 『숙종실록』 권13하, 숙종 8년 11월 10일(계축). 승지 조지겸의 말.
175) 『숙종실록』 권13하, 숙종 8년 11월 25일(무신).
176) 『당의통략』 숙종조, 「노소분립」. 지겸이 시열을 찾아보고, 근일에 일어난 일을 자세히 말하고 또 김익훈의 한 짓이 괘씸하다고 말하니, 시열이 "정말 그렇다면 익훈은 죽여도 아까울 게 없군."이라고 하였다.
177) 『우암연보』 숭정 56년 2월 27일(기해). 송시열이 옥사의 실정을 알지 못하여 옥사를 맡은 대신 김수항·민정중에게 물으니 "익훈의 죄는 다만 김환에게 경솔히 고하게 하여 그 실정을 다 캐어 내지 못한 것에 있다."라고 말하니, 시열이 말하기를 "그렇다면 익훈을 무고했다 하는 것은 사실이 아니다. 다만 가벼운 벌을 주는 것이 옳다."라고 하였다.

에 그 자손 보기를 동기같이 하여 지성으로 훈계하여 과실이 없게 하였습
니다. 당시에 모두 조목을 칭하여 '스승을 위하여 정성을 다하였다.'라고
하였습니다. 지금 신은 젊어서 문원공文元公 김장생金長生을 섬겼는데,
그 손자 김익훈이 죄를 얻어 시론이 장차 큰 죄를 주고자 합니다. 신이
능히 조목이 문순공의 자손을 돌봄과 같이 바르게 경계하지 못하였으니
신은 바로 조목에게 죄인입니다."라고 하였다.178) 그때의 젊은 무리들이
장자 또한 사사로움에 치우쳐 처음의 견해를 바꾸어 익훈을 구하려 한다
하였다.　　오도일吳道一(1645~1703) · 조지겸趙持謙 · 한태동韓泰東(164
6~1687) 무리가 이로부터 각립各立하니 이것을 소론少論의 일파라 부른
다.179)

　　원객이 말하기를 "그렇다면 기축년으로부터 임술년에 이르기까지 서인
西人은 모두 옳고, 남인南人은 모두 그르다는 것인가? 남인 가운데 어찌
군자가 없으며 서인 가운데 또한 어찌 소인이 없겠는가?"라고 하였다.

　　내가 말하기를 "비단 임술뿐만 아니라 기사180) · 무신181)에 이르러서도
모두 남인南人의 죄罪이다. 그대가 언급한 군자는 허목 · 윤휴 · 윤선도
(1587~1671) 같은 무리인데, 먼저 기사환국과 예송禮訟을 일으켜 우옹尤
翁을 몰아 죽였다. 그 무리인 권대운權大運(1612~1699) · 목래선睦來善
(1617~1704) · 민암閔黯 등은 몰래 장희재張希載와 결속하여 폐모논의廢
母論議를 빚어내었으니 이른바 예송禮訟이라는 것이 기사사화己巳士禍를

---

178) 『숙종실록』 권14상, 숙종 9년 1월 19일(신유).
　　　『우암연보』 숭정 56년 1월 19일(신유).
179) 『당의통략』 숙종조, 「노소분립」. 송시열 · 김석주 · 김익훈을 주축으로 하는
　　　자는 노론이 되고, 박세채 · 조지겸 · 한태동 · 오도일을 주축으로 하는 자는
　　　소론이 되었다.
180) 기사환국. 숙종 15년(1689).
181) 이인좌의 난. 영조 4년(1728).

일으킨 장본張本이다."라고 하였다.

4. 기해예송己亥禮訟

원객이 말하기를 "예론禮論을 그대는 아는가? 나 또한 『의례儀禮』를 조악히 읽었지만 모두 삼 년의 논의論議가 옳다고 되어있다. 그대의 논의는 어떠한지 알지 못하겠구나."라고 하였다.

내가 말하기를 "기해예론己亥禮論은 천고千古의 대송大訟이다. 나 같이 지식이 얕은 자가 감히 변론할 바가 아니니 원컨대 그대의 고론高論을 듣고자 한다."라고 하였다.

원객이 말하기를 "『의례』 상복喪服 참최장斬衰章에 '부父가 장자長子를 위하여 참최한다.'라고182) 하는데, 장자를 위하여 삼 년 한다는 것은 무엇인가?"라고 하였다.

내가 말하기를 "예禮란 천리天理에 이르고 인정人情에 통하는 것이다. 『의례』라는 책은 주공周公이 경經을 세우고 자하子夏가 전傳을 세우고 정강성鄭康成이 주註하고 가공언賈公彦이 소疏하였다. 일구一句 속에 혹 십절十節의 뜻이 숨어 있고 일자一字 속에 혹 여러 행의 말이 겸해져 있어, 정미精微하고 신밀愼密함이 『의례』만한 것이 없다. 그대는 그 오묘한 뜻을 모두 아는가? 아버지가 장자를 위하여 삼 년 한다는 것은 전傳에 이른바 '정체어상正體於上'하는 까닭이다. '정正'이라는 것은 '적적상승適適相承'하는 것을 말함이다. '체體'라는 것은 부자가 서로 전하는 것을 말함이다. '상上'이란 선조先祖를 일컫는 것이다. 정正이 되고 체體가 되어 위로 선조를 잇는 자를 장자長子라 한다. 그런 까닭으로 삼 년을 복服하는

---

182) 『의례소』권29. "傳曰 何以三年也 正體於上 又乃將所轉重也 庶子不得爲長子 三年 不繼祖也 … 承重不得三年 有四種 一則正體不得傳重 謂適子有廢疾 不堪主宗廟也 二則傳重非正體 庶孫爲後是也 三則體而不正 立庶子爲後是也 四則正而不體 立適孫爲後是也"

것이다. 세 가지 중에 하나라도 빠지면 삼 년을 복服하지 않는다. 정正이
되나 체體가 되지 못하는 것은 장손長孫이 후사가 되는 것이다. 체體가
되나 정正이 되지 못하는 것은 서자庶子가 후사가 되는 것이다. 정正이
되고 체體가 되나 위로 선조를 잇지 못하는 것은 칭적稱嫡이다. 그런
까닭으로 삼 년을 복하지 않는다. 장자長子를 위하여 참최하는 것은
그가 '정체어상正體於上'이 된다는 뜻임을 알 수 있다."라고 하였다.

원객이 말하기를 "그 아래 또 말하기를 '제일자가 죽으면 적처 소생의
제이자가 후사가 되어 또한 장자라 이름한다.'하니183) 이 장자 또한 삼
년을 복한다고 하는가?"라고 하였다.

내가 말하기를 "그렇다. 이 또한 '정체어상正體於上'의 장자이니 어찌
삼 년을 복하지 않겠는가?"라고 하였다.

원객이 말하기를 "그대가 말하는 체體가 되나 정正은 되지 못한다는
것은 서자庶子가 후사가 되는 경우이다. 그렇다면 이것은 첩자妾子를
가리켜서 하는 말인가?"라고 하였다.

내가 말하기를 "차적次嫡 이하以下를 또한 모두 서자庶子라 말한다.184)
첩자를 어찌 논하리오."라고 하였다.

원객이 말하기를 "그대의 말이 앞과 다른 것은 무엇 때문인가? 앞에서는
말하기를 '차적次嫡이 후사가 되면 삼 년을 복하지 아니한다.'하고, 뒤에는
말하기를 '제이자가 후사가 되면 또한 삼 년을 복한다.'라고 하였다.
만일 소현세자昭顯世子(1612~1645)가 몰歿하고 효종孝宗이 후사가 된
즉185) 이는 제일자가 죽고 적처 소생의 제이자가 후사가 된 것이 아닌가?

---

183) 『의례소』 권29. "(傳) 父爲長子 (鄭康成) 不言適子 通上下也 亦言立適以長 (賈
公彦)適妻所生 皆名適 第一子死也 則取適妻所生第二 長者立之 亦名長子"
184) 『소학집주』 명륜2, 明父子之親. "適子庶子 祇事宗子宗婦 雖貴富 不敢以貴富
入宗子之家 雖衆車徒 舍於外 以寡約入 不敢以貴富 加於父兄宗族"
(集解) 適子 謂父及祖之適子 是小宗也 庶子 謂適子之弟 …

그 아래에 또 말하기를 '서자庶子가 비록 승중承重하나 삼년복을 아니
한다.'라고 하였다. 만약 이른바 적처 소생 제이자를 서자라 한다면 위에서
는 '마땅히 삼 년을 복해야한다.'라고 말하고 아래에서는 '삼 년을 복하지
않는다.'라고 말하는 것은 무엇 때문인가? 상하의 말뜻이 모순되니 고인
이 소疏를 세운 뜻은 반드시 이와 같지는 않을 것이다. 또 '서자가 승중하면
삼년복을 않는다.'는 장章의 주註에 '서자는 첩자의 호칭'이라 하였다.
그러면 아래에서 말하는 서자는 첩자를 가리켜서 말함이 분명하다. '체이
부정體而不正'의 서자는 또 이 조항의 아래에 있으니 어찌 첩자의 칭호가
아니겠는가? 과연 만일 '서자승중庶子承重 불복삼년不服三年'의 '서자'로서
차적이라 일컬은 즉 불복의 '불不'이라는 글자는 명확히 '역亦'의 잘못이다.
이와 같이 해석한 연후에야 상하 소疎의 뜻이 큰 차이가 없는 것이다.
그대가 말한 것은 너무 소략하지 않는가?"라고 하였다.

내가 말하기를 "기해예송은 다만 이 두 구절에 있다. 제일자와 장자의
구분과 차적次嫡과 첩자의 구분에 관한 것일 뿐이다. 지금 이 한 조목을
그대에게 묻건대 장자와 제일자는 같은가 다른가?"라고 하였다.

원객이 말하기를 "제일자를 이 또한 장자라 불러도 무슨 차이가 있는
가?"라고 하였다.

내가 말하기를 "그러면 수장首章에 '아버지가 제일자를 위해 참한다.'라
고 하지 않고 '장자를 위해 참한다.'라고 한 것은 무엇 때문인가? 하장下章
에 '장자가 죽었다.'라고 하지 않고 '제일자가 죽었다.'라고 한 것은 무엇
때문인가? 과연 이 장자를 제일자라고 칭한다면 곧 '제일자가 후사가

---

185) 지두환, 「조선후기 예송연구」 『부대사학』 11, 1987, 15쪽. 인조는 적장자인
　　　소현세자가 죽자 소현세자의 친아들이 있음에도 불구하고, 종법에 어긋나는
　　　형망제급兄亡弟及의 변칙을 써서 차자인 봉림대군을 세자로 하여 왕위를 계
　　　승하였다.

없이 죽었다.'라고 하지 않고 다만 '제일자가 죽었다.'라고 한 것은 무엇 때문인가? '제일자가 죽고 적처 소생 제이자가 후사가 되니 또한 제일자로 명한다.'라고 하지 않고 '장자라고 명한다.'라고 한 것은 무엇 때문인가? '제일자가 죽었을 때 제이자가 후사가 된다.'라고 하지 않고 반드시 '적처 소생'이라고 하는 것은 무엇 때문인가?"라고 하였다.

원객이 말하기를 "장자는 곧 제일자이니 이것은 바꾸어 말할 수 있는 문장인 까닭이다. 위아래에서 혹은 장자라 말하고 혹은 제일자라고 하니 어찌 의심되는 바가 있는가? 다만 '제이자'라 하고 '적嫡'을 말하지 않으면 적서가 구별되지 않는 까닭으로 반드시 '적처 소생' 4자를 말하여 하절의 서자가 첩자라는 것을 밝혔다. 이렇게 한 연후에 소疎의 설이 더욱 상세하여 의심이 없게 된다."라고 하였다.

내가 말하기를 "서자의 칭호가 과연 첩자의 칭호라면 차적次嫡 이하를 경전에 서자라고 하는 문장이 없는가?"라고 하였다.

원객이 말하기를 "중자로써 서자라고 하는 것이 예禮에 역시 있다. 지금은 서자로써 오직 첩자를 말할 뿐 차적은 연관시키지 않는 것이다. 단지 서자가 승중하면 삼년복을 입지 않는다는 서자는 즉 첩자를 가리켜 말한 것이다. 무엇 때문인가 하면 위의 상하 소疎의 설이 모순되기 때문이다."라고[186) 하였다.

나는 다음과 같이 말하였다.

정미하고 신밀한 것이 예禮와 같은 것이 없다. 그런즉 예를 읽는 법은 반드시 이와 같이 소략하고 얕지 않을 것이다. 내가 그것을 바르게 하고자 청한다. 장자의 '장長' 자는 '원元'과 '수首' 자의 뜻이다. 제일자가 장자가

---

186) 이것은 "庶子承重 不服三年"과 "第一子死 適妻所生 第二子爲后 亦名長子 此 長子 亦服三年"이 서로 모순된다는 것이다.

된다는 것은 사람들이 누구나 모르지 않는다. 그러나 다만 특별히 장자를 말할 때는 전중傳重의 뜻이 있는 것이다. 그런 까닭으로 예에는 모두 '장자長子'라 하고 '제일자'라고 하지 않는다. 장자와 제일자는 저절로 차이가 있는 것이다.

무릇 사람이 아들을 낳아 서열이 첫 번째인 자식을 제일자라 한다. 혹시 미성인으로 죽거나, 혹시 성인이라도 폐질이 있고 후사가 없어 전중傳重을 하지 못하고 죽으면 이는 제일자라고 하지 장자라고 하지 않는다. 하절의 이른바 사종설四種說 중 정正이고 체體이나 전중하지 못하는 경우가 이것이다.

수장首章에 이미 "장자를 위해 참최한다."라고 하였는데 이 장자가 과연 제일자의 칭호와 같다면 반드시 "제일자가 후사가 없이 죽었다."라고 하였을 것이다. 어찌 다만 "제일자가 죽었다."라고 할 뿐이겠는가? 또 "제일자가 죽고 적처 소생 제이자가 후사가 되니 또한 제일자이다."라고 이름하지 하필 '장자'라고 하였겠는가? 그러면 제일자가 죽은 후 그 아버지가 참하는가 하지 않는가? 장자에게 후사가 있고 없는 경우를 논하지 않고 무조건 그 아우가 계승했다고 하여 아버지가 참최하면 예에 이통二統이 없다는 뜻이 과연 어디에 있다 하겠는가?

제일자가 죽었다고 참최하고 제이자가 후사가 되었다가 죽었다고 또 참최하고 제이 제삼으로부터 한정이 없으면 한 몸 위에 서너 번의 참최가 있게 되고 많으면 혹시 다섯 여섯 번의 참최가 있게 되니 예법禮法에 이른바 두 번 참최가 없다는 뜻이 또 어디에 있다 하겠는가?

제일자가 성인으로 죽어 참최하고 차적이 후사가 되어 만약 후사가 없이 죽어 또 참최하고 차적의 아우가 후사가 되어 죽었다고 또 참최한다면 비단 적통이 엄하지 않을 뿐더러 지존의 아버지가 어찌 아들에게 두 번 참최함이 있겠는가? 그런 까닭으로 선왕이 예를 만들 때 이통二統이 없고, 두 번 참최한다는 뜻도 없었으니 구별을 확실히 한 것이었다. 그러므로 제일자로 죽은 것은 반드시 미성인으로 죽은 것을 가리킨 것이다. 혹시 성인이라도 폐질로 후사가 없이 죽으면 아버지가 삼 년을 하지 않는 것이다. 또 '적처 소생'이라 한 것은 만약 제일 제이의 순서로만 말하면 적자와 첩자가 분명하지 않기 때문이다. 대개 제일자가 죽어 차적이 후사가 된 후에 또한 장자라 이름하고 참최한다. 첩자가 후사가 되면 장자의 뜻을 얻을 수 없음이 분명하다.[187]

　가령 작년에 적자가 나고 금년에 첩자가 나고 명년에 적자를 또 낳았다. 만약 그 순서로 말하면 첩자가 제이자가 된다. 그런 까닭으로 반드시 '적처 소생 제이자'라고 하여 첩자는 그 순서에 관계되지 않음을 밝힌 것이다.

　또한 '적처 소생' 네 글자로 하절의 뜻을 전개하였다. 서자가 비록 승중하여도 삼년복을 않는다는 주註에 "서자는 첩자의 칭호이다. 적처 소생 제이자도 지금〔今〕 같은 명칭이다."라고 하였다. 이 지금〔今〕이라는 글자의 뜻은 적처 소생의 제이자도 지금 서자와 같은 명칭으로 부른다는 뜻에 불과하다는 것이다.

　지금 적처 소생 제이자가 하절下節의 서자가 아닌가? 그리고 이른바 서자라는 것은 또한 상절上節의 적처 소생 제이자를 가리키는 것이 아닌가? 그 아래에 또한 "체體이나 정正이 아닌 경우는 서자가 후사가 된 것이 이것이다."라고 했다. 이 서자는 또한 상장上章의 서자이다. 선유의

---

187) '수장首章에 이미'에서 '분명하다'까지는 『현종실록』 권2, 현종 원년 4월 16일 (경자). 예조에서 수의收議한 송시열의 의견이다.

주註에 서자는 첩자라고 분명히 말한 것이 보이지 않는데 어찌 가히 양절의 서자를 단연코 첩자라고 하겠는가? 그 아래의 '사종설四種說'에 "전중하여도 정正과 체體가 아닌 경우는 서손이 후사가 된 것이 이것이다."라고 하였고, "체體이나 정正이 아닌 경우는 서자가 후사가 된 것이 이것이다."라고 하였다.

지금 만약 서자를 첩자라고 하면 서손은 또한 첩손이 된다. 다만 첩자와 첩손이 후사가 됨은 말하고 중자와 중손이 후사가 된 것을 논하지 않는 것은 무엇 때문인가? 또한 제일자가 죽었을 때 아버지가 참했는가 안했는가를 따지지 않고 차적이 후사가 되면 모두 삼년복하는 까닭으로 중자의 복을 논하지 않은 것인가? "정이나 체가 아닌 경우는 장손이 후사가 된 것이 이것이다."라고 하였다. 차손이 후사가 된즉 그 복은 어떠하기 때문에 예에서 말하지 않고 다만 첩손이 후사가 된 것만 말하는 것은 무엇 때문인가? 또한 혹시 첩자 첩손에게 두텁게 하고 중자 중손에게 박하게 하는 까닭으로 그런 것인가?

"정正이고 체體이나 전중할 수 없는 경우는 제일자이나 후사가 될 수 없는 것이 이것이다."라고 하였다. 정체正體이나 전중하지 못하고 죽어 그 아버지가 참복을 하지 못하는 까닭으로 차적이 후사가 되니 정체로서 전중하고 아버지가 삼 년 하는 것이다. 제일자가 죽고 제이자가 후사가 되어 또한 장자라 하는 것이 이것이다. 정체로서 전중하여 죽으면 아버지가 참복하니, 비록 차적으로 후사가 된 '체體이면서 정正'이라도 아버지가 삼 년 하지 못하게 된다. 서자가 비록 승중하여도 삼년복을 못한다는 것이 이것이다. 대개 말하지 않은 중에 그 뜻이 명백하다.

소현昭顯이 만약 어린 나이로 죽어 인조仁祖가 참복을 하지 않고

효종孝宗이 후사가 되면 이것이 제일자가 죽고 적처 소생 제이자가
후사가 된 것이다. 인조가 만약 소현에게 참복을 하고 효종이 후사가
된즉 이것은 서자가 승중하여도 삼년복을 하지 못한다는 것이니
그 뜻을 헤아리기 어렵지 않다.

지금 그대는 단지 제이자가 승중하여도 참복하지 못한다는 것이 경전에
보이지 않는다고 말하고 있다. 그러나 제일자가 성인으로 죽어 제이자가
승중하면 참복한다는 것이 역시 경전에 보이지 않는다는 것은 알지 못하는
구나. 단지 서자를 첩자라 하고 차적은 관계되지 않는다는 것이 단연코
의문이 없게 되려면 지금 반드시 차적이 서자가 아니라는 것이 명확히
증명된 후에 그대의 설을 따를 수 있다.

대개 국제國制에는 장자와 중자를 따지지 않고 모두 기년으로 한
다.[188] 그런 까닭으로 인조仁祖가 소현昭顯에게 기년복을 한 것은
국제를 따른 것이다.[189]

기년복 소疏에 또한 말하기를 "임금 적부인의 제이자 이하 및 첩자는
모두 서자라 명한다."라고[190] 하였다. 주자 또한 말하기를 "정체正體가
위에 있으니 하정下正은 오히려 서庶가 된다. 정체正體는 할아버지의
적적嫡이라 하고 하정下正은 아버지의 적적嫡이라 한다. 비록 정正으로 아버지
에게는 적적嫡이 되나 할아버지에게는 오히려 서庶가 되는 까닭으로 서庶라
고 부르는 것이다."라고[191] 하였다. 적자의 적자를 일러 할아버지의 적적嫡

---

188)『경국대전』권3, 예전 오복조.
189)『현종실록』권1, 현종 즉위년 5월 5일(을축).
190)『의례요의』권33. "公子君之庶子也 則君之適夫人 第二已下 及公妾子 皆名庶
　　子云"

이라 한다. 차적의 적자는 아버지의 적嫡이라 한다. 적자인 까닭으로 아버지에게는 정正이라 이르나 차적인 까닭으로 할아버지에게는 서庶라고 한다.[192]

만일 우리나라로 말하면 인종仁宗은 아버지의 적嫡이고 명종明宗은 아버지의 서庶이다. 인종은 비록 아버지의 적嫡이나 성종에게는 오히려 할아버지의 서庶이다. 비록 적자嫡子이나 차자인 까닭으로 (자신의 아들인) 적자에 이르면 오히려 서庶가 된다.[193] 하물며 차적을 서庶라고 부르지 못하겠는가? 지금 소疏의 설과 주자朱子의 설로 보건대 소위 서자는 오직 첩자만 칭하고 차적은 관계되지 않는다는 말인가?

비록 다시 답습하는 혐의가 있을지라도 청컨대 상하 소疏의 설을 조목별로 말하고자 한다. 이미 말하기를 "제일자가 죽어 제이자가 후사가 되면 또한 장자라 명한다."라고 했다. 그 아래에 또 "서자가 승중하여도 삼년복을 하지 못한다."는 주註에 또 말하기를 "제이자도 서자라 부른다."라고 하였다. 그 아래에 또 말하기를 "체體이나 정正이 아니라는 것은 서자가 후사가 된 경우이다."라고 했다. 이 세 가지 설은 한 사람이 말한 바이고 한때의 견해이다.[194] 동일한 조목에 관통되는 것이니 이것을 주장하여 저것을 공격함은 불가하다. 또 이것이 옳다고 하여 저것은 그르다고

---

191) 『진씨예기집설보정』 권19. "鄭氏云 凡正體在乎上者 謂下正 猶爲庶也 孔氏曰 正體謂祖之適 下正謂禰之適也 雖正爲禰適 而於祖猶爲庶 故禰適謂之爲庶也"

192) 『현종실록』 권2, 현종 원년 4월 24일(무신). 연복練服에 대한 의견을 송시열에게 가서 의논하게 하자 송시열이 허목의 설을 비판한 내용이다.
『송자대전』 권26 「연복의 변개와 허목이 올린 도설을 변파하는 의」.

193) 이상을 도표로 그리면 다음과 같다.

194) 『우암연보』 숭정 33년 4월 21일.

하는 것도 불가하다. 마땅히 반복하고 참고하여 상하에 서로 병통됨이
없게 함이 옳다.

대저 이른바 "제일자가 죽고 제이자가 후사가 되면 또한 장자라 명하고
참복한다."라고 하는 것은 반드시 제일자가 일찍 죽거나 혹은 폐질이
있어 후사가 없이 죽은 경우를 가리킨다. 그 아버지가 삼 년 하지 못하는
까닭으로 제이자를 세워 후사로 삼고 또한 장자라 명하고 참복한다.
어떻게 그 까닭을 아는가? "장자가 죽었다."라고 하지 않고, "제일자가
죽었다."라고 하였기 때문이다. 또 "제일자가 후사가 없이 죽었다."라고
하지 않고, 다만 "제일자가 죽었다."라고 하였기 때문이다.

대저 이른바 "서자가 승중하여도 삼 년 하지 못한다."라고 한 것은
만약 제일자가 전중하고 죽어 아버지가 참복하면, 비록 제이자를 세워
후사로 삼아도 또한 서자라 부르고 삼 년 하지 못하는 것이다. 어떻게
그 까닭을 아는가? 상장上章에 이미 "제일자가 후사 없이 죽었다."라고
말하지 않고 (제일자가 죽었다고 하였으며), 그 장章 주註에 "차적도
지금 서자와 같은 명칭이다."라고 하였고, 하장下章에 또 "체이나 정이
아닌 것은 서자가 후사가 된 까닭이다."라고 하였기 때문이다.

대저 이른바 '체이부정體而不正'은 서자가 후사가 된 경우를 말하는
것이고, '정체어상正體於上'이면 이는 장자이다. 이미 장자를 위해 참복하
였다면 차적이 비록 승중하여도 이는 '체이부정'인 까닭으로 삼 년 하지
못한다. 어떻게 그 까닭을 아는가? 먼저 "비록 승중하여도 삼 년을 하지
못함은 사종의 설이 있다."라고 말하고는, 상장上章의 "서자가 비록 승중하
여도 삼년복하지 못한다."라는 조목이 뒤를 이었다. 이 서자는 위의 서자
와 일관된 내력을 가진 때문이다.

대개 적처 소생 제이자는 첩자와 구별하고자 하여 적적嫡嫡이라 하고 반드시

차次자를 덧붙인 까닭으로 차적이라 하고 장자와 구별하기 위해서 서자庶子라고 한다. 그런 까닭으로 차적 이하는 모두 서자라 한다. 이 서자가 만약 오직 첩자를 가리키고 차적은 관계치 않았다면 가씨賈氏는 이것에 대해 반드시 원뜻을 바꾸어 변증했을 것이고, 마땅히 상하의 조목을 일관되게 섞어서 후인들의 의혹을 일으키지는 않았을 것이다.195) 글을 쓴 본뜻을 자세히 고찰하면 나의 설이 근거가 있게 된다.

원객이 다음과 같이 말하였다.

그대의 주장이 옳기는 옳다. 그러나 사대부가례士大夫家禮는 제왕가와 다름이 있다. 사대부의 예는 오직 연장자로 장長을 삼는다. 천자 제후는 나이의 많고 적음과 지위의 귀천을 따지지 않고 오직 후사가 된 자를 장長과 통統으로 삼는다. 임금은 마땅히 종사와 생민生民으로 귀중함을 삼으며, 한 사람의 정情이나 한 집안의 사사로움으로 보지 않는다.

그런 까닭으로 고공古公은 문왕文王을 위하여 계력季歷을 세웠다. 문왕은 백읍고伯邑考를 두고 무왕武王을196) 세웠다. 미자微子197)는 적손을 두고 중자를 세웠다. 이미 세워 태자·세자가 되면 비록 최고 막내아들이나 최고 천한 서자라도 마땅히 적嫡이 되고 장長이 되어 참복을 한다. 장소長少와 적서嫡庶를 어찌 논의할 필요가 있겠는가?

내가 다음과 같이 말하였다.

---

195) 『송자대전』 권26, 「연복의 변개와 허목이 올린 도설을 변파하는 의」.
196) 『논어』 권8, 「태백」.

```
    周 太王 ────┬─ 泰伯
  (古公亶父)    ├─ 仲雍(『중문대사전』에서는 虞仲)
              └─ 季歷 ──────────── 昌 ──┬─ 伯邑考
                              (文王)  ├─ 武王
                                      └─ 周公 旦
```

197) 미자微子: 은나라 주왕紂王의 서형庶兄. 미微는 국명國名. 자子는 작위. 이름은 계啓. 주를 여러 차례 간하였으나 듣지 않자 마침내 나라를 떠났음. 뒤에 주공周公이 주의 아들 무경武庚을 주벌誅伐하였을때 미자를 송국宋國에 봉하고 은나라의 여민餘民을 다스리게 하였다.

제왕은 사대부의 예와 진실로 같지 않음이 있다. 그러나 예에 "부자父子와 고부姑婦의 의리는 귀천이 없이 하나이다."라고 하니 대륜에 관계된 때문이다. 그런 까닭으로 맹자孟子도 "재최의 복은 천자에서 서인에 이르기까지 하나이다."라고[198] 하지 않았는가? 예에 또 "상하 대부와 사의 자식을 통틀어 가문을 잇고 울창주를 바치니 천자 제후가 종통宗統을 전傳하고 나라를 받음과 같다."라고[199] 하였다. 지금 예의 대절大節에 어찌 집안과 나라가 같지 않은 설이 있겠는가?

대개 제왕의 집안은 사직이 중요한 까닭으로 참으로 장자長子를 두고 서자庶子를 세운 경우가 있다. 이는 성인이 의리에 처해 권도權道를 행한 것이다. 예를 제정하고 법을 수립함에 일찍이 명분에 엄격하지 않음이 없었던 까닭으로 차례를 밝혀 가지와 근본을 구분하였다. 이것이 성인이 예를 제정한 큰 법칙이다. 그런 까닭으로 문왕이 나라를 전함에 백읍고를 두고 무왕을 세웠으며, 주공周公이 예를 제정함에 반드시 장서의 구분에 철저하였다. 지금 논의 하는 것이 바로 예절이니 마땅히 주공이 예를 제정한 뜻을 준칙으로 삼는 것이 옳다.

만약 문왕이 재위하였을 때 무왕이 붕어하였다면 무왕을 위해 참복하지 않았을 것이 명백하다. 무엇 때문인가? 예에 "천자가 나라를 세워주면 나라를 받은 제후가 종宗을 빼앗는다."라는[200] 문장이 있다. 무릇 나라를 세운 임금은 비록 중자나 첩자일지라도 마땅히 종묘를 세우는 까닭으로 "종宗을 빼앗았다."라고 한다. 이미 "빼앗았다."라고 하는 까닭으로 아버지

---

198) 『맹자』 권5, 「등문공 상」. "三年之喪 齊疏之服 飦粥之食 自天子達於庶人 三代共之"

199) 『송자대전』 권26, 「연복의 변개와 허목이 올린 도설을 변파하는 의」.

200) 『통전』 예12, 「奪宗議」. "僕射刁協云 諸侯奪宗 聖庶奪嫡 豈況天子乎 自皇祚以來 五十餘年 宗廟已序 而文攻乎異端 宜加議罪 按漢梅福云 諸侯奪宗 此謂父爲士 庶子封爲諸侯 則庶子奪宗嫡 主祭祀也 在諸侯尙有奪義 豈況天子乎 所言聖庶者 謂如武王庶子 有聖德 奪代伯邑考之宗嫡也"

가 참복하지 않는 것이 명백하다. 또 무왕이 성서聖庶로서 종宗을 빼앗았다
는 말이 있는데 무왕은 태사太姒의 아들로서 실은 적처 소생의 제이자이
다. 그를 서자庶子라고 하는 것은 장자인 백읍고와 구별하기 위함이다.
적적嫡은 곧 장자의 칭호이니 무왕이 차자로서 제위에 오른 까닭으로 빼앗았
다고 말한다. 이미 서庶라 하였으니 문왕의 장자가 아님을 알 수 있다.
또 빼앗았다고 말하였으니 문왕의 정적正嫡이 아님을 알 수 있다.

그러나 이미 제위에 오르면 적통은 여기에 있게 되니 장자 백읍고는
적통이 끊긴 까닭이다. 문왕의 적통이 무왕에게 돌아가지 않으면 어디로
가겠는가? 정자가 "곁가지가 자라 줄기가 된다."라고[201] 하였다. 이미
곁가지라고 하였으니 나무의 바른 줄기가 아님을 알 수 있으며, 이미
자라 줄기가 되니 나무의 바른 줄기는 이곳에 있으나 본래의 바른 줄기가
아님을 알 수 있다.

만약 문왕이 국통國統을 전한 것에 대해 논한다면 자연히 무왕에게
있다. 만약 문왕이 장자를 위해 참복하는 의례를 논한다면 무왕이 적통嫡
統이 되지 못한다. 그런 까닭으로 종통과 복제는 일관됨이 있고, 또한
각각 한뜻이 있다. 적장자로 전중하면 그 아버지가 참복을 입게 되니
종통과 복제가 일관된다. 무왕이 붕어하면 문왕이 참복하지 않게 되는데,
어찌 삼년복을 하지 않는다는 이유 때문에 종통宗統이 무왕에게 돌아가지
않겠는가? 또 어찌 백읍고에게 참복을 입었다는 이유 때문에 그 종통宗統
이 이미 종통宗統이 끊긴 백읍고에게 돌아가겠는가? 이것이 종통과 복제
가 각각 한뜻이 있다는 것이다.

지금에 비교하면 인조는 문왕이고 소현은 백읍고이며 효종은 무왕이
다.[202] 비록 만약 효종이 '성서탈적聖庶奪嫡'했다고 한들 의리에 무슨 해가

---

201) 『이정유서』 권18.

되는가? 가령 탕湯203)의 황후가 중임仲壬이 살아있을 때 이미 태정太丁에게 삼년복을 입고 다시 외병外丙과 중임에게 참복을 입을 필요가 없음이 명백하다.204) 이로 추측해 보면 그 뜻을 알 수 있다. 만약 또 "장소長少와 귀천貴賤을 따지지 않고 즉위하는 자가 장자가 되고 부득이 삼년복을 하여야 한다."라고 한다면 이는 윤리를 어지럽히는 것이다. 차자가 즉위하였다고 어찌 장자가 되며, 첩자가 어찌 나라를 전해 받았다고 적자가 되겠는가? 가령 태왕이 살아있을 때 태백이 죽었다면 삼년복을 하지 않았겠는가? 우리나라로 말하면 태종이 살아있을 때 양녕讓寧이 죽으면 참복을 하지 않았겠는가? 태백에게 참복을 입었다는 이유로 태왕의 종통宗統이 계력季歷에게 돌아가지 않는단 말인가? 계력에게 나라를 전한 이유 때문에 태백이 태왕의 장자가 아니란 말인가?

　　태백과 양녕은 모두 미친 것으로 역명易名하고 폐하였다. 당연히 정正이고 체體였으나 아버지가 참복을 입을 수가 없었다. 그러므로 백읍고伯邑考와 소현昭顯과는 경우가 다르다. 그러나 태백과 양녕은 모두 지덕이 있은 까닭으로 가설이다.

　　가령 여후呂后가 살아 있을 때 한 문제文帝가205) 붕어하면 삼년복을

---

202) 文王┬ 伯邑考　　　＝　　　仁祖┬ 昭顯世子
　　　　└ 武王　　　　　　　　　　└ 孝宗

203) 탕湯: 은나라의 건립자. 성은 자子, 이름은 리履, 대을大乙, 천을天乙, 태을太乙, 고조을高祖乙 등 여러 가지가 있다. 성탕成湯, 무탕武湯으로도 불린다. 본래 상商 부족의 영수였으나 인재를 중시하고 이윤伊尹 같은 어진 이를 측근에 두어 민심을 얻었다. 그 후 하夏의 폭군 걸桀왕을 제거하고 정식으로 은나라를 건립했다. 요, 순, 우와 함께 고대의 성군으로 일컬어진다.

204) 태정은 은나라 탕왕의 장자였는데 일찍 죽었으므로 그의 동생인 외병은 두 살이고 중임은 네 살이어서 태정의 아들인 태갑太甲이 왕통을 이었다.

205) 한문제漢文帝: 서한의 제5대 황제. BC 180~BC 157년 재위. 본명은 유항劉恒. 여태후 등 여씨 일족을 평정한 후 주발周勃, 진평陳平 등에 의해 옹립되었다.

하였겠는가? 우리나라로 말하면 광해군光海君이 만약 초년에 죽었다면 인목대비仁穆大妃가 마땅히 삼년복을 입었겠는가? 문제를 위해 참복하지 않았다고 한나라의 종통宗統이 문제에게 돌아가지 않겠는가? 문제가 나라를 이었다고 고조高祖의 적자이겠는가? 이는 진실로 만만부당하여 이치에 더 판별할 것이 없다.

원객이 말하기를 "그러나 종통宗統은 종묘宗廟를 이어 한 나라에 군림하니 장長·적적嫡이라 하지 않아도 가능한가? 이를 장長이라 하지 않으면 장은 어디에 있는가? 이를 적적嫡이라 하지 않으면 적적嫡은 어디에 있는가? 장長이 다른 곳에 있고 적적嫡이 다른 곳에 있다면 종통宗統도 다른 곳에 있는 것이다. 그렇지 않으면 이종二宗·이통二統이 있는 것인가?"라고 하였다.

내가 다음과 같이 말하였다.

심하구나 그대의 말이여! 이는 장차 임금을 폄박하고자 하는 설이다. 지금 그대와 국통을 논할까, 제례制禮를 논할까? 만약 "국통을 논하여 인조仁祖의 국통國統은 자연히 효종孝宗에게 있다."라고 말하는 것은 소현은 이미 절통하였기 때문이다. 지금 "국통을 전하는 것이 효종에게 있지 않다."라고 하면 이는 성현이 의리에 처해서 행한 큰 권도權道를[206] 알지 못함이다. 만약 "예제禮制를 논하여 효종이 인조의 서자가 되는 것이 무방하다."라고 말하는 것은 이미 소현에게 참복했기 때문이다. 지금 "서자라도 비록 즉위하면 마땅히 삼년복을 입어야 한다."라고 말하면 이는 성인이 예禮를 정한 큰 법칙을 알지 못한 것이다.

만약 무왕武王에 대해 문왕文王이 국통을 전한 것이 아니라고 하면 이는 의리를 어지럽히는 것이다. 만약 무왕에 대해 문왕의 장자라고

---

206) '성서탈적聖庶奪適'을 가리킨다.

하면 이는 예를 어지럽히는 것이다. 지금 그대와 논의한 것은 다만 예이다. 곧 국통은 국통이고 장서長庶는 장서長庶이다. 지금 국통의 설을 예론 가운데 혼용하여 장차 임금을 폄하하는 죄목으로 사람을 무함하고자 함이니 내가 생각건대 그것이 옳은지 알지 못하겠구나.

원객이 말하기를 "그대의 말이 지나치다면 지나치구나. 그러면 우암尤庵이 말한[207] '단궁檀弓의 문복免服과[208] 자유子游의 마최麻衰[209]'라는 설은 무엇인가? 이는 대개 적손을 세우지 않음을 조롱한 것이다. 소현이 죽은 후 즉시 이 말을 올렸다면 옳지만 효종孝宗이 군림한지 십 년 후에 이 말을 하는 것이 옳은 것인가?"라고 하였다.

내가 다음과 같이 말하였다.

남인이 우암尤庵을 죽인 것이 이것 때문이다. 이는 소현의 아들을 세우지 않고 효종을 세웠기 때문에 이 말을 한 것이 아니다. 다만 종법宗法이 중요하다는 증거를 밝힌 것이다.

(우암의) 그 설은 "가공언의 소疏에 다만 '제일자가 죽었다.'라고 말하고 '제일자가 후사가 없이 죽었다.'라고 말하지 않으니 아마도 이는 미성인으로 죽은 것을 말한 듯하다. 지금 허목許穆은 글을 쓴 본뜻을 자세히 고찰하지 않고 갑자기 (서자는 첩자라는) 설을 세웠을 것이다. 그렇다면

---

207) 『현종실록』 권2, 현종 원년 4월 16일(경자).
208) 『예기』 「단궁상」. 단궁문檀弓免은 공의중자公儀仲子의 상에 단궁이 예에 지나치는 문복免服을 입고 조문하여 공의중자를 기롱한 것을 말한다. 공의중자가 적손을 제쳐두고 서자를 세웠기 때문이었다. 단궁은 춘추시대 노나라 사람으로 예에 밝았으며, 단문은 시마緦麻 이하의 복으로, 두루마기의 오른쪽 소매를 벗고 머리에 사각건四角巾을 쓰는 것이다.(『송자대전』 권26, 「大王大妃服制議 庚子三月二十三日」.)
209) 『예기』 「단궁상」. 자유최子游衰는 사구司寇 혜자惠子의 상에 자유子游가 예禮가 아닌 마최麻衰에 모마牡麻의 띠를 매고 조문하여 사구 혜자를 기롱한 것을 말한다. 사구 혜자가 적자를 폐하고 서자를 세웠기 때문이었다. 자유는 공자의 제자 언언言偃의 자字인데 예와 문학에 뛰어났으며, 마최는 평상복을 만드는 베로 최복을 만든 것이다.(『송자대전』 권26, 「大王大妃服制議 庚子三月二十三日」.)

단궁이 문복하고 자유가 마쳐하는 설은 생각해 볼 것이 못 된다는 것인가?"
라는[210] 말이었다. 그 뜻은 장자에게 후사가 있느냐 없느냐 하는 것이
종법의 대관大關이라는 것에 불과하였다. 제일자가 과연 바로 장자라면
'후사가 없이 죽었다.'라고 하였을 것이다. 만약 장자가 후사를 남기고
죽었는데 중자를 세웠다면 (그가 죽었을 때) 참복하지 않음이 명백하다.
지금 만약 이것을 일러 장자가 후사를 남기고 죽었는데 차적을 세우고
또 참복한다고 운운하면 단궁이 문복하고 자유가 마쳐한다는 설은 생각해
볼 것이 못 된다는 것인가? 대개 종법이 엄함을 이와 같이 말한 것이다.
제일자는 분명히 미성인으로 죽었다는 뜻을 밝힘이니 어찌 효종을 세운
것에 대해 다른 뜻이 있어 우암이 그 설을 주장했겠는가?

원객이 말하기를 "만약 소현이 후사가 없이 죽었으면 그 말은 괴이하지
않다. 소현에게 후사가 있었는데 이 말을 하면 혹 망발에 가까운 것이
아니겠는가? 그러나 예설에 관해 옳고 그름을 논한 것뿐인데 어찌 이것에
근거하여 죄를 묻고 사람을 헤아릴 수 없는 죄과에 빠뜨리고자 했겠는가?
이는 남인의 잘못이다. 그대가 변증한 것은 진실로 옳다. 그러나 내가
의문스럽게 여기는 것은 오히려 다 풀리지 않았으니 그대가 상세히 말해
보는 것이 가능하겠는가?"라고 하였다.

내가 말하기를 "윤휴·허목·윤선도는 남인의 거목이다. 청컨대 그들
의 주장을 변증하여 그대가 헤아리지 못한 의문을 풀도록 하겠다."라고
하였다.

윤선도의 설에 "서자가 승중하면 삼 년을 하지 못한다는 불자不字는
아마 역자亦字의 잘못일 것이다. 비록 첩자라도 즉위하여 태자 세자가

---

210) 『송자대전』 권26, 「大王大妃服制議 庚子三月二十三日」.
    『고산유고』 권3상, 「예설상」.

되면 마땅히 장자長子가 되고 적자嫡子가 되어 삼년복을 입는다. 이것은
천리이고 의리로서 만고에 변할 수 없는 예禮이다."라고211) 하였다.

그런 까닭으로 내가 다음과 같이 말하였다.

(윤선도가) "이른바 불자不字는 역자亦字의 잘못이다."라고 하고, 또
"명칭은 당연히 지위에 따라 바뀌고 예는 마땅히 지위에 따라 변한다.
여기 한 사람이 있어 어제는 사士였는데 오늘은 대부가 되었다면 마땅히
사士라고 칭했던 것으로 인해서 대부로 대우하지 못하는가? 명칭과 예는
지위에 따라 다른 것이니 다소간에 무슨 차이가 있겠는가?"라고212) 하였
다. (만일 윤선도와 같이) 장소長少와 귀천貴賤을 따지지 않고 대통大統을
이었다고 모두 삼년복을 입는다면 천하에 어찌 국통國統이 자기에게
있다고 하여 차자가 장자가 되고 첩자가 적자가 되는 예의가 있겠는가?
만약 서자가 즉위하여 국통이 자기에게 있지 않다고 하면 이는 국통을
어지럽히는 것이다. 서자가 입후가 되어 반드시 삼 년을 한다면 이는
예를 어지럽히는 것이다.

옛날 명종明宗의 대상大喪 때 퇴계退溪 선생이 공의대비恭懿大妃 복제를
정해서 올렸는데 처음에 수숙嫂叔의 복제로 정했다. 고봉高峰 기대승奇大
升(1527~1572)이 통박하여 바로 잡은 설을 듣고는213) 놀라서 계체繼體214)
부자의 복제로 고치고 "복제가 어찌 기년에 그치지 않을 이치가 있겠는
가?"라고215) 하였다. 모름지기 첩자가 대통을 이어 당연히 삼년복을 한다

---

211) 『현종실록』 권7, 현종 4년 7월 29일(갑오). 예송의 시말에 관한 사론.
     『고산유고』 권3, 「예설상」.
212) 『고산유고』 권3, 「예설하」.
213) 『고봉선생문집』 양선생왕복서 권2, 「선생전상장이지사맥(정묘 10월 11일)」.(『국
     역 고봉집』 3-131).
214) 계체繼體: 종통을 전해 받을 사람이 부자관계가 아닌 형제관계라 하더라도
     부자관계로서 종통을 이어가는 원칙을 가리킨다.
215) 『퇴계집』 권30, 「答金而精」. "略在答明彦書中 惟在明彦博考而定之耳 然豈有不

면 하물며 명종이 대통을 이었는데 퇴계가 기복으로 정한 것은 무엇 때문인가? 인종의 대통大統이 명종에게 있지 않은 까닭으로 삼 년으로 정하지 않았단 말인가? 대개 수숙의 복제로 하지 않은 것은 곧 명종이 인종의 대통을 이어 계체한 때문이다. 기년복으로 정한 것은 명종이 아우로서 체體를 이었으니 적장자로서 체體를 이은 것이 아니기 때문에 그런 것이다. 그러나 퇴계가 명종이 인종의 종통을 빼앗았다고 말하는 것은 듣지 못했다. 남인南人은 퇴계를 존중하기를 다른 사람과는 달리 대우하면서 지금 예론을 논하는 큰 절목에서 그 뜻을 어김은 무엇 때문인 가?

옛날 정희왕후貞熹王后는 예종대왕睿宗大王의216) 대상에 또한 기년복期 年服을 하였다. 당시에 신하들이 역시 고찰한 바가 있어 그런 것이다. 후세에 예종睿宗이 세조世祖의 종통을 빼앗았다고 하는 것을 듣지 못했다. 상례에서 선조의 뜻을 따르는 것은 역시 근거가 있어 그런 것이 아니겠는 가? 또 성경聖經의 문자文字를 한 사람의 견해에 따라 임의대로 고치고 없앤다면 주공周公과 공자孔子의 말도 진실로 믿지 못하게 된다.

명칭이 지위에 따라 변한다는 주장은 오늘의 사士가 내일 대부가 된다면 진실로 대부라고 부르는 것이 옳고 사士라고 부르는 것은 옳지 않다. 이렇게 하는 것이 당연한 것이다. 그러나 가령 사람의 중자・첩자가 대부가 되었는데 대부가 된 까닭으로 변해서 적자・장자가 되겠는가?

止期年之理"

216)

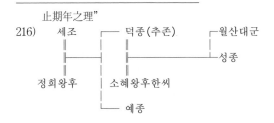

장서는 그대로 장서이고 대부는 그대로 대부이다. 조정에서는 대부의 예로 대우하고 종법에서는 중자·첩자의 예로서 대우하는 것이다. 지금 만약 "사람의 중자 첩자가 대부가 되면 대부의 예로 대우하지 못한다."라고 한다면, 그 설을 증명하는 것이 오히려 가능하다. 그렇지 않다면 황당한 말[217]과 다름이 없는 윤선도의 설을 또한 어찌 변증할 필요가 있겠는가?

어제의 세자·태자가 오늘 왕이 되고 천자가 되면 저하는 마땅히 전하·폐하로 변한다. 명칭이 지위에 따라 변한다는 것이 이것이다. 국통의 전함이 여기에 있고 임금의 예가 여기에 있으니, 예는 마땅히 지위에 따라 변하는 것이 이것이다. 지금 만약 "중자·첩자가 왕이 되고 천자가 되면 전하·폐하라고 부르지 못하고, 국통이 여기에 있지 않다고 하고, 또 임금의 예로서 대하지 못한다."라고 하면 윤선도의 설은 과연 옳은 말이 된다. 만약 그렇지 않고 "중자 첩자가 왕이 되고 천자가 된 까닭으로 변하여 적자가 되고 장자가 된다."라고 한다면 천하에 첩이 변해서 처가 되고 아우가 변해서 맏이가 되는 예가 있게 되니 윤선도의 설은 과연 그것을 증명할 수 있는가? 그러한 즉 한 문제가 남월국南越國에 보내는 글에 어찌 '고조황제高祖皇帝의 적처 장자'라고 하지 않고 '측실 자손'이라[218] 하였는가? 옛날의 예가 지금의 예와 달라 이 칭호가 있는 것인가?

윤휴의 설에 "예에는 외종外宗은 내종內宗과 같이 한다.'라는 글이 있다.

---

217) 제동야인지어齊東野人之語: 제나라 동쪽 벽촌 사람의 말. 믿을 수 없는 황당한 말. 『맹자』 권9, 「만장 상」.

218) 『현종실록』 권2, 현종 원년 5월 1일(을묘). 송시열은 이 예를 들어 "비록 측실의 자식이라도 정통의 전수에는 하등의 해로움이 없는데 선대왕의 차적자임이오리까."라고 하였다.
『연려실기술』 권31, 현종조 고사본말, 「장자를 위한 의례의 상복도」. 송시열의 회답장계.

또 '대왕의 상에는 시마복總麻服을 입는 부녀도 또한 참복斬服한다.'라는 글이 있다. 이로 추측해 보면 대비는 마땅히 삼년복을 입어야 한다는 것을 알 수 있다."라고219) 하였다. 또 무왕武王이 문모文母를 신하로 삼았다는 설을 인용하여 "대비는 마땅히 신하가 임금에게 입는 복을 입어야 한다."라고220) 하였다. 그 소에서 말하기를 "태왕太王의 종통은 왕계에게 옮겨 태백에게 돌아가지 않았으니 종통이 있는 곳에 복도 일어난다. 복이 내린즉 종통도 바뀌는 것이다. 장서의 설에 집착하여 대통의 중함을 어둡게 하고 위항委巷의 예로 왕조의 법식을 논하였으니 옳은지 알지 못하겠구나."라고221) 하였다.

또 말하기를 "천자는 천하의 주인이고 제후는 일국의 종주宗主이다. 오히려 '(송시열이) 서자는 복을 내려야 한다.'라고 하니 이는 종통宗統을 둘로 하며 존尊을 깎는 것이 아닌가?"라고222) 하였다.

또 말하기를 "가공언의 소에서 말한 것은 사대부가례일 뿐이다. 위로 천자 제후에게 확대하는 것은 옳지 않다. 이미 순서를 이어 대통大統을 계승하면 종묘사직宗廟社稷의 중함을 받은 것이니 종통宗統이 여기에 있고 장長이 여기에 있다. 그러므로 계체의 복을 하고 지존의 복을 한다. 무왕武王이 이미 천자가 되었으면, 백읍고伯邑考는 비록 사속嗣續이지만 태왕太王과 왕계王季의 적嫡이 되지 못한다. 무왕이 죽었을 때 태사가 살아 있었다면 마땅히 계체繼體의 복服을 해야 하며 전중을 백읍고伯邑考

---

219) 『현종개수실록』 권1, 현종 즉위년 5월 5일(을축).
220) 『현종개수실록』 권3, 현종 원년 5월 3일(정사).
221) 『현종실록』 권2, 현종 원년 5월 1일(을묘).
222) 『현종실록』 권2, 현종 원년 5월 1일(을묘). 윤휴는 송시열이 서자에게 복을 내린다는 것은 '이종비주貳宗卑主'라고 하였다.
『백호선생문집』 권6, 「引黃世禎疏辭職疏 正月二十日」.
『백호선생문집』 권14, 「答許眉叟」.

에게 돌리지 못한다. 한 문제와 무제는 모두 측실의 자손이지만 이미 제위에 오른 뒤 죽었다면 그 부모된 자는 적서를 따져 계체의 복과 지존의 복을 하지 않겠는가? 계체이고 지존인 까닭으로 마땅히 참복한다."라고223) 하였다.

무릇 외종外宗은 내종內宗과 같이 한다는 것은 이 내종과 부녀는 모두 신하인 까닭으로 감히 사사로운 척분 관계로 임금을 친척이라 하지 못하기 때문에 참복을 입는다고 말하는 것이다.224) 대왕의 상에 비록 시마복緦麻服을 입는 부녀자라도 반드시 참복斬服을 입는 것은 무릇 신하의 지위에 있는 자는 공복功服이나 시마복緦麻服으로 임금에게 복을 입지 못하고 참복을 해야 한다는 것을 말함이다. 대비는 효종孝宗이 신하로 섬기던 자이다. 이에 본복을 입지 않고 오히려 신하가 임금에게 입는 복으로서 대왕에게 복하겠는가? 무왕武王이 문모文母를 신하로서 대했다는 설을 인용하여 증명하니 더욱 의리에 패악한 바가 있다.

나라를 잘 다스린 신하 10명 중 태사太姒도225) 그중 한 명이다. 태사는 무왕武王의 어머니이니 태사가 어찌 무왕의 신하로 반열되겠는가? 그런 까닭으로 주자는 유시독劉侍讀의 말을 인용하여 아들이 어머니를 신하로 하는 뜻은 없다고 설명하였다.226) 이는 대개 읍강邑姜을 말함이니 읍강은

---

223) 『현종실록』 권2, 현종 원년 5월 1일(을묘). 윤휴가 허목에게 보낸 서신. 한의 문제 무제 같은 이는 다 측실 자식이었는데도 이미 황제가 되었는데 그렇다면 자기 아버지 어머니가 그들을 서자로 쳐서 계체의 복, 지존의 복을 입지 않을 것입니까? … 종묘와 사직을 받고 천하 사해의 주인이 되었으면 장으로서는 큰 장이며, 종으로서는 높은 종인데, 그가 장이 되지 못하면 누구를 장이라고 할 것이며, 그가 종이 못 되면 그 종이 어디로 갈 것입니까?

224) 『송자대전』 권134, 「예설」.

225) 태사: 주 문왕의 부인. 호는 문모文母. 10명의 아들을 두었으며, 그 가운데 무왕武王 발發, 주공 단旦, 소공 석奭 등 인재를 많이 키워냈다. 후세에 현모양처의 전범으로 일컬어졌다.

226) 『현종개수실록』 권3, 현종 원년 5월 3일(정사). 송시열이 이 말을 인용하여 윤휴에게 반박하였다.

무왕의 처다. 주자의 설이 이와 같이 분명한데도 어찌 감히 이 말로써
장렬왕후莊烈王后를 효종孝宗의 신하라고 하여 신하의 복을 입게 하겠는
가? 주자의 논의를 어기고자 하나 또한 따져 볼 만한 것이 못되구나.

그 소에서 변증하고자 한 것에 대해서는 앞의 말과 중첩되는 것 같다.
그러나 말하지 않으면 그대의 의문이 풀리지 않을까 하여 마땅히 조문에
따라 변증하고자 한다.

(윤휴가) "태왕太王의 종통宗統이 왕계王季에게 옮겨 태백太白에게 돌아
가지 않는다."라고 한 것은 옳다. 태백은 이미 종통宗統이 끊어졌기 때문이
다. 그 종통宗統이 왕계에게 돌아가더라도 장자는 태백이라는 것이 자명하
다. 태백이 만약 태왕이 살아있을 때 죽으면 태왕이 참하는가 하지 않는
가? 만약 태백이 폐질이 있어 임금[王]이 되지 못하여 참복을 하지 않았다
면 왕계가 장자가 되는 것이 틀림없다. 그렇지 않고 태백에게 참복을
입고 또 왕계에게 참복斬服을 하겠는가? 종통은 그대로 종통이고, 장서는
그대로 장서이고, 복제는 그대로 복제이다. "종통宗統이 있는 곳에 복이
올라가고 복이 내려가면 종이 바뀐다."라는[227] 것은 어떻게 고찰한 것인
가?

(윤휴는) "천자 제후가 오히려 서자庶子라 하여 복服을 내리면 이는
그 종통宗統을 둘로 하고 그 존귀尊貴함을 깎아내리는 것이다."라고 하니
이는 윤선도의 "서자가 승중하면 예에는 마땅히 삼 년 해야 한다."라는[228]
설이다. 앞서 이미 논변하였으니 족히 다시 변증할 것이 못된다. 그러나
선유先儒가 무왕武王을 '성서聖庶'라 말했으니 서庶라고 한즉 복을 내림을

---

227) 『현종실록』 권2, 현종 원년 5월 1일(을묘). "이미 계통을 이어 종묘・사직의
주인이 되었으면 종宗도 거기에 있고 장長도 거기에 있어 …"
228) 『현종실록』 권2, 현종 원년 4월 18일(임인). 호군 윤선도 상소. "당연히 소설
의 '차장자를 세우고 역시 3년을 입는다.'라고 한 그 정의에 따라 3년으로 정
해야 할 것이고 …"

가히 알 수 있다. 이것이 문왕의 종통宗統을 둘로 하고 무왕의 존귀尊貴함을
깎은 것인가?

(윤휴는) "가공언의 소에서 말한 것은 사대부가례일 뿐이다. 위로
천자 제후에게 확대하는 것은 옳지 않다."라고 하는데 어찌 그것이 반드시
사대부가례에만 적용되는지 알 수 있는가? 그러면 천자에서부터 서인에
까지 미친다는 설은 족히 본받을 만한 것이 아니란 말인가? 차례를 이어
대통을 잇고 종묘사직宗廟社稷의 중重함을 받은즉 종통宗統이 여기에
있다고 함은 과연 옳다. 그런데 또 그것을 일컬어 장長이 여기에 있다고
하는 것은 어떠한가? 이것도 역시 윤선도의 일설一說이다. 그 종통이
여기에 있다고 하면 차자次子가 변하여 장자長子가 되고 첩자妾子가 변하
여 적자嫡子가 되는가?

(윤휴가) "무왕武王이 이미 천자가 되었으면, 백읍고伯邑考는 비록 사속
嗣續이지만 태왕太王과 왕계王季의 적적이 되지 못한다."라고 하니 이것도
역시 옳다. 이미 무왕武王을 일컬어 탈적奪嫡하였다 하니 빼앗은 것은
무엇이기 때문에 적적이라고 하는가? 무왕이 정적이 아닌 까닭이었기
때문이니 특별히 복이 따라서 내려간다. 곁가지로서 대통大統을 이은
자를 정자程子가 이를 적자嫡子라 했으니 자식이 없어서 타인의 자식으로
후사를 삼은 때문이었다. "그래서 폐하는 인종仁宗의 적자입니다."라고[229]
한 것은 이것을 말함이다.

타인의 자식을 양자로 들여 후사로 삼으니 정자程子가 비록 적자라

---

229) 송나라 정이程頤가 영종英宗의 생부인 복안의왕濮安懿王을 추숭하는 전례를
논의할 적에 영종에게 한 말로, 즉 영종의 친아버지는 복안의왕이지만, 왕실
종통의 법칙상 영종이 전 임금인 인종仁宗의 적자가 되었다는 것을 뜻한다.
(『한수재선생문집』 권20, 「족질族姪 엽熀에게 답함」 참조)

했으나 고례에는 '적적상승嫡嫡相承'이 아니면 중자의 복과 같이 하였
다.

장자가 죽고 차자가 후사가 되면 차적이라고 하는 것이 옳다. 정자가
말한 적자와는 가리키는 것이 다르다. 윤휴도 이것을 모르지 않으면서
혼란스럽게 섞어서 설명하여 오로지 사람을 함정에 빠뜨리는 것을 위주로
하니 마음 쓰는 것을 알 수 있다. 이른바 계체繼體의 설은 사실 오히려
우리 노래를 따라 부르는 것이다.

예禮에 '천자 제후는 방친旁親 기년복期年服은 끊고 오히려 복주服周〔기
년복〕를 입는다.'라고[230] 하였다. 이것은 차자로서 입후入后한 까닭에
기년복을 입으므로 중자와는 경우가 다르다. 다만 삼년복三年服을 입는
자가 계체한 것만 알고, 차적이 대통을 잇는 것이 바로 계체한 것이므로
기년복을 입는다는 뜻은 알지 못하니 그 또한 가소롭구나. 한나라 문제文
帝가 죽으면 삼년복을 입어야 한다는 것은 선도의 설이다.[231] 앞에서
이미 변증하였으니 또 어찌 말하겠는가? 대개 제왕가에는 곁가지가 대통
을 이은 것을 어찌 한정하겠는가? 이미 대통을 이었으면 진실로 대통인
것이다. 그러나 특히 처음에 곁가지에서 나와 적적適適에서 바로 나온
것이 아닌 까닭으로 부모가 기년복期年服을 입는 것이다. 방친旁親 기년복
을 끊고 오직 계체繼體인 까닭으로 기년복을 입을 뿐이다. 이 어찌 알기
어려운 뜻인가? 또 하필 구구절절이 다시 변증하겠는가?

---

230) 『주례』 春官·司服 疏. "天子諸侯絶旁期 正統之期猶不降 故兼云齊衰 其正服
大功 亦似不降也"(정약용 저, 실시학사경학연구소 편역, 『정체전중변』에서 인
용)
231) 『현종실록』 권2, 현종 원년 4월 18일(임인). 윤선도는 "… 효종대왕의 상에
대한 대왕대비의 복제는 종통을 정하기 위해서는 삼 년을 입어야 할 것이
소연한데 …"라고 한 것을 필자 남기제가 비유한 것이다.

허목의 설은 "서자가 승중하여도 삼년상 하지 않는 것은 첩의 자식인
까닭이다."라고[232] 하였다. 또 "군 대부는 존귀함으로써 공자公子에게는
복을 내린다."라고 하였다. 서자가 승중하여도 삼년복을 입지 않는다는
것은 소의 설인데 '첩자고妾子故' 세 글자를 허목은 스스로 그 아래에
붙여 자기의 주장으로 삼았다. 서자를 첩자로 돌리고자 한 까닭으로
아래에 세 글자를 더해서 첩자라는 뜻을 명확히 한 것이다. 그렇다면
소의 석釋에서 다만 "서자는 첩자의 칭호이다."라고 하면 충분할 것인데,
어찌하여 또 "적처 소생 제이자도 지금 같은 명칭이다."라고[233] 하였는가?
서자를 장자와 구별하고자 한 까닭으로 '첩자도 서자'라고 한 것이다.
이미 "지금 같은 명칭이다."라고 하였으니 여기서 말하는 소위 서자라는
것은 상장上章의 제이자가 아닌가? 예에는 과연 군 대부는 존귀함으로서
복을 내리고 공자는 눌림으로써 복을 내린다는 글이 있다. 군 대부는
존귀한 까닭으로 방친旁親에게는 복을 내리는 것이고 공자는 군부에게
눌리는 까닭으로 역시 방친에게 복을 내린다. 지금 '이압강以壓降' 세
글자를 없애버리고 다만 '군대부이존강공자君大夫以尊降公子' 8글자만을
들어 첩자라는 것을 증명하고 있다.[234]

---

232) 『현종실록』 권2, 현종 원년 3월 16일(신미).
    『현종실록』 권2, 현종 원년 4월 10일(갑오).
233) 『의례소』 권29, 父爲長子. "釋曰 … 言庶者 遠別之也者 庶子妾子之號 適妻所
    生第二者 是衆子 今同名 庶子遠別於長子故 與妾子同號也云"
234) 『송자대전』 권148, 「송자신이 허목의 의례설을 공격한 글 뒤에 쓰다」. '君大
    夫以尊降公子'에서 '長子之妻等不降'까지의 67자는 송자신이 손수 쓴 글씨이
    다. 자신이 일찍이 개탄하기를 "'君大夫以尊降' 6자를 한 구절로 끊는 것은
    비록 대강 문리를 해득한 자라도 모두 당연함을 알 수 있을 것이다. 그런데
    허목은 그 밑의 '公子' 두 글자까지 합쳐 8자를 가지고 한 구절로 끊었으니,
    문리 여하는 그만두고라도 대부大夫에게 어떻게 공자가 있을 수 있단 말인
    가? 어찌 구두도 해득하지 못하면서 예를 아는 자가 있겠는가? 이 자들의
    예를 그르치고 임금을 기망함이 매양 이 같으니, 어떻게 하면 이것을 우리
    임금으로 하여금 이들의 정상을 통촉하시게 할 수 있을까."라고 하였다.
    『송자대전』 권134, 「예설」. 비슷한 내용이 있다.

공자公子는 제후의 첩자이다. 허목許穆의 뜻은 첩자라고 한 연후에
복을 내릴 수 있다는 것이며, 첩자妾子가 아니면 복을 내리지 못한다는
것이다. 그런 까닭으로 단지 8글자만을 들어 증거로 삼은 것이다.

만약 그 주장과 같다면 군君에게도 공자公子가 있고 대부大夫에게도
공자公子가 있다는 것인가? 성경의 글자를 멋대로 증가시키고 자기 마음
대로 고치고 깎았으니 성경을 업신여긴 죄목은 어찌 하겠는가?

야사에 관설觀雪 허후許厚(1588~1661)는 허목의 종형으로 엄격히
스승으로 섬긴 사람이다. 하루는 목이 가서 절하고 앉으니 오래도록
말이 없었다. 허목이 먼저 정원 앞의 토란을 가리키면서 "어찌 여기에
연꽃을 심었습니까?"라고 하였다. 관설이 성낸 소리로 답하기를 "그
대는 토란과 연꽃도 구분 못하는데 어찌 영보英甫 송시열의 예설을
알겠는가?"라고 하였다. 허목이 부끄러워하는 기색이었다.

허목과 윤선도는 같은 목소리로 서로 화합하여 혹 예도禮圖를 짓기도
하고 혹 예설禮說을 짓기도235) 하였다. 한 사람은 이르기를 "첩자가 승중한
연후에야 삼 년을 복하지 않는다."라고 하여 글자를 첨가하여 증거로
삼고[원: 첩자고妾子故가 그것이다.],236) 한 사람은 이르기를 "비록 첩자라도
승중하면 모두 삼 년을 복한다."라고 하여 글자를 고쳐서 설을 삼으니[원:
역자오亦字誤가 그것이다.],237) 말은 각각 어긋나고 막혀도 서로 통하니
또한 몹시 가소롭구나.

---

235) 『현종실록』 권2, 현종 원년 3월 16일(신미). 허목의 '儀禮爲長子之喪服圖'를
　　현종 원년 4월 18일(임인)에 윤선도가 찬성하고 나온다.
236) 허목의 주장.
237) 윤선도의 주장.

지금 차적을 서자라 하지 않는다는 명문明文과 차적이나 첩자를 논하지 않고 국통國統을 전하여 받은 자는 장長이 되고 적嫡이 된다는 명증明證을 얻을 수 있다면 한마디도 더하지 않고 내가 마땅히 승복하겠다. 그렇지 않다면 비록 동銅으로 만든 입술과 철鐵로 만든 혀로 말하기를 천전만회千轉萬回하더라도 나는 그것을 믿지 않겠다.

원객이 수심에 차 있다가 한참 지나 말하기를 "십 년의 의심이 지금 이후에야 풀리는구나. 이를 좇아 다시는 동인東人의 예설禮說을 거론 않겠다."라고 하였다.

5. 갑인예송甲寅禮訟

내가 다음과 같이 말하였다.

그대는 단지 기해己亥의 예만 말하고 갑인예송甲寅禮訟은 언급하지 않으니 어째서인가? 내가 마땅히 다 마무리 하겠다. 대개 갑인년 인선왕후仁宣王后가 승하함에238) 빈청賓廳의 제신諸臣들이 기해년의 기복期服을 정한 것으로 인하여 중자부衆子婦의 대공복大功服을 정하여 올렸다.239) 앞뒤의 복제가 기년이 되고 대공이 되는 것은 일관되게 내려온 것이다.

무릇 장자長子가 죽어 부모가 그를 위해 삼 년하고 서자를 세워 후사를 삼았는데 장자長子의 처가 죽으면 즉『의례儀禮』에 "적부嫡婦가 구후舅后240)가 되지 못했기에 시어머니는 그를 위해 소공小功한다."라고241) 하니 이 복은 서부庶婦의 복服이다. 서자가 후사가 된 후 그 처가 죽으면 즉 예에 "구고舅姑는 부부夫婦에게 장차 전중傳重할 바이나 적適이 아니므로 복은 서부庶婦와 같다."라고 하니 이 복은 차자부次子婦의 복이다. 이런 까닭으로 적부嫡婦가 구후舅后가 되지 못하면 즉 예는 바로 가로되 '소공'이라 하니 이는 적부嫡婦라도 서부庶婦와 같음을 일컫는 것이다. 적적嫡이 아니면서 전중傳重한 자는 즉 예에 바로 말하기를 "서부庶婦와 같다."라고 하였다. 이는 비록 적嫡을 이었으나 서부와 같음을 일컫는 것이다. 예가 선 뜻이 이와 같으니 즉 인선왕후仁宣王后가 차자부次子婦의 복이 됨은 그 뜻이 심히 분명하다.

---

238)『현종실록』권22, 현종 15년 2월 23일(무오).
239)『현종실록』권22, 현종 15년 2월 27일(임술).
240) 구후舅后: 시아버지의 후사. 즉 장자가 죽어서 부父의 후사가 되지 못했기에 장자의 처도 구후가 되지 못했다는 것이다.
241)『의례』喪服 小功. "適婦不爲舅後者 則姑爲之小功"

『의례』에는 중자부 '소공', 『가례』에는 '대공'이라 한 까닭으로 '예왈
禮曰 소공小功'이라 한 것은 『의례』에 근거한다.

현종顯宗이 승하함에[242] 이르러 자의전慈懿殿[243]의 복제를 빈청에서
회의함에, 윤휴尹鑴가 건의하기를 마땅히 삼 년을 복해야 한다고[244] 하였
다. 『주례周禮』의 "무릇 상喪을 당함에 천왕天王을 위하여 참斬한다."라는
설,[245] 『오례의五禮儀』에 "외상外喪[246]은 모두 참한다."라는 말과 『의례』에
"제후의 오속지친五屬之親은 모두 최복衰服한다."라는 글을 인용하여 증거
로 삼았다.[247] 대저 천왕天王을 위하여 참斬한다는 것은 제후가 천자를
위하여 복하는 예이다. 그 소疏에 말하기를 "제후와 제신諸臣이 모두
천왕天王을 위하여 참최함을 말함이다."라고 하였다. 외상外喪은 모두
참한다는 것은 대왕大王의 상喪에 밖으로는 군신과 안으로는 왕비 이하
수규자守閨者에 이르기까지 모두 참최함을 일컫는 것이다. 오속五屬의
친척親戚이 최복한다는 것은, 상복도喪服圖에 친속親屬에는 다섯이 있는
데 부지속父之屬·조지속祖之屬·형제지속兄弟之屬·자지속子之屬·손
지속孫之屬이다. 그 속屬은 모두 신하이기에 감히 임금을 인척으로 하지
못하므로 임금을 위해 참한다는 것이다. 대개 부지속父之屬은 부父의
형제지친이고 조지속祖之屬은 조祖의 형제지친이다. 부父와 조祖는 오속
五屬이 되지 않는다. 그런 까닭으로 부모는 오속 중에 넣어 말하지 않으며

---

242) 『현종실록』권22, 현종 15년 8월 18일(기유).
243) 자의전慈懿殿: 자의대비, 인조계비 장렬왕후莊烈王后 조씨趙氏.
244) 『숙종실록』권4, 숙종 원년 윤5월 1일(무자).
245) 『주례』春官宗伯 司服.(『우암연보』번역본 8권 140쪽 주 59번 재인용)
246) 외간상外艱喪: 아버지의 상사.
    내간상內艱喪: 어머니의 상사.
247) 『숙종실록』권4, 숙종 원년 8월 7일(임술).

부모에게는 복을 더하지 않으니 이상과 같이 그 뜻이 또한 명백하다.

효종孝宗과 현종顯宗은 장렬왕후莊烈王后에게는 아들과 손자의 차례이다. 자식이 어머니를 신하로 삼는다는 의리는 없으니 그들을 신하와 백성의 무리에 비기는 것은 옳지 않다. 그 본복本服을 두고 어찌 복을 내려 신하와 백성이 임금을 위한 복으로 하겠는가? 윤휴尹鑴의 당여黨與인 허목과 윤선도는 앞에서 타수唾手[248)]하고, 조경趙絅(1586~1669)과[249)] 홍우원洪宇遠은[250)] 뒤에서 선동하여, 예론禮論을 가탁하여 착한 무리를 얽어매어 마침내 기사지변己巳之變을 양성하였으니[251)] 가히 애통함을 이기겠는가?

갑인년 이후 남천한南天漢(1607~1686) 등이 먼저 고묘告廟의 의논을 말하고[252)] 허적·허목·권대운 등이 고묘의 논의를 조성하였다.[253)] 기미년에 이르러 윤휴가 문객 이환李煥이라는 자로 하여금 익명서를 지어

---

248) 타수唾手: 손에 침을 뱉고 일을 착수함. 전하여 용감히 일을 착수하는 것이다.
249) 『현종실록』 권4, 현종 2년 4월 21일(경자). 조경이 상소하여 3년상을 주장하며 윤선도를 구원하였다.
250) 『현종실록』 권6, 현종 4년 4월 19일(병진). 수찬 홍우원 상소하여 송시열의 예론이 틀렸다고 비난하고 허목·권시·조경을 옹호하며 윤선도를 구원하였다.
251) 『우암연보』 숭정 46년 10월 12일(무신). "윤선거의 묘문 사건이 일어난 이후 윤증이 겉으로는 사생師生의 예를 지키나 속으로는 원수의 마음을 품어 마침내 윤휴의 당과 합세해 기사의 화를 빚어내기에 이르렀다."라고 하였다.
252) 『숙종실록』 권2, 숙종 원년 1월 7일(병인). 장령 남천한, 정언 이수경이 송시열의 가율加律을 청한다.
   『숙종실록』 권4 숙종 원년 6월 14일(신미). 박헌 상소. 고묘를 빨리하여 송시열을 죽이고 김만기에게까지 미치게 하려는 계획이었다.
   『숙종실록』 권4 숙종 원년 6월 18일(을해). 집의 남천택南天澤, 장령 이복李馥이 송시열을 고묘하기를 청한다.
253) 『숙종실록』 권6, 숙종 3년 6월 17일(임술). 허목이 고묘를 청한다.
   『숙종실록』 권6, 숙종 3년 6월 17일(임술). 허적이 "… 혹시라도 이 고묘로 인해 마침내 송시열을 죽이게 된다면 온당하지 못할까 염려됩니다 … 성상의 뜻에 정하신 대로 조용히 처리하시어 의아해하거나 꺾임이 없어야 할 것입니다."라고 하였다.
   『숙종실록』 권6, 숙종 3년 5월 25일(경자). 임금이 고묘하는 일의 합당여부를 권대운에게 물으니 "나이 젊은 사람들의 의논이 고묘를 합당하게 여기고 있으니 어떻게 해야 할지 알지 못하겠습니다."라고 대답하였다.

밤에 성문에 걸게 하였다.254) 그 속에 쓰여 있는 사람은 모두 일변 사류이며, 역모를 꾀하였다고 운운한 것이다. 윤휴는 밀차를 올려 익명서 속의 사람을 다 죽이자고 청하고,255) 허적과 권대운은 큰 옥사를 만들었다.256) 그 일이 드디어 이환에게 돌아가 환이 국문에 임해서 승관承款하게 되자 윤휴가 차자를 올려 구하려 하였다.257)

이에 사람들이 모두 말하기를 이유정李有楨의 흉서凶書258) 또한 윤휴가 시킨 것이라고 하였다. 사람들의 입에 자자하자 윤휴가 권대운을 사주하여 이유정과 이환을 잡아 급히 죽여서 그 입을 막았다.259) 이에 모함하기를

---

254) 『숙종실록』 권9, 숙종 6년 5월 12일(경자). 이환의 익명서에 "민정중, 김익훈, 이익상, 이선, 신완, 이행익, 권도경, 이익형, 구일 등을 베어버린다면 국가의 복일 것이다."라고 하였다.
『숙종실록』 권6, 숙종 6년 5월 14일(임인). 국청에서 아뢰기를 "이환이 방을 내걸던 날 윤휴의 집에 자면서 함께 비밀히 의논했고, 익명서가 나온 뒤에는 (윤휴가) 비밀 차자를 들여 익명서 속에 기록된 사람들을 모두 제거하려 하였다."라고 하였다.
『우암연보』 숭정 52년 4월 10일(갑술). 윤휴의 문객 이환이란 자가 익명서를 걸었다고 하였다.

255) 『숙종실록』 권8, 숙종 5년 4월 9일(계유). 윤휴의 비밀 차자. "익명서 사건으로 민심이 흉흉하니, 익명서에 이름이 오른 사람들로 하여금 군대를 거느리게 하지 마소서."라고 하였다.

256) 『숙종실록』 권8, 숙종 5년 4월 8일(임신). 권대운이 아뢰기를 "대신 이하 이름이 흉서 안에 들어 있는 이에게는 처분이 있어야 마땅합니다."라고 하였다.
『숙종실록』 권9, 숙종 6년 5월 23일(신해). 김석주가 아뢰기를 "이우의 사건이 성립되지 않은 뒤에 허적과 권대운은 또 돈대의 초관 조정趙晸과 영승 학매學梅를 체포해서 죽였으니 …"라고 하였다.(강화 축성장 이우는 옥에서 죽고 그 이하의 사람들이 죽은 일을 말한다.)

257) 『숙종실록』 권8, 숙종 5년 4월 19일(계미). 판의금 오시수 등이 차자를 올려 아뢰기를 "단순한 익명서를 공안公案처럼 취급하여 매를 때려 고문하여 취조하는 일은 선왕의 법도에 어긋날 뿐 아니라 …"라고 하자, 이환 등에게 시형施刑과 가형을 하지 말게 하였다.
『숙종실록』 권8, 숙종 5년 4월 9일(계유). 윤휴의 비밀 차자에서 이환을 직접 구원하는 내용은 아닌 것으로 보인다.

258) 강도 축성장 이우에게 "종통이 차례를 잃었다."는 글을 던진 사건.

259) 『숙종실록』 권8, 숙종 5년 4월 29일(계사). 이유정 복주.
『숙종실록』 권9, 숙종 6년 7월 3일(경인). 사관의 평에 윤휴와 이환이 모두 주살되었다고 하는 것으로 보아 숙종 5년 5월 24일(임자)에 임금이 직접 소결疏結한 이후에서 7월 3일 사이에 죽은 것으로 보인다. 그러나 윤휴가 권대운을 사주하였다는 것은 확실하지 않다.

우암이 사주하여 이유정의 변을 조성하였다 하여 고묘告廟하고 반사頒賜
하기를 청하였다.[260] 경신년에 이르러 윤휴와 허적이 복주된 이후[261]
고묘의 의논은 점차 그쳤다.

260) 『숙종실록』 권8, 숙종 5년 5월 2일(을미). 허적이 "이유정 혼자만 죽고 괴수
는 아직 건재하니, 이다음에 대한 걱정이 말할 수 없습니다."라고 하였다.
261) 『숙종실록』 권9, 숙종 6년 5월 20일(무신). 윤휴 사사.
『숙종실록』 권7, 숙종 6년 5월 11일(기해). 허적 사사.

6. 기사환국己巳換局

무진년(숙종 14년, 1688)에 이르러 경종景宗이 탄생한 이후 남인의
무리 유위한柳緯漢이라는 자가 상소하여 속히 원자元子의 위호를 정하자
는 논의를 하였다.[262] 이때 중궁[인현왕후]의 춘추가 정성鼎盛한데 이
논의를 내니 어찌 너무 급하지 않은가? 원자가 탄강하신 날은 곧 국본國本
이 이미 정해지는 날이다. 국본을 정함과 정하지 않음이 어찌 위호의
정함과 정하지 않음에 달려 있겠는가? 정후正后에게 경사가 있으리라는
말이 있는 것은 대개 일에 앞서 주밀周密하고 상진詳盡해야 한다는 생각이
있어서이다.[263] 이는 고금의 바뀔 수 없는 의논이다.

우암 또한 상소하여 그것을 말하니 이는 진실로 의리의 당연함이었다.
이에 이현기·목임일睦林一(1646~?)·이항李沆·이윤수李允修·이제
민李濟民 등이[264] 좌우에서 끌어 모함하고 목래선·민암·권대운·심재
沈梓(1624~1693)·이관징李觀徵(1618~1695)·유명천柳命天(1633~
1705)·유하익兪夏益(1631~1699)·김덕원金德遠·오시복吳始復 등이
서로 함께 선동하여 기사년 4월 24일의 변고가[265] 있기에 이르렀으니

---

262) 『숙종실록』 권20, 숙종 15년 1월 14일(임오). 유학 유위한 상소.
263) 『송자대전』 권20, 「기사년 2월에 올린 소」.
　　『숙종실록』 권20, 숙종 15년 2월 1일(기해). 봉조하 송시열 소疏 2본을 올림.
264) 『숙종실록』 권20, 숙종 15년 2월 1일(기해). 이현기가 아뢰기를 "… (송시열
　　의) 말이 송宋 신종神宗에게 미쳤으면, 이는 너무 이르다는 뜻과 비슷합니다.
　　명호가 이미 정해지고, 신민들이 기뻐하고 즐거워 …"라고 하였다.
　　『숙종실록』 권20, 숙종 15년 2월 3일(신축). 대사간 이항李沆, 정언 목임일睦
　　林一은 송시열을 극변에 안치하기를 청한다.
　　『숙종실록』 권20, 숙종 15년 2월 4일(임인). 장령 이윤수李允修, 지평 이제민
　　李濟民은 송시열을 극변에 귀양보내기를 청한다.
265) 『숙종실록』 권20, 숙종 15년 4월 24일(경인). 비망기에서 "김씨金氏는 … 작호
　　를 환수하고 정상을 참착하여 폐출시킨 것이니 그대들은 알라."라고 하였다.
　　『숙종실록』 권20, 숙종 15년 5월 2일(정유). 왕비 민씨를 폐비하여 서인으로
　　삼았다.

겨우 반나절 정청庭請과 잠시 동안 복합伏閤을 하였을 뿐이다.

폐후반교문廢后頒教文은266) 민암이 찬진하였는데 말에 흉패함이
많았다. 갑술년(숙종 20년, 1694) 국청鞫廳에 임하여 공초한 말에
"한·당·송 이래로 인군이 폐비廢妃하는 것에 어찌 한정이 있는가?
그러나 일찍이 신하에게 죄를 돌리는 일은 없었다. 폐비도 전하가
한 것이고 복위復位도 전하가 한 것이다. 앞서 신에게 충신이라 하고
지금은 신에게 역신이라 하니 전하를 위해 신하 노릇하기가 어찌
어렵지 않겠는가?"라고 하였다.

먼저 문곡文谷 김수항金壽恒을 제거하고267) 다음에 우암에게 미쳤다.268)

우암과 문곡의 죄를 따지기를 청했는데 소두疏頭는 민암이 하고,
제소製疏는 민종도閔宗道(1633~?)가 하고, 소색疏色은 윤심尹深
(1633~1692)·이관징李觀徵이 하고, 소하疏下는 권대운 등 삼십여
인이 했다. 참판 윤이제尹以濟(1628~1701)는 사람들에게 협박당해
부득이 소에 참여했는데 나중에 후회하는 말이 있었고 이것으로
인해 배척당했다고 한다.

대개 기해예송은 임금을 폄박하는 죄에 해당하고 무진년의 소는269)

266) 『숙종실록』 권20, 숙종 15년 5월 4일(기해). 폐후반교문 중외에 반포.(대제학
　　민암이 지어 올림)
267) 『숙종실록』 권20, 숙종 15년 윤3월 28일(을축). 김수항은 사사의 명을 받고
　　진도에서 자진하였다.
268) 『숙종실록』 권21, 숙종 15년 6월 3일(무진). 송시열 사사.
269) 『숙종실록』 권20, 숙종 15년 1월 14일(임오). 유학 유위한 상소. "원자元子라
　　고 하는 것은 직접 세자世子로 봉하는 것만 못하고, 근본을 세워서 보임은
　　명호를 정하여 동궁東宮으로 삼음만 못하니, 엎드려 바라건대 전하께서 빨리
　　결단을 내려 의심하지 마시고 속히 봉호封號를 더해 사보師保를 뽑아 임명하

국본國本[왕세자]을 동요시키는 안건이었다. 한 사람으로 인한 재앙
이 일세의 충신에 미치고,270) 위로는 국모에까지 파급되었으며,271)
또 오두인吳斗寅(1624~1689)·박태보朴泰輔(1654~1689)의 죽음이 있
게 되었고,272) 경신년 옥사獄事를 신설伸雪273)하기 위해서 광성 김
만기·청성 김석주가 차례로 추삭되고274) 율곡栗谷·우계牛溪 양현
이 또한 출향되었다.275)

　　유생 유직柳溭276)·안전安瀍277)·나두하羅斗夏278) 등이 서로 이어
　　소를 올려 무고하고 모욕함이 끝이 없고 대사헌 민종도閔宗道·장령
　　박신朴紳·사간 김주金澍 등이 그 논의를 선동하였다. 대사간 권해權
　　瑎 또한 상소하여 "율곡은 어렸을 때 선에 빠져 어버이를 버리고

　　소서."라고 하여 원자를 빨리 세자로 책봉하고 또 원찬 중인 권해, 이옥, 정
　　유악, 심단 등의 남인에게 관용을 베풀어 주라고 하였다.
270)『숙종실록』 권20, 숙종 15년 2월 3일(신축). 송시열은 원자元子 정호定號가 시
　　기상조라고 주장한 상소문으로 원찬되어 제주에 위리안치 되었다.
271)『숙종실록』 권21, 숙종 15년 5월 2일(정유). 왕비 민씨를 폐하여 서인으로 삼
　　았다.
272)『숙종실록』 권21, 숙종 15년 5월 7일(임인). 오두인이 파주 유배 중 병사하였다.
　　『숙종실록』 권21, 숙종 15년 5월 4일(기해). 박태보가 과천 유배 중 병사하였다.
273) 신설伸雪: 신원설치伸冤雪恥의 준말로 원통함을 풀고 부끄러운 한을 씻어 버
　　림. 설분신원雪憤伸冤.
274)『숙종실록』 권20, 숙종 15년 3월 28일(을미).
275)『숙종실록』 권20, 숙종 15년 3월 18일(을유).
276)『국역 율곡전서Ⅶ』 권38, 부록6, 「전후前後의 변무辨誣한 장소章疏」. 유직의
　　상소를 주로 처리하여 게재한다. "이이가 천륜을 버리고 공문空門으로 도망
　　하였으니, 이미 명교名敎에 죄를 얻었습니다. 그리고 그는 교묘하게 충현忠賢
　　을 헐뜯고 붕비朋比를 극진히 보호하였습니다. 이이는 일찍이 이교異敎를 일
　　삼더니 옛 습관을 버리지 못하며, 엽등躐等을 좋아하고 실지는 밟지 않았습
　　니다."라고 하였다.
　　태학생 김수항이 신묘년에 올린 항소에 유직의 상소에는 출처의 시비, 사업
　　의 득실, 도학의 순자醇疵로 나누어 무훼誣毁함이 낱낱이 들기 어렵다고 하
　　였다.
277)『숙종실록』 권20, 숙종 15년 2월 22일(경신). 안전의 상소. 이이와 성혼을 문
　　묘에서 내치기를 청하고 이이의 불효와 성혼의 불충은 명효名孝의 죄인이라
　　고 하였다.
278)『숙종실록』 권20, 숙종 15년 4월 13일(기묘). 나두하 상소. 정개청의 사우를
　　중건할 것을 청한다.

입산入山하여 신체를 훼손하고 승복을 입었다."라고 하고, "우계는
임금이 파월播越하는데도 달려가 문안할 뜻이 없었으며, 국가의 원수
를 갚을 생각은 않고 주화主和의 의논에 힘썼다."라고 하였다.

대개 율곡栗谷이 입산한 일은 유성룡의 『운암만록雲巖漫錄』과 김시
양金時讓의 『부계기문涪溪記聞』에 모두 "어버이의 뜻을 어기고 중이
되었다."라고279) 하였다. 말이 지극히 어긋나고 망령되었으며 사악한
이야기가 오래도록 그치지 않았다. 이로 인해 한편으로는 현인을
시기하는 중요한 핵심이 되었다.

또 윤증尹拯(1629~1711)도 말하기를 "진실로 입산入山한 실수가
있다."라고280) 하였다. 그 무리 홍수주洪受疇가 상소하여281) 계곡谿谷
장유張維(1587~1638)의 설을 인용하고 사계沙溪 김장생金長生으로
서 증명을 삼아 "진실로 낙발落髮한 일이 있었다."라고282) 하였다.

---

279) '위친변형違親變形'은 실제 남계 박세채의 『남계선생박문순공문속집』 권20의
「記栗谷先生入山時事」에 나온다.
『부계기문』에는 "율곡은 10여 세에 문장이 이미 성숙하여 높은 명망이 있었
다. 아버지가 첩에게 빠져서 아버지 사랑을 받지 못하였다. 중이 되어 정처
없이 떠도니, 법명을 의암義菴이라고 하였다. 중들이 그를 존경하여 생불生佛
이라고 하면서 죽두자竹兜子로 어깨에 메고 다녔다."라고 하였다.

280) 『송자대전』 권128, 「순석에게 부침」. "윤의 아들[윤증]이 실록청에 글을 보내
'율곡은 실제로 입산한 잘못을 면할 수 없다.[栗谷未免眞有入山之失]'라고 하
였다."라고 한다.

281) 『숙종실록』 권16, 숙종 11년 5월 26일(을유). 홍수주의 상소. "이이가 산에 들
어갔던 것은 비록 과실이 있었다고 할 수 있었겠지만 그의 성덕에는 관계가
없습니다. 그러기에 선배들도 일찍이 이를 숨기지 않았습니다. 옛적에 사람
들이 이이가 산에 들어갔을 때의 일을 물으니, 김장생이 대답하기를 '머리를
깎은 듯하다.' 하였습니다. 김장생은 곧 이이의 제자입니다. 이이가 산에 들
어갔으면 머리를 깎고 아니 깎고는 대단치 않은 행적이므로 이를 가려낼 것
이 못되기에 김장생이 이를 주의하거나 머뭇거리지 아니하였을 것입니다. 그
러기에 장유가 그 문답을 기록하여 소설小說을 지어서 그의 문집에 편입하였
습니다."

282) 『계곡만필』 권2, 「세상에서 율곡이 머리를 깎았다고 하는 것은 거짓이다」.
조승지 지세[조위한]가 나에게 말하기를 "율곡이 입산할 때에 머리를 깎았다
고 말하는 이도 있고 그렇지 않다고 하는 이도 있기에, 내가 일찍이 사계에
게 물어 봤더니, 사계는 머리를 깎은 것 같다고 대답하였다. …"라고 하였다.
이 글에서 사계 김장생이 율곡이 머리를 깎았다고 말했다는 것을 증명하려
고 했다고 한다.

우암 또한 상소하여 무고를 변론하였는데 대략 "문성공文成公〔율곡
시호]은 타고난 천품이 극히 높았습니다. 나이 겨우 5, 6세에 이미
학문하는 방법을 알고 십 세에 이르러 경서를 다 통달하고는 '성인의
도는 다만 여기에 있다.'라고 하였습니다. 이때 불교와 노장의 여러
책들이 범람하였는데 그 중에서 『능엄경楞嚴經』한 책을 제일 좋아하
였습니다. 입산할 때에 이르러 붕우에게 유별留別283)하는 글에서
'기氣란 사람이 공히 얻은 것이지마는, 기氣를 잘 기름은 맹자만
함이 없으니, 사람이 궁리진성하고자 함에 이것을 버리고 어디서
구하겠는가? 공자孔子 말씀에 지혜로운 자는 물을 좋아하고 어진
자는 산을 좋아한다고 하였으니 인지仁智로 기氣를 기르는 자가 산수
를 버리고 어디서 구하겠는가?'라고 하였습니다. 풍악楓岳에 들어가
서 선지禪旨의 그릇됨을 깨닫고 드디어 버리고 돌아와 성학聖學에
전심하였습니다. 그 자송自訟하는 소疏에 '이른바 초년에 도를 구하다
가 선교禪敎에 심취해서 산문에 들어갔다.'는 것이 이것입니다. 입산
入山했다는 것은 이와 같은 것에 불과합니다. 이것은 모두 간행 문서에
서 고찰하면 알 수 있습니다. 낙발落髮했다는 설에 이르러서는 모함하
고 속이는 것이 지극합니다. 그 문집에 노승과 문답한 것이 있는데
노승이 부르기를 '조대措大284) 조대措大'라 했으니 유학자의 칭호가
아닙니까? 임억령林億齡의 시집에 '이생 누구와 산을 다녔다.'는 내용
이 있으니 생生이라 부른 것은 또한 유학자의 칭호가 아닙니까?
이 모두가 그때의 일입니다. 설사 참으로 낙발의 일이 있었다 하더라
도 김모〔김장생]를 통해 이를 증명한다면, 아버지가 양을 훔쳤다는
것을 증명하는 것과 다를 바가 없습니다. 하물며 이러한 사실이

---

283) 유별留別: 길을 떠나는 사람이 머물러 있는 사람에게 작별 인사를 함. 송별送
別의 대對.
284) 조대措大: 빈한한 선비를 지칭한 말.

절대로 없음이겠습니까?"라고[285] 하였다.

또 (우암이) 김만기에게 쓴 편지에는 "옛날에 계상溪上에 있을 때 묻기를 '김시양金時讓 일록에 율곡栗谷의 승명이 의암義菴이라는 설이 있는데 이 설을 파기할 수 있는 명확한 증거가 없습니까?'라고 하였다. 선생님[김장생]이 말씀하기를 '소싯적에 망령되이 이 일을 선생님[율곡]께 청하였더니 말씀하기를 「이 어찌 질문이 되겠는가, 비록 중이 되지 않았다 하더라도 마음이 빠진 것에 무슨 도움이 되겠는가?」라고 하셨다.'라고 하였다. 계곡이 기록한 바가 어찌 이와 같은지 알지 못하겠구나? 정자程子의 문인 제자들이 그 언행을 기록함에 오히려 그 본뜻을 크게 잃음이 있으니 계곡이 그 실상을 잃지 않았다고 어찌 보장하겠는가? 이 일에 관한 다른 이야기가 많지 않으나 다만 선생이 입산했을 때 노승과 유불을 논쟁한 것을 시의 서문[286]에 보면 가히 알 수 있다."라고[287] 하였다.

남계南溪 박세채朴世采(1631~1695)의 기사에 "율곡이 입산한 일은 이유경李有慶의 봉사와 장유張維의 『계곡만필谿谷漫筆』에 이미 아주 명백하니 변증할 일이 없다. 또 의암 정홍명鄭弘溟(1592~1650)의 『일록』과 조면주曹冕周의 『기문記聞』에도 보인다."라고 하였다.

정홍명의 일록에 "선생의 서모가 패악함이 심하여 그 백씨와 더불어 화합하지 못하였다. 선생이 양자 사이를 왔다 갔다 하면서 힘써 간언하였으나 마침내 성공하지 못했다. 드디어 울면서 그 사실을 찬성공贊成公에게 알리고 책갑을 봉해두고 떠났다. 그 안에 부형과 서모 앞으로 편지 세 장을 남겼다. 편지의 끝말에 끝내 화합하지

285) 『숙종실록』 권15하, 숙종 11년 9월 30일(정해). 홍수주의 상소의 말이 무패誣
悖하였음을 변론하기 위하여 상소하였다.
『송자대전』 권19, 「문원공의 유고를 올리고 이어 사우의 무고를 변론하고 또
손자 주석에게 전리로 돌아가 글을 읽도록 윤허해 주기를 청하는 소」.
286) 『율곡전서』 권1, 詩上 「楓岳贈小菴老僧 幷序」.
287) 『송자대전』 권74, 「김영숙에게 답함 - 을축년 4월 27일」.

않으면 정녕 죽더라도 모른 체하겠다."라고 하였다.

조면주의『기문』에 "선생이 집안의 도가 어그러진 것을 보고 심사가 정해지지 않았다. 그때 외조모 이부인이 강릉江陵에 있으니 찬성공贊成公에게 가서 뵙기를 청했다. 떠날 때 편지 세 장을 남기니 정홍명의『일록』과 같다. 마침 풍악산楓岳山에 들어가는 승려를 만나 함께 가서 풍악에서 강릉에 이르렀다. 그때 나의 조모가 마침 이부인의 옆에 있은 까닭으로 세상에 그 이야기를 전한다."라고 하였다.

이유경李有慶의 봉사에 "모某〔율곡〕는 어려서 어숙권魚叔權에게서 배웠는데 산을 내려온 다음날 숙권을 찾아가 뵈었다. 숙권이 그 관을 벗겨 보니 머리칼이 거의 땅에 닿았다. 숙권이 기뻐하면서 '자네가 중이 되었다는 허실을 가히 밝힐 수 있구나.'라고 하였다. 지금 학관 이붕李鵬이 숙권에게서 같이 배운 동학인데 동참하여 목격하였다."라고[288] 하였다.

대개 이유경은 선생의 제자이고, 정홍명은 선생과 통하는 집안의 자식이고, 조曺는 선생 외종매의 손자이다. 부모를 어기고 삭발한 것이 아니라는 것을 목격자들이 잘 알고 있다.

당시 우암은 이 일을 말할 때 선생의 상소를 위주로 하여 정과 조의 설은 모두 소거시키니 대개 곁가지 이론이 오도할까 염려해서였다. 대개 선학禪學에 빠진 일은 실제로 입산의 근원이 되었고, 선생이 이미 무진년의 상소[289]에서 임금에게 호소하였다. 두루 사우에게

288) 『국역 율곡전서Ⅶ』 권38, 부록6, 「전후前後의 변무辨誣한 장소章疏」. 율곡의 문인 이유경이 올린 을해년(선조 20년, 1587)의 소.
289) 『선조수정실록』 권1, 선조 원년 5월 1일(경술). 이이가 홍문관 교리로 제수되었을 때 상소하였는데 상소 내용은 다음과 같다. "신이 어린 나이로 도道를 찾다가 학문하는 방향을 몰라 제가諸家를 넘나들며 일정한 길을 잡지 못하였고 또 태어난 시기가 좋지 않았던지 일찍이 자모慈母를 여의고는 망령되이 슬픔을 잊고자 석교釋敎를 탐독하다가 본심이 어두워져 드디어 깊은 산으로 달려가서 거의 1년이 되도록 선문禪門에 종사하였습니다. 그런데 다행히 하늘이 신령함을 힘입어 하루아침에 잘못을 깨닫고 시무룩한 기분으로 집에 돌아와 죽도록 부끄럽고 분함을 느꼈습니다. 불교의 도에 중독된 자 중에 신

고하고 퇴계退溪에게 글로써 알린 것이 당시에도 명백하였을 뿐만
아니라 그 뒤에도 선배들이 비문碑文과 행장行狀에서 칭송하고 소장
에서 변증할 때 이를 쫓지 않음이 없었고 한 길로 반복한 것이었으니,
정홍명의『일록』과 조면주의『기문』도 또한 잘 알지 않으면 안된다.

이유경의 상소와 정의『일록』이 또한 근거한 바가 없지 않으니
"대개 선학에 빠진 일이 비록 그 주된 뜻이 마침 집안의 도리가 어긋남
을 만나서였지만, 근심한 것이 서모와 백형의 일이요, 찾아뵙고자
한 것은 외조모라는 지친이요, 쫓은 바는 찬성공贊成公의 명령이었
고, 말한 것은 일가 화합의 도리였다. 이는 모두 인륜의 대체大體이니
지극한 정성에서 나온 바이다. 외조모를 찾아뵙기를 청한 것으로
인연하여 입산하였고, 또 선학禪學을 위해 빠져든 것은 꾀하지 않아도
합치된 것이니 어찌 옳지 않다 하리오?"라고 하였다. 이 같은 여러
말을 보건대 저들 유성룡과 김시양의 두 책은 무엇을 근거한 것인가?
허탄하고 망령된 나쁜 설을 기록하여 후세를 속여, 유직柳溭과 안전安
㙉 무리의 흉악한 상소와 또 윤증의 패악한 설이 있음에 이르렀으니
세상 도가 가히 한탄스러움을 이기지 못하겠구나.

우계牛溪가 호종護從하지 않았고 화의를 주장한 일은 임진란 초기
다. 사악한 설이 흉흉하고 또 어가가 파천한다는 설이 있으니 우계
선생이 아들 성문준成文濬(1559~1626)을 보내어 서울에 가서 소식
을 탐문하게 하니 대개 길가에서 곡하며 대가大駕를 보내자는 뜻이었

과 같이 깊이 중독된 자는 없을 것입니다. 그때에 이 세상에 버림을 받은 것
으로 여겨 농사짓고 글이나 읽으면서 천년千年을 보내려고 했었습니다. 그런
데 신의 아버지가 신에게 조그마한 재주 있는 것을 애석히 여겨 명예를 찾
도록 굳이 권하는 바람에 그때부터 과거보는 사람이 되어 계속 과거에 응해
왔습니다. 신의 구구한 뜻은 그저 승두카斗의 녹으로 기한飢寒이나 면하자는
것뿐이었습니다. 이렇게 좋은 관작이 오고 또 성상의 은총이 잘못 이렇게 내
려질 줄 어찌 기약이나 했겠습니까? 낭서郎署의 직을 역임하고 빛나는 화성
華省까지 출입하게 되어 신 자신이 당초의 마음을 돌아볼 때 날씨가 춥지 않
아도 전율을 느낍니다. 바라건대 신의 직을 해직하도록 명하시고 시골로 내
치시어 학문에 전력하면서 옛날 잘못을 닦아 없애도록 하소서."

다. 문준이 임진강변臨津江邊에 이르러 서울에서 오는 스님을 만나 소식을 물으니 스님이 서울은 태평하다고 말하였다. 문준은 이에 중도에서 돌아왔다. 이로써 난이 일어난 소식을 막연히 알지 못했으며, 대가가 파천播遷함에 이르러서도 또한 소식을 듣지 못했으며, 길가에서 곡하며 대가를 보내자는 뜻은 결국 이루지 못했다.

대가가 임진나루를 건넌지 삼일 후 비로소 그 상황을 알게 되었다. 먼저 이천伊川에 이르러 광해군의 감군監軍에 종사하다가 뒤에 관서 關西 행재소行在所에서 근왕勤王하고자 하니[290] 이것이 호종하지 않은 것이었다. 우계牛溪는 임진강 십 리에 위치하였다. 대가가 임진강에 도착하였을 때 임금이 "성모成某의 집이 어디에 있는가? 그는 마땅히 와서 나를 볼 것인데."라고 하였다. 정언 이홍로李弘老가 강변의 작은 집을 가리키며 "저곳이 성모의 집입니다. 이같이 창황한 때에 어찌 와서 임금을 알현하겠습니까?"라고[291] 하였다. 이는 턱만 끄덕이는 소인들이 틈을 타서 바름을 해치고자 하는 계책이니 교활하고 흉패하다고 하겠다.

주화의 일은 계사년 중국 장수 심유경沈惟敬·이종성李宗誠 등이 힘써 화의를 주장하였으며, 병부시랑 고양겸과 참장 호택은 조정을 협박하여 뜻에 따르라고 하였다. 주문奏文을 할 때 우계가 중국 장수와 수작한 말이 있었다. 그리하여 이 말이 조정 관리에게 전해지고 또 탑전榻前에 이르렀다. 그때 이정암李廷馣이 화의하자는 일을 아뢰니[292] 좌우에서 죄를 성토하여 엄히 배척하였다. 선생은 이정암이

---

290) 『선조수정실록』 권28, 선조 27년 3월 1일(기묘). 가을에 이르러 왕세자를 성천에서 뵙고, 또 성천에서 의주의 행재소로 들어가 상을 뵈었다.
291) 『선조수정실록』 권28, 선조 27년 3월 1일(기묘). 병조좌랑 이홍로가 임진강가에 있는 고故 찬성贊成 이이李珥의 가정家亭을 가리키며 이 말을 했다고 하였다.
292) 『선조수정실록』 권28, 선조 27년 6월 1일(무신). 전라도순찰사 이정암이 밀소密疏를 올려 고양겸의 차부箚付대로 황지皇旨를 따라 은인자중하며 보존되기를 청했다고 하였다.

몸을 잊고 나라를 걱정하는 사람이라고 하여 임금 앞에서 힘써 구하였다.[293] 그 사이 일의 실마리를 모르는 사람들은 혹시 우계牛溪가 화해 쪽으로 붙은 것인가 하여 시비가 분분하였다. 스스로 해명하는 글이 나오니 그때서야 의혹이 점차 해소되었으나 동인東人의 의론은 일찍이 그친 적이 없었다. 선조 말년에 이르러 정인홍이 기축옥사의 일로써 우계를 탄핵하고 또 이 말을 내었다. 혼조〔광해조〕에 이르러 추삭되었고 계해년에 이르러 신원伸寃의 명이 내렸다. 또 이때에 이르러 흉악한 무리의 여얼들이 정인홍의 말을 답습하여 구실의 근거로 삼았다. 세상 도리와 인심이 어찌 이렇게 한심한가?

나라의 재앙과 변고가 이때보다 참혹한 적이 없었다.

우리 고을에 권암權黯이란 자가 있어 일찍이 일컫기를 허적許積은 '사상社相'이요, 윤휴尹鑴는 '백호白虎'요, 민암閔黯은 '주상鑄相'이라 하였다. 기사년 일에 대해서 "송나라의 공도보孔道輔·여이간呂夷簡은 주장한 바는 비록 다르나 함께 나라를 위해 나온 마음이다. 당의 이적李勣은 비록 '폐하의 집안일이다.'라는[294] 주장을 하였으나 주자朱子는 그 선행을 『소학小學』에 기록하였다.[295] 후세에 이적과 여이간

---

293) 『선조수정실록』 권28, 선조 27년 6월 1일(무신). 성혼이 비국제조로 입시하여 "정암은 실로 죄를 줄만 합니다만 정암은 자신을 잊고 나랏일을 걱정하는 성의를 지닌 인물입니다. 서장書狀이 놀랍기는 하지만 그 정성만을 취할만합니다. 또 말을 하면 죄를 받게 되리라는 것을 모르지 않으면서도 죽음을 무릅쓰고서 말을 했으니 자신은 절의節義에 복사伏死하는 일이 되게 하려는 생각에서 이 말을 한 것일 것입니다."라고 하였다.

294) 『구당서』 권80, 열전30, 褚遂良. "六年 高宗將廢皇后王氏 立昭儀武氏爲皇后 … 遂良曰 … 皇后自此未聞有愆 恐不可廢 … 勣對曰 此乃陛下家事 不合問外人". 저수량은 반대하고 이적은 폐하의 집안일이라고 찬성하고 있다.

295) 『소학집주』 선행6, 實明倫. "唐英公李勣 貴爲僕射 其姊病 必親爲然火煮粥 火焚其鬚 姊曰 僕妾 多矣 何爲自苦如此 勣曰 豈爲無人耶 顧今 姊年老 勣亦老 雖欲數爲姊煮粥 復可得乎"

을 역적이라고 하는 것은 듣지 못했다. 지금 주상鑄相[민암]을 역적이라고 하는 것이 어찌 원망스럽지 않겠는가?"라고 하였다. 슬프구나! 비단 권의 말이 이와 같을 뿐만 아니라 남인의 논의가 대개 이와 같다. 세상 도리가 한심하다 하겠다.

천하의 일이란 이것이 선하면 저것이 악하고, 이것이 옳으면 저것은 그르지 않은 법이 없다. 만약 저수량褚遂良·공도보孔道輔가 선하고 옳다면 이적李勣·여이간呂夷簡은 그르고 악하다. 당시에 비록 이와 여를 역적이라 하지 않았다 하더라도 사필史筆은 엄히 검토하여 서책에 소상히 실었다. 어찌 저와 공의 대경大經한 뜻을 버리고 다만 이와 여의 패악한 설을 가지고 세상 사람들에게 오도하기를 이와 같이 하는가?

왕비는 임금과 한 몸이다는 것을 알지 못하고 임금과 왕비를 둘로 나누는 논의가 있게 되었다. 이 논의가 또 사람들이 국모에게는 군신의 의리가 없다고 할 뿐만이 아님을 어찌 알겠는가? 어찌하여 박원종朴元宗(1467~1510)·유순정柳順汀(1459~1512) 무리들은 역적으로 단죄하지 못했다고 말하지 않고, 오직 민암에게만 단죄했다고 하여 멀리 당·송의 이·여에게 비유하는가? 용진 사람 민효직閔孝直이 직접 권의 말을 듣고 나에게 전했다.[296]

이 이후부터 남인南人의 무리들은 그 권세를 견고히 하고자 하여 장희재張希載(?~1701)에게 아당하였다. 소론少論의 젊은 무리들 곧 남구만南九萬·유상운柳尙運·윤지완尹趾完(1635~1718) 등은 동궁을 보호한다고 칭하고 희재에게 붙었다. 기사년에서 갑술년까지 남인南人의 마음은 인현왕후仁顯王后에게 불리하였다. 갑술년에서 신사년에 이르기까지 소

---

296) 필사본에는 이상의 인용문이 본문으로 처리되어 있다.

론의 마음이 또 인현왕후에게 불리하였고 신축년에 이르러 극심하였다. 그때 일을 차마 말하리오. 이때를 당하여 자식이 자식답지 못하고 신하는 신하답지 못하니 비록 사십 년을 부모처럼 섬기던 스승을 하루아침에 배반하니 어찌 괴이하지 않은가? 그러나 윤증尹拯이 스승을 배반한 것은 또한 남인이 사주하여 나온 것이니 "앉는 곳마다 가시나무가 생기고 손댄 것마다 해를 입힌다."는 것은 참으로 남인을 말하는 것이다.

제3편 용문문답 하龍門問答 下

1. 회니시비懷尼是非

한객漢客이 말하기를 "그대의 말이 심하구나. 명재明齋가 배사한 것은 실은 아버지를 위한 도리에서 나온 것이다. 어찌 남인이 사주했다 하는가?"라고 하였다.

내가 다음과 같이 말하였다.

그대는 다만 아버지를 위해서 스승을 어긴 것만 알고, 아버지를 위한다는 것이 자기를 위한 계략에서 나온 것임은 알지 못하고 있다. 당초에 제복諸福의 무리들이 숙종肅宗 초에 자주 임금의 병이 심하자 몰래 불령不逞을 쌓고, 기대해서는 안될 일[非望]을 살폈다. 그때 서인西人이 요로要路에 있어 계책을 꾸미기 어렵다고 여긴 까닭으로 여러 남인과 의기투합하여 윤휴와 허목을 스승으로 삼았다. 서인을 배척할 계책을 꾸미고자 했으나 편승할 틈이 없었다. 그래서 서로 몰래 모의하기를 우옹尤翁이 서인의 영수이므로 만약 우옹을 배척하면 여러 서인이 다 일어나 보호할 것이니 그 보호할 때를 따라 차례로 쫓아내면 서인을 모두 축출할 수 있을 것이라 하였다. 우옹을 제거하는 방법이 곧 기해예론이었다.

이것으로 죄를 주어 우옹을 제거하는 것은 손바닥 뒤집기와 같고, 갑인년 회의에 모인 사람들인 문곡 김수항金壽恒·광성 김만기金萬基·노봉 민정중閔鼎重 무리들도 순서에 따라 죽음에 몰 수 있다고 여겼다. 이에 허견許堅의 무리와 함께 제천祭天의 맹서까지 하였으나 갑자기 경신년 옥사를 당하니, 윤휴尹鑴의 당은 그것을 사화士禍라고 이르고 청성淸城을 남곤南袞(1471~1527)과 심정沈貞(1471~1531)에게 비유하였다. 남인南人이 경신대출척庚申大黜陟을 원망으로 여긴 까닭이다.

저 윤증尹拯은 곧 권시權諰의 사위이고 그 아우 윤추尹推는 이유李㴐의 사위이다. 권시의 아들 권기權愭와 이유의 아들 이삼달李三達은 남인南人의 준걸이다. 윤증과 윤추는 권기·이삼달과 은밀히 좋아하고 친절하여 서로 알려주는 것이 처남 매부간의 친밀함 이상이었다.

경신년 옥사의 소문은 대개 권기와 이삼달이 전한 것이다. 청성에 관한 사건의 소문도 역시 권기와 이삼달의 말이었다. 증의 본심은 허약하였으나 그들의 주장에 유혹당하여 청성을 뒷날 큰 화를 일으킬 괴수라고 지목하였다.

우옹尤翁이 거제巨濟로부터 돌아와 상세히 그 사건을 듣고 청성은 사직을 위한 공이 없지 않다고 하였다. 윤증尹拯이 이에 대경실색하여 "이 어른의 소견이 어찌 이와 같은가? 만약 이 어른을 쫓는다면 마침내 구덩이〔坑塹〕에 빠져서 점필재〔김종직〕가 한훤당寒暄堂에게 한 것 같이 될 것이다."라고 말하곤, 각립各立의 계책을 세우고자 했으나 도움을 얻지 못하였다. 마침내 현석玄石 박세채朴世采의 도움을 얻은 연후에 마침내 배사할 마음을 결정하였다.[1]

대개 이때 노봉老峰이 좌상이 되어 임금에게 아뢰어 승지를 보내어 우옹을 부르도록 하였으나 우옹이 오지 않았다. 또 현석을 부르도록 하였으나 현석이 말하기를 "내가 비록 들어가고자 하나 민간 사람이니 주인主人 없이는 일이 성취되지 않습니다."라고 하였다. 노봉老峰이 말하

---

1) '우옹이 거제로'부터 '결정하였다'까지는 『우암연보』 숭정 56년 3월 28일에서 전재한 것이다.

기를 "내가 마땅히 주인이 될 수 있다."라고 하였다. 현석이 말하기를
"민간의 사람이 어찌 척신에게 기대어 나랏일을 하겠습니까?"라고 하였
다. 노봉이 심히 근심하여 말하기를 "만약 우옹으로 하여금 이 자리에
있게 한다면 들어오지 않겠는가?"라고 하였다. 현석이 말하기를 "그렇게
된다면 다행이다."라고[2] 하였다.

  노봉이 임금에게 아뢰어 승지를 보내어 우옹을 부르도록 하곤, 또
우옹에게 편지를 써서 "비록 마땅한 자리는 아니지만 원컨대 잠시 상경하
여 화숙和叔[3]을 오게 하는 것이 어떠하겠습니까?"라고 하였다. 우옹이
말하기를 "내가 비록 싫어하여 직책을 행하지 않고자 하나 나로 하여금
화숙和叔을 위한 주인이 되게 한다면 내가 어찌 하지 않겠는가?"라고
하였다.

  드디어 여주驪州에서 부름에 응하여 경강京江에 이르러 현석을 만났다.
현석이 즉시 들어와 제자의 예를 갖추었다. 현석이 말하기를 "자인子仁[4]을
부른다면 오겠습니까?"라고 하니, 우옹이 말하기를 "자인이 기꺼이 오지
않겠는가?"라고 하였다. 현석이 말하기를 "선생님과 소자가 모두 여기에
있으면 그가 어찌 오지 않겠습니까?"라고 하였다.

  그리하여 임금에게 아뢰어 증을 부르도록 하였다. 증이 과천果川 나양좌
羅良佐의 집에 와서 머물면서 사직하고 오지 않았다. 현석이 말하기를
"내가 마땅히 가서 보고 함께 들어오겠습니다."라고 하였다. 드디어 가서
증을 보니 증이 여러 날 머물러 두고 말하기를 "녹훈을 깎은 연후에
가히 일을 도모하는 것이 형은 가능하다고 여기지 않습니까?"라고 하였
다. 현석이 "불가능하다."라고 하였다. 또 말하기를 "외척의 무리를 쫓아

---

2) 『숙종실록』 권14하, 숙종 9년 5월 5일(병오).
3) 박세채의 자.
4) 윤증의 자.

낸 후에 일을 도모하는 것이 형은 가능하다고 여기지 않습니까?"라고
하였다. 현석이 "불가능하다."라고 하였다. 또 말하기를 "지금의 시태時態
는 자기와 다른 자는 배척하고 자기에게 순응하는 자는 붙여주니 이런
풍속이 제거된 후에 일을 도모하는 것이 형은 가능하다고 여기지 않습니
까?"라고 하였다. 현석이 "불가능하다."라고 하였다.

　그 이른바 "녹훈을 깎는다."는 것은 완녕完寧 이사명李師命 · 광남光南
김익훈金益勳의 일이다. '외척'이라는 것은 광성 · 노봉 · 청성이다. '시태
時態'라는 것은 우옹을 가리킨 것이다. 증이 말하기를 "이 세 가지가
제거되지 않으면 나는 들어갈 길이 없다."라고 하였다. 그리하여 현석을
삼 일간 머물러 두고는 권기權愭와 이삼달李三達에게 들은 말을 다하고는
"만약 우옹을 따르면 큰 화가 장차 이를 것이다."라고 하였다. 현석이
드디어 의혹이 커지고 겁이 나서 기운 없이 들어왔다. 그리하여 우옹을
보지 않고 바로 탑전榻前으로 들어가 우옹이 건의한 태조휘호太祖徽號
논의를5) 힘써 배척하고는6) 드디어 파주坡州로 도주하였다.7) 우옹이 그
일의 기미가 와해된 것을 보고 나서 윤증의 속마음을 알고 금강산에
들어갔다. 이때부터 서울의 소인배들이 많이 현석에게 붙었다.8)

　현석과 윤증은 서로 끈끈히 결합하고 그 논의를 주동하는 원귀가

---

5) 『숙종실록』 권14하, 숙종 9년 3월 25일(정묘). 우암이 종묘의 위판이 틀린 곳을
　　이개釐改할 것을 청하고, 상소 끝에 태조대왕의 존호를 추상追上하도록 청하였
　　다. 즉 태조의 휘호가 세조 · 선조의 휘호보다 적음으로 태조의 휘호에 소의정
　　륜昭義正倫의 네 자를 시호 중에 추가로 올려줄 것을 주청하였다.
6) 『숙종실록』 권14상, 숙종 9년 4월 19일(신묘). 박세채가 경연에서 "태조의 위화
　　도 회군은 실상은 화가위국家爲國을 위한 것이니 전적으로 대의에서 나온 것
　　이 아니며, 또 제왕의 시호는 마땅히 왕업을 중점으로 삼아야 하는데 회군은
　　왕업을 이루기 전의 일이니 시호를 더할 수 없다."라고 하였다.
7) '여주에서 부름에 응하여'부터 '파주로 도주하였다'까지는 『우암연보』 숭정 56년
　　3월 19일(신유)에서 전재한 것이다.
8) '저 윤증은 곧 권시의 사위이고'부터 '소인배들이 많이 현석에게 붙었다'까지는
　　『우암연보』 숭정 56년(계해) 선생 77세의 3월 28일의 기사를 전재한 것이다.

제3편 용문문답 하 149

되니 증의 무리가 이에 더욱 성하였고, 스승을 배반한 종적이 뒤이어 드러났다. 묘갈문墓碣文을 청한 것은 다만 자신을 위한 교묘한 계책일 뿐만 아니라 스승을 배반할 구실이었다. 대개 증은 서인西人의 껍질을 하고 남인南人의 오장육부로 가득 채웠다. 일찍이 화를 두려워하는 마음이 작용한 까닭으로 자기 아버지의 화를 면하는 칼자루로 이용하니 그 불효한 죄를 어찌 말로 다하겠는가?

한객이 말하기를 "심하구나 그대의 말이여! 미촌美村〔원: 증의 아버지 선거의 호이다.〕이 살아있을 때 우암은 도의로써 사귀는 것을 허락하였고 죄를 성토하는 말은 한마디도 없었다. 죽은 후에 이르러서도 또한 '한 별이 밝았는데'라는 찬贊이 있었다.9) 기유의서己酉擬書10)가 나옴에 이르러 공격하기를 원수처럼 하였다. 자기의 허물을 공격할 것으로 남을 공격하고, 허물이 없는 곳에서 허물을 구하여 헤아릴 수 없는 가운데로 몰아넣으니 어찌 마음 씀씀이가 부정不正한 것에 연결된 것이 아니겠는가?"라고 하였다.

내가 말하기를 "세상에는 그 본말을 상세히 아는 자가 없다. 그런 까닭으로 공격하는 자가 샘의 근원을 깨뜨리지 못하니 그를 구하려는 자들로 하여금 논쟁이 분분하게 된 것이다. 내가 마땅히 그대를 위하여 그 처음과 끝의 근원을 말할 테니 그대는 의문 나는 것을 쫓아 물어 보라."라고 하였다.

대저 선거는 팔송八松 윤황尹煌(1571~1639)의 아들이다. 팔송은 정묘

---

9) 『송자대전』 권153, 「윤길보에게 제를 올린 글」.
　　『우암연보』 숭정 42년(기유) 8월조. 윤선거를 조곡하였다.("뭇 물결에 부딪쳐도 지주처럼 기울어지지 않았고, 천지가 어두울 제 한 별이 밝았는데 …"라고 찬양하였다.)
10) 현종 10년(1669)에 윤선거가 송시열에게 보내려고 지어 놓았던 서찰을 말하며, 그 내용에 "예론에 관계된 윤휴·허목 등과 화해하여 그들이 감복하게 해야 한다."라고 하였다.

년에 존주尊周의 뜻을 힘써 주장하였다.11) 병자년에 이르러 선거는 흉악한
오랑캐가 참람히 호칭하는 것을 당하자 의기가 분투하여 많은 선비를
모아 스스로 상소문을 짓고는 오랑캐 사신을 참할 것을 청하였다.12)
그 말에 "정녕 의를 지켜 죽을지언정 의롭지 않게 사는 것은 불가합니다."
라고 하니, 오랑캐 사신이 듣고 도망하였다. 그때 사람들이 일세의 의기가
모두 윤가에 있다고 하였고, 실로 사람들에게 늠름하게 공경함이 일어나
도록 하였다.

난이 일어난 날에 이르러 강도江都에 들어갔다. 분사分司에 글을 올려
안일만을 도모하는 것을 꾸짖어 말하기를 "와신상담臥薪嘗膽이 급한 일이
지 술 마실 때가 아니다."라고13) 하였다. 또 전진하여 근왕勤王하자고
하였으나, 분사에서 살피지 않으니 드디어 사우들과 더불어 의병義兵하기
를 약속하고 성문을 나누어 지켰다. 당시의 여러 친구들은 모두 선거를
추대하여 맹주로 삼았다. 권순장權順長(1607~1637)·김익겸金益兼
(1615~1637)은 남문을 맡고 선거는 동문을 맡아 서로 격려하여 함께
죽음으로 지키자고 하였다. 잠시 후 성이 함락되어 적병이 난입하니
권·김 이공二公은 본래 뜻을 저버리지 않고 지키던 성에서 죽었다.
이돈오李敦五도 약속한 사람인데 다음 차례로 목매어 죽었다. 선거의
부인도 선거와 죽음을 약속한 까닭으로 눈앞에서 자결하였다. 오직 먼저
의를 부르짖던 선거만 운명을 결단하지 못하여 죽지 않았을 뿐만 아니라

---

11) 『인조실록』 권15, 인조 5년 2월 15일(임자). 사간 윤황이 척화의 상소를 올렸
   다. "오늘 화친한 것은 이름은 화친이지만 실지는 항복입니다. … 삼가 바라건
   대 전하께서는 속히 오랑캐의 사자使者를 참수하여 뭇사람들의 심정을 위로해
   주고 화친을 주장하여 나라를 그르친 신하를 참수하여 사특한 말을 끊어버리
   고 머뭇거리면서 무너져버린 군대의 장수를 참수하여 군율을 진작시키소서."
12) 『인조실록』 권32, 인조 14년 2월 24일(경자). 태학생 김수홍 등 138인이 상소
   하여 오랑캐 사신을 참하고 그 글을 불살라 대의大義를 밝히기를 청하였다.
13) 『숙종실록』 권18, 숙종 13년 4월 14일(을미). 한성보의 상소에 나온다.

오랑캐 말에 복종하고 그 앞에서 무릎을 꿇었다. 그리고는 진원군珍原君 봉사 행렬에 붙어 이름을 선복宣ㅏ이라고 바꾸고 노비로 가장하여 몸을 빼어 돌아왔다. 그 낭패스럽고 구차한 상황을 가령 사람들이 말하여도 부끄러운 줄 몰랐다.

   초려草廬 이유태李惟泰(1607~1684)의 『중동일기中洞日記』에 "윤 길보尹吉甫와 함께 말하다가 강도江都의 일에 미치니 윤이 말하기를 '뜻하지 않게 일이 급박하여, 여러 친구들이 와서 장차 어떻게 할 것인지 물었다. 대답하기를 고인古人들이 행한 것은 먼저 처자를 죽이고 뒤에 자살한다.'라고 하였다. 내가 말하기를 '지금 뒤에 자살한 다는 세 글자가 없으니 어찌된 것인가?'하니 길보가 대답하지 못하였 다."라고[14] 하였다.

   벗과 더불어 죽기를 약속하여 벗이 죽었으나 죽지 않았고, 처와 더불어 죽기로 약속하고 처가 죽었으나 죽지 않으니 그도 또한 씻기 어려운 과오라는 것을 알았다. 그런 까닭으로 난이 평정된 뒤 시골에 물러나 부끄럽게 여겨 자폐自廢하고는 다시 등용에 응하거나 재취하지 않았다. 신재愼齋 김집金集(1574~1656)의 문하에 나아가 수업하니, 문경文敬〔원: 신재 시호〕이 그 후회하는 것을 불쌍히 여겨 지난날 허물을 고쳐주는 뜻으로 거두어 가르친 것이다.

   완남完南 이후원李厚源(1598~1660)이 그것이 옳지 않다고 말하기를 "허물에는 고칠 수 있는 허물이 있고, 허물에는 고칠 수 없는 허물이 있다. 이 사람의 허물은 어찌 책임을 뉘우친다고 고칠 수 있겠는가?

---

14) 『우암연보』 숭정 49년 7월조.

비록 공자孔子의 훈계에 작은 허물은 용서한다고 말씀하셨지만 큰 잘못을
용서한다고 말하지 않았다. 일이 혹시 크게 해로움이 없다면 용서할
수 있으나 세교世敎에 관계된 것은 가벼이 용서할 수 없는 것이다."라고[15]
하였다. 문경은 끝내 차마 물리치지 못하였다.

일시의 제현들이 그가 과오를 알고 회개하기에 착하다고 여겨 모두
함께 상종하였다. 나라로부터 여러 번 부름을 받았으나 윤선거尹宣擧
(1610~1669)는 감히 응하지 않고 스스로 의리에 처해서 면목이 없는
죄를 지었다고 진술하고, 자칭하기를 '죽을죄를 지은 신하[死罪臣]'라고[16]
하였다. 책임을 통박하는 뜻을 보이니 당시의 친구들이 모두 그 말을
믿고 다시는 그 과거를 개념치 않고 새롭게 바뀐 모습을 칭찬하였다.

불행히 윤휴尹鑴라는 자가 있어『중용집주中庸集註』를 개삭하여 스스로
자기 마음대로 별도의 새로운 설을 세웠다. 우옹尤翁이 듣고 놀라 이단異端
으로 배척하니 휴가 듣고 웃으면서 말하기를 "천하에 허다한 의리가
있는데 어찌 주자朱子만 알고 나는 모른단 말인가?"라고 하였다. 또 말하기
를 "진실로 주자는 차치하고 다만 의리를 논할 뿐이다. 주자가 다시
나온다면 나의 설이 굽혀지지만 모름지기 공자孔子·맹자孟子가 다시
나온 뒤에는 나의 설이 이길 것이다."라고[17] 하니, 패악한 주장이 하나가
아니었다.

윤선거尹宣擧는 이것이 새로운 것을 좋아하고 기이한 것을 추구하는

---

15) 『농은선생유고별집』 권2, 靑松齋辨錄(下), 「後洞問答辨」.
16) 『명재유고』 별집 권3, 「신유년 이후에 왕복한 편지」. 윤증은 "선인께서 스스로
    사죄신死罪臣이라고 칭하신 것은 다른 뜻이 아닙니다. 다만 출사하라는 명을
    어긴 것으로 스스로 큰 죄를 삼으신 것입니다."라고 하였다.
    『송자대전』 권78, 「한여석에게 답함 - 무진년(1688) 7월」. 이에 대해 송시열은
    "전날 신로愼老께서 용서하고 친구들이 상종하였던 것이 다 허사로 돌아갔고,
    그의 말들이 몹시 세도를 해쳤네."라고 하였다.
17) 『송자대전』 권66, 「박화숙에게 답함 - 갑인년 9월 21일」.

것에 불과하다고 여겼다면, 어찌 갑자기 표방標榜18)을 세워 싸움의 단서를 만들고 힘써 구하려 하였는가? 우옹이 말하기를 "주자의 교훈은 마치 해가 중천中天에 있는 것 같으니 감히 이견이 있는 자는 곧 사문난적斯文亂賊이다."라고 하여 훈계하고 꾸짖었으나 선거는 끝내 마음을 돌려서 따르지 않았다.

시남市南 유계兪棨(1607~1664)와 우옹이 선거와 황산서원黃山書院에서 만나 휴의 일을 논하고 선거를 꾸짖어 "공자를 이어서 나온 사람이 주자이다. 주자 이후로부터 하나의 이치도 드러나지 않음이 없었고, 일서一書도 밝지 않음이 없었다. 휴가 감히 스스로 자기의 의견을 세워 그 흉중을 드러내는데 형은 우계牛溪 선생의 택상宅相19)으로서 반당反黨을 도와 스스로 주자 문하에 반대하니 갑자기 어찌 된 것인가?"라고 하였다.

이에 윤선거는 대략 윤휴가 잘못되었다는 말을 하였지만 긴요한 곳에 이르러서는 용기를 내어 극력 칭찬하고, 또 말하기를 "의리는 천하의 공유물이다. 지금 희중希仲이 말하지 못하게 하는 것은 무엇 때문인가? 주자 이후에 만약 말하는 것이 불가능하였다면 북계진씨北溪陳氏와 신안 진씨新安陳氏는 혹시 주자와 다른 논설이 있었지만 경전에 붙인 것은 무엇 때문인가?"라고 하였다.

우옹이 말하기를 "진씨와 제유諸儒의 설은 대개 주자의 설에 인연한 것이며 간혹 같지 않은 것이 있다. 어찌 일찍이 휴처럼 장구를 제거하고 스스로 새로운 주를 내어 마치 주자와 승부를 겨루고자 한 것과 같겠는가?"라고 하였다.

선거가 말하기를 "이는 희중希仲이 고명한 탓이다."라고 하였다. 우옹이

---

18) 표방標榜: 남의 선행을 칭송하기 위하여 그 사실을 패에 적어 문 같은 데 걺. 명목을 붙여 칭송함. 주의·주장 같은 것을 어떠한 명목을 붙여 내세움.
19) 우계의 외손자이다.

분연히 책망하여 말하기를 "형은 주자는 고명하지 못하고 휴가 오히려 낫다고 여기는가? 휴 같은 참람한 사문난적을 고명하다고 하면 왕망王莽·동탁董卓·조조曹操·유유劉裕도 모두 고명이 지나친 것인가? 휴는 진실로 사문난적이다. 무릇 혈기 있는 자는 모두 마땅히 죄를 성토할 것이고, 춘추필법春秋筆法에 난신적자亂臣賊子는 먼저 그 당여를 다스린다. 지금 만약 왕도王道를 행하는 자가 있으면 형을 휴에 앞서서 복법伏法할 것이다."라고 하였다. 선거가 말하기를 "형이 희중希仲을 경외하는 것이 어찌 이리 지나친가?"라고[20] 하였다. 그리하여 각자 그치고 돌아갔다.

그 후 우암이 초려 이유태·윤선거와 함께 동학사東鶴寺에서 회동하여 휴의 일을 논의하다가, 선거가 윤선도는 소인이고 윤휴는 군자라고 하였다.[21] 우옹이 배척하여 말하기를 "선도는 휴의 사주를 받고 여론餘論을 답습하고 있으므로 휴가 근본이고 선도는 지엽枝葉이다. 어찌 휴가 군자君子이고 선도가 소인小人이란 말인가? 하물며 휴는 주자朱子 문하의 반졸叛卒로서 지극히 가벼운 것에서도 죄역이 아닌 것이 없었다. 지금 본색이 다 드러났는데 형은 어찌 휴를 보호함이 이 같은가?"라고 하였다. 선거는 말이 궁해지자 강력히 말하기를 "희중希仲을 흑백으로 논하면 곧 흑黑이다. 음양으로 논하면 곧 음陰이다."라고 하였다. 우옹이 웃으면서 말하기를 "형이 드디어 항복을 하니 심히 다행이다. 지금부터 휴와 교제하는 것을 장차 어떻게 할 것인가?"라고 하니, 선거가 성낸 소리로 말하기를

---

20) 『우암연보』 천계 26년 윤7월조. 황산서원에서의 대화 내용을 상세히 기록하고 있다.

21) 『숙종실록』 권15상, 숙종 10년 4월 29일(갑자). 최신의 상소에 "송시열이 송준길, 이유태, 윤선거와 산사에 모여 윤휴·윤선도의 일에 언급하였을 때에 '윤선도는 소인이나 윤휴는 군자이다.'라고 하였는데, 송시열 등 세 사람이 함께 비난하기를, '윤선도의 일은 본디 윤휴에게서 시작되었는데, 그 본디 시작한 자가 군자라면 그 끝이 되는 자만이 어찌 소인이겠는가? 윤휴를 군자라 하고 윤선도를 소인이라 하면 윤선도가 매우 억울할 것이다. …"라고 하였다.

"어찌 검고 음한데 그 사람과 절교하지 않겠는가?"라고 하였다. 우옹이 기뻐하며 말하기를 "이렇다면 상쾌하구나."라고 하였다. 선거가 먼저 돌아가자 초려草廬가 "길보吉甫는 밖으로는 비록 장엄하나 안으로는 실제로 겁을 먹었으니 그 말은 믿을 바가 아니다."라고 말하였다. 우옹이 꾸짖어 말하기를 "친구의 도리에 어찌 믿지 못하는가? 그리고 저 길보가 어찌 이 지경에 이르렀는가?"라고22) 하였다.

선거가 돌아가서는 휴에게 발길이 뜸하였다. 휴가 크게 노하여 강도江都의 일을 들어 꾸짖어 말하기를 "내가 그[선거]와 교제함이 욕된 것이다. 지금 만약 나를 배신하면 내가 명쾌히 그때의 일을 극언하리라."라고 하였다. 선거가 그것을 듣고 자기의 허물이 밝게 드러날 것을 두려워하여 크게 겁이 나서 다시 그와 친하게 지냈다.23)

드디어 우옹에게 글을 보내어 "동학사 모임에서 이른바 흑백음양으로 변설한 것은 다만 논의상에서 한 말이다. 인품의 감정鑑定은 별개이다."라고24) 하였다. 우옹이 편지를 보고 크게 놀라 초려에게 글을 써서 사죄하여 말하기를 "지혜가 있는 사람과 지혜가 없는 사람의 차이가 어찌 30리뿐이겠소?"라고25) 하였다. 이미 휴는 흑이고 음이라 하여 당연히 절교하고 교우하지 않겠다고 말한 것은 결단한 것이 다시 되돌릴 여지가 없는 것이다. 그런데 강도의 말에 기가 죽어, 다시 인품과 논의는 구분지어야 한다고 발언하니 이는 진흙을 뿌려 물을 막는다는 주장이었다. 앞뒤의

22) 동학사의 일을 기록한 '그 후 우암이'부터 '어찌 이 지경에 이르렀는가?'까지는 『우암연보』 숭정 38년 9월 9일(임진)에서 전재한 것이다.
23) 『우암연보』 숭정 26년 윤7월 21일(갑인).
24) 『송자대전』 권78, 「한여석에게 답함 - 무진년(1688) 7월」.
    『숙종실록』 권18, 숙종 13년 4월 14일(신유). 한성보의 상소.
25) 『우암연보』 숭정 38년 을사, 선생 59세, 9월 9일(임진).
    『송자대전』 권78, 「한여석에게 답함 - 무진년(1688) 7월」.

주장이 바뀐 것이 이와 같으니 그 정상을 헤아려 보면 가히 애달프지 성낼 것이 아니었다.

선거가 죽은 후 그 둘째 아들 윤추尹推가 초려草廬를 찾아뵙고 동학사의 일이 사실인지 아닌지 물었다. 초려가 말하기를 "영보英甫는 총명하나 나는 아둔하여 잊어 버렸다. 선친이 살아있을 때 우리들이 질책한 바가 있었는데, 허약하고 겁낸다는 말보다 심하게 말한 것도 있었다. 나는 잊었지만 그는 잊지 않았으니 잊은 자가 현명한가 잊지 않은 자가 현명한가?"라고26) 하였다. 선거가 이미 '흑백음양黑白陰陽'이라고 논의함이 있었고, 우옹도 또한 '유지무지有智無智'의 글을 남겼는데, 초려가 잊었다고 말한 것은 어찌 그 약함을 보이는 것이 심하단 말인가?

슬프구나! 우옹은 평생토록 주자를 존신하여 그의 한마디 한마디가 모두 옳다고 여겼고, 그의 하나하나 행사가 모두 마땅하다고 여겼다. 혹시라도 주자에게 어긋나는 자가 있다면 미워하기를 원수처럼 하여 시종일관 엄격히 배척하였다. 처음에는 윤휴에게 미움을 받고, 다음에는 선거 부자에게 미움을 받고, 마지막에는 다시 박세당(1629~1703)에게 미움을 받았다. 주자를 이기고자 힘쓰는 자들은 어찌 그 최고로 존경하고 믿는 자[우옹]를 싫어하지 않겠는가? 이 또한 괴이하지 않은가?

휴는 또 이기理氣에 관한 변설을 지어 퇴계·율곡 그리고 우계를 공격한 것이 헤아릴 수 없다. 패악스러운 정상이 이 지경에 이르렀는데도 선거는

---

26) 『송자대전』 권91, 「이여구에게 답함 – 갑자년(1684) 11월 26일」. 이 말에 대해서 송시열은 "반드시 내가 날조한 근거 없는 말이라고 할 것이기에 남에게 말하고자 아니한 것이네."라고 하였다.

잘못 그 독에 중독되어 머리를 돌리고 마음을 고칠 계책을 세우지 않았
다.27) 그런 까닭으로 우옹은 고심하여 힘써 다투었으나 간혹 그가 노기부
리는 것을 받을 뿐 만류하지 못했다. 이는 진실로 벗을 바른 곳에 돌리고자
하는 뜻이고, 아끼는 사람을 위한 지성의 뜻이었음을 볼 수 있다.

한객이 말하기를 "우암이 휴를 진선進善에 의망擬望28)한 것과 동춘同春
이 휴를 지평持平에 의망한 것은 모두 『중용집주』를 고친 후에 있었으니
우암이 휴와 절교하지 않음을 알 수 있는데, 오직 노서魯西〔원: 선거의
호〕가 절교하지 않은 것만 깊이 책망하는 것은 무엇 때문인가?"라고
하였다.

내가 다음과 같이 말하였다.

이 또한 우옹의 의망은 아니고 바로 선거의 의망이다. 왜 그렇게 여기는
가? 대저 무술년(1658) 가을에 선거가 우암에게 편지를 보내어 말하기를
"지금의 인물은 모모某某에 불과합니다. 희중希仲이 서울에 있어 서로
자주 안부를 물어보지만 개인적으로 걱정하는 것이 계책을 그르칠까
하여 잠자리에 들어도 편치 않습니다."라고 하였다.

그해 겨울 윤휴가 모친상을 마치었고 우옹이 이조판서에 있었는데
선거가 또 글을 우옹에게 보내어 말하기를 "희중이 상을 입고 있은지
오래 되었으나 임금께서 안부를 묻는 하교와 상에 부의하는 움직임이
없으시니, 처음과 다르다는 한탄을 면할 수 없습니다. 중국의 곽외郭隗처

---

27) 『숙종실록』 권18, 숙종 13년 4월 14일(신유). 전 부사 한성보의 상소에 "윤휴
　　가 이기설理氣說을 지을 적에 선정신先正臣 이황·이이·성혼의 견해를 아울
　　러 배척하면서 성혼에 대해서는 더욱 업신여김을 가했었습니다. 윤선거는 또
　　한 미워할 줄도 알지 못했으니, 어찌 심하게 미혹된 사람이 아니겠습니까?"라
　　고 하였다.

28) 의망擬望: 이조나 병조에서 어떠한 직에 관원을 임명할 적에 후보자 세 사람
　　〔三望〕을 추천하는 것. 이렇게 추천하면 임금이 그 가운데 한 사람을 임명하
　　는데, 이를 낙점이라 한다. 이때 세 사람을 추천하는 것을 삼망三望이라 하고,
　　한 사람만 추천하였을 경우에는 단망單望이라 한다.

럼 등용하자는 뜻이〔先隗之義〕 어찌 허물이 되겠습니까? 하물며 나의
좌우〔우암〕께서 바야흐로 임금 앞에 있지만 한마디 말을 올리는 것도
불가능한 것 같은데 감히 그를 등용하자고 말을 하는 것은 다만 희중만을
위한 것은 아닙니다."라고29) 하였다.

우암과 동춘이 선거에게 떠밀려 진선進善30)에 의망擬望함이 있었는데31)
이때는 비록 주자 주註를 고친 이후지만 악언 패설이 잠시 아직 밝게
드러나기 전이었다. 선거가 또 동춘당同春堂에게 편지를 보내어서 말하기
를 "희중은 시속을 좇고자 하는 것이 아니라 고도古道로서 나아가고자
하는 사람입니다. 제현들이 매번 윤휴와 일에서는 막히지 않고 통하나
서로 안다고 할 수 없습니다. 지금 희중을 등용코자 하는 논의가 널리
알려져 있는데, 희중이 스스로 소를 올리지 않았는데 관작으로 그를
얽어맨다면 희중은 반드시 멀리 달아날 것입니다. 우암형은 제가 희중에
게 작록을 받게 하려 한다 하는데 대단히 우스운 이야기입니다."라고32)
하였다. 대개 선거의 뜻은 우옹으로 하여금 임금께 아뢰어 윤휴를 빈사賓
師로서 대우하게 하려는 뜻이었다.

우옹이 답서하여 말하기를 "희중의 도덕은 진실로 얕고 고루한 제가
추측할 수는 없습니다. 그러나 삼대三代 이후로는 인물이 이천伊川 같은
분이 없었는데 당시에 여呂·마馬33) 등의 제현들이 추천하여 설서說書

---

29)『우암연보』숭정 31년 11월 21일(갑인).
30) 진선進善: 세자시강원에 딸린 정4품 벼슬.
31)『숙종실록』권60, 숙종 43년 10월 5일(을유). 대사헌 한성보의 상소에 "송시열
    이 윤휴를 진선에 의망한 것은 윤선거의 핍박에 의해 마지못해서 한 것으로,
    조근趙根에 보내는 답서에 입각立脚이 확고하지 못했다는 것으로 자책하였다."
    라고 하였다.
32)『숙종실록』권18, 숙종 13년 3월 22일(경자). 우윤 이수언의 상소.
   『손재선생문집』권7,「晉湖問答」.
33) 여공저呂公著와 사마광司馬光.

벼슬을 제수함에 이천이 혹은 받기도 하고 혹은 받지 않기도 하였으니, 그 받고 받지 않음은 자신의 뜻에 있을 뿐입니다. 추천하여 관직을 준 사람이 그릇되었다 함은 들어 보지 못하였습니다. 형의 편지는 감히 이천伊川에게 대우했던 것으로 희중을 대우하지 못하고 오직 소왕昭王이 곽외를 대우한 것으로 한 연후에야 마땅하다고 하시니, 이는 곧 당초에 우매하고 열등한 나의 학식이 도달하지 못하고 식견이 투철하지 못한 것입니다. 마땅히 말하기를, '모가 이미 상복을 벗었으니 임금이 사람을 시켜 위로하십시오.'라고 하던지 아니면 '궁실을 지어 스승으로 섬기고 친림하여 보십시오.'라고 했어야 합니다. 이 몇 가지는 저 같은 사람이 헤아릴 수 있는 바가 아닙니다. 당초에 형이 만약 이 몇 가지 단서를 지적하여 밝게 가르쳐 주셨다면 역량은 비록 적으나 오히려 봉행하였을 것입니다. 세 번째 편지에 비로소 그 관직을 제수한 잘못을 책하시니, 이는 실로 우매한 제가 남의 뜻을 이해하지 못한 소치이나 형께서도 남을 가르침에 또한 분명히 말하여 잘 처리했다 할 수 없을 것입니다."라고[34] 하였다.

이 어찌 선거가 시켜서 의망擬望한 것이 아니겠는가? 비록 주를 고친 후였으나 악한 말이 드러나지 않았으니, 친한 벗에게 떠밀리어 관직에 추천한 것이 또한 마땅하지 않은가? 무릇 친구 사이에 경계하는 바가 있는데도 듣지 않으면 배척하고, 배척하여도 승복하지 않으면 바로 절교하는 것이다. 이것은 진실로 의리의 당연한 것이다. 하물며 우암과 동춘이 윤휴를 천거한 것이 이미 그와 절교한 때가 아니었는데 관직에 의망한 것이 어찌 해가 되겠는가?

---

34) 『우암연보』 숭정 31년 11월 21일(갑인).
『송자대전』 권37, 윤길보에게 답함 - 기해년(1659).

그러나 완남完南 이상공李相公〔李厚源〕이 일찍이 우옹을 책하여 말하기를 "공이 휴는 이단이라 말하고서 진선에 의망한 것은 세자로 하여금 그 이단을 배우게 하고자 함인가?"라고 하였다. 우옹이 말하기를 "물의가 이와 같습니다. 또 주자께서 하신 것을 보면 일찍이 육학陸學을 배척하였으나 오히려 문인으로 하여금 청강하게 하였으니, 오늘날 휴를 의망함도 또한 이 뜻입니다."라고 하였다. 완남이 또 말하기를 "공은 경박하고 과장된 설에 흔들려 자신 때문이라 하지 않고, 주자와 육상산의 일을 끌어들이는 것은 무엇 때문인가?"라고 하니, 우옹이 웃으며 그 잘못을 승복하였다.35) 선거에 떠밀려 마지못해 나왔으니 부득이한 뜻을 알 수 있다. 어찌 이것을 휴와 절교하지 않았다고 할 수 있겠는가? 그러므로 내가 우옹이 의망한 것이 아니고, 바로 선거가 의망했다고 하는 것이 이것이다.

기해(1659)·경자(1660)의 예론이 일어났을 때, 윤휴는 3년의 논의를 주장하여 먼저 "종통을 둘로 하여 임금을 핍박한다.〔貳宗卑主〕"는 주장을 내었고 허목과 윤선도가 그 나머지를 조술하였다. 선거 또한 휴에게 정이 두터워 그 위험한 마음을 분명히 덮을 수 없다는 것을 알면서도 항상 비호하니, 일시의 선비들이 또한 그가 실상 휴의 편이 아닌가 의심하였다. 그리하여 그 마음에 비록 감히 휴를 버릴 수 없으나 또 다른 한 편의 의론을 두려워하였다. 다른 사람과 논의할 때 좌우 양쪽에 서서 우옹과 친한 쪽을 대할 때는 '기년'이 옳다고 말하고, 휴와 친한 쪽과 대할 때는 '삼년'이 옳다고 하였다. 어떤 사람이 그것을 책망하면 말하기를 "의리에 처신하는 방법에 그렇게 할 수밖에 없다."라고 하였다. 그 우물쭈

---

35) 『우암연보』 숭정 31년 11월 21일(갑인).
   『숙종실록』 권18, 숙종 13년 4월 14일(을미). 한성보의 상소에서 확인.

물하는 정적情迹이 정鄭나라가 진晉과 초楚에 끼여 희생과 옥백玉帛을 양쪽 국경에 대기시켜 놓은 것과 비슷하였다.

왼쪽으로는 우옹이 춘추대의로 성토하는 것을 두려워하여 얼굴빛을 낮추고 사죄하여 말하기를 "내 장차 그와 절교하리라."라고 하고, 오른쪽으로는 휴가 강도江都의 일을 드러낼 것을 두려워하여 좋은 말로 조정하여 말하기를 "나 스스로 주장할 수 없네."라고 하였다. 양면적으로 하는 말은 아랫사람도 부끄럽게 여기는 것인데 하물며 유학자의 이름으로 차마 이렇게 하는가? 그 마음은 불과 몸과 이름을 보전하는 계책일 뿐이니 참으로 가련하다.

예송 논의가 금지된 이후 밖으로는 윤휴를 배척하는 말을 하면서 겉으로 꾸미고 사람을 속이니 참으로 속이는 방편이었다. 어느 누가 선거의 정상情狀이 거짓인 줄 알았겠는가? 우암도 속임을 당하여 생전에 마음을 허여한 것이 그것 때문이었다. 선거가 죽자 윤휴는 자식을 보내어 치전致奠하고, 글을 올려 제祭 지내게 했다. 그 글에 "자네는 내가〔윤휴〕 망령된 짓을 하여 세화世禍에 말려든다고 하였고, 나는 자네가 자신을 세우지 못했다고 한다."라고[36] 하였다. 제문에 "망령되이 세화에 말려든다."라는 것은 우옹이 화인지심禍人之心이 있어, 윤휴는 어처구니없이 화에 말려든다는 것이었다. 그 말뜻을 보건대 선거의 평상시 마음은 윤휴에게는 화심禍心이 있다고 하지 않고 우옹에게 화심禍心이 있다는 것이었다.[37]

---

36) 『송자대전』 권53, 「김기지에게 답함」.
37) 『숙종실록』 권18, 숙종 13년 4월 14일(신유). 한성보의 상소에 "윤휴가 윤선거를 치제致祭한 글을 가지고 윤선거가 윤휴를 끊은 증거로 삼고 있지만, 그 제문에 이르기를, '당신이 나더러 망령된 짓을 하여 세상의 화禍에 걸리게 되었다고 한 것은 선조先朝가 윤휴를 버리고 송시열이 윤휴를 배척한 것을 가지고 세상의 화로 여긴 것입니다.'라고 하고, 또 이르기를, '내가 당신더러 스스로 수립樹立되지 못했다고 한 것은, 윤선거의 마음은 이미 보았지만 송시열에게 몰리어 스스로 수립하지 못하고 있기 때문이었습니다.'라고 했습니다. …"라고 하였다.

이 글이 있은 이후에 비로소 그 마음의 형적이 드러남을 알 수 있게 되었다.

우옹은 평상시에 선거에게 실로 지성을 다해 끝내 면책을 해주어 한두 번 반복으로 그치지 아니하고 타일러 깨닫게 하였다. 생전에 가리어 숨겨 두었으나 사후에 비로소 드러나니 구천에서는 회개시키기 어려워 부득불 탄식하는 뜻이 제문에 나타나게 되었다. 그 글에 "오직 강江〔윤휴〕에 관한 진술에서 약간 합치하지 않는 면이 있었다. 형이 만약 해海〔윤선도〕에게도 용서〔原貸〕를 더해 주었다면 나의 의문은 몇 마디 말로서 풀렸을 것이다."라고[38] 하였다. 무릇 선거가 윤휴는 군자로 여기고 선도는 소인으로 여기니 만약 선도도 군자로 허여하였다면 나의 의문이 바로 풀렸을 것이라는 뜻이다. 이것은 또한 친구 간의 의리에서 생사 간에 다름이 있지 않다는 것이니 이른바 연제練祭 때의 제문이다.

그 아들 윤증尹拯이 자기 아버지 묘갈문墓碣文을 청하면서 가지고 있던 아버지의 기유의서己酉擬書를 보냈는데 그 편지에 "우암은 원컨대 윤·허〔윤휴, 허목〕와 융합하고 보합保合하여 정신을 모아 국사를 함께 도모하고 조경·홍우원은 논하는 바가 치우쳤으나 부득불 정제하여〔蕩滌〕 등용하소서."라고[39] 하였다.

난적亂賊의 윤휴와 국본國本의 허목과 종통宗統의 홍우원과 좌단左祖의 조경趙絅은 피차 조정하여 등용한다면 의기義旗로 지적하여도 모두 토벌하지 못하는데 오히려 보호함이 이와 같으니 그 형적이 드러나서 남김이 없었다. 주자가 말한 적과 같은 편이라는〔賊一邊〕 것이 이것이다.[40] 슬프

---

38) 『송자대전』 권153, 「윤길보에게 제를 올린 글[再祭文]」.
39) 『우암연보』 숭정 46년 10월 14일(경술).
   『숙종실록』 권18, 숙종 13년 3월 17일(을미). 나양좌의 상소에서 확인.
40) 『삼연집』 권22, 「擬上仲舅」.

구나! 끝내 윤휴와 허목 등에게 깊이 감염된 까닭으로 우계牛溪의 묘지墓誌 또한 조경의 글을 받게 되었으며 전篆은 허목許穆의 글씨를 받으니 이것이 또한 세상의 도가 한번 변한 괴이함이다.

선거는 우계牛溪의 외손이다. 그 외손으로서 남인南人에 아첨하기를 좋아하니 이 어찌 괴이하지 않겠는가? 우계의 아들 성문준成文濬이 임진란에 소홀하고 물정에 어두운 일을 많이 하여, 시론에 의심을 받았으며 우계에게도 그때 사람들의 의혹스런 눈길이 갔다. 기축년 이후에 이르러 성문준은 우계 문인 신응구申應榘와 함께 정인홍鄭仁弘에게 붙어 우계의 화를 느슨하게 함으로써, 동인의 원망이 오로지 송강에게 돌아가게 하고, 우·송의 사이를 둘로 나누고, 불휘不諱한 말을 많이 하였다. 일찍이 이이첨과 함께 한 자리에서 인홍의 문도 조차석曺次石을 만났는데 선생의 안부를 묻고, 또 선생이 언제 조정에 오는지를 물었다.[41] 무릇 인홍이라는 자는 이미 우계를 풍신수길豊臣秀吉에 비교한 역적이니, 창랑滄浪[원: 문준의 호]에게는 하늘을 함께 할 수 없는 원수이다.[42] 선생으로 칭하여 안부를 묻는 자는 문득 어떤 마음인가?

오성 이항복의 첩자 이기남李箕男이 보고 더럽게 여겨 밖에 퍼뜨리니, 송강의 아들 정홍명이 듣고 분연히 와서 사계沙溪에게 고하였다. 사계가 이를 듣고 창랑에게 글을 보내어 아버지와 스승에게 죄를 지었다고 엄히 꾸짖었고, 또 신응구에게 스승의 자제子弟를 선도하지 못하였음을 꾸짖었다.[43] 그 후에 어른들이 익히 이 논의를 들은 까닭으로 우옹尤翁과 이초려李草廬 형제와 선거가 동학사에서 모임을

---

41) 『우암연보』 숭정 40년 6월조.
42) 『송자대전』 권36, 「윤여망, 윤길보에게 답함 - 무신년(1668) 3월 4일」.
43) 『우암연보』 숭정 40년 6월조.

가졌다. 말이 그때의 일에 이르니 윤선거尹宣擧가 말하기를 "사계의
문도에 만약 정홍명이 없었다면 도는 더 높았을 것이다."라고 하였
다.44) 초려草廬의 동생 이유익李惟益이 말하기를 "우계의 문도에 또한
성문준이 없었다면 도가 더욱 높았을 것이다."라고45) 하였다. 선거가
노하여 이李의 뺨을 심히 때리니 이李 또한 노하여 대응하려 하였다.
우옹이 이르기를 길보吉甫가 취했구나 하고 힘써 말렸다.46) 당시
선배들이 창랑에 대한 불만을 가히 알겠다. 그 후 선거가 창랑의
묘갈문墓碣文을 우옹에게 청했는데 우옹이 부득이하여 힘써 도왔으
나47) 대략 포폄褒貶의 뜻이 있었다. 그 명銘에 "창랑옹이 아버지의
글을 읽고, 아버지가 말하기를 '그대는 일에 소활하구나.'라고 하였
다."라고48) 되어있다. 선거가 우옹에게 원한을 품은 것이 또한 이로
말미암았다.

선거의 죽음은 기유년(1669)에 있었고49) 그 5년 후 계축년(1673)에
비로소 의서擬書를 내고 묘갈墓碣을 청하니 증의 뜻을 알 수 있다. 우옹은
이에 선거의 평소 언행이 모두 가식적인 것을 알게 되었으니 그 묘갈문에
어찌 찬양할 뜻이 있었겠는가?

그 묘갈문에 "제현諸賢이 서술한 글이 많고 융성하나 오직 박화숙朴和叔
[원: 현석의 자]이 쓴 행장行狀이 두루 꿰뚫고 널리 포함하고 있으니 인용하

44) 『우암연보』 숭정 26년 11월 19일(신해). 오성 이항복이 정인홍을 배척한 말을
    따다 윤선거가 인용한 것이다.
45) 『우암연보』에는 초려 이유태의 아우 이유겸이 말한 것으로 나온다.
46) '윤선거가 말하기를'부터 '힘써 말렸다.'까지는 『우암연보』 숭정 26년 11월 19
    일(신해)에서 전제한 것이다.
47) 『우암연보』 숭정 40년 6월조. 우암이 창랑滄浪 성문준成文濬의 묘갈문을 지었다.
48) 『송자대전』 권174, 「滄浪成公墓碣銘 幷序」. "滄浪公讀父書 惇孝友忠信居 詩與
    文以其餘 父曰子於事疏 乃其行吾不如 其父誰坡翁歟 學程朱溯思興 言有物豈欺
    余 欲知公此可於"
49) 『현종실록』 권17, 현종 10년 4월 21일(계미). 전 집의 윤선거가 죽었다.

여 설로 삼으면 거의 참람하게 될 허물이 없다."라고[50] 하였다. 그 행장에서 말한 것은 대개 그 좋은 점을 찬양한 것이었다. 우옹이 현석의 글을 빌어 말하였던 까닭에 윤증이 노하여 반발한 것이다.

예전에 주자가 장위공張魏公[51]의 행장을 찬하면서 경부敬夫〔張栻〕의 문자만을 사용하였고,[52] 동래東萊에게 그 가학家學이 바르지 못함을 논하였으나,[53] 남헌南軒〔장식〕과 동래東萊〔여조겸〕가 이것을 가지고 주자에게 성내었다는 말을 듣지 못하였다. 윤증의 효孝가 남헌·동래보다 더하기 때문에 그러한 것인지, 아니면 이것을 빌려 스승을 배반할 말의 구실을 만들고자 해서 그러한 것인가?

윤증은 사국史局에 제출한 글에서 그 아버지가 강도江都에서 죽지 않았던 것은 마땅한 도리였으나 오히려 권權·김金 양공兩公의 당당한 절의는 반드시 죽어야할 의리가 아니었다고 하였다. 또 말하기를 자기 아버지가 구차하게 죽음을 면하였다고 자칭한 것과 통렬히 자책한 것은 곧 효종孝宗을 위한 재거在莒[54]의 뜻이었으며, 종신토록 벼슬하지 않았던 것은 실제로는 국량을 지켜 나중에 들어가고자 하는 뜻이었지 강도江都의 일 때문이 아니었다고 했다. 죽을죄라고 말하였던 것도 단지 명命을 어긴 것이[55] 큰 죄라는 것이며 노비의 행색을 하고 구차하게 죽음을 면하였던 일을

---

50) 『우암연보』 숭정 46년 12월 12일(무신). 윤선거의 묘문을 지었다. 묘문에 화숙의 장문狀文에 따라 서차序次하고 그 찬양하는 말은 모두 화숙에게 돌렸다.

51) 장위공張魏公: 남송의 추밀사 장준張浚. 위국공魏國公의 봉작을 받았다.

52) 『송자대전』 권110, 「윤증에게 답함 - 갑인년(현종 15년, 1674, 선생 68세) 5월 18일」.

53) 『송자대전』 권19, 「論大義仍陳尹拯事疏 丁卯正月二十八日」. "朱子嘗與東萊論呂氏家學之不正 而旋又以爲不如捨之而論他事之可以盡其說云爾 則對子孫而議其先學"

54) 재거在莒: 거莒는 제환공齊桓公이 망명 중 고초를 겪은 곳으로 곧 어려웠던 때를 지칭한다. 관중이 환공에게 이른 말이다.

55) 『명재선생유고』 별집 권3, 「答羅顯道 辛酉夏」.

감히 공자孔子가 미복微服을 입었던 것에 비기면서56) "진실로 그러하지 못할 것이 없다."라고57) 하였다.

또 율곡이 입산하였던 일을 끌어내어 자기 아버지 일과 감히 서로 비교하면서 "율곡은 참으로 입산한 잘못이 있으나, 선인先人은 처음부터 죽어야 할 이유가 없었다."라고58) 하였다. 또 "강왕康王은 실제로 군대 앞에 있었다."라고59) 한 것은 효종도 심양에 갔다는 것으로 세상을 속이고 사람을 미혹하기 위한 것이었다. 스스로 이르기를 "부자父子간은 지기知己 간이니 그 아버지의 마음을 그 자식이 마땅히 깊이 안다."라고 하였다.

이미 "자기 아버지가 죽지 않은 것이 마땅한 도리였다."라고 말한즉 그 아버지가 본래 죽지 않는 것이 정당한 도리였으며 친구·아내와 죽기를 약속한 것은 그 본심이 아니었음을 알 수 있다. 이미 "자기 아버지가 죽지 못하였음을 자책했던 것은 강도江都의 일 때문이 아니었다."라고 말하니, 그 아버지가 본래 강도의 일로 자책할 마음도 자폐할 의사도 없었다는 것을 알 수 있다.

그리고 죽을죄를 지었다고 하는 것은 단지 명命을 어긴 것 때문이라고 하였으니, 그 아버지가 자신에게 스스로 죄줄 뜻이 추호도 없었음을 알 수 있다. 노비의 행색을 하고 구차하게 죽음을 면한 일을 감히 공자가 미복微服을 입었던 것에 비기면서 심지어 율곡이 입산하였던 일까지 여기에 더한 것은 그 마음이 비단 죽지 않았던 것을 옳다고 여길 뿐만이

---

56) 정축년 호란에 강화성이 함락되자, 세자가 종실인 진원군珍原君 세완世完을 시켜 남한산성에 있는 인조에게 보고하려 할 때 윤선거가 진원군의 말을 끄는 하인이 되기를 자청한 일을 그 아들 윤증이 공자가 난을 만나 미복微服으로 송宋을 지나간 일에 비유하였다.

57) 사국에 제출한 내용은 다음에서 보인다. 『송자대전』 권50, 「與李季周書」.

58) 『우암연보』 숭정 58년 을축. 선생 79세, 9월조.

59) 『우암연보』 숭정 89년 병신.

아니었다. 또 "실제로 군대 앞에 있었다."라는 말로써, 그 아버지가 처신을 잃은 것이 효종孝宗이 심양瀋陽에 간 것에 비교하니, 그 뜻이 자기 아버지를 편드는 것이었다.

구천句踐60)은 속였고, 연광延廣61)은 미쳤다는 말과 동일한 궤를 따라, 모두 효종을 불만스럽게 여기고 춘추春秋를 조롱하는 뜻에서 나온 것이다.62) 자기 임금을 속인 죄 또한 어떠한가? 선거가 효종에게 올린 첫 번째 상소에서 "처와 죽기를 약속하여 처가 죽었는데도 죽지 아니하였고 친구와 죽기를 약속하여 친구가 죽었는데도 죽지 못하였으니 친구된 도리를 못하였고 지아비된 도리도 못하였으니 다만 신의 몸이 구차하게 살아있음을 한탄할 뿐입니다."라고63) 하였다.

윤선거 소에 "강도의 일은 신이 즐겨 말하고 싶지 않으며 신의 통한이 실제 여기에 있습니다. 신의 중부 윤전尹烇은 궁관宮官으로서 목숨을 바쳤는데 신은 함께 서로 껴안고 죽지 못했습니다. 친구 권순장과 김익겸은 모두 그 뜻을 저버리지 않았는데 신은 부득이

---

60) 구천句踐: 춘추시대 월나라 임금. 처음에는 구천이 오왕吳王 합려闔閭와 싸워 패배시켰으나, 합려의 아들 부차夫差에게 다시 패배당하였다. 그 뒤 20년 동안 곰의 쓸개를 달아놓고 이를 핥으면서 갖가지 계책을 써서 부차를 속이고 마침내 각고한 끝에 오나라를 멸망시켰다.

61) 연광延廣: 후진後晉의 경연광景延廣. 후진의 출제出帝 때 경연광이 거란에게 칭신稱臣을 거부하고는 거란의 사자에게 "우리나라에 대검大劍 10만 자루가 있으니 싸우고 싶다면 오라고 전하라."라고 하였는데, 그 뒤 거란의 군사에게 생포되어 자살하고 말았다.

62) 『숙종실록』 권58, 숙종 42년 7월 25일(임오). 유생 신구 등 상소하여 "윤선거는 절의를 잃고 죄를 진 사람으로서 『춘추』의 의리를 듣기 싫어하기 때문에 송시열을 시기하여 감히 또 효종께 불만하는 마음을 품었는데, 대개 일찍이 송시열에게 글을 보내어 경계한다고 평계하여 구천이 속였다느니 연광이 미쳤다느니 하는 말로 덕을 같이 하는 임금과 신하를 아울러 근거 없이 헐뜯었 습니다."라고 하였다.

63) 『노서선생유고』 권3, 「辭進善疏[再疏] 十一月」. 글자의 동이는 있으나 내용은 거의 비슷하여 "友死而不能死 或以爲與妻約死 妻死而不能死 用此引咎 無意仕宦云 亦莫非臣之實狀也 然臣所以爲此者 非爲友也 亦非爲妻也"라고 하였다.

같은 날 죽지 못했으며 처는 자결하고 자식은 버려졌는데도 신만이
오직 노비로 변하여 구차히 살았으니 신은 이 허물로서 온 세상의
비웃음거리가 되고 옛 지사와 인인仁人들에게 부끄러운 바가 되었습
니다."라고[64] 말하니 가소롭구나.

이와 같이 자책하는 말이 모두 가식假飾이니 위로 임금에서부터 아래로
사우에 이르기까지 그에게 들은 말은 모두 거짓으로 꾸민 것이었다.
이것으로 논한다면 과연 그는 어떤 사람인가? 나쁜 무리와 당여黨與한
형적이 자기의 글에 나타나고 목숨을 구걸한 본심이 이미 자식의 증명에서
드러나니 그 아버지가 죽지 않음이 도리에 맞다면 권·김의 죽음은 도리에
합당하지 않음이 된다. 처음에 죽을 뜻이 없었는데 죽었다면 이것은
개죽음일 뿐이다.

그 아버지가 처음에 죽을 뜻이 없었던 까닭으로 죽지 않았는데 만약
죽었다면 이는 개죽음으로 돌린 것이 분명하다. 그렇다면 그 어머니는
처음에 죽을 뜻이 있어서 죽었는가? 그 아버지가 처음에 죽을 뜻이 없었으
면 그 어머니도 또한 죽을 뜻이 없었음을 알 수 있으니 죽지 않아야
함에 죽었다면 개죽음이라 할 수 있다. 그 어머니는 개죽음했다고 말하지
않고 오직 권·김만을 지목해서 개죽음이라 하는 것은 무엇 때문인가?
다만 그 아버지가 개죽음하지 않았다는 것을 변명할 줄 알았지 그 어머니
가 자진한 것은 발명할 줄 모르니 개죽음은 아버지를 위한 영역이어서
효가 되고 어머니를 위한 영역에서는 나 몰라라 하는 것은 무엇 때문인가?

---

64) 『노서선생유고』 권3, 「辭持平 江外陳情疏[再疏]」.
　　『숙종실록』 권18, 숙종 13년 3월 17일(을미). 윤증의 제자 나양좌의 상소에 계
　　사년(효종 4년) 선거의 소疏를 인용하였다.

권·김의 당당한 절의를 반드시 죽을 필요가 없었는데 죽었다고
개죽음으로 돌리니 그 뒤 권·김의 자손들은 피거품을 물고 울음을
삼켜 청토하는데 겨를이 없었다. 권순장의 자손 중 윤증에 당여한
자가 있어 지성으로 즐겨 복종하였는데[65] 누군가 할아버지의 일을
예로 들어 물으니 "내 할아버지가 죽지 않았다고 하더라도 의리에
해가 되지 않는 것이다."라고 하였다. 명재明齋의 말이 대개 이 뜻이었
다. 만약 죽지 않았다고 하는 것이 의리에 해가 되지 않는다면 죽었다
면 의리에 해가 된다는 것을 알 수 있다. 슬프구나! 권의 손자는
윤증에게는 두터이 하고 자신의 할아버지에게는 박하게 하는가?
당론이 사람을 그릇되게 함이 이와 같으니 세상 도가 근심되고 한심함
을 알겠다.

강도江都에서 목숨을 훔친 후에 어진 스승의 문하에서 말끔하게 없애고
뭇 선비들의 손에 추천을 받았으며, 살아서는 학문의 명예가 있고 죽어선
제향을 받았으니 선거에게는 다행한 일이요, 윤증의 무리에게는 영광스
러운 것이었다.

윤증이 해야 할 도리는 마땅히 스스로 만족하여 다른 겨를이 없어야
하는데도 오히려 당론을 일으키고 동류를 끌어 들여 문사文辭를 마음대로
휘둘러 강도의 일을 깨끗이 씻으려 하니, 인심이 우울하게 여기고 여러
의논이 거듭 나와 옛날에 숨겼던 것과 새로운 허물이 남김없이 노출되게
되었다. 윤증이 불효한 것은 진실로 역시 무거운 것이다.

병자년 이후 의리는 흔적도 없어지고 이욕이 하늘에 닿았지만, 선거는

---

65) 『숙종실록』 권46, 숙종 34년 6월29일(갑술). 판돈녕부사 권시경의 졸기에 "윤
선거의 아들 윤증이 그 아비의 (구차히 면한 허물을) 깨끗이 벗기려고 하여
꼭 죽어야 할 필요가 없다는 의논을 주창하여 권순장과 김익겸을 침훼하게
되자, 김익겸의 자손은 윤증과 절연하였는데도, 권시경은 노엽게 생각하지 않
고 더욱더 부호하였다."라고 하였다.

목숨을 훔치고 구차히 살아남음을 일대 수치로 여겼다. 종신토록 스스로
문을 닫아걸고 영달하기를 구하지 않으니 그 뜻이 절개를 지키고 의리를
받드는 것 같았다. 그러므로 우옹은 염치를 잊고 수치심을 잃은 자와
비교하여 보면 몸을 깨끗이 하고 더러움을 없앴다 할 수 있고 '한 별이
밝았는데'라고 이를 만하다고 하였다.

또 말하기를 "처음에는 비록 의를 행한 선비들과 같지 않았으나 끝내는
절개를 위하여 죽은 사람들과 귀착점이 같았다."라고[66] 하였다. 이미
같지 않다고 함으로써 의를 행한 것과는 상반된다고 한 것이고, 또한
"중년에 대란大亂을 만나서는 구차히 살려고 한 것이 아니다."라고[67]
말한 것은 옥쇄하는 것보다 못하다는 뜻이었다. 찬양하는 속에 또한
저절로 포폄하는 뜻이 있으니 어찌 감히 앞뒤가 서로 모순된다고 하겠는
가? 그리하여 앞서는 속임을 당하여 그를 찬양하였고 뒤에는 사실을
알게 되어 그를 비난하였으니, 그 찬양과 그 비난이 모두 공정한 마음에서
나왔는데 어찌 의리에 해됨이 있겠는가?

먼저 당여黨與를 다스려야 한다는 주장은 선거가 살아있을 때 나왔으
며,[68] 가학의 가르침이 의심스럽다고 한 것은 윤증이 수업받을 때였다.
비문을 맡기려고 생각한 것은 「기유의서」가 나온 뒤이고, 연제練祭 때의
제문은 윤휴가 치전致奠한 뒤였다. 모두 배반하기 전에 있었으니 과연
윤증이 성낸 것은 자기를 그릇되었다고 한 것 때문인가? 아니면 선거를

66) 『병계선생집』 권7, 「代館學儒生李蓍定等辨尤菴遂菴兩先生被誣疏 丙申」. "然其
   文曰 事雖不同 同歸一致 又曰 中罹大艱 非欲瓦全 旣曰不同則便是相反 又曰一
   致則是許其亂後守義也"
67) 『송자대전』 권153, 「윤길보에게 제를 올린 글」.
   『우암연보』 숭정 42년(기유) 8월조. 윤선거를 조곡하였다.
68) 『송자대전』 권53, 「김기지에게 답함 – 갑자년(1684) 8월 10일」. 송시열을 윤선
   거와의 대화를 상기하면서 "則大尹以爲義理無窮 希仲豈全不是 君言無乃勒加太
   甚乎 愚不覺厲聲曰 春秋之法 亂臣賊子 先治其黨與 鑴是斯文之亂賊 而公助成
   如此 公當先以黨見治矣"라고 하였다.

공격하고 배척한 것 때문인가?

    윤휴는 수부秀夫 권준權儁의 매서이다. 권은 곧 윤선거의 매서이다.
휴의 결혼이 갑술년(1634)과 을해년(1635) 사이였으니 선거가 휴를
벗한 것은 이 사이인 듯하다. 우옹이 휴를 안 것 또한 을해년이니
을해년 가을 장옥場屋에서 비로소 휴를 알았다. 휴를 공격한 것은
정축년(1637) 이후 송기후宋基厚(1621~1674)의 집에서 주를 고친
『중용中庸』을 본 후였다. 선거의 당여를 공격한 것도 또한 그 후였다.
윤증이 우암의 문하에 출입한 것도 그 이후였다. 동춘同春이 말하기를
"증의 일은 나도 어찌 할 수 없는 바이다. 우암이 매양 그 아버지를
이단異端이라 배척하는데 지금은 무릎을 굽혀 글을 배우니 저 사제지
간에 아무 일이 없을까?"라고[69] 하였다. 이에 의거하면 우옹이 휴를
공격한 것은 이미 40년 전임을 알 수 있다.

    선거의 제자 나양좌羅良佐의 상소[70] 수천 마디는 모두 그 스승의 무고함
을 변론하고 우암을 공격함을 위주로 하였는데 그 변론하여 밝힌 것이
볼만한 것이 없었다. 그 소에 말하기를 "기해년(효종 10년, 1659) 이전에
우옹은 윤휴를 배척한 사실이 없다."라고 하고는 돌려서 말하기를 "우암이
윤휴를 이단異端이라 한 것은 계사년(효종 4년, 1653)이다."라고[71] 하니

---

69) 『송자대전』 권89, 「권치도에게 보냄 - 기사년(1689) 4월 2일」.
70) 『숙종실록』 권18, 숙종 13년 3월 17일(을미). 무술년(효종 9년, 1658)과 기해년
  (효종 10년, 1659) 무렵에 송시열이 도성으로 들어와 윤휴와 가까이 오갔고,
  윤휴는 영재英才이므로 임용하지 않을 수 없다고까지 하여 자급資級을 뛰어
  발탁拔擢한 것이 송시열이 전조銓曹를 맡았을 때에 한 일이며 … 그러나 이단
  異端이란 논쟁은 계사년(효종 4년, 1653)에 있었던 일이고, 예송은 곧 경자년
  (현종 원년, 1660) 이후의 일입니다. 계사년부터 경자년까지는 송시열이 윤선
  거에게 있어서 정의情義의 두터움이 하루 동안 같았고, 또한 일찍이 윤휴의
  당으로 배척한 적은 없었습니다.
71) 『송자대전』 권96, 「이동보에게 답함 - 정묘년(1687) 5월 3일」. 이 편지에 기해
  년과 계사년의 일이 기록되어 있다.

계사년은 기해년으로부터 7년 전이 아닌가? 또 말하여 "성을 지킨다는
것은 마땅히 죽어야 할 곳이니 일을 도모하는 사람과 함께 죽을 뜻이
있었다."라고 하였다. 이것은 또한 마땅히 죽어야 함을 알고 있으면서
돌려서 말하기를 "급박한 사이에 혹시 살고 죽을 수 있다."라고[72] 하니
그 형세가 급박한 것은 어떤 경우인가?

또 말하기를 "선거의 무진년 편지에 윤휴는 뛰어난 재주를 지니고
있으니 등용하여야 한다."라고 하였는데 이것 역시 우암이 윤휴를 등용하
면 그것은 자기 스승에게 떠밀려서 된 의논임을 알면서도 또 돌려서
말하기를 "윤휴를 등용함은 우암의 본의에서 나왔다."라고[73] 함은 무엇
때문인가? 또한 공자께서 미복微服을 입은 비유와 청음淸陰[74] 동계桐溪[75]
의 설을 인용하나 절절히 근거가 없는 것이었다. 만약 선거가 성이 함락될
때 몸을 더럽히지 않고 우연히 난을 면했다면 의리에 심각히 해가 되지
않는다고 하는 것은 가능하다. 하물며 친구와 약속한 것을 저버리고
노비로 변장하여 구차히 위험을 면하니 그 몸을 더럽힌 바가 마땅히
어떠하겠는가? 소론少論은 모두 나양좌의 상소가 크게 시비를 분명히
가린 글이라고 하나 심히 가소롭구나.

　　나양좌가 지은『명촌잡록明村雜錄』은 오로지 우암을 비난하는 글이
　　다. 한 가지 사건을 언급하면 모인某人을 인용하여 그 말이 무고誣告하
　　는 것이 아님을 증명하나 그 마음 쓰는 것이 어찌 이리도 교묘한가?
　　그 스승을 위한 것은 정성되이 힘썼지만 오히려 윤증을 도와 스승[우

---

72) 『지촌선생문집』 권6, 「上尤庵先生 丁卯」. 이 편지에 성을 지키는 일과 급박한
　　사이의 일이 기록되어 있다.
73) 『숙종실록』 권18, 숙종 13년 3월 17일(을미).
74) 청음淸陰은 김상헌의 호이다.
75) 동계桐溪는 정온鄭蘊의 호이다.

암]을 배반하게 하였다. 그가 스스로 스승을 위한다고 하나 친구가 스승과 배반하도록 부추긴 것은 자기에게는 두터이 하고 친구에게는 박하게 한 것이다.

그 책 중에 남유창南有昌 전담의 일은 삼연三淵 김창흡金昌翕(1653~1722)이 변증을 상세히 하고 있으며76) 기타 무고한 것은 부제학 김진상金鎭商(1684~1755)이 또한 변증을 다하였으니 지금 다시 변증할 필요는 없을 것이다. 나양좌는 누이〔姉氏〕를 무고한 데까지 이르니77) 사람으로서 이 같은 말이 있고서 무엇을 차마 못하겠는가? 누이를 욕함이 이와 같은데 하물며 우암에 있어서 이겠는가? 그 음험하고 흉악한 정상은 말로 다할 수 없다.

옛날에 나걸羅杰과 이 일를 논하니 나걸이 말하기를 "이는 우리 종조부의 글이 아니다. 세간에 괴이한 무리들이 가명으로 위작을 하여 후세를 속이는 것이니 그 말의 신빙성 여부는 알지 못하겠다."라 고 하였다. 나걸은 나양좌의 종증손이니 혹시 집안에 전해져오는 소문을 들은 까닭으로 이같이 말한 것인가?

전주 한성보韓聖輔가 조문에 따라 밝힌 상소78)와 지촌 이희조李喜朝가 절목을 지적하여 깨트린 글에79) 장章마다 고찰한 것이 있어 그 상세함을 알 수 있다. 그대는 나양좌의 상소가 믿을 만한 글이라고 할 수 없을 것이다.

---

76) 『삼연집』 권22, 「擬上仲舅」.
77) 김수항의 부인의 아우가 나양좌이다. 아마 누이를 직접 욕한 것이 아니고 김수항과 송시열 사이를 이간시키고자 한 회상서檜相書를 말하는 것이 아닌가 한다.(『송자대전』 권89, 「與權致道己巳」. "良佐僞作檜相書")
78) 『숙종실록』 권18, 숙종 13년 4월 14일(신유).
79) 『숙종실록』 권60, 숙종 43년 10월 5일(을유). 대사헌 이희조가 현도縣道를 통하여 상소하였다.

한성보의 양자 한배하韓配夏가 패악함이 심하고 그 아버지와는
주장이 달라 일찍이 아버지와 앉은 자리에서 우옹을 공격하여 이르지
않은 곳이 없었다. 그 아버지의 수연壽宴에 아버지의 친구들은 부르지
않고 모두 자기 동료들만 모으니 그들 모두는 우옹을 공격하는 무리였
다. 말이 우암에까지 미치니 꾸짖고 욕함이 만 가지였다. 아버지는
한 구석에 앉아 말도 못하고 눈물을 흘릴 뿐이었다. 그 패악한 정상이
하나에 그치지 않으니 한성보가 양자를 파하려 하였으나 우암이
극력 저지하였다.[80] 그 자손들이 또한 그 패악한 설을 쫓아 이로부터
소론少論 준파峻派가 형성되니 가히 세태가 변했음을 볼 수 있다.

윤선거尹宣擧가 세상 사람들에게 의심을 받는 것이 투생偸生과 당악黨惡
두 가지였으며, 사람들이 소중히 여긴 바는 과오를 뉘우침과 윤휴尹鑴와
절교한 두 가지였다. 강도에서 살아 왔을 때에 사람들이 의심하였으나
과오를 뉘우치니 현명하다고 하였으며, 윤휴와 당악하던 당시에 의심하
였으나 뒤에 절교하니 인정해 주었다. 선거가 선거다운 점은 회개한
점과 윤휴의 나쁜 점과 절교한 것이 아니겠는가? 윤증이 아버지의 「기유
의서」를 꺼내 연보에 실어 윤휴를 도와준 마음을 밝히니 윤휴와 당악한
형적이 드러나게 되었고, 윤휴와 절교한 말이 거짓임이 드러나게 되었다.

윤선거의 연보에 "희중은 젊은 날에 스스로 깨쳐 학문에 뜻을 두고
몸을 세워 행동을 다듬어 고인을 더럽히지 않고, 독서 강의하기를
주설註說에 얽매이지 않으니 언론 식견이 남들보다 월등히 뛰어났다.
이것을 근거하면 윤휴尹鑴를 의망擬望할 때 '생이지지生而知之'[81]라고

---

80) 『송자대전수차』 권8, 「卷之七十八書」. "韓配夏 以韓公之弟聖翼之子 出后於韓公
而背其父斥先生 韓公嘗責之以欲殺先生 先殺我而終不悛 韓公必欲罷養 故先生
之答如此"

한 것에 의문이 없게 될 것이다."라고[82] 했다.

사국史局에 글을 보내어 자기 아버지가 죽지 않음은 의리에 지당하다고
하여 원래 자책할 뜻이 없음을 보이니, 강도江都에서 도망온 마음이
드러나고 잘못을 회개하는 주장이 거짓임이 드러났다. 윤증이 우옹에게
글을 보내 말하기를 "선생님이 윤휴를 대한 것은 분명히 절교였으나
선인先人〔윤선거〕이 윤휴에 대한 것은 완전히 절교한 것은 아니었다."라
고[83] 했다.

우옹이 답하여 말하기를 "곽충효郭忠孝는 당화黨禍를 당한 후부터 사문
師門과 절교하고 이천伊川이 돌아간 후에도 치전致奠을 하지 않았다.
윤휴가 선고先考에게 절교하였다면 스스로 곽충효와 같이 처신하였을
것이니 당시에 어찌 치전致奠의 행위가 있게 되었는가? 이것으로 보아
동학사에서의 선훈先訓은 일시적으로 우연히 말한 견해이지, 심사숙고하
고 처음과 끝이 동일한 입장에서 나온 말이 아니었다. 자인子仁이 만일
'내 선고가 윤휴와 평상시에 정이 두터웠는데 경자년(현종 1년, 1660)
이후에 차마 해치는 마음으로 절교하지 못하였습니다. 생각건대 동학사
의 말은 일시적으로 우연히 수작한 말에 불과한 것입니다. 그런 까닭으로
기유년에 뇌문을 올리는 날에 제가 역시 배척하지 못한 것입니다.'라고
했다면 어찌 명백하고 통쾌하지 않겠는가?"라고[84] 하였다.

---

81) 『논어』 권16, 「계씨」. "孔子曰 生而知之者 上也 學而知之者 次也 困而學之 又
其次也 困而不學 民斯爲下矣"
82) 『노서선생유고별집』 日記三條, 壬辰 八月.
『백호선생문집부록』 연보, 三年壬辰 先生三十六歲 秋, 會尹吉甫于東湖.
『우암연보』 숭정 46년 10월 14일(경술).
83) 『우암연보』 숭정 49년 2월 28일(경진).
84) 『우암연보』 숭정 49년 2월 28일(경진).

갑자년(숙종 10년, 1684)에 윤증에게 답하는 편지에서 우옹은 윤증에게 "내유來諭하심에 선장先丈은 모某[윤휴]에게 실로 지극한 정성이 있어서 선장의 높은 덕과 남을 사랑하는 마음을 잘 볼 수 있었다. 본시 지극한 정성이란 실제로 있는 것에 근원하는 것인데 어떠한 까닭으로 말하지 않고 오히려 뒷사람이 나와서 말해주기를 기다리는가? 어찌 뒷사람의 정의精義와 묘용妙用이 앞사람보다 훨씬 뛰어난 바가 있으리오? 망령된 생각으로는 선장의 지극한 정성은 윤휴에게 있었고 나에게는 있지 않았다고 여겨지니 오늘 그대[高明]의 노여움은 또한 오로지 선장을 위해서 나온 것만은 아니다."라고[85] 하였다.

그러하다면 우옹이 선거에게 무엇을 바랄 것이 있어서 그를 분명히 배척하지 않았는가? 우옹이 오늘날 하는 말은 실제로 선거의 아들이 증거를 들어줌으로써 이루어진 말이다. 만약 윤증이 그 아버지의 잘못을 숨기고자 괜히 과장하여 말하였다면 그 무례한 죄를 어찌 말로 다하겠는가? 남들이 일찍이 무함하지 않거늘 어찌 감히 그 아버지를 무함하는가? 설사 그 아버지가 의리를 배반한 것이 부끄러운 것과 당악한 것이 잘못임을 알지 못하였다고 하더라도 자식의 도리는 마땅히 어버이를 위해서 말하기를 꺼려야 한다. 하물며 그 아버지가 실로 잘못을 뉘우치는 마음이 있었고, 윤휴와의 관계를 끊음이 있었는데, 이내 무망한 말을 하여 자기 아버지를 비호하고자 하니 윤증은 유아나 치자도 아닌데 세상이 다 아는 의리를 혼자만이 알지 못하는가? 나의 어리석음으로 헤아려 보건대 이는 곧 선거의 본의이다. 윤증이 비록 불초하다고 하더라도 어찌 그 아버지를 무함하는 말을 하겠는가?

---

85) 『송자대전습유』 권5, 「擬答尹拯」.

신경한申景翰이86) "윤선거는 국가에 공이 있으니 강도江都의 죄는
마땅히 용서해주어야 하는데 그대들은 그를 공격하고 배척함이 어찌
그렇게 지나친가?"라고 하였다. 이에 내가 "국가에 공이 있다는 것은
무엇을 말하는가?"라고 그에게 물었더니 그가 이르기를 "윤선거의
병자년 상소는 천하에 빛났고 중국의 역사서에는 조선의 성균관
유생 윤선거가 오랑캐의 사신을 참소하기를 청하는 상소를 하여
그 충절이 만세萬世에 드리웠다고 기록되었으니 조선의 의로운 소리
가 어찌 천하에 뚜렷이 드러나지 않았다고 할 수 있겠는가? 그가
강도에서 노비의 행색을 하였던 것은 실절失節이 그 개인의 한 몸에
미칠 뿐이어서 중국의 역사책에는 실리지 않았으니 국가와는 아무런
관련이 없다. 다만 그 자책하고 후회하는 말은 모두 세상을 속이기
위한 수단이었고 그 아들이 증명한 말은 아버지에게 허물을 돌린
것이니 가소로울 뿐이다."라고 하였다. 이 말은 비록 실없이 하는
농담에 가까운 말이긴 하지만 또한 개탄스러운 세상사의 일단을
볼 수 있다.

기사사화가 일어나자 현석玄石〔박세채〕이 윤증에게 편지를 보내어 말하
기를 "오늘날 우장尤丈이 죄수罪首가 되었습니다. 시론은 다른 뜻을 품은
자를 찾아 도움으로 삼고자 하니 고명〔윤증〕을 걱정스럽게 여깁니다.
그리고 윤휴를 신원伸寃하여 구할 때 반드시 형의 집안을 증인으로 삼을
것입니다."라고87) 말하였다. 흉도들이 윤휴를 신원할 때 과연 윤증이

---

86) 신경한申景翰은 본관이 평산으로 의령남씨 남한기南漢紀의 사위이다. 남한기의
   손자가 남공철南公轍이다.(『금릉집』 해제 참고) 이 때문에 의령남씨 집안인 남
   기제와 연결된 것으로 보인다.
87) 『우암연보』 숭정 89년 병신.
   『숙종실록』 권57, 숙종 42년 3월 28일(기축). 사학 유생 윤득화 등 115인 상소.
   "박세채가 기사년 봄에 윤증에 글을 보내 '오늘날 우장尤丈을 다시 죄수罪首로
   삼는데 시의時宜는 반드시 뜻을 달리하는 자를 찾아서 도움으로 삼을 것이니,

"윤휴가 원통하게 죽었다."라고 말한 것으로 증명하니 그 공론을 잘 알
수 있다.

윤증은 그 흔적을 숨기기 위해 상소하였다. 그 대략에 "자기 아버지는
예송 이후 윤휴와 절교하였다."라고[88] 하였다. 윤휴의 아들 윤하제尹夏濟
또한 상소하여 선거와 윤휴가 부합한 정상과 선거에게 제祭한 이후 윤증과
더불어 화합한 설說을 펼쳐 윤증의 부자가 윤휴와 원래 절교하지 않은
사실을 밝혔다.[89] 윤증은 이것에 대해 한마디도 변증하지 않으니 선거의
평상시 본마음이 이 같음을 알 수 있다.

지금의 논의하는 자들이 윤선거를 찬양하고자 하여 윤증의 말은 아버지
의 본심이 아니라고 한다. 윤증을 구하고자 하는 자는 효자의 마음으로
그 본질을 다하지 않음이 없다고 한다. 말이 많이 상반되는데 자칭 공론이
라 하니 웃음거리도 되지 못한다.

대개 어버이가 낳고 스승이 가르치는 것은 둘로 논할 수 없다. 그
아버지가 참으로 논의할 실수가 있어도 인정人情을 벗어난 말로 배척하면
스승 제자 간의 의리가 비록 중하나 부자의 도리에 있어서 역시 편안치
못한 것이 있다. 오직 정성을 다하여 깨닫게 해도 어찌할 수 없는 지경에
이른 이후에 물러나서 근심을 품고 마치 궁벽한 사람이 돌아갈 곳이
없는 것처럼 하는 것이며, 사람들이 비록 물어도 감히 일호도 분한 말을
더하지 말며 그 스승이 깨달아 알아줄 때를 기다릴 뿐이다. 이것은 고금을
통해 바뀌지 않는 의리이다.

지금 윤증은 자기로 말미암아 아버지가 우옹에게 의심을 받게 해서

고명高明을 위하여 매우 염려하는 사람이 많다.' 또 '여원驪寃을 푸는 데에 반
드시 또 형의 집을 끌어대어 명증明證으로 삼을 것이다.'라고 하였습니다."
88) 『우암연보』 숭정 46년 2월 28일.
89) 『우암연보』 숭정 89년 병신.

급기야 의심을 받음에 이르자 이를 비난하였다. 비록 강제로 간절히
명예를 구하나 자기 마음에 차지 않으므로 얼굴을 바꾸어 오히려 창끝을
돌려 공격하면서 능멸하고 짓밟았다. 꾸짖고 욕함이 이르지 않은 곳이
없었다. 혹은 '기관機關'90)이라 하고, 혹은 '권모술수權謀術數'라고 하고,
혹은 '위학僞學'91)이라 하고, 혹은 "의리와 이해는 함께 행할 수 있으며
왕도와 패도를 함께 쓸 수 있다.〔義理雙行·王霸並行〕"라고 하며, 혹은
"본원의 마음에는 의심이 없을 수 없으니 꺼릴 것도 지켜줄 것도 없다."라
고92) 하니 이것은 옛날부터 스승 제자 간에 없었던 변괴다.

90) 기관機關: 기심機心과 같은 말로, 남을 해치려는 교사스러운 마음을 가리킨다.
91) 위학僞學: 송나라 영종寧宗 때 주자가 당시의 권신 한탁주의 간사함을 탄핵하
자, 한탁주가 원한을 품고 도학道學을 위학僞學이라고 배척하여 주자의 관작을
삭탈하고 도학을 하는 무리의 등용을 금한 일을 말한다. 곧 탐욕과 방종은 사
람의 진정이고, 청렴결백과 수신하는 것은 거짓이라고 하여 도학을 위학이라
고 하였다.(『숙종실록』 권30, 숙종 22년 2월 7일. 참조)
92) 『숙종실록』 권15상, 숙종 10년 4월 29일(갑자). 사옹직장 최신의 상소에 이르
기를 "윤증은 사림에 발붙여 선비라 자처하면서 속으로는 바른 사람을 미워
하는 마음을 품고서, 송시열을 헐뜯는 데에 여력을 남기지 않았고, 박세채에
게 글을 보내 방자하게 송시열을 욕하였습니다. 그 글이 온 세상에 가득히 전
파되었습니다. 그 글에 이르기를 '의義와 이利를 행하고 왕도王道와 패도覇道
를 아울러 쓰는 것은 『대학』의 성의·정심의 학문과 같지 않으니, 동춘同春이
「모두가 기관機關이다」라고 한 것과 초려草廬가 「전혀 권수權數만을 쓴다」라
고 한 것이 아마도 함자의 실병實病일 듯하다.' 하고, 또 '함장이 선인先人에
대하여 갈명碣銘을 지어 준 이래로 참으로 한 마디 말이나, 한 가지 일뿐이
아니나, 목천의 일에 이르러서는 극진하였는데, 남의 자식된 마음이 어찌 전
일처럼 태연하겠는가? 이 때문에 심정이 전과 다르지 않을 수 없다.' 하였습
니다."라고 하였다.
『숙종실록』 권15하, 숙종 10년 8월 21일(갑인). 성균관 유생 조정만의 상소에
이르기를 "윤증이 송시열에게 보낸 글에 이르기를, '지금에 와서 망령된 소견
에는 「선생의」 본원本源의 바탕에 대해 의심스러움을 면하지 못하겠습니다.
기질氣質의 병폐를 교혁矯革하지 못할 뿐만 아니라, 도리어 조장하는 바가 있
느니, 이것이 참람하게도 망론妄論이 있게 된 까닭입니다.'라고 하였습니다. 일
찍이 그 언행言行의 전체를 들어서 공공연히 꾸짖고 무망하기를 윤증과 같이
한 자가 있었습니까? 송시열은 평생 동안 한 마디의 말과 한 가지의 행동을
모두 주자를 기준으로 삼았으니, 공부의 독실함과 문로의 정대함은 선유의 정
맥을 이었고, 사림의 종장이 되었으며, 사람을 접대하고 일을 처리하는 데 있
어서도 모두 반드시 성실하고 반드시 정직한 데에서 나왔으니, 어찌 일찍이
일호라도 기관과 권모술수가 윤증의 말과 방불한 것이 있었겠습니까?"라고
하였다.

윤증의 말에 "스승의 은의恩義에는 경중의 구별이 있으니 군부君父와는 동일하지 않다."라고93) 하여 스승은 가벼이 여기고 아버지는 높이는 논리에까지 이르렀다. 아! 부모와 스승 간에 어찌 경중이 있다고 말하는가? 『서경書經』에 "임금이 되게 하고, 스승이 되게 하였다."라는94) 말이 있고, 예경에 "세 사람에게 나서 섬기기를 하나같이 한다."라는95) 교훈이 있으며, 안자顔子는 "공자가 계신데 어찌 감히 죽겠는가?"라고96) 하였으며, 백우伯牛는 '공자를 남면南面하게 하여 북면北面'한97) 사실이 있으니 군사부일체君師父一體를 분명히 한 것이었다.

옛날 공자孔子는 중궁仲弓을 일러 '얼룩소 자식'이라고98) 하였으나 중궁이 공자에게 원한을 가졌다고는 듣지 못했다. 만약 아버지가 스승보다 소중하다고 하면 중궁은 또한 반드시 그 스승과 절교하였을 것이다. 지금의 윤증이 중궁보다 현명함이 있어서 그런 것인가? 부모와 스승 사이에 경중이 있다고 하는 것은 말류의 폐단이며 또한 임금과 스승 사이에 경중을 나누면 사람이 사람답게 되지 못하는 경우에 이르게 되니 세상 도리를 해치는 것이 어찌 얕겠는가?99)

---

93) 『우암연보』 숭정 46년 2월 28일.
　　『숙종실록』 권60, 숙종 43년 12월 10일(경인). 박세채의 제자 평안감사 김유의 상소에 "윤증이 아버지와 스승 사이에는 경중이 있다는 말을 창도하여 스스로 갈라설 계책을 세워 말하기를 '부자는 천륜이고 군신과 사생은 의리로 합한 것인데, 걸주桀紂와 탕무湯武의 일을 가지고 헤아려 본다면 스승과 제자 사이는 혹은 끊을 수가 있는 것이다.'"라고 하였다.
94) 사도師道의 중요성을 말한 것으로 삼대 이전에는 임금이 사도를 겸하였으므로 『서경』에 '作之君 作之師'라는 말이 있다.
95) 『소학집주』 명륜2, 통론. "欒共子曰 民生於三 事之如一 父生之 師敎之 君食之 非父不生 非食不長 非敎不知 生之族也 故一事之 惟其所在則致死焉"
96) 『논어』 권11, 「선진」. "子畏於匡 顔淵後 子曰 吾以女爲死矣 曰 子在 回何敢死"
97) 『논어』 권6, 「옹야」. "伯牛有疾 子問之 自牖執其手 曰 亡之 命矣夫 斯人也而有 斯疾也 斯人也而有斯疾也"의 주에 "禮 病者居北牖下 君視之 則遷於南牖下 使 君得以南面視己"라고 되어있다.
98) 『논어』 권6, 「옹야」. "子謂 仲弓曰 犁牛之子騂且角 雖欲勿用 山川其舍諸"
99) 『숙종실록』 권57, 숙종 42년 2월 3일(갑자). 정언 조상건趙尙健이 상소하여 윤

우옹이 부인의 상을 당했을 때 윤증은 아직 (시신을) 당堂에 올리지도 않았는데 들어가 영연靈筵에게 곡을 하였다. 그 예를 묻는 자가 있으니 증이 말하기를 "예에 아버지의 상喪과 같이 하고 아들의 상喪과 같이 하라는 글이 있으니 부자父子와 사제師弟의 정의가 간격이 없으니, 지금의 들어가 곡함은 예에 없는 예이다."라고 하였다.

그 사제의 사이에 정의가 돈독하였던 것을 이것으로 잘 알 수 있다. 앞서 부모와 스승이 차이가 없다고 말하였고, 뒤에는 부모와 스승 사이에 경중이 있다고 말하였으니, 앞뒤에 말한 바가 모두 어찌 이같이 맞지 않을 수 있는가? 스승은 부모와 차이가 없다고 하여 들어가 그 스승의 처에게 곡을 하였는데 또 그 스승에게는 스스로 어떻게 해야 하겠는가? 옛날에는 부모처럼 여기던 스승을 지금은 바꾸어 원수를 보듯이 원망하였다. 만약 임금이 자기 아버지에게 죄를 주었다면 원수처럼 원망하여 역시 자기 스승을 대하듯이 하였을 것이다. 천하에 어찌 이와 같은 이치가 있단 말인가? 단지 그 아버지가 있음만 알고 임금과 스승이 있음을 알지 못하니 강령을 제거하고 윤리를 가린 것이 극에 달하였다. 어찌 한심하지 않겠는가?

증은 우옹이 이와 같이 지나치다는 것을 알고도 오히려 또 머리를 조아려 복종하여 섬기고 그 사람을 존경하고 그 도를 배우고, 아버지를 위하여 글을 청하여 마지막 길을 장식하고자 한 것은 또한 어떤 마음인가? 마땅히 세상에 흠이 없는 사람을 찾아 후세에 전하여 믿을 수 있는 글을 짓는 것이 옳았다.

결국 이 같은 일로 의심한 것이 오래되었는데도 어찌 우옹에게 나아가

증이 스승인 송시열을 배반한 사실과 사도의 중요성을 『대학』·『서경』·『예경』 등 경전을 인용하여 설명하였다.

아버지를 찬양하는 글을 구하였는가? 무릇 묘갈문墓碣文을 부탁하는 것은 마땅히 어진 사람에게 해야 하는데도 옳지 않다고 여기는 사람에게 부탁한 것은 잘못된 것이다. 증이 비록 어리석고 어두우나 또한 이것을 알았을 것이다.

그런데도 묘갈문을 부탁하였으니 진실로 송시열이 군자가 아니라고 여기지는 않은 것이다. 또 그 묘갈문이 이루어지자 오히려 현석에게 중망을 빌리기를 꺼리고 진실로 또한 우옹의 말이 다음 세상까지 믿어질 것으로 여겼으니, (우암이) 현석보다 더욱 중망이 있다고 여긴 것이다. 소망이 부응하지 않은 연후에야 '본원심술론本源心術論'과 '기관機關'과 '권모술수權謀術數'의 설을 말하여 우옹이 드디어 말도 못할 소인으로 되었다. 만약 묘갈문이 자기가 소망한 것과 같이 되었으면 스스로 우옹을 군자로 대우하였을 것이다.100) 우옹이 군자가 되고 소인이 됨이 선거 묘갈문의 좋고 나쁨에 매여 있으니, 아침에는 향기로운 풀이었으나 저녁에는 냄새나는 풀이 되고, 옛날에는 태산泰山과 북두北斗였으나 지금은 도탄塗炭에 빠진 것이 되니 어찌 일찍이 우옹 같은 사람이 있겠는가?101)

농암農巖 김창협金昌協(1651~1708)은 "우옹이 세치 붓대롱으로 나무아미타불 한마디를 감당하지 못하고 몹시 험한 고통을 받고 있다."라고102) 한 것이 이것이다. 대개 증이 우옹을 섬긴 때가 나이 이미 장성하고 학문은 이미 무르익었으니 나이 어리고 어리석은 시절과는 비교할 수 없다. 만약 우옹이 어질지 못함을 알고 그를 섬겼다면 이는 그가 지혜롭지 못함이요, 알면서도 오히려 섬겼다면 이는 어질지 못한 것이다.103)

100) 『농암집』 권11, 「둘째 외삼촌께 올림 을유년(1705)」.
101) 『농암집』 권22, 「擬上仲舅」.
102) 『농암집』 권11, 「둘째 외삼촌께 올림 을유년(1705)」.
103) 『매산선생문집』 권48, 「左贊成諡文敬 黎湖朴先生行狀」.

사제 간의 도리에는 과연 은혜와 의리의 깊고 얕음이 있다. 일을 당한 것이 경중이 있은즉 그 도리와 사세를 세밀히 참작하여 거조擧措[104]를 지극히 당연하게 하고 조용히 조치하여야 한다. 당연히 뜻에 맞지 않음을 분명히 하려했다면 호발의 차이가 있은 연후에 함이 옳았다.[105]

윤증은 그렇지 아니하였다. 평생 기쁜 마음으로 복종한 스승을, 하루아침에 뼈에 사무치는 원수처럼[血怨骨讐] 보아, 한마디 말이라도 우옹과 관계되면 갑자기 눈을 부릅뜨고 간을 키워 극단적으로 성내고 꾸짖는 것이 한 구절 한 구절이 점점 심해졌다. 이로부터 선생이 변하여 함장函丈[106]이 되고, 함장이 또한 변하여 문하門下가 되고, 문하가 또한 변하여 회천懷川이 되고, 회천이 또 변하여 송상宋相이 되고, 송상이 마침내 변하여 성명을 부르며 배척하였다. 마치 한이 있어 "만 가지 조각으로 잘라서 죽여야 한다고 하지 않았는가?"라는[107] 것과 뜻을 같이 하는 것이다.

군자는 절교하면서도 나쁜 말을 내지 않으니, 비록 한때 친구 사이라도 마땅히 이와 같이 하거늘, 하물며 40년 동안 부모처럼 섬긴 스승에 있어서 이겠는가? 곡예曲藝[108]의 스승에게도 오히려 말하기를 "차마 부자夫子의 도로 부자를 해칠 수 없다."라고 하였는데, 하물며 유학자가 평생을 존경하고 추앙하던 사람에게 이와 같이 하겠는가?[109] 스승을 공격하고 배척한

---

104) 거조擧措: 말이나 행동을 하는 태도, 무슨 일을 하거나 처리하기 위한 조치.
105) 『정암집』 권20, 「管山問答」.
106) 함장函丈: 스승과 자기의 거리를 일장의 간격으로 떼어 놓는 것.
107) 『송자대전부록』 권14, 「김창협의 기록」. 이 내용에 관한 주에서 "송나라 때에 명도 정호의 문인인 형서邢恕는 학자로 유명하였으나 마음이 바르지 못하여 스승을 저버리고 장돈章惇·채경蔡京 등의 간신에 붙어, 명도의 아우인 이천을 '천 도막으로 잘라서 죽여야 한다.' 하였다."라고 하였다.
108) 곡예曲藝: 하찮은 기술이나 재능.
109) 『숙종실록』 권57, 숙종 42년 2월 28일(기축). 판중추부사 이여李畬의 차자.

것도 부족하여, 욕보이고 절교하였으며, 욕보이고 절교한 것도 부족하여 마침내 스승을 죽이기까지 하였으니 조금도 사정을 보아줄[假借] 뜻도 없었다. 이 어찌 잠시 세상 도리가 변하여서 그렇다 하겠는가?

한 스승을 배반한 것도 부족하여 또 한 스승의 글을 탈취하였다. 시남市南 유계兪棨도 윤증이 섬기던 스승이었다. 시남이 죽은 후 그가 지은 『가례원류家禮源流』를 빼앗아 자기 아버지의 책으로 하였다. 이 또한 사제 간이 한번 변하여 괴이하게 된 것이다. 수암遂菴 권상하權尙夏(1641~1721)가 이른바 첫째도 스승을 배반하였고, 둘째도 스승을 배반하였다고 한 것이 이것이다.110)

윤증은 시남에게 또한 사제 간의 의리가 있는데, 증이 시남의 제문祭文에서 말하기를 "선생은 자질子姪로써 증을 보고, 증은 부형父兄으로써 선생을 섬겼다."라고111) 했으니, 그 정의情義가 돈독함을 잘 알 수 있다. 『가례원류』는 시남이 지은 책인데 선거 또한 일찍이 함께 그것을 휘분彙分하였다.

시남이 죽음에 임해서 증에게 부탁하여 그 책을 교정하게 하였다. 선거 또한 시남 행장을 찬하여 말하기를 "공은 예서禮書에 밝아 어려운 곳도 잘 이해하였다. 그리하여 『주문공가례朱文公家禮』를 따라 강綱을 세우고 목目을 나누어, 고례古禮와 경서經書를 취하고, 선유先儒의 설說과 아울러 우리나라 여러 학자들의 저서와 글을 조목에 따라 그 아래에 붙여 이름하기를 『가례원류』라 하였다."라고112) 하니 그것

---

110) 『숙종실록』 권57, 숙종 42년 1월 25일(병진). 권상하의 가례원류본말소.
111) 『숙종실록』 권57, 숙종 42년 1월 25일(병진). 권상하의 가례원류본말소.
112) 『시남선생문집부록』 권1, 「有明朝鮮嘉善大夫吏曹參判兼同知義禁府春秋館事藝文館提學成均館大司成市南兪公行狀」.
　　　『숙종실록』 권57, 숙종 42년 3월 3일(갑오). 태학 유생 김순행 등 56인의 상소.

이 시남의 책이라는 것을 역시 잘 알 수 있다.

그 후 시남의 손자 유상기兪相基(1651~1718)가 장차 간행하고자 하여 부탁한 원본을 돌려줄 것을 청했다. 중이 돌려줄 뜻이 없어 마침내 자기 아버지의 글이라 하여 거절하고는 "부탁받았다는 말은 기억할 수 없다."라고[113) 하였다. 또한 화언話言의 정황을 행장行狀의 말로써 증명하려고 하면서[114) 말하기를 "만약 시남으로 하여금 자기 아버지의 행장을 짓게 하였다면 마땅히 자기 아버지의 글이라고 할 것이다."라고 하면서 끝내 돌려주지 않았다. 『원류』초본이 마침 정양鄭瀁(?~1668)의 집에 있어[115) 그것을 세상에 간행하였다.

대개 『원류』의 처음 이름은 『가례집해家禮輯解』라 하고 그 후에 개명하여 『원류』라 했다. 『집해』를 『원류』와 비교하면 이것은 동일한 책이다. 왜냐하면 그 규모가 취하고 버리는 사이에 다소간 다름이 없지 않으나 『집해』는 소략하고 『원류』는 상세하니, 그 후본後本이 된 것을 잘 알 수 있다.[116)

윤가의 사람들이 단지 그 『원류』만 알고 『집해』가 있음을 알지 못하니, 선거가 처음에 이 『집해』에 간여하지 않은 것은 더욱 명백한 것이다. 『집해』가 처음 나온 뒤에 그 실상이 더욱 드러난 까닭으로 근거 없이 말하기를 "선거가 우옹·정양과 함께 돈암서원遯菴書院에

---

113) 『시남선생문집부록』 권1, 有明朝鮮嘉善大夫吏曹參判兼同知義禁府春秋館事藝文館提學成均館大司成市南兪公行狀.
　　 『숙종실록』 권57, 숙종 42년 3월 3일(갑오). 태학 유생 김순행 등 56인의 상소.
114) 『명재유고』 권26, 「노봉서원의 유생들에게 답함」. 윤증은 "그 후에 저의 선인이 시옹의 行狀을 지으면서 이 책을 시옹[시남 유계]이 편성한 것이라고 하였는데, 이는 함께 편성한 것이기 때문에 그 공을 시옹에게 돌린 것이었습니다. 이 책의 본말은 대개 이와 같습니다."라고 하였다.
115) 『한수재집』 권2, 「因家禮源流事 請與副提學鄭瀁同被罪罰 兼陳源流本末疏」. 고故 진선 정양의 집에 있는 유계가 편찬한 『가례집해』 5책을 보니 『원류』의 초본으로 정양의 인장이 완연하다.
116) 『한수재집』 권2, 「因家禮源流事 請與副提學鄭瀁同被罪罰 兼陳源流本末疏」. 이 내용에서는 『가례집해家禮輯解』 대신에 『가례집해家禮集解』라고 하였다.

서 만났는데 그때 선거가 제목을 적지 않았으나『원류』라 이름하려 했으며 우옹은『집해』라고 이름붙임이 옳다 하였다. 또 정양이 이 글을 베껴 낸 것은 시남이 이미 죽은 뒤의 일이다."라고[117] 했다.

지금 선거의 연보를 살펴보면 돈암서원에 모인 것이 모두 5번인데 정양은 함께 하지 않았다.[118] 정양의 일록日錄을 참고하면 병술·임진년의 모임 때 정양은 서울에 벼슬하고 있었고, 나머지 세 번은 정양이 비안比安 임소任所에 있을 때이니, 정양이 참석하지 못한 것은 또한 명백한 것이다.[119] 또 선거 연보를 살펴보면『원류』가 완성된 것이 임오년(인조 20년, 1642)이었는데,[120] 돈암서원의 모임은 병술년(인조 24년, 1646)이었다. 책을 만든 지 5년 동안 어찌 이름을 정하지 않을 이치가 있겠는가?

정양이 베껴 낸 것이 과연 시남의 사후에 있었다면『원류』라 이름 정한 것은 이미 시남의 생전에 있었을 것인데 그 주편자主編者가 정한 이름을 사용하지 않고 오히려 우옹이 수십 년 전에 이야기 하던 중에 의정擬定하였던 제목을 썼겠는가? 또 우암의 말에『원류』라 칭한 것이 많이 있는데, 정양이 홀로 이를 칭하여『집해』라 한 것은 무엇 때문인가?[121] 선거가 시남 행장市南行狀을 지으면서『원류』는 시남에 속한다고 하였고, 참판 이정기李廷夔(1612~1671)의 글에 모두 시남이 이 글의 주인이라 하였다.[122] 지금 명확한 증거가

---

117) 『숙종실록』권57, 숙종 42년 2월 23일(갑신). 이진유가 상소한 후, 숙종이 이진유를 소견하자 이진유는 권상하의 소와 유상기를 배척하며 윤선거와 윤증을 옹호하였다.

118) 『노서선생유고부록』권상,「魯西先生年譜」. 서원에서 모임을 가진 것은 의종 19년(병술) 6월, 25년(임진) 가을, 28년(을미) 3월, 30년(정유) 5월로 총 4번이다.

119) 정양의『포옹집』권7, 연보에는 서원에 참석한 기록이 보이지 않는다.

120) 『노서유고』권상,「魯西先生年譜」.

121) '대개 원류의 처음 이름은'부터 '무엇 때문인가'까지는『한수재집부록』「辨師誣疏」에서 문인 한원진韓元震 등이 찬한 글에서 전재한 것이다.

122) 『한수재집』권2,「因家禮源流事 請與副提學鄭澔同被罪罰 兼陳源流本末疏」. 윤선거가 이정기에 보낸 두 서찰에『원류』는 모두 유씨兪氏를 주인으로 삼

이 같은 설보다 나은 것이 없는데, 증의 무리들의 말은 터무니없는 말로 속이고 현혹되게 하지 않음이 없으니 절절히 의심이 생겨 심히 가소롭구나.

그러한 까닭으로 내가 일찍이 말하기를 "증의 한 몸은 모두 스승을 배반한 것이다."라고 하였다. 아! 윤선거가 윤휴를 옹호한 까닭은 휴가 강도江都의 일을 제기할까 두려워서였다. 그러나 윤증이 휴를 받든 것은 휴가 우옹을 해치고자 하는 것을 기뻐한 것이다. 우옹을 죽인 자는 남인南人이나 사주하여 이를 이룬 자는 증이다. 왜 그러한가?

무진년(숙종 14년, 1688)[123]에 송이석宋彛錫이 그의 고모인 윤충교尹忠敎의 처를 방문하기 위해 이성尼城에 갔을 때 윤증과 여러 윤씨尹氏들이 향음주례鄕飮酒禮를 행함에 송도 그 자리에 참석하였다. 증이 말하기를 김익훈金益勳의 목숨도 여기서 끝날 것이다. 송모〔우암〕 역시 어찌 면할 수 있을까?"라고 하였다. 그 자리에 있던 윤씨 한 사람이 팔로 증을 말리며 "좌중에 낯선 손님이 있다."라고 낮은 소리로 이르자, 증이 고개를 돌리며 "남인의 무리가 몹시 성하니 사화士禍가 우려된다."라고 말을 돌렸다. 송이석이 돌아와 우옹에게 이를 고하니 우옹이 그를 책하여 "다시는 믿지 못할 망언을 하지 말라."라고 하였다.

그 후 김만준이 또 이성尼城으로부터 와서 우옹에게 "윤증이 저희 집안과 선생님을 모두 죽이고자 합니다."라고 일렀으나 우옹이 또 책하여 그를 말렸다. 이것이 그 형적의 하나이다. 박태회朴泰晦의 일기에 보면 "이원정李元禎(1612~1680)의 아들 이남명李柟命이 대간大諫으로서 올라

———

았다고 하였다.
123) 무진년(숙종 14년, 1688). 김수흥 영의정이 되고 남구만, 여성제呂聖齊가 유배된다(11월에 석방). 장렬왕후 조씨는 죽는다.

와서 그 무리들에게 말하기를 '김수항金壽恒은 우리들의 원수이니 가히 죽이지 아니할 수 없다.'라고 하고 송모에 대해서는 '김석주가 경신년 옥사獄事를 일으켜서 송모가 그때 거제에 있었으니 어찌 함께 모의할 수 있었으리오?'하였다."라고 되어있다.

또 그 무리들이 "송모는 유종儒宗인데 지금 만약 형률刑律을 더한다면 반드시 이를 사화라고 할 것이니 이 또한 고민이 되는 점이다. 차라리 그대로 두는 것이 낫다."라고 하였다. 한 남인南人이 말하기를 "우암이 함께 모의하지 않았다는 것을 어찌 알 수 있는가? 만약 권기權愭를 시켜서 물어보면 윤증이 반드시 꺼리지 않을 것이다."라고 하였다. 드디어 권기를 시켜 증에게 물어보자, 증이 말하기를 "그때에 김석주金錫胄에게 준 두 차례의 서찰이 있다."라고 하였다. 남인南人은 이 두 차례의 서찰로 반드시 서로 모의를 통하여 기사사화를 일으켰다고 말하니,124) 이것이 또한 그 형적의 두 번째이다.

두 차례의 서찰이라는 것은 우옹이 거제에 귀양가 있을 때 가려운 병病이 있어 병의 증상을 적어 윤이건尹以健에게 보내 처방을 물어 내려보내라고 한 것이다. 윤이 정유악鄭維岳(1632~?)에게 물으니, 유악이 중증重症이라 생각하여 혼자 결정짓지 못하고 청성淸城에게 가서 의논하자 청성 또한 중증이라고 판단하고 30개의 첩약을 지어 윤이건에게 보내 우옹에게 전하게 했다. 우옹이 이를 복용하고 효험을 보자 청성에게 편지를 써서 사례하였다. 청성이 이 편지를 보고 또 밀초 50쌍을 봉송奉送하면서 "유배流配 중 매일 밤마다 책을 보신다고 들었는데 눈병에 걸릴까 걱정이 되니 기름대신 쓰십시오."라고

---

124) '무진 연간에'부터 '기사사화를 일으켰다'까지는 『한수재집부록』「황강문답」에서 전재한 것이다.

하였다. 그러자 우옹이 또 편지로 답하니 이것이 두 차례의 서찰이란 것이다.125)

우암이 작고한 후 현석玄石은 율곡栗谷이 퇴계退溪에게 복을 입은 예禮에 의거하여 삼 개월 복을 입고는 윤증에게 글을 보내 권하기를 "무왕武王이 주왕紂王을 벌伐한 후 무경武庚으로 봉한 예例에 따라 망곡望哭126)하소서." 라고127) 하였다. 윤증이 말하기를 "형은 율곡이 아니며 그는 퇴계가 아닌데 어찌 복을 입습니까? 정의가 이미 끊어져 남남이 되었는데 어찌 망곡을 하겠습니까?"라고128) 하였다. 현석이 증언한 말이 비록 극히 패악하고 오만하지만, 목천에서 일이129) 있고난 뒤에 윤증의 수하가 되었으니 얼마나 괴이하다 하겠는가?

갑자 연간에 현석이 윤증에게 권하여 우옹에게 편지를 써서 사죄하라고 하였다. 윤증이 말하기를 "함장函丈은 선인에게 묘갈문 사건 이래로 비단 일언일사一言一事 뿐 아니라 목천의 일까지도 극심히

---

125) 『한수재집부록』 「황강문답」에서 전재한 것이다.

126) 망곡望哭: 먼 곳에서 임금·부모의 상을 당하고 요배遙拜하며 슬프게 욺.

127) 『숙종실록』 권60, 숙종 43년 12월 21일(신축). 박세채의 제자 집의 김간의 상소에 이르기를 "송시열이 후명後命[사약을 내림]을 받게 되어서는 신의 스승인 박세채가 윤증에게 망곡하고 시마복을 입기를 권하였고 또 별도로 제문을 지어 충곡衷哭을 갖추어 개진한 다음 분묘 앞에서 일곡一哭하고 고告하며 유명의 원한을 풀도록 하였으니, 이렇게 주선하면서 선도하려는 뜻이 정성스럽기 그지없습니다만, 그 말이 끝내 시행되지 않았기 때문에 그 뒤로 신의 스승의 뜻이 전일과 다르게 되었던 것입니다."라고 하였다.

128) 『송자대전부록』 권19, 「한홍조 강상문답」.

129) 『송자대전』 권56, 「김구지에게 답함 - 갑자년(1684) 4월 25일」. 내가[송시열] 의심하여 이르기를 "목천 선비는 일찍이 윤길보에게 좋지 못한 말을 하였는데, 지금 그가 그 사람과 상종하는 일이 어떨는지 모르겠네."라고 하였다. 『명재유고』 명재연보 권1, 55년(임술). 처음에 송상이 유배지에서 돌아왔을 때 이상에게 말하기를 "갑인년에 미촌美村을 서원에 제향할 때에 목천 사람이 '江都俘奴不享祀'라는 여덟 글자를 여러 고을에 보내는 통문에다 썼다고 하네."라고 하였다.

대하였으니, 자식된 도리로 어찌 편안하겠습니까? 훗날 이 일로 말미암아 정의가 예전하고 같을 수 없으며, 의리가 예전하고 같을 수가 없습니다. 정의와 의리가 예전하고 모두 같지 않으며, 스스로는 무엇이 잘못인지를 모르는데 비록 굴복하여 사죄하고자 하나 어찌 말로 표현하겠습니까?"라고130) 하였다.

앞에서 이미 정의와 의리가 예전과 다르다고 하여 의절할 뜻을 표시하였다. 하물며 중간에 욕하고 능멸한 것이 백 번도 더 변하였는데 지금에 와서 어찌 망곡望哭할 이치가 있겠는가? 현석이 윤증의 뜻을 모르지 않으면서 이런 편지를 보낸 것은 무엇 때문인가? 그 마음을 헤아려 보면 하나는 윤증에게 아부하는 것이고 하나는 당시의 공론을 두려워한 것이다.

세상 사람들이 현석은 세 번 변절한 인물이라고 말하였다. 갑인년 이후에는 우옹을 존숭하였으며, 갑자년 이후에는 우옹을 배척하였으며, 갑술년 이후에는 다시 우옹을 존숭하니 이것이 세 번 변했다고 하는 것이다. 갑술년 이후에 자기의 흔적을 덮기 위해서 윤증과 왕복한 편지 중에서 우옹과 관련된 것은 하나라도 모두 자기 원고에서 없애버렸다. 속담에서 말하는 '낮으로 눈을 가린다'라는 것이니 후세의 공론을 막아보자고 하였으나 과연 가능한 것인가? 소인小人의 행태가 여기서 드러남을 볼 수 있다.

그러나 '벌주伐紂'라는 말에서 윤증이 우옹을 죽였다는 하나의 증거를 알 수 있다. 최신崔愼(1642~1708)이 지은 우옹의 제문에 "사람들은 윤증이 우리 선생님을 죽였다고 하는데, 그 자취는 비록 미미하나 사실은

---

130)『명재선생유고』 권3, 「신유년 이후에 왕복한 편지」.

현저히 드러난다."라고[131] 한 것은 대개 이 일을 말한 것이다. '방몽逢蒙이 스승을 쏘아 죽였다.'라는[132] 것과 '사악한 형서邢恕가 오히려 스승을 공격하였다.'라는 것이 바로 일관된 윤증의 마음 씀이다. 원통함을 이기지 못하겠구나.

우암을 죽인 것도 부족해서 모두가 존숭하는 주자를 공격하였다. 박세당의 『사변록思卞錄』은 오로지 주자를 해치고 배척하는 책인데 윤증은 고개 숙이고 청강하여 그 책의 서문을 짓게 되는 혜택을 입었다. 박세당에게는 두터이 하고 주자에게는 박하게 하는 것을 알 수 있다. 박세당이 죽음에 『맹자孟子』를 인용하여 찬贊하니 맹자의 호연지기는 양자楊子와 묵자墨子를 배척하는데 쓰였는데 박세당의 호연지기는 주자를 공격하는데 이용되었다.[133] 그 내력을 과연 서로 비교할 수 있겠는가?

아버지는 윤휴에게 오인을 받고 아들은 박세당에게 아부하였다. 흑수黑水가[134] 처음 『중용』을 개작하자 선거는 장황히 칭송하는데 겨를이 없었고 박세당이 다시 『중용』을 개작하자 윤증은 즐겨 따르고 아첨하였다. 선거가 죽자 윤휴가 '생추生芻'로서 치전하고, 박세당이 죽자 윤증이 호연지기로서 찬贊하니 부자가 서로 마음 전하는 방법이 참으로 괴이하구나.

한객이 다음과 같이 말하였다.

그대는 참으로 웅변이니 나의 졸변拙辯으로서 그것이 당연한지 부당한지 변론할 수 없겠다. 그러나 서계西溪의 『사변록』이 어찌 주자朱子를

---

131) 『송자대전부록』 권19, 「한홍조 강상문답」.
132) 『맹자』 권8, 「이루 하」.
133) 『삼연집』 권22, 「擬上仲舅」.
134) 흑수黑水: 윤휴가 여주에 살았으므로 그를 배척해서 일컫는 말. 즉 여驪는 검다[黑]는 뜻이므로 흑黑으로 바꾸어 소인小人임을 암시한 것이고, 강江은 물[水]이므로 이를 합하여 흑수라 한 것이다.

해치고 배척하는 책인가? 또 어찌 서계를 명재明齋와 함께 의심하여 둘 다 당심黨心으로 배척하여 논하는가? 윤휴가 『중용』을 개작한 것은 집주를 완전히 제거하면서 주자의 말을 일소一掃한 것이니 혹시 죄가 있을 지도 모르겠다. 그러나 서계는 그렇지 않으니 장구章句와 집주集註 사이에 그 의심되는 바를 논증하여 해석한 것에 불과한 것이다.135)

요씨饒氏, 호씨胡氏, 두 진씨陳氏 등 여러 유학자들은 모두 주자朱子의 문도이지만 여러 경전을 주해한 것에 주자의 말을 따르지 않은 것이 많이 있다. 우리나라의 회재晦齋[이언적]나 사계沙溪 또한 의문점을 논증한 글이 있었으나 주자를 해치고 배척했다고 지목당한 것은 들어보지 못했다. 범인凡人들이 억지로 같게 만들 수 없는 소견인 것이다. 만약 그 소견이 주자와 조금 다르다고 문득 성현을 모욕한 죄로 몰아붙인다면 비록 주자이기 때문에 감히 입을 열지 못하지만 그 마음은 어찌 마땅히 즐겨 승복하겠는가?

또 의리義理라는 것은 천하의 공유물이지 주자의 사유물은 아니다. 천하의 공유물을 가지고 천하에 말을 못하게 하는 것이 옳은가? "경전을 해석하는 것이 같지 않아도 무방하다."라고136) 함은 선유先儒[정자]의 말이다. 주자朱子가 배운 곳이 정자程子인데 주자는 정자의 설에도 일찍이 모두 따르지는 않았는데 이것에 대해 주자가 정자를 모욕했다고 한다면 아마 공론公論은 아닐 것이다.137) 주자의 마음은 지극히 공정하여 장구와

---

135) 『숙종실록』 권38하, 숙종 29년 4월 23일(무술). 박세당의 문인인 수찬 이탄李坦의 상소에 "박세당은 산림 속에 오래 있으면서 경전을 탐색 완미하여 생각함이 있으면 기록하고 의심이 있으면 적어서 몇 편의 글을 이루어서 이를 『사변록』 혹은 『통설』이라 하기도 하였습니다."라고 하였다.

136) 『근사록』 권3, 「致知」. "凡解經不同無害 但緊要處不可不同耳"

137) 『숙종실록』 권38하, 숙종 29년 4월 23일(무술). 이탄의 상소에 "정자가 말하기를, '경을 해석함이 같지 않더라도 해로움이 없고, 다만 그 요긴한 곳은 같지 않을 수 없다.'라고 하였고, 또 주자의 학문은 이천에게 얻었는데도 그가 『주역』을 주해할 적에는 이천의 학설을 쓰지 않은 것이 많았으며, 채침의 학

집주를 지었다. 어찌 천하 후세 사람들이 감히 그 중간에 말을 못하게 하고자 하였겠는가? 주자의 의도는 반드시 그렇지 않을 것인데 다만 후세 사람들이 꾸짖어 못하게 하는 것은 크게 지나친 일이다.[138]

그러나 다만 집주를 고친 사람을 공격하는 것은 오히려 가능하다. 흑수黑水를 공격하면서 노서魯西[139]를 함께 포함하고, 서계西溪를 공격하면서 명재明齋와 뒤섞어 버리는 것은 대개 시비是非의 진실에 밝지 못한 것이며 사실은 당론黨論의 사사로움에서 나온 것이다. 삼가 그대로부터 취할 것은 없겠다.

내가 다음과 같이 말하였다.

윤선거가 윤휴를 도왔던 논리를 그대 역시 그 나머지를 조술하는구나. 만약 그대의 말대로라면 공자·맹자·증자·자사의 도道는 이 때문에 없어질 것이다. 네 분 성인의 도가 어디에 있는가? 『논어』·『맹자』·『중용』·『대학』의 책에 있는 것이다. 사서의 본뜻은 어디에 있는가? 장구와 집주의 사이에 있는 것이다.

주자가 공자·안자·증자·자사·맹자로 전해진 도를 밝혔다 하는 것은 사서집주四書集註에 있는 것이 아닌가? 그러므로 선유가 말하기를 "전세에 요순堯舜의 도는 반드시 공자孔子·맹자孟子를 기다린 이후에야 밝아지고, 후세에 공자 맹자 다음의 도는 반드시 주자朱子를 기다린 이후에 드러났다."라고 하였으니, 이 삼경三經과 사서四書의 전傳과 주註는 후학자들에게 공이 있는 것이다. 우리 동방의 퇴계退溪·율곡栗谷

문은 위로 주자를 이어받았는데도 그가 『상서』를 주해할 적에는 간혹 주자의 학설에 따르지 않은 것이 있었으니, 이것이 어찌 이기기를 겨루어 배반한 것이겠습니까?"라고 하였다.

138) '또 의리'부터 '지나친 일이다'까지는 다음에서 전재하였다. 『정암집』 권20, 「管山問答」.

139) 윤선거의 호.

양 선생에 이르러서도 또한 일찍이 말하기를 "공맹의 도는 주자가 아니면 천하 후세에 밝아지지 않았다."라고 했다.

대개 정자程子와 주자朱子에 앞서, 한·당 이후로부터 주註와 소疎를 단 사람이 거의 백가百家가 되나 한 사람도 성인의 본뜻을 얻은 이는 없었다. 정자程子가 나옴에 이르러 그 잘못된 오류를 일소하고 성현의 본지를 발명하였다. 의리의 강령이 여기서 빛처럼 밝게 드러났다.140)

주자가 지은 것은 정자가 이미 발명한 것에 근본하고, 앞선 여러 유학자의 설을 모으고, 당시 학자의 말을 채록하고, 여러 설을 모아 이를 절충하여 장구와 집주를 제정하여 책을 만들었다.141) 의리義理를 밝히는데 자세하고 학문을 위한 지름길[蹊逕]이 되니 더 이상 밝힐 것이 없었다. 부자夫子가 『시詩』·『서書』를 산삭하고 『예禮』·『악樂』을 정한 것과 주자의 공적이 같으니 비록 이를 주자의 책이라 말하여도 가능하다.

이 때문에 천하고금의 미처 완성하지 못한 초안이 이때 이르러 크게 정해져서 불간지전不刊之典이142) 되어 천하후세와 사해동문四海同文에 배포되었다. 감히 그 사이에 이론이 있을 수 없으니 이를 천하의 책이라 말하여도 가능하다. 유가의 실제 법통은 공자·안자·자사·맹자와 정자·주자가 바로 조종祖宗이 된다. 천하고금의 모두 존경하는 바이니 감히 오만하게 굴지 못하며, 모두 흠모하는 바이니 감히 태만히 할 수

---

140) 『정암집』 권20, 「管山問答」.
　　『숙종실록』 권38하, 숙종 29년 4월 17일(임진). 성균관 유생 홍계적 등이 상소하기를 "진·한 이래로 여러 유학자가 경經을 전하였지만, 지리하고 천착穿鑿하여 성인의 뜻을 어지럽게 하여 배우는 자가 알지 못하고 따라서 배울 바도 알지 못하였습니다. 주자·정자 여러 현인이 나와서 비로소 능히 그 대의를 밝혀내었으나, 그래도 일정한 학설을 저술하지 못하였는데, 주자에 이르러서 여러 경서를 표장表章하지 않는 것이 없었으며, 더욱 사서에 힘을 써서 여러 해설을 모아 절충하였으니, '백세에 성인을 기다려도 의혹하지 아니한다.'라고 이를 만합니다."라고 하였다.

141) 『정암집』 권20, 「管山問答」.

142) 불간지전不刊之典: 영원히 전하여 없어지지 않을 전적.

없다. 공경함을 마치 신명神明과 같이 하고, 믿음을 부모와 같이 하여 감히 소홀히 할 수 없다. 이 춘추대일통의 뜻이야말로 천지간의 떳떳한 도리이고 고금에 널리 통하는 의리가 된다.

요순堯舜의 도가 부자夫子에 이르러 세상에 더욱 드러난 까닭으로 요순보다 현명하다는 찬사가 있었으며, 후세 성인이 넘어서지 못하였다. 공맹의 도는 주자에 이르러 세상에 더욱 빛난 까닭으로 공맹 이후에는 단 한 사람만 있다 하여도 선유先儒들이 그릇되었다 할 수 없었다. 만일 그 사이에 조금이라도 이의異議가 있다면 당연히 엄한 말로 통열히 배척하고 이단의 죄목으로 잡아매어도 가능하다.

하물며 가벼이 모욕하는 마음으로 방자히 질책하는 말을 하거나, 장구와 집주를 고치면서 머뭇거려 미루지 않고 말하기를 "의리란 천하의 공유물인데 어찌 주자 혼자 이를 알겠는가?"라고[143] 하였다. 마치 주자를 자기와 같은 정도로 비기고 주자와 곡직曲直을 다투듯이 하였다. 그러므로 공격하고 업신여기고 꾸짖고 배척하며 조금도 틈을 주지 않고 자기의 서적書籍을 천하의 주인으로 삼고자 하는 뜻이 있었다. 이것이 사문난적斯文亂賊이 아니고 무엇이겠는가?

내가 소싯적에 『사변록思卞錄』을 보니, 그 책은 구句를 새기고, 장章을 해석하고, 편篇을 풀어 일가의 책을 이루었으나 의리의 대체가 주자에 배치되지 않음이 없었다. 『중용』을 예로 들어 말하면 편제篇題에서 '중용' 두 글자에 대한 설명과 성性·도道·교敎[144]의 명의名義와 신독愼獨·중화中和·비은費隱 등 의리 일체가 상반된다. 그 외 어기고 벗어난 것은 이루 헤아릴 수도 없었다. 장구 내용 중에서 윗글을 밑으로, 아랫글을

---

143) 『송자대전』 권100, 「유필경에게 답함 - 을축년(1685)」. 이 말을 윤증이 한 것으로 되어있다.

144) 『중용』. "天命之謂性, 率性之謂道, 修道之謂敎"

위로, 모아진 것을 나누고 분리된 것을 모아 뒤집어엎고 변화시켰다. 오직 하고자 하는 뜻은 마음대로 조각내고 모아 붙여 장구집주한 내용을 논증하고자 하였으나 표현하는 언사나 배척하는 내용에서 말을 가려하지 않았다. 『대학』 또한 그러하고 『논어』와 『맹자』도 이러한 투에서 벗어나지 않았다.145) 그 바꾸고 고친 것이 이와 같고 그 비난하고 모욕한 것이 또 이와 같으니 주자의 문도라면 어찌 입에 피거품을 품고 법으로 바로잡기를 청토하지 않겠는가?146)

대개 두 분의 진씨陳氏, 요씨饒氏, 호씨胡氏의 설은 사서四書의 소주小註를 편찬한 것으로 볼 수 있으니, 이것은 주자의 주註 아래에 말을 붙인 것에 불과하다. 비록 혹 주자와 한두 개가 같지 않음이 있으나, 그 요지의 대체는 모두 주자의 범위를 벗어나지 않았다. 회재晦齋가 주자와 다른 것은 '격물格物'의 전傳은 원래 경經에서 망일된 것이 아니었으며, 지지知

---

145) 『숙종실록』 권38하, 숙종 29년 4월 17일(임신). 성균관 유생 홍계적 등이 상소하기를 "대개 『맹자』의 호연장에, '無是餒也'의 '시是'를 '도道'라고 하였고, 『논어』의 '學而爲言效也'를 '수업受業'이라고 하였습니다. 『대학』 성의장을 전傳의 수장首章으로 삼으면서 이르기를, '정본鄭本에 애초에 탈오가 아니다.'라고 하였고, '정正'으로 '격格'을 풀이하였는데, 이르기를, '격물은 본래 궁리를 이르는 것이 아니다.'라고 하였습니다. 대저 궁리窮理로서 치지致知하고, 치지로써 성의誠意하는 것이 바로 『대학』의 첫째 뜻인데, 도를 배반하고 이치를 해침이 이와 같은 것들입니다. 『중용』에 이르러 더욱 큰말로 꾸짖었는데, '그 명의名義를 어지럽게 하였다.'라고 하고, '전도착란顚倒錯亂하다.'라고 하였으며, '사람을 어지럽히고 어둡게 하였다.'라고 하고, '전후의 말이 모순된다.'라고 하며, '사람을 가르쳐 그 마음을 잘못 쓰게 하였다.'라고 하였으며, 또 이르기를, '한 책의 뜻을 세상에 명백하게 나타나지 않게 하였으니, 이것이 어찌 성현이 후인을 위하는 정성된 뜻이겠는가? 그 글이 비록 있을지라도 없는 것과 같다.'라고까지 하였습니다. 지금 박세당은 윤휴의 그르친 자취를 찾아 스스로 성문聖門의 반역자가 되어 주자를 비난해 헐뜯음은 이미 박세당의 기량伎倆이 되었으니, 무릇 주자의 글을 읽고 주자의 도를 높이는 사람은 마땅히 매우 미워해야 될 것입니다."라고 하였다. 임금이 판결하기를 "이제 박세당이 지은 사서주설四書註說을 보건대, 그가 주자를 능멸하며 도를 배반하고 이치를 해친 것이 진실로 한둘이 아니며, 『중용』에 이르러서는 장구章句를 변경해 바꾸고 마음대로 헐뜯은 것이 차마 바로 볼 수 없는데, 끝에 말하기를, '마지못한 데서 나온 것이지 하기 좋아서 하는 것이 아니다.'라고 하였으니, 말의 순서 없음이 이 지경에 이르러 다시 여지가 없다."라고 하였다.

146) 『사변록』에 대한 내용은 다음 책에서 전재하였다. 『정암집』 권20, 「管山問答」.

止·물유物有 2단段을 '격물格物'의 전傳으로 삼은 것에147) 불과할 뿐이었
다. 격물하는 것이 궁리라고 하는 점이 주자와 다르다는 말을 일찍이
들어보지 못하였다. 어찌 그 책에서 격물은 궁리가 되지 못한다고 하고,
아울러 의리 일체가 주자와 배치되는 것과 비교하겠는가?

그러나 오히려 회재晦齋의『대학장구보유』에 대해 퇴계가 무경誣經으
로 공격하였다고 하고, 율곡은 회재를 경사輕師로서 공격하였다고 하였
다. 만약 퇴계와 율곡이 윤휴와 박세당과 같은 때에 살았다면 어찌 이들을
목욕沐浴하고 청토하지 않았겠는가? 그러므로 사계沙溪의『경서변의經書
辨疑』는148) 주자朱子의 설을 위주로 하고, 제자諸子의 설이 주자와 다르다
는 것을 변증하였다.149)

주자朱子가 혹시 정자程子와 다른 것은 문의文義가 차이나는 것에 불과
하다. 그 학문과 의리의 실제實際에 있어서는 조금이라도 같지 않은
점이 없다. 이것이 이른바 '무방하다'는 것이니 역시 주자를 정자에 비교해
말한 까닭으로 '무방하다'라고 말한 것인데150) 지금 이 말로써 증거를
삼으니 어찌 더욱 말이 되겠는가?

포저浦渚 조익趙翼(1579~1655)도 역시『경서변의經書辨疑』가 있
는데,151) 그 설이『사변록』에서 증거를 대고 있다. 대개 그 의리의

---

147) 이언적의『대학장구보유』참조.
148)『숙종실록』권38상, 숙종 29년 5월 6일(경술). 부호군 김진규가 상소하여 이
르기를 "신의 조부 김장생은 진실로 이이의 적통을 이었는데, 그 근본은 주
자에게서 나왔습니다. 때문에 의심스러운 것을 분별한 글인『경서변의經書辨
疑』는 주자의 본뜻[本旨]를 밝힌 것이 아님이 없습니다."라고 하였다. 숙종이
김진규의 상소에 답하기를 "한 부의『변의』는 내가 이미 살펴보았다. 선정
[김장생]은 평소에 주자를 존신하는 마음으로서 주자의 본지를 더욱 밝히는
뜻에서 나오지 않는 것이 없으며 조금도 박세당의 하는 짓과 근사한 것이
있지 않다."라고 하였다.
149)『정암집』권20,「管山問答」.
150)『정암집』권20,「管山問答」.

대체는 주자에게 배치되는 바가 없고 언어가 공순하였다. 감히 자기의
견해가 스스로 옳다고 하는 뜻이 있지 않았으니, 윤휴와 박세당이
주를 고친 바와 같은 것이 어찌 다시 있겠는가? 그러나 우옹이 조익의
비문을 찬함에 오히려 그를 미심쩍게 여겨 춘옹春翁과 서로 의논이
오고 간 연후에야 그 비문을 찬하였으니152) 주자를 중히 여기는 의리
가 있음을 여기에서 또한 볼 수 있다.

아! 우리 해동에 포은圃隱〔정몽주〕 이후로 지금까지 선비라고 이름하는
사람은 주자가 만들어놓은 법을 삼가 지키지 않음이 없었으며 오로지
주자가 이룬 주장을 쫓아 규모를 엄격히 하고 문로門路를 바르게 하여
삼백 년을 하루같이 하였다. 그러나 불행하게도 윤휴란 자가 나타나
감히 『중용』을 고치고 주자를 모욕하니 일찍이 거의 없던 일이다.

박세당의 『사변록』이 나와 주자를 비난하고 배척하였는데도 발길을
돌리지 않았다. 최석정崔錫鼎(1646~1714)이 『예서유편禮書類編』을 내
고, 자신을 주자에게 비겼으니153) 또 차후에 이와 같은 책이 몇 권이나
나올지 어찌 알겠는가?

『예기』라는 책이 비록 한나라의 유자儒子가 편찬하여 나왔으나 옛날부
터 『시경』·『서경』·『역경』·『춘추』와 함께 반열에 놓아 이를 오경이라
칭하였다. 비록 정자와 주자라도 일찍이 이를 조금이라도 폄하하지 않았

---

151) 『효종실록』 권14, 효종 6년 3월 10일(을미). 『경서변의』는 보이지 않고, 조익
    의 저서로 『서경천설』·『용학곤득』 등이 있으며, 그 책 가운데에서 주자장구
    를 제법 고쳤다고 하였다.
152) 『송자대전』 권77, 「조광보에게 답함 - 계해년(1683)」. 동춘이 큰소리로 말하
    였다. "윤휴는 주자를 능모하고 자기의 설을 옳다고 한 것이고, 모야[조익]는
    마음에 의심스러움이 있어서 아는 이에게 질정을 구한 것이니 흑백이 너무
    도 동떨어진다."라고 하였네. 이 말을 들은 이후로 이 우려가 자못 없어졌었
    는데, 이번 편지의 내용을 자세히 보니 이 마음이 금방 석연해짐을 깨달았네.
153) 『숙종실록』 권56, 숙종 41년 11월 11일(계묘).

으니『예기』는 또한 중요하고 큰 것이다. 어찌 감히 장을 나누고 구절을
해석하여 같은 종류끼리 모아 글을 만드는가?『중용』을 두루 편찬하여
참람히『효경』에 집어넣은 것도 참으로 옳지 못한데 하물며『대학』에
있어서는 본장과 말장을 찢어 없애고,『중용』은 비은費隱154) 주註를 없애
버렸고,『효경』은 간오刊誤155)를 하지 않았고,『가례家禮』는 깊이 의지한
듯하나 깊이 배척하였다.156)

이로써 일가를 이루어 은연중에 그 득실을 겨루고 주자와 승부하려는
뜻이 있었다. 또 하물며 이것을 임금에게 올려 경연에서 강하고, 진신에게
반포하고 중외에 간행하여 장차 자기의 설을 일대에 펼치고자 하니 세도世
道에 해됨이 마땅히 어떠하겠는가?157)

사문난적의 변고가 한 번 변하여 흑수黑水〔윤휴〕가 되고, 다시 변하여
이윤부자尼尹父子가 되었으며, 세 번 변해서는『사변록』·『예서유편』이
되었다. 이른바『사변록』과『예서유편』이라는 것은 윤휴가『중용』의
주를 고친 것에서 비롯되지 않는 것이 없다. 전흉前凶·후간後奸과 동일한
마음을 가져 '무방하다'라고 말하고 도와주기를 힘써하는 자가 이윤부자
였다.158) 그 원류와 내력을 찾아보면 윤휴가 근본이 되고 그 열매는 이윤부
자이다. 삼연三淵 김창흡金昌翕이 이른바 흑수黑水의 여파가 서계에게

154) 비은費隱: 성인의 도는 두루 미침. 공용功用의 광대한 것을 비費라 하고 지소
至小至細한 것을 은隱이라 한다.
155) 간오刊誤: 잘못된 글자를 깎아 바로잡음.
156)『정암집』권20,「管山問答」.
157)『정암집』권20,「管山問答」.
158)『명재유고』권34,「서계에게 제사 지낼 때의 제문 계미년(숙종 29년, 1703)」.
공의 이른바『사변록』은 차분히 오랫동안 침잠하여 연구한 것을 기록하여
권질을 이룬 것입니다. 비록 간간이 선현의 뜻을 넘나드는 곳이 있기는 합니
다만, 생각해 보면 공의 뜻이 어찌 감히 이설을 세우려는 데에 있었겠습니
까. 요컨대 의심을 질정하자는 것입니다. 이는 또한 회재晦齋나 포저浦渚 같
은 여러 선정先正들도 일찍이 했던 것입니다.

흘러들어가 이성尼城에게서 큰 재앙이 되었다고 하는 것이 이것이다.159)

아! 그 아버지의 잘못을 감추고자 하였으나 도리어 그 아버지의 악행을 드러내어 만세의 사람들이 알지 못함이 없도록 하였으니 불효한 것이 첫 번째 죄다. 자기 스승을 배반하고 남의 손을 빌어 그를 죽였으며, 모두가 존숭하는 주자朱子와 율곡栗谷을 무욕하기에 겨를이 없었으니 그 공순치 못한 것이 두 번째 죄다. 당을 심어 동류를 끌어들이고 장희재와 몰래 결탁하여 처음에는 남구만南九萬·유상운柳尙運·윤지완尹趾完 등의 무리를 시켜 인현왕후에게 이롭지 못하게 하더니 마침내는 휘輝〔유봉휘〕·구耉〔조태구〕·경鏡〔김일경〕·몽夢〔박필몽〕 등의 무리를 시켜 국본國本을 저해하였으니 그 불충한 것이 세 번째 죄이다.

이 세 가지의 큰 죄를 짓고 어찌 천지지간에 용납받을 수 있겠는가? 만일 왕도王道를 행하는 자가 춘추春秋의 법으로 다스린다면 휴의 당에 앞서서 벌받을 자는 윤증 부자이며, 뒤이어 그 사람들과 당여한 자들도 어찌 죄가 없겠는가?160)

한객이 말하기를 "심하구나 그대의 말이여. 어찌 이같이 지나친가? 휘輝·구耉·경鏡·몽夢이 불행하게도 비록 소론少論에서 나왔으나 명재明齋〔윤증〕가 죽은 지 수십 년 후의 일이다. 어찌 일찍이 명재의 시킨 바가 있겠는가? 그대의 그 말이 사람을 억지로 누르는 뜻이 없지 않다. 가만히 생각건대 그대를 위해서 그대의 말을 취할 수 없겠다."라고 하였다.

---

159) 『숙종실록』 권38, 숙종 29년 4월 17일(임진). 김창흡이 박세당의 문인에 글을 보내 박세당을 논척한 글.
160) 『숙종실록』 권18, 숙종 13년 2월 4일(임자). 송시열의 상소.

2. 신임사화辛壬士禍

내가 다음과 같이 말하였다.

신임辛壬의 화禍는 이윤尼尹이 단서를 열지 않음이 없는 것이다. 기사환국을 일으킨 무리는 윤휴의 당이 아님이 없었으며, 윤증 또한 윤휴의 먼 친척으로서 남인의 도움을 받아 삭출된 것으로 그쳤다. 그때 윤증의 무리가 남인南人의 무리와 체결하고 장희재張熙載와 부합하였다.

갑술년에 이르러 뭇 간흉들이 낭패하게 되었을 때 희재는 죽음을 피할 길이 없게 되니 남구만161)·유상운·윤지완 등의 무리들이 동궁을 보호한다고 칭탁하고 '심장려深長慮'라는 3글자를 창출하면서162)〔원: 심장深長한 생각이라는 것은 나라를 위하여 심사숙고한다는 것이 아니라 실은 그들 무리의 신상身上을 위해 심사숙고해야 한다는 것이다.〕 "만약 희재를 죽이면 희빈禧嬪이 불안하고, 희빈이 불안하면 동궁이 불안하니 장차 인현왕후에게 불리한 징조가 있을 것입니다."라고163) 하였다. 갑술년 복위復位〔인현왕후 복위〕하던 날에 남구만이 "오늘 여러 신하들의 마음인즉 기사년의 여러 신하들의 마음과 같습니다."는164) 말이 있었다. 희빈이 폐출廢黜당한 후 또 중각中閣165)의 명호를 정해야 한다는 주장이 있었다.

신사대처분辛巳大處分이 있던 날166)에는 또 "육 년간 어머니로 섬기었습

---

161) 『숙종실록』 권20, 숙종 20년 5월 20일(정사). 남구만이 세자가 아직 어리고 외성外姓의 가까운 친척으로는 다만 장희재 한 사람뿐이다고 하자, 임금이 특별히 사형을 감하고 절도에 안치하게 하였다.
162) 『약천집』 권21, 「영의정 유공柳公 묘갈명」.
『당의통략』 숙종조, 「갑술경화」. 박세채가 '남구만의 심장深長한 생각'이라고 하였다.
163) 『당의통략』 숙종조, 「갑술경화」. 남구만이 "희빈禧嬪이 불안하면 세자世子도 불안해지고, 세자가 불안하면 종사宗社가 위태로울 게 아닙니까?"라고 하였다.
164) 『후재선생별집』 권2, 「隨錄」.
165) 중각中閣은 중합中閤으로 된 판본도 있다.(한국학중앙연구원, 『용문문답』, 청구기호 K2-241)

니다."라는[167] 설이 있었으며, 최석정崔錫鼎은 감히 "나라를 위해 도모하는 뜻은 종사가 중한 것이니 희빈이 무사한 연후에야 동궁이 안정되고, 동궁東宮이 안정된 연후에야 종사가 이에 편안합니다."라는[168] 상소를 낸 일도 있었다. 또한 '궁인의 옥'이 일어남에 이르러서는 최석정이 또 "반드시 궁핵할 필요는 없습니다."라는 소를 올렸다. 윤지인尹趾仁은 국청 본부鞫廳本府를 옮길 것을 주청하였으며, 심지어 윤지완尹趾完은 도끼를 들고 입궐하는 폭거를 하는가 하면, 끝내 조중우趙重遇는 숙종의 인산因山 앞에서 희빈을 추숭하라는 상소를 던졌다.[169] 이로부터 유봉휘·조태구·김일경·박필몽의 무리들이 차례로 나와 신임辛壬의 화禍가 잇달아 일어났다. 그 일의 발원지를 추구하면 이 어찌 윤증이 시킨 것이 아니겠는가?

아아! 경자년 대상大喪〔1721, 숙종 훙薨〕이후 소재疎齋 이이명李頤命(1658~1722)이 『숙종실록肅宗實錄』을 찬하였는데 감히 신사처분의 일을 쓰지 못하였으므로 성균관 유생 윤지술尹志述(1697~1721)은 글로 자신의 생각을 진술하여 말하기를 "이이명은 흰머리에 얼마 남지 않은 생애〔白首殘年〕임에도 스스로 자기 몸을 꾀하여 선왕의 덕을 은밀히 가리었다."라고 운운하였다.〔원: 원래 생각한 글의 본문은 "이이명은 백수의 나이임에도

---

166) 장희빈이 사사되던 날.
167) 『학암집』 권5, 華陽聞見錄, 「追錄」.
168) 『명곡집』 권17, 「請屈法全恩箚[三箚]」.
　　『당의통략』 숙종조, 「병신처분」. 최석정은 세 번 글을 올려 희빈에게 대해 은혜를 온전히 베푸시라고 청하여 말하기를 "희빈에게 가령 용서할 수 없는 죄상이 있다 하더라도 세자를 낳아서 기른 은혜를 생각하고, 또 세자가 근심하는 마음을 생각해서라도 조금 용서해주어서 세자를 편안케 하시면 다행하겠습니다. 신이 이렇게 말씀드리는 것은 실상 세자를 위함이오며, 또 성명聖明과 종사宗社를 위함일 뿐 결코 희빈을 위하는 것은 아니옵니다."라고 하였다.
169) 『경종수정실록』 권1, 경종 즉위년 7월 18일(계미). 조중우趙重愚 상소.
　　『경종실록』 권1, 경종 즉위년 7월 21일(병술). 유학 조중우趙重遇 상소.(『경종실록』과 『경종수정실록』의 한자가 다르다.)

이해를 돌아보고 교묘한 기지를 다 써서 선왕의 융성하고 두터운 은혜를 잊고 다른 날 참적讒賊들의 입에 망령되이 자자하게 하였으니, 이 어찌 신하된 자로서 가히 차마 할 수 있겠는가? 그 불충하고 무상無狀한 죄를 또 이루 다 주살할 수 있으랴."라고 하였다.]170) 이로써 주륙誅戮을 당함에 이르렀다.171) 이것이 신사화辛巳禍의 비롯됨이다.

깊이 통한스러운 바는 저 무리가 우리 군부를 의심함이다. 우리 임금의 무고함이 아직 명쾌히 밝혀지지 못하니, 오호라! 차마 말할 수 있겠는가?

한객이 말하기를 "어찌 이 같은 말이 있는가? 소론少論 중에는 원래 군부君父를 의심했던 일이 없다. 우리 임금이 무고를 받았다는 것은 무엇이고, 소위 통한한다는 것은 무엇인가?"라고 하였다.

내가 말하기를 "한마디 말로 그 까닭을 알 수 있다. 경종景宗의 성체에는 질병이 있는가 없는가?"라고 하였다.

한객이 말하기를 "경종의 병은 온 나라가 아는 바이다. 누가 병이 없다고 말하리오."라고 하였다.

내가 말하기를 "그러면 비록 병이 있다 하여도 사속嗣續172)의 경사를 바랄 수 있겠는가?"라고 하였다.

한객이 말하기를 "병환 중에 어찌 다시 사속을 바랄 수 있으리오."라고 하였다.

내가 말하기를 "과연 사속을 바랄 수 없다면 삼종혈맥三宗血脈173)에서 후사後嗣를 취하면 가능하겠는가, 종실 친척에서 후사를 취하면 가능하겠

---

170) 『정암집』 권13, 「太學生尹公行狀」.
　　　『경종수정실록』 권1, 경종 즉위년 9월 7일(신미). 태학의 장의 윤지술尹志述
　　　이 글을 올려 이이명李頤命이 숙종의 묘지명에서 신사년, 병신년 일을 빠뜨
　　　린 것을 지적하고 묘지명을 고쳐 짓도록 청하였다.
171) 『경종수정실록』 권2, 경종 원년 12월 17일(계유). 태학생 윤지술을 죽였다.
172) 사속嗣續: 대를 잇는 아들. 대를 이음.
173) 효종, 현종, 숙종의 혈맥을 이음은 경종과 연잉군뿐임을 말한다.

는가?"라고 하였다.

한객이 말하기를 "마땅히 삼종혈맥에서 후사를 정하는 것이 천리와 인정에 합당하다. 우리나라 신민 중에서 누가 감히 이의를 제기하리오."라고 하였다.

내가 다음과 같이 말하였다.

그대의 말이 옳기는 옳다. 그러나 그대가 존경하는 이광좌李光佐(1674~1740)는 어찌하여 온 세상에 병이 있음을 숨기고,[174] 유봉휘柳鳳輝는 어찌하여 망급忙急하다는 글을 투서하고,[175] 조태구趙泰耇는 어찌하여 북문에 잠입하는 폭거를 행하며,[176] 조태억趙泰億(1675~1728)은 어찌하여 '문생천자門生天子'[177]의 글을 남기며, 최석항은 어찌하여 옥사를 단련하여야 한다고 하며, 김일경은 어찌하여 '금정혈접禁庭血蹀'[178]의 글을

---

174) 『경종실록』권5, 경종 원년 10월 11일(무진). 사직 이광좌가 상소하여 "비록 병 때문이라고 말씀하시지만 원래 드러난 증세가 없으며, 상하를 물론하고 설사 이상한 병이 있을지라도 약이藥餌를 부지런히 써서 마침내 완전히 회복된 경우가 어찌 한정이 있겠습니까?"라고 하였다.

175) 『경종실록』권4, 경종 원년 8월 23일(신사). 행사직 유봉휘柳鳳輝가 상소하여 "… 이번에는 너무 급하게 서둘러 마치 한 시각도 넘겨서는 안되는 것처럼 하면서 …"라고 하였다.

176) 『경종실록』권5, 경종 원년 10월 17일(갑술). 또 아뢰기를 "조태구가 선인문[창경궁의 북문]으로 들어와서 청대하자 … 비록 북문의 변이 있을지라도 막을 수가 없을 것입니다. …"라고 하였다.

177) 『영조실록』권7, 영조 원년 8월 11일(병자). 위훈을 삭거하는 일로써 종묘에 고하고 교서를 반포하였는데 그 글에 "문생門生이니 국로國老니 하는 비유와 같은 것은 그 지적한 뜻이 패만하여 더욱 신하로서 감히 말할 바가 아니었다."라고 하였다.
문생국로門生國老: 당나라 말기에 환관들이 권한을 제멋대로 휘둘러 천자를 마치 시관이 문생을 보듯이 했으므로 문생천자라 했고, 천자를 마음대로 폐립하고 국로를 칭하였으므로 정책국로라 하였다.(『경종수정실록』번역본 275쪽 재인용)

178) 금정혈접禁庭血蹀: 대궐의 뜰에 유혈이 낭자하여 그것을 밟고 건널 정도였다는 뜻. 당나라 초기 고조가 장자 이건성을 태자로 세웠는데, 이건성이 당의 건국에 공이 많았던 아우 이세민이 자기 자리를 넘볼까 염려하여 미리 제거하고자 하니, 이세민이 군사를 동원하여 현무문玄武門으로 들어가 이건성을 죽였다. 이때의 처참했던 상황을 『자치통감』에서 이렇게 '접혈금정'이란 말로 묘사했는데, 한편 아우가 형을 잔인하게 죽이고 황위를 차지했다는 뜻을 내포하고 있다.(『영조실록』번역본 권1, 130쪽 재인용)

남기며,179) 이명의李明誼 등 칠적七賊〔원: 일경과 소하육적疏下六賊〕은 어찌
하여 김성궁인金姓宮人의 소를 올렸는가?180)〔원: 김성궁인은 인원왕후 자성
慈聖을 가리킨다.〕

　(환관) 박상검朴尙儉과 문유도文有道 등이 거짓 조칙詔勅을 만든 것은
누가 이를 시켰는가?181) 심유현沈維賢이 은첨자銀籤子를 뽑아 올린 것은
누가 시켰는가? 목호룡睦虎龍(1684~1724)이 변을 조작한 것은 누가
시켰는가? 삼수三手의 설說은 또한 누구의 입에서 나왔는가?

　　삼수三手란 것은 하나는 바로 칼이요, 하나는 바로 약이요, 하나는
　　바로 대상을 틈타 전교를 위조[矯旨]하는 것이다.182) 칼은 일반 칼인
　　데 이를 비수匕首라 하였다. 약은 이것을 구매한 자의 이름이 틀리고,
　　이용한 날짜가 맞지 않았는데, 이를 독약이라고 하였다. 전교를 위조
　　한다는 것은 궁성을 호위해야 한다는 말을 지어낸 것인데, 이를
　　교지矯旨라 한 것이다. 또한 이삼李森(1677~1735)을 충청병사로
　　보낸 것도 교지라 하였다.183) 흉도들은 삼수를 일러 경종을 시해하려

---

179) 『영조실록』 권2, 영조 즉위년 11월 6일(병오). 유학 이의연李義淵이 상소하여
　　 "… 심지어 '금정접혈禁庭蹀血'이란 말을 꺼내기까지 하였으니 …"라고 하였다.
　　 남기제가 언급한 이광좌. 유봉휘, 조태구, 조태억, 최석항, 김일경에 관한 내
　　 용은 『남당선생문집습유』 권2, 「討逆啓辭 代季君作(2)」와 「討逆啓辭 代季君
　　 作(3)」에 수록되어 있다.
180) 『경종수정실록』 권2, 경종 원년 12월 6일(임술). 김일경이 박필몽, 이진유, 이
　　 명의, 윤성시, 정해, 서종하 등과 상소.
181) 『경종수정실록』 권2, 경종 원년 12월 22일(무오). 사신의 평에 "박상검이 왕
　　 세제를 해치고자 하여 교지를 소매 속에 넣고 장차 승정원에 내리려 하여
　　 위기가 호흡의 사이에 닥쳐 있을 때 …"라고 하였다.
182) 『경종수정실록』 권3, 경종 2년 3월 27일(임자). 목호룡의 고변에서 나온 내용.
183) 『경종수정실록』 권3, 경종 2년 9월 21일(계묘). 토역한 사실을 고하였는데 교
　　 문에 "삼목三木[李森]을 반드시 외곤外閫에 내보내어 이만성李晩成에게 조종
　　 하도록 요청하였다."라고 하였다.
　　 『영조실록』 권4, 영조 원년 3월 25일(계해). 민진원이 "이삼李森이 충청병사
　　 가 된 것은 실로 자신이 구한 데서 나온 것이니 이것은 온 조정에서 다 함
　　 께 아는 바인데, 이것이 역적모의에 무슨 관계가 있겠습니까?"라고 하였다.
　　 『도곡집』 권8, 「削勳後頒敎文」. 삼수의 설에 관한 비슷한 내용이 나온다.

한 죄목이라고 했다.

처음에는 "어유구(1675~1740)가 중전이 어머니라 부르는 말을 듣고자 한다."라고184) 하여 군흉群凶을 선동하니 건저초建儲初였다. 중간에는 이광좌·최석항·조태억185)·유봉휘·조태구·김일경·박필몽 무리 들이 세제世弟를 협박하고 군량群良을 모두 죽이려고 하니 경종이 병으로 누워 있을 때였으며, 자성慈聖을 핍박하고 세제를 험담한 것은 경종의 병이 위독해진 날이었다. 뒤에는 "조현명趙顯命(1690~1752)이 '복침復寢' 이라는 말을 지어냈다."라고186) 하여 임금을 협박하곤 원통한 죄에 죽은 사람들을 신원伸寃187)할 수 없게 하였으니 임금〔영조〕이 즉위한 초였다. 전후에 걸쳐 흉악한 마음〔凶肚〕으로 일관할 따름이니 그때의 일을 어찌 말하리오.

재차 앞의 일을 조목에 따라 상세히 밝힐 테니 그대 역시 조용히 듣고 깊이 생각하여 다시는 그대 붕당의 여론餘論을 펴지 않도록 하라.

신임사화에서 충신과 역적의 구분은 경종에게 병〔聖疾〕이 있느냐 없느 냐를 통해 나눌 수 있을 따름이다. 경종이 김고金槹의 소에 답하여 이르기 를 "나는 본시 불결한 병이 있어 재명齋明과 성복盛服을 하는데 어려움이 있다."라고 하고, 또 비망기에 이르기를 "옥서玉署 제신諸臣이 나의 질병이

---

184) 『수문록』, 신축 8월 13일조. "國舅魚有龜 語其妹夫金純行曰 大殿嗣續之望 尙
無期別 定儲嗣之外 更無他策 而中殿欲聞呼母之聲 此固人情之常 而事理亦然
也"(정회선, 「경종조 신축환국의 전개와 김일경」, 『전북사학』 11·12,에서 재
인용)

185) 『경종수정실록』 권2, 경종 원년 10월 11일(무진). 호조판서 조태억이 청대하
여 대신과 삼사의 처벌을 요구하였다.

186) 『영조실록』 권63, 영조 22년 윤3월 18일(갑인). 경신년 김원재金遠材의 옥사
가 일어나자 임금이 갑자기 '복침復寢'이란 두 글자를 가지고 김복택을 체포
하여 고문하자, 조현명趙顯命 등이 시기를 이용하여 밀어내기 위해 복침이란
말을 흉언凶言이라고 하였다.

187) 신원伸寃: 원한을 풀고 치욕을 씻어버림. 신원설치伸寃雪恥.

있음을 알지 못하는가?"라고 하였다. 병으로 제사에 참석하지 못하는
뜻을 중외中外에 밝혀 보이니 '정사를 권태롭게 여길만한 병〔倦勤之疾〕'이
있음을 알 수 있다.

성체가 안녕하다면 조만간에 사속嗣續을 바랄 수 있는 것이므로 건저일
사建儲一事는 과연 유봉휘의 상소와 같이 망급한 것이다.188) 과연 그런
논리대로 경종의 병이 침중沉重하여 종사螽斯189)의 희망이 이미 단절되었
다면 건저의 상소와 대리청정을 청하는 것을 신하로서 늦출 수 있는
것인가?

옛날 송나라 진종眞宗이 질병이 있어 구래공寇萊公〔寇準〕이 태자太子의
감국監國190)을 청하니, 정위丁謂(966~1037)가 말하기를 "요즈음 임금이
평안하고 조정이 안녕한데 어찌 이같이 처리하겠습니까?"라고 했다.
이적李迪이 말하기를 "태자의 감국은 고제이다. 어찌 불가함이 있으리오."
라고 하였다. 정위丁謂가 구준寇準(961~1023)을 힘써 참언하니 그가
세 번 폄척되어 도주道州로 갔다.191) 참으로 조정에 소인小人들이 틈을
엿보았으니 진종이 질병이 있는 까닭이었다.

인종이 연이어 삼자三子를 잃고 질병으로 정사를 돌보지 못하니 한위공

---

188) 『경종실록』 권4, 경종 원년 8월 23일(신사). 행사직 유봉휘가 상소하여 "…
　　이번에는 너무 급하게 서둘러 마치 한 시각도 넘겨서는 안되는 것처럼 하면
　　서 …"라고 하였다.

189) 종사螽斯: 자손이 많음을 비유.

190) 감국監國: 대리청정.

191) 『송사』 권281, 열전40 寇準. "時眞宗得風疾 劉太后預政於內 準請間曰 皇太子
　　人所屬望 願陛下思宗廟之重 傳以神器 擇方正大臣爲羽翼 丁謂錢惟演 佞人也
　　不可以輔少主 帝然之 準密令翰林學士楊億草表 請太子監國 且欲援億輔政 已
　　而謀洩 罷爲太子太傅 封萊國公 時懷政反側不自安 且憂得罪 乃謀殺大臣 請罷
　　皇后預政 奉帝爲太上皇 而傳位太子 復相準 客省使楊崇勳等以告丁謂 謂微服
　　夜乘犢車詣曹利用計事 明日以聞 乃誅懷政 降準爲太常卿 知相州 徙安州 貶道
　　州司馬"
　　『송사』 권310, 열전69 李迪. "初眞宗不豫 寇準議皇太子總軍國事 迪贊其策 丁
　　謂以爲不便曰 卽日上體平 朝廷何以處此 迪曰 太子監國 非古制邪"

韓魏公[韓琦]이 공광부孔光傅 전을 가슴에 안고 나아가 아뢰기를 "성제成帝 가 후사가 없어 아우의 아들을 세웠는데 성제는 중간 정도의 임금으로도 이같이 하였는데, 하물며 폐하에 있어서 이겠습니까?"라고192) 하였다.

사마공司馬公이 또 상소하여 아뢰기를 "지난번에 신이 미리 태자를 세우자는 주장을 올린 것은 그 뜻이 즉시 행하자고 한 것인데 지금 적막하여 들리는 바가 없습니다. 이는 필시 소인小人들이 '폐하 춘추 한창인데[鼎 盛] 어찌 갑자기 그런 불상不祥한 일이 있겠습니까? 다만 창졸지간에 후선厚善한 자를 뽑아 세울 뿐입니다.'라고 말한 때문이었을 것입니다."라 고193) 하였다.

이것으로 보면 경종은 불행하게도 질병이 있어 이미 후사의 희망이 없었고194) 조정의 중론衆論이 점차 변하고 국세國勢가 위박危迫하였으므 로 건저와195) 대리를196) 청한 것이니 이것은 마땅히 차제에 급급한 일이었 다. 또 하물며 건저의 뜻은 실로 숙종의 유교遺敎에서 말미암은 것이고 대리의 교지도 여중요순女中堯舜197)[대비]에게서 나온 명이었다.198)

---

192) 『송사』 권312, 열전71 韓琦. "一日 琦懷漢書孔光傅以進曰 成帝無嗣 立弟之子 彼中材之主 猶能如是 況陛下乎 願以太祖之心爲心 則無不可也"

193) 『송사』 권336, 열전95 司馬光. "光退未聞命 復上疏曰 臣向者進說 意謂卽行 今 寂無所聞 此必有小人言陛下春秋鼎盛 何遽爲不祥之事 小人無遠慮 特欲倉卒之 際 援立其所厚善者耳 定策國老門生天子之禍 可勝言哉"

194) 『경종수정실록』 권2, 경종 원년 8월 22일(경진). 임금의 비망기에 "지금 와서 나의 병이 점점 더하여 아들을 두어 부탁의 중대함을 공경히 받들 희망이 없으니, 밤낮 근심하고 두려워한 나머지 편안히 거처할 겨를이 없었다."라고 하였다.

195) 『경종수정실록』 권2, 경종 원년 8월 20일(무인). 영의정 김창집, 좌의정 이건 명, 판중추부사 조태채, 호조판서 민진원, 판윤 이홍술, 공조판서 이관명, 병 조판서 이만성, 우참찬 임방, 형조판서 이의현, 대사헌 홍계적, 대사간 홍석 보, 좌부승지 조영복. 부교리 신방 등이 저사를 세우기를 청하니 임금이 왕 세제로 삼았다.

196) 『경종수정실록』 권2, 경종 원년 10월 10일(정묘). 집의 조성복趙聖復이 상소 하여 "전하께서 혹시 신료들을 인접하실 때나 정령을 재결裁決하시는 사이에 곧 세제를 이끌어 곁에서 모시고 참청參聽하여 옳고 그름을 상량商量하고 일 에 따라 훈습訓習하게 하신다면, 반드시 서무를 밝게 연마해서 나랏일에 도 움이 있을 것입니다."라고 하였다.

경종이 또한 "좌우가 옳겠는가, 세제世弟가 옳겠는가?"라고 한 교지가 있었으니199) 성상의 교지가 정녕코 하늘의 해와 같이 명백하였다. 저 귀신이나 들여우 같은 무리들이 감히 장래를 걱정하는 마음을 갖지 않음으로써 종사를 모해코자 함이 어찌 이렇게까지 이르렀는가?

건저하자는 상소가 나오자200) 유봉휘가 이에 대해 불만을 몰래 품고 급급하게 상소를 올려 방자한 뜻을 펴서 '망급하여 엉성하고',201) '인심을 의혹스럽게 하고',202) '인신의 예의가 없고'203) 등의 말을 하니 그 마음과 말이 지극히 흉악하고 참혹하기 짝이 없었다. 그리고 김일경은 뜻을 얻고 난 후로부터는 그를 위하여 와주窩主가 되었다. 비밀스러운 계책을 음모하여 조태구와 함께 북문으로 잠입하는 폭거에까지 이르니 동일한 주장을 하고 바로 아래 수하로서 가장 잘 드러나는 자로는 유봉휘 같은 이가 없었다.204)

대리의 명이 내려지자 조태구는 세제를 위협하고 협박하여 혐의를 무릅쓴다는[冒嫌] 두 글자를 만들어내고는205) 승정원에서 알지 못하게

---

197) 『송사』 권242, 열전1 英宗宣仁聖烈高皇后. "自是內降遂絶 力行故事 抑絶外家私恩 文思院奉上之物 無問巨細 終身不取其一 人以爲女中堯舜"
198) 『경종수정실록』 권4, 경종 원년 8월 20일(무인). 자전의 언찰에 "효종대왕의 혈맥과 선대왕의 골육은 단지 주상과 연잉군뿐이니, 어찌 다른 뜻이 있겠는가? 나의 뜻이 이와 같으니, 대신에게 하교함이 마땅할 것이다."라고 하였다.
199) 『경종실록』 권5, 경종 원년 10월 16일(계유).
    『경종수정실록』 권2, 경종 원년 10월 15일(임신). 대신이 하교를 거두라고 하자 임금이 "좌우에게 거행하게 하는 것이 옳겠는가, 세제에게 거행하게 하는 것이 옳겠는가?"라고 하였다.
200) 『경종실록』 권4, 경종 원년 8월 20일(무인). 정언 이정소의 상소.
201) 『승정원일기』 영조 1년 7월 13일(무신).
202) 『승정원일기』 영조 1년 7월 13일(무신).
203) 『영조실록』 권4, 영조 1년 3월 20일(무오). 삼사에서 유봉휘의 국문과 이광좌·조태억의 위리안치를 합계하다.
204) 『송호집』 권4, 「丙寅三司合啓[第二啓]」.
205) 『경종수정실록』 권1, 경종 즉위년 12월 11일(계묘). 우의정 조태구의 상소에 대해 사신이 평하기를 "이이명이 독대한 뒤로부터 조태구가 의혹을 가졌다가 청나라 사신이 왕의 아우를 만나보기를 요구함에 미쳐서는 이에 이런 '모

갑자기 몸소 나아가 북문으로 잠입하니[206] 몽매하고 방자한 뜻이 김자점金自點의 희인문熙仁門보다 더하였다. 그리고 목호룡의 변란[207]이 올라오자 감히 양옥梁獄[208]을 조사하지 않도록 청하고[209] 세제를 망측한 곳에 두고자 하여 최석항(1654~1724)이 옥사를 단련鍛鍊하자는 말이 변하여 나오니 군흉의 괴수는 조태구임이 틀림없었다.[210]

최석항에 이르면 대리의 명이 내린 처음에[211] 먼저 궁궐에 입궐한 뒤 표신標信을 마음대로 내리고 또 대리청정을 숙종 때 전선傳禪의 사례에 비교하였다.[212] 목호룡이 글을 올림에 말이 동궁을 범한다고 여긴 것을 쓰지 말라고만 했을 뿐이지, 그 의도는 세제를 암담하고 어두운 곳에 내버려두고자 함이었다. 또 역적 목호룡의 녹훈을 저들 중국에 주문奏聞하

혐모嫌'의 설이 있게 되어 스스로 그것이 악역惡役에 돌아가게 된다는 것을 알지 못하였던 것입니다. 그 뒤에 유봉휘의 상소가 있었고 또 목호룡의 무고의 변이 있어 끝내는 이인좌李麟佐·정희량鄭希亮 등이 군사를 일으켜 대궐을 침범하기에 이르러 화란이 극도로 달하였습니다. 그러나 그와 같은 반역을 하게 된 근원을 거슬러 올라가 본다면 '모혐'의 설에서 나왔으니, 아! 가슴 아픈 일입니다."라고 하였다.

206) 『경종실록』 권5, 경종 원년 10월 17일(갑술). 조태구가 선인문宣仁門(창경궁의 협문)을 통해 입궐하였다.

207) 『경종실록』 권6, 경종 2년 3월 27일(임자).

208) 양옥梁獄: 양왕의 옥사. 한나라 경제가 제위를 아우인 양왕에게 전수하겠다는 대화를 들은 대신들이 부자상전父子相傳의 약조를 들어 반대하였는데, 이에 양왕이 사람을 시켜 원앙袁盎 등 여러 의신議臣들을 죽였다. 경제가 이에 전숙田叔에게 양왕의 죄안을 조사하게 하였는데, 전숙이 말하기를 "양왕의 일은 묻지 마소서. 바른대로 말하면 처단해야 되고, 처단하면 태후太后의 마음이 상할 것입니다."라고 하니, 양왕의 신하 몇 사람에게만 죄를 돌려 처단하였다.(『경종수정실록』 번역본 370쪽)

209) 『경종실록』 권6, 경종 2년 3월 29일(갑인).

210) 『송호집』 권4, 「丙寅三司合啓」.
『경종수정실록』 권4, 경종 3년 6월 6일(계축). 조태구 죽음에 대해 평하기를 "유봉휘를 추장推獎하고 목호룡의 변이 발생하자 양옥은 추구하지 말라고 한 일을 인용함으로써 세제를 암매한 지경에 처하게 하였고, 무옥誣獄을 단련해 내어 못하는 짓이 없었다. 이러니 흉도의 거괴巨魁를 논한다면 조태구가 아니고 누구이겠는가?"라고 하였다.
『영조실록』 권64, 영조 22년 9월 2일(을미).

211) 『경종실록』 권5, 경종 원년 10월 10일(정묘).

212) 『경종실록』 권5, 경종 원년 10월 10일(정묘).

도록 청하고자 하였으니[213] 음흉하고 교묘하게 속이는 형상을 길 가는 사람들도 알았다.

대리청정의 교문과 대상大喪의 반교문이 모두 조태억의 손에서 나왔으니 '정책국로'[214]와 '문생천자'와 '한밤중에 빙궤憑几의 명命[215]을 갑자기 계승할 것을 누가 알았겠는가?' 등의 말은 실로 김일경의 교문과 더불어 서로 표리를 이루며 또한 김일경의 말을 옳다고 여긴 것이니[216] 일경과 태억은 비록 몸은 둘이지만 마음은 하나였다.

한세량韓世良(1653~1723)의 "하늘에 두 개의 해가 없고 땅에도 두 임금이 없는데 몰래 임금 자리를 옮겨 나라 사람이 이를 의혹되게 여긴다."라는[217] 말과 역적 권규權珪의 "황천皇天이 반드시 우리나라를 어지럽혀 망하게 할 것이다. 어찌 이러한 일이 있는가?"라는[218] 말과 박윤동朴胤東이 올린 "위험한 길에서 천 겹의 파도를 겪었고, 보좌黼座는 한바탕 꿈속에 희미했네."라는[219] 시詩가 모두 실로 이것으로부터 말미암지 않음이 없다. 역적 권규를 일러 분충강개奮忠慷慨하다고 하며 경종조에 포증褒贈을 가하기를 청하였고[220] 또 제나라 환공桓公이 관중管仲을 기용하였다는

---

213) 『경종수정실록』 권4, 경종 3년 1월 25일(을사). 우의정 최석항이 순차를 논한다면 이삼李森이 일등, 신익하申翊夏가 이등, 목호룡睦虎龍이 삼등이라고 하였다.
  『영조실록』 권6, 영조 1년 6월13일(기묘).
  『송호집』 권4, 「丙寅三司合啓[第五啓]」. 최석항에 대한 내용은 이 글을 참조하였다.
214) 『아아록』에는 다음 내용이 추가되어 있다. "國老 卽唐朝 宦官楊復等 擁立昭宗 時事也 此是何等主 何等時 而渠敢擬議於今日"(국로란 당나라의 환관 양복楊復 등이 소종昭宗을 옹립할 때의 일이다. 이것이 어떤 임금이고 어떤 시기이기에 그가 감히 오늘에 비교하는가.)
215) 빙궤의 명: 임금의 유명.
216) 『국조보감』 권63, 영조 22년 9월.
217) 『경종실록』 권5, 경종 원년 10월 12일(기사).
218) 『경종실록』 권5, 경종 원년 10월 15일(임신).
219) 『영조실록』 권1, 영조 원년 11월 27일(정묘). "危塗閱歷千層浪 黼座依俙一夢場"
220) 『경종실록』 권11, 경종 3년 1월25일(을사). 공조판서 조태억이 추천하였다.

말을 인용하여 휘·구를 금상[영조]의 즉위 초에 천거하였다.[221] 조태억이
한 이러한 일들은 그 마음이 흉참하고 거리낌이 없으니 유봉휘와 조태구의
여술餘術임이 틀림없다.

만약 이광좌에 대해 말한다면 대리청정의 명이 내리는 날 방자하게도
"나라가 반드시 망할 것이고 신하의 절의가 없을 것이다."라는 등의 말을
묘당廟堂 위에서 부르짖었다.[222] 역적 김일경이 올린 교문이 역절逆節이었
음이 드러났는데도 본병本兵에 발탁하여 의망하였으니, 마치 공로를
갚는 듯이 하였다. 그런데 김일경이 국문을 당하는 날에 이르러서는
강제로 역적 목호룡의 일당이 되어 억울하다고 하여 역적을 도울 뜻을
뚜렷하게 보여주었다.[223]

또 (이광좌는) 경종의 병이 위독해지고 있는 날에 약방제조로써 독삼탕
獨蔘湯을 올리고 조보朝報에는 소엽차蘇葉茶를 내었다고 하여 경종의 병을
숨기니 조정에 있었던 사람은 병이 위중危重한 것을 알지 못하고 있었다.
대개 갑진년(경종 4년, 1724) 7월 이래로 성질이 더욱 위중해지자 독삼탕
만을 계속하여 올리고 밤중에 의관을 급히 부르는 것이 여러 번이었는데도
바깥사람은 전혀 알지 못하였다. 그 계획은 임금의 병세가 위독해진
이후에 경종의 빈천賓天을 갑자기 알리고자 하는 뜻이었음을 알 수 있다.

221) 『아아록』에는 다음 내용이 추가되어 있다. "泰耈死於景廟 癸卯 而此云 薦用
者疑"(태구는 경종 계묘년에 죽었으니 천거하여 기용하려 했다는 말은 의심
스럽다.)
222) 『경종실록』 권5, 경종 원년 10월 16일(계유). 이광좌는 항의하는 목소리로 대
신을 꾸짖어 말하기를 "이 일은 비록 달을 지나고 해를 넘길지라도 인신의
분의分義로서 청을 허락받지 못하면 마땅히 그만둘 수 없습니다."라고 하였다.
『경종수정실록』 권2, 경종 원년 10월 15일(임신). 이광좌가 언성을 높여 대신
을 책망하니, 이건명이 노기를 띠며 이광좌를 질책하여 물러가도록 하므로,
이광좌는 다투기를 더욱 힘차게 하였다.
『승정원일기』 영조 1년 8월 7일(임신).
223) 『보만재집』 권13, 「英宗大王行狀」.
『송호집』 권4, 「丙寅三司合啓[第三啓]」.

몰래 심유현沈維賢을 시켜 은첨자銀籤子를 가지고 들어가게 시키고는 겉으로는 질책하듯이 하고 눈속임을 하였으니 김일경과 목호룡의 말에서 증명된다.

정미년(영조 3년, 1727)에 재차 무옥이 번복되고 건저대리가 역안逆案으로 다시 바뀌자 김일경과 목호룡의 말을 사실로 하였는데 이것이 마침내 무신의 반역〔이인좌의 난〕을 불러내었다.224) 그 흉악하고 간휼한 정상은 유봉휘·조태구와 서명균·윤혜교의225) 무리보다 심함이 있었으며 선왕을 해치는 자는 '병이 있다'라고 하고 선왕을 변명코자 하는 자는 '병이 없다'라고 한다는 설을 내었으니, 요컨대 모두 병을 기휘하려는 수단이었다. 남태징·이사성·이명언·권익관·정사효·이유익은 모두가 난육卵育함이 있었으니 무신난의 큰 우두머리가 된 자는 이광좌만한 이가 없다.

접혈금정蹀血禁庭, 회인종무懷刃鍾巫, 사구옹립沙丘擁立의 글과226) 김성궁인金姓宮人에게 복수할 것을 청하는 소疏 등은 모두 역적 김일경의 손에서 나왔다. 삼수三手의 설 또한 여러 적당의 입에서 나왔으니 상검·유도·석렬·필정 등은 동궁을 모해하고227) 자전께 해악을 끼치려는 자들인데 어찌 믿고 한 바가 없이 그렇게 하였겠는가? 역모를 꾸민 일이 발각되자 자전께서 약방藥房에 언문교지諺文敎旨를 내리시니 흉당들이 봉하여 돌려보내고 사람들이 얻어 보지 못하게 하였다. 거듭 전교가

<hr>

224) 『송호집』 권4, 「丙寅三司合啓〔第三啓〕」.
225) 『영조실록』 권13, 영조 3년 10월 6일(무자). 사신의 평에 "영조 원년에 임인옥을 무고로 판정하고 소론 인사를 퇴진시키고 노론 4대신을 신원하여 관직을 회복시키고 증시贈諡하여 노론 중심의 정국이 운영되었으나, 영조 3년에 노론 정권하의 모든 조치가 파기되고 소론 중심의 정국이 운영되면서 임인옥이 다시 역옥으로 환원되어 노론 4대신의 관직을 다시 추탈하고 증시를 환수토록 하는데 서명균徐命均·윤혜교尹惠敎가 중심이 되었다."라고 하였다.
226) 『영조실록』 권2, 영조 즉위년 12월 4일(계유). 김일경의 공초.
227) 『경종수정실록』 권2, 경종 원년 12월 22일(무인).

내려지자 부득이하여 급히 주살할 것을 청하여 자신들의 형적을 덮을
계책으로 삼았다. 사람들의 심정이 모두 분개하여 뭇사람의 입을 막기
어려워지자 국문하라는 계계啓를 발하고 유사有司에게 맡길 것을 청하였다.

목호룡의 고변서가 올라왔는데 말이 동궁에게 관계되었으니 이는 명백
히 대역인데도 최석항이 국청본부를 옮길 것을 청하고228) 동궁과 관계된
것이 조보朝報에 나오지 못하게 청하였다.229)

백망白望이 상변하자230) 안옥按獄하던 여러 흉당凶黨이 도리어 고변서
에 언급되었는데도 불구하고 태연히 옥사를 처리하니231) 거리낌 없는
마음을 또한 가히 알 수 있다. 김성궁인을 논핵할 것을 청하니,232) 김일경
은 상소에서 말하기를 "궁중의 아주 가까운 곳에서 흉적이 숨을 쉴 수
있게 하였으니, 술을 마시거나 음식을 먹는 사이에 일어날 수 있는 화근을
없앨 수 없습니다."라고233) 하였다.〔원: 박필몽·서종하·이명의·정사효·
윤성시·이거원 등이 소하疏下의 육적六賊이다.〕 자전께서 이미 "궁중에는 원래
김씨 성을 가진 궁인이 없으니 이는 미망인未亡人을 이르는가?"라는 전교
가 있었으나 이명의가 오히려 "이 흉적의 복수는 반드시 다시 일어날
것이다."라고 상소하였다. 박필몽은 곧장 말하기를 "전하께 무슨 꺼림이

---

228) 『경종실록』 권7, 경종 2년 4월 3일(정사).
229) 『경종실록』 권6, 경종 2년 3월 29일(갑인). 최석항이 말하기를 "··· 이후로 말
    이 동궁에 관계된 것은 문안文案에 들이지 못하게 하는 것이 마땅하겠습니
    다."라고 하였다.
230) 『경종실록』 권6, 경종 2년 3월 28일(계축).
    『경종수정실록』 권3, 경종 2년 3월 29일(갑인). 백망白望이 조태구·최석항·
    김일경·심단이 동궁을 위태롭게 하기 위해 모의했다고 고발하였으나, 국청
    에서 불문에 붙였다.
231) 『경종수정실록』 권3, 경종 2년 4월 4일(무오). 최석항이 말하기를 "김일경은
    백망의 공초에 나왔으나 마땅히 패초하여 국청에 참여하게 해야 합니다."라
    고 하였다.
232) 『경종실록』 권9, 경종 2년 8월 18일(신미). 영의정 조태구가 청하였다.
233) 『경종실록』 권11, 경종 3년 2월 4일(갑인).

있으랴?"라고234) 하니 그 가리키는 뜻이 음험 참혹하고 흉악한 것은
모두 김일경의 상소에 근거한 바였다.

이것은 첫째 세제世弟에게 의심이 미치게 함이며 둘째는 자전께 의심이
미치게 함이며 인심을 현혹시키며 조정을 농락하고 세제를 제거하여
장차 찬역의 계책을 꾀하는 것이다. 김일경과 목호룡과 이천해가 함부로
앞에서 욕보이고 박필몽·임징하·이인좌·정희량은 뒤에서 격문을 돌
리고 유봉휘·조태구·이광좌·최석항·조태억은 그 사이에서 췌마揣
摩하고 경영하여 정신을 쏟는 바는 오로지 성궁에 있으니 건저한 여러
신하들은 도리어 지엽枝葉인 것이다.

그런 까닭으로 임금께서 "내가 역적의 괴수로다."라는 하교가 있었으니
남의 임금된 자로서 무고당한 것이 옛날에도 혹 있었으나 우리 임금이
신임년에 당한 것 같은 것은 있지 아니 하였다. 어찌 단지 지금의 주상[영
조]에 대한 역모만 된단 말인가, 실은 경종에 대한 역모인 것이다. 또한
경종에 대한 역모일 뿐만 아니라, 이것은 종사에 대한 역모이며, 만세토록
지속되는 역모인 것이다. 한 번 바뀌어 신임의 흉도 무리가 되고 다시
바뀌어 무을戊乙[무신235)·을해236)]의 흉역이 되었다. 이는 휘·구·경·
몽의 여얼이 아님이 없으며, 휘·구의 무리는 윤증尹拯 문하의 충실한
노복이 아님이 없다.

내가 신임辛壬의 화禍를 여는 단초를 (소론이 제공했다고) 말한 것이
마땅하지 아니한가? 아! 종사를 보위하다가 대벽大辟237)을 당함에 이른
것이 사상四相이 그 첫 번째가 되었다.[원: 몽와 김창집, 소재 이이명, 한포재

234) 『영조실록』 권2, 영조 즉위년 11월 12일(임자).
235) 무신년 이인좌의 난.
236) 을해년 나주괘서 사건.
237) 대벽大辟: 오형의 하나로 목을 베는 형벌.

이건명, 이우당 조태채를 사대신이라 일컫는다.] 충민공忠愍公 이건명이 화를
당한 참상은 세 대신보다 더욱 심하니238) 연차를 올린 외에 또한 책봉사冊
封使의 일을 성공적으로 완수하였기 때문이다. 동궁을 보호하다가 마침내
주륙을 당한 것이 육인六人이 그 첫 번째가 되었다.[원: 김용택, 이희지,
심상길, 정인중, 이천기, 서덕수이다.]

김용택·이천기는 강제로 지만遲晚239)했다는 자백을 받아내고 이미
죽은 후에도 극률로써 다스리니 그 참혹한 참상이 다른 사람보다 심하였
다. 흉당[소론]이 깊이 미워하는 중에도 또한 더 심함이 있었기 때문이었
다. 그 나머지 이만성李晩成·김운택金雲澤·김민택金民澤·김제겸金濟
謙·조성복趙聖復·홍계적洪啓迪·이홍술李弘述·윤각尹慤·이우항李
宇恒)·심진沈楷·백시구白時耉·이상복李尚馥·김시태金時泰·유취장
柳就章 등은 차례로 죽임을 당하고, 정호鄭澔·민진원閔鎭遠·신임申銋
등 찬축당한 자를 모두 기록하기 어렵고, 이기지李器之·김성행金省行
등 연좌되거나 연루되어 죽은 자가 수백을 헤아릴 수 있다. 우리나라에서
사화가 많지 않은 것은 아니었지만 신임사화보다 심한 것이 있지 아니하였
다.240)

---

238) 『경종수정실록』 권3, 경종 2년 8월 19일(임진). 최석항이 입대하여 이건명을
　　 죽일 것을 청하니 허락하였다. 사신의 평에 "이건명이 제일 참혹하게 죽었
　　 다."라고 하였다.
239) 지만: 죄인이 자복할 때에 너무 오래 속여서 미안하다는 뜻으로 하던 말로,
　　 자신의 죄를 자백하고 복종함을 이르는 말이다.
240) 『경종수정실록』 권3, 경종 2년 9월 21일(계묘). 반교문에 "이미 역적 김창집,
　　 이이명, 이건명, 이홍술, 백망, 정린중, 김용택, 이천기, 이희지, 이기지, 이영
　　 二英, 심상길, 장세상, 이헌, 정우관, 김창도, 이정식, 서덕수, 이우항, 유취장,
　　 김성절, 우홍채, 심진, 김일관, 김극복, 양익표, 이명좌는 잡아다가 정법에 의
　　 거하여 처치하였다."라고 하였다.
　　 『경종수정실록』 권3, 경종 2년 10월 27일(기묘). 김일경이 조태채를 사사하도
　　 록 청하니 허락하였다.
　　 『경종수정실록』 권3, 경종 2년 8월 19일(임진). 사신의 평에 "네 충신이 연차
　　 를 올려 대리하게 할 것을 청하였으나 조태구와 최석항에게 저지당하였고,
　　 세 충신은 사사되었는데, 유독 이건명만이 화를 당한 것이 제일 참혹했던 것

경자년 대상 이후 경종의 병이 깊어 당시 신하들은 모두 '복침復寢' 이후에도 사속을 바랄 수 없을까 근심하였다. 임금이〔영조〕잠저潛邸에 있을 때 김복택이 이 말을 전달하였는데, 병오년에 이르러 조현명趙顯命이 '복침復寢' 두 글자로써 경종을 모욕한 말이라 일컬어 고성통곡하며 김복택을 무고하여 죽이니,[241] 현명이 어찌 예서禮書 '복침'의 문장을 알지 못해서 그랬겠는가? 이는 군부를 위협하여 원통하게 죽은 이를 신원설치伸冤雪恥 하지 못하게 하는 계책이었다. 그런 까닭에 나는 조현명의 흉악한 마음은 유봉휘와 조태구의 사주라고 여긴다.

　임금이 잠저에 있을 때 숙종의 어제시御製詩 한 수를 써서 김용택에 게 내렸는데, 그 시는 숙종 말년에 지금의 임금에게 지어 준 것이었다. 육인이 피해를 입은 후 김용택의 아들 김원재金遠材 등은 이 시가 훗날 화를 미칠까 두려워하여 불에 태워 버리려 하였으나, 이때 민익수閔翼洙(1690~1742)가 지나다가 들리니 김이 울면서 그 시의 전말과 태워 버리고자 하는 이야기를 하였다. 민익수가 이를 저지하며 말하기를 "차후에 이 시로 인해 신변伸辨할 수 있는 방법이 있을 것이다."라고 하였다.

　김이 그리하여 다시 이를 숨겨 두었으며 민익수는 돌아와 종제 민형수閔亨洙(1690~1741)에게 말을 전하니 형수는 또한 이주진李周鎭에게 말하고, 주진은 또한 현명에게 말하니 현명은 은밀한 곳에 민형수를 만나 인적 없는 곳으로 끌어 조용히 물어 말하길 "들으니

_____

은 무슨 까닭이었는가?"라고 하였다.

241) 『영조실록』 권52, 영조 16년 11월5일(임신). "이에 조현명 등이 생각하기를, '김용택과 김복택은 곧 김일경·목호룡 무옥誣獄 사건의 근본인 것이다. 이제 다행스럽게도 성상께서 스스로 발론하셨으니, 김원재를 죽이고 이어 김복택 도 죽이면 김일경·목호룡이 고발한 것이 거짓이 아님을 증명할 수 있고, 임 인년의 옥안獄案도 번복시킬 수 없게 될 것이다.' 하고, 드디어 송인명과 함 께 반드시 죽여야 한다고 극력 말하였다."라고 하였다.

숙종의 어제시가 김용택의 집에 있다고 하는데 내 마땅히 상에게 아뢰고자 하여 그 상세함을 듣고자 한다."라고 하니 민형수는 마음속으로 기뻐하면서 혹시 신변할 수 있을까 여겨 전후곡절을 상세히 말하였다.

다음날 현명은 상에게 아뢰길 "들으니 숙종의 어제시가 김용택의 집에 있다고 하는데 그런 사실이 있습니까?"라고 하였다. 상이 미처 대답하지 못하자 큰소리로 말하길 "이것은 바로 위조된 시이다. 임금의 시를 위조하여 신원설치를 희망하는 것이 어찌 역모가 아니겠는가? 또한 듣기로는 그 시는 경종과 관계가 있다고 운운하는데 만일 위작된 시가 아니라면 전하는 마땅히 이를 알고 있어야 한다."라고 하였다.

임금께서 말하기를 "잘 생각이 나지 않는다."라고 하니 현명이 땅을 치고 언성을 높여 말하기를 "전하께서 이 사람을 죽이지 않으면 신의 다섯 아들이 반드시 이 원수를 갚을 것입니다."라고 하였다. 말이 사납고 흰 눈을 어좌에까지 미치니 상이 그 위협에 두려워 이는 위작된 시 같다고 교지를 내리고 김원재金遠材를 때린 뒤 찬축하였다. 그리하여 그 시를 불태웠다.[242] 현명의 거리낌 없으며, 험악하고 교묘한 정상이 어찌 여기까지 이르렀는가?

오호라! 차마 어찌 다시 말하겠는가? 한객漢客이 오랫동안 침묵한 후 이윽고 말하기를 "그대의 말이 진실로 옳다. 간혹 잘못된 곳이 있으나 나의 저어岨峿한 소견으로는 변론함이 불가능하다."라고 하였다.

---

242) '어제시 사건'은 영조가 직접 국문하면서 자신이 써 준적이 없다는 것을 확인하고 있다.
『영조실록』 권52, 영조 16년 10월 29일(병인).
『영조실록』 권52, 영조 16년 10월 30일(정묘).
『영조실록』 권52, 영조 16년 11월 2일(기사).
『영조실록』 권52, 영조 16년 11월 5일(임신).

3. 동서분당東西分黨

여객驪客[북인]이 말하기를 "남소南少의 논의는 모두 그대에게 굴복하였지만, 오직 소북小北은 그대가 흠잡지 못할 것이다. 군자君子로다 소북이여!"라고 하였다.

내가 웃으며 말하기를 "소인小人이로다 소북이여!"라고 하였다.

여객이 말하기를 "어찌 서로 말이 바뀌었구나."라고 하였다.

내가 말하기를 "대북大北의 영수는 정인홍鄭仁弘·이산해李山海 무리이다. 소북小北의 영수는 유영경柳永慶·최천건崔天健·김신국金藎國·민형남閔馨男·남이공南以恭 무리인데, 선조 말년에 인홍·산해 무리와 더불어 권력을 다툰 바 있어 비로소 대·소북의 호칭이 있었다. 영창대군이 태어나자 유영경이 당시의 수상으로서 임금께서 세자를 바꿀 뜻이 있음을 알고는 백관을 거느리고 하례를 베푸니 이 어찌 소인의 작태가 아니겠는가? 인홍이 '동궁을 모위謀危한다.'라는[243] 소를 내어 이를 공격하니 당시 인홍의 말에 그 누가 잘못되었다 하겠는가? 광해군이 즉위한 후에 마침내 (소북이) 참화慘禍를 입으니 이것은 원통하지만, 소인이라는 이름을 어찌 면할 수 있겠는가?[원: 당시 이른바 소북은 거의 다 멸류滅類에 돌아갔으나, 오직 유희분만이 소북인 까닭으로 힘써 구활하였다. 지금 소북 중 살아남은 자는 이것이 희분의 공적이라고 한다.] 지금의 소북은 노론老論과 소론少論 사이에서 추세를 관망하여 붙좇아 따르니 그들의 군자됨을 나는 알지 못하겠다."라고 하였다.

여객이 말하기를 "동고東皐 이준경李浚慶(1499~1572)은 사조四朝의 원로元老로서 일세一世의 어진 재상이었다. 선조 즉위 초에 물의를 진정시

---

243) 『선조실록』 권220, 선조 41년 1월 18일(병오).

켰던 것은 모두 동고의 노력이었다. 그러한 까닭으로 중국 조정의 사람들에게서도 어진 재상이라는 소리를 들었다. 위로는 군부君父와 아래로는 사림이 그를 믿고 존경하지 않음이 없었다. 그가 임종시에 올린 상소를[244] 어떤 사람은 비록 '모호'하다고 하였지만 당시 연소배들은 '헐뜯어서 배척할 수 없다.'라고 하였는데 율곡栗谷(1536~1584)은 '그 사람 말이 나쁘다.'는[245] 소를 올렸다. (율곡의) 소가 불손함이 심할 뿐만 아니라 도리상으로도 온당한가를 또한 알지 못하겠다.'라고 하였다.

내가 이르기를 "동고 상공相公은 참으로 어진 재상이었다고 말할 만하다. 퇴계退溪도 '이준경은 나라가 위태로운 지경을 당했을 때도 성색聲色이 동요치 않고 국세國勢를 태산과 같이 안정되게 하였으니 어찌 진실로 주석柱石과 같은 신하가 아니겠는가?'라고[246] 하였으니, 당세當世의 의론議論이 어찌 그를 일러 어진 재상이라고 하지 않았겠는가? 그리하여 4조의 노신老臣이요 조정의 숙덕宿德으로 임금이 그를 믿고, 신료가 그에게 의지하므로 율곡이 부득불 이러한 상소를 하게 된 것이다. 인물의 어짐과 불초함을 떠나서 기氣가 장차 끊어지려할 때는 세속의 욕망이 모두 없어지기 때문에 그 하는 말이 모두 선하다. 이에 옛사람도 '사람이 죽으려할 때 하는 말은 선하다.'라고[247] 하였다. 하물며 원로가 죽음에 임하여 임금에게 아뢴 말이겠는가? 마땅히 명백하고 통쾌하게 '아무개는 어질어서 기용할 만하고 아무개는 불초하여서 멀리하여야 합니다.'라고 하여 임금으로 하여금 군신의 사이에 일호一毫의 의심도 있게 해서는

---

244) 『선조실록』 권6, 선조 5년 7월 7일(경인).
    『선조수정실록』 권6, 선조 5년 7월 1일(갑신).
245) 『선조수정실록』 권6, 선조 5년 7월 1일(갑신).
    『율곡선생전서』 권4, 「論朋黨疏」.
246) 『퇴계선생연보』 권2, 三年己巳 先生六十九歲.
247) 『논어』 권8, 「태백」. "曾子曰 鳥之將死 其鳴也哀 人之將死 其言也善"

안되는데 다만 '조정에 붕당의 조짐이 있습니다.'라고만[248] 하니 말이
몹시 모호하였다. 죽으면서 나라를 망하게 하는 말을 하여 마침내는
좋은 명예를 잃으니 안타깝구나.[249] 그 말이 과연 선한가, 선하지 못한가?
선과 서로 상반된다면 악하다고 할 수 있다. 그러나 차라리 '혹시 너무
지나치게 드러낸 것이다.'라고 할 수 있지, 그 소가 공순치 못하였다는
것은 알지 못하겠다."라고 하였다.

여객이 말하기를 "그때의 조정 분위기에서 누구를 막론하고 장차 붕당
의 조짐이 있을 것이라고 한 까닭으로 그 말이 이와 같을 뿐이었다.
말의 뜻이 혹시 모호하다고 할지라도 어찌 군부君父로 하여금 군신君臣
사이에 의혹을 갖게 하였겠는가? 또 어찌 나라를 망하게 하는 말에 이르렀
겠는가?"라고 하였다.

내가 말하기를 "아직 당론의 조짐을 보지도 않았는데도 군부君父에게
아뢰는 말이 이와 같다면 군자가 말을 아뢰는 도리가 아니다. 그 기미를
보고도 만일 모호하다고 하였다면 대신으로서 화해시키는 말이 아니다.
선조宣祖께서 어린 나이로 보위에 올라 군신들과 서로 믿기 어려웠던
때에 원로가 임종하면서 하는 말이 '아무개 아무개는 붕당의 사사로움이
있으니 그를 배척하여야 합니다.'라고 말하지 않고 다만 '조정에 장차
편당偏黨의 조짐이 있을 것이니 그것을 부수기를 청합니다.'라고[250] 하여
천청天聽을 의혹시켰으니 그 말류의 폐해가 마땅히 어떠하겠는가? 한
사람이 어느 한 사람을 천거하면 당여하는가 의심하고, 한 사람이 어느
한 사람을 배척하면 사사로움에 치우쳐 그러한가 의심함으로써 아랫사람
들이 불화하게 되어 동인東人과 서인西人이 각립各立하는 폐단이 있게

---

248) 『동고선생유고』 권2, 「遺箚」.
249) 『대동야승』 석담일기, 「隆慶六年壬申」.
250) 『대동야승』 석담일기, 「隆慶六年壬申」.

되었고, 마침내는 이것이 국가의 고치기 어려운 병이 되었다. 한 마디의 말이 족히 나라를 망하게 할 수 있다는데 이를 두고 하는 말이 아니겠는가?"라고 하였다.

여객이 말하기를 "동·서로 나누어진 것이 어찌 동고의 소疏로 말미암은 것이겠는가? 이것은 그대의 말이 너무 지나친 것이 아닌가?"라고 하였다.

내가 말하기를 "임금이 신하를 의심하는 것이 너무 지나친 까닭으로 조정이 편안하지 못하고, 조정이 편안하지 못한 까닭에 사림士林이 불화하고 사림이 불화한 까닭에 동서가 각립하는 우환이 생겼다. 무릇 서로 의심하게 되지 않았더라면 그 해가 어찌 이렇게까지 이르렀겠는가? 그 원류가 비록 미미하였더라도 그 물줄기의 흐름은 몹시 커서 심의겸과 김효원의 싸움에 이르렀으니, 그 실마리를 만든 동고東皐의 잘못과 미미하였을 때 이를 미리 막고자 하였던 율곡栗谷의 지혜를 여기에서 더욱 잘 볼 수 있다."라고 하였다.

그 싸움의 대강을 내가 말하고자 한다. 당초 심의겸이 사인舍人이 되었을 때, 공적인 일로 윤원형尹元衡(?~1565)의 집에 갔다. 원형의 사위 이조민李肇敏과 심의겸이 서로 알고 있는 사이여서 서실書室로 데리고 들어갔다. 사람들의 침구가 많이 놓여 있어서 심의겸이 물었는데 그 중의 하나가 김효원의 이부자리였다. 의겸이 마음으로 이를 비루하게 여겨 말하기를 "효원은 문학한다는 명성이 있으면서 권문자제를 쫓아 함께 거처하는가? 결코 개결한 선비가 아니다."라고 하였다. 그 후 효원이 등제登第하고 몸을 맑게 다스려 재명才名이 날로 더하였다.[251]

---

251) 『연려실기술』 권13, 선조조 고사본말, 「동서 당론이 나누어지다」.(『석담일기』 참고)

김효원은 어릴 때 조린趙遴·이경중李敬中(1543~1585)과 친구였다. 김효원의 호를 옥무진玉無塵이라고 하고 이경중의 호를 설월雪月이라고 하였으며 조린의 호를 춘풍春風이라고 하였다. 세 사람이 "선비가 서로 사귐에 믿음이 없어서는 안된다."라고 하고, 대나무로 작은 패를 만들어 '신信' 자字를 새겨 각기 차면서 약속하기를 "이것을 잃어버리면 믿음을 잃은 것이니 마땅히 절교하리라."라고 하였다. 후에 김효원이 이것을 잃어버리자 조린은 글을 보내 그를 책하면서 절교하였으나 이경중이 절교하지 못하자 조린은 이경중에게도 글을 보내 절교하였다.[252]

심의겸은 사림을 힘써 도와주었기 때문에 선배 사류들의 다수가 그를 허여하였는데 이러한 까닭으로 정권을 담당하는 세력이 되었다.[253]

이량李樑(1519~1563)이 권세를 휘둘러 그 힘이 널리 미치자 일시적으로 이욕을 추구하는 무리들이 휩쓸려 따라붙었다. 이감李戡·권신權信·고맹영高孟英(1502~?)·김백균金百均·이령李翎 등은 심복이 되었고, 김명윤金明胤(1488~1572)·정사룡鄭士龍(1491~1570) 등은 아부하여 교제하였다. 윤원로尹元老(?~1547)의 아들 윤백원尹百源(1528~1589)은 그 숙부 윤원형이 아버지를 죽인데 원망을 품고 이량에게 붙어 장차 사림들을 해치려 했다. 허엽許曄(1517~1580)·이문형李文馨(1510~1582)·박소립朴素立(1514~1582)·윤두수尹斗壽(1533~1601)·기대승奇大升(1527~1572) 등은 경박한 영수라고 여겨져 이감의 탄핵으로 삭출되었다.

---

252) 『우복선생문집』 권18, 「折衝將軍行龍驤衛副護軍趙公墓碣銘 幷序」.
253) 『연려실기술』 권13, 선조조 고사본말, 「동서 당론이 나누어지다」.(『석담일기』 참고)

심의겸은 이량李樑의 생질로 처음 관직에 나와 사림들과 교제하였는
데 이량에게 반대하여 기대항奇大恒(1519~1564)과 상의하여 이량
을 쫓아낼 계획을 세웠다. 기대항은 이량의 당이었으나 심강沈鋼
(1514~1567)〔원: 심의겸의 부〕이 내전과 통함을 알고 자지慈旨를
얻어 성균관 유생들을 이끌고 이량의 죄악을 탄핵하여 이량의 당을
모두 축출하니 사림들이 믿고 안심하였다. 이는 모두 심의겸의 힘이었
다.254) 그러나 이량은 심의겸 모친의 동생인데 그 당을 쫓아내고
사림들을 편안하게 하니 의리라고 할 수 있겠으나, 외삼촌을 축출하여
곤사困死하게 하니 내가 생각건대 반드시 의리에 합당한지 여부는
알지 못하겠다.

김효원을 전랑에 천거한 자가 있었는데255) 심의겸은 옛일을 혐오하여
저지하였다. 효원이 낭료郎僚 생활 6년에 전랑이 되어 청류淸類를 끌어들
이고 일에 임해서는 바르게 행하니 후배 사림들이 많이 허여하였다.
효원의 마음은 의겸을 비루하게 여겨 항상 사람들에게 말하길 "심의겸은
마음이 어리석고 기운이 조잡하여 권세를 잡게 함은 불가하다."라고256)
하였다.

이에 심의겸의 동류들이 모두 김효원이 보복할 뜻이 있는지 의심하였
다. 의겸의 아우 심충겸沈忠謙(1545~1594)이 급제하였는데257) 효원이
(심충겸이) 척신이라고 하여 역시 전랑직 임용을 막았다. 이로부터 심의

254) 『대동야승』 동각잡기, 「本朝璿源寶錄(2)」. 이량에 대한 대체적인 기술은 이
    책을 참고하였다.
    『율곡전서』 「사대사간겸진세척동서소(기묘)」. 심의겸이 이량을 몰아내는데
    공이 있다는 말을 하였다.
255) 이조좌랑 오건吳健.
256) 『연려실기술』 권13, 선조조 고사본말, 「동서 당론이 나누어지다」.(『석담일기』
    참고)
257) 『국조방목』 선조 5년 임신. 춘당대 친시 갑과. 심충겸沈忠謙 합격.

겸의 동류들은 효원을 소인小人이라 하고 효원의 동류들은 심의겸이
올바른 사림을 방해한다고 하니 선후배간에 화합하지 못하고 드디어
분당分黨의 조짐이 있게 되었다.

초당草堂 허엽許曄은 선배로서 효원을 인허한 까닭으로 신진 사림士林들
이 존숭하여 맹주가 되었고, 사암思菴 박순朴淳은 청명清名한 중망重望이
있고 역시 선배인 까닭에 지목받아 심의겸 당의 맹주가 되었다. 김효원을
공격하는데 가장 앞장선 이는 송강松江 정철鄭澈이었다. 심의겸을 가장
싫어한 자는 허엽許曄이었다. 심과 김이 각립各立한다는 주장이 이로부터
분분해졌다.

율곡이 소재蘇齋 노수신盧守愼(1515~1590)을 보고 말하기를 "양인은
모두 사림으로 흑백과 옳고 그름을 분별할 수 없고 또 참으로 틈이 생겨
반드시 서로 해치고자 하는 것도 아닙니다. 다만 말세의 습속으로 시끄럽
게 되어, 떠도는 소문이 조정을 교란하고 대신들을 편안케 못하니 마땅히
소문을 진정시켜야 합니다."라고[258] 했다. 소재가 이에 경연에 나가 양인
을 외지로 부임케 진달하니 양측을 다스리는 계책이었다. 심은 개성유수
가 되고, 김은 부령부사가 되니 곧 선조 을해년이었다.[259]

율곡이 임금에게 아뢰기를 "변방은 중책이므로 서생의 손에 맡김은
불가합니다. 또한 효원은 병이 중하니 새북塞北의 날씨 속에 부임을
감당치 못할 것이니 근방의 고을로 보임시켜 죽는 일이 없도록 하소서."라
고[260] 했다. 임금은 율곡이 효원에게 사사로운 정을 가지고 있는 것으로
여겨 허락하지 않았다. 나중에 그렇지 않은 것을 알고[261] 삼척으로 이임을

---

258) 『선조실록』 권9, 선조 8년 10월 24일(무자).
　　 『율곡전서』 권8, 「請移補金孝元啓」.
259) 『선조실록』 권9, 선조 8년 10월 24일(무자).
260) 『선조수정실록』 권9, 선조 8년 10월 1일(임인).

허락했다.262) 대개 율곡은 효원의 재주를 아낀 까닭으로 누차 임금에게 고했을 뿐이다. 이로부터 신진 사림들은 위기감이 더욱 깊어졌으며 선배 사림들은 과격함이 한층 증가하였다.

김효원을 돕는 자는 동강 김우옹 · 서애 유성룡 · 이발 · 정인홍 등이었고 초당 허엽이 와주窩主였다. 심의겸을 돕는 자는 사암思菴 박순朴淳 · 백려白麗 신응시辛應時(1532~1585) · 백담栢潭 구봉령具鳳齡(1520~1585) · 청련靑蓮 이후백李後白(1520~1578) · 황강黃岡 김계휘金繼輝(1526~1582) · 약포藥圃 이해수李海壽(1536~1598) · 오음梧陰 윤두수尹斗壽(1533~1601) 등이었고 송강 정철이 영수였다. 임금이 조정에 분당과 결당의 조짐이 있을까 걱정하여 효원을 청현직에 의망하지 않으니 효원을 돕는 자도 의심하고 효원을 배척하는 자들도 의심하였다. 조정의 논의가 서로 어그러지고, 화해의 기운이 날로 잦아들고, 청의淸議가 점차 미약해지자 사림들이 흉흉하였다.

율곡이 중간에서 양측을 무마하였는데 혹 사건으로 말하면 심이 옳고, 사람으로 말하면 김이 옳다고 조정하기도 하였고, 혹은 양시양비론兩是兩非論으로 해석하여 상하를 극력 조정하였으나 끝내 성공하지 못한 것은 운수소관일 뿐이었다.

율곡이 말하기를 "천하에는 진실로 양시양비兩是兩非가 있는데 백이伯夷 · 숙제叔齊와 무왕武王은 입장이 다르나 양시兩是이며, 춘추시대에는 의전義戰이 없으므로 양비兩非이다. 근일에 심의겸과 김효원의 일이 국가와 관련이 없는데도, 서로 사이가 나빠져 조정이 편안하지

261) 『선조실록』 권9, 선조 8년 10월 25일(기축).
262) 『선조실록』 권9, 선조 8년 10월 25일(기축). 며칠 뒤 김효원을 삼척부사로 개수하였다.

못하게 되니 이것이 양비兩非이다. 비록 모두 양비兩非이나 모두 사람이니 마땅히 화해和解·소융消融함이 옳다. 이것은 옳고 저것은 그르다는 것이 불가不可함이 양시兩是이다."라고[263] 하였다.

또 말하기를 "그 사람을 논한즉 모두 쓸 수 있으나, 그 잘못을 말한즉 양비兩非라 하는 것이 가하다. 만약 반드시 한 사람을 군자라 하고 한 사람은 소인이라고 하면 내가 믿지 못하게 된다. 자고로 외척이 정치에 관여함에 실패하지 않는 자가 드무니 두무竇武[264]와 장손무기 長孫無忌와 같은 충현을 가지고도 오히려 잘못 죽고 말았는데, 의겸이 어떤 사람인데 감히 외척으로서 정사에 관여하고자 하는가? 이것이 의겸의 잘못이다. 자고로 군자는 피혐하지 않음이 드무니 오이밭에서 신발을 신고 오얏나무 아래에서 갓을 바루는 것은 옛사람이 경계한 바이다. 단지 대성대현大聖大賢이 있으면 능히 피혐하지 않아도 되지 만 효원이 어떤 사람인데 의혹을 피하지 않고 의겸과 바로 겨루어 스스로 원망함을 보복한다는 명목으로 교구交搆의 이름을 구하는가? 이것이 효원의 잘못이다."라고[265] 하였다.

이것이 조정調停·화해和解의 주장이나 폐지하여 받아들이지 않으 니 영세永世의 고질痼疾에 이르러 국가의 폐막廢瘼이 되니 이 어찌 수운數運의 대관大關이 아니겠는가?

동인은 화숙和叔〔원: 사암의 자〕과 계진季眞〔원: 청련의 자〕을 지목하여 방숙方叔〔원: 의겸의 자〕의 문객으로 생각하고, 서인의 눈에는 숙부肅夫

---

263) 『대동야승』 석담일기, 「萬曆四年丙子」.
264) 두무竇武: ?~168. 후한의 정치가. 부풍扶風 출생. 장녀가 환제의 황후가 되어 세력을 얻고 영제의 즉위 후 실권을 장악하였다. 태부 진번陳蕃과 협력하여 환관을 배제하려 했으나 실패하였다.
265) 『율곡전서』 「사대사간겸진세척동서소(기묘)」. 위와 내용은 같으나 문장의 앞 뒤 순서가 다르다.

〔원: 동강의 자〕와 경함景涵〔원: 이발의 자〕이 인백仁伯〔원: 효원의 자〕의 좋은 친우(昵友)로 생각하였다. 정인홍이 송강을 찬축하기를 청하는 소를 올렸고,266) 송강이 이발의 거동을 술에 취하여 꾸짖음이 있었으니,267) 국면이 바뀌어 한층 격렬해지고, 서로 보기를 원수처럼 하니, 그 병국病國의 해害가 됨이 마땅히 어떠하겠는가?

　을해년에 심·김 두 사람을 처리한 후, 동·서 간의 논쟁이 더욱 격렬하게 전환되었다. 계미년에 율곡이 병조판서로서 먼저 납마納馬의 제도를 시행하고 나중에 그 사유를 아뢰고자 하였다. 승정원의 부름을 받고 입궐하였으나 갑자기 현기증이 일어나서 승정원에 통고하고 올라가서 면대하지 못하고 나갔다.268) 양사의 허봉許篈·박근원朴謹元이 이로써 죄를 주고자 하여 선행후문先行後聞에 대해 권력을 휘두른 것이라고 하고, 이미 내병조內兵曹에 입궐하고도 왕명을 받지 않은 것에 대해 임금을 업신여긴 것이라고 하였다.269)
　이때 사암 박순이 영상으로써 율곡을 구하려고 하였다.270) 부제학 권덕여權德興와 옥당 홍진洪進이 율곡을 논핵하여 말하기를 "붕당을

---

266) 『선조실록』 권15, 선조 14년 7월. "인홍 등이 의겸을 논계할 때 이이도 따랐었는데 정철까지 아울러 탄핵하자 이이가 이의를 제기하였다."라고 하였다.
267) 『선조수정실록』 권16, 선조 14년 8월 1일(임진).
　『연려실기술』 선조조 고사본말, 「동서당론이 나누어지다」.(『석담일기』 참고)
268) 『선조실록』 권17, 선조 16년 6월 11일(신유).
　『선조수정실록』 권17, 선조 16년 6월 1일(신해). 하루는 상이 변방의 일로 병조판서를 부르니 이이가 즉시 대궐로 갔는데, 마침 현기증이 갑자기 일어났으므로 부축해서 내조內曹의 숙직실에 들였다. 그런데 숙직실이 승정원의 문 밖에 있었으므로 승지가 명을 받고 들어오면서 마침 병이 생긴 사실을 보고 드리니, 상이 즉시 내의內醫를 보내어 간호하게 하고 물러가 조리하도록 하였다.
269) 『선조실록』 권17, 선조 16년 6월 19일(기사). 『선조수정실록』 권17, 선조 16년 6월 1일(신해). 『선조실록』과 『선조수정실록』에 모두 양사에서 탄핵하였다고 했으나 허봉과 박근원의 이름은 보이지 않는다.
270) 『선조수정실록』 권17, 선조 16년 6월 1일(신해). 영상 박순, 좌상 김귀영, 우상 정지연이 구하려 하였다.

짓고 분당을 결성하니 용서할 수 없는 죄가 있으며, 때를 타고 틈을 엿본다는 것은 막대한 악을 행한 것입니다."라고[271] 했다. 우계牛溪선 생이 또한 상소하여 율곡을 신원하였다.[272]

대사간 송응개宋應漑가 상소하여 율곡을 모욕하였으니 그 말이 이르지 않은 곳이 없었다. 혹 말하기를 "중이 되어 임금과 부모를 버리고 인륜의 죄를 범하였습니다."라고 하고, 혹 말하기를 "심의겸의 천거와 선발을 받아 청현직淸顯職을 얻어 그의 심복이 되어 생사의 벗이 되고자 하였습니다."라고 하고, 혹 말하기를 "조제보합調劑保合 의 소를 합창하여 말하였으나 심의겸의 단점과 함께 김효원의 장점도 거론하여 지극히 공정하다는 이름을 구하고 당세를 속이니 사람들이 깨닫지 못하고 위로는 전하를 기만하여 깨닫지 못하게 하였습니다." 라고 하고, 혹 말하기를 "각 고을이 뇌물을 보내어 그 집에 폭주하고 이利를 구하고 재물財物을 다투어 추도지말錐刀之末[273]도 남기지 않 았습니다."라고 하고, 혹 말하기를 "국가 업무를 담당한지 반년 만에 원망이 백성에 미치고 이조판서로 있은지 1년 만에 벼슬길을 혼탁하 게 하였으니 진실로 매국의 간신입니다. 혹자는 왕안석王安石에 비유 하였습니다."라고 하였다.

혹 말하기를 "박순朴淳은 극구 칭찬하여 전하를 속이고, 성혼成渾은 바로 박순 등이 천거한 이유로 함께 칭찬하고 서로 성세를 조성하였습 니다. 만약 의겸의 죄를 논하면 이이李珥가 나아가 이를 구하고, 이이의 실정을 배척하면 박순과 성혼이 또한 구하기를 도모하고 서로 돌아가면서 이끌어갑니다."라고[274] 운운하였다.

---

271) 『선조실록』 권17, 선조 16년 6월 19일(기사).
　　　『대동야승』 癸未記事 6월.
272) 『선조실록』 권17, 선조 16년 7월 15일(갑오).
273) 『좌전』 昭公六年. "錐刀之末 將盡爭之". 작은 이익도 다투려고 한다는 뜻 이다.
274) 『선조실록』 권17, 선조 16년 7월 16일(을미). 송응개 상소.

대사성 김우옹金宇顒이 상소하여 삼사를 부박 경조하다고 하여 율곡과 사암을 미미하나마 구하려고 하였으며,[275] 성균관 유생 유공진이 상소하여 율곡과 성혼의 어짐을 논하였으며,[276] 유생 신급申礏[277]은 삼사의 간악한 정상과 홍혼洪渾·우성전禹性傳·김응남金應南·박근원朴謹元·김첨金瞻·김수金晬·홍진洪進이 입을 모아 사악한 설을 만들었다고 운운하였다.[278] 학유 박제朴濟는 김효원金孝元·김응남金應南·서인원徐仁元·홍진洪進·송응개宋應漑·허봉許篈·홍여순洪汝諄·홍혼洪渾·우성전禹性傳·김첨金瞻·정희속鄭熙續·이경율李景嵂·이징李徵·김우굉金宇宏·이산해李山海·이개李槩·박승임朴承7任·박근원朴謹元 등의 간흉한 정상을 상소하니[279] 동·서 간의 분쟁이 이에 이르러 분분하였다.

선조께서 삼사의 계에 답하기를 "군자는 그 당黨이 있음을 근심하지 아니하고 그 당이 적은 것을 근심한다고 하였으니 나 또한 주자朱子의 설說을 본받아 이이李珥와 성혼成渾의 당黨에 들어가기를 원한다. 지금 이후로 너희들이 나를 이이와 성혼의 당이라고 하여도 좋다."라고[280] 하였다.

이어서 송응개를 회령에, 박근원을 강계에, 허봉을 갑산에 유배시키고,[281] 김효원을 안악군수로, 권덕여를 성주목사로, 홍진을 용담현령으로, 홍여순을 창평현령으로, 김첨을 지례현감으로, 김응남을 제주

---

275) 『선조실록』 권17, 선조 16년 7월 19일(무술).
276) 『선조실록』 권17, 선조 16년 8월 5일(갑오).
　　『선조수정실록』 권17, 선조 16년 8월 1일(경술). 유공신 등 462명 상소.
277) 『선조실록』에는 신급으로, 『선조수정실록』에는 신업으로 표기하였다.
278) 『선조수정실록』 권17, 선조 16년 8월 1일(경술). 박근원은 언급하지 않는다.
279) 『선조실록』 권17, 선조 16년 9월 6일(갑신)에는 박제의 상소로 되어있고 정희적鄭熙積의 이름이 있으나, 『선조수정실록』 권17, 선조 16년 9월 1일(기묘)에는 유생 박륜朴淪의 상소로 되어있고 정희적에 대한 언급은 없다.
280) 『선조실록』 권17, 선조 16년 9월 3일(신사).
281) 『선조실록』 권17, 선조 16년 8월 28일(정축).

목사로 삼았으며,282) 율곡과 사암을 차제에 조정으로 불러들였다.283)

갑신년(선조 17년, 1584) 이후에 이르러 율곡과284) 사암이285) 사망한 뒤에 서인이 다시 동인에게 고난을 당하였다. 을유년 양사兩司가 논의하여 "심의겸의 죄는 당을 만들어 붕당하여 아부함으로써 사림에게 화를 끼치는 근원을 만들었으며, 밖으로 조정의 정령政令과 안으로 중전의 거조擧措를 지휘하지 아니함이 없었습니다. 그리고 박순·정철·이이·박응남·김계휘·윤두수·윤근수·박점·이해수·신응시 등과 더불어 죽기를 같이 하는 친구의 관계를 맺고 권세에 서로 의지하여 조정을 혼란케 하였습니다. 또 성혼 같은 이는 그의 농락을 받아서 조정에서 두 가지 의견이 견지되도록 하여 편안치 못하게 하였으니 이것도 이 사람이 양성釀成한 죄가 아님이 없습니다."라고286) 하였다.

이때 대사헌은 이식李栻이요, 집의執義는 이유인李由仁이며, 장령은 한옹韓顒·홍인헌洪仁憲이고, 지평에는 심대沈岱·이시언李時彦이며, 사간은 이양중李養中이고, 헌납은 정숙남鄭淑男이며, 정언은 조인득趙仁得·송언신宋言愼이었다.287) 대간 이발李潑이 지방에 있다가 뒤에 상경하여 계하여 아뢰기를 "심의겸과 관계를 맺은 무리를

---

282) 『선조실록』 권17, 선조 16년 7월 22일(신축). 김효원을 안악군수에, 권덕여를 성주목사에 제수하였다.
『선조실록』 권17, 선조 16년 8월 13일(임술). 홍여순을 창평현령에, 홍진을 용담현령에 제수하였다.
『선조실록』 권17, 선조 16년 8월 28일(정축). 김응남을 제주목사에 제수하였다.
『선조수정실록』 권17, 선조 16년 8월 1일(경술). 홍여순을 창평현령에, 홍진을 용담현령에, 김첨을 지례현감에 제수하였다.
283) 『선조실록』 권17, 선조 16년 9월 5일(계미). 율곡을 부른다.
『선조실록』 권17, 선조 16년 9월 6일(갑신). 성혼에게 이조참의를 제수하였다.
『선조실록』 권17, 선조 16년 9월 8일(병술). 이이에게 이조판서를 제수하였다.
284) 『선조실록』 권18, 선조 17년 1월 16일(갑오).
285) 『선조수정실록』 권23, 선조 22년 7월 1일(병오).
286) 『선조실록』 권18, 선조 17년 8월 18일(신유). 을유년이 아니고 갑신년이다.
287) 『선조실록』 권18, 선조 17년 8월 18일(신유). 사관의 논평에 기록되어 있다.
『선조수정실록』에는 선조 18년 8월로 되어있다.

간관이 그 수를 헤아려 남김이 없어야 하는데, 판서 홍성민洪聖民·부학 구봉령具鳳齡은 모두 의겸의 당인데도 홀로 계산에 넣지 않았습니다."라고[288] 하였다.

연평 이귀李貴가 이때 성균관 유생으로서 상소하여 율곡과 우계의 무고를 밝혔으며,[289] 중봉 조헌도 상소하여 율곡과 우계의 학술이 바름을 지극하게 말하였으나[290] 모두 배척당하여 쫓겨났다. 이로부터 서인이 뜻을 얻지 못하고 정해 연간(선조 20년, 1587)에 동인의 논의가 날로 성하여지자 이귀가 또 상소하여 변증하기를 "경박하고 나서기를 좋아하는 무리들이 다투어 일어나서 견강부회하고, 전날에 의겸에게 붙었던 무리들이 일시에 동인에게 정성을 바치면서 반기를 들고 공격합니다. 또 서로 아는 처지로 이이에 비할 바가 아닌 자는 이산해입니다. 의겸과 친한 것이 죄라면 어찌 이산해를 공격하지 않고 이이를 공격합니까?"라고[291] 하였다.

무자 연간(선조 21년, 1588)에 조헌이 또 상소하여 '노수신盧守愼·정유길鄭惟吉·유전柳㵇·이산해李山海·권극례權克禮(1531~1590)·김응남金應南이 붕당을 만들어 나라를 병들게 한 죄'로 논하고, 또 "박순·정철과 같이 어진이가 먼 시골에 버려져 있으니 속히 선소宣召함이 마땅하다."라는 등을 논하였다.[292] 이에 선조는 간흉하

---

288) 『선조실록』 권18, 선조 17년 8월 25일(무진). 이발은 예조판서 홍성민, 부제학 구봉령은 의겸의 친우이기 때문에 함께 할 수 없다고 사직을 청하였다. 『선조수정실록』에는 선조 18년 8월로 되어있다.

289) 『선조실록』 권18, 선조 17년 8월 18일(신유). 대간이 이이와 성혼이 심의겸과 서로 결탁하였다고 거짓으로 아뢴 일은 억울하다고 하였다. 『선조수정실록』에는 선조 18년 9월로 되어있다.

290) 『선조실록』 권20, 선조 19년 10월 8일(기사).
『선조수정실록』 권20, 선조 19년 10월 1일(임진).

291) 『선조실록』 권21, 선조 20년 3월 7일(병신). '경박하고 나서기 좋아한다.'는 사람은 백유양, 노직, 송언신, 이호민이고, '의겸을 공격한 자'는 박근원, 송응개, 윤의중이라고 하였다.

292) 『선조수정실록』 권23, 선조 22년 4월 1일(정축).

다고 생각하고 그 소를 불태워 버렸다.〔원: 갑신년 율곡이 사망하고,[293] 무자년에 사암이 사망하였다.[294]〕

기축년(선조 22년, 1589) 정여립의 옥사가 일어나자 동인 중에서 죽은 자가 몹시 많았다. 이로부터 동인이 세력을 잃었다. 신묘년에 유성룡이 우상과 이조판서를 겸함에[295] 동인이 삼사三司에 많이 있게 되자[296] 이들은 먼저 유공진·이춘영(1563~1606)을 배척하고[297] 다음으로는 황정욱黃廷彧·윤두수尹斗壽 형제·이산보李山甫·황신黃愼에게 미치니[298] 서인의 명류들이 그 직책에 편안히 있는 자가 한 사람도 없었다.

이로부터 동인이 다시 뜻을 얻게 되자 이들은 서로 권력을 다투어 남인南人과 북인北人이란 이름이 비로소 있게 되었다. 임진왜란에 절의를 지키어 죽은 사람이 서인西人에서 많이 나오자 동인東人의 기세가 조금 꺾였으나 광해조에 이르러 북론北論이 크게 성해짐에 서인은 모두 쫓겨나서 이를 비할 바가 없었다.

인조 계해년(인조 1년, 1623)에 가서야 서인이 비로소 등용되었으나, 효종 기해년(효종 10년, 1659)에 이르러서는 예론禮論으로 말미암아 서인과 남인이 원수와 같이 서로 틈이 벌어져서 국가의 고치기 어려운 병이 되었으니 가히 한탄스러움을 이기지 못하겠구나.

율곡이 말한 "그 사건으로 말하면 심의겸이 옳고 김효원이 그릇되었으

293) 선조 17년, 1584.
294) 선조 21년, 1588.(『선조수정실록』에는 선조 22년으로 나와 있다.)
295) 『선조수정실록』 권25, 선조 24년 2월 1일(무진).
296) 『선조수정실록』 권25, 선조 24년 5월 1일(을축). 대사헌 홍여순, 장령 조인득·윤담무, 대사간 이원익, 사간 권문해, 헌납 김민서, 정언 이정신·윤엽 등이 합계하였다.
297) 『선조수정실록』 권25, 선조 24년 윤3월 1일(병인). 파직.
    『선조수정실록』 권25, 선조 24년 5월 1일(을축). 유배.
298) 『선조수정실록』 권25, 선조 24년 7월 1일(갑자).

며, 그 사람으로 논하면 김효원이 우세하고 심의겸이 떨어진다."라는[299] 것은 천고千古의 공안이었다. 관직에 나오기 전에 권문세가에 출입한 것은 김효원의 실수였다. 과거에 급제한 뒤에 사사로운 원한을 갚은 것은 김효원의 소견이 좁은 것이다. 다만 문재文才가 있어 즐겨 청류淸類를 등용한 때문에 그때의 연소한 사림들이 믿은 것이다.

그러나 기축년 이후에 서애와 동강이 서인을 온건하게 공격하니 남인이라 하였으며, 이산해·정인홍은 서인을 과격하게 공격하니 북인이라 하였다. 남인이란 이름도 동인 가운데서 나오니 인심과 세도가 변한 것이 또한 괴이하구나. 그 징조의 유래가 어찌 갑자기 나왔단 말인가?

연평 이귀李貴는 '함정설'을 주장하여 말하였다.

을해년에 서인이 김효원의 일로 함정을 만들었으나 그 함정이라는 것이 (심·김 사이의) 우열을 논한 것뿐이니 상해 입은 자는 없었다.

정축년에는 동인이 심의겸의 일로서 함정을 만들었으나 우열을 논한 것에서 시비를 논한 것으로 변한 것에 불과하였다. 그 함정이 오히려 얕았기 때문에 들어간 자들이 넘어질 뿐이었다.

기묘년에는 시비를 논한 것이 사정邪正으로 변하니 함정이 깊고 험했다.

계미년에 이르러서 이이李珥가 도학과 문장으로 일세의 종장이었으나 역시 함정에 빠지는 것을 면치 못했다.[300] 다행히 선왕의 신뢰를 얻어 예측할 수 없는 함정에서 벗어나 청운 위에 놓이게 되었다. 이이는 이에 동·서 양론을 중재하는 임무를 맡게 되었다. 그러나 불행히 중간에 돌아가시고 말았다.

---

299) 『선조수정실록』 권13, 선조 12년 7월 1일(을사).
300) 율곡의 납마納馬 시행을 말한다.

을유년 이후 동인이 권력을 잡자 이이를 함정에 빠뜨리고 이이와
성혼을 존경하는 사림들을 몰아 함정에 넣으니 그 함정은 더욱 컸으나
살상에까지는 이르지 않았다.301)

기축년에 서인이 비로소 함정에서 나와 돌아가면서 원한을 쌓아
함정을 만드니 넓고 컸다. 혹은 역당逆黨이라 하고 혹은 호역護逆한다
고 하니 큰 죄는 주륙하고 작은 죄는 유배하였다.

경인년에 정철이 함정에 빠지자302) 동인은 더욱 힘써 함정을 만드니
깊고 험해서 측정할 수 없을 정도였다.

아! 기축년의 동인이 어찌 모두 역당이고 호역한 자인가? 서인은
(동인을) 심하게 미워하고 크게 배척하여 모두 정여립의 함정에
몰아넣었으니 장차 스스로의 화를 만든 것이다. 이때의 서인 준론자가
모두 정철에서 나온 것은 아닌데 동인이 권세를 잡아 정철을 배척하기
를 서인의 행위보다 심하게 하니 정철을 아는 자를 배척할 뿐만
아니라 정철을 모르는 자까지 배척하고 연좌죄連坐罪가 사림士林에까
지 미쳤다.

그러면서도 함정이 깊지 않다고 여겨 최영경의 일로써 새로이 함정
을 극히 깊게 만들어303) 그 화가 도를 지키고 수신修身하였던 성혼에까
지 미쳤다. 조정에서 오직 비방하는 것으로 출세의 계기로 삼으니
기묘하고 괴이함이 날로 왕성하였다. 자중지란이 또 그 사이에서
일어나 한 번 성하고 한 번 쇠하다가 사분오열되어[원: 갑오 연간에
이이첨·정인홍과 유성룡이 각립하여 동인이 분열되어 남인·북인이 되었

---

301) 『선조실록』권19, 선조 18년 9월 2일(기사). 임금이 전교하여 심의겸이 박순,
    정철, 박점, 김계휘, 박응남, 윤두수, 윤근수, 신응시, 이해수 등과 연결되어
    사설邪說이 충만하였고, 홍성민, 구봉령은 의겸을 통하여 발신하였고, 이이,
    성혼은 의겸에게 농락당하였다고 하였다. 심의겸은 파직되었다.
302) 『선조수정실록』권25, 선조 24년 2월 1일(무진). 세자 건저 문제. 경인년이
    아니고 신묘년이다.
303) 『선조수정실록』권24, 선조 23년 6월 1일(신미).

다.304) 기해 연간에 이이첨과 유영경이 대립하여 북인이 분열되어 대북과 소북이 되어 동인이라는 명칭은 없어졌다.305)] 오늘날에 이르러서는 역적과 당류했다 하고 역적을 보호했다는 함정을 만드니 기축년보다 심하고 험하였다.

그 함정은 셋이었다. 첫 번째는 유영경으로서 함정을 삼았고, 두 번째는 임해군臨海君으로 함정을 삼았고, 세 번째는 김제남金悌男으로서 함정을 삼으니 무고誣告하는 무리들이 다투어 일어나서 견강부회하였다. 소북小北은 유영경의 당이라고 하고, 남인으로 (임해군에게 형제의) 은혜를 온전히 하라고 주장한 자는 임해군의 당이라 하고, 서인은 김제남의 당이라 하였다.306) 아! 역당이 어찌 이다지도 나라에 가득한가?

정인홍은 항상 사람들에게 말하기를 "조정에 두 마음을 품는 자가 십 중 칠팔인이 있습니다."라고 하여 야대에서 송창宋昌의 사건을 임금에게 고하니 스스로는 진실로 충성을 한다고 하나 당론을 심는 계획이었다. 아! 이 역시 참혹한 것이었다. 소위 남인이라 하는 윤선각尹先覺도 그 하나로 지목받았다. 선왕조 때 건저 논의를 처음 발의하여 남인들은 익대공신이 되었으며 전하도 윤허하셨다. 정구307) · 홍가신洪可臣 등 여러 명이 은혜를 온전히 할 것을 주장한 것은 임금을 요순과 같은 경지에 이르도록 한 것에 불과한데308) 어찌 딴 마음이

---

304) 『당의통략』 선조조-부광해조, 「남북의 분립」. 이발을 구원하지 않았다 하여 정인홍과 유성룡이 분립하였다.
  『연려실기술』 권18, 선조조 고사본말, 「동서남북론의 분열」. 신묘년 정철의 처리 문제로 홍여순이 우성전을 탄핵하여 삭직하자 남북이 분열되기 시작하였다 한다.
305) 『당의통략』 선조조-부광해조, 「남북의 분열」. 남이공 · 김신국 등이 홍여순 탄핵을 주장하여 대북 · 소북으로 분열되었다 한다.
306) 『오주연문장전산고』 人事篇, 「四色緣起辨證說」에는 여기까지의 함정설이 이 책에 소개되어 있다.
307) 『아아록』에는 정술鄭述이라고 되어있으나 전후 사정으로 보아 정구鄭逑인 듯하다.
308) 『광해군일기』 권4, 광해군 즉위년 5월 7일(임진). 우의정 심희수가 상차하여 이원익, 이덕형, 정구 등이 순임금이 아우 상을 대하던 도리로서 임금께 기대하였다고 한다.

있어서이겠는가? 이호민李好閔[309] · 오억령吳億齡은 어찌 전대專對
할 때 실수한 일이 있어 가까이할 수 없는 죄를 지었다고 논하고,
역적을 친다는 이름을 빌려 사사로운 원한을 갚았다.

소북을 함정에 밀어 넣고자 하여 갑자기 유영경의 심복으로 삼아
탄핵을 받은 자들로 하여금 스스로 해명할 수 없게 하였다. 영경의
모역은 기병起兵한 것과는 차이가 있는데도 그 화단을 일으킬 마음을
품은 것을 한때 쫓아다닌 자들이 어찌 다 알았겠는가? 조금이라도
왕래한 교분이 있은 자들은 모두 역당으로 지목받지 아니함이 없었다.
파직을 당한 부류들에 이르러서는 모두 종묘에 고하여 영원히 다시
일어날 길을 막았다.

남이공南以恭과 박이서朴彝敍는 유희분柳希奮과 친분이 있어 처음
에는 논의되지 않았으나 지금 유희분이 시배時輩들과 사이가 벌어지
자 비로소 두 사람도 유영경의 당이라 하여 공격하고 배척하였다.[310]
기협奇協과 성시헌成時憲은 유영경과 친밀하지도 않았는데 모두 면하
지 못했다. 함정이 깊고 오래 지속됨이 어찌 이 지경에까지 이르렀는
가?

김대래金大來는 유영경보다 먼저 죽었지만[311] 유영경보다 중망이
있어 미움을 받았다. 이유홍李惟弘은[312] 영남에 살았는데 정인홍에게
미움을 받아 그 화가 사돈집에 미쳤다. 손척孫倜은 서양갑徐羊甲의
사장師長으로서[313] 처음에 탄핵을 입어 파직되었으니 시론을 부탁받

309)『광해군일기』권5, 광해군 즉위년 6월 3일(무오). 양사에서 밀계하여 이호민
　　의 추고를 주장하였다. 중국에 사신으로 가서 광해군의 즉위를 인허 받아 오
　　지 못한 일 때문이다.
310)『광해군일기』권2, 광해군 즉위년 3월 21일(무신). 생원 이사호李士浩 상소.
311)『광해군일기』권9, 광해군 즉위년 10월 13일(정묘). 유영경 등을 정리한 교서
　　에 보면 김대래는 9월 9일 종성부에서, 유영경은 9월 16일 영흥부에서 자진
　　하도록 했다.
312)『광해군일기』권3, 광해군 즉위년 4월 22일(무인). 김대래, 이유홍, 송보, 성준
　　구, 이효원, 유성 등 6인을 중도부처하였다.

고 청현淸賢을 역임하였기 때문이다. 설사 이유홍李惟弘이 비록 유영
경과 사이가 두텁다고 하여도 몸을 굽혀 애걸하였는데도 손척과
같이 되니 어찌 이 지경에 이르렀는가? 열거한 여러 사건을 통해서
보면 세태가 끝없이 변하였음을 알 수 있다.

또 김제남金悌男을 서인이라 부르고 서인을 모두 함정에 몰아넣고자
하였다. 김제남의 재행才行이 드러나지 않았는데도 서인 중에서 권력
을 희망하는 무리들이 (김제남이) 국혼을 한 틈을 타서 전장으로
천거하였다. 그가 뜻을 얻자 서인 중에서 자못 명예를 존중하는
자들은 (김제남과) 상종하지 않으니 황신黃愼은 그 문 앞에 가지도
않았으며 김제남이 혹시 편지를 보내도 응답을 하지 않았다.314) 황신
이 김제남을 대함이 이 같으니 흉적의 와주가 되지 않은 것이 분명하
다.

정인홍 무리들은 본디 황신의 정직함을 싫어하여315) 함정을 만들어
살해하고자 하였다. 임금이 황신의 방정하고 강직함을 믿으니316)
옥사가 성립되지 않을 것을 염려하여 (황신이) 호조판서로 있을
때 역적에게 면포를 멋대로 지급하고 함께 역모를 꾀했다고 모함하였
다.317) 그를 불측한 곳에서 구하기 위해 대간 한 명이 동료에게 이르기

---

313) 『광해군일기』 권66, 광해군 5년 5월 24일(신사). 사헌부에서 손척이 서양갑에
    게 글을 가르쳤다고 파직을 청하였다.
314) 『광해군일기』 권66, 광해군 5년 5월 17일(갑술). 황신의 공초에 의하면 친밀
    한 적이 없다고 하였다.
315) 『광해군일기』 권71, 광해군 5년 10월 4일(무자). 황신이 황해도 옹진으로 유
    배되었다. 사관의 평에 의하면 황신이 이이첨의 평을 전관銓官에게 사적私的
    으로 말하였기 때문에 이이첨이 미워하였다고 한다.
    『연려실기술』 권20, 폐주 광해조 고사본말, 「박응서 옥사」. 계축년에 황신을
    황해도로 귀양보냈으니 인홍의 말을 따른 것이라고 하였다.
316) 『광해군일기』 권69, 광해군 5년 8월 21일(병오). 양사에서 황신을 귀양보내기
    를 청하자 임금이 답하기를 황신은 그런 사람이 아니라고 하였다.
317) 『광해군일기』 권66, 광해군 5년 5월 19일(병자). 헌납 유활柳活, 정언 박홍도
    朴弘道가 아뢰었다.
    『광해군일기』 권69, 광해군 5년 8월 30일(을묘). 장령 배대유裵大維, 정언 김
    몽호金夢虎 등이 아뢰었다.

를 "이 일은 문서를 살펴보면 연고를 알 수 있을 것이다."라고 하였으
니, 황신은 알지 못하였고 낭관 홍봉선洪奉先이 지급한 것이었다.318)

이미 사실이 아니란 것을 알았으면 마땅히 황신을 처벌할 것이
아니고 홍봉선을 처벌해야 하는데도 홍봉선은 그 당여인 까닭으로
덮어 둔 것이다. 국가에서 죄를 처벌하는 법에 박재朴榟가 아끼는
사람이라고 하여 어찌하여 무거운 죄를 가벼이 하는가? 또 유교칠신
遺敎七臣을 죄주어 죽이고자 한319) 근원이 여기에서 유래한 것이다.

서성徐渻(1558~1631)이 경상감사가 되었는데 정인홍鄭仁弘과 하
혼河渾이 크게 옥사를 일으켜 무고한 인명을 살상하려 하자 서성이
법을 공정히 집행하니 정인홍은 분통함이 골수에 사무쳤다. 한준겸도
감사로서 정인홍에게 미움을 받았다. 인홍은 이 두 사람을 미워하여
유교칠신과 함께 해치고자 하니 인홍의 앙갚음이 어찌 이리 심한가?

김시언金時言도 일세의 아름다운 선비인데 시론으로 미움을 쌓아
시제試題로 죄를 받게 되어 변방에 유배당하였다. 세 사람이 공동
출제하였는데 김정목金廷睦은 이미 적소에서 죽었으며, 김시언은
풀려나지 못했으며, 윤효전尹孝全은 홀로 양양히 길을 활보하였
다.320) 이것으로 보면 조정에서 염치를 기르지 못한 것을 알 수 있다.

---

318) 『광해군일기』 권70, 광해군 5년 9월 4일(기미). 헌납 남벌南橃이 황신에 대해
　　논계한 것이 사실과 달랐다고 피혐을 청하였다.
　　『광해군일기』 권70, 광해군 5년 9월 4일(기미). 정언 김몽호金夢虎가 "양사에
　　서 합계할 때 대사헌 송순宋諄이 황신을 논계할 때 '서양갑에게 은포를 주었
　　다.'라는 조목을 첨가하자고 하였고, 신과 사간 송극인宋克訒, 장령 배대유裵
　　大維는 반대하였고, 지평 김극성金克成은 찬성하였다."라고 하였다. 그러나 홍
　　봉선이 지급했다는 말은 없다.
319) 『광해군일기』 권67, 광해군 5년 6월 19일(병오). 사관의 평에 "정인홍이 황
　　신·김상용 등 일곱 신하[遺敎七臣]를 죽이려 하였다."라고 하였다.
320) 『광해군일기』 권56, 광해군 4년 8월 29일(경인). 의금부 계목에 "전 도사 김
　　시언, 장흥부사 김정목, 담양부사 윤효선이 충홍도 경시관京試官이 되었을 때
　　'신하로서 임금을 원수처럼 본다.'라는 논제를 내었고, 전라도 시관이 되었을
　　때 '사관에게 명해서 사실대로 쓰게 하였다.'라는 논제를 내었다."라고 하였
　　다. 왕이 답하기를 "김시언과 김정목을 멀리 유배하고, 윤효선은 원훈이니
　　감등하여 삭직하고 풀어 주라."라고 하였다. 금부가 김시언을 영암, 김정목을

또 이원익李元翼·이덕형李德馨·이항복李恒福은 모두 일세의 현
상賢相으로 마음을 공평히 쓰고 동인·서인에 영합하지 않았으니
덕망德望과 재행才行이 아속雅俗을 진정시켰다. 이원익이 나라를
걱정하는 마음은 늙어도 달라지지 않았으며, 청렴하게 곤궁함을
견디는 절개는 세상을 진동시켰다. 나이 이미 팔십인데 어떤 이익을
탐하고자 하여 박재朴梓의 무리가 말하듯이 임금을 저버리겠는가?

이덕형은 기질과 덕망이 일세가 존중하는 바이고, 임금을 사랑하고
나라를 걱정하는 정성이 천성에서 우러나왔다. 임금이 중국에 무고誣
告를 당하니 황신과 더불어321) 산 넘고 물 건너 황니黃泥에 가서
무고를 통철하게 변호하였으니, 이덕형이 임금을 저버리지 않았음을
역시 알 수 있다. 저번에 임금을 사랑하는 상소가 도리어 시기심을
재촉한 것이다.

이항복은 풍모와 기국이 속인과는 비교가 되지 않았다. 그리고
그 늠름한 기질은 횡류지주橫流砥柱하였으니322) 어린 세자를 맡길
만했다. 당대에서 구해도 이항복은 탁월했으니 세 정승 중에 박재
무리가 가장 미워했다. 이와 같이 그 지혜와 사려가 깊으니 그때의
무리들이 농락하지 못함과 세태에 따라 휩쓸리지 않음을 미워하였다.
그때 무리들이 이항복이 조정에 있으면 호랑이와 표범이 산중에
있는 듯이 두려워하여 반드시 죽이고자 하였다. 그러나 이항복이
이미 왕에게 아뢸 일도 없으며, 드러나는 과실도 없으니, 또한 당론으
로 모함하기도 불가능하였다.

한 유생을 사주하여 몰래 상소를 올려 말하기를 "무림수茂林守가
이항복이 도체찰사를 하고자 하는 마음이 있으니 속히 갈라고 정인홍

광양으로 정배하였다.
321) 『광해군일기』 권5, 광해군 즉위년 6월 5일(경신). 이덕형을 진주사, 황신을
부사에 임명하였다.
322) 횡류지주橫流砥柱: 난세에 절개를 지키는 신하.

에게 말하니 그 공은 훈적에 기록할 만합니다."라고 하였다. 이것은
공연히 이항복이 역적질한다고 하여 임금의 마음을 탐색하고자 하는
것이었다. 이항복은 본디 정인홍을 싫어하여 매번 "조식曹植의 문하
에는 정인홍이 없었다면 도道가 더욱 높아졌을 것이다."라고 하면서
정인홍을 배척하였다.

(이항복이) 병권을 잡으려 한다는 설이 동요를 일으키지 못하자
정협鄭浹을 천거한 것으로써 죄주고자 하여[323] 반드시 함정에 빠트릴
것을 기약한 후에 그만두니 또한 심하지 아니한가? 대개 역적 정협
은[324] 장원 급제하여 비변사 낭청 무사로 극선極選 되었으며, 육진六鎭
판관判官이 되었다가 역시 좌천되었다.

정인홍은 노수신이 정여립을 천거한 일로 모함하였다.[325] 노수신은
정여립을 현재賢才로 천거하였고, 이항복은 정협鄭浹을 좌천시켰으
니 동일한 논의가 아니었다. 정인홍은 정여립을 아름다운 선비로
칭송하고 이경중李敬中을 탄핵하였는데[326] 그 죄는 오히려 삭판削板
에 그치고 이항복이 좌천시킨 것은 죄주자고 하는가? 정인홍은 조식
曹植(1501~1572)의 문하에서 자취를 의탁하고, 군공참의軍功參議

---

323) 『광해군일기』 권66, 광해군 5년 5월 5일(임술). 이항복이 정협을 추천한 것으
　　로 사직을 청하였다.
　　『광해군일기』 권66, 광해군 5년 5월 28일(을유). 양사 합계하여 이항복이 정
　　협을 천거한 것으로 파직을 청하였다.
324) 『광해군일기』 권66, 광해군 5년 5월 4일(신유). 박응서 옥사에 관련된 심섭沈
　　燮이 "정협이 왕으로 될 예정이었다."라고 하였다.
325) 『광해군일기』 권67, 광해군 5년 6월 15일(임인). 양사가 이항복을 노수신이
　　정여립을 천한 것과 비교하였다.
　　『광해군일기』 권67, 광해군 5년 6월 19일(병오). 정인홍 상소에 관한 사신의
　　평에 "유성룡과 노수신은 이황을 스승이나 벗으로 삼았기 때문에 원수로 여
　　겨 오다가 사건으로 인해 모두 비난하며 배척하였다."라고 하였다.
326) 『선조수정실록』 권41, 선조 40년 5월 1일(계해). 정인홍이 기축옥사에 대해
　　추론한 상소에 대해 사관이 평하기를 "대개 인홍은 일찍이 이경중이 정여립
　　의 전랑되는 길을 막은 점에 대하여 노하면서 경중을 공박하여 말하기를 '품
　　행이 바른 선비로서 청명이 있는 자는 경중이 반드시 막았다.'라고 하였다."
　　라고 하였다.

로 자취를 드러내었다. 그는 조식 같은 기절氣節이 없고 오히려 곽해郭
解327)와 같이 무단武斷하여 선인先人을 힘껏 저지하고, 시론을 부탁하
였으나 충현忠賢을 살해하는 것으로 임무를 삼았다. 나랏일을 어지럽
힘이 이와 같으니 가히 애통하구나.328)

김효원과 심의겸의 시대에는 단지 동·서 두 당만 있었다. 그 후
이발李潑과 우성전禹性傳이 각각 자립하였는데 이산해는 발을 도와
북인北人이 되고 유성룡은 우성전을 주동자로 하여 남인南人이 되었
다. 북인의 의론은 서인西人을 공격함이 급하였고, 남인의 의론은
서인을 공격함이 느슨하였다.

기축년에 동인이 많이 죽게 되자 동인의 원한은 오로지 송강松江에
게 있었다. 신묘년에 동인東人의 의논이 비로소 성해져서 양사兩司와
옥당玉堂이 송강의 죄를 논하는데 이산해李山海와 정인홍鄭仁弘이
힘써 그 의논을 주도하였다. 부학副學 김수金晬가 우성전에게 가서
의논하니 우성전은 불가하다고 하여 김을 만류하여 보내지 않았다.
대간 홍여순洪汝諄이 우성전을 탄핵하여 삭직케 하자 이로부터 남북
의 의론이 비로소 나누어졌다.

계사년에 이르러 남이공南以恭·김신국金藎國이 홍여순洪汝諄을
논핵하였다. 홍과 산해를 주축으로 하는 자들을 일러 대북大北이라
하고 김과 남을 주축으로 하는 자들을 일러 소북小北이라 하였다.
경자년에 이르러 이산해李山海가 다시 재상이 되고 홍여순이 병조판
서가 되었는데 정권을 다투어 서로 공격함이 있었다. 홍을 주축으로
하는 자들을 골북骨北이라 하였고 이李를 주축으로 하는 자들을 육북
肉北이라 하니 이로부터 동인東人이라는 이름이 드디어 끊어지고

---

327)『한서』권92, 游俠傳. 전한 무제 때의 협객.
328)『대동야승』「혼정편록」(8)에는 이귀의 함정설 전체가 글자의 동이는 있으나
　　수록되어 있다.

서·남·북 삼색이 있게 되었는데 북인北人이 가장 성하였다.

정인홍·이산해·이이첨·김대래·기자헌·허균(1569~161
8)·홍여순 등이 대북大北의 우두머리가 되었으며, 유영경·남이
공·김신국·유희분·박승종 등이 소북小北의 우두머리가 되었다.

광해군 초에 이르러 영경이 죽임을 당하였으나 유희분이 척신으로
권력을 농단하고 있었으므로 소북小北이 쇠퇴하지는 않고 대북大北
과 더불어 각각 문호를 세웠다. 유희분·박승종 등이 영경을 공격함으
로써 상북上北이라 일컬었으며 이원익·정창연(1552~1635)·이
명李莫(1570~1648) 등은 정온鄭蘊(1569~1641)을 구함으로써 중
북中北이라 일컬었다. 계해년 이후 대북大北·상북上北은 모조리
없어졌으며 중북中北 이하는 혹 서인西人이나 남인南人에 붙거나
혹 소북小北에 빌붙게 되었다. 이로부터 상·대·중 삼북三北의 이름
이 없어졌다.

서인은 현종 갑인년 이후 윤증이 그 스승 우암 송시열을 배반한
이후 송宋을 돕는 자를 일러 노론老論이라 하고 윤을 주축으로 하는
자들을 소론少論이라 하였다. 숙종 기사년에 이르러 노론이 남인에게
많이 죽었으며 경종 신축년 이후 노론은 모두 소론에게 죽었다.
이로 인해서 노론과 남인·소론이 원수처럼 틈이 벌어지게 되었다.
소론과 남인은 미워하지 않았으며 남인과 소북은 친하기가 같은
당黨과 같았으니 지금의 노·소·남·북 사색四色의 이름이 있게
되었다.[329]

아아! 율곡은 진실로 일세의 대현大賢이다. 선조께서도 "나는 마땅히
이이李珥의 당에 들겠다."는 하교가 있었으며 유서애 역시 "이문성공李文

---

[329] 연평 이귀의 함정설은 『정변아아록』에서는 본문으로 처리되어 있다.

成公은 진실로 성인이다."라는 말이 있었다. 그가 공심무사의 군자君子임을 이에서 잘 알 수 있으며 지금에 이르러 더욱 그 선견지명이 드러난다.

어찌 동고東皐에게 한 터럭의 사사로운 뜻이 있어서 이러한 말이 있었겠는가? 퇴계退溪의 자손이 남인의 논리를 세우는 까닭으로 남인은 퇴계류를 마치 자가의 퇴계인 것처럼 하고 율곡은 서인을 도왔다 하여 공격한다. 동고의 자손이 북인北人의 논리를 세우는 까닭으로 소북小北은 동고를 자기 무리의 영수로 간주하고 율곡은 이준경을 공격하였다 하여 배척한다. 아아 또한 가소로울 뿐이다.

여객이 말하기를 "편당의 논의는 국가의 고질이 아니라 바로 그대의 고질이로다."라고 하였다.

네 사람이 그리하여 더불어 웃고 파하였다. 내가 돌아와서 그 말에 이름 붙여 말하기를 「용문문답龍門問答」이라 하고 후세의 공의公議를 기다린다.

십이사화
十二士禍

제4편 십이사화十二士禍

동인과 서인이 각립하고 노론과 소론이 분당하게 되었던 이유는 내가 용문문답에서 간략히 말하였다. 우리나라의 사화士禍에 대해서는 진실로 몰라서는 안되는 것이지만 돌아보건대 내가 병중病中에 거처하다 보니 문헌을 다 상고할 수 없어 선배들에게 들은 것을 간략히 쓴다. 단종대왕 계유년부터 시작하여 경종대왕 신축년에서 끝내니 무릇 12개의 사화이다. 기록하는 것이 비록 소략하나 그 개요는 알 수 있을 것이다. 보는 사람들이 상세히 잘 살펴보라.

1. 계유사화 절재제현癸酉士禍 節齋諸賢

단종 2년의 일이다.

영상 황보인皇甫仁(?~1453)·좌상 김종서金宗瑞(1390~1453)·우상 정분鄭苯(?~1454)·이판 조극관趙克寬(?~1453)·병판 민신閔伸(?~1453)·판윤 윤처공尹處恭(?~1463)·좌찬성 이양李穰(?~1453)·좌참찬 허후許詡(?~1453) 등은 문종文宗의 고명顧命[1]을 받은 신하들이었다. 이 사람들이 조정에 있으면 대사를 이룰 수가 없었다.

절재節齊 김종서는 특히 정직하고 또 지략이 많아 당시 사람들이 그를 가리켜 큰 호랑이라고 하였다. 세조世祖가 그를 먼저 제거하고자 하여 권람權擥(1416~1465)·한명회韓明澮(1415~1487) 등을 시켜 돈의문을

---

1) 고명顧命: 임금이 유언으로 뒷일을 부탁하는 것.

지키게 하고 종소리가 끝나도 성문을 닫지 못하게 하였다.〔원: 종서의 집이 성문 밖에 있었기 때문이었다.〕2)

친히 양정楊汀·유수柳洙·유숙柳淑 및 궁노 임운林芸 등을 데리고 저녁을 틈타 종서의 집으로 갔다. 종서가 절하고 맞이하여 한담閒談이 끝나자 전송하러 대문까지 나오다가 뜰 가운데서 또 이야기를 한참 동안 하였다. 종서의 아들 김승규金承珪가 곁에서 떠나지 않으니 세조는 고의로 사모紗帽의 뿔을 떨어뜨리고 정승의 사모뿔을 빌려 줄 것을 청하였다. 종서가 승규를 시켜 안에 들어가 가져 나오게 하였다. 이때 양정·임운 등이 종서를 쳐서 땅에 쓰러뜨렸다. 승규가 달려와 구하려고 종서의 위에 엎어지니, 또 승규를 쳐서 죽였다.3)

세조가 달려 돌아왔다. 미리 순장巡將 홍달손洪達孫과 서로 약조하여 순졸巡卒을 내지 않고 대기시키게 하였다. 드디어 군사를 이끌고 단종의 시어소時御所에 나아갔는데, 당시 임금은 향교동鄕校洞의 양녕위陽寧尉 정종鄭悰(?~1461)의 집에 머물고 있었다. 대문 틈으로 정원에 고하기를 "김종서가 모반하였는데 일이 급하여 미처 알리지 못하고 이미 주살하였노라."라고 하고, 또 말하기를 "김종서金宗瑞·이양李穰·조극관趙克寬·민신閔伸·윤처공尹處恭·이명민李命敏(?~1453)·원구元矩·조반趙潘 등이 함길도 절제사 이징옥李澄玉(?~1453)·종성부사 이경유李耕畎·평안감사 조수량趙遂良(?~1453)·충청감사 안완경安完慶(?~1453) 등

---

2) 『연려실기술』 권4, 단종조 고사본말, 「세조정난」.(『동각잡기』 참고)
3) 『연려실기술』 권4, 단종조 고사본말, 「세조정난」에는 『해동야언』에 근거하여 "세조가 사모뿔을 떨어뜨리니 종서는 급히 자기의 것을 뽑아드렸다. 이때 사면 思勉·광은匡殷이 굳이 지키고 물러가지 아니하니 세조는 '비밀 의논이 있으니 너희들은 그만 물러가라.'라고 일렀으나 사면 등은 그래도 멀리 피하지 아니하였다. 세조는 또 '청촉하는 편지가 있다.'라고 하였다. 종서가 그것을 받아 달빛에 비춰보는데, 세조는 임운을 재촉하여 종서를 철퇴로 내렸다."라고 달리 기록하고 있다. 『단종실록』의 기사도 『연려실기술』의 것과 유사하다.

과 결탁하여 주상이 나이 어린 것을 틈타서 종사宗社를 위태롭게 할
것을 모의하였고, 환시宦侍인 김연金衍·한송韓松 또한 주상의 측근에
있습니다. 적의 우두머리는 이미 제거하였고 그 나머지 반당反黨은 지금
아뢰어 토벌코자 합니다."라고[4] 하였다.

승지 최항崔恒이 문을 나와 세조를 맞이하여 손을 잡고 같이 들어갔다.
단종은 놀라 일어나서 말하기를 "오직 숙부만이 나를 살릴 수 있습니다."라
고 하였다. 세조가 말하기를 "그것은 어렵지 않습니다. 신이 마땅히 처리
하겠습니다."라고 하고, 곧 나와서 명패命牌[5]를 내어 여러 재상들을 부르
고, 금군禁軍에 분부하여 둘러싸서 잡아 들어오게 했다. 또 군사를 배열하
여 세워 세 겹 문을 만들고 한명회韓明澮는 생살부生殺簿를 가지고 문
안쪽에 앉았다.

여러 재상들이 첫째 문에 들어서면 따르는 노복을 떼어버리고, 둘째
문에 들어서면 이름이 사부死簿에 있는 자는 무사[6]들이 그를 몽둥이로
쳐 죽였다. 황보인皇甫仁·이양李穰·조극관趙克寬 등이 모두 죽었다.〔원:
황보인이 부름을 받고서 초헌[7]을 타고 종묘 앞을 지나도 초헌에서 내리지 않고
'끝났구나, 끝났구나.'라고 중얼거리면서 사인舍人 이장례李長禮[8]의 손을 잡고 뒷일
을 부탁하였다.〕 사람을 보내 윤처공尹處恭과 이명민李命敏 등을 죽이고,

---

4) 『연려실기술』 권4, 단종조 고사본말, 「세조정난」에는 "내금위 봉석주奉石柱로
   하여금 군사들을 뜰 가운데 배열시켜 사람들이 함부로 나들지 못하게 한 다음
   입직승지 최항崔恒을 불러 손을 잡고."라고 위의 내용을 말하였다고 달리 쓰고
   있다. 그리고 그 반당의 인물로 '종서'앞에 '(황보)인'을 더 들고 있다.(『해동야
   언』·『동각잡기』참고)
5) 위쪽에 '명命'자를 쓰고 붉은 칠을 한 나무패. 임금의 명으로 삼품 이상의 벼
   슬아치를 부를 때 이 패에 성명을 써서 돌렸다. 이 패를 받고 올 뜻이 있으면
   '진進', 오지 않을 때는 '부진不進'이라 써서 받쳤다.
6) 『연려실기술』 권4, 단종조 고사본말, 「세조정난」. 윤성允成·수洙·구치관具致寬
   등.(『황토기사』참고)
7) 초헌: 종이품 이상의 벼슬아치가 타는 가마.
8) 『연려실기술』 권4, 단종조 고사본말, 「세조정난」. 사인 이예장李禮長으로 되어
   있다.(『황토기사』참고)

민신閔伸은 현릉顯陵9)의 비석소碑石所에서 참하였다.10)

　김종서가 다시 살아나서 원구元矩로 하여금 성문지기를 큰소리로 불러 의정부에 가서 "정승께서 남에게 맞아 다쳤으니 속히 주상께 알리고 약을 가지고 와서 구하라."라고 하였으나 끝내 응하는 자가 없었다. 종서는 상처를 싸매고 부인婦人의 가마를 타고 여러 문을 한 바퀴 거쳐 숭례문까지 이르렀으나 문이 모두 닫혀 있어 들어갈 수 없었다. 세조 또한 종서가 다시 살아날 것을 우려하여 이튿날 아침 의금부 경력 이흥상李興商(?~1465)을 시켜 가서 살피게 하였다. 김종서는 승규의 방안11)에 숨어 있다가 끌려 나왔다. 종서가 말하기를 "내 어찌 걸어가리오. 초헌을 가지고 오라." 라고 하니 군인들이 결국 베어 죽이고 또한 원구元矩와 조반趙潘 등도 죽였다.12)

　세조가 김종서를 죽이던 날 저녁에 훈련주부 홍윤성洪允成(1425~1475)으로 하여금 공사公事를 부탁한다고 핑계하여 종서에게 가서 엿보게 하였다. 종서가 안방의 베개에 기대었고, 세 첩이 뒤에 있었는데 윤성을 불러 앞에 오게 하고 말하기를 "네가 힘이 있다고 들었는데 나에게 강한 활이 있으니 시험 삼아 당겨보라."라고 하였더니 윤성이 잇달아 활 둘을 꺾었다. 종서가 말하기를 "번쾌樊噲라도 이와 같지 못하리라."하고 첩으로 하여금 술을 부어주게 해서 마시게 하였다.

---

9) 현릉顯陵: 문종의 능으로 경기도 구리시 인창동에 있다.
10) 『단종실록』 권8, 단종 1년 10월 10일(계사). 당시 민신이 현릉 비석소를 감독하고 있었다.
11) 『연려실기술』 권4, 단종조 고사본말, 「세조정난」. 아들 승벽承璧의 처가라는 설도 소개하고 있다.(『황토기사』 참고)
12) 『단종실록』 권8, 단종 원년 10월 10일(계사).
　　『연려실기술』 권4, 단종조 고사본말, 「세조정난」.(『황토기사』 참고)
　　『아아록』에는 다음 내용이 추가되어 있다. "許詡幸免此禍 六臣禍後 擧家受戮 悲夫"(허후는 요행이 이 화를 면하였으나 사육신의 화가 있은 후 온 가족이 살육되었으니 슬프구나.)

정분鄭苯을 낙안에, 김정金淨을 영암에, 조수량趙遂良을 고성에, 이석李石을 연일에, 안완경安完慶을 양산에 귀양보내고, 허후許詡 · 유중문柳仲門 · 이징옥李澄玉 · 이경유李耕畎 등도 안치하였다가 곧 사사하였다.[13]

정분은 이때 영남 일대를 순무巡撫하다가 돌아와 충주 용안역에 이르자 서울 관원이 말을 달려오며 전지가 있다고 큰소리로 말하였다. 정분은 곧 말에서 내려 말하기를 "노상에서 형刑을 받는 것은 상스럽지 못하니 역관驛館으로 갈 수 없는가?"라고 묻자, 관원이 말하기를 "단지 지휘에 따라 공을 배소로 압송할 뿐입니다."라고 하였다. 정분이 재배하고 말하기를 "나를 살리는 것인가?"라고 하였다.

마침내 말에 올라 관원과 동행하였다. 낙안에 이르기까지 서울의 소식을 묻지 않았으며, 적소謫所에 있는 동안 조상의 신주를 받들어 모시었다. 어느 날 잠에서 깨어 그를 수행하는 중에게 말하기를 "밥 한 그릇을 정결하게 지어 오너라. 내가 우리 조상에게 제사를 지내겠다."라고 하였다. 제사 마친 뒤에 그 신주를 불태우자 조금 후에 사사賜死의 사신使臣이 왔으니 선지先知가 있었다고 하겠다.

안평대군安平大君 용용(1418~1453)은 김종서金宗瑞 등과 상종함이 많았으며 서호西湖의 담담정淡淡亭에 살면서 불궤를 도모하였고 또한 무이정사武夷精舍를 지으면서 몰래 다른 뜻을 품고 있었다고 하면서 이것으로 죄를 따져 강화에 찬출하였다.[14]

금성대군錦城大君 유유瑜도 안평대군에 연좌되어 역시 순흥에 유배되었다.〔원: 어떤 사서史書에서는 금성이 순흥에 찬출되었던 일은 단종이 왕위를 물려

13) 『단종실록』 권8, 단종 원년 10월 13일(병신).
    『연려실기술』 권4, 단종조 고사본말, 「세조정난」.(『황토기사』 참고)
14) 『연려실기술』 권4, 단종조 고사본말, 「세조정난」.(『야언별집』 참고)

준 후에 있었다고 한다.] 이때 조정에서는 용을 주살하고자 청하였으나 주상이 윤허하지 않았다. 정인지鄭麟趾(1396~1478)가 이계전李季甸(1404~1459)을 시켜 세조에게 아뢰게 한 후에 같은 말을 다시 아뢰고자 하니, 세조가 말하기를 "여러 대신들이 진술한 바는 공론公論이다. 나는 감히 공론을 막고자 함이 아니고 다만 주상의 결단을 기다릴 뿐이다."라고 하였다. 정인지 등이 다시 대의大義에 따라 결단하기를 청하였다. 이에 안평을 사사하고 그 아들 이우직李友直을 진도로 귀양보냈다.[15]

세조가 이미 종서 등을 죽이고, 영의정부사 판이병조겸내외병마도통사[16]를 제수 받았으며,[17] 정인지鄭麟趾를 좌의정,[18] 한확韓確(1403~1456)을 우의정으로 삼았다.[19] 혹 간당의 나머지 무리들이 틈을 타서 세조를 모해할까 염려하여, 정인지와 한확 등이 계를 올려 군사로써 세조를 호위할 것을 청함에 진무鎭撫 2명이 각각 갑사甲士와 별시위 각 50명을 인솔하고, 총통 방패 각 30자루씩 갖추어 밤·낮으로 호위케 하였다. 분충장의광국보조정책정난공신이라 훈호勳號하고, 식읍 1천호·노비 600명·세폐를 별도로 6백 석·황금3천 냥·백은 1백 냥을 내려 세조의 공을 표창하였다.[20] 한명회·권람·정인지·한확 등에게도 모두 상이 있었다.[21]

---

15) 『단종실록』 권8, 단종 원년 10월 18일(신축).
　　『연려실기술』 권4, 단종조 고사본말, 「세조정난」.(『야언별집』 참고)
16) 『단종실록』 권8, 단종 원년 10월 11일(갑오).
17) 『단종실록』 권8, 단종 원년 10월 26일(기유).
　　『연려실기술』 권4, 단종조 고사본말, 「세조정난」. 유성원이 지은 교서.
18) 『단종실록』 권8, 단종 원년 10월 11일(갑오).
19) 『단종실록』 권8, 단종 원년 10월 15일(무술).
20) 『단종실록』 권8, 단종 원년 10월 17일(경자).
　　『단종실록』 권8, 단종 원년 11월 9일(경신).
21) 『단종실록』 권8, 단종 원년 11월 4일(병진).
　　『연려실기술』 권4, 단종조 고사본말, 「세조정난」.(『야언별집』 참고)

학사學士 유성원柳誠源(?~1456)은 옥당玉堂에 있었는데 도망하지 못하고 협박을 받아 교서를 찬하였다. 교서의 개략은 "용瑢은 지친至親의 위치에 있으면서 몰래 임금을 없앨 마음을 품고 간신 황보인·김종서 등과 오랫동안 불궤를 이루어 조정을 어지럽혔으니, 숙부가 충의로운 군사를 이끌고 저 흉악하고 더러운 무리를 섬멸하였다. 목소리와 얼굴빛도 변치 않고 국가의 형세를 반석지안에 올려놓았으며, 병과兵戈를 쓰지 않고 생령生靈에게 태평의 낙을 누리게 하니 진실로 어린 임금을 맡길 수 있는 신하라 하겠다. 옛날 주공周公은 관숙管叔과 채숙蔡叔을 죽여서 왕실을 안정시켰는데[22], 옛날과 지금을 비교하니 시대는 달라도 똑같이 들어맞도다. 성왕成王이 주공周公에게 책임을 맡긴 것과 같이 숙부에게 맡기니, 마땅히 주공이 성왕을 보필한 것과 같이 과인을 보필할지어다."라고[23] 하였다.

유성원이 교서를 지어올리고 집에 와서 종일토록 통곡하니 집안사람은 그 까닭을 알지 못하였다. 그 후 계획했던 성삼문成三問(1418~1456)의 거사가 실패하자, 관대를 벗지 아니하고 가묘에 나아가 반듯이 누워 허리에 찼던 칼을 뽑아 목을 찔렀다. 조금 후에 관리가 와서 그 시신을 가져다가 찢어버렸다.[24]

집현전 남쪽에 큰 버드나무가 있었는데 흰 학이 해마다 날아와 그 위에 둥지를 지었다. 계유년에 버드나무가 말라죽자 흰 학이 오지 않았다. 어떤 이가 성원에게 우스갯소리로 이르기를 "화禍가

---

22) 관숙管叔과 채숙蔡叔은 모두 주공周公의 형인데 그의 조카 성왕成王이 어린 틈을 타서 반란을 일으키므로 주공이 잡아 죽였다.
23) 『연려실기술』권4, 단종조 고사본말, 「세조정난」. 유성원이 지은 교서.
24) 『연려실기술』권4, 단종조 고사본말, 「상왕복위모의」.(『추강집』·『동각잡기』참고)

반드시 유柳로부터 시작될 것이다."라고 말하였는데 과연 육신六臣의
일이 나온 후에 집현전이 혁파되었다.25)

　단종이 경회루 아래에 나와 세조를 불러 양위를 하고 대보大寶를
주었다. 세조가 눈물을 흘리며 사양하여 이루지 못하였다.26) 이날
박팽년朴彭年(1417~1456)이 경회지慶會池에 와서 자살하고자 하였
으나 성삼문成三問이 그를 만류하며 이르기를 "위로 상왕上王을 위해
서는 우리가 죽지 않는 것이 옳다."라고 하고 마침내 서로 노산군魯山
君의 복위를 함께 모의하였다.27) 노산군이 수경궁壽慶宮에서 손위遜
位하였다. 어두운 밤에 불을 들지도 않고 다만 50여 명만을 데리고
종루鐘樓로 내려갔다. 이때 좌우의 행랑에서 모두 다 통곡하며 이를
만류하였으나 이루지 못하였다.28) 노산군의 손위는 모신謀臣 권람에
게서 시작되어 정인지에게서 이루어졌다. 김자인金自仁이 그때 나이
열두 살인데, 그 의논을 보고 가슴에 화염이 이는 것 같았다고 했다.29)

25) 『세조실록』 권4, 세조 2년 6월 6일(갑진). 명하기를 "집현전을 파하고, 경연을
　　정지하며, 거기에 소장하였던 서책은 모두 예문관에서 관장하게 하라."
　　『연려실기술』 권4, 단종조 고사본말, 「순난제신」. 유성원.(『필원잡기』 참고)
26) 『세조실록』 권1, 세조 원년 윤6월 11일(을묘).
27) 『연려실기술』 권4, 단종조 고사본말, 「상왕복위모의」.(『추강집』 참고)
28) 『연려실기술』 권4, 단종조 고사본말, 「상왕복위모의」.(『추강집』 참고)
29) 『연려실기술』 권4, 단종조 고사본말, 「상왕복위모의」.(『추강냉화』 참고)

2. 병자사화 육신제현丙子士禍 六臣諸賢

육신六臣의 충절은 해와 별을 꿰뚫으므로 마땅히 충신열사의 전傳에
실어야지 역대 사화士禍의 분류에 넣는 것은 옳지 못하다. 그러나
그 의로운 도리를 잘 실천했던 것은 모두 한 곳에 귀일하므로 지금
여기에 적으니, 보는 사람은 잘 알라.

세조 3년의 일이다.

단종이 손위하던 날에 예부승지 성삼문은 옥쇄를 안고 통곡하였다.
예조참판 박팽년이 경회루의 연못에 몸을 던져 죽으려고 하자 삼문이
이를 말리며 "상왕이 계시므로 우리들이 죽지 않는 것이 오히려 옳은
일이다."라고[30] 하였다. 이에 옛 임금을 복고시킬 것을 함께 모의하였다.
하위지河緯地(1412~1456)·이개李塏(1417~1456)·유성원柳誠源(?~
1456)·유응부兪應孚(?~1456) 등의 제공이 그 뜻에 동참하여 밤낮으로
몰래 모의하였으나 거사를 시작할 기회를 얻지 못하다가 병자년 봄을
맞아 남별궁에서 중국의 사신을 위한 연회가 있음에 육신六臣이 거사를
약속하였다.

그날에 세자와 대군이 병으로 참석하지 않고 운검雲劍[31]을 취소하여
입시入侍하지 못하게 하였다. 대개 도총관 성승成勝(?~1456)과 부총관
유응부가 차비差備였다. 일이 이루어지지 못할 것 같자 유가 검을 빼어들
고 돌입하려고 하였으나 삼문은 거사가 만전萬全을 기할 수 없으므로
다른 날 다시 도모하자고 굳이 이를 말렸다. 유가 분연하며 검을 치며
이르기를 "때를 잃어서는 안된다. 세자와 대군이 비록 와서 참석하지

않았지만 당신[세조]과 그 우익이 모두 여기에 있으니 이들을 모두 주살한 후에 상왕의 명령으로 궁중에 무사를 보내면 한 오랏줄에 족히 묶어올 수 있다."라고 하였으나 삼문이 그의 손을 잡고 말렸다.

　김질金礩(1422~1478) 또한 같이 의논한 사람들 중의 한 사람으로 그 일이 이루어지지 못한 것을 알고 그의 장인 정창손鄭昌孫(1402~1487)에게 달려가 고하여 마침내 고변하고 말았다. 주상이 김질을 특별히 사면하고 육신을 칼로 씌워 입정入廷시켰다.32)

　　세조가 박팽년의 재주를 사랑하여 사람을 시켜 몰래 이르기를 "네가 나에게 항복하고 그 모의가 잘못되었다고 하면 살 수 있을 것이다."라고 하였다. 박이 웃으면서 대답하지 않았다.33) 『동각잡기東閣雜記』에는 이것이 하공河公의 일로 되어있으니34) 잘 알 수 없다.

　세조가 물어 말하기를 "너희들이 하고자 하였던 바가 무엇이냐?"라고 하니 유응부가 성난 소리로 꾸짖어 말하기를 "한 칼로 족하의 머리를 떨구어 옛 임금을 복고시키고자 할 뿐이었다."라고 하였다. 주상이 노하여 쇠를 달구어 몸을 지졌으나 안색하나 바뀌지 않았다. 유응부가 삼문 등을 돌아보고 말하기를 "서생書生과는 큰일을 도모하지 못한다 하더니 과연 지금 너희들이 말한 만전萬全의 계책은 어디에 있는가?"라고 하였다. 또 말하기를 "무엇을 하고자 하였던가는 저 서생들에게 물어보라."라고

32) 『세조실록』 권4, 세조 2년 6월 2일(경자).
　　『연려실기술』 권4, 단종조 고사본말, 「상왕복위모의」.(『추강집』·『해동야언』 참고)
33) 『연려실기술』 권4, 단종조 고사본말, 「상왕복위모의」.(『추강집』·『동각잡기』 참고)
34) 『대동야승』 동각잡기상, 「本朝璿源寶錄」.

하였다.

성삼문이 웃으면서 대답하기를 "김질의 (고변한) 말이 모두 맞다. 상왕이 춘추정성하시니 다시 세우고자 하는 것은 신하가 당연히 해야 할 바인데, 어찌 다시 물어보는가?"라고 하였다. 이어서 김질을 보고 말하기를 "네가 고변한 것은 오히려 둘러말하니 바르지 않다. 우리들의 뜻은 바로 이와 같이 하고자 할 뿐이다."라고 하였다. 달군 쇠로 배를 지지니 천천히 기다렸다가 쇠가 식으면 "이 쇠가 식었으니 다시 달구어 오라."라고 하였다. 또 웃으며 말하기를 "나리의 형벌이 참 독하구나."라고 하였다.

상이 노하여 "네가 나를 나리라 부르는데 너는 나의 녹을 먹지 않았느냐."라고 하니 성삼문이 말하기를 "을해년 이후부터 몇 월의 녹봉이라고 써서 별처에 봉하여 두었으니 나리의 말은 모두 허망하여 가히 취할 바가 없군요."라고 하였다.

그때 신숙주申叔舟(1417~1475)가 세조의 옆에 서 있었는데 성삼문이 성난 소리로 꾸짖어 말하기를 "숙주야 내가 너와 더불어 집현전에 있었을 때 세종世宗께서 원손元孫을 안고 우리를 보고 말씀하시기를 '너희들이 이 아이를 잘 보호하라.'라고 하셨으니 그 말이 아직 귀에 쟁쟁한데 너는 차마 그 말을 잊었단 말이냐."라고 하였다. 숙주가 대답을 못하니 세조가 명하여 피하게 하였다.[35]

신숙주와 성삼문이 시종 같이 일을 도모하였음을 그 아내 윤씨도 익히 알고 있었다. 이때에 이르러 박팽년과 성삼문의 변고가 나오니

---

35) 『연려실기술』 권4, 단종조 고사본말, 「상왕복위모의」.(『추강집』·『동각잡기』 참고)

윤씨는 생각하기를 그의 남편도 반드시 죽었을 것이라 여겼다. 손에 허리에 차는 수건을 들고 뒷방으로 피하였다. 남편의 변고가 이르기를 기다려 자결하려 한 것이다. 잠시 후 벽제 소리가 있고 남편이 방으로 들어왔다. 아내가 보이지 않자 찾아 뒷방에 이르렀다. 그 아내가 놀라 묻기를 "인수仁叟36)와 근보謹甫37)가 죽었다는 소리를 듣고 당신도 반드시 죽었으리라 여겼는데 어찌 살아 돌아왔습니까? 부끄러워 당신을 볼 수가 없습니다."라고 하고는 자결하려 하였으나 신이 구해서 죽지는 못했다.38) 그러니 남편이 그 아내를 보기가 부끄럽지 않았겠는가?

박팽년이 천천히 말하기를 "공은 매번 스스로를 주공周公에 비교하는데 주공이 이와 같이 했는가?"라고 하였다.〔원: 이 구절을 혹자는 성공成公의 말이라고도 하는데 알 수 없다.〕39) 무사로 하여금 그 입을 치게 하고는 "너는 이미 나에게 신하라 칭하였으니 지금 신하를 칭하지 않아도 도움되지 않는다."라고 하였다. 박이 말하기를 "나는 일찍이 신하라 칭한 적이 없으니 공의 말은 모두 허망하다."라고 하였다.〔원: 충청감사 때의 장계를 살펴보니 '신臣' 자는 모두 '거巨' 자를 쓴 것이었다.〕

이개가 말하기를 "작형灼刑을 가하면서 이를 묻는 것은 도대체 무슨 형벌인가?"라고 하였다. 하위지가 말하기를 "사람에게 반역을 했다는 이름이 붙여지면 그 죄는 마땅히 주살하는 것이다. 어찌 다시 묻는가?"라

---

36) 인수仁叟: 박팽년의 자, 호는 취금헌醉琴軒.
37) 근보謹甫: 성삼문의 자, 호는 매죽헌梅竹軒.
38) 『연려실기술』권5, 세조조 고사본말, 「세조조 상신」.(『송와잡기』, 『식소록』에는 정안하던 날이라 하였으니 대체 윤부인이 병자년 정월에 죽었고 육신의 옥사는 4월의 일이었다.)
39) 『연려실기술』권4, 단종조 고사본말, 「상왕복위모의」에는 성삼문의 일로 기록되어 있다.(『추강집』·『동각잡기』참고)

고 하였다.〔원: 세조가 하河의 재주를 사랑한 까닭으로 그에게만은 작형을 가하지
않았다.〕

유응부는 집에서 처와 술을 나누어 서로 작별하고 사당에 들어가 목을
찔러 죽었다.〔원: 잠시 후 관리들이 와 시신을 가져가서 찢었다.〕40) 모두 노량진
강가에서 형을 당하니 매월당梅月堂 김시습金時習(1435~1493)이 그 시신
을 장사지냈다고 한다.41)

　형을 당할 무렵에 성공成公은 다음과 같은 시를 남겼다. "임이 주신
밥을 먹고 임이 주신 옷 입었으니 평소에 먹은 마음 평생 어김없기를
바라노라. 한 번 죽음이 충의인 줄 알았으니 현릉顯陵의 송백松柏이
꿈속에서도 푸르구나."42)

　박공朴公의 시는 다음과 같다. "목숨을 우禹의 구정九鼎처럼 중히
여겨야 할 때 그 삶도 또한 크거니와, 목숨을 홍모鴻毛처럼 여겨야
할 때는 죽는 것 또한 영화일세. 날이 새도록 잠들지 못하다가 성문
밖을 나서니 현릉의 송백만이 꿈속에도 푸르러라." 어떤 사서史書에
서는 이공李公의 시라고 하나 알 수 없다. 『조야기문朝野記聞』에는
박공의 시가 아니고 이서李瑞의 시라고 한다.43)

성삼문의 아버지 성승成勝·동생 성삼성成三省, 박팽년의 아버지 박중
림朴仲林·동생 박대년朴大年·아들 박헌朴憲, 하위지河緯地의 아들 하박

---

40) 『연려실기술』 권4, 단종조 고사본말, 「상왕복위모의」.(『추강집』·『동각잡기』
　　참고)
41) 『연려실기술』 권4, 단종조 고사본말, 「순난제신」 유응부.
42) 『연려실기술』 권4, 단종조 고사본말, 「상왕복위모의」.『추강집』에는 성승의 시
　　로 되어있다고 주를 달고 있다.(『추강집』·『동각잡기』 참고)
43) 『연려실기술』 권4, 단종조 고사본말, 「상왕복위모의」.(『추강집』·『동각잡기』
　　참고)

河珀은 모두 조용히 죽음에 나아갔다.

　박대년은 그 형의 손을 잡고 읊조리며 말하기를 "형님의 죽음은
잘한 일입니다."라고 하였다. 하박은 그 어머니와 절하고 이별하며
말하기를 "죽는 것은 어려운 일이 아닙니다. 아버님이 이미 돌아가셨
는데 아들만 홀로 살아남는다는 것은 옳지 못합니다. 가속들은 응당
노비가 되겠으나 누이는 곧 비녀를 꽂을 것인데, 부인의 도리는
마땅히 한 사람만을 따르는 데 있으니, 개돼지와 같은 행실을 해서는
안될 것입니다."라고 말하고는 드디어 재배하고 나갔다.[44]
　가히 그 아버지에 그 아들이고, 그 형에 그 동생이라 하겠다.

　권자신權自新〔원: 단종의 외삼촌〕·김문기金文起·윤영손尹令孫 등 30여
인이 모두 죽었다.

　소릉昭陵[45]이 폐해진 일을 이전의 역사기록에는 다만 "왕후의 어머
니 최씨 및 동생 권자신이 성삼문 등과 더불어 노산군을 복위시킬
것을 모의하였으므로 병자년에 극형을 받았다. 왕후가 마땅히 연좌되
어야 하므로 의정부의 청으로 폐하여 서인으로 삼았다."라고 하여
그 시말을 상세히 기록하지 않았다.
　세간에 전해오기로는, 세조가 낮잠을 자는데 괴이한 일이 있자
즉시 명하여, 소릉을 파헤쳐 삼 일간 시신을 드러내 놓았다가 명령을
번복하여 백성의 예로써 장사지내게 하였다. 성종조에 포의 남효온南
孝溫(1454~1492)이 상소하여 소릉을 복위시킬 것을 청하였고, 중종
계유년에 소세양蘇世讓(1486~1562)이 복위의 논의를 먼저 들고

────────────────
44)『연려실기술』권4, 단종조 고사본말,「순난제신」, 하위지.(『송와잡기』참고)
45) 소릉昭陵: 문종의 비로 단종의 어머니인 현덕왕후의 능.

나오자 신용개申用漑(1463~1519)·장순손張順孫(1457~1534) 등
이 모두 그 의론을 주장하였으나 오직 유순정柳順汀(1459~1512)만
은 굳게 그 불가함을 말하였다. 그 후 양사·옥당과 태학에서 힘써
간하자 윤허를 얻어 현릉顯陵과 같은 무덤에 천장遷葬하고 위호位號를
원래대로 고쳐 정하였다고 한다.

『노릉지魯陵誌』에 상세히 실려 있으므로 다 기록하지는 않는다.

> 안按. 야사野史에 이르기를 "하공河公은 물러가 선산에 살다가
> 병자년의 일을 당하여 그 곳에서 사사되었다."라고 한다. 여헌旅軒
> 장현광張顯光(1554~1637)이 찬한 하공의 묘갈문에는 "묘가
> 선산에 있다."라고[46] 한다. 이에 근거하면 하공은 선산에서 죽었
> 기에 묘가 그 곳에 있는 것인가? 노호총魯湖塚[47]에 유독 하공의
> 묘가 없는 것은 묘가 선산에 있기 때문인가? 상서 조관빈趙觀彬
> (1691~1757)이 찬한 「노호총비魯湖塚碑」에 이르기를 "하공의
> 묘가 아마 이 사이에 있을지도 모르겠으나 상고해 보아도 확실치
> 는 않다."라고[48] 하였다.
> 남효온의 『추강냉화』 및 『노릉지』에는 모두 하공의 말을 기록하여
> 이르기를 "사람에게 반역을 했다는 이름이 붙여지면 그 죄는 마땅
> 히 주살하는 것이다. 어찌 다시 묻는가?"라고 하였다. 세조가
> 오히려 그에게만은 작형烙刑을 가하지 않았다. 또 말하기를 "세조
> 가 선양禪襄을 받고 난 뒤에 부름에 나아가 녹을 먹은 것을 부끄러

---

46) 『여헌선생문집』 권12, 「하선생의 묘갈명」. 선생의 묘소는 선산부의 서쪽 고방
　　산의 언덕에 있으니, 부인 김씨와 유택을 함께하였다.
47) 노호총魯湖塚: 노량진 사육신의 무덤.
48) 『회헌집』 권1, 「露梁六臣墓碑銘 幷序」. "而河公墓在嶺南善山 … 則河柳之葬 亦
　　安知不混於此中耶"

이 여긴다."라고 하였다. 이에 의거하면 여섯 사람이 동시에 형을
받고 화를 입은 것을 가히 알 수 있으니, 선산에서 죽었다는
것은 무엇에 근거한 것인가? 만약 동시에 노량진 강가에서 화를
당하였다면 묘가 선산에 있다는 것은 무슨 까닭인가?
인왕산 석벽 속에서 한 개의 사기 항아리를 얻었는데 그 속에
성공成公의 신주神主와 성공의 외손부外孫婦의 신주가 있었다.49)
그때에 나의 돌아가신 증조부께서 송우재宋尤齋[송시열]에게 글
로 묻고,50) 홍주洪州 뇌운동雷雲洞 성공의 옛 집자리에 가서 매장
하였다. 대개 당시 성공의 일을 주도한 사람이 있었던 까닭으로
이 신주가 거기에 있게 되었을 것이다. 이로써 유추해보면 하공의
시신 역시 가속들이 선산으로 운구하여 장사지낸 것인가? 세상이
바뀌고 사람이 멀어지면 사실을 증명할 수 없으니 진실로 족히
기막힌 일이다.[원: 인왕산에서 얻은 신주를 노은동에 봉안하였고,
성공의 위판을 이후 서원을 찾아 증설하면서 또 '그 신주를 봉심하였다.'
라고 하는데 그렇다면 이것은 무엇을 말하는가? 지난번에 매장한 그것
인가?]

정창손 등 40명을 책봉하여 좌익佐翼이라는 훈호를 내렸다.51) 단종이
손위한 후 동봉東峰 김시습金時習·추강秋江 남효온南孝溫·어계漁溪 조
려趙旅(1420~1489)·처사處士 성담수成聃壽(?~1456)·경은耕隱 이맹
전李孟專(1392~1480)·무항霧巷 원호元昊 등은 중이 되어 산으로 들어가
거나 혹은 강호江湖로 종적을 감추고는 세상을 피해 나오지 않았는데

---

49) 『연려실기술』 권4, 단종조 고사본말, 「순난제신」 성삼문.(『장릉지』 참고)
50) 『송자대전』 권142, 「홍주 노은동에 성선생의 신주를 옮겨 봉안한 기」. 남택하
    가 송시열에게 편지를 보내어 물어본 사실이 있다.
51) 『세조실록』 권4, 세조 2년 7월 3일(경오).
    『세조실록』 권4, 세조 2년 7월 5일(임신).

이들을 일러 생육신生六臣이라 한다.

김시습은 삼각산에서 책을 읽다가 단종이 손위하였다는 말을 듣고는 문을 닫고 삼 일간 통곡하더니 책을 다 불사르고 뒷간에 빠져 미친 것을 가장하고는 도망하였다가 머리를 깎고 중이 되었다. 후에 다시 머리를 기르고 아내를 얻었으나 아내가 죽자 다시 중이 되었다.[52]

남효온은 나이 19세에 소릉을 복위시키라는 상소를 올렸는데, 세상에 대해 뜻을 끊고 매양 시사에 통분해 하며 어떤 때는 산에 올라 통곡을 하다가 내려오기도 하였다. 위태한 말과 과격한 논의가 비록 금기禁忌에 저촉되는 것이 있어도 꺼리지 않았다. 연산군대에 이르러 갑자년의 사화 士禍가 무덤 속까지 미쳤다.[53]

원호元昊는 단종 초에 직학直學으로 있다가 치악산에 물러가 살았다. 단종의 운이 다하자 복을 입고 삼년상을 지내면서,[54] 문과 뜰을 벗어나지 않았다. 앉을 때에도 반드시 동향으로 앉고 누울 때도 반드시 머리를 동쪽으로 하였는데 이는 영월이 동쪽에 있기 때문이었다.[55]

조려趙旅는 함안으로 돌아가 세상에 나오지 않았다.[56] 단종의 상에 곡림哭臨하고는 몸을 감추었다.

성담수成聃壽는 파주의 묘 아래로 물러가 지키며 죽도록 서울에는 오지 않았다.[57]

---

52) 『국역매월당집』 부록 권2, 전.
53) 『국역매월당집』 부록 권2, 정의제신열전, 「이조판서 진사 문청공 남효온」.
54) 『연려실기술』 권4, 단종조 고사본말, 「순난제신」 원호.(「명곡집묘비」 참고)
55) 『국역 매월당집』 부록 권2, 정의제신열전, 「증이조판서 행집현전직제학 정간 공 원호」.
56) 『국역 매월당집』 부록 권2, 정의제신열전, 「증이조판서 진사 정정공 조려」. 『연려실기술』 권4, 단종조 고사본말, 「순난제신」 조려.(『성창랑집』·『어계집』 참고)
57) 『국역 매월당집』 부록 권2, 정의제신열전, 「증이조판서 진사 정숙공 성담수」.

이맹전李孟專은 한림翰林으로서 벼슬을 버리고 성주로 돌아가 은거하였는데 죽을 때까지 세상에 나오지 않았다.58)

연촌烟村 최덕지崔德之(1384~1455)도 관직을 버리고 고향으로 돌아갔는데 세상 사람들이 그를 생육신에 비긴다. 허후許詡는 김종서가 화를 당할 때 다행히 죽음은 면했으나 귀양에서 돌아오면서부터 이계전李季甸의 고변으로 허후와 그 아들 허조許慥 및 손자 허연령許延齡이 동시에 화를 입으니 당시 사람들이 슬프게 여겼다.59)

금성대군 유瑜는 안평대군의 옥獄으로 순흥에 귀양 가 있었는데60) 단종이 손위한 후 부사 이보흠李甫欽(?~1457)과 더불어 옛 임금을 복위시킬 것을 모의하고는 몰래 격문을 초하였는데〔원: '천자를 끼고 제후들에게 호령한다.'라는61) 한 구절이 세상에 전한다.〕 본읍의 급창及唱이 이를 몰래 듣고는 금성대군의 시녀를 유혹해서 격문을 훔쳐내어 며칠 밤을 이어서 상경하였다.

그때 풍기군수가 그 일을 알고 몰래 말을 타고 급히 쫓아가 그 격문을 빼앗아서 먼저 변을 알렸다.62) 이에 금성대군을 사사하였다.63) 도사都事가 이르자 금성대군이 은밀히 피하여 간 곳을 몰랐는데 잠시 후 들어와 도사를 보고 말하기를 "내가 끝끝내 숨어 피하면 비록 온 나라 사람이 찾을지라도 잡을 수 없을 것이다."라고 하였다.〔원: 세상에 전하기를 금성은 은신법을 알고 있는 까닭으로 그 법을 잠시 보여줄 뿐이지 사용할 뜻은 아니었다고

58) 『연려실기술』 권4, 단종조 고사본말, 「순난제신」 이맹전.(『일선지』·『해동잡록』 참고)
59) 『추강집』 권8, 「허후전」.
60) 『세조실록』 권4, 세조 2년 6월 27일(을축).
61) 『재향지』 순흥지, 「祠廟」.
62) 『세조실록』 권9, 세조 3년 10월 9일(기해). 의금부에서 이보흠과 유가 반역한 내용을 아뢰어 처벌하자고 하였다.
63) 『세조실록』 권9, 세조 3년 10월 21일(신해).

한다.] 도사가 그로 하여금 북면北面하여 네 번 절하게 하자 금성이 이르기를 "우리 임금은 영월에 계신다."라고 하고 서향하여 절하고는 이어서 약을 마시고 죽었다.[64]

남쪽 지방의 의로운 선비로 이 화란禍亂에 죽은 자 매우 많았으나 그 이름이 전하지 않으니 애석함을 이길 수 없다. 그 읍을 도륙하고 시신을 바다에 던지었으니 금성의 화는 육신六臣의 그것보다 더욱 가혹하였다.

음애陰厓 이자李耔(1480~1533)의 『음애잡기』에 말하기를 "노산군의 묘를 읍인들은 지금까지 애통히 여겨 제단을 차려 길흉화복에 모두 제사를 지낸다. 비록 부녀자들이라도 똑똑히 전하는 설은 '정인지 같은 간적들의 핍박을 받아 우리 임금이 제 명에 죽지 못했다.'는 것이다. 아! 충절의 선비가 반드시 대대로 명문의 집안에서 나오는 것은 아니다. 당시에 그들은 임금을 팔고 이익을 엿보아 반드시 자기 임금을 음화陰禍에 두었으니 그들을 엄흥도에 비하면 어떠한 것인가? 그리하여 시골 아낙네와 동네의 아이들도 마음으로는 군신의 의를 알지 못하고 눈으로 흉변의 일을 보지는 못하였으나, 지금까지 마음에 못 마땅히 여기고 있다. 그 말이 입에서 나오고 소리에서 발하는 줄 알지 못하는 중에도 사람이 가진 천성天性은 속이기 어려움을 알 수 있다.[65]

64) 『연려실기술』 권4, 단종조 고사본말, 「순난제신」 금성대군 유. "너희들이 비록 무리는 많으나, 하잘 것 없구나. 내가 어찌 도망할 사람이냐. 우리 임금이 영월에 계시다."라고 하고 의관을 정제하고 북향하여 통곡하며 사배四拜하고 죽음을 받았다.(『장릉지』 참고)
65) 『연려실기술』 권4, 단종조 고사본말, 「금성지옥 단종상승」.(『음애일기』 참고)

3. 무오사화 점필재제현戊午士禍 佔畢齋諸賢

연산군 5년의 일이다.

유자광柳子光(?~1512)이란 자는 부윤 유규柳規의 얼자로 용력이 남보다 뛰어났는데 상소하여 자천自薦하자[66] 세조가 대하여 보니 과연 그의 말과 같이 삼백 근의 활을 능히 당길 수 있었다. 주상이 그를 장하게 여겨 병랑을 특별히 제수하였다.[67] 이시애李時愛(?~1467)의 반란에 자광이 자천하여 역적을 토벌하고 돌아오자 세조가 그를 몹시 총임寵任하였다.[68]

일찍이 점필재佔畢齋 김종직金宗直의 문하에 왕래하였는데 누차 변란을 고하여 제1품에 녹훈되고 무령군武靈君에 봉하여지자[69] 점필재가 꾸짖어 관계를 끊었다. 유자광이 그를 싫어하여 해치고자 하였으나 이루지 못하였다. 병자 연간에[70] 이르러 점필재가 함양에 갔는데 유자광의 시가 쓰인 현판이 관아에 걸려 있는 것을 점필재가 보고 말하기를 "자광이 어떤 놈이기에 감히 현판을 달 수 있는가?"라고 하여 철거해 버리도록 하였다. 자광이 이를 듣고 더욱더 이를 갈았다. 이때는 성종이 점필재를 매우 아꼈으므로 감히 해칠 수가 없었다.[71]

연산군의 잔인한 때를 만나자 자광이 점필재의 「조의제문」을 구해서 노사신盧思愼(1427~1498)·윤필상尹弼商(1427~1504)·한치형韓致亨

---

66) 『세조실록』 권42, 세조 13년 6월 14일(정미).
67) 『세조실록』 권42, 세조 13년 9월 25일(정해).
68) 『연려실기술』 권6, 연산조 고사본말, 「무오사화」.(『유자광전』·『동각잡기』 참고)
69) 『연산군일기』 권21, 연산군 3년 1월 20일(임술).
70) 『아아록』에는 다음 내용이 추가되어 있다. 丙子恐誤 當詳考(병자란 것은 틀린 것 같다. 자세히 살펴보아야 하겠다.)
71) 『연산군일기』 권30, 연산군 4년 7월 29일(계해).
    『연려실기술』 권6, 연산조 고사본말, 「무오사화」.(『동각잡기』 참고)

(1434~1502)과 더불어 차비문差備門으로 가 도승지 신수근愼守勤(145
0~1506)을 불렀다.72) 귀엣말을 한참 하다가 이를 일러바치기를 "김종직
이 「조의제문」을 지어 세조를 비난하였는데 그 글에 '조룡祖龍이 어금니와
뿔을 휘두른다.'라고 한 것은 세조를 가리켜 시황제始皇帝에 비긴 것이요,
'회왕懷王73)을 찾아내어 민망民望에 따랐다.'라고 한 것은 노산군을 가리켜
의제義帝에 비긴 것이고, '그 인의仁義를 볼 수 있다.'라는 것은 노산을
가리킨 것이니 의제의 마음에 비추어 말한 것이다. '양처럼 성내고 이리처
럼 탐욕하여 관군冠軍[宋義]을 함부로 죽였다.'라고 한 것은 세조世祖가
항우項羽처럼 인자롭지 못하게 김종서金宗瑞를 죽인 것을 가리켜 말한
것입니다. '어찌 항우를 잡아 죽이지 않았느냐?'는 것은 노산군이 어찌
세조를 죽이지 않았느냐는 것을 가리켜 말한 것입니다. '주자朱子의 필법
에 따른다.'는 것은 세조를 가리켜 조조曹操와 동탁董卓의 유類에 비기고
스스로는 주자에게 비긴 것입니다.74) 그의 문인 조위曺偉는 이 글을 일컬
어 '가히 귀신을 울린다.'라고 말하였습니다. 김일손金馹孫(1464~1498)
은 사관史官이 되었을 때 그 역시 스승의 말을 본받아 역사를 편찬함에
세조를 헐뜯는 것이 많았으니 역율逆律로써 처단할 것을 청합니다."라고
하였다. 이에 점필재 문하의 제인들이 모두 살육당하였다.75) 점필재는

---

72) 『연산군일기』 권30, 연산군 4년 7월 1일(을미). 우의정 한치형도 여기에 참가
하였다.
『연려실기술』 권6, 연산조 고사본말, 「무오사화」.(『유자광전』 참고)
73) 회왕懷王: 의제義帝.
74) 『연산군일기』 권30, 연산군 4년 7월 15일(기유).
『연산군일기』 권30, 연산군 4년 7월 17일(신해).
『연려실기술』 권6, 연산조 고사본말, 「무오사화」.(『이세영일기』·『조야기문』
참고)
75) 『연산군일기』 권30, 연산군 4년 7월 27일(신유). 김종직은 부관참시, 김일손·
권오복·권경유는 능지처사, 이목·허반은 참형, 강겸은 곤장 1백대·가산적
몰·극변에 내쳐 종으로 삼았다. 표연말·홍한·정여창·홍한·무풍부정총·
강경서·이수공·정희량·정승조는 곤장 1백 대에 3천 리 밖으로 내쳤다. 임
희재는 곤장 1백 대를 때려 3천 리 밖으로 내쳤다. 이주는 곤장 1백 대를 때

성종조 임자년(성종 23년, 1492)에 이미 죽었기 때문에 화가 무덤 속에까지 미쳤다.76) 무릇 그 소장되어 있는 시문詩文들이 세상에 이리저리 전하여지는 것은 옳지 않으므로 이제 이틀 내에 자수하여 바치라고 하여 빈청 앞의 뜰에서 불태웠다.77)

성종이 일찍이 점필재에게 명하여 「환취정기環翠亭記」를 짓게 하고 그 문미 위에 걸어두었는데 자광이 또 이를 떼내어 불태우기를 청하였으니 함양의 원한을 갚고자 해서였다.78)

김일손金馹孫 · 권오복權五福(1467~1498) · 권경유權景裕(?~1498)는 이 사초史草를 아름답다고 칭송하고 영원히 후세에 전하고자 하였으니 죄가 종직과 같다 하여 아울러서 능지처참 당하였다. 이목李穆과 허반許磐은 목을 잘라 죽였고, 강겸姜謙(?~1504)은 곤장을 치고 노비로 삼았다. 일두一蠹 정여창鄭汝昌(1450~1504)은 종성으로 찬출당하였으며〔원: 계해년(연산군 11년, 1503)에 죽었고, 갑자년(연산군 10년, 1504)에 추죄당하였다.〕, 한훤당寒暄堂 김굉필金宏弼은 거제로 찬출당하였다.〔원: 갑자년에 절명絶命하였다.〕

그 나머지 매계梅溪 조위曺偉〔원: 갑자년의 화가 무덤 속까지 미쳤다.〕 · 수헌睡軒 권홍權弘(1360~1446) · 뇌계㵢溪 유호인兪好仁(1445~1494) · 장

려 극변에 부처하였다. 이종준 · 최부 · 이원 · 강백진 · 김굉필 · 박한주 · 이계 맹 · 강혼은 곤장 80대를 때려 먼 지방으로 부처하고, 내친 사람들은 모두 봉수군, 정노간으로 정역하게 하였다. 어세겸 · 이극돈 · 유순 · 윤효손 등은 파직 시켰고, 홍귀달 · 조익정 · 허침 · 안침 등은 좌천시켰다.

76) 『연려실기술』 권4, 연산조 고사본말, 「무오사화」.(『이세영일기』 참고)
77) 『연산군일기』 권30, 연산군 4년 7월 22일(병진).
   『연산군일기』 권30, 연산군 4년 7월 23일(정사).
   『연려실기술』 권4, 연산조 고사본말, 「무오사화」.(『유자광전』 참고)
78) 『연산군일기』 권30, 연산군 4년 7월 29일(계해).
   『연려실기술』 권4, 연산조 고사본말, 「무오사화」.(『유자광전』 참고)

류장六 이원李黿(?~1504)·우졸迂拙 박한주朴漢柱(1459~1504)·망헌
忘軒 이주李胄(?~1504)는 모두 먼 변방으로 찬출되어 끝내 갑자년에
죽고 말았다.79) 유자광柳子光·이극돈李克墩(1435~1503)·윤필상尹弼
商·한치형韓致亨·노사신盧思愼 등을 책봉하여 공신으로 삼았다.80)

한치형이 지어올린 축하의 전문箋文에 대략 말하기를 "어찌 역적의
무리가 감히 함부로 모반하리라 생각했으리오. 요망한 것을 가탁하고
불궤한 마음을 행하여 문사文史를 퍼뜨리고 전하니 막대한 죄를 스스
로 부른 것입니다. 대소大小가 함께 분노하고 신민臣民이 모두 원수로
여기며 하늘과 땅이 용납하지 않으니 어찌 하늘이 죽이는 것을 피할
수 있겠습니까? 천둥과 벼락이 이미 내려치고 만물을 숨기는 음기도
이내 사라졌습니다."라고81) 하였으니 그 글의 뜻이 극히 간악하였다.

이극돈은 성종의 대상을 당했을 때 전라감사로서 향을 올리지 않고
기생을 데리고 다녔다. 김일손이 그것을 사초史草에 기록하자 극돈이
고치기를 사사로이 청했으나 따르지 않았다.82) 또 극돈이 성준成俊(143
6~1504)과 서로 사이가 어그러져 장차 이덕유李德裕83)와 우승유牛僧儒84)

---

79) 『연려실기술』 권2, 연산조 고사본말, 「무오사화」.(『이세영일기』 참고)
80) 『연산군일기』 권30, 연산군 4년 7월 27일(신유).
81) 『대동야승』 해동야언(3), 「연산군」.
82) 『연려실기술』 권6, 연산조 고사본말, 「무오사화」.(『국조기사』 참고)
83) 이덕유李德裕: 787~850. 당 말기의 정치가. 자는 문요文饒, 재상 이길보李吉甫
의 아들. 한림학사, 절서관찰사, 서천절도사, 병부시랑을 거쳐 병부상서, 중서
문하평장사 등 재상을 지냈다. 이종민李宗閔, 우승유牛僧儒의 집단에 반대하여
우이당쟁牛李黨爭 때 이파의 영수가 되었다. 선종宣宗이 즉위하고 우당이 득세
함에 따라 4차례나 폄척되었고, 최후에 애주사호崖州司戶로 폄척되어 그곳에
서 병사했다.
84) 우승유牛僧儒: 779~847. 당대의 문학가, 정치가. 자는 사암思黯. 우이당쟁에서
우파의 영수였다. 문종 때 병부상서동평장사로 있다가 이파인 이덕유의 당인
들에게 배척을 당했으며, 무종 때는 이덕유가 재상이 되면서 순주장사로 폄척

처럼 당파를 만들려고 한다고 소를 올려 논했다. 극돈은 이것으로 원망을 품었다. 무오년에 이르러『성종실록』을 찬진하는데 극돈이 사국 당상으로서「조의제문」을 보자 자기의 원한을 갚을 기회라고 마음속으로 기뻐했다. 어세겸魚世謙(1430~1500)을 청해서 "김일손은 그 선생의 말을 이어 선왕을 무함하고 훼손함이 이와 같으니, 신하된 자가 이 일을 보고 임금에게 아뢰지 않음이 옳겠는가? 사초를 봉해서 아뢰면 우리들은 근심이 없을 것이다."라고 하였다. 세겸은 깜짝 놀라서 아무런 답도 하지 않고 가버렸다.

이극돈은 또 유자광과 모의하였다. 자광이 자기 원한을 갚고자 할 때 이 일을 듣자 팔을 걷어 올리고 큰소리로 "이 어찌 늦출 일인가?"라고 말하였다. 곧 노사신盧思愼(1427~1498)과 더불어 이 사화를 빚어내었다.[85]

세상에 전하기를 점필재의 문인으로서 일두一蠹와 한훤당寒暄堂은 그 이학理學을, 매계梅溪와 탁영濯纓은 그 문장을, 허암盧菴 정희량鄭希良 (1469~?)은 그 상수학을, 용재慵齋 이종준李宗準(?~1499)은 그 의약과 서화를, 읍취헌悒翠軒 박은朴誾(1479~1504)은 그 시학詩學을 전해 받았으며, 추강秋江 남효온南孝溫과 운산雲山 홍유손洪裕孫은 처사處士의 풍류를 배웠다고 한다.

유자광이 왕의 노여움을 틈타 일망타진의 계책을 세워서 윤필상을 보고 이르기를 "이들의 죄악은 무릇 신하된 우리로서는 그들과 한 하늘 밑에 살 수 없는 일이니 마땅히 그 당여를 찾아 모두 제거한

되었다. 선종 때 복권되었다.
85)『연산군일기』권30, 연산군 4년 7월 29일(계해).
   『연려실기술』권6, 연산조 고사본말,「무오사화」.(『유자광전』참고)

연후에야 조정이 맑아질 것이다. 그렇지 않으면 그 나머지 무리들이
다시 일어나 화란禍亂을 일으킴이 적지 않을 것이다."라고 하였다.

노사신이 손을 흔들어 저지하며 "무령武靈은 어찌 이런 말을 하는가?
당고黨錮[86]의 일을 혼자만 듣지 못했단 말인가? 법망이 날로 엄해져서
사류들이 갈 곳이 없더니 한나라는 마침내 망했다. 무령은 어찌
이런 잘못된 말을 하는가?"라고 말하였다. 이에 자광이 약간 꺾이는
듯하였으나 결국 옥사에 연루되었던 이들은 모두 철저하게 다스려졌
다.

사신이 또 말리어 말하기를 "우리가 당초에 아뢰었던 것은 단지
사초에 관한 일이었을 뿐이었다. 지금은 곁가지가 만연하여 사초의
일에 관여되지 않은 사람도 수계收繫됨이 날로 많아지니 우리의 본뜻
이 아니다."라고 하였다. 이에 자광은 얼굴색을 붉히면서 각각 자기의
뜻대로 계啓를 올렸다. 왕은 자광의 의견에 모두 따랐다.[87]

---

86) 당고黨錮: 후한의 환제桓帝 때 진번陣蕃·이응李膺 등 우국지사가 환관宦官의
    발호를 미워하여 태학생들을 거느리고 환관을 공격하니, 환관들이 조정을 반
    대하는 당인黨人이라고 도리어 몰아 이들 자식들을 옥에 가두고 그 사진仕進
    의 길을 막았으며, 영제靈帝 때 두무竇武·진번 등이 환관 등을 죽이려 하다
    가 일이 누설되어 그와 뜻을 같이 하는 1백여 명과 함께 피살당한 사건이다.
    (『성종실록』 권82, 성종 8년 7월 11일)
87) 『연산군일기』 권30, 연산군 4년 7월 29일(계해).
    『연려실기술』 권6, 연산조 고사본말, 「무오사화」.(『유자광전』 참고)

4. 갑자사화 읍취헌제현甲子士禍 挹翠軒諸賢

연산군 11년의 일이다.[88]

점필재佔畢齋 문하의 여러 인물들이 세상에 이름을 떨치자, 당시의 간사한 무리들이 그들을 싫어하여 죽이고자 하는 마음을 품고 있었다. 영상 신수근愼守勤·형판 신수영愼守英(?~1506)·좌상 유순柳洵(1441~1517)·좌참찬 임사홍任士洪(?~1506)·점필재 문인 이장길李長吉〔원: 퇴계退溪는 일찍이 장길을 평하여 "장길의 몸은 하나이지만 앞뒤의 몸이 서로 다르니 어찌 정문程門의 형서邢恕[89]가 하나뿐이겠는가?"라고 하였다.〕 등이 연산군이 총애하는 후궁과 환관宦官에게 붙었다.

최건崔虔이 밀계를 올려 "김종직의 문인들이 무오년의 일에 원망을 품고 당을 지어 반역을 도모합니다."라고 말하였다. 연산군이 크게 노하여 모두 주살誅殺하라고 명하였다. 무오년에 찬출되어 유배를 갔던 사람들이 이때에 이르러 모두 죽었다.[90] 그 외에 읍취헌挹翠軒 박은朴誾[91]·지족당知足堂 조지서趙之瑞(1454~1504)[92]·교리 권달수權達手(1469~1504)[93]·이계맹李繼孟(1458~1523)[94]·사간 강백진姜佰珍·주계정朱溪正

---

88) 유년법에 따르면 갑자사화는 연산군 10년(1504)의 일이다.
89) 형서邢恕: 정이程頤의 제자로서 스승을 배반한 자이다.
90) 『연산군일기』 권55, 연산군 10년 9월 26일(계축).
　　『연산군일기』 권56, 연산군 10년 10월 1일(무오).
91) 『연산군일기』 권54, 연산군 10년 6월 15일(갑술). 왕이 사냥간 일을 비판한 죄로 죽었다.
　　『연산군일기』 권55, 연산군 10년 8월 17일(갑술). 전교하기를 "박은은 평평하게 매장하도록 하라."라고 하였다.
　　『연산군일기』 권55, 연산군 10년 10월 7일(무오). 이세좌·이극균·박은 등을 추질追嫉하여 각각 죄명을 달았는데, … 박은은 "음흉하고 간사하여 사람을 해친다."라고 하였다.
92) 『연산군일기』 권32, 연산군 5년 1월 11일(신미).
　　『연산군일기』 권53, 연산군 10년 윤4월 17일(정축).
　　『연산군일기』 권53, 연산군 10년 윤4월 28일(무자).
93) 『연산군일기』 권56, 연산군 10년 12월 2일(무오). 의금부에서 조율을 고쳐 권

이심원李深源[95]·직학 심순문沈順門(1465~1504)[96]·승지 정성근鄭誠謹
(?~1504)[97] 등도 참화를 당했다.

    조지서는 잡혀갈 때 그의 처 정씨와 서로 결별하며 "내 이제 가면
반드시 죽을 것이니 아버지와 할아버지의 신주를 어찌해야 하겠소."
라고 하였다. 정씨가 눈물 흘리며 "마땅히 죽음으로 스스로 지키겠습
니다."라고 하였다. 조가 죽은 후 그 집을 적몰해버리니 정씨가 돌아갈
곳이 없었다. 정씨의 아버지가 본가로 돌아오라고 말하니 정씨가
거절하기를 "망인亡人이 저에게 아버지와 할아버지의 신주를 맡김에
소첩이 죽음으로 허락하였는데 어찌 중간에 변할 수 있겠습니까?
또한 망인의 첩에게 별도로 집이 있으니 거기에 가서 의지하겠습니

<hr>

달수·김세필은 죄를 참형에 해당시키자고 하였다.

94) 『연산군일기』 권55, 연산군 10년 9월 18일(을사). 정배.
   『연산군일기』 권57, 연산군 11년 2월 7일(계해). 국문.
   『연산군일기』 권57, 연산군 11년 3월 2일(정해). 장 80으로 처결하여 배소로
   돌려보냈다.

95) 『연산군일기』 권55, 연산군 10년 9월 27일(갑인). 전교하기를 "심원은 형을 집
   행하여 가산을 몰수하라."라고 하였다. 승지 권균과 윤순이 형 집행을 감독하
   고, 배관과 종친으로 하여금 모여 보도록 하였다.
   『연산군일기』 권55, 연산군 10년 10월 1일(무오). 전교하기를 "심원은 능지처
   사하고, 그 형제들은 모두 장 1백에 처하여 먼 지방으로 정배하는 것이 어떨
   까? 정승들에게 묻노라."라고 하니, 유순이 아뢰기를 "성상의 하교가 지당하십
   니다."라고 하였다.

96) 『연산군일기』 권53, 연산군 10년 윤4월 25일(을유). 하옥.
   『연산군일기』 권53, 연산군 10년 5월 8일(정유). 외방에 부처하라고 하였다.
   『연산군일기』 권56, 연산군 10년 11월 25일(신해). 제주로 배소를 옮겼다.
   『연산군일기』 권56, 연산군 10년 11월 29일(을묘). 의금부가 아뢰기를 "심순문
   의 불경죄는 마땅히 기훼제서율棄毁制書律로 논해야 합니다."라고 하니, 즉시
   승명패承命牌를 내려 의금부 낭관을 보내어 사형수를 잡아오도록 하였다.
   『연산군일기』 권56, 연산군 10년 12월 4일(경신).

97) 『연산군일기』 권53, 연산군 10년 윤4월 9일(기사). 추국.
   『연산군일기』 권53, 연산군 10년 윤4월 13일(계유). 사형수로 가두게 하였다.
   『연산군일기』 권53, 연산군 10년 윤4월 15일(을해). 정성근·구성·최숙근과
   내관 김취인을 군기시 앞에서 베었다.
   『연산군일기』 권53, 연산군 10년 윤4월 17일(정축).
   『연산군일기』 권58, 연산군 11년 6월 4일(정사).

다."라고 하며 신주를 품에 안고 그 집으로 갔다. 마침내 삼 년 후 반정이 일어나자 옛집을 되찾아 예전과 같이 제사를 모셨다.[98]

추강 남효온은 성종에게 소릉을 복위시키라는 상소를 올렸는데 이때에 이르러 화가 무덤 속에까지 미쳤다.[99] 허암 정희량은 무오년에 의주로 귀양갔다가 풀려나 풍덕豊德에 돌아와 살았는데 경신 연간에 이미 갑자년의 화가 있을 줄 알고 강호江湖로 도망가서 화를 면하였다.[100]

허암은 모친상으로 여막에 거처하였다. 어느 날 홀연히 강가 모래사장에 미투리 두 짝을 벗어두고 사라져서 간 곳을 몰랐다. 사람들에게 물에 빠져 죽은 것으로 보인 것이다.[101] 훗날 가천원加川院 벽에 다음과 같은 절구絶句 2수가 씌어 있었다.

---

98) 『연려실기술』 권6, 연산조 고사본말, 「갑자화적」.(『음애일기』 참고)

99) 『연산군일기』 권56, 연산군 10년 11월 9일(갑오). 춘추관이 아뢰기를 "소릉복위에 관한 상소는 남효온이 한 것인데, 아버지는 전悛, 아들은 충서忠恕이며, 형제간은 없습니다."라고 하였다.
『연산군일기』 권56, 연산군 10년 11월 13일(기해). 전교하기를 "남효온은 난신의 예로 부관능지하여 가산을 몰수하고, 그 아들은 참형에 처하여 효수하되, '아버지 효온이 소릉의 복위를 청한 죄'라고 찌를 써 달라."라고 하였다.
『연려실기술』 권6, 연산조 고사본말, 「갑자사화」.(『국조기사』 참고)

100) 『연산군일기』 권41, 연산군 7년 9월 23일(무술). 윤필상·한치형·성준이, 강경서·이수공·정승조·정희량 등의 이름에 표를 붙여서 아뢰니, 전교하기를 "모두 방면하시오."라고 하였다.
『연산군일기』 권44, 연산군 8년 5월 14일(을유). 전 대교待敎 정희량이, 고양군에서 어머니의 묘를 지키다가 병으로 인해 풍덕현 종의 집에 피해 가 우거하였더니, 이내 도망해 버려 간 곳을 알 수가 없었다.

101) 『연산군일기』 권44, 연산군 8년 5월 14일(을유). 사신은 논한다. "단옷날 몸을 빼쳐서 도망해 버려 간 곳을 알 수가 없었다. 그 가족이 찾아서 해변에 이르니, 다만 신 두 짝이 물가에 남아 있을 뿐이었다. 어떤 이는, '갑자사화가 일어날 것을 미리 알고 물에 빠져 죽은 것이라.' 하고, 어떤 이는, '거짓 미쳐 세상을 피하며 아직 살아 있다.'라고 한다."
『연려실기술』 권6, 연산조 고사본말, 「갑자사화」.(『사재척언』·『용천담적기』 참고)

새는 무너진 담 구멍을 엿보고	鳥窺頹垣穴
해 저무는 우물가에 중이 물을 긷누나	僧汲夕陽泉
산과 물을 집으로 삼은 나그네	山水無家客
하늘과 땅은 어디가 끝간 데인고.	乾坤何處邊

어젯밤 비바람에 놀랐노니	風雨驚前夜
문명 세상이 이 시대를 저버리누나	文明負此時
지팡이에 의지하여 온 세상을 홀로 떠돌아다니노니	孤節遊宇宙
시끄러운 세상이 싫어 시도 짓지 않으련다.	嫌鬧幷休詩

가천원의 관리자가 말하기를 "어떤 승복 입은 사람이 이곳을 지나다가 썼다."라고 하였다. 당시 사람들이 모두 "그 승려가 허암이 아닐까?"라고[102] 하였다.

연산군은 그의 어머니가 비명에 죽었다고 해서 그 당시에 시종 대신이었던, 윤필상尹弼商·한치형韓致亨·정창손鄭昌孫·한명회韓明澮·어세겸魚世謙·심회沈澮·이파李坡(1434~1486)·이세좌李世佐(1445~1504)·김승경金承卿·이극균李克均(1437~1504)·성준成俊·권주權柱 등 12인을 '열두 명의 간신'이라 하여서 살아 있는 자, 이미 죽은 자 할 것 없이 모두 도륙하여 그 뼈를 갈아 바람에 날려 보냈다. 아무 죄도 없이 화를 당했던 사람들은 가히 참혹함을 이기겠는가?[103] 그러나 필상·

---

102) 『연려실기술』 권6, 연산조 고사본말, 「갑자사화」 갑자화적.(『명신록』·『용천담적기』 참고)
103) 『연산군일기』 권52, 연산군 10년 3월 23일(갑신).
　　『연산군일기』 권53, 연산군 10년 4월 17일(무신).
　　『연산군일기』 권53, 연산군 10년 윤4월 17일(정축).
　　『연산군일기』 권53, 연산군 10년 윤4월 21일(신사).
　　『연려실기술』 권6, 연산조 고사본말, 「갑자사화」.(『미수기언』·『풍암집화』 참고)

명회・치형・창손 등은 충량忠良한 사람들을 많이 해쳤던 자들이었다. 어찌 하늘이 연산을 낳아 그 원한을 갚은 것이 아니겠는가?

임사홍任士洪의 아들 임광재任光載와 임숭재任崇載는 모두 예종과 성종 양조의 부마였다. 이 둘은 남의 첩을 빼앗아 연산군에게 바쳐 총애를 얻었다. 사홍이 흐느끼며 호소하기를 "폐비는 엄嚴・정鄭 양숙의兩淑儀 〔원: 성종의 후궁〕의 모함과 열두 명의 대신들의 말 때문에 죽게 되었습니다."라고 하였다. 이에 연산군이 크게 노하여 마침내 두 숙의와 열두 명의 대신들을 죽이고 조정의 선비 수백 인을 크게 도륙하였다.104) 이것이 갑자년의 화가 무오년의 화보다 심했던 이유이다.

중종반정 때 유자광은 성희안成希顔(1461~1513)과의 인연으로 밀모密謀에 제일 먼저 참여하여 임금을 추대한 공이 있었으나 사림들은 그의 공功에 대해 이를 갈았다.

정묘년(중종 2년, 1507)에 이르러 유숭조柳崇祖(1452~1512)・심정沈貞(1471~1531)・남곤南袞(1471~1527)・김극성金克成(1474~1540) 등이 밀계하여 "의관 김공저金公著・서얼 박경朴畊・유생 조광보趙光輔 등이 유자광・박원종・노공필盧公弼(1445~1516) 등을 해치고자 한다."라고105) 하였다. 궁궐의 뜰에서 이들을 국문할 때 낙형烙刑을 사용하여 "대신을 모해하고 조정을 변란케 하려 했다."라는 자백을 얻어내어 공저와 경의 목을 베고 광보를 대궐로 잡아들였다. 조광보가 큰소리로 책을 외우다가 유자광을 보자 외치기를 "자광은 소인배인데, 네가 어찌하여 이 자리에 있느냐. 무오년 현량賢良들을 모함하여 김종직과 같은 사람들을 모두 죽였는

---

104)『연려실기술』 권6, 연산조 고사본말,「갑자사화」.(『국조기사』 참고)
105)『중종실록』 권2, 중종 2년 윤1월 25일(기사).

데, 이제 또 무슨 일을 하려고 하느냐. 상방검尙方劍106)이 있으면 저 간신 놈의 머리를 잘라 버리고 싶다."라고 하였다.

또 박원종을 돌아보고 말하기를 "네가 성군聖君을 추대한 공은 과연 크다. 그러나 어찌하여 폐주廢主의 나인을 데리고 사느냐."라고 하였다. 또 성희안成希顏을 꾸짖어 말하기를 "지난날에 너는 명유名儒로써 일컬어졌는데 지금은 어찌하여 자광과 더불어 같은 짓을 하는가?"라고 하였다. 또 강공강姜珙과 이말李抹을 가리키며 "너희들은 사관史官이니 마땅히 내 말을 특별히 써 두어야 할 것이다."라고 하였다. 곤장을 10여 대를 맞고도 통곡만 할 뿐 아무 말도 하지 않았다. 원종이 말하기를 "참으로 미친놈이구나."라고 하고는 광보를 풀어주었다.107)

조광보가 연산군 때에 송당松堂 박영朴英(1471~1540)과 더불어 술을 마시고 취하자 조가 송당의 손을 잡고 칼을 뽑아 겨누는 흉내를 내면서 "지금 임사홍이 조정을 어지럽혀 국가가 장차 망하려하는데, 너는 무부武夫로서 능히 이 역적을 죽이지 못하는가, 내 마땅히 먼저 너를 베리라."라고 하였다. 이에 송당이 말하기를 "내가 이 역적을 죽이지 아니하고자 함이 아니라 단지 후세 사서史書에 '임사홍을 도살하였다.'라고 쓴다면 어찌 하겠는가?"라고 하니, 조가 또한 웃으면서 이를 그만 두었다.108) 대개 무오년의 화는 자광이 주도하였고 갑자년의 화는 사홍이 주도하였으므로 조광보의 말이 이와 같았다.

---

106) 상방검: 한나라 성제成帝 때에 주운朱雲이 아첨하는 신하의 머리를 상방검으로 베어버리겠다고 한 고사에서 온 말이다.(『한서』 권67, 열전37 朱雲. "至成帝時 丞相故安昌侯張禹以帝師位特進 甚尊重 雲上書求見 公卿在前 雲曰 今朝廷大臣上不能匡主 下亡以益民 皆尸位素餐 孔子所謂鄙夫不可與事君 苟患失之 亡所不至者也 臣願賜尙方斬馬劍 斷佞臣一人以厲其餘 上問 誰也 對曰 安昌侯張禹 上大怒 曰 小臣居下訕上 廷辱師傅 罪死不赦 御史將雲下 雲攀殿檻 檻折")

107) 『중종실록』 권1, 중종 2년 윤1월 25일(기사).
『연려실기술』 권6, 중종조 고사본말, 「김공저조광보지옥」.(『동각잡기』 참고)

108) 『연려실기술』 권6, 중종조 고사본말, 「김공저조광보지옥」.(『병진정사록』 참고)

5. 기묘사화[109] 정암제현己卯士禍 靜庵諸賢

중종 14년(1519)의 일이다.

중종 을해년(중종 10년, 1515)에 장경왕후章敬王后가 승하하였다.[110] 당시의 의론은 성종 때 있었던 구례舊例에 따라 여러 숙의淑儀 중에서 한 사람을 승품陞品시켜 정비正妃로 삼자고 하니 사람들이 모두 위구危懼 하였다. 그때 충암沖菴 김정金淨(1486~1520)은 순창군수였고 눌재訥齊 박상朴祥(1474~1530)은 담양부사였는데 합사合辭하여 항소抗疏하기를 "저 박원종의 무리들이 제 자신의 이익을 도모하고자 군부君父를 협박하여 국모國母를 내쫓아 천하의 큰 명분을 범하였으니 이제라도 그들에게 형벌을 가하여 그 죄를 밝히소서. 청하옵건대, 신씨愼氏를 복위시켜 구은 舊恩을 온전케 하소서."라고[111] 하였다.

연산군의 비는 신수근愼守勤(1450~1506)의 누이였고 중종의 비는 신수근의 딸이었다. 연산군이 황음荒淫하였던 때에 신수근은 정승이 었다. 강귀손姜龜孫도 그와 같이 정승이었는데, 임금을 폐하고 새 임금을 세울 뜻이 있어서 수근에게 조용히 말하기를 "매부와 사위 중에 누가 더 친밀한가?"라고 하자 수근이 말하기를 "세자가 영명하니

---

109) 『정변아아록』의 차례에는 기묘사화와 신사사화로 제목이 분리되어 있으나, 『아아록』에는 기묘사화에 신사화부로 첨부되어 있다.

110) 『중종실록』권21, 중종 10년 3월 2일(기미).

111) 『중종실록』권22, 중종 10년 8월 8일(임술).
『연려실기술』권7, 중종조 고사본말, 「왕비신씨손위복위본말」. 이 해 8월에 순창군수 김정과 담양부사 박상이 상의하기를 "원자가 아직 강보 속에 있는 데 박숙의가 후궁으로 총애를 받고 또 아들이 있으니, 만약 성종 때 비를 폐 하고 자순대비慈順大妃가 후궁으로서 중전의 자리에 오른 예를 좇아 박숙의 를 정비로 책봉되게 된다면 원자의 처지가 곤란하게 될 것이니 차라리 신씨 를 복위시켜 무고하게 쫓겨난 것을 설원雪冤하고 동시에 첩을 아내로 삼는 일이 의리가 아님을 명백히 해 두는 것이 옳겠다."라고 하였다.

다만 그를 믿을 따름입니다."라고 하였다. 강귀손은 그 말이 세어나가 배신당하여 죽을까봐 은근히 염려하였다. 반정이 일어나던 날에 박원종 등이 역사力士를 시켜 신수근과 그의 아우 신수겸愼守謙(?~ 1506)을 쳐 죽였다.

중종이 즉위한 그 다음날 영상 유순柳洵(1441~1517)과 우상 김수동金壽童(1457~1512)이 유자광·박원종·유순정·성희안·김감金勘(1466~1509)·이손李蓀(1439~1520)·권구權鉤·송질宋軼(1454~1520)·박건朴建(1434~1509)·정미수鄭眉壽(1456~ 1512)·한사문韓斯文(1446~1507)·신준申浚(1444~1509) 등을 거느리고 계하기를 "거사할 때 먼저 수근을 제거한 것은 큰일을 이루고자 하여서였습니다. 지금 수근의 딸이 대내大內에 입시入侍해서 중전의 자리에 바로 앉게 되면 인심이 불안해집니다. 인심이 불안해지면 종사宗社에 관계됨이 있으니 은정恩情을 끊어 궐 밖으로 내치소서."라고 하였다. 전교하기를 "조강지처를 어찌하겠는가?"라고 하면서 윤허하지 않았다.

다시 계하기를 "신들도 이미 그렇게 생각하였습니다. 그러나 종사의 대계大計에 관한 것인데 어찌하겠습니까. 청하는 즉시 빨리 결단하여 머뭇거리지 마십시오."라고 하자, 전교하기를 "종사가 지극히 중하니 어찌 사사로운 정을 헤아리겠는가? 마땅히 여러 의론에 따르겠다."라고 하였다. 이날 저녁으로 신비愼妃는 밖으로 나가게 되었다.[112]

이것은 중종이 원종의 무리들의 위협에 협박당하여 부득이 행한 것이었다. 예부터 흉악한 역적이 어느 시대인들 없었으리오마는 군부를 협박하여 국모를 내쫓아버린 것은 그 이전의 역사에서는 볼 수 없었다. 나라 사람들이 이를 분하고 원통하게 생각한지 오래였

---

112) 『중종실록』 권1, 중종 원년 9월 9일(을유).
『연려실기술』 권7, 중종조 고사본말, 「왕비신씨손위복위본말」.(『동각잡기』 참고)

다.

장경왕후가 흥薨함에 김정金淨과 박상朴祥의 상소가 당당한 의리에
서 나오자 저 권민수權敏手(1466~1517)와 이행李荇(1478~1534)
의 무리가 그 논의를 힘써 막음으로써[113] 사화士禍의 조짐이 일어났으
니 그 죄가 당초에 박원종의 무리와 똑같다. 어찌 춘추春秋의 주살誅殺
을 능히 면할 수 있겠는가? 세상의 도리를 가만히 생각해 보면 참으로
마음이 차갑고 뼈가 서늘해진다.

대사헌 권민수權敏手와 대사간 이행李荇이 조정에서 큰소리로 "만일
신씨를 복위시켜 원자元子를 어떤 처지에 놓자고 한다면 이를 사설邪說로
지목하고 죽을죄에 비기겠다."라고 하였다. 원자란 인종仁宗을 가리켜
말한 것이다. 문익文翼 정광필鄭光弼이 당시 좌상左相으로서 여러 신하를
거느리고 구해求解하여[114] 곤장을 면하고 도배徒配되었다.[115]

정민貞愍 안당安瑭(1461~1521)은 대신大臣의 의론이 잘 행해지지 못하
는 것을 분하게 여겨 계하기를 "김정과 박상은 성심을 다하여 말하였는데
이제 한두 신하의 말로 말미암아 도리어 이들을 엄히 꾸짖으시니 이것은
언로를 막고 선비의 기개를 꺾는 것이고 만세의 원망을 남기는 것입니다."
라고[116] 하였다.

권민수와 이행은 도리어 안당을 탄핵하여 나라를 그르친다고 지목하였

---

113) 『중종실록』 권22, 중종 10년 8월 11일(을축). 대사헌 권민수·대사간 이행 등
　　이 박상과 김정의 상소가 사특하다고 하면서 그들을 잡아다가 의금부에 내
　　려 그 까닭을 추고하라고 청하였다.
114) 『중종실록』 권22, 중종 10년 8월 12일(병인). 영의정 유순·좌의정 정광필·
　　우의정 김응기·좌찬성 장순손·우찬성 김전·우참찬 남곤 등이 "박상과 김
　　정의 망령된 말만을 조정에 효유하고 실언한 죄는 다스리지 않는 것이 사체
　　에 합당하다."라고 아뢰었다. 또 광필은 "그들을 너그러이 용납하여 파직하
　　는데 그치면 된다."라고 독계獨啓하였다.
115) 『중종실록』 권22, 중종 10년 8월 23일(정축).
116) 『중종실록』 권22, 중종 10년 8월 26일(경진).

다.117) 이로부터 조야朝野가 기운을 잃고 두려움에 위축되어 말하는 것을 꺼렸다. 정암靜菴 조광조趙光祖(1482~1519)가 이때 정언正言으로서 상소를 올려 권민수와 이행을 배척하자118) 김안국金安國과 이장곤李長坤(1474~?)은 정암의 논의를 도와주었으나 유부柳溥(?~1544)·김희수金希壽(1475~1527)·이언호李彦浩(1477~1519)는 권민수와 이행의 논의를 돕자119), 김안로金安老가 두 쪽 다 옳다는 설을 내었다.120)

신광한申光漢(1484~1555)·윤자임尹自任(1488~1519)·김정국金正國(1485~1541)·기준奇遵(1492~1521) 등도 힘써 김정과 박상을 구하자 언호彦浩를 내보내어 전라감사로 삼았으며121) 민수敏手를 충청감사로 삼았고122) 안로安老를 경주부윤으로 삼았으며123) 이행李荇을 수원부사로 삼았다.124)

---

117) 『중종실록』 권23, 중종 10년 9월 3일(병술).
118) 『중종실록』 권23, 중종 10년 11월 22일(갑진). 정언 조광조가 아뢰기를 "… 김정 등에 대하여 재상이 죄주기를 청하더라도 대간은 구제하여 풀어 주어 언로를 넓혀야 할 터인데, 도리어 스스로 언로를 훼손하여 먼저 그 직분을 잃었으니, 신이 이제 정언이 되어 어찌 구태여 직분을 잃은 대간과 같이 일을 하겠습니까? 서로 용납할 수 없으니 양사를 파직하여 다시 언로를 여소서 …"라고 하였다.
119) 『중종실록』 권23, 중종 10년 11월 27일(기유). 김안로와 이언호의 말은 없다.
120) 『중종실록』 권23, 중종 10년 11월 28일(경술). 홍문관 부제학 김근사·직제학 김안로 … 등이 아뢰기를 "전자에 박상 등이 상소한 일이 광패하므로 대간이 죄주기를 청하였으나, 신 등은 말이 광패하더라도 죄주면 언로에 방해된다 하여 죄주지 말기를 청하였습니다. 그러나 전 대간이 죄를 청한 것은 종사의 대계를 위한 것이므로 신 등이 대간을 그르다고 하지 않았는데, 이번에 대사간·대사헌·지평·헌납·정언 등을 다 명하여 가셨습니다. … 인심이 의심할 것이며, 또 상의 뜻을 모르고서 큰일인 까닭에 부득이 아뢰었는데, 이 사람들을 모두 그르게 여기는 것은 이미 지나칩니다. … 이제 인심과 위의 뜻이 다 정해졌으므로 언로를 열어야 할 터인데도 도리어 언로를 위하여 논계한 광조를 그르다고 하는 것도 지나칩니다."라고 하였다.
121) 『중종실록』 권32, 중종 13년 3월 11일(경술).
122) 『중종실록』 권25, 중종 11년 7월 16일(을미).
123) 김안로가 경주부윤으로 내보내진 정확한 날자는 『중종실록』에 나오지 않으나 『중종실록』 권36, 중종 14년(1519) 6월 9일(신미) 기사에 보면 그가 경주부윤으로서 경주부에 천변이 있었음을 보고한 내용이 실려 있다.
124) 이행이 수원부사가 된 기록은 『중종실록』에 나오지 않으므로 저자의 착오라

권민수와 이행은 정암을 몹시 싫어하여, 언호를 시켜 김모재金慕齋
를 보고 큰소리로 말하기를 "그때 어찌 김·박을 제거하지 않아서
일을 이렇게 시끄럽게 하는가?"라고[125] 하였다니 더욱 한심하다.

안按. 율곡선생이 지은 「안정민신도비명」에는[126] 용재容齋 이행
李荇의 일에 대해서 "망녕된 말이라고 비난하면서 죄줄 것을 청하
였다."라고 하였으니, 죽을죄에 의망하였다는 주장은 실로 사실과
틀리다.

우안又按. 우암선생이 지은 「오륜행실발문」〔원: 송자대전의 발문
편에 보인다.〕에[127] "신비愼妃에 대한 논의가 비록 공에게서 나왔다
하지만, 실로 재앙을 빚어낼 마음이 없었다. 처음부터 끝까지
힘써 주장하여 '어찌 충암冲庵과 눌재訥齋를 죽이지 않느냐?'는
말까지 하면서, 마침내 위로 그 임금을 그르치고 아래로 사림을
독해毒害한 것은 사실 그 사람이 따로 있다. 공이 '그 사람'을
만난 것이 불행한 일이었다."라고 하였다. '그 사람'은 권민수와
이언호였다. 그들이 모재 김안국을 방문하여 만나보고는 큰소리
로 말하기를 "그때 어찌 김·박을 제거하지 않아서 일을 이렇게
시끄럽게 하는가?"라고[128] 하였다. 남공〔남기제〕의 이른바 사화
의 조짐을 마련하였다는 것은 이들을 두고 한 말로서 그 안에

고 생각된다. 그는 중종 12년(1517) 8월 28일(신미)에 첨지중추부사로 좌천되
자 사직하고 충청도 면천으로 내려갔다. 이듬해 병조참의·호조참의로 임명
되었으나 모두 부임하지 않았다. 중종 14년(1519) 기묘사화로 조광조 일파가
실각하자 홍문관 부제학이 되고 중종 25년(1530) 좌의정에까지 올랐다가 이
듬해 권신 김안로의 전횡을 논박하다가 판중추부사로 좌천되고 중종 27년
(1532) 평안도 함종에 유배되어 그곳에서 죽었다.

125) 『대동야승』 海東野言(3), 「中宗上」.
126) 『율곡전서』 권17, 「좌의정정민안공신도비명」.
127) 『송자대전』 권148, 「오륜사실발」.
128) 『대동야승』 기묘록속집, 「構禍事蹟」. 이 글에서는 이언호만 언급하고 있다.(「
海東野言(3)」에서도 동일하다.)

용재容齋를 포함하여 말한 것은 잘못이다.〔원: 『오륜행실』은 용재
容齋가 편집한 것이다.〕

이때 문익공 정광필과 정민공 안당이 함께 태보台輔129)에 있어서 비로소
시비를 정하고 착한 사람들을 불러 등용하였다. 그때 홍경주洪景舟(?~
1521)라는 자가 있었는데 권민수와 이행에게 붙어서 일찍이 김정과 박상
을 해칠 마음이 있었던 까닭으로 사림들에게 버림을 받게 되었다. 기묘년
봄에 이르러 찬성贊成이 되었으나 정암靜菴이 공박하자, 경주는 크게
원한을 품고 정암 제현들을 죽이려고 남곤南袞·심정沈貞 등과 더불어
모의하였다. 몰래 경빈敬嬪 박씨朴氏와 내통하여 대궐에 말을 퍼뜨리기를
"조광조가 국정을 혼자서 다 해내니 사람들이 모두 잘한다고 칭찬하고
그를 세워 왕으로 삼고자 한다."라고 하여, 마치 여염집에서 이야기가
나온 것처럼 하였다.130)

경주도 그의 딸 희빈熙嬪 홍씨를 시켜 말을 지어내기를 "온 나라의
인심이 모두 조광조에게 돌아간다."라고 하였다. 어느 날 저녁 임금이
의심하는 마음을 품도록 하기 위해 달콤한 즙〔원: 두충杜冲의 즙이다.〕으로
'주초위왕走肖爲王'이라는 4글자를 금원禁苑의 나뭇잎에 썼다. 산 벌레가
갉아먹어 상처를 내니 흡사 도참의 글 같았다. 궁녀를 시켜 이것을 따서
임금에게 보여주게 하였다. 이로부터 임금이 조광조를 의심하게 되었
다.131)

---

129) 태는 삼공의 뜻이 있고, 보는 재상의 뜻이 있음. 정광필은 이 당시 영의정이
　　었고 안당은 1515년 이조판서 1617년 호조판서 1518년 우찬성이 되었다가
　　그 해 5월부터 우의정의 자리에 있었다.
130) 『대동야승』 기묘록속집, 「構禍事蹟」.
131) 『선조실록』 권2, 선조 원년 9월 21일(정묘). 당초에 남곤이 조광조 등에게 교
　　류를 청하였으나 광조 등이 허락하지 않자 남곤은 유감을 품고서 광조 등을
　　죽이려고 하였다. 이리하여 나뭇잎의 감즙을 갉아 먹는 벌레를 잡아 모으고

이에 몹시 놀라고 두려워하여 몰래 밀지를 홍경주 등에게 내려 "주초走
肖의 무리들이 간사하기가 왕망王莽과 동탁董卓132) 같아서 온 나라의 인심
이 모두 저들에게 돌아가니 천자의 옷을 몸에 더할 일이 반드시 괴이하지
만은 않구나. 한세충韓世忠・윤자임尹自任은 무예가 있어 가히 두렵구나.
광조는 말이 공손하고 온순하여 옳은 사람이라 생각해서 수년 동안 자질을
뛰어넘어 등용하였으니 내가 그 술수에 빠진 것이다. 지금 환히 밝혀
죄주고자 하나 삼사와 비국이 모두 불가하다고 말하니 내가 시행할 수가
없구나. 어찌 처리해야 할지 알지 못하겠구나. 요즈음 들어 먹어도 맛이
없고, 잠들어도 자리가 편치 않으니 경 등은 반드시 먼저 제거하고 나중에
보고해도 가능하다."라고133) 하였다.

꿀로 나뭇잎에다 '주초위왕走肖爲王' 네 글자를 많이 쓰고서 벌레를 놓아 갉
아먹게 하기를 마치 한나라 공손公孫이 병기病己의 일처럼 자연적으로 생긴
것같이 하였다.
『대동야승』기묘록속집,「構禍事蹟」.
『연려실기술』권7, 중종조 고사본말,「기묘사화」.(『기묘당적보』참고)

132) 왕망과 동탁은 둘 다 한나라의 역적이다.

133)『대동야승』기묘록속집,「構禍事蹟」.
『연려실기술』권7, 중종조 고사본말,「기묘사화」.(『기묘당적보』참고)
『중종실록』권37, 중종 14년 12월 27일(병자). 사신은 논한다. 조광조가 정국
공신 중에 공이 없이 외람되게 기록된 자가 많다 하여 추삭追削하기를 청하
자, 훈구 중에 기뻐하지 않는 사람이 많았고 상도 이를 꺼렸다. … 이때 남
곤이 홍경주를 부추겨 "위망危亡의 화禍가 조석에 다가와 있다."라고 공동恐
動하니, 상이 더욱 의구하여 홍경주에게 여러 번 밀지를 내렸는데 … 거기에
대략 "임금이 신하와 함께 신하를 제거하려고 꾀하는 것은 도모盜謀에 가깝
기는 하나, 간당이 이미 이루어졌고 임금은 고립하여 제재하기 어려우니, 함
께 꾀하여 제거해서 종사를 안정되게 하려 한다. …"라고 하였다.
『중종실록』권39, 중종 15년 4월 13일(경오). 사신은 논한다. 기묘년에 상이
사람이 하는 일을 싫어하여 비밀히 홍경주로 하여금 충훈부의 직방에 입직
하게 하였다가 인견하여 조정의 일을 물었는데, 홍경주도 외정外廷의 재집宰
執과 함께 드디어 참소하기를 "조광조는 인망이 한때에 중하여 사람들이 모
두 돌아가 붙으니 비상한 일이 있을지도 모릅니다."라고 하였다. 그때 조광
조가 대사헌이 되어 바야흐로 정국공 4등을 삭제하자고 청하는 중이었으므
로 상이 더욱 의심하여 밀지를 홍경주에게 주어 재집에게 보이게 하였는데
거기에 대략 "정국한 신하는 다 도와서 추대한 공이 있는데, 지금 4등을 공
이 없다 하여 삭제하기를 청하니, 이는 반드시 그 사람을 구별하려는 것이
다. 그런 뒤에 공이 있는 사람을 뽑아내서 연산을 마음대로 폐출한 죄로 논
한다면, 경 등이 어육이 되고 다음에 나에게 미칠 것이다."라고 하였다.

경주·곤·정 등이 영중추 김전金銓·호조판서 고형산高荊山(1453~
1528)·홍숙洪淑(1464~1538)·손주孫澍·윤희인尹希仁·김근사金謹
思·성운成雲 등과 밀약하여 날을 잡았다. 바야흐로 거사할 무렵에 곤이
미복에 초립을 쓰고 밤을 틈타 정문익을 가서 보니 문익이 놀라 "공이
어찌 이렇게 하십니까?"라고 하였다. 곤이 바로 연유를 말하고 또 감언으
로 유혹하였다. 정이 "공은 재상으로 천한 복장을 하고 도시를 통과해
오시니 크게 놀랄 일입니다. 사람을 몰래 해치는 것은 본래 내 마음에
차마 할 수 있는 것도 아니며, 나는 어리석고 미혹하여 계교가 여기에
미치지 못합니다."라고 하였다. 곤이 물러나면서 말하기를 "수상이 진실
로 그만두라 하니 장차 어찌하겠는가?"라고134) 하였다.

경주가 잠계潛啓하기를 "신임하는 가까이서 모시는 신하는 모두 그의
〔조광조〕심복이니 일이 급합니다. 청컨대 신무문神武門을 열어 밤을 틈타
서 입대하게 하시고 승정원에서 알지 못하게 하십시오."라고 하였다.
어스름 녘에 경주·곤·정 등이 형산·운·전·근사의 무리와 신무문
밖에서 만났다. 병조판서 이장곤李長坤도 역시 와서 만났다.135)

홍경주가 거사할 때 부득이하여 병조에 알리게 되었다. 그때 이장곤
이 병조판서였다. 발 빠른 하인에게 작은 편지를 지니고 가서 그를
부르기를 "나라에 큰일이 있으니 즉시 오시오."라고 하였다. 장곤이

---

134) 『대동야승』 기묘록속집, 「構禍事蹟」.
　　『연려실기술』 권7, 중종조 고사본말, 「기묘사화」.(『사재척언』 참고)
　　『중종실록』 권37, 중종 14년 11월 16일(병오). 사신은 논한다. 광조를 죄주기
　　하루 전에 남곤이 갓을 쓰고 밀지를 가지고서 밤에 광필을 만나러 갔는데
　　광필이 막연히 접대하지 않았으며, 합문 밖에 모였을 때에 광필이 곤을 쏘아
　　보니 곤이 무안해 하였고, 광필이 질문하면 곤이 스스로 대답하지 못하고 번
　　번이 장곤을 보고 "희강希剛 그대가 말씀드리시오."라고 하였다.
135) 『대동야승』 기묘록속집, 「構禍事蹟」.
　　『연려실기술』 권7, 중종조 고사본말, 「기묘사화」.(『덕양일기』 참고)

황급히 경주 등이 만나는 장소에 오니 이미 명단을 써서 계를 올렸으나 그 연유를 알지 못하였다. 합문 밖에 도착하여 비로소 정암靜菴을 박살내는 의논인 것을 알고 힘써 간하였으나 불가능하였다. 이 때문에 남곤南袞·심정沈貞 등에게 배척당하여 제거되었으니136) 그때 운수 인 것을 어찌하겠는가?

여러 사람 이름을 나열하여 계하기를 "신 정광필 등은[원: 정이 이때 수상首相인 까닭으로 가명으로 서계한 것이다.] 엎드려 보건대, 조광조는 자기 에게 붙는 자는 나아가게 하고, 자기와 다른 자는 배척합니다. 국정을 전단하고 일세의 인심을 동요시켜 나랏일이 날로 그릇되어도 조정의 신하들이 그 위세를 겁내어 감히 입을 열지 않습니다. 사세가 가히 한심하 니 청컨대 유사에게 맡겨 그 죄상을 밝히십시오."라고137) 하였다.

임금이 즉시 경주의 계에 의하여 김근사·성운을 승지로 삼고138) 남곤 을 이조판서로 삼는139) 한편 융기戎器를 대궐 뜰에 차리게 하였다. 장차 잡아들여 박살하려 할 때 경주·곤·정이 입대하여 "일이 이미 급하여 국문함이 불가하니 청컨대 명하여 승지를 가두도록 하십시오."라고 하였 다. 그때 승정원에서는 전혀 알지 못하고 있다가 근정전의 불빛을 보고 비로소 변고가 있음을 알았다.140) 숙직 승지 공서린孔瑞麟(1483~1541)· 윤자임尹自任·주서 안정安挺·검열 이구李構가 문밖에 다다르니 근정전 서쪽 뜰에 여러 사람이 불을 밝히고 모여 앉아 있었다.

---

136)『대동야승』동각잡기하,「本朝璿源寶錄(2)」.
137)『대동야승』기묘록보유,「李長坤傳」.
   『연려실기술』권7, 중종조 고사본말,「기묘사화」.(『덕양일기』참고)
138)『중종실록』권37, 중종 14년 11월 15일(을사).
139)『중종실록』권37, 중종 14년 11월 13일(계묘). 남곤은 예조판서에서 이조판서 로 되었다.
140)『대동야승』기묘록보유,「李長坤傳」.

윤자임이 나아가 묻기를 "재상들이 입궐하였는데 승정원에서 알지 못하게 한 것은 무엇 때문입니까?"라고 하여도 여러 사람이 묵묵히 말하지 않을 뿐이었다. 심정이 안에서 달려 나와 말하기를 "하늘의 위세가 바야흐로 성하여 문지기로 하여금 잡인을 금하게 하였다."라고 하였다. 잠시 후 성운이 종이에 써서 장곤에게 말하기를 "이 사람들을 급히 하옥하시오." 라고 하였다. 대개 승지 공서린 · 윤자임과 주서 안정 · 검열 이구 · 응교 기준奇遵 · 수찬 심달원沈達源 등이다.[141]

이에 경주 등이 가히 두렵고 가히 놀라운 일로 임금의 뜻을 공동恐動시켜 속히 금오랑과 선전관에게 명하여 참찬 이자李耔 · 형판 김정金淨 · 대사헌 조광조趙光祖 · 대사성 김식金湜 · 제학 김구金絿(1488~1534) · 승지 유인숙柳仁淑(1485~1545) · 박세희朴世熹(1491~?) · 박훈朴薰(1484~1540) 등을 체포하여 대궐에 끌고 와 곧바로 죽이고자 하였다.[142] 이장곤이 이 지경에 이르자 비로소 박살내고자 하는 논의를 알고 힘써 간하여 말하기를 "수상이 알지 못하는데 도적을 다스림은 불가합니다. 청컨대 수상과 상의하기를 원합니다."라고 하였다. 홍경주가 못마땅한 기색이 있었다.[143]

이장곤이 힘써 저지하니 임금의 노여움이 조금 풀려 수상 문익 정광필을 불러오기를 명하였다. 문익이 비로소 그 연유를 알고 황급히 입궐하였다. 반복하여 논계하고 그 마땅하지 않음을 펴니 말이 지극히 절실하였고, 옷자락을 끌어당기면서 울기까지 하였다.[144] 새벽에 이르러 먼저 공서

141) 『대동야승』 기묘록보유, 「李長坤傳」.
   『중종실록』 권37, 중종 14년 11월 13일(계묘). 이때 심달원은 수찬이 아니고 부수찬이었다.
142) 『중종실록』 권37, 중종 14년 11월 13일(계묘). 이때 이자는 참찬이 아니고 우참찬이었고 김구는 제학이 아니고 부제학이었다.
143) 『대동야승』 기묘록보유, 「李長坤傳」.

린·유인숙을 방면하고, 다음으로 안정·심달원·이구를 방면하고, 마지막으로 이자를 방면하였는데 모두 삭직하였다.[145) 그 나머지는 모두 방면하지 않았다.

정암靜菴 제인諸人은 옥중에서 상소하여 "신 등은 소광疎狂[146)한 몸으로 다행히 성조聖朝를 만나 우리 임금을 요순으로 만들고자 하였습니다. 어찌 제 몸을 위해 꾀하였겠습니까? 하늘의 해가 비추어 보고 있으니 사사로운 뜻이 있을 수 없습니다. 임금께 가는 문이 막혀있으니 우러러 진달할 수 없습니다. 한번이라도 국문을 허락해 주시면 만 번 죽어도 한이 없겠습니다."라고[147) 하였다.

정암 제인諸人이 금부에 엮여 있는 밤에 달빛이 뜰에 가득 찼다. 제인이 빈 뜰에 벌려 앉아 술을 나누며 서로 이별하였다. 충암冲菴의 시는 다음과 같다.

오늘밤 황천으로 갈 사람들　　　　　重泉此夜長歸客
속절없이 밝은 달만 남아 인간을 비치네.　空留明月照人間

자암自菴의 시는 다음과 같다.

흰 구름 속에 백골을 묻으면 그만인걸,　埋骨白雲長已矣

---

144)『중종실록』권37, 중종 14년 11월 16일(병오). 당시 정광필 등이 논계한 내용이 실려 있다.
145)『대동야승』기묘록보유,「金淨傳」.
146) 소광疎狂: 언행이 너무 거칠어 상규에서 벗어남.
147)『대동야승』기묘록보유,「金淨傳」. 김구가 지었다고도 한다.
　　『연려실기술』권7, 중종조 고사본말,「기묘사화」.(『동각잡기』참고)
　　『중종실록』권37, 중종 14년 11월 16일(병오).

공연히 흐르는 물만 남아 인간으로 향하네. 空餘流水向人間

　　정암이 홀로 시를 짓지 않고 단지 통곡만 하고 말하기를 "우리 임금을 보고 싶구나."라고 하였다. 제공諸公들이 책망하여 말하기를 "마땅히 조용히 의에 따를 뿐이지 어찌 곡하고 우는가?"라고 하니, 정암이 말하기를 "조용히 의에 따름을 내 어찌 모르겠는가? 단지 우리 임금을 보고자 함이다. 우리 임금이 어찌 이 지경에 이르렀는가?"라고 하였다. 밤새도록 통곡하고 다음날 죽음에 처분한다는 것을 듣고 비로소 여유를 가졌다.[148]

　　임금이 조광조·김정을 사사하고, 그 나머지는 모두 곤장을 쳐서 유배한다고 명하였다. 김근사가 사관의 붓을 빼앗아 분발하여 기록하였다. 채세영蔡世英(1490~?)〔원: 임진당任眞堂〕이 옆에 앉아 있다가 분개하여 계를 올리기를 "비록 죄가 있는 사람이라도 나라 사람이 모두 죽일만하다고 말한 뒤에 죽이는 것입니다. 이 사람들이 얼마나 큰 죄가 있기에 대신과 의논하지 않고 논단하는 것입니까?"라고 하고는 근사의 붓을 빼앗아 말하기를 "이 사필史筆은 다른 사람이 감히 잡지 못한다."라고 하였다. 말이 지극히 강개하니 경주 등이 감히 말하지 못하였다. 판결이 이미 내리자 정문익이 또 힘써 그 부당함을 간하였다. 또 성균관 유생 수백 명이 궐문에서 곡하니 그 소리가 대궐 안을 진동하였다.[149]

---

148) 『대동야승』 기묘록보유, 「金淨傳」.
　　『연려실기술』 권7, 중종조 고사본말, 「기묘사화」.(『덕양일기』 참고)
　　『중종실록』 권37, 중종 14년 11월 16일(병오). 광조 등의 옥중 소에는 "다행히 친히 국문하시는 것을 한 번 허가해 주시면 만 번 죽더라도 한이 없겠습니다."라고 하였다.
149) 『대동야승』 기묘록속집, 「構禍事蹟」.
　　『중종실록』 권37, 중종 14년 11월 16일(병오).

유생 신명인申命仁(1492~?) 등이 선창하여 말하기를 "우리 유생들
이 해가 뜰 때 모여 해가 중천에 있도록 상소를 초草하지 못함은
무엇 때문인가? 명인이 드디어 붓을 잡고 상소를 초하니, 여러 유생들
이 모여 상소에 서명하였다. 장차 올리려 하는데 문지기가 막으니
여러 유생이 비분강개하고 분발하여 밀치고 바로 들어갔다. 박광우朴
光佑(1495~1545)는 상처를 입어 피가 안면에 가득하였다. 여러
유생이 혹은 건이 벗어지고, 혹은 머리가 엉클어지니 우는 소리가
대궐 안을 진동하였다. 임금이 하교하여 "여러 유생이 대궐 문을
밀치고 들어온 것은 옛날에 없던 일이다. 그러니 적발하여 죄로
다스려라."라고 하였다. 명인이 솔선하여 성낸 소리로 말하기를 "옛날
에 양진楊震이 잡혀가니 태학생 삼천여 명이 대궐을 지키고 곡하였는
데 이것은 옛날에도 있었습니다. 지금 전하의 일은 진실로 천고에
없는 일입니다."라고 하였다. 소두疎頭를 지은 이약수가 잡혀가니
여러 유생들이 앞을 다투어 잡혀갔다. 마치 잡혀가지 못함을 염려하는
것 같았다.150)

이로서 임금의 노여움이 바야흐로 풀려 명하기를 조광조 등 4명은
곤장을 때려 유배하여 안치하고, 박세희朴世熹 등 4명은 곤장을 감하고
중도부처하라고 하였다.151) 정상鄭相이 다시 계하기를 "이 사람들이 형을
받으면 반드시 다시 살아날 수 없을 것이니 청컨대 가벼운 죄를 내려주십
시오."라고152) 하였다. 일곱 번 계를 함에 이르러 윤허를 받았다.

150) 『연려실기술』 권7, 중종조 고사본말, 「기묘사화」.(『기묘당적보』·『동각잡기』
    참고)
151) 『중종실록』 권37, 중종 14년 11월 16일(병오).
152) 『중종실록』 권37, 중종 14년 11월 16일(병오). 광필 등이 아뢰기를 "이미 그
    사형을 감했으니 천지의 인애仁愛가 끝이 없으나 사형을 감하는 까닭은 살리
    려는 것인데 저 사람들은 다 병약하므로 장형을 당하면 중도에서 죽을 것이
    니, 그렇게 되면 조정이 선비를 죽였다는 이름을 얻게 되니 참으로 죄를 감

조정암은 능주에 찬축되고, 김충암은 금산에 찬축되고, 자암 김구는 개령에 찬축되고, 대사성 김식은 선산에 찬축되고, 박세희는 상주에 찬축되고, 강수 박훈은 성주에 찬축되고, 윤자임은 온양에 찬축되고, 복재 기준은 아산에 찬축되었다.153)

경주 등이 몰래 계를 올려 수상을 파하고 김전金詮으로 수상을 삼고, 남곤·이유청李惟淸(1459~1531)으로 좌·우상을, 경주·정을 이조·병조판서로, 이빈李蘋·이항李沆으로 간관을 삼도록 하였다. 자의로 서로 의논하여 차등을 나누어 죄를 정하고 조광조를 사사하도록 계하였다.154)

정암의 아우 조숭조趙崇祖가 달려가 길에서 곡하는데 옆에 산골에서 온 한 노파가 애통히 곡하면서 와서 묻기를 "젊은이는 어찌하여 곡하십니까?" 하였다. 답하기를 "내가 형을 잃어 곡합니다. 노파는 어찌 곡합니까?"라고 하니 노파가 말하기를 "들으니 국가가 조모趙某를 죽였다고 합니다. 현인이 죽었으니 백성이 살 길이 없는 까닭으로 이같이 곡합니다."라고 운운하였다. 그 어짊을 가히 알 수 있다.155)

김정·김구·김식은 절도에 유배되고, 박훈·기준·윤자임은 극변에 유배되고156), 그 나머지 오십여 인은 혹은 찬축되고 혹은 축출되었다.

한 뜻이 없습니다. 다시 더 잘 생각하셔야 합니다."라고 하였다.

153) 『연려실기술』권7, 중종조 고사본말, 「기묘사화」.(『동각잡기』참고)

154) 『중종실록』권37, 중종 14년 12월 16일(병자). 조옥詔獄의 당상 심정·손주를 명소하여 이르기를 "광조 등 4인(김구·김정·김식을 아울러 4인)은 사사하고, 윤자임 등 4인(박훈·박세희·기준을 아울러 4인)은 절도에 안치하되, 오늘 안으로 낭관을 보내라."라고 하였다.
『아아록』에는 다음 내용이 추가되어 있다. "鄭光弼 金詮 特旨幷罷"(정광필·김전을 특지로서 함께 파직하였다.)[『중종실록』권37, 중종 14년 12월 16일(병자). 정광필은 영의정에서 영중추부사로, 김전은 우의정에서 판중추부사로 좌천되었다.]

155) 『연려실기술』권7, 중종조 고사본말, 「기묘사화」.(『기묘록』참고)

음애 이자·탄수 이연경(1484~1548)·문익 정광필·모재 김안국·사
재 김정국·정민 안당·십청 김세필·기재 신광한(1484~1555)·금헌
이장곤이 그 우두머리이다.

　　남곤이 유자광의 전기를 지으면서 그 흉악함을 극언하였다. 기묘년
에 이르러 자광의 행사를 모방하니 그가 한 짓이 무오년보다 심했다.
이는 곤이 스스로 자기 전기를 지으면서 스스로 그 흉악함을 쓴
것이니,157) 소인의 정태情態가 만고에 가릴 수 없음이 이와 같았다.

---

156) 『중종실록』권37, 중종 14년 12월 16일(병자).
157) 『대동야승』해동야언, 「柳子光傳」.

6. 신사사화 안당제현 辛巳士禍 安瑭諸賢

신사년 가을에 이르러서 심정沈貞이 집의 윤지형尹止衡을 사주하여 안당安瑭의 관직을 논하여 깎았으며,[158] 일이 송사련宋祀連(1496~1575) 과 정상鄭瑞의 고변에까지 미쳤다. 안당이 사사賜死되었고, 안씨 일문이 모두 주륙誅戮 당하였다.[159] 대개 정민공의 아들 안처겸安處謙은 시산정詩山正 이정숙李正叔・권석權碩 등과 함께 세상일에 분개하면서 회포를 풀다가 "간신을 제거하고, 사림을 위로하자."라고 말하였다.[160] 송사련이 이 말을 듣고 몰래 처겸의 조객록弔客錄을 훔쳐 고변하니, 대신을 모함하여 대죄로 몰아넣고, 일세의 선류들을 일망타진하고자 한 것이다. 사련은 안씨 집의 노비로서 자기 여자를 속량할 계책이었다.

안정민의 아버지 안돈후安敦厚가 나이 들어 상처하자 형 안관후安寬 厚의 노비 중금重今으로 첩을 삼았다. 중금에게는 딸 감정甘丁이 있었는데 전남편 소생으로 집에서 길렀다. 성격이 교활하여 나이 십사 세에 도리에 어긋나는 말이 많으니 돈후가 이간질할 조짐이 있을까 우려하여 매를 때려 배천에 있는 자기 외가로 쫓았다. 그 후 감정은 배천 사람 송린宋麟에게 시집가서 아들 사련을 낳았다. 사련이 커서 안씨 집에 출입하니 안씨 집에서는 사련을 자제처럼 대했으나 사련은 항상 해칠 마음을 품었다. 처겸의 말을 듣고 다행히 좋은 계책을 얻었다고 하여 조객록을 훔쳐 고변하였다.[161]

---

158) 『중종실록』 권42, 중종 16년 9월 28일(병자).
159) 『중종실록』 권43, 중종 16년 10월 17일(을미).
160) 『대동야승』 기묘록보유, 「安處謙傳」.
161) 『대동야승』 기묘록속집, 「宋祀連傳」.

안按. 율곡선생이 지은 「안정민신도비명」에는 "그의 아우인 안처함과 그의 서고모의 아들인 송사련이 함께 공을 고발하였다."라고162) 한다.

사계선생이 정수몽鄭守夢과 함께 귀봉 송익필을 위해서 송원소訟冤疏를 썼는데 "송익필의 아버지인 송사련은 바로 고상故相인 안당의 서누이의 아들이다. 사련의 어미는 이미 종량되었다."라고163) 하였다.

우암선생이 지은 「귀봉묘갈문」에는 "여러 무리들이 서운함으로 선생에게 감심甘心을 품었으나 꼭 집어서 말할 만한 게 없었다. 드디어 안정민의 자손들을 사주하여 선생의 조모는 본래 안씨 집안의 여종이라고 하면서 천적에 환속하여 선생 집안을 없애고자 하였다. 정민공의 숙부인 감사공 안관후에게 여종이 있었는데 정민의 부친인 사예공 안돈후를 모시다가 딸을 낳았다. 그녀가 송사련을 낳았다. 안씨의 자손들은 사예공의 딸이 아니고 전남편의 소생으로 양인이 아니라고 하였다."라고164) 한다.

이 세 분 선생의 말로 미루어 보면 송사련은 바로 정민 안당의 서누이의 아들이다. 그런데 『아아록』에서 안씨 집안의 노비라고 말하니 잘못이다. 그의 아우 안처함과 서고모의 아들인 송사련이 그 말을 듣고 안당에게 고하였다. 안당은 크게 놀라서 가족을 거느리고 음성의 촌집으로 돌아가서 모의가 확산되는 것을 막았다. 사련은 일이 발각되어 자신이 피해를 입을까 염려하여 처겸의 조객록을 훔쳐서 고변하였다. 이로써 대신을 모해하여 대죄에

---

162) 『율곡선생전서』 권17, 「좌의정정민안공신도비명」.
　　『대동야승』 기묘록보유, 「安處諴傳」. 형 안처겸의 모의를 부친 안당에게 알려 이로 인해 발각되어, 이 공로로 죄는 면했으나 역시 정속定屬되었다.
163) 『귀봉선생집』 권10, 「신원소」.
164) 『송자대전』 권172, 「귀봉선생송공묘갈」.

몰아넣고 일세의 선류들을 일망타진하고자 하였다.165)

남곤과 심정 등은 모함하여 큰 옥사를 일으켜 기묘년의 사람들을 추론하였다. 충암은 제주 적소에서 사사하고, 김대성金大成[대사성 김식]은 선산에서 이배하여 적소에 도착하기 전에 사사하도록 하였다. 술에 취해 노비에게 업혀 도주하였는데 명을 받기 전에 술이 깨어 스스로 목매어 거창에서 죽었다.166)

안按, 야사에 "김노천金老泉[김식]이 도망가서 삼족당三足堂 김대유金大有(1479~1551)의 집에 다다랐는데, 삼족이 청청廳에서 일을 보고 앉아 있었다. 노천이 천한 복장으로 문밖에서 절을 하니 삼족이 알면서도 노비를 시켜 말을 전하기를 '그대는 어찌 이같이 구차하여 화를 남에게까지 미치는가?' 하고는 끝내 들이지 않았다."라고 한다. 남명 조식이 항상 이 일을 말하기를 "천휴天休의 이 일은 옳다면 옳은 일이나 인정에 차마 이럴 수 있는가? 가령 천휴가 노천을 보고 마땅히 손을 잡고 위로하여 도리를 깨우쳤다면 인정과 천리가 바야흐로 함께 행해지는 것이다. 평소에 정의를 나누어 궁벽함을 당해왔는데 어찌 마음에 측은함이 생기지 않겠는가? 천휴의 뜻을 끝내 헤아리기 어렵다."라고 하였다.167)

---

165) 『율곡선생전서』 권17, 「좌의정정민안공신도비명」.
166) 『중종실록』 권39, 중종 15년 4월 22일(기묘). 김식을 찾았으나 잡지 못하였다.
『중종실록』 권39, 중종 15년 5월 24일(신해). 경상도관찰사 김극성이 치계하기를 "김식이 거창의 산중에서 목을 매어 죽었는데 김식인지 확실치 않다."라고 하였다.
『중종실록』 권39, 중종 15년 5월 29일(병진). 김식의 종 움산의 공초. 김식이 달아날 때에 신과 김덕수·김덕순 및 박연중이 따라갔다고 하였다.
167) 『충암선생문집』 권52, 「先祖大司成文毅公先生年譜 浣溪碑記疑附」.

윤자임尹自任은 북청 적소에서, 박세희朴世熹는 강계 적소에서 분개하고 번민하다가 죽었다. 기준奇遵의 적소는 아산이었다. 그때 그 형 기형奇逈이 노모를 모시고 고향으로 돌아가는데 공이 마을 사람들과 함께 산에 올라 바라보았다. 이배한 후에 일이 발각되어 경계를 넘었다고 사사하였다.[168]

병술 연간(중종 21년, 1526)에 이르러 김안로가 다시 용사하여 심정을 찬출하였다.[169] 임진년에 이르러 경빈敬嬪의 옥사로 사사하고,[170] 이항李沆은 곧장 쳐서 유배하였다.[171] 홍경주·김전·남곤·이유청 등은 이미 죽은 까닭으로 죄를 베풀 수 없었다. 대개 안로는 기묘제현己卯諸賢이 아니었다. 김근사와 틈이 있은 까닭으로 이 무리들을 제거하고자 하여 거짓으로 기묘제현을 구한 것일 뿐이었다.

계미년(중종 18년, 1523)에 기묘년의 유배당한 사람들을 바야흐로 사면할 때, 김구金絿는 남해 적소에서, 박훈朴薰은 의주 적소에서 살아 돌아왔다. 자암[김구]은 그동안 어머니가 돌아가셨는데 돌아와 묘소에 참배하고 슬픔이 지나쳐 죽었다.[172] 강수江叟 또한 상을 당해 슬픔이 지나쳐 죽었다. 음애陰崖·탄수灘叟[173]는 종신토록 다시 등용되지 못했다. 문익[정광필]은 안로가 미워하여 또 남해에 유배되었는데 정유년 김안로·채무택蔡無

---

168) 『중종실록』 권39, 중종 15년 5월 25일(임자). 기준의 상소에 적소를 옮긴다는 말을 듣고 어머니를 만나고자 배소를 이탈하였다고 한다.
　　『중종실록』 권39, 중종 15년 6월 3일(기미). 기준의 상소에 잠시 도피한 것은 어머니를 보기 위한 것일 뿐이라고 하였다.
　　『중종실록』 권43, 중종 16년 10월 17일(을미). 전교하여 참형斬刑을 낮추어 교형絞刑에 처하였다.
169) 『중종실록』 권69, 중종 25년 11월 27일(계축).
170) 『중종실록』 권37, 중종 26년 12월 1일(경진).
171) 『중종실록』 권70, 중종 26년 3월 28일(계축).
172) 『연려실기술』 권8, 중종조 고사본말, 「기묘당적」, 김구.
173) 이연경李延慶의 호이다. 그 외에 용탄자龍灘子라는 호도 있다. 자는 장길長吉이며 본관은 광주이다.

擇(?~1537)·허항許沆(?~1537) 등 삼흉三凶이 함께 복주된 뒤에 비로소
조정에 돌아와 죽었다.

　명종 무진년(선조 원년, 1568)174)에 퇴계 이황이 임금에게 아뢰어 기묘사
화의 원한을 씻어 남곤과 심정의 무리들이 추죄되었다.175) 오호라! 오십
년 후에 하늘의 해가 세상에 다시 밝아졌다.

---

174) 무진년은 명종 때가 아니고 선조 원년(1568)이다.
175) 『선조실록』 권2, 선조 원년 9월 21일(정묘). 이황이 기묘년 사화는 남곤·심
　　정의 간모奸謀에서 연유한 것이며, 남곤의 관작을 삭탈하기를 청하였다.
　　『선조실록』 권2, 선조 원년 9월 23일(기사). 옥당에서 남곤·심정·홍경주 등
　　의 죄상을 말하니 남곤의 관작을 모두 삭탈하였다.

7. 을사사화[176] 유관제현乙巳士禍 柳灌諸賢

명종 원년의 일이다.

중종 말년에 인종은 동궁으로 있었으나 자식이 없었으며, 명종은 어린 나이에 대군이 되었다. 인종의 외숙 윤임尹任(1487~1545)과 명종의 외숙 윤원형尹元衡(?~1565)은 차츰 사이가 나빠져 갔다. 당시 김안로가 용사하여 동궁을 보호한다는 것으로 명분을 삼아, 중전을 위태롭게 하려는 뜻을 품고 주청하여 윤원로·원형 형제를 내쫓았다.[177] 김안로가 쫓겨난 후에 윤원형의 무리들이 다시 등용되었는데 원형은 윤임을 일러 "국모를 위태롭게 할 것을 도모했다."라고 하고, 윤임은 원형을 지목하여 "반드시 동궁을 위태롭게 할 것이다."라고 하였다. 이때 대윤·소윤의 설이 세상에 성행하였다.

원형은 죄를 만들어 모해하기를 반복하여, 밖으로는 '역수지설易樹之說'을 거리에 전파하고, 안으로는 이롭지 못하다는 말로 문정왕후文定王后를 의혹되게 하였다. 이때의 의론이 위태롭고 두렵지 않음이 없었다. 을사년 가을에 이르러 문정왕후는 원형에게 밀지를 내려 영상 윤인경尹仁鏡(1476~1548)·영중추부사 정순붕鄭順朋(1484~1548)·호판 임백령林百齡·병판 이포李苞·공판 허자許磁(1496~1551)·대사헌 민제인閔齊仁(1493~1549)·대사간 김광준金光準(?~1553) 등을 입시케 하고, 권벌權撥[178](1478~1548)·이언적李彦迪·정옥형丁玉亨(1486~1549)·신광

---

176) 『정변아아록』의 차례에는 을사사화와 정미사화·기유사화로 제목이 분리되어 있으나 실제 원문에서는 을사사화에 정미·기유화 병부幷附로 첨부되어 있다.

177) 1537년 10월에 소위 정유삼흉丁酉三凶인 김안로·허항·채무택이 처형되고 그 반대파인 문정왕후의 형제 윤원로·윤원형은 사화를 일으키려 했다는 죄로 귀양가는 사건이 발생하였다.

178) 권발權撥의 표기는 권발, 권벌로 되어있으나, 『조선왕조실록』을 기준으로 권

한申光漢도 명을 받고 들어왔다.[179]

 문정왕후가 충순당에 납시어 남향하여 앉고, 명종은 창밖에 앉았다.[180] 인경 등이 입시하자 허자가 나와 말하기를 "형조판서 윤임은 중종 때부터 평소 다른 뜻을 품어오다가 지금에 이르러 스스로 안정되지 못함이 많았습니다. 좌상 유관柳灌(1484~1545)과 이조판서 유인숙柳仁淑(1485~1545)도 그러한 형적이 있습니다. 양사의 장관이 모여 계를 올리려 했으나 아랫사람들에게 막히어 이루지 못하였는데 신 등이 재상의 자리에 있으니 계를 올리지 않을 수 없습니다. 청하옵건대 의론하여 처리하소서."라고[181] 하였다.

 문정왕후가 이르기를 "윤임의 흉악한 계략은 이미 중종대에 드러났으며 내간內間의 가까운 곳에서도 변고가 있었으나 어찌할 바를 몰라 오래토록 눈물만 흘리고 있었다. 지금 조정의 공론이 이와 같으니 이는 실로 천지와 조종祖宗께서 말없이 도와주시기 때문이다."라고 하였다. 홍언필洪彦弼이 아뢰기를 "그러하므로 윤임은 찬출시키고, 유인숙은 파직시키며, 유관은 체직시킴이 옳습니다."라고 하였다.[182]

 홍언필은 인종대에 상께서 거듭 공론을 좇아 기묘사화 때의 사람들을 사면하고자 했으나, 투기하는 마음이 나서 매양 방해하는 계를 올렸다.[183] 또 자전의 뜻에 맞추어 "대군의 역질 때문에 대행대왕의

벌로 정하였다.

179) 『명종실록』 권1, 명종 즉위년 8월 22일(임자).

180) 『명종실록』 권1, 명종 즉위년 8월 22일(임자). 대왕대비는 침방 남쪽 창 안쪽에 창문을 열고 발을 드리웠으며, 상은 창밖에 약간 동쪽에서 남향을 하고 앉았다.

181) 『명종실록』 권1, 명종 즉위년 8월 22일(임자). 허자의 말이 아니라 이기李芑가 말한 것으로 나와 있다.

182) 『명종실록』 권1, 명종 즉위년 8월 22일(임자).

183) 『연려실기술』 권9, 중종조 고사본말, 「중종조상신」 홍언필.(『치재일기』 참고)

제사는 폐하는 것이 가합니다."라고 하였고, 또 요망한 여승이 빈전에
출입하여 기도하도록 권하였다.[184] 을사년에 이르러서는 겉으로는
윤임과 여러 사람들을 돕는 것 같았으나 사실은 몰래 원형의 무리에
붙었다고 한다.

인경이 말하기를 "조정의 의론이 이와 같으니 큰 죄를 주는 것도 불가합
니다."라고 하고, 허자許磁는 말하기를 "윤임의 죄로 말하자면 죽여 결코
사면할 수 없는 것입니다. 그러나 대신의 계가 이미 이와 같으니 여기에
따르소서."라고 하였다. 문정왕후가 이르기를 "조정의 공론이 이와 같으
니 어찌 따르지 않겠는가?"라고 하였다. 관과 인숙은 파직시키고 임은
멀리 찬출시키되 선전관으로 하여금 압송하게 하였다.[185]

그때에 헌납 백인걸白仁傑(1497~1579)이 홀로 아뢰어서 밀지의 그릇
됨과 또 원형이 밀지를 조정 밖에 전파하여 인심을 현혹한 죄를 논하였다.
또 말하기를 "나라에는 삼공과 육경이 있는데 이번 일은 이에서 나온
것이 아니라 밀지에서 나왔으니 그 바르지 못함이 심합니다."라고 하고
또 말하기를 "민제인閔齊仁·김광준金光準은 밀지가 내려오자 분주히 재
상의 집으로 달려가니 이는 진실로 전령을 행하는 군졸과 같은 행동입니
다."라고 하였다.[186]

처음에 대사헌 민제인閔齊仁·대사간 김광준金光準·집의 송희규宋希
奎(1494~1558)·사간 박광우朴光佑·장령 정희등鄭希登·지평 김저金
䃴·정언 유희춘柳希春(1513~1577)·헌납 백인걸白仁傑 등이 중학中學
에서 회동하였다. 제인과 광준이 말하기를 "두세 사람의 대신이 자전에게

<hr>

184) 『대동야승』 해동야언, 「中宗上」.
185) 『명종실록』 권1, 명종 즉위년 8월 22일(임자).
186) 『명종실록』 권1, 명종 즉위년 8월 23일(계축).

의심을 받아 밀지가 재상 모某〔윤원형〕에게 내려졌으니 비록 저들의 애매함을 알았다고 하더라도, 시세를 헤아려 보아도 그렇게 되지 않을 수 없으니 청컨대 더불어 합계토록 합시다."라고 하였다. 김저金儲가 분연히 말하기를 "이는 비단 윤임을 위해서 하자는 것이 아니라 충현들이 어육魚肉이 되는 기틀이 여기에 있기 때문이다."라고 하였다. 송희규宋希奎도 말하기를 "비록 내 살이 베어지고 뼈가 부수어진다 하더라도 따를 수 없다."라고 하였다.[187] 여러 사람이 모두 언성이 높아지고 얼굴빛을 고치니 제인과 광준은 그렇게 할 수 없음을 알고 정순붕鄭順朋의 무리에 붙어 이 화를 도왔다.[188]

송희규 등 여러 사람들은 밀지가 그릇되었다고 말하기로 약속하고는 날이 저물어 모두 집으로 돌아갔다. 이렇게 되자 휴암休菴이 혼자 머물러 있다가 계를 올렸다.[189] 문정왕후가 노하여 인경 등을 불러 말하기를 "만약 밀지를 내리지 않았더라면 우리 모자는 고립되어 죽기만 기다렸어야 한단 말인가?"라고 하였다.[190] 양사의 간관들은 모두 파직되었다. 명하여 백인걸을 잡아가두었으며 임은 절도에 안치시키고, 인숙과 관은 먼 변방으로 쫓아내었다.[191]

---

187) 『대동야승』 을사전문록, 「柳希春傳」.
188) 『명종실록』 권1, 명종 즉위년 8월 23일(계축). 집의 송희규, 사간 박광우, 장령 정희등·이언침, 헌납 백인걸, 지평 김저·민기문, 정언 김난상·유희춘 등이 아뢰기를 "어제 대사헌 민제인, 대사간 김광준이 윤임 등 3인을 논계하려고 신들과 회의할 때에 신들이 '3인은 비록 논란할 만한 일이 있지만 임금이 어리시어 국가가 위태로운 때에 간사한 무리가 거짓말을 퍼뜨리어 인심을 선동하니 논계할 때가 아니고, 그저 간사한 계략에 빠져서 사림의 화만 더할 것이다.'라고 하여 의논이 통일되지 못하고 파하였습니다."라고 하였다.
189) 『명종실록』 권1, 명종 즉위년 8월 23일(계축).
190) 『명종실록』 권1, 명종 즉위년 8월 24일(갑인). 비망기를 영의정 윤인경 등에게 내리기를 "… 시종과 대간이 모두 바른 말을 못하는데 만약 밀지를 내리지 않았더라면 우리 모자는 고립되어 앉아서 죽기를 기다렸어야 한단 말인가?"라고 하였다.
191) 『명종실록』 권1, 명종 즉위년 8월 24일(갑인).

병판 권벌權撥이 상소하여 말하기를 "하늘의 노기와 사시四時의 변고가 한 해 계속 그치지 않고 질풍과 큰 비가 연일 그치지 않는 것은 이 사람들의 죄받음이 너무 큰 까닭입니다. 청컨대 가벼운 곳으로 모아들이소서."라고 하였다.192)

정순붕이 상소하여 말하기를 "전하께서 보위를 이으시던 날에 관과 인숙이 귓속말로 '마땅히 누구를 세워야 하겠소.'라고 하였습니다. 이미 인종의 유교遺敎가 있었는데 어떤 마음으로 이 말을 하였겠습니까? 인숙이 전하의 현부賢否를 이언적李彦迪에게 물었는데 언적이 말하기를, '영명하시고 특이한 재질이오.'라고 하니 인숙이 기뻐하지 않았습니다. 임任과 더불어 세 사람의 흉도가 국모를 해하려 도모하였으니 어찌 어미가 폐하였는데 자식이 온전할 이치가 있겠습니까? 그 목을 보존할 수 있었던 것으로도 족합니다. 지금 권벌의 상소는 극히 한심한 것입니다."라고193) 하였다.

문정왕후가 이기李芑(1476~1552)와 허자許磁 등을 불러 순붕의 상소를 내리고 말하기를 "종사의 대역을 경들은 어찌 이리 심히 구하려 하는가? 지난번 내간에 변고가 있었던 것을 내 말하지 않았는데 이제 말하리라. 임이 인숙에게 편지를 보낸 것을 잘못하여 내정에서 잃어버렸는데 마침 궁인이 이를 얻게 되었다. 그 편지에 '판서 또한 그 일을 근심함이 이와 같으니 대위大位를 공의 손에 넘기려 합니다.'라고 하였다.〔원: 판서는 인숙이며 공은 봉성군鳳城君이다.〕"라고 하였다. 이기李芑와 허자許磁 등이 말하기를 "죄가 만약 이와 같다면 청하옵건대 사율死律로써 비추어 보소서."라고 하였다.194)

임백령林百齡이 말하기를 "세 사람의 죄 있고 없음은 신 등이 감히

192) 『명종실록』권1, 명종 즉위년 8월 26일(병진).
193) 『명종실록』권1, 명종 즉위년 8월 28일(무오).
194) 『명종실록』권1, 명종 즉위년 8월 28일(무오).

경솔히 의논할 수 없습니다. 주상으로부터 처분을 청하소서."라고 하였다. 권벌이 또 계를 올려 구하려 하였다.

　권공이 밤을 새어 상소를 초하여서 날이 밝기를 기다려 조정에 나아가려 하니, 집사람이 울며 간하였으나 문득 휘둘러 떼내고 궁궐에 이르렀다. 기재企齋 신광한申光漢이 공을 길에서 만나 공의 뜻을 듣고 깜짝 놀라 거듭 저지하고자 하였으나 공은 듣지 않았다. 대궐에 나아가 앉아서 계를 쓰고 있었는데, 회재 이언적이 그 초를 보고 놀라 말하기를 "사세가 이미 이에 이르렀는데 이런 말을 한다면 다만 불측한 일을 이끌어낼 뿐입니다. 무슨 도움이 되겠습니까?"라고 하고 위험한 말을 모두 없애버렸다. 공이 물러나 앉아 무릎을 안고 길게 탄식하여 말하기를 "이처럼 삭제해 버린다면 하지 않는 것보다 낫다고 할 수 없다."라고 하였다.195) 만약 회재가 삭제해 버리지 않고 그 상소의 초고가 올라갔다면 어떤 지경이 되었을까. 두려울 뿐이다.

　문정왕후가 이르기를 "경들은 물러가라, 내 마땅히 이를 처리하리라."라고 하였다. 이에 윤임・유인숙・유관 등에게 사사를 명하였고,196) 이림李霖(?~1546)을 의주에 안치토록 하였는데 이전에 "정사政事는 여주女主에 돌아가는 것은 옳지 않다."는197) 말을 하였던 까닭이다. 권벌을 파직하고, 윤인경 등 30인을 책봉하였다.198)

　이때 경기감사 김명윤金明胤(1488~1572)이 정원에 나와서 아뢰기를 "계림군 유瑠는 윤임의 생질이라서 마땅히 윤임의 정상을 알고 있었으며,

---

195) 『대동야승』 을사전문록, 「權撥傳」.
196) 『명종실록』 권1, 명종 즉위년 8월 28일(무오).
197) 『대동야승』 을사전문록, 「李霖傳」.
198) 『명종실록』 권1, 명종 즉위년 8월 30일(경신).

봉성군 완岏은 신의 아내와 가까운 친척인데 나이는 비록 어리나 사람들이 모두 훌륭하다 칭하며 또한 윤임과 더불어 아주 친하니 국문하여 그 실정을 캐내소서."라고 하였다.199) 홍언필을 시켜 이들을 잡아와 국문케 하였으나 유는 도망을 갔다. 세 사람의 가속을 국문하게 하였다. 윤임의 첩 옥매향이 말하기를 "윤임이 뜰 가운데 앉아 유에게, '임금이 어리고 또한 안질이 있으니 한쪽 눈에 병이 있어도 불가한데 하물며 양 눈에 병이 있음에랴. 마땅히 너를 세워 왕으로 옹립하리라.'라고 하였다."라고 했다.200)

그 아들 윤흥의尹興義와 사위 이덕응李德應이 또한 모두 곤장에 못 이겨 공초하기를 "인종의 병이 매우 심해갈 때 윤임이 봉성군 완에게 '만일 문안하는 것으로써 대궐에 들어가 왕위를 전하면 누가 능히 이를 막으리오.'라고 하였고, 유관과 유인숙이 함께 도모하였으며 그 외에는 알지 못합니다."라고 하였다.201)

윤임의 장자 윤흥인尹興仁은 그 아우 윤흥의를 질책하기를 "자식으로써 아버지를 무고함이 오히려 이와 같으니 옥매향은 말해서 무엇하리오."라고 하고 이에 불복하였고, 그 아우 윤흥례尹興禮·윤흥신尹興信과 인숙의 아들 윤희증尹希曾·희안希顔·희맹希孟·희민希閔 그리고 유관의 아들 유찬柳纘, 계림군의 아우 이주李珘와 아들 이시李諟·조調·후詡도 모두 불복하여 군기시 앞에서 효수당하였다.202) 이해 겨울 계림군이 비로소 체포되니 처음에는 불복하다가 또한 형을 이기지 못하여 마침내 자복하고

199) 『명종실록』 권2, 명종 즉위년 9월 1일(신유). 김명윤의 계에 대해서 "김명윤이 홍경주의 딸에게 장가들었는데 이완은 바로 홍경주의 외손자이다."라고 하였다.
200) 『명종실록』 권2, 명종 즉위년 9월 6일(병인). 옥매향의 공초 내용에 나온다.
201) 『명종실록』 권2, 명종 즉위년 9월 6일(병인). 이덕응의 공초 내용에 나온다.
202) 『명종실록』 권2, 명종 즉위년 9월 11일(신미).

죽었다.203)

　계림군이 도망하자 토산현감 이감남李坎男이 계림군의 노비 근심跟
尋을 잡아 안변 황룡사 토굴에서 그를 체포하니204) 감남은 그 공으로
3자급을 뛰어넘어 내반으로 승진하였다.205)

　봉성군은 어리다 하여 원찬하고, 윤임의 아버지 윤여필尹汝弼은 늙었다
하여 또한 원찬하고, 그 나머지 윤여해尹汝諧·정자鄭磁·최홍도崔弘度·
나숙羅淑(?~1546)·정원鄭源(1495~1546)·이약해李若海(1498~
1546)·이림李霖(?~1546)·곽순郭珣(1502~1545)·임형수林亨秀
(1504~1547)·김저金䃴 등 삼십여 인들도 이들 세 사람의 친척으로서
혹은 친구로서 모두 원찬되었다.
　참봉 성우成遇는 서로 알고 지내는 사람에게 말하기를 "유관의 사람됨을
보건대 어찌 모역까지야 하였으리오."라고 하였다. 흉도들이 이 말을
듣고 청하여 국문하였으나 그는 불복하고 죽었다.206) 박광우朴光佑와
정희등鄭希登은 중학中學 회의의 일 때문에 잡혀와 국문을 받다가 모두
죽었다

　박광우와 정희등은 함께 고문을 당하였다. 박광우가 소리 내어
통곡하여 말하기를 "몽둥이가 커서 넓적다리만 하니 이것을 어찌
감당하리오."라고 하였다. 정희등은 안색을 바꾸지 않고 말하기를
"돌아가신 임금의 관이 가까운데 있으니 고통받는 소리를 듣게 하는

203)『명종실록』권2, 명종 즉위년 10월 5일(갑오).
204)『명종실록』권2, 명종 즉위년 9월 28일(무자).
205)『명종실록』권2, 명종 즉위년 10월 8일(정유).
206)『대동야승』을사전문록,「成遇傳」.

일은 옳지 못하다."라고 하였다. 심문을 당할 때마다 반드시 임금의
관을 향해서 엎드리니 이기가 눈을 부릅뜨고 이를 질책하기를 "이와
같이 한다고 해서 어찌 사면될 수 있으리오."라고 하였다. 연이어
두 차례 고문을 받다가 용천에 유배 가서 그날로 바로 죽었다. 가산은
모두 적몰당하여 그를 염할 것이 없어서 집안사람들이 시체 옆에서
통곡만 할 뿐이었다. 한밤중에 도성 내의 어떤 인사가 무명과 비단
3백여 필씩을 거두어서 주며 말하기를 "내가 누구인지는 묻지 마시
오."라고 하였다. 장사지내는 날 영남의 선비 백여 인이 무덤 아래에
와서 통곡하였는데 성명은 말하지 않고 갔다.[207]

윤여해尹汝諧 이하는 윤원형이 주장하여 그들을 해하였고, 계림군 이하
는 김명윤이 무고하여 해하였다. 대개 윤원형과 윤임이 서로 미워함이
날로 깊어 사림에 죄를 얻었다. 그런 까닭으로 이기李芑와 허자許磁가
선봉이 되어 충량을 살해하고자 도모하였으며, 명윤은 훈명에 욕심을
내어 죄 없는 자를 모함하여 죽였으니 그 죄가 원형의 무리보다 심하였다.
윤원형·이기·정순붕의 주구가 되어 어진 사람들을 살해하였던 자로는
진복창陳復昌(?~1563)이 으뜸이고 이무강李無彊이 그 다음이다.

---

207) 『월사선생집』 권47, 「掌令鄭公墓碣銘 幷序」.
　　　『대동야승』 을사전문록, 「鄭希登傳」.

8. 정미사화 규암제현丁未士禍 圭菴諸賢

정미년에 이르러 부제학 정언각鄭彦慤(1498~1556)이 장계를 올려 말
하기를 "신의 딸이 남편을 따라 전라도로 돌아갈 때, 신이 전송하러
갔다가 양재역에 이르러 벽 위를 보니 붉은 글씨로 쓴 글이 있었는데,
'여주女主가 위에서 정권을 잡고, 간신은 아래에서 권력을 농락하고 있으
니 나라가 망할 것을 서서 기다리는 것과 같다.'라고 써져 있었습니다."라
고 하였다.208) 세상에 전해지기로는, 언각이 자기 아들을 보내 이 글을
써놓고는 이와 같은 계를 올렸다고 한다.

문정왕후가 인경仁鏡·기쁜·자磁·순붕順朋·원형元衡 등을 불러 언
각이 올린 벽서를 보였다. 인경 등이 아뢰기를 "이 글은 아무 것도 모르는
자가 한 짓이 아닙니다. 근래 사설邪說이 비등하여 사람마다 무고 받았다
고 지칭하며, 공신들을 가리켜 아무런 공이 없으니 배척하여야 한다고
하는데 지금 이 글을 보니 이와 같은 사람에게서 나온 것입니다."라고
하였다. 이어 죄를 받아야 할 사람들을 모두 쓰되 무겁고 가벼운 사람을
나누어 놓고서 아뢰기를 "일찍이 죄를 정할 때에 가볍게 처리하여 법률에
따르지 아니하였던 까닭으로 이와 같은 사설이 나오는 것이니 화근이
아직도 남아 있습니다."라고209) 하였다.

봉성군 완·이약빙·송인수〔원: 규암圭菴이 호이다.〕·임형수〔원: 금호
錦湖가 호이다.〕에게 일률로 사사하였다. 이언적은 강계에, 노수신은 진도
에, 정황丁璜〔원: 유헌游軒이 호이다.〕은 거제에, 유희춘〔원: 미암眉庵이 호이
다.〕은 종성에, 김난상金鸞祥은 남해에, 권벌은 삭주에, 백인걸은 안변에

---

208) 『명종실록』 권6, 명종 2년 9월 18일(병인).
209) 『명종실록』 권6, 명종 2년 9월 18일(정묘).

안치하였다. 그 나머지 권응정權應挺(1498~1564)·정유담鄭惟湛·이천
계李天啓·한주韓澍·안경우安景佑·이담李湛·안세형安世亨·윤충원
尹忠元·송희규宋希奎 등은 모두 먼 곳으로 내쳐졌고, 허자許磁도 이때에
찬출되었다.[210]

　　허자는 어렸을 때 사재 김정국의 문하에서 배웠다. 초년에는 명망이
있었으나 말년에 정순붕·윤원형·이기와 함께 일을 하여 사림들을
어육으로 만들었으니 그 죄가 이기와 다르게 논할 수 없다. 그러나
윤임과 유관을 죄줄 때에 그 혼자만이 "종사를 모해하였다고 논하는
것은 죄명이 과중하다."라고 말하였으니 그 마음이 여려 원형과는
달랐다. 그 후 점차 후회하는 마음이 싹터 항상 자탄하여 말하기를
"내가 소인이 되었구나."라고 하였다. 자주 병을 핑계하여 일을 피하
여서 이기의 무리와 틈이 생겼다.
　　진복창이 사간이 되어 사림을 많이 해쳤을 때 허자가 상소하여
복창을 탄핵하였으며 또 친한 자에게 말하기를 "을사년의 일로 마침내
녹훈을 받기에까지 이르렀으니 내 마음에 늘 한이 된다."라고 하였다.
이기가 그 말을 듣고 마음에 품고 있다가 마침내 허자를 탄핵하여
말하기를 "나라를 근심한다 칭탁하고는 몰래 흉당을 옹호합니다."라
고 하여 죄를 주니 멀리 찬축되었다가 죽었다.[211] 혹시 지난날의
죄를 조금이나마 용서해줄 길이 있을 것인가?

　　이회재는 을사년(명종 1년, 1545)의 화가 일어났을 때 암암리에 주선하
여 사림을 구하려고 하였다. 그런 까닭으로 직언을 하지 못하고 권간權奸

---

210) 『명종실록』 권6, 명종 2년 9월 18일(병인).
　　　『명종실록』 권6, 명종 2년 9월 19일(정묘).
211) 『대동야승』 동각잡기, 「本朝璿源寶錄(2)」.

의 압력으로 취조관이 되어서 선한 사람들을 문초하여 공신에 봉해지기에
이르렀다. 곽순郭珣이 형벌을 받음에 회재를 쳐다보고 말하기를 "우리들
이 복고復古212)의 손에 죽을 줄을 어찌 알았으리오."라고 하였다. 이에
회재가 크게 뉘우치고 권간과 태도를 달리하다가 결국 죄를 얻어 공훈을
삭탈당하였는데 이때에 이르러 멀리 찬출되어 죽었다.213)

송규암宋奎菴과 임금호林錦湖는 을사년에 부박浮薄한 자들의 영수로
지목받게 되어서 송은 삭탈당하였고 임은 멀리 찬출당하였는데 이때에
이르러 마침내 죽었다. 이기가 남에게 말하기를 "송인수宋麟壽는 어찌
선한 사람이 아니겠는가? 다만 큰일을 행함에 있어서 작은 인仁에 구애되
어서는 안된다는 것은 마치 큰 집을 짓기 위해 기반을 다질 때에 비록
좋은 꽃과 과일이 있더라도 베어버리지 않을 수 없는 것과 같다."라고
하니 사람들이 모두 그를 비웃었다.214)

임이 죽은 후에 이퇴계가 늘 탄식하여 말하기를 "천하의 멋진 남자를
이제 다시는 볼 수가 없구나!"라고 하였다.215)

금호錦湖가 명을 받게 되자 공은 금오랑에게 말하기를 "나는 평생
동안 병이 있어도 약을 마시지 않았으니 청컨대 목매어 죽기를 원합니
다."라고 하자 금오랑이 이를 허락하였다. 공이 말하기를 "내가 방
안에 있을 것이니 창틈으로 노끈을 내어서 금리禁吏로 하여금 창밖에
서 끌어당기도록 하시오."하고는 노끈의 고리 가운데에 목침 하나를
넣었다. 금리가 노끈을 끌어당긴 지 오래되었는데도 방 안에서 희미한
웃음소리가 있었다. 금오랑이 이를 괴이하게 여겨 문을 열어보니

212) 이언적의 자.
213) 『대동야승』 기축록속, 「남평 생원 홍최일 등의 소」.
214) 『대동야승』 석담일기, 「隆慶元年丁卯」.
215) 『연려실기술』 권10, 명종조 고사본말, 「을사당적」 임형수.(『축수편』 참고)

공은 베개를 높이 베고 누워서 허벅지를 두드리며 크게 웃어대었다. 이에 금오랑에게 말하기를 "내 평생토록 해학을 좋아하였는데 이제 죽음에 마지막으로 우스갯짓 하고자 하였다."하고는 마침내 약을 마시고 죽었다.216)

정유헌丁游軒과 노소재盧蘇齋 그리고 유미암柳眉菴 등은 착한 무리의 영수로서 을사년에 관직을 삭탈당하였다가 이때에 이르러 모두 찬출당하였다. 안명세安命世와 윤결尹潔(1517~1548)도 을사년과 정미년(명종 2년, 1547)의 사이에 죽었다.217)

안명세가 사관史官으로서 『을사일기乙巳日記』를 수찬하면서 숨기지 않고 바로 썼다. 이를 본 사람이 이기에게 말하자 기가 그를 "역적을 옹호하며 역사를 사실대로 쓰지 않았다."라고 지목하여 잡아와 국문하였다. 안명세가 옷을 찢어 소를 써서 "예로부터 사관을 죽인 일은 없었다."라고 일렀으나, 복창은 이를 물리치고 받아들이지 않아서, 결국 주살당하였다.218)

윤결은 구사안과 더불어 술을 마시고 취해서 당시의 꺼리는 말을 많이 하였는데 사안이 이를 아룀에, 하옥되어 장살당하였다. 진복창이 연회를 베풂에 온 조정이 모두 모였다. 윤결 또한 마지못하여 여기에 달려와서는 복창의 옷에 술을 토하니 누가 그 까닭을 묻자 이르기를 "간사한 인간의 술을 뱃속에 둘 수 없었다."라고 하였다. 복창이 이를 듣고는 원한을 품어서 그를 장살시키는 데에 이르렀으니

216) 『송자대전』 권75, 「答李彝仲丁巳八月二十八日」.
217) 『명종실록』 권7, 명종 3년 2월 14일(신유). 안명세 죽음.
　　『명종실록』 권8, 명종 3년 7월 10일(계미). 윤결 죽음.
218) 『연려실기술』 권10, 명종조 고사본말, 「을사사화」.(『동각잡기』·『축수편』 참고)

이것은 실로 복창이 주도한 것이다.219)

갑자년(명종 19년, 1564)에 이르러 사암 박순이 아뢰어 윤원형을 교하交
河에 찬출시켰다.220)

이기가 주상에게 아뢰어 말하기를 "원형은 더할 수 없이 큰 공이
있으나 달리 보답할 길이 없으니 그의 양첩 자녀를 허통하여 적자녀로
삼을 수 있도록 해주소서."라고 하자 주상이 이를 들어주었다.221)
원형이 이에 그 처를 내쫓고 그의 첩 난정蘭貞을 처로 삼았다.

백성들이 길가에 모여 욕을 하고 돌을 던지니 그를 쏘아 죽이고자
하는 자가 있기에 이르렀다. 몰래 숨어서 나오지 않다가 죽었다.222) 율곡
이이가 말하기를 "원형이 어진 이를 시기하고 재주 있는 이를 질투한
것은 이임보李林甫223)와 같았고, 금전과 재화를 탐내는데 싫증남이 없음은
원재元載와 같았고, 집을 분에 넘치게 사치하는 것은 양기梁冀와 같았고,
궁궐과 몰래 내통했던 것은 한탁주韓侂胄와 같았고, 말로는 친절하나
마음속으로는 해칠 생각을 가지고 있었던 것은 이의부李義府와 같았고,
임금을 무시하고 주상을 핍박하였던 것은 가사도賈似道224)와 같았다.

---

219) 『연려실기술』 권10, 명종조 고사본말, 「을사사화」.
220) 『명종실록』 권31, 명종 20년 8월 14일(무인).
　　 『명종실록』 권31, 명종 20년 8월 27일(신묘).
221) 『대동야승』 동각잡기, 「本朝璿源寶錄(2)」. 임금이 먼저 제안하고 있다.
222) 『명종실록』 권31, 명종 20년 11월 18일(신해).
223) 당나라 현종 때의 인물.
224) 가사도賈似道: 1213~1275. 남송 말의 정치가. 자는 사헌師憲. 대주臺州 천대天
　　 臺 출신. 이종理宗의 황후인 가귀비賈貴妃의 동생. 순우 10년(1250) 양회제치
　　 대사가 되었으며, 개경 원년(1259) 몽고군이 침략해 들어 왔을 때 쿠빌라이
　　 칸에게 뇌물을 주고 화전을 청한 뒤 몽고군이 퇴각하자 자신의 군대가 대승
　　 했다고 속였다. 이후 조정의 신임을 얻어 전권을 행사하며 공전법, 추배법

김명윤이 어려서는 착한 명성이 있어서 현량과에 탁용되었으나 천과薦科
가 혁파된 후에는 다시 유건을 쓰고 등과登科에 입장하여 옳고 그름을
돌아보지 않고 몸을 드러내는 것을 급하게 여겼으며, 처음에는 이기의
무리들을 노복처럼 섬겨 노복과 주인의 관계와 같다는 말이 있었고,
뒤에는 또 이양李樑을 아버지로 섬겨 부자지간이라고 했다."라고225) 하였
다.

백휴암白休菴이 일찍이 말하기를 "김명윤의 한 몸은 백천억의 화신이
다."라고226) 하였다. 정언각이 말에서 떨어지면서 발이 등자 틈에 걸리게
되자 살이 부서지고 뼈가 바스러져 몸이 만신창이가 되어 죽었다. 당시의
사람들은 이를 통쾌하게 여겨 말하기를 "인과응보의 이치가 빨리 온다."라
고 하였다.227)

이기는 자기의 조카인 이원정이 여러 차례 간언하여 "숙부의 일이
만일 역사책에 실리면 후세 사람들이 무어라고 말하겠습니까?"라고 하자,
이기가 말하기를 "세상 사람들이 옛날 고사도 읽지 않는데 하물며 어찌
동국의 통감을 읽는다 말인가?"라고 하였다. 듣는 자들이 침 뱉고 욕하였
다. 정순붕도 그의 아들인 정렴이 여러 차례 간언하였으나 듣지 않았다.
뒷날 유관의 노비인 난향이 저주하여 죽였다.

선조 정축년(선조 10년, 1577)에 비로소 을사·정미년의 원한을 풀었으
니, 기와 붕의 무리들은 생사를 불문하고 모두 훈직을 삭탈당하였다.228)

등을 시행, 백성들을 곤궁에 빠뜨렸다. 몽고의 재침을 맞아 다시 화전을 청
했으나 받아들여지지 않자 병력을 이끌고 전투를 벌여 대패했다. 이로 인해
복건성 장주로 유배되었다가 정호신鄭虎臣에게 살해당했다.
225) 『율곡선생전서』 권3, 「논윤원형소」. 윤원형의 일을 기록하였다.
　　『대동야승』 석담일기, 「隆慶元年丁卯」. 김명윤의 현량과 일을 기록하였다.
　　『연려실기술』 권11, 명종조 고사본말 「윤원형의 세력에 붙은 사람들」. 김명
　　윤과 이기, 이량의 관계를 기술하였다.(『국조기사』 참고)
226) 『대동야승』 석담일기, 「隆慶元年丁卯」. 백인걸의 말.
227) 『대동야승』 상촌잡록.

찬축되어 있던 여러 사람들 중에 오직 노수신盧守愼과 김난상金鸞祥 그리고 유희춘柳希春 등은 살아 돌아왔으나 차례대로 탁용되지는 못하였다. 그때의 여러 간사한 무리들은 그 죄를 헤아리지도 않고 주살되었으니 가히 한탄스러움을 이기지 못하겠구나.

중봉 조헌이 상소하여 말하기를 "성운成運은 그의 형 성우成遇의 슬픔을 당하자 보은에서 나오지 않았으며, 이황은 그의 형 이해李瀣가 화를 당하자 예안에 숨었고, 임억령林億齡은 그의 형 임백령林百齡이 어진 이를 해치는 것을 보고 외지에서 숨어 살았으며,229) 또 서경덕徐敬德(1489~1546)과 김인후金麟厚(1510~1560) 같은 이는 벼슬살이의 뜻을 끊었고, 조식曺植과 이항李恒(1499~1576) 같은 이는 바닷가 한 모퉁이에서 숨어 살았고, 성제원成悌元은 송인수宋麟壽의 참화를 몸소 보고는 말단 관직에서 배회하며 해학으로 종신토록 몸을 보존하였고, 이지함李之菡(1517~1578)은 안명세安命世의 목이 베어져 저자에 버려지는 것을 보고 바닷가 섬들을 돌아다니면서 거짓으로 미쳐 세상사에서 도피하였습니다."라고 하였다. 이 모두가 을사년의 화가 부른 것이 아님이 없으며 그 화의 가혹함은 기묘년(중종 14년, 1519)의 화보다 더하였다. 퇴계退溪가 윤임尹任에 대해 언급한 것이 『황강문답黃江問答』에 실려 있으니,230) 보는 사람들이 상세히 잘 살펴보라.

---

228) 『선조수정실록』 권11, 선조 10년 11월 1일(계축).
    『선조실록』 권11, 선조 10년 12월 8일(경인).
229) 『명종실록』 권1, 명종 즉위년 11월 7일(병인). 백령은 억령의 형이 아니고 동생이다.
230) 『한수재선생문집부록』 한수재선생문집. 윤임에 대해 퇴계는 "사직의 죄가 없지 않다."라고 한 것을 말한다.

을사 당인黨人 이약수李若水(1486~1531)의 아들 이홍남李洪男은 그의
아버지가 사사당한 후에 영월로 유배되었고, 그의 동생 이홍윤李洪胤은
충주에 쫓겨나 있었다.

9. 기유사화 이해제현己酉士禍 李瀣諸賢

기유년 여름에 이홍남이 사인舍人 정유길鄭惟吉과 교리校理 원호섭元虎
燮[원: 정鄭은 홍남의 동서이고 원元은 처형이다.]에게 서찰을 보내어 말하기를
"저의 동생 홍윤은 성품이 본래 고집이 세고 비꼬여 있는데 함창咸昌의
술사 배광의裵光義와 왕래하여 서로 따르며 친하게 지내면서 온 조정의
재상과 정승들의 점을 쳐서 길흉을 하나하나 말함에 그 말에 이르기를
'폐조의 살인이 갑자년에 극심하여 마침내 병인의 화[중종반정]가 있게
되었으니 지금의 주상이 또한 어찌 능히 오래가겠는가!'라고 하니 그
원망의 말을 이루 다 적을 수가 없습니다. 또 윤임의 사위와 체결한
자는 모두가 을사년의 역당이라고 하고, 스스로 말하기를 '아무개와 더불
어 거병하기를 같이 모의하였다.'라고 하니 제가 직접 꾸짖었으나 와서
보지도 아니하고 또 답장도 없으니 만약 고변하는 자가 있으면 집안의
화가 헤아릴 수 없는 데에 이를 것이니 어떻게 처리하면 이치에 맞겠습니
까? 들은 바를 조정에 직접 전하고자 하나 대궐이 멀기가 천리와 같으니
이 외에 깔끔하게 좋은 처사가 있겠습니까? 붓끝으로 이루 다 쓰지를
못하겠습니다. 다만 종이를 앞에 놓고 통곡할 따름입니다."라고231) 말하
였다.

정유길이 이 글을 가지고 승정원에 나아가 아뢰어232) 홍윤과 그 말에
관련된 자들을 잡아 국문하니 모두 곤장을 맞고 자복하기를 "아무개와
더불어 군사를 일으키기를 같이 모의하였다."라고 하였다.233) 그의 서얼

---

231) 『대동야승』 동각잡기상, 「本朝璿源寶錄(2)」. 원호섭元虎燮은 원호변元虎變으로
되어있다.
『대동야승』 을사전문록, 「李洪男上變」.
232) 『명종실록』 권9, 명종 4년 4월 18일(정사).
233) 『명종실록』 권9, 명종 4년 4월 27일(병인).

동생인 준정은 나이 16살이었는데 같이 모의하였다고 끌어들인 사람이
매우 많아234) 홍윤과 준정의 얼굴을 알지도 못하면서 죽은 자가 아주
많았다. 사람들이 모두 몹시 애석하게 여겼다.

이휘李輝와 최대관崔大觀·대림大臨·대수大受, 이무정李戊丁·인정寅
丁·이이李彛·최순학崔順學·최흡崔洽·홍윤洪崙·홍현洪峴·이유성
李惟成·이복기李福基·강유선康惟善·김의순金義淳·무송수茂松守　언
성언成 등 40여 인이 같이 죽었다.235) 유길 등은 모두 상을 받고236) 형이
동생을 무고하여 화가 친지에게 미치니 세상의 변고를 잘 볼 수 있다.
선조 정축년(선조 10년, 1577)에 이율곡이 주상에게 아뢰어 을사년의
화와 함께 같이 원한을 풀었다.

　　이홍남이 상변한 후에 충주에서 이사 온 최하손崔賀孫이란 자가
　　때를 타서 공을 탐하고자 해서 품관의 「향회문서鄕會文書」를 훔쳐
　　변란을 일러바치고자 하였다가 붙들려 충주목사 이치李致(1504∼
　　1550)에게 고하니 이치가 그를 잡아가두고 감사 이해李瀣(1496∼
　　1550)에게 알리니 이해가 그를 때려 죽였다. 사간 이무강李無彊이
　　마침내 탄핵하기를 "역적을 옹호하려고 입을 막았다."라고 함에 이해
　　를 잡아와 국문하니 해가 곤장을 맞다가 죽었다.237)

---

234)『명종실록』권9, 명종 4년 5월 5일(갑술).
　　　『명종실록』권9, 명종 4년 5월 6일(을해).
235)『명종실록』권9, 명종 4년 5월 18일(정해).
236)『명종실록』권9, 명종 4년 5월 23일(임진).
237)『대동야승』동각잡기상, 「本朝璿源寶錄(2)」. 이해는 갑산으로 귀양살이하러
　　　가다가 양주에 이르러 죽었다고 한다.

10. 임자사화(계축화부)[238] 백사제현壬子士禍(癸丑禍附) 白沙諸賢

광해군 4년(1612)의 일이다.

선조 을해년(선조 8년, 1575) 이후 심의겸과 김효원이 분당을 하였는데,[239] 심을 돕는 자들을 일러 서인이라 하고 김을 돕는 자들을 일러 동인이라 하였다. 서인의 영수는 율곡 이이·우계 성혼·송강 정철·사암 박순 등 여러 사람이며 동인의 영수는 초당 허엽·서애 유성룡·동강 김우옹 등 여러 사람들이었다.

기축년(선조 22년, 1589) 정여립의 옥이 일어난 이후로 동인들은 최영경·이발 등이 억울하게 죽었다고 하여 서인을 원망함이 날로 쌓여 갔다. 신묘년(선조 24년, 1591) 유성룡이 재상이 되어 서인에 대해 완론으로 공격함을 늦추자 이산해·정인홍·홍여순 등이 함께 성룡의 당을 배척하였다. 이로부터 산해의 당을 북인이라 이르고 성룡의 당을 남인이라 이르게 되었다. 선조 말년에 이르러 유영경·유희분·최천건·김신국·민형남·남이공 등은 북인 당여로써 산해 등과 더불어 정권을 다툰 바가 있었는데 나뉘어 각각 독립하니, 비로소 대북과 소북이라는 이름이 있게 되었다.

영창대군 의㼁가 태어나자 임금은 은근히 세자를 바꿀 뜻이[易樹之意] 있었다. 영경 등이 임금의 뜻을 몰래 살피어 백관을 인솔하고 하례를 드리니, 인홍이 상소하여 말하기를 "동궁을 모위謀危한다."라고[240] 하였

---

238) 『정변아아록』의 차례에는 임자사화로 되어있으나 실제 원문에서는 임자사화에 계축화부癸丑禍附가 첨부되어 있다.
239) 『선조수정실록』 권9, 선조 8년 7월조.
　　『선조수정실록』 권9, 선조 8년 10월조.
　　『선조수정실록』 권10, 선조 9년 2월조.
240) 『선조실록』 권220, 선조 41년 1월 18일(병오).

다. 선조가 노하여 인홍을 쫓아내니[241] 영경 등이 이로부터 6, 7년간 정권을 잡았다. 선조가 돌아가시고 광해군이 왕위에 올라 인홍 등을 다시 기용하고,[242] 영경이 종사를 위태롭게 하려고 모의했다 하여 내쫓고 곧이어 죽였다.[243] 인홍·이첨의 무리가 이로부터 용사하였다.

임자년(광해군 4년, 1612)에 이르러 봉산군수 신율申慄(1572~1613)이 도적을 잡았는데[244] 국문을 몹시 가혹하게 하였다.[245] 도적의 우두머리인 김제세金濟世라는 자는 본래 비럭질로 황해·평안 지방을 떠도는 자였다. 죽게 된 것을 늦추어 보려고 무고하여 전 박사 김직재金直哉(?~1612), 전 현감 정경세鄭經世(1563~1633), 전 참의 정호서丁好恕 등이 모반하였다고 하였다. 감사 윤훤尹暄(1573~1627)과 병사 유공량柳公亮(1560~1624)이 조정에 알리고 직재를 묶어 보냈다.[246]

그때에 판의금 박동량朴東亮(1569~1635)이 정호서丁好恕 등이 서울에

241) 『광해군일기』 권56, 광해군 4년 8월 14일(을해). 전일에 사간 이성李惺이 비밀히 아뢰기를 "… 지난날 적신 유영경이 국본國本을 위태롭게 하여 화가 조석간에 박두하였습니다. 대사헌 이이첨은 본디 나라를 걱정하는 마음을 가지고 있었으므로 이에 정인홍과는 비록 서로 잘 알지 못하지만 그가 물러나 있는 석현碩賢으로 정충대절精忠大節이 있다는 이유로, 대사헌 박건과 더불어 신의 종제인 사포서 별좌 이담을 보내어 정인홍에게 뜻을 전하였습니다. 그러자 정인홍이 자신의 모습을 돌보지 않은 채 상소하여 불측한 화에 빠질 뻔하였던 것입니다. …"라고 하였다.
242) 『광해군일기』 권1, 광해군 즉위년 2월 23(경진). 정인홍 방송放送.
『광해군일기』 권2, 광해군 즉위년 3월 1(무자). 관작을 회복하고 판윤에 제수하였다.
243) 『광해군일기』 권1, 광해군 즉위년 2월 20(정축).
『광해군일기』 권1, 광해군 즉위년 2월 21(무인). 문외출송.
『광해군일기』 권2, 광해군 즉위년 3월 17(갑진). 위리안치.
『광해군일기』 권2, 광해군 즉위년 3월 17(을사). 경흥으로 정배하였다.
『광해군일기』 권8, 광해군 즉위년 9월 1(을유). 자결하게 하였다.
244) 『광해군일기』 권50, 광해군 4년 2월 13일(무인).
245) 『광해군일기』 권50, 광해군 4년 2월 15일(경진).
246) 『광해군일기』 권50, 광해군 4년 2월 19일(갑신).
『광해군일기』 권50, 광해군 4년 2월 20일(을유).
『광해군일기』 권50, 광해군 4년 2월 21일(병술).

이른 날짜 등을 상세히 가려내니 제세는 말이 막히어 정경세 이하는 풀려날 수 있었는데, 직재는 고문을 이기지 못하여 거짓으로 자백하여 말하기를 "황혁黃赫이 진릉군晉陵君 태경泰慶을 추대하려고 하였다."라고 하였으니[247] 대개 진릉군은 황혁의 외손이었다. 선조 임진년 이후 황혁은 해서로 물러나 살았고, 직재 또한 해서 사람들과 왕래하였기 때문에 직재의 이름이 제세의 입에서 나왔던 것이며, 황혁의 이름이 또 직재의 자백에서 나왔던 것이다.[248] 그 옥사가 이루어지자 황혁 조손祖孫은 동시에 화를 당하였다. 신율 및 공량 등을 공신으로 봉하였다.[249]

이첨과 산해의 무리는 이 옥을 계기로 다시 기용되어 희분·희담과 더불어 체결하고 정조鄭造(1559~1623)·이성李惺(1562~?) 등을 외원 外援으로 삼아 영남으로 가서 인홍을 사주하여 유영경을 폄척하고 화를 입히었다.[250] 임해군을 폐하여 죽인 후 인홍 등이 또한 공신으로 책봉되었

247) 『광해군일기』 권50, 광해군 4년 2월 21일(병술). 진릉군을 추대하고자 했다고 공초한 자는 김직제의 아들인 김백함金百緘이었다. 이후에 김직재가 그 사실을 승복하였다.
248) 『광해군일기』 권50, 광해군 4년 3월 17일(신해). 제세가 스스로 인보印寶를 위조한 죄로 응당 죽게 될 줄 알았으므로 고자告者가 되어 사형을 면해보기 위해서 널리 많은 사람들을 끌어대면서 끝내 무고의 단서에 대해 말하지 않았다. 국청에서도 그것이 허위임을 알았으나 김직재의 부자가 거짓으로 자백했기 때문에 감히 말을 하지 못하였다. 대체로 제세는 하나의 요망스러운 사람이고 직재는 마음과 행실이 거칠고 어긋났는데, 형신을 견디지 못하고 또 혐의진 사람을 무함하기 위하여 다 같이 횡설수설하였으므로 이 옥사가 이루어진 것이다.
249) 『광해군일기』 권64, 광해군 5년 3월 12일(경오). 분충병의 결기협모 형난공신이다. 1등이 2인, 2등이 12인, 3등이 10인이다. 신율이 으뜸을 차지하였다. … 이른바 형난공신이란 신율이 무고한 공이다. 무고한 왕손을 죽이고 그 결과로 황해도 전체에 독이 미쳤다. 사람들이 모두 율의 살을 씹어먹고 싶어 하였으나 왕은 더욱 그를 총애하였다. 국문에 참여하였던 여러 신하는 기일의 길고 짧음을 막론하고 모두 녹훈되었다. …
250) 『광해군일기』 권54, 광해군 4년 6월 4일(정묘). 왕이 유영경을 죽이고 임해군의 옥사를 일으키고 나서부터 항상 신하들이 자기를 따르지 않고 종실이 틈을 엿볼까 의심하여 주벌誅罰로써 뭇사람들의 마음을 누르고자 힘썼다. 사필로 인한 옥사는 그 끌어댄 바는 허망하였지만 일률적으로 얽어 넣어 모면할 수 있는 자가 없었다. 이첨은 내심으로는 실로 이를 주장하면서 외면으로는 구제하는 척하였기 때문에(그 무리가 왕왕 그의 너그러움을 칭송하기도 하였

고,251) 이로부터 정권을 전담하여 영창의 화를 만들어 내었다.252)

계축년(광해군 5년, 1613) 봄 정협鄭浹이라는 자는 사암 박순의 첩자 박응서朴應犀, 의주 서익의 첩자 서양갑徐羊甲, 승지 심전의 첩자 심우영沈友英, 청강 이제신의 첩자 이경준李耕俊 등과253) 더불어 작당하여 도적질을 하였다. 그때 시정에서 행상을 하는 이가 동래東萊에 가서 은을 무역하여 돌아오다가 조령鳥嶺에 이르러 빼앗기었으나 좇아 따라가서 여주驪州에 이르러 응서 등을 찾아내어 포도청에 고하였다. 포도대장 한희길韓希吉이

는데,) 이평李坪을 사주해 영경 등을 추형하는 일로 상소하게 하고, 또 이성李惺과 함께 김시언을 모함하여 임금의 뜻에 아첨한 일이 있고 나서야 중외가 모두 이첨에 대해 반목하게 되었다. 이에 이첨 또한 분연히 난적을 제거하고 군부를 높인다는 것으로 자신의 임무를 삼음으로써 당시의 충현이 차례로 화를 입어 살육의 화가 크게 일어났다.

『광해군일기』 권54, 광해군 4년 6월 25일(무자). 유영경 등을 추형한 일로 팔도에 교서를 반포하였는데, 이르기를 "이에 명하여 유영경·김대래·이홍로와 아울러 역적 김일승·정의민 등을 이미 본월 21일에 서소문 밖 네거리에서 능지처참하게 하고, 그 시체를 사방에 전시하고 가산을 적몰하고 연좌인을 처벌하고 집을 헐어버리고 못을 파는 등의 일도 율문대로 시행하도록 하였다."라고 하였다.

『광해군일기』 권54, 광해군 4년 7월 18일(경술). 정인홍이 상소하여 스스로 사연辭連된 실상을 변명함과 동시에 토역討逆의 대의를 진술하고 또 역적이 원수로 삼은 무리들을 위임해 줄 것을 청하니, 대개 송순宋諄 등을 지적한 것이다.

251) 『광해군일기』 권56, 광해군 4년 8월 6일(정묘). 사간원이 아뢰기를 "삼가 무신년(선조 41년, 1608)의 공신을 감훈勘勳한 기록을 보니, 특별히 정인홍을 1등 공신에 녹훈하도록 명하였는 바, 정인홍이 무신년에 올린 상소의 내용은 진晋의 역옥을 다스린 일과는 자연 다르며, 유영경이 이미 세 역적의 우두머리가 되었으니, 그 역적을 토벌한 큰 공은 뒤섞어 시행하고 아울러 칭해서 실제의 자취를 민멸시켜서는 안됩니다. 대신들로 하여금 다시 의논하여 마감하게 하소서."라고 하니 아뢴 대로 하라고 하였다.

252) 『광해군일기』 권57, 광해군 4년 9월 29일(경신). 임해군을 교동으로 옮긴 것은 이름은 비록 위리안치라고는 하나 실은 그를 죽인 것이다. 대신들도 오히려 은혜를 베풀어 살려주라고 하여 명예를 취하였는데, 정인홍은 또 은혜를 베풀어 살려주라고 한 것을 큰 죄라고 하면서 임해군이 이미 독살이 된 것을 모르는 것처럼 하였으며, 또한 붕당이 나라를 그르친다는 것을 가지고 말을 하였다. 이로부터 은혜를 베풀어 살려주라는 설이 이 세상의 대금大禁이 되어 영창대군에 대한 논에서 드디어 한 사람도 이의를 제거하는 자가 없게 되었다.

253) 『아아록』에는 다음 내용이 추가되어 있다. "金黃崗繼輝之妾子 亦立其黨 而名不記"(황강 김계휘의 첩자 또한 그 무리에 끼었으나 이름이 기록되어 있지 않다.)

붙잡아 옥에 가두었다.254)

정협 등이 옥에서 살아날 방도를 이첨에게 구하였는데 이첨 등은 좋은
기회를 잡았다고 생각하여 이창준李昌俊을 시켜 달래기를 "여차여차하면
가히 살 수 있으리라."라고 하고, 시켜서 고변하기를 "국구 김제남金悌男은
영창대군을 도와 모반한다."라고 하고 또 당시의 선비들을 무단히 끌어들
였는데 무인으로서 이름난 자도 또한 매우 많았다.255)

협의 공초에 이르기를 "제남이 말하기를 '다른 날에 만약 일이 있으면
곧 마땅히 유명을 받은 신하와 거사를 함께 의논해야 할 것인데, 절차는
마땅히 아무 능에 출행할 때 장차 먼저 동궁을 범하고 다음은 대왕을
범하고 국새國璽는 대비에게 전해야 하리라.'라고 했습니다. 그 모의의
내용을 사실대로 바로 고합니다."라고256) 하였다.

전 의정 신흠申欽(1566~1628)·연천군淵川君 변응성邊應星·판서 이
정귀李廷龜(1564~1635)·회원군檜原君 황신黃愼·금계군錦溪君 박동량
朴東亮·판서 서성徐渻·한응인韓應寅·호군 김상용金尙容(1561~163
7)·좌랑 조희일趙希逸(1575~1638)·판관 조위한趙緯漢·교리 심광세
沈光世 등이 모두 연루되어 공초를 받았다. 당시 연흥부원군 김제남은
마침 잔치를 열고 있었는데 그 자리에 참석한 사람들은 무고하게 끌어넣은
사람들 중에 섞여 들어가서 모두 문초를 받았다.257) 김제남과 원래 서로

254) 『광해군일기』 권64, 광해군 5년 4월 25일(계축).
255) 『광해군일기』 권64, 광해군 5년 4월 25일(계축). 이이첨이 이를 듣고 희길을
불러 묻기를 "자네가 큰 도적을 잡았다고 들었는데 그 실상이 어떠한가?"라
고 하니, 희길이 공초받은 사연을 모두 알려 주었다. 이에 이첨이 마침내 희
길 및 문생 김개 등과 비밀히 의논한 다음 몰래 사람을 들여보내 응서를 유
도하였다. 그때 응서는 양갑 등보다 먼저 도적질한 사실을 자복한데 대해 한
창 부끄러움을 느끼고 있었던 데다가 또 죽게 된 상황에서 살아보고 싶은
욕심이 이첨의 사주를 받고 마침내 상변上變했던 것인데 이 일이 밖으로 새
어 나와 많이 전파되었다.
256) 『대동야승』 광해조일기, 「[問目]癸丑」.
257) 『광해군일기』 권66, 광해군 5년 5월 15일(임신).

친하지 않은 이들은 정의情誼가 좋지 않았다는 이유로 벗어날 수 있었다. 오직 박동량의 공초에서는 '저주사건'을 말하여 여러 적당들의 구실거리가 되었다. 이 때문에 후세에 물의가 있게 되었다.

박의 공초에 말하기를 "반성댁潘城宅의 계집종 경춘景春이 의인왕후懿仁王后를 시위하다가 경자년 대군방으로 돌아갔는데 하루는 박동언朴東彦의 처에게 와서 말하기를 '선왕의 병이 위중해진 것은 의인왕후 때문입니다. 요사스런 무당 수천 명이 유릉裕陵〔원: 의인황후 능의 초명이 유릉이다.〕에 가서 저주하는 일을 크게 벌였는데 의인왕후의 형상을 가짜로 만들고 그 면상에는 의인왕후의 휘諱를 써 놓았습니다.'라고 하였습니다. 듣고서 심히 절치부심하여 임금의 원수를 조금 덜고자 하지 않은 것은 아니었으나 이 일은 감히 말할 수 없는 곳에 간섭하는 것이므로 아픈 마음으로 숨기어 지내왔습니다. 차마 제남과 더불어 어찌 터럭만큼도 서로 좋게 지낼 이치가 있겠습니까."라고 하였다.258)

동량이 무심코 말한 '저주의 설'은 여러 적당들의 효시가 되었으니 이이첨의 사문赦文에 "박동량 형제가 함께 '유릉 저주사건'을 증명하였고 김상준金尙寯 부자 또한 그것을 말하였습니다."라고 하였다.259) 대개 상준의 공초에 말하기를 그 아들 김광욱金光煜이 서궁에 숙배하였는데, 책망하여 "역적〔김제남〕이 옆에 있는데 어찌 숙배하였는가?"라고 하였다 한다.260) 그러므로 이이첨의 사문赦文은 모두 이러한 말들을 따른 것이다.

『광해군일기』 권66, 광해군 5년 5월 6일(계해).
258) 『대동야승』 광해조일기, 「[問目]癸丑」.
　　　『광해군일기』 권66, 광해군 5년 5월 16일(계유).
259) 『대동야승』 계해정사록, 「遠竄類」.
260) 『대동야승』 광해조일기, 「[問目]癸丑」.

안按. 우암선생이 찬한 「오창묘표梧窓墓表」에는 사계선생의 글을
인용하여261) 미진한 부분을 밝혔다. 박동량의 공초는 유릉의 양재
禳災 사건을 잘못 불러 '저주 사건'이라고 하였다. 얼마 있다가
궁중에서 무고가 발생하게 되자 이전의 우연한 실수를 끌어다
붙이고는 마침내 여러 역적들의 구실로 삼았으니 시론이 애석하게
여겼다.

참의 유숙柳潚이 계하기를 "김제남이 모반의 우두머리이기에 사사에
해당되는데 자전에게는 알리지 않아야 합니다."라고 하였다. 한음 이덕형
과 참판 오백령이 극언으로 간쟁하기를 "부자의 은혜와 군신의 의리는
모두 삼강三綱에 해당합니다."라고 하였다.262)

(광해군이) 전교하기를 "제남의 모역은 서양갑 등과 더불어 안팎에서
서로 응하여 한 몸이 합친 것과 같으니 제남은 사사하고263) 의는 원찬하라."
라고264) 하였다. 영창은 교동의 적소에서 수사 정항鄭沆에게 핍박받아
살해되었다.265) 이때 나이 12살이었으니, 아! 참혹하구나.

조정의 의론이 두려워하여서, 모두 대비가 삼년복을 입지 못할 것이라

---

261) 사계선생의 글을 다음에서 확인할 수 있다. 『송자대전』 권191, 「금계군박공
　　묘표」. "故沙溪老先生嘗曰 錦溪伊時雖亦有未盡者 然裕陵之變 在人耳目 的然
　　無疑 而今之議者 並以此爲無是 則其誣甚矣 又曰 錦溪斷無他腸 而不幸巫蠱之
　　獄繼起 遂爲今日罪案 實有可恕之道"
262) 『대동야승』 광해조일기, 「[問目]癸丑」.
263) 『광해군일기』 권67, 광해군 5년 6월 1일(무자).
264) 『광해군일기』 권68, 광해군 5년 7월 27일(계미).
265) 『광해군일기』 권75, 광해군 6년 2월 10일(임진). 강화부사 정항이 영창대군
　　의를 살해하였다. 정항이 고을에 도착하여 위리 주변에 사람을 엄중히 금하
　　고, 음식물을 넣어주지 않았다. 침상에 불을 때서 눕지 못하게 하였는데, 의
　　가 창살을 부여잡고 서서 밤낮으로 울부짖다가 기력이 다하여 죽었다. 의는
　　사람됨이 영리하였다. 비록 나이는 어렸지만 대비의 마음을 아프게 할까 염
　　려하여 괴로움을 말하지 않았으며, 스스로 죄인이라 하여 상복도 입지 않았
　　다. 그의 죽음을 듣고 불쌍히 여기지 않는 사람이 없었다.

고 하였다. 이때 유숙이 예조참의를 맡고 있었는데 참판 오백령과 더불어 서로 토론하여 말하기를 "시의가 이와 같아 전례에 따라 거행하기가 어려울 것 같아서 독단할 수 없으니 대신 이덕형에게 물어보자."라고 하였다. 공이 이르기를 "춘추春秋에 자식이 어머니를 원수로 하는 뜻은 없다. 국구國舅가 비록 죄로 죽었으나 대비의 복제를 어찌 가히 변경하리 오. 조정이 마땅히 한번 물어 복제를 정하였으니 나의 말대로 행하는 것이 옳다."라고 하였다. 유는 대신의 말에 따라 삼년복으로 계를 올렸는 데, 이때부터 대비를 폐하고자 하는 흉도의 무리에게 질시를 받았다.[266]

백사 이항복·한음 이덕형·상촌 신흠 등은 모두 선조가 어린 자제를 맡긴 신하였다. 영창대군이 화를 입었을 때 한음이 백사를 보고 힘을 합쳐 간하자고 하였다. 백사가 말하기를 "대신이 한 대군을 위해 죽는 것은 옳지 못하다."라고 하였다. 영창대군을 위해 죽는다면 용勇에 어긋나 는 것이고, 모후를 위해 죽지 않는다면 효孝에 어긋나는 것이다.[267] 한음이 홀로 들어가 이를 간쟁하다가 길주로 유배 갔다.

> 안按.『조야회통』에 한음은 (김제남의) 부음을 대비에게 고하자
> 는 차자를 올렸다가 삼사에서 안율하자는 청을 하게 되자 삭직되
> 어 용진龍津의 묘사墓舍로 돌아갔다. 날마다 집의 동산에 올라
> 북쪽을 바라보며 통곡하다가 울분이 차서 병이 나 졸하였다.
> 찬적된 것은 아니다.[268]

---

266) '조정의 의론이 ~ 질시를 받았다'는 『아아록』에 추가된 내용이다.
   『대동야승』광해조일기, 「[問目]癸丑」.
267) 『연려실기술』권20, 폐주 광해조 고사본말, 「박응서지옥」.(『한음묘지』참고)
268) 『광해군일기』권70, 광해군 5년 9월 13일(무진). 이 기사에 의하면 이미 파직 했다는 말이 나오고 있다. 따라서 찬적된 것은 아니다.

상촌象村 또한 극렬히 간하다가 갇히게 되자, 그 아들 동양위 신익성申翊聖(1588~1644)이 산의생散宜生의 일을[269] 본받아 미녀와 보옥을 상납하여 그 화를 완화시키고 방귀전리되었다. 사계 김장생은 자식을 잘못 지도하였다고 하고서 글을 주어 이를 꾸짖었다. 후에 춘천으로 유배되어 갔다.[270]

상촌이 춘천에 유배된 지 얼마 안되어 광해가 특별히 상촌의 이름을 들어 말하기를 "마땅히 대신을 납속하리라."라고 하였고 회의에서도 말하기를 "마땅히 납속하리라."라고 하였다. 동양위가 부득이하여 은 오백을 받쳐 그 아버지를 납속한 것이다. 대개 광해가 오직 그의 이름만을 든 것은 먼저 미녀와 보옥을 받쳤기 때문이었다.

안按. 『조야회통』에 광해군 5년 계축에 박응서가 옥중에서 상변하였고, 정협은 또 이이첨의 지휘를 받아 거짓말로 옥사를 꾸며내었다. 경대부와 무사들이 옥사의 말에 연루되어 잇달아 체포되었고 유교칠신遺敎七臣도 모두 잡혀 들어갔다. 또 말하기를 "인홍은 차자로 먼저 유교칠신을 제거하기를 청하여 영창대군의 우익인 한응인·서성·한준겸·신흠을 꺾어서 방귀전리하였다."라고[271] 하였다. 광해군 8년 병진에 신흠은 춘천, 한준겸은 충원, 박동량은 아산에 중도부처 되었으니, 정인홍이 유교칠신을 제거하는 계책을 따른 것이다. 그렇다면 상촌은 처음부터 극력 간언할 일이 없었고, 또한 미녀와 보옥을 바칠 일이 없었다. 이른바 화를

---

269) 『사기』齊太公世家. "周西伯拘羑里 散宜生閎夭素知而招呂尙 呂尙亦曰 吾聞西伯賢 又善養老 盍往焉 三人者爲西伯求美女奇物 獻之於紂 以贖西伯"
270) 『광해군일기』권111, 광해군 9년 1월 6일(임신). 춘천에 부처.
271) 『대동야승』續雜錄, 「癸丑 萬曆四十一年光海君六年」.

완화하여 방귀전리했다는 말은 아마도 사실과 다르다는 것을
면치 못할 것이다. 하물며 서徐·한韓의 여러 인물이 동시에 방귀
전리를 당하였는데 어찌 모두 납속했기 때문에 그렇게 되었겠는
가? 또『사계유고』를 살펴보니 상촌에게 편지를 보내어 납속을
꾸짖는 내용은 있으나[272] 아마도 이는 춘천에서 방환되었을 때의
사실일 것이다. 그런데 지금 방귀전리 때 뇌물을 바쳐 화를 완화하
였다고 하는 것은 크게 사실과 어긋나는 것이다. 그런데 편지
내용 중에는 자식을 잘못 지도하였다는 말도 없다.[273]

동계桐溪 정온鄭蘊은 이조참의로서 골육 간의 변고를 극렬한 말로써
상소하였다.[274] 소에 이르기를 "전하는 인륜의 변고를 만나서, 끝내 마음
대로 하지 못하시고 한 무부武夫의 손을 빌리는 것을 면치 못하였습니다.
성덕에 누가 됨이 어찌 크지 않겠습니까. 정항鄭沆이 의義를 핍박하여
죽게 하였으니, 전하로 하여금 순임금이 상象을 처우한 것과 같이 하지
못하게 함으로써, 이치에 맞게 처신하지 못하였던 한·당 이하의 임금이
됨을 면치 못하게 하였습니다. 정항을 베지 않고서는 전하가 선왕의
묘정에 들어가실 면목이 없으리라 여겨집니다."라고 하였다. 남해로 유배
되었다.

김제남·유영경·한응인·허욱許頊(1548~1618)을 4흉이라 일컫고,
이덕형·정온·이원익을 3적이라 일컬었다.[275] 대개 오리梧里가 동계桐

---

272) 『사계전서』 권3, 「신경숙에게 답함(2)」. "보내온 편지에 말한 속전을 바친 데
    대한 일은 추악한 고질병으로, 바로 당시의 큰 폐단으로서 나라를 망친 한
    가지 원인입니다. 이 때문에 백성들이 모두 도탄에 빠지게 된 것입니다."라
    고 하였다.
273) 『정변아아록』에 추가된 부분이다.
274) 『광해군일기』 권75, 광해군6년 2월 21일(계묘). 부사직 정온이 상소하였다.
    "삼가 아룁니다. …"라는『광해군일기』의 기사를 보면 정온은 당시 부사직이
    었다.

溪를 힘써 구했기 때문이다.

계축년(광해군 5년, 1613)에 이르러 이위경李偉卿(1596~1623)·정조
鄭造(1559~1623)·윤인尹認(1555~1623) 등이 폐모론을 앞장서서 발설
하였다. 위경은 소에 쓰기를 "모후는 안으로 무고巫蠱하는 짓을 저지르고
밖으로는 역모의 무리와 결탁하였던 사실이 환하게 드러났으니, 어머니
의 도리가 이미 끊어졌고, 의㼁는 임자년에 역적들에게 추대되었으나
그 흉모가 실패하여 드러났으니 동기의 정도 저절로 끊어진 것입니다."라
고 하였다.276)

정조와 윤인은 소에서 말하기를 "무고하였다는 말이 널리 퍼진 지가
이미 오래되었고, 역적들과 외응하였던 자취가 현저하게 드러난 것들이
많아서 종사에 죄를 지었으니 어머니로서의 도리가 끊어졌습니다. 전하
에게 있어서는 비록 모자의 은혜가 있지마는, 종사에 있어서는 현저히
끊어야 할 의리가 있사오니, 신하된 자가 어찌 국모로서 대우하겠습니까."
라고277) 함에 흉악한 의론이 어지럽게 나오더니 궁문宮門을 막아버리는
일이 있기에 이르렀다.

흉악한 상소가 처음 나왔을 때, 검열 엄성嚴惺(1575~1628)이 탑전에

---

275)『연려실기술』권20, 폐주 광해조 고사본말, 「박응서지옥」. 갑인년(광해군 6년,
　　1614) 11월에 여주의 생원 이극량이 소를 올려 영경·제남·허욱·응인을 4
　　흉이라 하고, 대래와 유홍은 2악이라 하고, 정온·이명·송홍주를 3적이라
　　하였다.

276)『광해군일기』권66, 광해군 5년 5월 22일(기묘). 진사 이위경 등이 상소하기
　　를 "삼가 살피건대 신들이 역적을 토죄하는 일로 …"라고 하였다. 이 소에
　　참여한 자는 생원 이상황·최호·채겸길·신게·한희·이일형·우필순·이
　　연·남성신·민심·서국정·이생인·성하연과　유학·황덕부·안웅노·심지
　　청·한급·한오·윤신·우필해 등이었다. 상황은 이첨의 사위요 창후의 아들
　　이며, 희·오·급은 찬남의 아들이며, 최호는 정조의 사위며, 나머지 사람들
　　도 모두 이첨의 족속들이었는데, 이첨 자신이 소의 내용을 만들어 주었다.
　　전후에 걸친 유소儒疏는 모두 이첨이 붓으로 정해준 것인데 더러는 같은 패
　　거리인 허균과 김개金闓로 하여금 짓도록 하기도 하였다.

277)『광해군일기』권66, 광해군 5년 5월 25일(임오).

아뢰기를 "상소의 말이 극히 흉패하여 차마 들을 수가 없고, 차마 말할 수 없는 말이 있습니다. 의는 비록 역적의 입에서 나왔으나, 자전께서는 전하의 어머니입니다. 어찌 감히 방자한 패설이 뒷일을 염려하고 꺼리기는 바가 없겠습니까."라고 하였다. 말과 기색이 강개하여 눈물을 흘리기까지 하였다. 먼저 나온 이백사李白沙와 제공諸公들이 칭찬하고 감탄하여 말하기를 "아뢴 바가 지극히 명확하고 바르긴 하지만 말과 기색에 불평을 가진 마음이 있음을 보였으니, 그대가 위태로와질까 걱정이 된다."라고 하였다. 엄이 말하기를 "분이 넘쳐서 말이 저절로 불평을 터뜨리기까지 되었으니 화복이 오는 것을 생각할 겨를이 없습니다."라고[278] 하였다.

성균관 유생 이안진李安眞(1586~1650)은 상소하여 말하기를 "자전은 전하에게는 모자의 은혜가 있으며, 신민에게는 군신의 의가 있으니, 자식은 어머니를 끊음이 불가하고, 신하는 감히 이를 의논함이 불가하니, 청컨대 조·인·위경에게 죄를 다스리소서."라고[279] 하였다. 이들은 모두 먼 곳으로 유배되었다.

무오년(광해군 10년, 1618)에 이르러 한효순韓孝純(1543~1621)·민몽

---

[278] 『광해군일기』 권68, 광해군 5년 7월 11일(정묘). 검열 엄성이 천추망궐례에 사관 관원이 일제히 대궐에 나온 것을 인하여 드디어 승문원에 나아가서 사관 관원을 소집하였으나 관원들은 두려워하며 모두 흩어지고 유독 승문원 박사 윤전尹烇, 정자 권호權護 등 몇 사람과 의논하여 "모후를 동요시켜 강상에 죄를 얻었다."라는 여덟 글자로 결정하여 위경 등을 방에 걸어 정거하게 하자, 듣는 자가 쾌히 여겼다.

[279] 『광해군일기』 권68, 광해군 5년 7월 11일(정묘). 이에 앞서 관학 유생이 상소하여 이위경 등이 폐모론을 주장한 죄를 논하고 인하여 위경 등 20명을 유적儒籍에서 이름을 삭제하고 외방학교에 통문을 보내 그 죄를 포고하였다. 고사에 관학에 삭적한 자가 있으면 사관四館이 따라서 정거하는데, 위경 등의 이름을 삭제한 후에 사관이 화를 입을까 두려워하여 상회하지 않으려 하였기 때문에 위경 등이 정거를 면할 수 있었다.
『광해군일기』 권68, 광해군 5년 7월 13일(기사). 부응교 한찬남, 부교리 이창후 등이 상소하였는데, 그 대략에 이르기를 "… 전번에 유생 정복형·권심·이안진 등이 이를 흉칙한 논의로 지목하여 상소를 올린 유생 20명을 유적에서 삭제하게 하고 또 팔도에 통문을 보내 알도록 호소하였습니다. …"라고 하였다.

룡閔夢龍(1550~1618)·이이첨李爾瞻·정인홍鄭仁弘·한기인韓基仁·
이각李覺·유희분柳希奮·이창준李昌俊·김질간金質幹(1564~1621)·
김개金闓(1582~1618)·한찬남韓纘南(1560~1623)·박승종朴承宗·정
호관丁好寬(1568~1618) 등 547인이 합명으로 상소하니 폐모廢母해서
서궁西宮으로 하자는 논의가 마침내 정하여졌다.280)〔원: 종친들도 소를
올려 대비의 10가지 죄목을 정하였다. 그 소의 우두머리가 되었던 인성군仁城君
공珙은 모임을 끝내고 계단을 내려오다가 피를 토하고 죽었다.〕281) 한효순이
백관을 거느리고 정청에서 대비의 10죄목을 진술하기를 청하니 이이첨이
초안하고 이경전이 이를 썼다. 외처로 내보낸 뒤에 명나라에 이를 주청하
자는 논의는 이첨이 주장하였고, 바로 폐출廢黜하되 명에 주청할 필요는
없다고 한 논의는 허균許筠과 김개가 주장하였다.

폐출절목廢黜節目을 정하여, 존호를 깎아버리고, 옥책과 어보를 내오
며, 죽은 후에는 거애擧哀하지 않고, 상복도 입지 못하도록 하였다.282)
환관 2인, 별감 4인을 두고, 별무사 8인으로 지키게 하니 오호라! 어찌
이를 차마 말하리오.

　이첨·찬남 등이 상의하여 말하기를 "서궁西宮이 살아 있으면 우리
　무리들에 반드시 후환이 있을 것이다. 백대형白大珩으로 하여금 적당
　賊黨을 거느리고 경운궁慶運宮에 들어가서 자전慈殿을 모해토록 하
　자."라고 하였다. 그날 밤 초저녁에 대비의 꿈에 선조가 나타나서
　말하기를 "적당들이 금방 올 것이니 피하지 않으면 죽을 것이다."라고

---

280)『광해군일기』권123, 광해군 10년 1월 4일(갑자).
281) 인성군 부분은『아아록』에 추가된 내용이다.
　　『인조실록』권18, 인조 6년 5월 28일(무자). 유효립의 옥사에 연루되었다가
　　이때 사망하였다.
282)『광해군일기』권123, 광해군 10년 1월 30일(경인).

하였다. 대비가 깨어나서 우니, 궁인들이 그 연유를 묻고 모두 말하였는데, 한 궁인이 말하기를 "성령이 먼저 깨우쳐 주었으니 반드시 까닭이 있을 것입니다. 소비小婢가 대비와 자리를 바꾸어 이를 기다리겠습니다."라고 하였다. 대비가 이 말에 따라 뜰 속에 잠시 피하니, 적당이 과연 궁에 들어와 수색하여 그 궁인을 해쳤다.

　군신 상하 모두가 이를 알지 못하였으나 박승종朴承宗이 홀로 그 사실을 듣고 급히 하인을 데리고 서궁에 다다라, 추격하여 이들을 모두 몰아내었다. 이로 말미암아 백대형白大珩은 대비를 찾아내지 못하고 나가면서 "대비가 화를 면한 것은 승종의 힘이다."라고 하였다.283) 광해군은 마음속으로 대비가 해침을 당한 줄 알았으나 그가 쫓겨날 때 인조가 서궁에 일을 알리는 것을 보고 몰래 시자侍子를 보고 말하기를 "대비가 나오지 않음은 무엇 때문인가?"라고 하였다.284)285)

　중외中外의 여러 신하들에게 의론을 묻자, 백사 이항복이 그렇지 못한 이치를 극렬히 말하기를 "생각건대 급伋286)의 아내가 된 자는 백白의 어머니가 되는 것입니다. '천하에 옳지 못한 부모가 없다.'라고287) 하였으며, '춘추에 어머니를 원수로 할 수 없다.'는 의리가 있습니다."라고288)

---

283)『대동야승』續雜錄,「壬戌 大明熹宗天啓二年光海十四年」.
284)『연려실기술』권20, 폐주 광해군 고사본말,「폐삭절목」. 광해군에게는 대비가 참으로 죽었다고 했으므로 반정하던 날에 대비가 있나 없나 물었었다.(『속잡록』 참고)
285) 광해군 이하는『아아록』에 추가된 내용이다.
286) 급伋: 공자의 손자인 자사子思의 이름이다. 그가 처와 이혼한 후 그 아들에게 말하기를 "어미로 섬기지 말라."라고 하면서, "나의 처가 되면 백(급의 아들)의 어미가 되고, 나의 처가 아니면 백의 어미가 아니다."라고 하였다. 여기에서는 계모도 아버지의 처이므로 전처의 아들에게 어미가 된다는 뜻으로 인용한 것이다.
287)『소학집주』 가언5.
288)『광해군일기』권121, 광해군 9년 11월 24일(을유).

하여서 북청으로 유배되었다.289)

정홍익鄭弘翼(1571~1626)290)·이신의李愼義·김덕함金德誠(1562~
1636)291)·오윤겸吳允謙(1559~1636)292)·김권金權(1549~1622)293)·
이시언李時彦294)·권사공權士恭(1574~1619)295)·이문명李文蓂 또한 이
론異論을 세워 헌의하다가 찬축되었다. 이들 중에서도 정홍익·이신의·
권사공의 논의는 더욱 바르고 컸다.

홍한뢰洪漢雷·홍무적洪茂績(1577~1656)·정택뢰鄭澤雷·김효성金
孝誠(1585~1651)·조경기趙慶起가 상소하여 이위경·정조·윤인 삼적
의 머리를 참수할 것을 청하다가 모두 멀리 유배를 갔다.296) 이들 중에서도
김효성·정택뢰의 소가 더욱 곧고 철저하였다.

무인武人이었던 첨지중추부사 오정방吳廷邦이 헌의하기를 "신은 한
무부武夫로서『사략史略』초권을 읽었는데도 그 가운데 '순이 지성으로
섬겨 부모를 교화시켰다.〔烝烝乂 不格姦〕'라는 문장이 있었습니다."라고
하였다.

유학幼學 조직趙湜이 홀로 상소하여 말하기를 "대비는 전하의 어머니이
시고 모자의 정은 하늘이 내린 떳떳한 이치입니다. 적막한 깊은 궁궐에
귀신과 이웃하여 햇빛을 못 본지가 3개월이나 되었습니다. 선왕이 대비를
전하에게 맡기신 뜻은 이와 같이 하고자 하신 것이 아닙니다. 신이 옛

　　　『연려실기술』권20, 폐주 광해조 고사본말,「폐모처서궁」백관수의.
289)『광해군일기』권123, 광해군 10년 1월 6일(병인).
290)『광해군일기』권91, 광해군 9년 11월 25일(병술). 행사과 정홍익 의논.
　　　『연려실기술』권20, 폐주 광해조 고사본말,「백관수의」.(『명륜록』참고)
291)『광해군일기』권91, 광해군 9년 11월 25일(병술). 군기시정 김덕함 의논.
292)『광해군일기』권91, 광해군 9년 11월 25일(병술). 첨지 오윤겸 의논.
293)『광해군일기』권91, 광해군 9년 11월 25일(병술). 청풍군 김권 의논.
294)『광해군일기』권122, 광해군 9년 12월 6일(정유).
295)『광해군일기』권91, 광해군 9년 11월 25일(병술). 행사과 권사공 의논.
296)『연려실기술』권20, 폐주 광해조 고사본말,「폐모처서궁」.(『하담록』참고)

사서史書를 뒤져보아도 자식으로서 어머니를 폐하였다는 말은 보지도 듣지도 못하였습니다."라고[297] 하였다. 거제에 유배되었다.[298]

오리 이원익[299]과 한강 정구(1543~1620)[300] 두 사람 다 이론을 세워 헌의하였다. 이는 찬축되었고 정은 삭직되었다. 정은 소를 올려 이르기를 "대비는 진실로 죄가 있습니다만 그러나 이를 애석하게 여기는 사람이 많습니다."라고 하였다.〔원: 어떤 사서史書를 보면 한강의 상소에는 대비에 대한 처분에 불만을 띤 말이 많이 있었으나 자손들이 문집을 간행할 때 모두 삭제하였다고 한다.〕

안按.『조야회통』에 한강이 영창대군을 위해서 상소를 올려 전은 全恩을 청하였고, 계속해서 "자전에게 효도를 다해야 하며, 별궁은 불가하다."는 뜻을 진달하였다. 그러나 "자전에게 죄가 있다."는 말은 없으며, 또 문집에서 삭제한 일은 자못 시일이 지나서 알 수 없다.

우안又按. 한강이 차자를 올려 영창대군의 옥사를 구해하면서 주경왕周景王이 동생인 영부佞夫를 살해한 것을 비유하였다. 그 말에 "어린아이로서 아무것도 몰랐던 영창대군은 역시 영부佞夫가 (자신이 왕으로 추대된 사실을) 몰랐던 것뿐만이 아닙니다."라 고[301] 하였다.

우안又按. 정사년에 서궁 유폐의 변고가 있자 또 의소擬疏를 올려 말하기를 "날마다 순舜을 죽이는 것을 일로 삼은 부모였지만,

---

297) 『광해군일기』권91, 광해군 7년 6월 22일(정유).
    『연려실기술』권20, 폐주 광해조 고사본말,「폐모처서궁」.
298) 『연려실기술』권20, 폐주 광해조 고사본말,「폐모처서궁」. 기미년 5월에 남해
    로 귀양갔다고 되어있다.(『명재집』참고)
299) 『연려실기술』권20, 폐주 광해조 고사본말,「폐모처서궁」.(『명륜록』참고)
300) 『연려실기술』권20, 폐주 광해조 고사본말,「박응서지옥」.(『한강집』참고)
301) 『한강선생문집』권2,「계축차자[재차]」.

순임금이 대처한 것은 원모怨慕하면서 하늘에 대고 울부짖은 것이
었을 뿐입니다. 당의 무조武瞾같이 어미답지 못한 자에 대해서
주희朱熹가 논하기를 중종의 입장에서는 결코 어미를 내쫓는 일을
감히 할 수 없었을 것이라고 하였습니다."라고302) 하였다. 이를
전후하여 수천 마디 말이 조야에 횡행하였다.

우안又按.「인종사제문仁宗賜祭文」에 한강이 두 번 차지를 올려
전은全恩을 주장한 것은 한랑寒郞303) 이후에 그뿐이라고 하였다.

우안又按. 신흠의『상촌집』에 광해군 초년에 이륜彝倫이 막히고
끊겼는데 한강이 봉사를 추가로 올리자 하늘의 떳떳함과 사람의
기강이 이에 힘입어 추락하지 않았다고 하였다.304)305)

유영경·신흠·한응인·허성·박동량·서성·한준겸은 고명을 받
았던 7명의 신하였기 때문에 이들을 지목해서 칠적七賊이라고 하였다.
정창연·이정귀·김상용·유근·윤방(1563~1640)·이시언·오윤
겸·송영구는 정청에 참가하지 않았기 때문에 이들을 지목해서 팔간八奸
이라고 하였다.306) 이시발(1569~1626)·김류(1571~1648)·이경직
(1577~1640)·홍우경(1590~1625)·박미(1592~1645)·유적·신익
성·김효성·박동선·윤형준도 또한 정청에 참가하지 않았기 때문에
이들을 지목해서 십사十邪라고 하였다.307)

---

302)『한강선생문집』권2,「정사의상소」.
303) 한랑寒郞: 후한의 명제 때 한랑이 초옥楚獄을 다스렸는데, 당시 죄인인 안충
顔忠과 왕평王平 등이 한 번도 본 적이 없는 유건劉建 등을 무고하였다. 이에
명제가 크게 노하여 무고한 많은 사람이 연루되어 죽었으나 감히 아무도 말
하지 못하였는데 한랑이 이들의 억울함을 조사하여 명제의 진노함을 무릅쓰
고 상주하여 신원伸冤하였다.(『선조실록』권56, 선조 27년 10월 17일.)
304)『상촌고』권26,「정한강신도비명」.
305) 5개의 안按은『정변아아록』에 추가된 내용이다.
306)『연려실기술』권20, 폐주 광해조 고사본말,「정청시불참인」.(『청백당기사』참고)
307)『연려실기술』권20, 폐주 광해조 고사본말,「정청시불참인」.(『청백당기사』참

의창군義昌君 광개珖은 종실의 친척으로서 항의하고 태도를 달리하였기 때문에308) 그를 지목하여 팔간八奸·십사十邪의 우두머리라고 하였다. 이 외에 정청에 참가하지 않은 자는 구성·오백령 등이나 이루 다 적지는 못하겠다.

민형남과 김신국은 명류라고 자처하면서도 정청의 모임에 참여하였다. 정광경鄭廣敬(1586~1644)·서경주徐景霌·윤신지尹新之는 그 아버지가 정창에 불참하였는데도 참여하였다. 이정귀와 이덕형李德泂은 정청에 참여하지 않았지만 절목을 정하는 모임에는 참여하였다. 이 때문에 사람들이 그들을 비난하였다. 유근은 묘향墓鄕에 있었기 때문에 정청에 참여하지 않았는데 당시의 의론이 그를 지목하여 팔간八奸에 넣자 화가 미칠까 두려워서 거마車馬를 재촉하여 올라와 절목을 정하는 모임에 참여하였으므로 사람들이 모두 비웃었다. 백사 이항복·월사 이정귀는 일찍이 서로 약속하기를, 두 사람 중에 먼저 죽는 사람의 행장을 뒤에 남은 사람이 찬해 주자고 하였다. 백사가 북청으로 유배가 있을 때 경보京報를 보고서 월사가 절목을 정하는 모임에 참석하였던 것을 알고는 위연히 탄식하여 이르기를 "오랜 지우知友를 갖기가 이와 같이 어렵구나."라고 하였다. 이어서 그 아들 이성남李星男을 돌아보고 이르기를 "내가 죽은 후의 일은 경숙敬叔에게 부탁하여라."라고 하였다. 경숙은 상촌象村 신흠의 자이다. 월사의 두 아들은 모두 시론時論에 어두웠는데 둘째 아들 이소한李昭漢은 광해군의 어머니를 위한 봉릉과封陵科에 등과하여 북인의 의론을 주도하였다가 반정 후에는 구굉具宏(1577~1642)과 신경정申景禎이 서로 더불어 그를 구해 살려주고자 하였다. 그때 중국에

고)
308) 『연려실기술』 권20, 폐주 광해조 고사본말, 「정청시불참인」.(『명륜록』 참고)

올린 글들이 그 형제의 손에서 많이 나왔다고 한다.

안按.『연려실기술』에 따르면 빈청에서 합의할 때 좌상 한효순·공판 이상의·예판 이이첨·동춘추 이경전·우참찬 이충·호판 최관·대사헌 남근·공참 조탁·병조참의 정립·부제학 정조·예조참의 윤수민·예참 이명남·병참 이덕형·형참 박자홍·호조참의 정규·대간 윤인·호참 경섬 등이 동참하여 폐삭절목廢削節目을 의정하였다.〔원:『명륜록』에도 역시 17인이라고 하였다.〕우안又按.『조야회통』의 의정절목 인원에는 우상 민몽룡을 포함해서 18인으로 하였으며, 『조야첨재』에는 이상의를 정인홍으로 고쳐서 역시 18인으로 하였다. 월사는 모두 포함되어 있지 않다. 그렇다면 월사가 의정절목에 동참하였다는 주장은 아주 근거가 없는 것이다.

안按. 백사의 묘지와 묘표는 모두 월사가 지은 것이다. 이는 백사와 월사의 두 문집에 모두 보인다. 그렇다면 백사가 아들을 돌아보고 했다는 말도 역시 근거가 없는 것이다.

안按. 백주白洲의 시장諡狀은 우암이 지은 것이고, 신도비명은 청음이 지은 것이다. 당시 폐모의 논의가 급박하던 때에 백료들이 모두 정청을 만들려고 하였다. 문충공과 공은 자취를 거두어 출입하지 않았다. 흉인 진호선 등이 상소하여 문충공과 공을 죄주자고 청하여서 역시 연좌되어 파직되었다.309) 신유년에 교리로 옮겨 극론하기를 "얼신孽臣이 나라를 훔치고 조정에서 난리를 휘둘렀으니 법대로 처리하자고 청하였다.〔원: 이 차자에 이이첨을 절도에 위리안치하도록 청하였다.〕 그 말이 비록 채택되지는 않았으

---

309)『송자대전』권204,「백주이공시장」. "時廢母之議益急 百僚咸造庭以請 文忠公與公斂迹不出 兇人陳好善等 上疏請罪文忠公而公亦坐罷"

나 여론이 통쾌하게 여겼다."라고[310] 한다. 그렇다면 월사의 두
아들이 시론에 어두웠다는 것도 역시 근거가 없다.

안按.『조야회통』에 광해군의 어머니를 부묘하고 봉릉한 것은
을묘년이었다. 그런데 현주玄洲의 행장에는 등과가 신유년이었다
고 기록되어 있다. 그렇다면 이것은 7년 후의 일이다. 날짜가
서로 현격하게 차이가 난다. 그리고 혼조의 어지러운 시대를
당하여 2년 동안 발령받지 못하다가 계해년에 이르러서야 처음으
로 벼슬하게 된다. 그렇다면 현주의 등과가 광해군 어미의 봉릉과
였다고 운운하는 것도 역시 오류이다. 그리고 아래의 여러 설도
역시 모두 근거가 없다.

안按. 운창芸窓 문경공 박성양朴性陽(1809~1890)은 다른 사람에
게 답한 글에서 "『아아록』에서 말하는 바는 정녕 보내온 편지와
같다. 야사 중에서 유통되던 것은『조야회통』,『청야만집靑野謾集
』,『연려실기술』등의 서책이 있는데 당시 사정과 폐모 참정절목의
인원에 대해 이름을 거론하여 싣고 일일이 숫자를 헤아려 기록하
고 있다. 월사공은 전과 후의 정청에 불참하였던 까닭에 양사에서
합사하여 원방에 찬축하기를 청하였다. 공이 강상江上에서 명을
기다린 지가 2년이었다. 알지 못하겠구나. 남기제의『아아록』은
과연 어디에 근거하였단 말인가? 백사가 남긴 유명에 대한 주장은
더욱 사람으로 하여금 웃게 만든다. 공이 쓴 제백사문祭白沙文을
보면 비록 백 년이 지난 이후라도 알 수 있다. 간담상조하고
영락榮落이 같은데다 하물며 백사의 묘도墓道가 무너지지도 않았
고 여러 문자가『월사집』에 모두 남아있음에랴. 그런데도 백사
집안의 자손들이 어찌 그의 유명을 존숭하지 않아서 그렇단 말인

---

310)『송자대전』권204,「백주이공시장」과는 글자의 이동이 있다. "辛酉移校理 與
館僚極論擊臣盜國柄亂朝廷 請論如法 言雖不用 物論稱快"

가? 『아아록』은 믿기 어려운 부분이 아주 많아서 모두 정변正辨하기 어려워 보인다. 향곡 사람들은 일찍이 과거의 역사에 박통하지 않고 하나라도 편견이 있으면서 가벼운 입으로 멋대로 바꾸려고 하면 어찌 선배를 존중하고 의리를 강명하는 길이겠는가?"라고 하였다.

서경 유근柳根도 역시 『조야회통』의 참정절목의 인원 18명 중에 들어 있지 않다. 아마도 화가 미치려고 할 때 (성묘갔다가) 급하게 말을 재촉하여 돌아왔다고 운운하는 것도 근거가 없다.

안按. 『조야집요』에 윤신지·서경주·박미·권대임·유적·김극빈은 의빈〔원: 부마〕으로서 정청에 참여하여 혐의를 피하지 못하였다. 서·윤 두 공은 정청에 참여하지 않은 것이 분명하다.

대비가 궁에서 쫓겨 나온 이후 연흥부인延興夫人은 제주에서 비婢가 되었고 그 형제의 아들과 조카가 모두 멸문의 화를 당하였으니 연흥부인의 화는 참으로 처참하였다. 계해년의 반정反正 후에 대비로 복위되었고 역당들은 모두 주살되었다. 한효순韓孝純·민몽룡閔夢龍은 이미 그 전에 죽었기 때문에 부득이 그 죄를 바로 잡아서 주살할 수 없었으니 가히 한탄스러움을 이기지 못하겠구나.

박승종은 도주하다가 약을 먹고 죽었다. 정언 홍호洪鎬(1586~1646)는 승종의 절의를 포폄하기를 청하였으며, 또 영창대군을 압슬형에 처할 것을 청하였으며, 저주의 옥을 이루었으며, 군병으로 하여금 서궁을 둘러싸서 지킬 것을 청하였으니 그의 죄가 이이첨과 거의 차이가 없다.[311] 홍호가 그의 절의를 포폄하기를 청한 것은 무슨

---

311) 『대동야승』 계해정사록, 「복주류」.

뜻이란 말인가? 세간에 어떤 이는 이와 같은 의리가 있다고 하니 한심하구나.

계해년(인조 1년, 1623)의 반정 후에 참판 유몽인柳夢寅은 스스로 절의를 지켰다고 하였는데 무진년(1628)에 유효립柳孝立(1479~1628)과 두립斗立의 옥사가 일어나자 그의 아들 유약柳瀹이 연루되었다. 유를 잡아와 문초하기를 "근래 서산에 있을 때 상부사孀婦辭를 지었다고 하는데 읊어보아라."라고 하자 공초에 이르기를 "칠십 먹은 늙은 과부는 복숭아나 오얏의 얼굴을 하기 어렵네."라고[312] 말하였다.

연평 이귀가 이르기를 "주 무왕武王이 주紂 임금을 정벌하고 기자箕子와 미자微子를 세웠으면 백이伯夷와 숙제叔齊가 있었겠는가?"라고 하니 유가 답하기를 "상부사로 죄를 준다면 죽어도 한이 없겠다."라고 하고는 말을 굽혔다. 이어 옥중에서 죽었다. 부자간에 있어서 아들의 화변禍變이 계해년(인조 1년, 1623) 8월에 있었는데 무진년(인조 6년, 1628)에 효립의 옥사를 가지고 말하니 언제인지 실로 알 수가 없다.[313] 홍호의 처사로 생각해보니 몽인의 절의는 또한 승종보다 높구나.

동래東萊[314]의 사평史評에 이르기를 "목숨을 사양하고 임금을 따라 죽는 것이 충정인데, 비석費石은[315] 천추토록 아름다운 이름이 없었다. 가령 혼매한 임금을 따르는 것을 사절死節했다고 칭한다면 비렴蜚

---

312) 『아아록』에는 '단거수공호端居守空壺'(단정히 앉아 빈 왕비의 자리를 지키고 있다.)로 되어있다.
　　『인조실록』권2, 인조 1년 7월 27일(을묘). 상부탄孀婦歎이라는 제목으로 "七十老孀婦 單居守閨壺 人人勸改嫁 善男顔如槿 慣聽女史詩 稍知妊姒訓 白首作春容 寧不愧脂粉"라는 시가 실려 있다.
313) '부자간에 ~ 알 수가 없다'는 『아아록』에 추가된 내용이다.
314) 남송의 학자 여조겸(1137~1181)의 호이다.
315) 비석費石: 도인徒人 비費와 석지분여石之紛如를 말한다. 『춘추좌전』 장공 8년에 "反 誅屨於徒人費 弗得 鞭之見血 走出 遇賊于門 劫而束之 費曰 我奚御哉 袒而示之背 信之 費請先入 伏公而出鬥 死于門中 石之紛如死于階下"라고 하였다.

廉316)과 숭호崇虎317)도 그 명칭을 감당하게 된다."라고 하였는데 그렇
게 되어 세상 사람들이 이 뜻을 모르게 되니 가히 한탄스러움을
이기지 못하겠구나.

　인조반정 이후 춘방 윤지경尹知敬(1584~1634)은 창황한 때에 동궁
을 애써 찾다가 위졸衛卒에게 잡혀서 어전에 끌려왔다. 지경은 크게
읍은 하였으나 절하지 않고 이르기를 "종사를 위하여 이 거사를 합니
까? 부귀를 위하여 이 거사를 합니까?"라고 하니 인조가 이르기를
"내 어찌 부귀를 위하리오. 종사가 망하는 것이 조석에 임박하였으니
대비의 명을 받들어 부득이 이 거사를 하는 것이다."라고 말하였다.
지경이 이르기를 "만약 그러하다면 궁중에 불을 놓은 것은 무엇 때문
입니까?"라고 하자 인조가 이르기를 "군졸들이 추위를 녹이려다 자연
스럽게 행각에 실화되었을 뿐이니 이것은 내가 알지 못하는 바이다."
라고 하였다. 지경이 이르기를 "그러하다면 신하의 예를 청합니다."하
고는 4배를 드리게 되었다.

　또 청하여 이르기를 "과거의 춘궁春宮을 찾지 않을 수 없습니다."라
고 하였다. 이에 다시 춘궁을 애써 찾았으나 결국 찾지 못하고 통곡하
고 돌아갔다고 한다. 사대부의 처신이 이와 같은 연후에야 비로소
군신의 대의를 안다고 이를 것이다. 도승지 이덕형李德洞 또한 그
까닭을 자세히 물어본 연후에야 절하였다고 한다.

　그때 찬축되었던 여러 사람 또한 모두 조정으로 돌아왔으나 다만 이백사
李白沙·이한음李漢陰은 그간에 이미 죽었으므로 하늘의 해가 밝은 것을
다시 보지 못하였으니 애석하구나.

---

316) 비렴蜚廉: 주왕紂王의 영신佞臣.
317) 숭호崇虎: 주왕의 신하로서 주문왕周文王이 천하를 얻게 될 것이라고 주왕에
　　게 고해바친 신하.

동양위 신익성의 일기에 보면 "정사년(광해군 9년, 1617) 가을 이건원李乾元·한보길韓甫吉이 서로 이어 상소하여서 스스로 대비를 배척하였다. 이해 겨울 허균許筠의 무리였던 김개金闓·원종元悰이 막하에 들어가서 일을 꾀하고 이각李覺·정조鄭造·윤인尹訒이 폐모의 의론을 직접 내었다."라고318) 한다.

무오년(광해군 10년, 1618) 봄에 광해군이 소장을 정원에 봉하여 내리고 수의하게 했는데, 수상 기자헌奇自獻이 먼저 헌의하여 이르기를 "모후는 폐할 수 없다."라고 하며 과거에 이미 있었던 사적을 극언하면서 그렇게 해서는 안된다는 것을 명시하였다. 그 이해와 성패의 의리를 밝힘에 여러 의논이 끝나지 않자, 삼사가 자헌이 임금을 잊고 반역한 죄를 논하여 안치하기를 청하였다. 자헌은 이보吏報에 실린 여러 의논을 보고 탄식하여 이르기를 "조정의 신하에 열 명 정도의 무리라도 정론正論을 가진 자가 있으면 임금의 마음을 돌이킬 수 있겠건만, 김상용과 같은 한 무리도 능히 항의하지 못하는가?"라고 하고는 마침내 가마를 타고 나가버렸다.319)

이날 모든 신하에게 수의하였으니 김권金權·정홍익鄭弘翼·김덕함金德諴·이신의李愼儀·권사공權士恭 등은 폐출이 잘못된 의리라는 것을 힘써 주장하였으며, 의창군義昌君 이광李珖·정창연鄭昌衍·이정귀李廷龜·윤방尹昉 및 신익성申翊聖은 모두 병으로 나갈 수 없어 헌의하지 못하였다. 이광정李光庭(1552~1627)·권분權盼 같은 이는 평소에 큰소리를 치던 사람이었으나 모두 아부하는 말을 서로 얽어 맞추니 의론이 비루하게 여겼다.320)

이항복은 또한 재야에 있으면서도 헌의하기를 폐모론의 잘못을

---

318) 『대동야승』 광해조일기(3). 丁巳 自丁巳至戊午正月.
319) 『대동야승』 靑白日記.
320) 『대동야승』 靑白日記.

극진하였다. 이때의 의론이 떠들썩하게 기자헌과 이항복을 참하라는 상소가 서로 이어서 일어났다고 한다.[321] 이것으로 보면 이산해에게 주구가 되었던 기자헌의 죄가 여기에 이르러 용서받을 수 있겠으니 늦은 절의가 극히 가상하다. 갑자년(인조 2년, 1624)의 난[322]에 참하여진 사람들 중에 섞여 들어가니 원통하기 짝이 없구나.

---

321)『대동야승』靑白日記.
322) 이괄의 난.

11. 기사사화 우암제현己巳士禍 尤庵諸賢

용문문답을 참조해서 보라.

숙종 15년의 일이다.

기해년 효종의 상喪에 우암 송시열(1607~1689)과 동춘당 송준길(160
6~1672)이 장렬왕후(1624~1688)의 복제를 의진議進하여 차자次子 기년
朞年의 복제服制로 정했다. 대개 소현세자의 상에 인조가 이미 장자長子의
복服을 입었기 때문이다. 효종이 비록 입승대통하였으나 실제로는 인조의
차자인 까닭이다.

그때 수상 정태화鄭太和(1602~1674)가 말하기를 "예에 또한 가히 증거
로 삼을 글이 있는가?"라고 하였다. 우암은『의례儀禮』가공언의 소에
나오는 사종설四種說 중 체體이나 정正이 아니라는 설로서『예기禮記』의
아버지는 서자를 위해서 삼년복을 입지 않는다는 문장의 증거로 삼았다.

정鄭이 손을 흔들며 만류하기를 "무릇 국가의 일에는 비록 작은 것이라
하더라도 뒤에는 반드시 크게 되는 것이 있다. 어찌 다른 날 소인들이
기회를 타서 해침이 있지 않겠는가?"라고 하였다. 우암이 말하기를 "그렇
다면 또한 한 가지 설이 있다. 중국의 복제에서는 장자長子・중자衆子를
따지지 않고 모두 기년복期年服으로 하니 이것을 따라 정한다면 시왕時王
의 복제와 합치되지 않겠는가?"라고 하였다. 정이 웃으면서 말하기를
"과연 이같이 한다면 좋겠다."라고 하였다. 그리하여 중국의 제도에 의거
하여 기년복으로 제정하여 올렸다.323)

---

323)『현종실록』권1, 현종 즉위년 5월 5일(을축).

갑인년 이후에 예송禮訟이 바야흐로 일어나서 우옹이 죄의 으뜸이
되었다. 그때 정상의 아들 정재숭鄭載嵩(1632~1692)이 상소하여[324]
말하기를 자기 아버지는 처음에 이 같은 설이 없었다고 하고 우옹에게
말을 만든 죄과를 돌렸다. 대개 화가 자기 아버지에게 미칠 것을
두려워했기 때문이다. 그러나 그 아버지가 참으로 이 말이 있었는데
그 아들이 덮어서 허구虛構로 돌렸다. 이 모두가 그들의 재주이다.
어찌하겠는가, 어찌하겠는가?

불행히 윤휴라는 자가 있어 삼 년의 논의를 내었다. 그 당여인 허목·윤
선도가 화합해서 동조하니 장차 일망타진할 계책이 있었다.

갑인년에 인선왕후仁宣王后(1618~1674)가 승하하였다. 빈청 회의에
서 여러 신하들이 기해년의 의례에 기준해서 중자부衆子婦 대공복大功服으
로 정해서 올렸다. 김만기金萬基·김수홍金壽興·민정중閔鼎重·김석주
金錫胄·남용익南龍翼(1628~1692) 등이 헌의한 것으로 인해서 파출罷黜
당하였다. 이에 남인의 일당이 모두 소리를 모아 기해의례己亥儀禮를
공격하고 또 영릉寧陵의 천개遷改를 논의하였다.

대개 기해대상己亥大喪 때 옥체玉體의 부기浮氣가 다른 상喪보다 심했
다. 온 나라의 힘으로도 오히려 넓은 판을 구할 수 없어서 부득이 판을
이어붙여 사용하기를 의논하니 수상 정태화가 그렇게 사용하도록 하였
다.[325] 세상에서 알지 못하는 자들이 말하기를 "손을 꽂고〔端拱〕 염을

---

324) 『숙종실록』 권5, 숙종 2년 1월 2일(을유). 판결사 정재숭이 상소하기를 "신의
아버지 정태화는 기복의 제도로써 기해년 대상 때에 헌의하였는데, 조정에서
지금 기복을 가지고 예를 허물어뜨린 것이라고 하니, 신의 형편으로 어찌 감
히 편안히 이 직책에 앉아 있겠습니까?"하니, 답하기를 "사직하지 말라." 하
였다.
325) 『현종실록』 권1, 현종 즉위년 5월 6일(병인). 정태화가 부판을 사용하기를 청
하자 왕세자가 화를 내고 있다.

하였기 때문에 부판附板을 사용하였다."라고 하나 그 또한 알지 못하고
망언하는 것이었다.

예에는 제후의 염습에 (옷을) 128벌을 사용한다는 글이 있는 까닭
으로326) 예에 의하여 염습에는 고제를 따른 것이다.

남인이 이때 이르러 천릉遷陵에 대해 의론한 것은 밖으로는 지리地理의
불리함을 칭탁하였지만 실제로는 관에 부흔附痕이 있으면 이를 트집잡아
우암을 죄주고자 하는 계책이었다.

숙종이 사위嗣位한 후에 휴·목·적·경·우원의 일당이 전권專權하
여 정정楨·남영枏과 맺어 종사를 모위謀危하고자 우암을 거제로 찬축하고
우회로 고묘告廟의 논의論議를 발하였다. 경신년에 이르러 휴·적이 복법
伏法당하자 남인의 일당들이 약간 저지되었고 우암이 거제에서 돌아왔다.

우암이 거제에서 돌아온 무진년에 경종이 탄생하자 남인 일당이 다시
일어나 원자元子의 위호位號를 일찍 정하기를 청하였다. 이조판서 남용익
南龍翼이 중전의 춘추가 장성하시니 일찍 위호를 정하는 것이 불가하다고
하다가 죄를 당하여 원찬되었다. 우암이 또한 상소하여 말하기를 "원자가
탄신하신 날이 곧 국본이 이미 정해진 날이니 위호를 정하고 정하지
않음에 있지 않습니다. 정비正妃에게 경사가 있어야 함을 먼저 힘쓰고
널리 생각해야할 것입니다."라고327) 하였다. 숙종이 갑자기 천노天怒를
발하여 우암이 드디어 제주로 찬축되었다.

---

326) 『송자대전』 권9, 「引罪乞退疏」.
327) 『송자대전』 권20, 「기사년 2월에 올린 소(1일)」.
     『숙종실록』 권20, 숙종 15년 2월 1일(기해). 봉조하 송시열 소疏 2본
     을 올린다.

앞서 윤증이라는 자의 아버지 윤선거가 강도에서 몸에 허물이 있었으나 과오를 뉘우치고 자취를 고쳐 신재愼齋 김집金集(1574~1656)의 문하에 출입하다가 마침내 휴에게 중독되어 다른 사람이 되었다. 우암이 휴와 교제한 것을 책망하여 말하기를 "이미 절교하였다고 하고는 죽음에 임해서 우암에게 편지를 보내어 윤휴와 허목을 천거하였다."라고 하였다.

이때 이르러 남인 일당이 크게 일어나 장차 화가 우암에게 미칠 것이라는 우려가 있었다. 증은 우암의 문하에 출입한지 40년으로 아버지같이 섬겼으나 자기에게도 화가 이어질까 두려워하였다. 스스로 각립各立할 계책을 세우고 우암에게 아버지의 묘갈문을 청하여 자기 아버지의 유서遺書를 모두 올렸다. 우암이 비로소 선거가 휴와 절교하지 않은 것을 알고 묘갈문을 찬하면서 그 뜻을 칭찬하지 않았다. 증이 성내서 우암과 절교하고 바로 남인 일당에게 붙어 우암에게 화를 일으켰다.

남인 일당이 이로부터 용사用事하여 기해예송己亥禮訟을 일러 "인조의 종통宗統을 빼앗고자 하였다."라고 하고, 혹은 "군부를 폄하하고 박하게 했다."라고〔원: 선도의 설〕 말하고, 혹은 "임금을 비하하고 종을 둘로 하였다."라고〔원: 휴의 설〕 하였다. 춘추대의로 말하면 "잘못이 종사를 덮었다."라고 하고, 혹은 "효종의 세대는 가히 난세이다."라고〔원: 목의 설〕 하고, 혹은 "구천이 속였으며 연광이 틀렸다."라고〔원: 선거의 설〕 하였다. 원자의 위호에 관한 일을 말하여 "원자의 탄신에 불만이 있었다."라고 하고, 혹은 "국본을 동요시키고 원자를 모위謀危한다."라고〔원: 기사년 제남의 설〕 하였다.

죄율을 사죄死罪로 하였다가 마침내 초산楚山의 화禍[328]가 있었다. 문곡

---

328) 『숙종실록』 권21, 숙종 15년 6월 3일(무진). 정읍(초산)은 송시열이 후명後命을 받은 곳이다.

김수항은 임금의 동정을 엿보았다고 하여 진도에 찬축되었다.329) 그리하여 경신년 옥사의 원한을 갚는다고 추죄하니 광성 김만기·청성 김석주·광남 김익훈·완녕 이사명 여러 인물이 찬축되고 이어서 죽었다.〔원: 대개 문곡은 오시수吳始壽(1632~1681)의 옥을 주도했고, 광성과 청성은 경신년 옥사를 주도한 까닭이니, 첫 번째로 화를 당한 것은 그 때문이었다.〕

4월 24일의 변고〔인현왕후 폐출〕가 있음에 이르렀고,330) 또 우계와 율곡 양현의 출향黜享을 행하니331) 아! 어찌 차마 다 말 하리오.

권대운·김덕원·민암·목래선 등이 장희재와 맺어 밖에서는 천총天聽을 속여서 숨겼고, 안에서는 희빈이 임금의 마음을 미혹케 하였다. 드디어 폐후의 변고를 빚어내어, 다만 잠시 복합伏閤하고 반 일 동안 정청庭請하여 그것을 행하니 그 죄는 무오년의 이이첨보다 지나치니 이루 다 주벌할 수 있겠는가?

판서 오두인吳斗寅·참판 이세화李世華(1630~1701)·응교 박태보朴泰輔가 상소하여 그 당연치 못함을 극언하였다. 그 소는 대략 "모후는 선후先后께서 몸소 뽑아서 우리 전하에게 맡기셨으며, 전하께서는 함께 선후의 상을 치렀습니다. 만약 선후께서 살아계실 때 사랑함이 돈독한 것을 생각한다면 어찌 차마 폐출의 뜻을 더할 수 있겠습니까? 성명聖明의 세상에 은혜를 상하게 하고 의리를 해치게 하는 행위가 있으리라 생각했겠

---

329)『숙종실록』권20, 숙종 15년 윤3월 28일(을축). 이날 김수항이 진도에서 자진하였다.

330)『숙종실록』권20, 숙종 15년 4월 24일(경인). 임금의 비망기에 "안으로는 교사스럽기 간특한 부인에게 주야로 아첨하여 혈당血黨을 맺고 유언비어를 날조하여 못하는 짓이 없었는가 하면, 국가를 교란시키기 위해 군상君上을 무함했으니 실로 패역부도悖逆不道한 죄과를 범한 것이다. 당연히 중법으로 다스려야 하지만 우선 너그러운 법을 따라 작호를 환수하고 정상을 참작하여 폐출廢黜시킨 것이니, 그대들은 알라."라고 하였다.

331)『숙종실록』권20, 숙종 15년 3월 18일(을유). 문성공 이이·문간공 성혼을 문묘 종향에서 출향하였다.

습니까?"라고332) 하였다.

오윳는 세 차례의 형을 받고 서쪽으로 찬축되었는데 파주에 이르러 죽었다. 박朴은 압슬형과 화형火刑을 당해 남쪽으로 찬축되었는데 과천에 이르러 죽었다. 문곡과 우암이 차례로 화를 당했고 동춘 제현諸賢이 또한 모두 추죄되었다. 교관 이기홍李箕洪(1641~1708)·유생 이작李綽 등이 상소하여 무고함을 변론하였으나 모두 찬축당하였다. 그때 일을 어찌 다시 말하리오.

갑술년[숙종 20년. 1694]에 이르러 하늘의 해가 다시 밝아져 중전이 복위되고 기사제인己巳諸人이 신설伸雪되었다. 간오奸午하고 낭패한 희재는 죄에서 도망갈 방법이 없었고, 흉소凶少한 남구만·유상운·윤지완 무리들이 서로 뒤를 이어 일어나 동궁을 보호한다고 칭하고는 힘써 장희재를 도왔다. 신사년 옥사333)가 일어남에 이르러서도 오히려 지켜 보호하니 인현왕후에게 불리한 자취가 많이 있었다. 이 이후부터 윤증의 잔당들이 점차 성하여져서 신임년에는 충성스러운 어진 이를 죽이고 무을戊乙[무신·을해]의 흉역을 꾀하게 되었다. 아! 시운의 소관을 말해 무엇하겠는가?

---

332) 『숙종실록』 권20, 숙종 15년 4월 25일(신묘).
333) 신사년 옥사: 숙종 27년(1701) 8월 인현왕후가 승하하자 무술巫術로 죽였다는 옥사가 일어나 장희재가 처형된다.

12. 신임사화 한포재제현辛壬士禍 寒圃齋諸賢

신임사화는 용문문답에서 대략 말하였다. 그래서 여기서는 줄
이고 또 줄였으니 보는 사람이 취하여 비교해 보라.

경종 원년의 일이다.
숙종 신사년부터 경종에게는 병이 있었다.

　희빈이 죄로 죽을 때 경종이 나아가 이별하였다. 희빈은 경종이
알지 못하는 사이에 막대기로 그 아래를 치고 말하기를 "내가 죽는데
네가 살아서 무엇하리오."라고 하였다. 경종이 크게 놀라고 상처를
입어 병이 이에 더욱 심해졌다.

경자년 사위嗣位한 뒤에 임금의 병이 더욱 첨가되어 다시는 후사를
바라볼 희망이 없었다. 그런 까닭으로 "내가 질병이 있는 뜻을 중외에
명시하라."는 교서가 있었다. 이때 삼종혈맥三宗血脈 중에서 오직 우리
금상今上〔영조〕이 있어 종사를 맡기니 그를 버리고 어디로 종사가 갈
것인가?
　대각〔원: 정언 이정숙〕에서 건저建儲의 소를 올리고 대신〔원: 김창집·이
이명·이건명·조태채〕이 연달아 차자를 올려 청하였는데 사실은 숙종의
유지에서 나온 것이고, 인원대비仁元大妃의 하교와 대리청정代理聽政을
청한 것도〔원: 조성복(1681~1723)의 소〕 또한 경종이 "좌우가 옳겠는가,
세제가 옳겠는가?"라는334) 교서에서 나왔다.

334) 『경종실록』 권5, 경종 원년 10월 16일(계유).
　　『경종수정실록』 권2, 경종 원년 10월 15일(임신).

지금 말하기를 경종이 병이 없으니 건저가 불가하다고 하면 그 마음이
있는 바는 길가는 사람도 아는 바이다. 건저의 명이 내린 이후에 "망망하고
급급하여 마치 누군가 시킨 것 같다."는 소는 봉휘에게서 나왔으며, 대리
청정의 명이 내린 이후에 "몰래 들어가서 거사하자."와 "혐의를 무릅썼다."
는 설은 태구에게서 나왔으며 "표신을 가벼이 내렸다."는 설과 '선위한다
는 말을 이전의 예와 비교'한 말은 석항에게서 나왔으며, 대리청정이
이미 정해진 후에 '정책국로定策國老'와 '문생천자門生天子'라는 말은 태억
에게서 나왔으며, 목호룡의 고변서가 나옴에 조보를 내지 말자는 말과
궁인의 옥이 일어나자 유사에게 맡기자는 청을 한 것은 또한 석항에게서
나왔으며, 임금의 병이 위중할 때 조정을 속여서 사람들이 모르게 한
계책은 광좌에게서 나왔으며, 대점大漸 후에 '접혈금정蹀血禁庭', '회인
종무懷刃鍾巫', '사구옹립沙丘擁立'이란 말은 또한 태억에게서 나왔으
며,335) 성상이 즉위한 후에 김성궁인金姓宮人에게 복수하자고 청한 소는
또한 일경에게서 나왔다.336)

아! 안으로는 자전에게 오명汚名을 돌리고 밖으로는 성상聖上을 역적의
괴수로 보니 건저한 여러 신하는 오히려 지엽枝葉이 되는구나. 오호라!
그때 일을 어찌 차마 다 말하리오. 사람들이 혹 말하기를 "신임년의
충신과 역적이 구분됨은 임금에게 병이 있고 없음에 있다."라고 한다.
이는 진실로 그럴듯하지만 그렇지 않다. 경종에게 병이 없어 사속嗣續의
희망이 있다면 대비의 교서는 진실로 지나친 것이고, 대신의 청은 진실로
망령된 것이다. 이미 건저하고 대리청정한 것으로 군신간의 관계가 정해

---

335) 남기제가 언급한 이광좌. 유봉휘, 조태구, 조태억, 최석항, 김일경에 관한 내
용은 『남당선생문집습유』 권2, 「討逆啓辭 代季君作(2)」와 「討逆啓辭 代季君
作(3)」에 수록되어 있다.
336) 『경종수정실록』 권2, 경종 원년 12월 6일(임술). 김일경이 박필몽, 이진유, 이
명의, 윤성시, 정해, 서종하 등과 상소하였다.

졌는데 무훼하고 욕하여 조금도 돌보거나 도우지 않으니 이로써 충역忠逆을 쉽게 볼 수 있지 않겠는가? 어찌 단지 "임금에게 질병이 있느냐 없느냐에 달려있다."라고 말하는가? 이 일의 본말을 상세히 말하고자 하면 날이 부족하니 다만 그 대략만 적으니 이와 같을 뿐이다.

제5편

병자사략
丙子事略

제5편 병자사략丙子事略

병자사략丙子事略

만력萬曆 기미년(1619)에 경략 양호楊鎬는 병사를 네 길로 나누어 누르하치를 공격하였으나 대패하였으며, 반종안潘宗顔과 두영징竇永澄 등이 죽었다. 도독 유정劉綎은 우리나라의 군사를 이끌고 그들을 쳤으나 유정 및 교일기喬一琦·유송劉松 등이 아울러 죽었다.1) 우리나라 장수 김응하金應河(1580~1619)는 힘껏 싸웠으나 또한 죽었다. 천자가 조칙을 내려 요동백遼東伯을 추증하였다.2) 원수 강홍립姜弘立(1560~1627)과 김경서金景瑞(1564~1624)는 오랑캐에 항복하여 배반하였다.3)〔원: 김경서는 몰래 일기를 써서 본국으로 보내고자 하였으나 강홍립이 고발하여 적에게 해를 입었다.〕

갑자년(1624) 이괄李适(1587~1624)의 난에 그 당여 한명련韓明璉(?~1624)은 자기 아들 윤을 주살하고 오랑캐 소굴로 들어가 우리나라에서 홍립의 일문을 모두 죽였다고 말하여 거짓말로 홍립을 속였다.4) 정묘년(1627) 홍립이 오랑캐를 유혹하여 쳐들어 와서 의주를 야습하니 부윤

---

1) 『연려실기술』권21, 폐주 광해군 고사본말, 「심하의 전쟁」.(『충렬록』참고)
   『명사』권21, 신종 만력 47년. "四十七年春二月乙丑 經略楊鎬誓師於遼陽 總兵官李如柏杜松劉綎馬林分道出塞 三月甲申 杜松遇大淸兵於吉林崖 戰死 乙酉 馬林兵敗於飛芬山 兵備僉事潘宗顔戰死 庚寅 劉綎兵深入阿布達里岡 戰死"
2) 『연려실기술』권21, 폐주 광해군 고사본말, 「심하의 전쟁」. 한편 우리 조정은 병조판서를 추증하였다 한다.(『속잡록』참고)
3) 『연려실기술』권21, 폐주 광해군 고사본말, 「심하의 전쟁」.
4) 『연려실기술』권25, 인조조 고사본말, 「정묘년의 노란」. "한명련이 주살되자 그 아들 윤潤이 오랑캐 소굴로 들어갔다."라고 되어있다.(『일월록』참고)

이완李莞(1579~1627)5)과 판관 최몽량崔夢亮(1579~1627)이 피살되었다.6) 적이 안주安州를 함락하니 병사 남이흥南以興(1576~1627)과 목사 김후金後7)는 스스로 분사焚死하였다.8) 상께서는 강도로 피난하시고9) 세자는 전주로 분조分朝하여 가서10) 홍립의 삼촌 강인姜絪과 그 첩자를 진 앞에 보내니11) 홍립이 그 족당이 모두 살아 있음을 알고 비로소 후회의 뜻이 생겼다.12) 오랑캐 역시 홍립에게 유혹되어 왔으나 봄여름 사이에 요수가 크게 불어 진퇴유곡進退維谷이 되자 홍립 및 그가 첩으로 삼은 오랑캐 여자를 내보내어 강화하고 돌아갔다.13) 화의를 주장한 자는 참판 최명길崔鳴吉(1486~1647)이며 화의를 배척한 자는 대사간 윤황尹煌14)이다.15)

기사년(1629)에 명나라가 웅정필熊廷弼로서 양호楊鎬를 대신하였고, 호는 옥중에서 병들어 죽었다.16) 이 해에 누르하치는 후금국 칸(汗)을

---

5) 충무공 이순신의 조카.
6) 『연려실기술』 권25, 인조조 고사본말, 「정묘년의 노란」. 1월 14일의 일이다.(『조야기문』・『일월록』 참고)
7) 『인조실록』에 따르면 김준金俊이고, 『연려실기술』에 따르면 김준金浚이다.
8) 『인조실록』 권16, 인조 5년 2월 4일(신축).
『연려실기술』 권25, 인조조 고사본말, 「정묘년의 노란」. 1월 22일의 일이다.
9) 『인조실록』 권16, 인조 5년 2월 1일(무술).
10) 『인조실록』 권16, 인조 5년 2월 10일(정미).
11) 『인조실록』 권16, 인조 5년 2월 5일(임인). 강인에게 임시로 형조판서를 제수하여 보냈다. 첩자妾子의 말은 없다.
12) 『연려실기술』 권25, 인조조 고사본말, 「정묘년의 노란」. 첩자에 대한 언급은 없다.(『일월록』 참고)
13) 『인조실록』 권16, 인조 5년 3월 24일(신묘). 박난영朴蘭英・강홍립姜弘立은 보내왔으나 오랑캐 여자의 말은 없다.
『연려실기술』 권25, 인조조 고사본말, 「정묘년의 노란」.(『일월록』・『병자록』 참고)
14) 윤선거의 아버지.
15) 『인조실록』 권16, 인조 5년 2월 8일(을사).
『인조실록』 권16, 인조 5년 2월 10일(정미).
16) 『명사』 권259, 열전147, 楊鎬. "言官交章劾鎬 逮下詔獄 論死 崇禎二年伏法"

참칭하여 황의黃衣를 입고 짐朕을 칭하였다. 그리고 심양瀋陽과 요동遼東을 함락하니, 명 조정에서 원숭환袁崇煥으로 웅정필을 대신케 하였다. 숭환은 오랑캐 추장을 대파하고 그 군사를 모조리 무찌르니 누르하치는 분노하여 등에 악창이 나서 죽었다.[17] 경오년(1630)에 오랑캐가 쳐들어오자 숭환이 방어하지 못하고 자신도 찢어 죽임을 당하였다. 이 해 누르하치의 둘째 아들 홍타이지가 즉위하였다.

임신년(1632) 인목왕후仁穆王后의 상喪에 오랑캐 장수가 조문을 청탁하고 와서 국정을 탐지하려 하였다. 장령 홍익한洪翼漢(1586~1637)과 성균관 유생 윤선거尹宣擧가 상소하여 오랑캐 사신을 벨 것을 청하니 오랑캐 장수가 듣고서 달아나 버렸다. 이때에 최명길이 상소하여 화해의 사신을 보낼 것을 주청하니 교리 오달제吳達濟(1609~1637)와 수찬 윤집尹集(1606~1637)이 상소하여 최명길을 참할 것을 청하였다. 영의정 김류 또한 화의를 주장하였으므로 오와 윤의 상소를 심하게 배척하였다.

병자년(1636) 봄 동지 이확李廓(1590~1665)과 첨지 나덕헌羅德憲(1573~1640)이 호국胡國에 사신이 되어 심양瀋陽에 갔는데[18] 금의 칸 홍타이지는 황제를 참칭하고 국호를 청淸이라 하고는 확 등을 협박하여 하례에 참석하라 하였다. 확 등이 죽어도 따르지 않자 오랑캐가 확 등을 구타하여 의관이 모두 찢어졌지만 끝내 굴복하지 않았다. 한인漢人이 그것을 보고 눈물을 흘리는 자까지 있었다. 확 등이 장차 돌아오려 하자 칸이 답서를 부쳤는데 글에 황제라 칭하였으므로 확 등은 말은 병들고 짐이 무겁다고 칭탁하고 오랑캐의 국서를 남겨두고 돌아왔다. 평안감사

---

17) 『연려실기술』 권25, 인조조 고사본말, 「정묘년의 노란」.(『일월록』 참고)
18) 『연려실기술』 권25, 인조조 고사본말, 「병자노란과 남한산성 출성」. 병자년 2월에 무신 첨지 나덕헌羅德憲을 춘신사로 삼고 동지 이확李廓을 회답사로 삼아 심양에 보냈다.

홍명구洪命耉(1596~1637)는 확 등이 엄한 말로 준열히 꾸짖지 않고 참칭한 국서를 받아 왔다고 하여 장계를 올려 효수하기를 청하였는데 이조판서 김상헌金尙憲(1570~1652)이 일단 잡아와서 상세하게 물어보기를 청하니 상이 따랐다.19)

병자년 겨울에 도원수 김자점金自點(1588~1651)이 이번 겨울에는 오랑캐가 반드시 오지 않는다고 자청하였다. 혹자가 적이 온다고 말하면 화를 내었고 오지 않는다고 말하면 기뻐했다. 군관 신용申榕을 의주에 보내어 그 형세를 살피게 했다. 순안에 이르니 적이 이미 두루 가득하였고, 평안감사는 겨우 혼자 말을 타고 자모산성으로 들어갔다. 용榕이 본 바를 돌아와 보고하니 자점이 이를 망언이라 일컫고 참하려 하였다. 군관을 추가로 보냈는데 긴급함을 회보하자 자점이 부득이 비로소 계를 올렸다.20) 적이 강을 건너자마자 성진城鎭을 둘러보지 않고 강화를 펴계하고 달려오니 긴급하기가 풍우風雨와 같았다. 변방 지역 신하의 장계는 적이 모두 탈취하여 조정이 막연하여 알지 못했다.21)

원수 김자점이 토산兎山에 이르자 적병이 크게 공격하니 자점이 군사를 버리고 홀로 말을 타고 산 위로 도주하였다. 종사관 정대화가 황급히 아중衙中에 들어가 어영포수로 하여금 일시에 포를 쏘게 하니 적병이 점차 퇴각하였다.

평안감사 홍명구가 병사兵使 유림柳琳(1581~1643)과 함께 동시에 진

19) 『인조실록』 권32, 인조 14년 4월 26일(경자). 여기에는 김상헌의 말이 아니라 비변사의 아룀으로 나온다.
『연려실기술』 권25, 인조조 고사본말, 「병자년 노란과 정축년출성」. 감사 홍명구가 "확 등의 목을 베어 효시하소서."라고 하니 이조판서 김상헌이 "확 등의 죄는 죽이기까지 할 것은 아니다."라고 하고, 비변사에서는 "청컨대 우선 잡아오도록 하소서."라고 하였다.(『일월록』·『병자록』 참고)
20) 『인조실록』 권33, 인조 14년 12월 11일(계미).
21) 『연려실기술』 권25, 인조조 고사본말, 「병자년 노란과 정축년출성」.(『병자록』 참고)

병하고자 했으나, 유림이 응하지 않자 홍명구가 군율로서 다스리고자 하니 유림이 부득이 따랐다.〔원: 홍은 임금을 만나는 것이 긴급하다 생각했고, 유는 심양으로 바로 가는 것이 계책이라 생각했으니, 병법으로 말하건대 유의 계책이 이득이나 홍이 따르지 않으니 단지 충분忠憤일 따름이라. 아 애석하도다.〕 두 사람이 이로부터 병사를 나누어 김화에 이르러 림琳과 합진合進하고자 했으나 림琳은 따르지 않고 한 곳에 머무를 뜻이 있었다. 명구가 말하기를 "군부君父의 성이 위태롭게 되었는데, 차라리 나아가 죽을지언정 물러가 사는 것은 불가하다."라고 하고 군사를 뽑아 전진하였으나 패하여 죽었다. 림琳과 이일원李一元은 싸우지 않고 앉아서 보고 있었다.22)

자점의 장계가 온 후에 조정이 비로소 적보賊報를 알았다. 묘당廟堂의 의논은 장차 강도江都에 들어가자는 것이어서, 심기원沈器遠(?~1644)을 유도대장留都大將으로 삼았다.23) 대가大駕가 남문을 나가니 적병이 이미 홍제원弘濟院에 도달해 있었다.24) 상이 돌아 들어와 대장 신경전申景禛을 모화관慕華館으로 보냈다. 장군 이홍업李興業을 먼저 보내어 80기騎를 거느리고 적군에 나아가 맞아 치게 했다. 장관 이하 모두가 가속과 더불어 눈물로 이별하면서 술을 마시니 술에 취하지 않은 자가 없었다. 행렬이 창릉昌陵에 도착하여 경계를 넘자 적에게 다 몰살되고 단지 몇 기만 남았다.25) 대가가 수구문水口門으로부터 남한산성에 들어가자 최명길崔鳴吉이 자청하여 가서 호장胡將을 보고 그 깊숙이 들어온 뜻을 물으니, 답하기를 귀국이 까닭 없이 약속을 깨뜨리니 화약을 다시 맺으러 왔다고

---

22)『인조실록』권34, 인조 15년 1월 28일(무진).
23)『인조실록』권33, 인조 14년 12월 14일(갑신).
24)『인조실록』권33, 인조 14년 12월 11일(계미). 적이 양철평에까지 왔다는 소식을 접하고 돌아왔다고 한다.
25)『연려실기술』권25, 인조조 고사본말,「병자년 노란과 정축년출성」.(『병자록』참고)

운운했다.

적병의 후발대가 대규모로 도착하여 성을 여러 겹 포위하자 안팎이
통하지 않았다. 적이 처음 왔을 때 형색은 귀신과 같고 말은 모두 피곤에
젖었는데도 제장諸將들이 두려워 감히 나가 싸우지 않으니 애통함을
이길 수 없구나! 마호馬胡가 왕자를 보내면 화해할 수 있다고 청하였다.
조정에서는 능봉수綾峰守로서 가함假啣 왕자로 삼고, 병조판서 심집沈諿
(1569~1644)을 가함假啣 대신으로 삼아 오랑캐의 진영에 내보냈다. 집諿
은 비록 오랑캐라도 속이는 것이 불가하다고 생각하여 호胡에게 일러
말하기를 "나는 대신이 아니고 저도 왕자가 아니다."라고26) 했다. 마호가
화내어 말하기를 "동궁이 만약 오지 않으면 화친할 수 없을 것이다."라고27)
했다. 영상 김류金瑬·좌상 홍서봉洪瑞鳳(1572~1645) 및 김신국金藎國
(1572~1657)·이성구李聖求(1584~1644)·최명길崔鳴吉·장유張維 등
이 오랑캐 진영에 동궁을 보내기를 청하고, 또 황제라 칭하기를 청하였
다.28)

상이 이를 따르지 않았다. 예조판서 김상헌金尙憲이 조정에서 큰소리로
이르기를 "이따위 건의를 한 놈의 목을 내 손으로 베고야 말겠다."라고
하며 "이 같은 자와는 더불어서 하늘의 해를 같이 이지 않겠다."라고
맹서하자, 김류가 비로소 그 잘못을 깨닫고 대궐로 나아가 대죄待罪하였
다.29)

---

26) 『연려실기술』 권25, 인조조 고사본말, 「병자년 노란과 정축년출성」.(『병자록』
   참고)
27) 『인조실록』 권33, 인조 14년 12월 16일(병술). 심집이 대답을 못해 우물쭈물하
   고 있자 박난영이 대신 진짜라고 대답했다가 참살당하였다고 나온다.
28) 『인조실록』 권33, 인조 14년 12월 17일(정해).
   『연려실기술』 권25, 인조조 고사본말, 「병자년 노란과 정축년출성」.
29) 『연려실기술』 권25, 인조조 고사본말, 「병자년 노란과 정축년출성」.(『잡기』 참고)

최명길이 소와 술을 요청하여 오랑캐의 진영에 보냈다.[30] 오랑캐가 말하기를 "군중에 매일 소를 잡고 술을 마시며 보물과 패물이 산과 같이 쌓여 있거늘 이것을 어디에 쓰겠는가? 너희 군신이 돌로 된 움막에 오랫동안 거처하고 굶은 지가 이미 오래되었는데 너희들 자신을 위해서 쓰라."라고 말하며 결국 받지 않았다.[31]

성중에서는 매일 원군을 바랐으나 잠잠하여 원군의 그림자도 보이지 않았다. 충청감사 정세규鄭世規(1583~1661)가 눈물을 뿌리며 죽음을 잊고 와서 광주廣州에 진을 쳤으나 적에게 패하였다.[32] 연산현감 김홍익金弘翼(1581~1636)과 남포현감 이경선李慶善이 모두 적에게 죽었고 세규는 절벽에서 떨어졌으나 목숨을 구하였다. 강원감사 조정호趙廷虎(1572~1647)가 변란의 소식을 들은 처음에 바로 영장營將 권정길과 함께 와서 광주 검단산에 이르렀으나 그 뒤에 적에게 패하였다. 참의 나만갑羅萬甲(1592~1642)이 성상에게 "전하의 신하는 정세규 한 사람뿐이며 조정호가 그 다음입니다. 그 외에는 모두 군부의 위급함을 앉아서 볼 뿐 근왕覲王할 뜻이 없습니다."라고 말하였다.[33] 성상 또한 어찌 분노한 마음이 없었겠는가?

체상體相 김류金瑬가 친히 장군과 병사들을 이끌고 서쪽 성으로 가서 독전하였다. 성 아래 계곡에 오랑캐가 기병을 곳곳에 숨겨 놓고 적은 거짓으로 후퇴하였다. 이에 김류가 독전하여 적을 치라고 명령을 내리자

---

30) 『연려실기술』에서는 임금이 김신국・이경직에 명하여 그리하였다고 한다.
31) 『인조실록』 권33, 인조 14년 12월 27일(정유). 이기남으로 하여금 보냈다 한다. 『연려실기술』 권25, 인조조 고사본말, 「병자년 노란과 정축년출성」.(『병자록』참고)
32) 『인조실록』 권34, 인조 15년 1월 15일(을묘). 『연려실기술』 권25, 인조조 고사본말, 「병자년 노란과 정축년출성」.(『병자록』참고)
33) 『연려실기술』 권25, 인조조 고사본말, 「병자년 노란과 정축년출성」.(『병자록』참고)

오랑캐의 기병이 사방에서 뛰어나와 아군을 모두 살육하였다. 또 접전할 때에 탄환을 많이 주면 혹시라도 낭비할까봐 다 떨어지면 다시 준 까닭으로 화약을 달라는 소리가 분분하였다. 양측의 군대가 서로 접전하는데 어찌 화약을 요청할 겨를이 있겠는가? 다만 총자루로 상대를 가격할 뿐이니 산판山板이 가파르고 형세가 위로 올라오기 어려워서 화약이 보급되기도 전에 모두 죽음에 이르렀다. 역사力士 조양이 죽을힘을 다해서 싸워 많은 적을 사살하였고, 몸에 아홉 개의 화살을 맞고도 살아 돌아왔다. 김류가 자신이 싸움을 걸어 자신이 패하였으므로 남에게 탓을 돌릴 데가 없자 북성장北城將 원두표元斗杓(1593~1664)가 구원해 주지 않았다고 칭탁하여 그를 극형에 처하려 하였다. 조정의 의논이 "수장首將이 군율을 잘못 적용하였는데 부장副將에게 그 죄를 돌리니 일이 몹시 온당치 못하다."라고 하자 김류가 부득이 궁궐에 나아가 대죄待罪하였다.34)

유도대장 심기원이 "아현阿峴의 적 사오백을 쳐 죽였습니다."라고 거짓으로 보고하는 장계를 올리니 조정은 즉시 그를 제도도원수諸道都元首로 삼았다. 적이 기원을 뒤쫓으니 기원은 이에 성을 버리고 걸어서 도망하여 광릉光陵에 가서 양근의 미원迷源35)에 들어갔다.36) 자점도 또한 토산으로부터 도망해 와서 함께 모였다. 난을 피해 살기를 도모하고는 끝내 근왕하

---

34) 『인조실록』 권33, 인조 14년 12월 29일(기해). "이날 북문 밖으로 출병하여 평지에 진을 쳤는데 적이 상대하여 싸우려 하지 않았다. 날이 저물 무렵 체찰사 김류가 성위에서 군사를 거두어 성으로 올라오라고 전령하였다. 그때 갑자기 적이 뒤에서 엄습하여 별장 신성립申誠立 등 8명이 모두 죽고 사졸도 사상자가 매우 많았다. 김류가 군사를 전몰시키고 일을 그르친 것으로 대죄하니, 상이 위유하였다."
『연려실기술』 권25, 인조조 고사본말, 「병자년 노란과 정축년출성」.(『병자록』·『잡기』 참고)
35) 경기도 가평군 설악면 창의리에 있었다. 고려 공민왕 5년(1356)에 현으로 승격하였더니 얼마 안되어 폐하고 양근현으로 들어갔다.
36) 『연려실기술』 권25, 인조조 고사본말, 「병자년 노란과 정축년출성」.(『병자록』·『잡기』 참고)

지 않았다.

정축년 정월 초이튿날 좌상 홍서봉 등이 오랑캐에게 갔다.[37] 오랑캐가
노란 종이에 글을 써서 상 위에 놓아두고는, 좌상 이하로 하여금 그
글에 먼저 네 번 절을 올리게 한 뒤에야 그 글을 받들어 가지고 오게
하였다.

그 글에 이르기를 "대청황제는 조선국에 조칙을 내려 깨닫도록 일러주
노라. 우리 군대가 선년先年에 동정東征하였는데, 너희 나라가 이를 맞이
하여 치고 또 명나라를 도와 우리나라를 심히 괴롭게 하니 이제 짐이
친히 대군을 거느리고 왔노라. 너는 어찌하여 지모있고 용감한 자로
하여금 좇아서 정벌하지 아니하고 목을 움츠려 아낙네가 방에 있는 것처럼
하여 나오지 않는가?"라고 하였다.[38]

이조판서 최명길이 답서를 써서 받쳤는데 답서에 말하기를 "조선국왕
아무개는 대청황제에게 글을 올립니다. 출성出城의 명命이 실로 인복仁
覆[39]의 아래에서 나오는 데에 이르렀으나 생각해보건대 겹겹이 에워싼
포위가 풀리지 않고 황제의 노여움이 한창 성하시니 여기에 있어서도
죽고 성을 나가도 또한 죽게 되었습니다. 이러한 까닭으로 황제의 군대를
바라보면서 죽을 것을 결정하려고 합니다. 그러나 황제께서 천지天地가
만물을 살리는 마음을 가지고 대하시니 작은 나라가 어찌 완전히 살았다고
생각하지 않겠습니까?"라고 하였다.[40]

---

37) 『인조실록』 권34, 인조 15년 1월 2일(임인).
38) 『인조실록』 권34, 인조 15년 1월 2일(임인). "너는 어찌하여 ~ 나오지 않는
가."라는 말은 보이지 않는다.
   『연려실기술』 권25, 인조조 고사본말, 「병자년 노란과 정축년출성」. 같은 내용
   이 있으나 『아아록』과 내용이 다른 부분이 섞여 있다.(『병자록』·『잡기』 참고)
39) 『맹자』 권7, 「이루 상」. "聖人旣竭目力焉 繼之以規矩準繩 以爲方員平直 不可勝
   用也 旣竭耳力焉 繼之以六律正五音 不可勝用也 旣竭心思焉 繼之以不忍人之政
   而仁覆天下矣"
40) 『인조실록』 권34, 인조 15년 1월 18일(무오).

 예조판서 김상헌이 그 글을 보고 모두 찢어버리고[41] 목놓아 통곡하면서 최명길에게 일러 말하기를 "대감은 어찌 차마 이 같은 일을 하시오?"라고 하였다.[42] 이에 최명길이 미소 지으며 말하기를 "대감은 찢으시오. 나는 이를 모으리라."라고 하고는 드디어 수습하여 이어 붙였다.[43] 병조판서 이성구李聖求가 노하여 말하기를 "대감은 이제까지 화해를 배척하여 나랏일을 이같이 해놓았으니 대감이 오랑캐들 속으로 가시오."라고 하였다.[44] 이에 김상헌이 말하기를 "만약 내가 오랑캐들 속으로 보내진다면 죽을 곳을 얻은 것이니 이는 대감이 내린 것이다."라고 하고는 집에 머물면서 사람을 만나면 문득 크게 통곡하더니 마침내 음식을 물리치고 죽기를 스스로 기약하였다.[45] 그러다가도 오랑캐들 속으로 보내자는 의론이 있다는 말을 들으면 음식을 먹기 시작하였다.

 최명길이 오랑캐에게 국서國書를 보내었으나 오랑캐가 받지 않았다. 이에 다시 보냈으나 또 받지 않자 참찬 한여직韓汝稷(1575~1638)이 말하기를 "그 한 글자를 쓰지 않아서 받아주지 않았습니다. 그 한 글자가 참으로 골자骨子입니다. 이제 김상헌이 나가버렸으니 급히 써서 보내십시오."라고 하였다. 이른바 그 한 글자는 '신臣'자이니 명길이 그러하게 생각하고 답서에 쓰기를 신하라고 칭하고 폐하라고 칭하였다.[46]

『연려실기술』권25, 인조조 고사본말, 「병자년 노란과 정축년출성」. 1월 18일의 일이다. 그리고『아아록』과 답서 내용이 약간 다르다.(『병자록』·『잡기』참고)

41)『인조실록』권34, 인조 15년 1월 18일(무오).

42)『연려실기술』권25, 인조조 고사본말, 「병자년 노란과 정축년출성」.(『병자록』·『잡기』참고)

43)『연려실기술』권25, 인조조 고사본말, 「병자년 노란과 정축년출성」.(『병자록』·『잡기』참고)

44)『연려실기술』권25, 인조조 고사본말, 「병자년 노란과 정축년출성」.

45)『연려실기술』권25, 인조조 고사본말, 「병자년 노란과 정축년출성」.(『병자록』·『잡기』참고)

46)『연려실기술』권25, 인조조 고사본말, 「병자년 노란과 정축년출성」.(『병자록』

　전 이조참판 정온鄭蘊이 상소하여 아뢰기를 "가만히 밖의 떠드는 소리를 들으니 어제 사신의 행차에 '신臣'이라고 일컬으며 애걸한 내용이 있었다고 하는데, 이 말이 정말 맞습니까? 만일 있었다면 최명길의 말이었을 것입니다. 최명길이 아뢰고 정탈定奪하여 간 것을 알지 못한 것입니까, 아니면 사사로이 결정하여 이 말이 있은 것입니까? 신은 이 말을 듣고 심장과 간이 찢어지는 것 같고 목이 메어 소리가 나오지 않습니다. 전후의 국서國書는 모두 최명길의 손에서 나오니 말이 극히 비루하여 곧 항복하는 것이었습니다. 그러나 신臣이라는 한 글자를 쓰지 않았다면 명분이 아직 정해지지 않은 것입니다. 그런데 지금 만약 신하라는 용어를 사용한다면 군신의 관계가 이미 정해진 것이니 저들이 명령하면 따라야 하는데 만약 나와서 항복하라고 명령한다면 전하께서는 장차 나가서 항복하시겠습니까? 저들이 만약 북으로 가자고 한다면 전하께서는 장차 가시겠습니까? 저들이 만약 옷을 바꿔 입고 술을 따르라고 한다면 전하께서는 옷을 입고 술을 따르겠습니까? 만약 따르지 않는다면 저들은 군신관계를 예로 들어 성토할 것인데 그렇다면 나라는 이미 망한 것이나 다름없습니다. 이런 지경에 이른다면 전하께서는 어떻게 처신하시겠습니까? 옛날부터 지금까지 천하의 국가가 길이 보존되기만 하고 망하지 않은 경우가 어디에 있겠습니까? 만약 무릎 굽혀 견양犬羊처럼 사는 것보다 정도를 지켜 사직社稷을 위해 죽는 것이 낫지 않겠습니까? 더구나 부자와 군신이 성을 등지고 한 번 결전을 벌인다면 성을 보전하는 방법이 없지 않은데 말해 무엇하겠습니까? 우리나라는 중국에 대한 것이 고려 말에 금나라와 원나라에 대한 것과는 다른 것입니다. 부자와 같은 은혜를 어찌 잊겠습니까? 군신과 같은 은혜를 어찌 어기겠습니까? 하늘에는 두 해가 없는데

　• 『잡기』 참고)

최명길은 해를 두 개로 하며, 백성에게는 두 임금이 없는데 최명길은 두 임금을 두고자 하니 이것을 한다면 어떤 것을 못하겠습니까? 신臣은 몸이 쇠약하고 힘이 다하여 비록 수판手板으로 후려칠 수는 없다 하더라도 같은 좌석 사이에서 서로 용납하고 싶지 않습니다. 엎드려 원하건대 최명길의 말을 배척하시고 나라를 팔아먹은 죄를 바로잡으소서."라고 하였다.47)

오랑캐가 척화파斥和派를 급히 찾으니48) 비국備局에서 홍익한洪翼漢을 척화파의 우두머리로 정해서49) 급히 평양平壤 임소에서 호국胡國으로 압송하도록 하였다. 증산현감 변대중邊大中이 정차定差 압송하여 결박하고 구류하니 고생이 심했다. 어찌 조금이라도 사람의 마음을 가지고 있는 자라면 차마 이렇게 하겠는가? 교리 오달제吳達濟·수찬 윤집尹集이 연명 상소하여 척화斥和하였다고 자수하였다.50)

참판 정온이 또한 상소하여 아뢰기를 "임금이 능욕당하는데 신하가 죽는 것은 마땅합니다. 신이 비록 사신을 참하자고 한 우두머리가 아니지만 항복문서를 찢고 처음부터 끝까지 싸우기를 주장한 일은 신이 실제로

---

47) 『인조실록』 권34, 인조 15년 1월 19일(기미). 이조참판 정온의 차자.
48) 『인조실록』 권34, 인조 15년 1월 20일(경신). 이홍주李弘胄가 오랑캐의 답서를 가지고 왔는데 그 중에 "맹서를 어기도록 앞장서서 모의한 그대의 신하에 대해 짐이 처음에는 모두 죽인 뒤에야 그만 두려고 생각하였다. 그러나 지금 그 대가 정말로 성에서 나와 귀순하려거든 먼저 앞장서서 모의한 신하 2, 3명을 묶어 보내도록 하라."라고 하였다.
49) 『인조실록』 권34, 인조 15년 1월 22일(임술). 김류가 "화친을 배척한 사람들의 의논이 당시에는 정론이었다고 하더라도 오늘에 이르러서는 나라를 그르친 죄를 피할 길이 없으니, 그들이 나가기를 자청한다면 좋겠습니다. 홍익한은 현재 평양에 있는데, 저들로 하여금 그에 대한 처치를 마음대로 하게 하는 것이 적당하겠습니다."라고 하였다.
50) 『인조실록』 권34, 인조 15년 1월 23일(계해). 전 교리 윤집, 전 수찬 오달제가 상소하여 "신들이 삼가 듣건대 묘당이 전후에 걸쳐 화친을 배척한 사람으로 하여금 자수하고 가게 하도록 하였다고 합니다. 이러한 때를 당하여 진실로 군부의 위급함을 구원할 수만 있다면 조정에 있는 어느 제신諸臣인들 감히 나가지 않겠습니까."라고 하였다.
『연려실기술』 권25, 인조조 고사본말, 「병자년 노란과 정축년출성」.

하였습니다. 청컨대 오랑캐의 요구를 신으로 응답하게 하소서."라고 하였다.[51]

홍익한이 의주에 닿으니 부윤 임경업林慶業(1594~1646)이 몸소 결박을 풀고 손을 잡고 울면서 말하기를 "그대는 진정 천하의 대장부다."라고 하였다. 자기 갖옷을 풀어 주고 행장을 일일이 갖추어 보냈다.[52]

김류金瑬·홍서봉洪瑞鳳·이홍주李弘冑가 입시하였는데 김류가 김상헌·정온·윤황·오달제·윤집·김익희金益熙(1610~1656)·김수익金壽翼(1600~1673)·윤문거尹文擧(1606~1672)·정뇌경鄭雷卿(1608~1639)·이행우李行遇·홍탁洪琢 등 11인을 오랑캐 진영으로 보내기를 청하였다. 오랑캐가 척화한 신하 홍익한 등을 보내지 않으면 강화할 수 없다고 했기 때문이다. 김류는 선택하기 곤란하였기에 모두 포함해서 잡아 보내기를 청하니[53] 임금이 보내기를 허락하였다.

대간 박황朴潢(1597~1648)이 김류에게 이르기를 "여러 명으로 책임을 면할 수 있으나 모름지기 십여 명에 이를 필요는 없습니다. 오·윤이 역시 척화를 주장하였습니다. 많이 보내는 것이 적게 보내는 것보다 낫다고 할 수 없습니다."라고 하였다. 다만 오·윤만 보낸 것은 박황의 말 때문이었다.[54]

오·윤이 오랑캐 진영으로 출발할 때 근심하는 기색이 없었다. 임금이 맞이하여 통곡하고 술을 따라 주면서 말하기를 "너희들 부모처자는 내가

---

51) 『인조실록』 권34, 인조 15년 1월 22일(경신).
    『연려실기술』 권25, 인조조 고사본말, 「병자년 노란과 정축년출성」. 1월 22일
    조. 내용은 약간 다르다.(『잡기』 참고)
52) 『송자대전』 권213, 「삼학사전」.
53) 『인조실록』 권34, 인조 15년 1월 28일(무진). 김류가 "신들의 생각으로는 그
    당시의 삼사 및 오늘날 자수한 자를 아울러 잡아 보내면 저들이 반드시 숫자
    가 많은 것을 기뻐하리라 여겨집니다."라고 하였다.
54) 『연려실기술』 권25, 인조조 고사본말, 「병자년 노란과 정축년출성」. 이상 김류,
    이홍주, 홍서봉의 입시 기사부터 1월 28일의 일.(『병자록』 참고)

마땅히 돌볼 것이다."라고 하니 오·윤도 역시 울면서 절하였다.55)

최명길이 그들을 데리고 가면서 오·윤에게 말하기를 "만일 내 말을 따르면 그대들은 무사할 것이다."라고 하였다. 대개 아첨하고 복죄伏罪하도록 하여 당류로 끌어들이려는 말이었다. 오·윤이 듣지 않고 오랑캐 진영에 도달하니 최명길이 두 사람을 결박하여 직접 받쳤다. 칸이 최명길에게 초피옷을 주고 술을 따라주며 귀순한 것을 칭찬하였다.56)

오·윤을 심문하여 말하기를 "너희는 어찌 양국의 동맹관계를 깨려고 하는가?"라고 하니 오달제가 말하기를 "우리나라는 명나라를 섬기기를 삼백 년간이나 하였다. 다만 명나라가 있다는 것은 알아도 청나라가 있다는 것은 알지 못한다. 내가 대간으로서 어찌 척화를 못하겠는가?"라고 하였다. 윤집도 조용히 곧은 말을 하여 조금도 굽히는 말이 없었다.57) 급기야 심양으로 옮겼다.58)

윤집이 가는 길에 오달제를 보며 말하기를 "온갖 곤욕을 당하며 오랑캐 땅에서 죽는 것이 우리 땅에서 죽는 것 만하겠는가?"라고 하니 오달제가 말하기를 "그렇지 않습니다. 사람이 세상에 태어나 진실로 한 번 죽는데 죽음은 마땅히 그 장소를 얻어야 합니다. 우리 절개를 보여주면 어찌 즐거운 일이 아니겠습니까. 하필 필부의 믿음을 본받겠습니까?"라고

---

55) 『인조실록』 권34, 인조 15년 1월 29일(기사). 상이 이르기를 "성에서 나간 뒤에 국가의 존망 역시 단정할 수는 없다만, 만일 온전하게 된다면 그대들의 늙은 어버이와 처자는 마땅히 돌보아 주겠다."라고 하였다.
『연려실기술』 권25, 인조조 고사본말, 「병자년 노란과 정축년출성」.(『병자록』 참고)

56) 『인조실록』 권34, 인조 15년 1월 29일(기사). 최명길이 두 사람을 이끌고 청나라 진영에 나아가니, 칸汗이 그들의 결박을 풀도록 명하였다. 그리고 최명길 등을 불러 자리를 내리고 크게 대접할 기구를 올리게 하면서 초구 1습을 각각 지급하였다. 최명길 등이 이것을 입고 네 번 절하였다.

57) 『연려실기술』 권25, 인조조 고사본말, 「병자년 노란과 정축년출성」.

58) 『인조실록』 권34, 인조 15년 4월 21일(경인). 기사에 따르면 4월 15일 심양에 도착한 것으로 보인다.

하였다. 윤공이 웃으면서 고개를 끄덕였다.

홍서봉이 오랑캐 진영으로 가니 용마龍馬가 강화도에서 잡은 장릉長陵 수릉관守陵官을 종실의 진원군珍原君이라 하면서 보여주었다. 22일에 강화도가 함락될 때 잡힌 대군 형제와 숙의와 빈궁 일행이 통진에 도착하였는데 대군이 쓴 편지와 전 재상 윤방尹昉의 장계를 전하였다. 이날 밤 대신이 성을 나가자고 입대하였다.59)

의논이 정해지자 동양위 신익성이 임금 앞에서 칼을 꺼내 기둥을 치고 울면서 말하기를 "신의 목을 치소서. 이같이 한 뒤에야 이 의논을 결정하소서."라고 하였다. 성을 나서자는 의논이 이미 정해지자 전 예조판서 김상헌은 스스로 목을 매어 죽으려 하였으니 가히 충신열사라 하겠다.60) 나만갑이 소식을 듣고 달려가 본즉 숨이 끊어질 지경에 이르렀다. 나만갑이 손수 풀어 목을 맨 줄을 다 제거하고 좌우 사람을 시켜 부축하게 하여 죽지 않을 수 있었다.61)

전 이조참판 정온 또한 죽음을 결정하고는 시를 지어 옷에 매었는데 그 시는 다음과 같았다.

세상살이 기구한 일도 많구나	生世多崎險
포위 속에서 한 달을 지내다니	三旬月暈中
내 한 몸이야 아까울 것 없다만	一身無足惜

---

59) 『인조실록』 권34, 인조 15년 1월 26일(병인).
60) 『인조실록』 권34, 인조 15년 1월 28일(무진). 예조판서 김상헌도 여러 날 동안 음식을 끊고 있다가 이때에 이르러 스스로 목을 매었는데, 자손들이 구조하여 죽지 않았다. 이를 듣고 놀라며 탄식하지 않는 자가 없었다.(사신은 논한다. 강상과 절의가 이 두 사람 덕분에 일으켜 세워졌다. 그런데 이를 꺼린 자들은 임금을 버리고 나라를 배반했다고 지목하였으니, 어찌 하늘이 내려다보지 않겠는가?)
61) 『연려실기술』 권25, 인조조 고사본말, 「병자년 노란과 정축년출성」.(『병자록』 참고)

천승의 나라가 다하였으니 어찌할꼬   千乘奈云窮

밖에는 근왕병이 끊기고   外絶勤王帥

조정에는 매국노가 많도다   朝多賣國兒

늙은 신하 무엇을 일삼을까   老臣何所事

허리춤에 서슬 퍼런 칼을 찼노라   腰下佩霜鋒[62]

또 그 찬에 말하기를 "군주의 욕됨이 이미 극에 이르렀는데 신하의 죽음이 어이 이리 더딘가? 한 칼날에 인仁을 얻으니 죽어서 절개에 돌아감을 보이리라."하고 가지고 있던 칼로 배를 갈랐으나 다행히 죽지 않았다.[63] 나만갑이 또 달려가 본즉 정이 웃으며 말하기를 "고인古人이 칼에 엎어져 죽는다는 말이 있는데 엎어지면 오장五臟을 범하고, 누우면 오장을 범하지 않으니 지금 이후에 고인이 칼에 엎어지는 뜻을 알겠도다."하고 거의 슬퍼하는 모습이 없었다.[64]

전 예조판서 김상헌이 상소하여 말하기를 "신이 자결하려던 것은 실로

---

62) 『연려실기술』 권25, 인조조 고사본말, 「병자년 노란과 정축년출성」. '쌍雙' 자를 쓰지 않고 '상霜' 자를 써서 "허리춤에 서슬 퍼런 칼을 찼노라."로 해석하였다. 『인조실록』도 '상霜' 자를 썼다.
　　『동계집』 권1, 「산성」. 원문에는 "生世多崎險 三旬月暈中 一身無足惜 千乘奈云窮 外絶勤王帥 朝多賣國兒 老臣何所事 腰下佩霜鋒"으로 되어있다.

63) 『인조실록』 권34, 인조 15년 1월 28일(무진). 이조참판 정온이 입으로 한 편의 절구를 읊기를, 사방에서 들려오는 대포 소리 천둥과 같은데, 외로운 성 깨뜨리니 군사들 기세 흉흉하네, 늙은 신하만은 담소하며 듣고서 모사에다 견주어 조용하다고 하네.(砲聲四發如雷震 衝破孤城士氣恟 唯有老臣談笑聽 擬將茅舍號從容) 또 읊기를, 외부에는 충성을 다하는 군사가 끊겼고, 조정에는 나라를 파는 간흉이 많도다. 늙은 신하 무엇을 일삼으랴.(外絶勤王帥 朝多賣國兒 老臣何所事 腰下佩霜鋒) 또 의대衣帶에 맹서하는 글을 짓기를, 군주의 치욕 극에 달했는데, 신하의 죽음 어찌 더디나, 이익을 버리고 의리를 취하려면, 지금이 바로 그 때로다. 대가를 따라가 항복하는 것, 나는 실로 부끄럽게 여긴다. 한 자루의 칼이 인을 이루나니 죽음 보기를 고향에 가듯.(主辱已極 臣死何遲 舍魚取熊 此正其時 陪輦投降 余實恥之 一劍得仁 視之如歸)

64) 『연려실기술』 권25, 인조조 고사본말, 「병자년 노란과 정축년출성」. 1월 27일의 일이다.(『병자록』·『잡기』 참고)

전하의 오늘 일을 차마 보지 못하겠기 때문입니다. 한 오라기 남은 목숨이 3일이 지나도 아직 남아 있으니 신은 실로 이것을 괴이하게 여기고 있습니다. 최명길이 이미 전하로 하여금 신하라 칭하고 항복하여 나가게 하였으니 군신의 명분이 이미 정하여 졌습니다. 신하가 그 임금에 있어서는, 다만 따르고 순종하는 공순함만을 할 것이 아니라 다툴만하면 다투는 것이 가합니다. 저들이 만약 황조의 인장을 바칠 것을 요구한다면 전하께서는 마땅히 다투어 말씀하시기를 '조종祖宗께서 이 인장을 받아 써온 지 지금 장차 300년이 되려고 한다. 마땅히 명에 바쳐야지 청에 바치는 것은 가하지 않다.'라고 하십시오. 저들이 만약 천조의 군사를 공격할 것을 요구한다면 전하께서는 마땅히 다투어서 말씀하시기를 '우리나라에 있어 명조가 실로 부자의 은혜가 있음은 청국 또한 알 것이다. 그 아들을 가르쳐 그 아버지를 공격케 함은 윤리와 기강에 관계되는 것이며, 공격하는 자도 죄가 있으나 공격케 하는 자 또한 죄가 있다.'라고 하십시오. 그러한즉 비록 저들이 흉폭 교활하다 하나 반드시 양해함이 있을 것입니다. 엎드려 바라건대 전하께서 이 두 가지 일로 다투신다면 천하 후세에 죄를 얻는 일은 없을 것입니다."라고[65] 운운하였다.

　정월 30일 상께서 세자와 더불어 남색 계복戒服을 입고 서문을 나섰다.[66] 삼전도三田度에 있는 칸의 진에서는 9층의 계단을 설치하고 누런 장막을 쳤으며 군대의 위세를 성대하게 차렸다. 상께서 삼배구고두의

65) 『연려실기술』 권25, 인조조 고사본말, 「병자년 노란과 정축년출성」. 1월 29일의 일이다. 다만 김상헌의 상소가 아닌 정온의 상소로 나온다.
　『인조실록』 권34, 인조 15년 1월 30일(경오). 정온의 차자로 되어있는 것은 『연려실기술』과 같다.
　『동계선생문집』 권3, 山城箚子[四箚].
66) 『연려실기술』에는 계戒가 아닌 융戎으로 하여 남색 군복으로 풀었다. 한편 『선조실록』 권34, 선조 15년 1월 30일(경오)에는 남염의藍染衣(푸르게 물들인 옷)로 나온다.

예를 행하자 칸은 술자리를 마련하고 군악을 연주하였으며 상께 수달피 갖옷 두 벌을 증정하였으며 대신 및 승지에게는 각기 한 벌을 주었다. 상께서 그 중 한 벌을 입으시고 뜰 가운데서 사례하였다. 이날 궁으로 돌아가니 또한 허숙의許淑儀와 인평대군麟坪大君 및 그 부인이 아울러 입성하였고 동궁과 빈궁, 봉림대군鳳林大君과 그 부인은 장차 심양으로 가야 하므로 이에 진중에 머물렀다.67)

상께서 장차 삼배구고두의 예를 행하려 할 때 옷을 끌며 눈물을 흘린 사람은 오직 동양위 신익성 한 사람뿐이었다. 칸이 우리 군신에게 음식을 내렸을 때 군신이 모두 허기져 모두 음식을 먹지 않음이 없었으나 홀로 먹지 않은 사람 또한 신익성 한 사람뿐이었다.68)

2월 초1일 군대가 철수하고,69) 초2일 칸이 돌아가고,70) 초3일 용마龍馬와 정명수鄭命壽가 대궐에 오니, 영상 김류가 나아가 이를 맞이하였다. 김류가 말하기를 "이제 두 나라는 부자父子의 나라가 되었으니 무슨 말인들 따르지 않으리오, 차후로 가도椵島를 공격하고 남조〔明〕를 공격하는 것은 오직 명령만 하면 곧 따르겠습니다."라고 운운하며 정명수를 껴안고 말하기를 "판사와는 일이 한 집안과 같으니, 판사가 나에게 청한 바를 어찌 따르지 않으며, 내 딸을 속贖 바치고 돌려보내는 일에 모름지기 극력 힘써 주시오."라고 하자, 명수가 더럽게 여겨 옷을 뿌리치고 가버렸다.71) 대개 김류의 첩 딸이 청에 사로잡혔기 때문에, 정명수에 아첨함

67) 『인조실록』 권34, 인조 15년 1월 30일(경오).
　　『연려실기술』 권25, 인조조 고사본말, 「병자년 노란과 정축년출성」.
68) 『연려실기술』 권25, 인조조 고사본말, 「병자년 노란과 정축년출성」. 2월 6일조에 "한의 9제인 구왕九王이 먹을 것을 베풀어 먹지 않은 사람이 없었는데 다만 신익성과 한림 이지항李之恒이 먹지 않았다."라고 하였다.
69) 『연려실기술』 권25, 인조조 고사본말, 「병자년 노란과 정축년출성」. 2월 2일부터 철수를 시작하여 13일까지 철군이 끝났다고 하였다.
70) 『인조실록』 권34, 인조 15년 2월 2일(임신).

이 이와 같았다. 오랑캐 풍속에 허리를 껴안는 것이 친밀함을 나타낸 까닭이다.

이성구李聖求는 명수에게 말하기를 "내 아들이 오래지 않아 심양에 인질로 잡혀갈 것이니, 모름지기 자식처럼 이를 돌봐주시오."라고 하였다. 문답할 때 명수가 말하기를 "대감의 말이 입에서 나온 것이 오히려 내 항문에서 나온 것만 못합니다."라고 하였으나 성구는 수치스럽게 여기지 않았다.

대가大駕가 성에서 나온 후 김상헌은 안동으로 돌아오고, 정온은 안음安陰으로 돌아왔다. 두 사람 모두 어가를 따르지 않고, 알리지 않고 돌아온 것이다. 그때 주화자主和者들은 이를 그르다 하였다. 그 후 유석柳碩(1595~1655)과 박계영朴啓榮이 장계를 올려 말하기를 "김상헌은 바야흐로 군부를 불측지일不測之日에 빠트리고 몸을 빼어 멀리 달아나 왕실을 업신여기니, 명예를 구하고 의를 저버려 무군부도無君不道의 죄를 범하였으니 징계함이 마땅합니다."라고[72] 하였다. 이여익李汝翊과 이도장李道長(1603~1644)이 장계를 올려 말하기를 "정온은 자결을 시도하였으나 죽지 않으니 의당 와서 근왕해야 하나 돌보지 않고 고향으로 돌아갔습니다. 왕을 생각하지 않는 죄를 지었으니 징계함이 마땅합니다."라고[73] 운운하였다. 세상 도리와 인심이 어찌 이와 같은가!

전 참의 정홍명鄭弘溟은 전라도 창평에서 의병을 일으켜 공주公州에 이르러 성이 함락되었다는 비보를 듣고는 통곡을 하고 군대를 파하고

---

71) 이상 김류의 일은 『연려실기술』 권25, 인조조 고사본말, 「병자년 노란과 정축년출성」.
72) 이상 김상헌·정온에 대한 탄핵은 『연려실기술』 권25, 인조조 고사본말, 「심양옥에 갇힌 사람들」에 자세하다.(『첨재』 참고)
      『인조실록』 권37, 인조 16년 7월 29일(경인).
73) 『인조실록』 권37, 인조 16년 10월 9일(무술).

근왕하여 갔다. 택당澤堂 이식李植(1584~1647)은 출성 이후에 또한 아뢰지 아니하고 영춘永春에 들어가니 그 노모가 이곳에 피난하여 있기 때문이었다.

거교去郊한 처음에 김경징金慶徵(1589~1637)이 검찰사檢察使가 되었는데, 그 아버지 김류가 천거한 것이다.[74] 이민구李敏求를 부사副使로서, 장신張紳(?~1628)을 유수 겸 수주사守舟師로서 가서 강도江都를 지키게 하였다. 김경징이 강화도에 들어갈 때 그 모와 처자들을 각각 덮개 있는 가마에 태우고 계집종에게는 전모剪帽를 씌웠으며, 짐바리가 50여 필이 되었으니 경기도의 인부와 말을 모두 사용하였다. 한 계집종이 말의 발이 겹질리는 바람에 땅에 떨어지는 것을 보자, 경징은 잘못 보호하였다고 여겨 경기도 배리陪吏를 노상에서 곤장을 때리니 보는 자가 욕하지 아니함이 없었다.[75]

부사 이민구李敏求와 종사 홍명일洪命一(1603~1651)이 먼저 강도江都에 들어가고 원임대신 윤방尹昉이 종묘사직의 신주神主를 주관했다.[76] 원임 김상용金尙容 등 40인 및 봉빈궁奉嬪宮 원손元孫, 숙의淑儀, 양대군兩大君, 부인夫人, 부마駙馬, 공공公·옹주翁主가 모두 강도江都에 들어갔다. 빈궁이 갑곶진甲串津에 이르러 건널 수 없어 밤낮으로 언덕 위에서 추위와 굶주림으로 삼 일을 머물러 있었다. 검찰사의 배가 모두 건너편 물가에 있어 서로 통할 수 없었다. 빈궁이 친히 크게 불러 말하기를 "경징아 경징아 어찌 차마 이렇게 하느냐."라고 했다. 장신張紳이 경징에게 알려 빈궁 이하는 겨우 구했으나, 그 나머지 사민士民 피난자는 한 사람도

---

74) 『연려실기술』 권25, 인조조 고사본말, 「강도가 함락되다」.(『병자록』 참고)
75) 『연려실기술』 권25, 인조조 고사본말, 「강도가 함락되다」. 김경징의 일을 자세히 기록하였다.(『병자록』 참고)
76) 『연려실기술』 권25, 인조조 고사본말, 「강도가 함락되다」. 1월 14일의 일이다.

건널 수 없었다. 적이 엄습하여 모조리 짓밟아서 살아남은 자가 없었다.[77]

경징이 통진通津, 김포金浦의 나라 곡식을 운반하여 명목상 섬 안을 진휼했으나 경징의 친구·일가 외에는 한 사람도 먹을 수 없었다. 경징이 스스로 이르기를 "적은 건널 수 없다."라고 하고, 날마다 이민구와 더불어 밤낮으로 연회를 즐기고 단지 술로서 일삼으니 군부君父를 생각함이 아니었다. 대신이 혹 말이 있으면 (경징이) 말하기를 "피난대신이 어떤 까닭으로 지휘하는가?"라고 했다. 대군이 말이 있으면 "이 위의危疑한 지경을 당함에 대군은 어찌 하겠는가?"라고 하였다. 이로써 대군, 대신이 감히 입을 열 수가 없었다.[78]

별좌 권순장權順長·진사 김익겸金益兼·윤선거尹宣擧가 경징·민구에게 글을 올려 이르기를 "와신상담臥薪嘗膽을 오로지 해야지 술을 먹을 때가 아니다."라고[79] 했다. 경징이 화를 내니 권순장 등이 그 일을 어찌할 수 없다는 것을 알고는 의병을 조직하여 각각 성첩城堞을 지키자고 했다. 이돈오李惇五(?~1637)·이상길李尙吉(1556~1637) 또한 성을 수비할 의논을 하고는 각각 문을 나누었다.〔원: 윤선거가 지은 글을 올린 내용이다.〕 삼도三道의 주사舟師는 한 사람도 오지 않아 충청수사 강진흔姜晋昕이 홀로 별밤을 틈타 들어가 지켰다.[80]

정축년 정월 이십이일 통진수通津守의 첩보牒報에 이르기를 "적이 바야흐로 강화도로 향한다."라고 했다. 경징이 말하기를 "강물이 얼었는데

77) 『연려실기술』 권25, 인조조 고사본말, 「강도가 함락되다」.
78) 『연려실기술』 권25, 인조조 고사본말, 「강도가 함락되다」.
79) 『연려실기술』 권25, 인조조 고사본말, 「강도가 함락되다」.(『연려실기술』에는 별좌 권순장과 생원 김익겸과 진사 심희세沈熙世와 윤선거로 되어있고, 『잡기』 및 『병자록』에는 권·김 두 사람으로 되어있고, 『강도록』에는 심·윤으로 되어있다.)
80) 『연려실기술』 권25, 인조조 고사본말, 「강도가 함락되다」.

어찌 건너겠는가?"라고 하고, 군정軍情을 어지럽힌다 이르고는 참하고자
했다. 갑곶진甲串津 파수把守 또한 보고가 이와 같았다. 경징이 비로소
약간 놀라 동요하고 스스로 갑곶을 지켰는데 군졸들이 수백도 안되었
다.[81]

장신張紳이 주사대장舟師大將이 되어 갑곶을 향하고, 강진흔은 7척의
배를 거느리고 적과 힘써 싸워 몸에 여러 개의 화살을 맞았다. 장신이
적을 보고 나가 싸울 뜻이 없자, 진흔이 북을 치고 깃발을 흔들며 장신을
독촉하는데도 신이 끝내 나아가지 않자 진흔이 선상에서 크게 부르며
"너는 나라의 은혜를 후하게 받고 어찌 차마 이와 같이 하느냐 내가
장차 너를 참하리라."라고 해도, 신이 끝내 움직이지 않았고 이어 물결을
타고 본읍으로 내려갔다. 중군中軍 황선黃善이 몸소 초관哨官 백여 명을
거느리고 힘써 싸우다 죽었다.[82] 경징도 그 사실을 알았으나 어찌할
바를 몰라 배를 타고 도주했다.[83]

배위에서 힘써 싸워 충분강개하였던 사람으로는 진흔과 같은 이가
없었으나 뒤에 능히 잘 싸우지 못해 적으로 하여금 강을 건너게 하였다.
마침내 주살당하였다.[84] (장신은) 그의 집에서 자진하도록 하였는데
금오랑金吾郎이 와 보지 않았기 때문에 사람들은 그가 도망하여 살아남지
않았는가 의심하였다.[85]

---

81) 『연려실기술』 권26, 인조조 고사본말, 「강도가 함락되다」. 1월 22일의 일.
82) 『인조실록』 권34, 인조 15년 1월 22일(임술). 장관將官 구원일具元一이 장신張
紳을 참하고 군사를 몰아 상륙한 뒤 결전을 벌이려 했으나 장신이 깨닫고 이
를 막았으므로 구원일이 통곡하고 바다에 몸을 던져 죽었다. 중군 황선신黃善
身은 수백 명의 군사를 거느리고 나룻가 뒷산에 있었는데 적을 만나 패배하여
죽었다.(황선이 아니고 황선신인 듯하다.)
83) 『연려실기술』 권25, 인조조 고사본말, 「강도가 함락되다」.
84) 『인조실록』 권34, 인조 15년 9월 21일(병술). 비로소 김경징을 사사하고, 강진
흔·변이척을 참형에 처하였다.
『연려실기술』 권26, 인조조 고사본말, 「여러 장수의 사적」.

이경李坰(1580~1670)·윤신지尹新之(1582~1657)·유성증兪省曾(1576~1649)은 모두 방어소에 있다가 적이 이르자 배를 타고 도망하였으나[86] 탄핵을 받는데 그쳤다. 이민구李敏求의 죄가 경징과 같은데도 경징은 사사되었지만,[87] 민구는 안치되었으니 나라에 공론이 있다고 할 수 있겠는가? 가히 한심하고 분통스럽구나.

적병이 사방을 에워싸니 전 우상 김상용金尙容은 일이 끝나버렸음을 이미 알고 남문의 누각에 화약상자를 매달아 놓고 불을 놓아 죽었다.[88] 권순장·김익겸도 김상용에게 와서 웃으며 말하기를 "대감은 좋은 일을 혼자서 하려고 하시오."라고 하고 이에 같이 죽었다.[89]

> 상용의 첩손인 13살 난 소년 수전壽全과 노비 선승善承 그리고 순장의 노비 의남義男이 곁에 있어서 손을 저어 내쫓았으나 가지 않고 모두 같이 불타 죽었다.[90]

권·김과 더불어 처음부터 끝까지 일을 같이 하였던 자는 윤선거였다. 권·김이 장차 죽으려 하자 선거가 아내와 영원히 이별한다고 말하고

---

85) 『인조실록』 권34, 인조 15년 3월 21일(경신). 이때부터 5월까지 장신의 자진에 대한 의혹 상소가 빈출한다. 장신은 계곡 장유의 형인데 장유가 동년 5월 14일 경연에서 상소하여 자진이 틀림없음을 호소하였다.

86) 『연려실기술』 권26, 인조조 고사본말, 「강도가 함락되다」.

87) 『인조실록』 권34, 인조 15년 9월 21일(병술).

88) 『인조실록』 권34, 인조 15년 10월 28일(임술). 이때 이후 김상용의 폭사에 대한 진상 규명 기사가 자주 보인다.

89) 『인조실록』 권34, 인조 15년 1월 22일(임술). 전 우승지 홍명형도 같이 자폭하였다고 한다.
   『연려실기술』 권26, 인조조 고사본말, 「강도에서 순절한 사람들」.(『난리잡기』 참고)

90) 『인조실록』 권34, 인조 15년 1월 22일(임술). 손자 한 명과 노복 한 명이 따라 죽었다고 한다.
   『연려실기술』 권26, 인조조 고사본말, 「강도에서 순절한 사람들」. 수전과 그 노비에 대해서만 언급하였다.(『강화지』 참고)

와서는 자기 아내를 보고 말하기를 친구와 더불어 같이 죽고자 한다고
했다. 친구와 아내 사이를 왕래하는 사이에 갑자기 구차하게 죽음을
면하고자 하는 계책을 내어서 이름을 선복宣卜이라 고치고 진원군珍原君
의 사행에 노비가 되어 돌아왔다. 뒤에 그의 아들 윤증은 "선인은 죽어야할
의리가 애초에 없었습니다."라고 하였으며 또 이르기를 "권·김 두 사람은
헛된 죽음을 면치 못하였습니다."라고 하였다. 세상의 도의가 이렇게까지
되었으니 한심하기 짝이 없다.

　적이 성밖에 이르러서는 강화하러 왔다고 말하면서 문을 열기를 청하니
원임 윤방尹昉이 묘사廟社 제조提調의 자격으로 문을 열고 받아들였다.
적이 성중에 들어와 성 전체를 도륙하고 종묘사직의 신주神主를 더러운
도랑에 던져버렸다. 방은 이를 주워서 빈가마니에 싸서 말에 싣고는
여종으로 하여금 그 위에 올라타게 했다. 뒤에 그는 이것으로 말미암아
출척되었다.91)

　　윤방의 아들 신지는 몸이 도위都尉로서 방어소에 있었는데 나라를
　　위해 죽지 못하였고 또 그 아버지를 버리고 도망하였으니 그 죄를
　　차마 어찌 말할 수 있겠는가? 유백주兪伯胄의 소는 단지 윤방과
　　경징만을 들고 윤신지에 대해서는 언급하지 않은 것은 무슨 까닭인
　　가? 이경李坰은 이상길李尙吉의 아들인데 그 아버지가 성중에서 죽었
　　으나 그 자식은 방어소에 있다가 달아났으니 그 있었던 곳으로 치면
　　죄가 비록 신지보다 가벼울지라도 아버지를 버리고 목숨을 구해서
　　도망친 죄는 신지보다 못하지 않다.

91) 『인조실록』 권34, 인조 15년 1월 22일(임술). 도제조 윤방이 종묘와 사직의 신
　　주를 받들고 성중에 뒤떨어져 머물면서 묘 아래에 묻었는데, 이때에 이르러
　　몽병蒙兵이 파헤쳐 인순왕후仁順王后의 신주를 잃어 버렸다.

도정 심현沈誢(1568~1637)이 그 아내에게 일러 말하기를 "그대는 충신의 아내가 되고자 하는가?"라고 하였더니 그 아내가 말하기를 "그것은 나의 뜻과 같습니다."라고 하고는 남편과 더불어 같이 죽었다. 심현은 소를 지어서 그 품속에 넣고 있었는데 그 소에 이르기를. "신 심현은 동쪽을 향하여 백번 절하고 남한산성에 계신 주상전하에게 글을 올립니다. 신과 신의 처 송씨는 같은 날 자결하여 나라의 은혜에 보답코자 합니다."라고[92] 하였다.

이시직李時稷(1572~1637)이 찬문을 지어 노복에게 부탁하여 그 자식을 남기고 자결하니 그 찬문에 이르기를 "장강長江의 요해처를 지키지 못하고 오랑캐 군사가 나는 듯 강을 건넜는데, 술취한 장수가 겁을 먹어, 임금을 배반하고 목숨을 훔치는구나. 의리상 구차하게 살 수는 없으니 기꺼이 자결하여 살신성인함으로써 하늘을 우러러 부끄러움이 없고자 한다."라고[93] 하였다.

민성閔垶이 먼저 그 아내를 죽이고 자결하니 한 집안에 모두 12명이 죽었다.[94]

민성이 이때를 당하여 그 첩 우씨에게 이르기를 "너는 사족이 아니니 가도 좋다."라고 하였다. 이에 우씨가 웃으면서 스스로 자문자답하여

---

92) 『인조실록』 권34, 인조 15년 1월 22일(임술). 돈령부 도정 심현의 유소에 "뜻하지 않게 흉적이 오늘 갑진을 건넜으니, 종사가 이미 망하여 어떻게 할 수가 없습니다. 신은 부인 송씨와 함께 진강에서 죽어 맹세코 두터운 은혜를 저버리지 않으려 합니다."라고 하였다.
『연려실기술』 권26, 인조조 고사본말, 「강도에서 순절한 사람들」.
93) 『인조실록』 권34, 인조 15년 1월 22일(임술).
『연려실기술』 권26, 인조조 고사본말, 「강도에서 순절한 사람들」.
94) 『인조실록』 권34, 인조 15년 1월 22일(임술). 세 아들과 세 며느리를 먼저 벤 후 자결하였다고 한다.
『연려실기술』 권26, 인조조 고사본말, 「강도에서 순절한 사람들」.(『강화지』·『강도록』 참고)

이르기를 "주군이 나를 의심하니 마땅히 주군보다 먼저 결행해야 하겠습니다."라고 하고는 곧이어 자결하였다.

이가상李嘉相(1615~1637)은 적이 당도하자 그 어미를 숨기고 자신은 적의 포로가 되니 그 처가 어머니를 업고 달아났다. 가상은 생각하기를 그 어머니가 병으로 스스로 움직일 수 없어 반드시 적에게 죽었다고 여겼다. 칼을 무릅쓰고 도망와 그 어머니를 찾으니 없었다. 병든 어머니가 살아있을 리가 없다고 여기고, 차마 혼자 살 수 없어 편지를 써서 승려 편에 부탁하여 부형에게 보내고 반드시 죽고자 하는 뜻을 통고하였다. 적진으로 가서 어미의 시신을 찾다가 마침내 피해를 입었다.95)

홍수인洪晬寅은 적이 칼로 그 어미를 치자 몸으로 보호하여 막다가 칼을 받고 죽었다. 이순오·이상길李尙吉·송시영宋時英 역시 모두 자결하였다.96) 윤계尹棨(1583~1636)는 남양南陽을 지키다 순절하였다.

권순장權順長의 처 이씨는 남편이 죽은 후 먼저 세 딸을 목매고 스스로 목매어 죽었다.97) 홍수인洪晬寅의 처는 남편이 적에게 죽는 것을 보고 스스로 남편의 시신 옆에서 목을 찔러 죽었다. 김반金槃(1580~1640)·이소한李昭漢(1598~1645)·정백창鄭百昌(1588~1635)·홍명일洪命一(1603~1651)·이일상李一相(1612~1666)의 처는 모두 절개를 지켜서 죽었다. 그때의 부녀자가 절개를 세운 것을 이루 다 기록할 수 없을 정도다.〔원: 나의〔남기제〕고조비高祖妣 이씨도 갑곶에서 순절하였다.〕98)

---

95)『연려실기술』권26, 인조조 고사본말, 「강도에서 순절한 사람들」.
96) 이상길 송시영에 대해서만『연려실기술』권26, 인조조 고사본말, 「강도에서 순절한 사람들」에 언급되어 있다.
97)『연려실기술』권26, 인조조 고사본말, 「강도에서 순절한 사람들」.(『강화록』·『강화지』의 합록)
98)『남씨대동보』권1. 남기제의 고조비 덕수이씨는 정축 정월 26일에 강도에서 사절했다고 한다.

김류·이성구·김경징·여이징·한홍일·윤선거의 처도 모두 순절하였다.[99] 남편들은 혹은 적에게 아첨하고 혹은 적에게 항복하고 혹은 임금을 배반하여 도망가고 혹은 노비로 (가장하여) 도망갔다. 그 아내가 부녀자로서 능히 한 목숨을 구분할 줄 아는데 남편된 자는 그 아내에게 부끄럽지 않은가?

김류·이성구는 힘써 화의를 주장하여 마침내 노안奴顔[100]으로 적에게 아첨하였다. 김경징은 성이 함락되는 날 어미와 처를 버리고 도주하였다.[101] 한홍일·여이징은 오랑캐가 닥치자 새 옷을 갈아입고 "타국 사람을 처음 보는데 의관을 정제하지 않으면 안된다."하고 먼저 스스로 적에게 나아가 절을 하고 "강석기姜碩期(1580~1643) 또한 여기에 있다."라고 하였다. 그를 불러 흔적을 없애고자 함이다. 강은 절름발이 된지 오래라고 칭탁하고는 나오지 않았다. 적이 마침내 가버렸다. 윤선거는 아내와 친구와 죽기를 약속하였는데 아내와 친구가 모두 죽었으나 미복微服을 하고 노비가 되어 살아 돌아왔다.

부녀자가 오랑캐에게 잡힌 것이 하나가 아니었으나 이민구의 처와 그 두 자부子婦의 일은 욕하지 않는 사람이 없었다. 그때 '푸른 나귀 채찍질하여, 귀에 바람이 일도록 도망하였네.〔一鞭靑驢 兩耳生風〕'라는[102] 시가 있었다. 민구는 그 아내가 가산嘉山에서 순절하였다고 하여 명예를 칭송하는 명銘을 짓고 동양위 신익성에게 써주기를 바랐다. 그것을 들은

---

99) 『연려실기술』 권26, 인조조 고사본말, 「순절부인」. 한홍일의 처는 누락되어 있다.(『강화지』 참고)
100) 노안奴顔: 하인의 굽실거리는 얼굴.
101) 『연려실기술』 권26, 인조조 고사본말, 「순절부인」.(『강화지』 참고)
102) "一鞭靑驢兩耳生風"의 시는 필사본에는 주 처리되어 있다.

사람들은 모두 웃었다.103) 그 후처는 첩으로 속환贖還된 자인데 옛일에 구애되지 않고 동거하였다. 오직 장유張維가 절개를 잃은 사람은 배필하게 할 수 없다고 하였다. 그 아들 장선징張善徵의 처가 환속된 후 소를 올려 처를 갈기를 청하였다. 최명길은 계하여 "이와 같이 하면 원망하는 부녀자가 많을 것을 생각하지 않으면 안될 것입니다."라고 말하여 마침내 계를 막았다.104)

칸이 돌아간 후 삼전도에 송덕비를 세웠는데 이경석李景奭(1595~1671)이 찬문撰文하고105) 오준吳竣(1587~1666)이 쓰고 여이징呂爾徵이 전篆하였다.106) 그 명銘에 가로되 "천자가 동쪽을 정벌하니 백만 군대가 죄가 있으면 죄를 벌하고 죄를 알면 대죄하였다."라고 하였다. 사람들 중 혹 의논이 있는 까닭으로 고쳐서 세웠다.〔원: 계곡 장유·택당 이식 또한 모두 비문을 지었으나 합치되지 않아 쓰지 않고 이경석의 문장을 채용했다.〕

대가가 도성으로 돌아온 후 남한산성에서 호종하였던 신하들은 모두 상을 받고 관질官秩이 더해졌는데, 전 판서 김상헌이 상소하여 말하기를 "대가가 산성에 머무실 때 집정대신들이 앞다투어 성을 내려갈 것을 권하였는데 신은 감히 '죽음으로 지켜야 할 의리'로써 망령되이 탑전에 아뢰었으니 신의 죄의 하나입니다. 항복하는 문서의 문자가 차마볼 수 없는 것이 있어 손으로 그 글을 찢고 통곡하여 묘당廟堂에 이르렀으니 신의 죄의 둘입니다. 양궁〔왕과 세자〕께서 친히 적의 진영에 나아가시니 신이 이미 말 앞에 머리를 부수지 못하고, 병으로 또 따라 가지도 못하였으니 신의 죄의 셋입니다. 신이 이미 이 세 가지 죄를 짓고도 아직 형벌을

---

103) 『연려실기술』 권26, 인조조 고사본말, 「순절부인」. 다만 시는 없다.
104) 『연려실기술』 권26, 인조조 고사본말, 「순절부인」.
105) 『인조실록』 권34, 인조 15년 11월 25일(기축).
106) 『연려실기술』 권26, 인조조 고사본말, 「난리 뒤에 생긴 일」.(『병자록』 참고)

받지 않고 있는데, 어떻게 감히 끝까지 수행한 제신과 함께 균등한 은전을 받겠습니까. 아아! 한때의 강요된 맹약을 믿지 마시고 전일의 큰 덕을 잊지 마소서. 짐승 같은 자의 인자함을 지나치게 믿지 마시고 부모 나라의 은혜를 가벼이 끊지 마소서. 매번 선왕께서 주문奏文에 쓴 '만절필동萬折必東'107)이란 말을 생각하면 저절로 눈물이 옷깃을 적시는지 알지 못하겠습니다."라고108) 하였다.

홍익한이 심양에 도달하니 칸이 불러 척화한 연유를 물으니 익한이 옷을 다 벗고 서서 말하되 굽힘이 없었다. 글로 써서 보여주며 말하기를 "사해의 안은 모두 형제는 될 수 있으나 부자의 의리가 될 수는 없다. 금나라가 맹약을 어기고 황제라 칭하니 과연 맹약을 어겼다면 이는 형제지간을 어지럽힌 것이요, 과연 황제라 칭하였다면 이는 천자가 둘인 것이다. 한 집안에 어찌 형제의 의를 어긴 자를 둘 것이며, 천지간에 어찌 두 천자가 있겠는가? 금나라가 조선에 있어서는 새로 교린의 약속이 있는 것이요, 대명大明이 조선에 있어서는 옛날의 막대한 은혜가 있는 것이다. 깊이 맺은 옛 은혜를 잊고, 먼저 어긴 헛된 조약을 지키라 하니 이치에 심히 불가하고, 일에 심히 부당한 것이다. 그러므로 맨 먼저 이 논의를 주장하고 예의를 지키려고 한 것이니 이는 신하의 직분일 뿐이다. 비록 주륙을 당하여도 진실로 마음에 달가운 바이다. 혼이 하늘로 날아가 고국으로 돌아갈 것이니 통쾌하고 통쾌하도다. 오직 속히 죽여주기를 바랄 뿐이다."라고109) 하였다. 오·윤 두 학사와 더불어 같은 날 죽었다.110)

107) 만절필동萬折必東: 수만절필동水萬折必東의 준말. 모든 물은 마지막에는 동해로 들어간다는 뜻이니 여기서는 중국을 높여야 한다는 것이다.

108) 『인조실록』 권34, 인조 15년 5월 28일(을미). 전 판서 김상헌 상소.
『연려실기술』 권26, 인조조 고사본말, 「심양옥에 갇힌 사람들」.

109) 『인조실록』 권34, 인조 15년 3월 5일(갑진). "청나라 사람이 홍익한을 죽였다."라고 하고 아래에 같은 내용의 글이 실려 있다.
『연려실기술』 권26, 인조조 고사본말, 「삼학사」.(『병자록』·『일사기문』 참고)

훗날 허적許積이 삼학사三學士를 일러서 '일을 좋아하여 명예를 낚는 무리'
라고111) 하였으니 세도의 근심됨이 어찌 크지 않겠는가?

적이 돌아갈 때에 공유덕孔有德과 경중명耿仲明을 머물러 두었는데,
우리나라와 더불어 합세하여 가도椵島를 공격하였다. 우리나라는 유림柳
琳을 수장首將으로 임경업林慶業을 부장으로 하여 공격하였는데 섬이
험하여 공격하기 어렵자 경업에게 계책을 물으니 경업이 계획을 세웠다.
적賊[청군]이 이 계책을 써서 섬을 함락시켰다. 경업은 섬[가도]을 공략한
공으로 적들의 관작을 받았다고112) 했다. 경업 같은 사람이 이와 같이
했는지 알지 못하겠다.

마침내 그 섬에 돌입함에 우리나라 사람들이 한인漢人을 죽이고 약탈한
것이 오랑캐 보다 심하였다. 아! 사람의 인심이 없음이 어찌 이에 이르렀는
가? 도독 심세괴沈世魁는 수하의 군사를 이끌고 산에 올라갔다. 적들이
꾀어 말하기를 "만약 항복한다면 마땅히 부귀하리라."라고 하였다. 심이
말하기를 "당당한 대명의 신하가 어찌 개돼지에게 항복하리오."라고 하고
드디어 힘껏 싸워 죽었다.113) 기묘년(1639)에 적이 명을 공격하고자 원병
을 명하였다. 임경업으로 상장上將을 삼고 이완李浣(1602~1674)으로
부장을 삼아 보냈다.

판서 김상헌이 상소하여 말하기를 "엎드려 듣건대 조정에서 북사北使의
말을 좇아 장차 5천의 병사를 내어 심양을 도와 대명을 범한다 하니

---

110) 『인조실록』 권34, 인조 15년 4월 29일(무자). 처형 당시의 정황이 나온다.
111) 『송자대전』 권213, 「삼학사전」.
112) 『연려실기술』 권26, 인조조 고사본말, 「청인이 징병하다」.(『병자록』 참고)
113) 『연려실기술』 권26, 인조조 고사본말, 「청인이 징병하다」.(『병자록』 참고)
　　　『인조실록』 권34, 인조 15년 4월 27일(계사)에는 싸워 죽은 것이 아니라 포
　　　로로 잡혀 처형당한 것으로 나온다. 그리고 동년 윤4월 6일(갑진)에는 왕이
　　　평안도관찰사로 하여금 심세괴의 시신을 거두어 묻어주게 하고 성안에서 전
　　　사한 다른 병사들도 묻어주게 하였다.

신이 듣고 놀라고 당혹스러워 안정하지 못하겠습니다. 대저 신하가 주군에게는 따라야 할 것과 따르지 말아야 할 것이 있습니다. 국가의 세력이 약하고 힘이 눌리는 때에 당하여 잠시 목전의 생존을 도모하는 계책을 취하고는 있으나 전하께서 난을 다스리고 올바름을 돌이키려는 뜻으로서 와신상담한지 지금 이미 3년이니, 복수설치復讐雪恥하실 것을 날을 세면서 기다리고 있습니다. 그러나 어찌 뜻이 날이 갈수록 더욱 심하게 되어, 일마다 굽히어 좇아 이르지 않은 곳이 없는 지경에까지 이르렀습니까? 자고로 죽지 않는 사람도 없고 망하지 않는 나라도 없다고 하였습니다. 죽고 망하는 것은 참을 수 있으나 역逆을 따르는 것은 할 수 없습니다. 전하께 아뢰는 자가 있어 말하기를 '어떤 자가 원수를 도와 부모를 칩니다.' 하면 전하께서는 반드시 유사에게 명하여 그 사람을 다스리라 하시고, 비록 좋은 말로써 스스로 해명하여도 반드시 왕법을 가하셔야 합니다. 이것은 천하의 공통된 도리입니다. 비록 이해로서 논하여도, 다만 강포한 이웃의 잠시 동안의 폭압만 두려워하고 천자 군대의 정벌은 두려워하지 않는 것이니 먼 (훗날을 내다보는) 계책은 아닙니다. 관하關下의 늘어선 병사들과 해상의 우뚝한 군선의 군졸들은 비록 털을 쓸 듯 강토를 회복하는 데는 부족할지 모르나 우리나라를 막는 가시나무로 삼는 데에는 남음이 있습니다. 만약 우리나라가 호랑이 앞에 창귀114)가 되었다는 것을 듣는다면 죄를 묻는 사신이 바다 서쪽에서 곧장 다다를 것이니 두려운 것은 오직 심양에 있다고 말하지 못할 것입니다. 사람들이 모두 말하기를 '저들의 세력이 바야흐로 강하니 거스르면 반드시 화가 있으리라.'라고 하는데 신의 생각으로는 명분과 의리가 지극히 중하니 그를 범하면 반드시 재앙이 있을 것입니다. 의리를 배반하고 끝내 위망危亡을 면치 못하는

---

114) 창귀: 범 앞에서 먹이를 찾아 준다는 귀신.

것이 어찌 정도正道를 지켜 하늘의 명을 기다리는 것만 같겠습니까. 지금 만약 의를 버리고 은혜를 잊고서 차마 군사를 일으킨다면 가령 천하 후세의 논의는 돌아보지 않는다 하더라도 장차 어떻게 지하의 선왕을 뵈올 것이며 또한 어찌 신하로 하여금 나라에 의를 다하라고 하겠습니까." 라고 하였다.[115]

임경업林慶業과 이완李浣은 병사를 이끌고 달려갔다. 명나라 조정과 몰래 통하여 도적盜賊을 공벌하기로 은밀하게 모의하였다. 접전할 때마다 매번 화살촉을 빼버리고 활을 쏘다가 도적에게 발각되어 경업은 오랑캐들에게 구금되었고 완은 출송되어 먼 곳으로 유배되었다. 포수 이사룡李士龍은 성주星州의 토병이었다. 그는 임경업의 부하가 되어 끝내 포를 쏘되 탄환을 넣지 않았다. 오랑캐가 이를 알고 목을 자를 듯이 하여도 사룡은 꼼짝하지 않았다. 오랑캐가 그를 놓아주자 사룡은 다시 이와 같이 하였다. 이러하기를 세 차례 거듭하자 오랑캐가 노하여 그를 죽였는데 사룡은 도적을 꾸짖으면서 굽히지 않다가 죽었다.[116] 명나라 장군 조대수祖大壽가 첩자를 통해 이 사실을 알고, '조선 의사 이사룡'이라고 깃발에 크게 써서 걸어보였다.

임경업과 이완이 수군을 거느리고 등주登州에 이르러서 은밀하게 수군을 물에 넣어서 명나라 조정의 도독군문에 뜻을 알렸다. 명나라 조정은 한 봉서를 붙여서 돌려보냈다. 임진년 동정東征의 은혜를 말하고 또 이르기를 지금 중국의 위박한 사세를 말하였으며 또 만약

115) 『청음선생집』 권21, 「請勿助兵瀋陽疏」.
『인조실록』 권39, 인조 17년 12월 26일(무신).
『연려실기술』 권26, 인조조 고사본말, 「심양옥에 갇힌 사람들」. 김상헌의 상소.(『첨재』 참고)
116) 『숙종실록』 권11, 숙종 7년 1월 30일(갑신). 송시열이 숙종에게 이 사실을 말한다.

오랑캐들을 결박하여 온다면 천하를 나누어 만호萬戶를 봉하겠다는 등을 말하였다.

경업은 눈물을 흘리며 크게 탄식하여 장차 무장을 풀고 돌아가려고 하자 완이 우리 조정에 화를 입힐 것이라고 하며 말렸다. 명나라 군대를 멀리서 보면 포를 쏘고 군대를 지휘하여 명나라 병사가 알아채고 도망가게 하였다. 이에 또 화살촉을 빼고 활을 쏘았다. 오랑캐가 노하여 이를 꾸짖자 경업이 조목조목 대답하고 하늘을 가리키며 맹서하였다.

완은 다만 이를 밝혔을 뿐 맹서하지 않자 오랑캐가 또 이를 꾸짖었다. 완이 정색을 하고 "사대부는 이 같은 짓은 하지 않는다."라고 말하였다. 완은 쫓겨 돌아와서 원산元山에 유배되어 10년간 농사를 지었다. 경업은 오랑캐들 속에 붙잡혀 있다가 뒤에 고국으로 돌아와서는 김자점金自點의 거짓 조직에 남몰래 죽임을 당하였다.

완은 효종孝宗이 즉위하자 소환되어 장군이 되고, 유신 송시열宋時烈과 더불어 복수하기를 은밀히 모의하였다. 기해년에 효종이 승하하심에 일이 중도에 그치고 말았으니, 아! 원통하구나.

정뇌경鄭雷卿이 춘방春坊[117]으로서 심양에 있을 때 우리나라의 생배와 홍시 등의 물건을 칸에게 보냈다. 정명수鄭命壽가 그 문서를 고쳐서 그 반을 줄였다. 뇌경이 이 일을 가지고 명수를 제거하고자 하였으며, 사서 김종일金宗一(1597~1675)은 한인 포로와 더불어 한 마음으로 약속을 맺고 용마를 함께 죽이고자 하였다. 일이 발각되자 용마가 노하여 먼저 한인을 죽이고 또 우리 조정을 힐책하였다. 성상께서 사신을 보내어 변명코자 하였다. 상신 최명길이 이르기를 "이와 같이 하면 더욱 노하게

---

117) 춘방: 세자시강원.

할 것이니 먼저 그를 사사하는 것보다 나은 것이 없을 것입니다."라고 하였다. 그리하여 뇌경을 사사하였고 종일은 잡혀와서 멀리 유배되었다.[118]

대개 박노(1584~1643)는 전부터 오랑캐들 속에 사신으로 가서 용마, 정명수와 더불어 형제의 의를 맺어 서로 처자까지 대면할 정도였으니 아주 친함을 알 수가 있다. 심양에 들어가서 뇌경과 더불어 관에 같이 기숙하였다. 뇌경이 노의 행동이 거친 것을 보고 마음으로 비루하게 여겨 그와 더불어 한자리에 앉지 않았다. 이제 와서 뇌경이 죽은 것은 노가 사주한 것이다.[119]

최효일崔孝一(?~1644)은 의주義州 품관이다. 정축년 이후부터 개탄하게 생각하여 스스로 문을 닫고 나가지 않았다. 부윤 황일호黃一皓(1588~1641)는 그의 뜻을 가상히 여겨 대우하기를 몹시 두텁게 하였다. 갑자기 어느 날 가산과 전택을 모두 팔고 배를 타고 명나라에 들어가 버렸다.

정명수鄭命壽란 자는 본래 선천宣川 사람으로 그 일을 소문으로 듣고 알자 오랑캐에게 부탁하여 효일의 편지를 거짓으로 만들어서 의주義州에 사는 효일의 조카에게 보냈다. 그의 조카가 언문으로 답장하여 곡절을 모두 다 말하였다. 또 황부윤도 탄복하여 우리 집을 돌보아준다는 등을 말하였다. 오랑캐가 편지를 보고 성내고는 사신을 보내 사로잡았다.[120]

최씨 집안의 이름 중에서 언문편지에 있는 자는 모두 잡혀왔다. 우상 강석기姜碩期가 절도에 안치하고자 하였으나 영상 이성구李聖求가 힘써

---

118) 『연려실기술』 권26, 인조조 고사본말, 「정뇌경」. 여기서는 최명길의 이름은 없고 재신宰臣이라고만 하였다. 기묘년(1639) 4월.(「정뇌경의 표표」 참고)
119) 『연려실기술』 권26, 인조조 고사본말, 「정뇌경」. 여기서는 박노가 사주한 것이 나온다.(『염헌집』「박노의 비문」 참고)
120) 『연려실기술』 권26, 인조조 고사본말, 「정뇌경」. 여기서는 정명수가 은산현의 관노로 나온다.(『야곡삼관기』 참고)

다투어 법률에 의거하여 참하고자 했다. 홍서봉洪瑞鳳이 은밀하게 차자를 올려 변명하여 구하려고 하였으나 뜻을 이루지 못하였다. 성구는 정명수鄭命壽에게 아부하여 이것을 실제로 주관하였다. 정명수가 남별궁南別宮에 나와 앉아서 최려崔旅와 장후건張厚健 등 11인을 참하고 또 황일호를 죽였다. 인조는 황일호의 죽음을 차마 보지 못하여 비밀히 천금으로 그의 화를 구원코자 하였으나 끝내 이루지 못하였다.[121] 황일호의 죽음에 임하여 그의 친구 이덕수李德洙(1577~1645)가 그의 '자字'를 읊으며 말하기를 "평생 나라를 위해 죽고자 하였으나 지금 헛되이 죽으니 참으로 비참하구나."라고 하였다. 이에 황黃은 웃으며 "내가 비록 헛되이 죽으나 오히려 너희들이 사는 것보다는 낫다."라고 말하였다.

　최효일崔孝一·차예량車禮亮·차충량車忠亮·차맹구車孟久·차원철車元轍·장후건張厚健·안극성安克誠 등이 의주의 칠의사七義士들로 황일호와 더불어 같이 모의한 사람들이다. 최효일은 몰래 남경南京으로 갔으나 본래 이 일이 이루어지지 못할 것을 알고는 의종毅宗의 능 아래에 망명하여 숨어서 7일을 먹지 않아 피를 토하고 죽었다. 차예량은 심양에 몰래 사신으로 갔는데 일이 발각되어 오랑캐에게 잡혔다. 죽첨으로 열손가락을 찔렸으나 끝내 굽히지 아니하고 도적을 욕하다가 죽었다. 차충량은 예량의 사촌동생이다. 차맹구는 두 차씨의 족질族姪로써 의주에서 같이 화를 당하였다. 차원철은 충량의 아들이다. 나이 17살로 이때 우리 조정의 차관이 형관이 되어 구하여 살려주고자 하는 뜻을 가지고 그에게 묻기를 "너의 성명이 원철이냐?"라고 하니, 답하여 말하기를 "남아가 죽으면 죽었지 어찌 성명을 바꾸어 살리오. 나의 성은 차요 이름은 원철이다."라

---

121) 『연려실기술』 권26, 인조조 고사본말, 「황일호」.(『우암별집』 신사년 11월 9일 참고)

고 하였다. 그리하여 의주에서 죽었다. 장후건은 최효일의 조카로 정명수
鄭命壽가 보낸 효일의 편지를 몰래 받았던 사람이다. 남별궁 아래에서
죽었다. 안극성은 네 차씨와 같이 더불어 의주에서 죽었다. 최려는 효일의
종숙從叔이다.

칠의사七義士 외에 연좌되어 피해를 입은 사람이 또한 십여 명이었
다. 최씨 집안이 이들이다. 이름이 전하지 않음이 애석하다. 혹은
남궁南宮에서 죽고 혹은 의주에서 죽었다. 충량과 원철은 남궁에서
죽었다고 하는데 상세하지 않으니 탄식할 만하다.

최명길·이성구가 심양에 이르니 용호가 말하기를 "귀국에는 사양斜陽
이라는 자가 있어 청의 연호를 쓰지 않고, 성을 나서는 날에는 어가를
따르지 않고, 또 직職을 받지 않았다고 하는데 그런가?"라고 하였다.
사양이란 김상헌金尙憲을 가리키는데 오랑캐 말로 이같이 불렀다. 신득연
申得淵이 만상灣上에 이르러 용호에게 질책을 받고 정명수에게 애걸하여
살 길을 구했다. 명수가 말하기를 "만약 주화론主和論을 거스른 자를
말한다면 살 길을 얻으리라."라고 하였다. 득연이 곧 김상헌金尙憲·조한
영曺漢英(1608~1670)을 글로 써서 올렸다. 용호가 이 말을 듣고 재촉하여
오게 했다.[122]

비국備局의 관자關子가 안동에 도착하였는데도 김상헌은 하는 언어
동작이 예전과 같았다. 경성京城에 이르자 임금이 초구와 노자를 내리면서
말하기를 "잘 개진開陳하여 그들의 노함을 풀도록 하라."라고 하였다.
행렬이 용만龍灣에 도착하니 포의布衣와 조관皁冠을 하고 사람에게 업혀서

---

[122] 『연려실기술』 권26, 인조조 고사본말, 「심양옥에 갇힌 사람들」.(『첨재』 참고)

들어갔다. 들어가면 비스듬히 누우니 오랑캐들도 또한 화를 내지 못하였다. 용호龍胡가 묻기를 "국왕이 성을 나서는 날 홀로 청을 섬길 수 없다고 하여 호종하지 않았는데 이 무슨 의도인가?"라고 하였다. 답하기를 "노병으로 따라가지 못했다."라고 하였다. 또 묻기를 "관작을 받지 않음은 무엇 때문인가?"라고 하니, 답하기를 "국가에서 노병으로 인해 관직을 제수하지 않았다."라고 하였다.

또 묻기를 "수군을 청할 때 왜 막았는가?"라고 하니 답하기를 "나는 내 뜻을 지켜 임금에게 고했으나 국가가 내 말을 쓰지 않았다. 미세한 말이 어찌 타국에까지 전해졌는가?"라고 하였다. 또 말하기를 "어찌 타국이라 하는가?"라고 하니 답하기를 "각각 경계가 있는데 어찌 타국이라 하지 않겠는가?"라고 하였다. 오랑캐들이 별로 노한 기색이 없이 "이 사람의 응답은 정말 명쾌하구나. 최고로 어려운 노인이다."라고 하였다.[123]

별도로 차사差使를 정해서 보호하게 하고 가마를 타고 심양에 들어오게 했다. 만일 만상灣上과 문답이 있으면 행차할 때 반드시 사람에게 업혔으며 들어오면 반드시 비스듬히 누웠다. 오랑캐들이 꾸짖어 그만두게 하지 못했다. 나갈 때 만약 험한 길을 만나면 오랑캐 장수가 말에서 내려 타고 있는 가마를 부축하여 끌어주니 추악한 오랑캐도 존경함이 이와 같았다.

뒷날 동양위 신익성과 그 아우 동강東江 신익전申翊全이 또한 척화斥和로서 심중瀋中에 잡혔다가 돌아왔다.

---

123) 『연려실기술』 권26, 인조조 고사본말, 「심양옥에 갇힌 사람들」. 내용에 약간 차이가 있다.(『첨재』 참고)

정축년 이후 임금이 몰래 한두 명의 대신으로 하여금 우리나라가 중국을 위한 사정과 난亂 뒤의 정세를 폈다. 글을 엮어 바다 길로 몰래 중국에 보냈다. 서찰이 들어가니 천자가 크게 포상하였다. 등래登萊의 군문軍門에서도 역시 차사를 보내 감사에 보답하였다.124) 뒤에 청나라가 알게 되니 평안감사 정태화鄭太和가 잘 말하여 오해를 풀었다. 마침내 무사하였다.125)

최명길이 전후에 걸쳐 매국賣國한 죄는 주륙함도 용납할 수 없을 정도이다. 그러나 몰래 독보獨步를 보낸 일과 찬서纂書한 일은 최가 실제로 주선한 일이니 혹시 그 전의 죄를 조금 용서할 수 있는 것인가?

평성 신경정申景禎은 최상〔명길〕과 함께 의논하여 승僧 독보獨步를 얻었다. 몰래 중국에 들어가 이치가 다하고 힘이 굽힌 만부득이한 사정을 갖추어 펼쳤다.126) 독보가 회보를 얻어 돌아 왔다.

그 회답 자문에 "귀국의 한 조각 괴로운 정상은 하늘과 사람이 같이 아는 바이다. 곧 황제께 전달하였더니 먼 지방을 측은하게 생각하심이 매우 간절하시었다. 귀국이 역대로 정순貞順한 공로는 없어지지 않을 것이다. 비록 잠깐 한때의 형세가 급박하여 오랑캐에게 곤욕을 당하였으나 중국의 문·무 관원들이 이를 갈며 생각하고 있으니 어찌 차마 다시 과실을 책하겠는가? 임시방편의 계책은 당연한 것이 아니지만 안심하고 협조하여 후일을 도모하라. 현왕은 영특하고 총명한 자질로서 액운을 만났고 문채로 이름난 나라가 오랑캐에게 짓밟혔구나. 오랑캐가 창궐하여 속국을 잠식하는데도 우리나라가 군사를 정돈하여 멸하지 못하였으니 이것이 귀국의 액운이다. 장래에

---

124) 『연려실기술』 권26, 인조조 고사본말, 「독보」.(『양파』 참고)
125) 『연려실기술』 권26, 인조조 고사본말, 「독보」.(『양파행장』 참고)
126) 『연려실기술』 권26, 인조조 고사본말, 「독보」.(『조야』·『첨재』 참고)

원컨대 서로 몰래 상의하고자 한다."라고[127] 하였다.

아! 갑신년 삼월에 오랑캐가 마침내 남조南朝에 들어가 의종황제毅宗
皇帝가 사직社稷에서 순국하니 삼월〔원: 십구일〕이었다. 효종孝宗이 등극
하여 자주 복수하고자 유신 송시열宋時烈과 밤낮으로 몰래 모의하였으나
뜻이 이루어지기 전에 갑자기 훙하시니 하늘이 무너짐이여! 천고의
지사가 애통히 여겼다. 숙종 갑신년에 대보단大報壇을 대궐 안에 설치하고
황제를 제사지냈다. 송시열은 또한 "한 칸 오두막집에 소왕昭王을 제사지
낸다."는[128] 뜻으로 신종神宗·의종毅宗 두 황제를 청주 화양동華陽洞에서
제사지냈다. 뒤에 정신廷臣이 임금께 아뢰어 사당을 세우니 '만동묘萬東廟'
라 한다.

---

127) 『연려실기술』 권26, 인조조 고사본말, 「독보」.(『조야』·『첨재』 참고)

128) 당 현종 14년에 한유韓愈가 지은 「襄州宜城縣驛記」에 "동북에 우물이 있는
데, 세상에서는 소왕정昭王井이라 하고 이 우물 동북쪽으로 수십 보 밖에 소
왕묘昭王廟가 있는데, 지금은 다만 초가 한 칸만이 있을 뿐이나 해마다 10월
이 되면 백성들이 모여 제사지낸다."라고 한 것을 말한다.(『우암연보』 숭정
62년 기사 참조)

교감본

校勘本

제1편 序·跋

1. 南紀濟 序

近見吾黨之士 能知中國事者多 明言我國事者少 盖務於遠而忽於近之病也 仍駸駸然 至於後 是非之分 邪正之卞 或不明於世 作之史者 莫知所措而擇之 故余以是之懼 畧記朋黨之分 士禍之起 名之曰 我我 愚安敢擬之於知我罪我之義也 其於鬼神在上 焉敢誣也之戒 吾不爲之辭也 後之史氏 無以人貶言也

雪下病叟 宜寧南紀濟 書

2. 李德夏 序

史實錄也 其善惡是非之載 大關世敎 有國者之所不可不審 紀事者之所不可不謹也 然東史多出於黨家偏見 其有信筆之可傳者少矣

余見南雪下紀濟之錄 會合東南北三家 參聽互質 繼以十二士禍 略擧備載 以成一書 庶幾得是非之公 而按其書 間有先賢事蹟 出於無稽考之國朝諸史 而相反 訂之後賢定論而有背者 亦多焉

是豈其志之欲誣毁也 盖由窮居而書籍不博 誤聞而記載不謹 以致錯誤而不自覺也 若使是書仍行而不辨 則其言之反爲世道憂 不已大乎 往在丁巳戊午之間 史學二三家議 及於南侍郎廷弼 出其舊莊 考證諸書 略有辨正 侍郎又爲之跋 以明其意

是書抑亦無疵矣 豈獨爲諸賢 見辨之幸 寔於作者 大有功焉 若使雪下復起 豈不喜其誤之得正 俾免爲百世誣賢之歸 而拱謝之也 是年春有書舖從事者 不知有正誤 以其原本刊布 多至數千帙 於是向所議諸家 懼其傳之迷後人 欲以正誤繼鋟 問弁於余 是爲序

戊辰季春下澣 完山 李德夏序

3. 南廷弼 跋

史者所以傳信 無論正野 雖一毫或有爽實 不可以公諸世也明矣 近聞士林 諸公同議 將刊行我我錄一書 書是吾族祖雪下公所著也 公以茂德邃學 隱居 龍門山中以終老 平生以書史自誤

嘗慨然以爲國朝治化之未克郅隆 專由士論之多歧 黨禍之連仍 裒集國朝 累百年士禍 事實之流傳人家者 著爲此錄 以詔後人

其用心也 可謂勤且苦矣 但書中所載先賢事實 或多差誤 若仍而刊布 必滋 後人之疑 而是書反不足以爲徵也 故不揆僭妄 遵士林公議 其所差誤者 幷使 正辨 而鋟梓之 後之覽者 庶可以諒此公心也夫

辛酉春下澣 雪下從玄孫 南廷弼謹跋

제2편 龍門問答 上

一自東西分黨之後 東有南北之號 西有老少之名 是之謂四色也 欲
與博古之士 論其源流者久矣 甲午之歲 余遊於龍門 適四色同會
仍與談古 各質所聞 始自己丑 東西之戰 轉至宋尹 老少之分 末復
合爲沈金 各立之由 曰是曰非者 莫非東西老少 相持之案也 雖曰
我公未必 人人皆謂我公也 姑記余問答之說 以俟後人之公論焉

1. 己丑獄事

余遊於龍門 至雪菴僧舍 逢三人共宿 一云在原州 一曰在驪州 一則在漢陽
論山談水 時各言志

驪客 嘆曰 朋黨之論 古亦有之 未有若我國之甚者也 子知吾三人乎 原南驪
北漢則少也 今老少南北 偶會一處 各以所聞 相質所疑 復作一日之遊 可乎

余笑曰 余則年少學淺 雖欲相質 其於無所聞 何請三君子相與論卞 愚當敬
聽其說焉

原客曰 沈金之爭 已成先天事 今不可復論 至於己丑之獄 崔三峰永慶之死
李潑兄弟 及九十老母 八歲弱子之死 至今東人寃之 此皆鄭松江澈之所主者
而成牛溪渾之所助成也 此則西人之失也 西論之中 或有寃其死者云 子之論
則以爲何如也

余曰 崔李之死 余亦知其寃矣 然但聞東人殺崔李也 未聞西人之所殺也
其時事蹟 子亦細知 而猶學南人風聲鶴唳之論 乃發此說耶

原曰 是何言也 豈以東人 而有是事也

余曰 崔三峰 初有孝友淸修之名 牛溪 亦有淸風滿袖之許也 後爲沉染於仁
弘輩 有鄭澈朴淳 可梟首之論

己丑十月 黃海監司韓準 密啓入來 乃安岳郡守李軸 載寧郡守朴忠侃 信川
郡守韓應寅 上變事也 全州居前修撰鄭汝立 謀反爲魁首 其同黨安岳趙球
密告云云
金吾郎柳湛到全州 發兵圍捕 汝立已脫身逃走 更送宣傳官搜捕
聞汝立與其子玉男 及安岳校生邊汜 朴延齡 其子春龍 匿于鎭安竹島 縣監
閔仁伯領官軍跟捕 汝立先以刀斫邊汜 又斫其子玉男 而不死 又以劍植地
跳於刃上割頸 官軍急近護二死尸二生賊而來 玉男春龍 俱就服 斬于軍器
寺前 又磔汝立之尸 巡示八道

及己丑獄起 諸賊皆言 吉三峯爲謀主 又有飛語三峯非吉姓 乃崔永慶也
時全羅監司洪汝諄 移文於慶尙監司金晬 逮捕永慶 洪汝諄 是非東人中人耶
鄭彥信白惟讓李潑等 鞫問時 松江當委官力救 彥信及潑等 減死遠配

鄭彥信彥智 洪宗祿 李潑 白惟讓 李洁 鄭昌衍 皆出於汝立之姪緝之招 彥信
中道付處 彥智宗祿惟讓潑洁兄弟 皆竄 昌衍放送

至再拿也 柳西崖成龍 當其委官 不敢出一言而救之 彥信惟讓潑洁皆死
曺大中柳德洙[1]鄭介淸 或以辭連 或以疏章 至是皆死

介淸投書時 宰訟汝立之冤 又與汝立往復書中 有同死生之語 曺大中聞汝
立之死 流涕上表 以此皆伏法 盖介淸者 本僧人也 與同伴僧天然 同處朴思
菴淳書堂 思菴愛二僧明敏 勸二僧還俗 天然不聽而去 介淸仍長髮 思菴養
育如子 思菴沒後 付托時論 背叛思菴
金沙溪長生 逢介淸 問曰 不曾遊於思菴之門乎 曰 吾以其家多書冊 故時時
往來而已 時人唾罵之
至庚寅 全羅監司洪汝諄 啓曰 鄭介淸與汝立 遊山之說 傳播道內 盤問羅州
一鄕 則座首柳潑 鄕校堂長辛彭年 皆報以的實 臺諫請鞫 上允之
介淸供曰 臣前爲校正郎廳時 與逆賊數日同坐相見而已 前後絕無相通之
分云云 上下介淸與汝立書一張 其書曰 見道分明 當世惟尊兄一人而已 傳
曰 其書所謂道者 何道 前後相絕之說 無已欺罔乎 嚴鞫得情 定配北道

---

1) 柳德洙는 실록에 의하면 柳德粹가 타당한 듯하다.

命詞臣 將介淸所著 排節義論 逐條攻卞 榜示列邑之 後嶺南有建祠介淸者
金沙溪上疏請毀 因循未行 至孝廟時毀

西崖 抑亦非東人之魁耶 其時 問事郎廳 李白沙恒福 黃獨石赫之日記 及他
野史 有昭昭可考者 請言其槪 以解東人之惑焉
　天安居吉三峰者 卽私奴也 勇力絶倫 日行三四百里 因爲橫賊 甲申年間
逃匿不知所之 丙戌年間 又爲失捕於咸興 時汝立使僧涵斗 倡言於海西曰
吉三峰領神軍 或入鷄龍山 或入智異山 遠而望之 人馬不知其幾也 近而見之
只有人蹤馬跡而已 關西及海西之人 皆以爲神 或言吉三峰爲王 或言鄭八龍
(汝立兒名)爲王言藉藉

汝立又作 木子亡奠邑興之謠 刻于石 置于俗離山 又作桑生馬鬣家主 當爲
王 使僧義衍道潛等 傳播 汝立於其家後 劅桑皮塡以馬鬣 使人見之曰 勿泄
云云

及汝立獄起 海西諸賊 相繼就服 一賊招曰 汝立曰 吾有謀主吉三峯 一賊又
招曰 吉三峯居智異山下 年可五六十 面瘦而長髥過腹 語輒喘發云
　時有梁千頃者 與崔永慶戚姪鄭大成 同寓於京城 聞諸賊招辭 鄭大成曰
此形貌宛然 如崔司畜叔氏也 梁千頃聞此言 言於衆中 唱說曰 崔永慶實是吉
三峯也 李延平貴 適在座上 大言折之 千頃勃然變色 反以貴爲護逆 其後諫院
有發言者 黃秋浦愼 時爲正言 柳西坰根 亦在司諫 力言止之 議遂寢
　其後晋州品官鄭弘祚者 言於判官洪廷瑞曰 吉三峯實是崔永慶也 洪廷瑞
言於密陽敎授姜景禧 景禧言於監司金晬 晬言於都事許昕 昕言於右兵使梁
士瑩 士瑩言於金溝士人金士寬 士寬言於濟源察訪趙應麟 應麟言於監司洪
汝諄 汝諄聞之驚駭 一邊馳啓 一邊移文 於金晬及梁士瑩 執囚崔永慶 搜探文
書 拿致禁府
　時松江當官 啓曰 三峯僞號與否 請令監司覈實 又啓於榻前 力救永慶 永慶
供曰 與賊雖暫相識 而書問則絶不相通云 上下汝立與永慶書數紙 永慶語塞
松江啓曰 老人容或忘之 渠豈敢欺罔者乎 上又下匿名詩一張 曰永慶篋中

有此詩何也 其詩曰 牛溪一夜風生虎 仙李根搖有髮僧

此詩癸未年間匿名詩也 牛溪指成牛溪 有髮僧指李栗谷 盖東人中所作 欲
謀害西人之詩也 時東人有以此欲起獄者 而又有沮其論者 事遂寢 永慶旣
藏此詩 則必有甘樂其禍心者也

松江又啓曰 此詩臣曾聞 昔年鍾樓上匿名詩也 永慶之不能作詩 人皆知之
上意稍解命釋 盖牛溪抵書 松江曰 崔有至行 請公伸救 以是松江又爲力救

永慶臨鞫 多發詬罵牛溪之語 松江出歇所 憬然曰 浩源有書伸救 而彼乃如
是 其心所在可知也 鰲城曰 不然 若以斯文事言之則可怒也 以今日事言之
只分其是非而已 何怒之有 松江怳然謝曰 如非君言 幾誤國事 仍入力救之

諫院具宬李尙吉請命再鞫 永慶又被拿囚 松江聞而大驚 謂沈一松喜壽曰
一拿永慶已甚 無據至請再鞫 後世以此等事 以爲如何也 公等何不於儕輩力
止之 刑推命下 與李恒福相議草啓 欲與西崖聯名救之
西崖時爲委官 鰲城見西崖 極言永慶之冤 大臣不可不救之意 西崖曰 如我
者不敢救解 舍人亦不可 如是太慷慨 終不能救之 永慶仍瘦死獄中 其後松江
見西崖曰 人皆以而見爲謹愼君子 以季涵爲虛妄君子 謹愼與虛妄 雖不同
其爲君子則一也 顧謂李山海曰 吾之此言非虛也 他日以余爲搆殺崔永慶 時
以爲口實也

同福丁巖壽 嘗往來松江之門也 時上疏極言李潑崔永慶事 又論柳成龍李
山海及一時士類 相知於汝立之人 無不指斥 時議 惑有疑松江者 故松江有
是言也 南東岡彦經 與牛栗松思 爲道義之交 而亦爲丁疏所斥 牛溪以與汝
立相知 上疏自訟 願與南某同被罪罰云 以此推知 松江之不知丁疏 昭然可
知矣

西崖微笑 山海嘿然 其後山海之黨 以爲松江搆殺永慶 拿囚梁千頃 時洪汝
諄 在金吾 自恐歸罪於己 不問言根出處 惟以嚴加酷刑 又說梁千頃妻從兄奇

孝曾 誘說千頃曰 永慶吉三峯之說 歸之松江 然後可以得生 千頃不勝栲掠
誣引松江 二月遞相 潤三月罷職 五月削黜 六月竄江界 是年則辛卯年也 此非
松江之所殺 乃洪汝諄之所殺也

尹海平斗壽日記曰 南原居梁正字慶遇 見我言 頃日崔永慶門人來言曰 今
世以鄭相 搆殺崔先生 吾輩則以爲全未全未 梁曰 何以如是 曰 吾先生在獄
遺書于家曰 吾平生 以鄭相爲非人 今觀其所爲 眞君子也 吾之所以得生者
專是恃此公之救解云 故吾同門友一家族黨 皆以時論爲寃

鄭彦信白惟讓李潑李洁·皆以汝立平生親密之交 往來書札 多在文書之中
彦信初出鄭緝之招 及第任國老 又疏論 彦信有營護逆賊之適 就鞫遠配 盖松
江所以極力救解者也
全羅儒生梁詗 又爲上疏 言彦信當廷鞫之日 欲斬告者之說 公然肆發 而此
說傳播已久 朝廷無一人言之 是亦可愕焉 上問于其時同叅諸臣 金貴榮以爲
耳聾不得聞 李山海以爲日久不得記憶 兪泓洪聖民 皆以爲聞之
洪聖民 又爲啓之曰 鄭彦信發言時 臣實抗之 山海亦言其不可 顧謂臣曰
吾與判書 意同矣 彦信再三唱說 山海稍屈曰 更思之 又欲推考黃海監司 山海
力言不可 事遂寢矣 今山海之啓 以爲不能記憶者 不能無怪云云 傳曰 卿旣親
言見儒生之疏 如是彦信之言 固爲悖逆 仍再鞫 死於杖下
李潑兄弟 多出於全羅諸賊之招 盖潑洁 同在一道 往來頻熟 且係名士 故諸
賊聞名甚慣 臨鞫之際 或有是招也 己丑八月 李洁爲舍人 上京 路出金溝鍾樂
院 時汝立出餞于院樓 酒半以酒書於盤面而示之 洁失色驚起 登馬快走 馳入
縣舍 裁書于兄 欲待其兄至 而相議也 潑見書 卽日登程 至三禮驛 聞變 倍道
至京
未幾 又因梁千會疏 兄弟俱爲被囚 松江力救 只受一次刑定配 道遇安竹溪
敏學 潑謂安曰 歸語季涵 季涵不負吾 而吾負季涵多矣 他日地下 何面目相對
乎 仍失聲涕泣 白惟讓見李體素春英 亦有爲謝松江之語 以此觀之 松江之救
解李潑 亦可知矣
樂安逆賊宣弘福之招 又極回測 招引潑洁及惟讓 又云 李震吉 得識書於柳

德粹處云云 德粹拿鞫訊斃 潑洁於中道拿還 潑與惟讓 死於杖下 洁未及加刑
松江謂西崖及山海曰 景涵已矣 洁亦不可救活耶 西崖不答 山海起出 松江獨
啓救之 上震怒曰 此乃鄭澈所爲也 山海必不如是矣 卽命加刑 亦死於杖下
是己丑十一月也（崔永慶李潑等 初鞫時 松江當委官 再鞫時 西崖當委官）

潑洁死後 其母尹氏 年八十二 其子九歲兒 皆被拿囚 是庚寅十二月也 上命
鞫問 朝臣終始 因法論啓 拘留獄中 至辛卯五月 西崖又當委官推問 尹氏至加
壓膝而死 九歲兒 亦死於獄中 其禍亦慘矣 壬辰松江自江界蒙放 與西崖會於
關西行在所 松江責西崖曰 大監當事 何以殺景涵老母穉子乎 柳泫然曰 大監
若在 可以救活耶 李潑母子之死 在於松江竄江界之時 又可知也

南平居李韶者 李潑之弟澆之外孫也 其日記曰 俺外曾祖母尹氏 庚寅十月
移居上村 十二月拿致于京 趙重峰憲 迎拜於路 進以羊裘 至京累月囚係 俺之
外祖母 隨往養獄 尹氏竟歿辛卯五月二十二日 壓膝之刑云云

松江之遞相 辛卯之二月也 竄江界 六月也 則尹氏之死 實在西崖委官之時
也 歲月旣久 文籍盡散之後 反歸咎於松江 何哉 愚必曰 西崖殺之也 九十老婦
黃口穉子 死於酷刑之下 不敢一言 以救之 徒爲泫然於松江相責之言 若使攻
松江者 苟有公心 所當以攻松江者攻西崖 而前後攻松江者 無非西崖之黨
不勝其慨然矣

　　西崖所著雲巖漫錄 言其己能處 誇矜之病太多 論人是非處 不無暗秘之跡
　　謂之君子 而猶如是耶 且以己丑獄事觀之 可知其心術之隱微 而東人之怨
　　松江者 豈不痛哉

松江以請建儲事 大忤上旨 自是東人乘隙搆陷 終使竄逐而止 若無壬辰之
亂 必期殺之 乃已耶

　　辛卯閏三月 憲府啓 吏曹佐郎柳拱辰人物庸廱 檢閱李春英爲人浮妄 皆出
　　入宰相之門 請罷 從之 同月兩司合啓 鄭澈擅弄朝權 裁制一世 請罷從之
　　五月兩司合啓 請削職 從之 六月 掌令趙仁得尹覃茂持平李尙毅鄭光績 大
　　諫洪汝諄 司諫權文海 正言尹輝李廷臣 合啓 時大憲李元翼在外 鄭澈白惟
　　咸柳拱辰李春英等 交結朋比 濁亂朝廷 欲陷異己之人 幷請遠竄 從之 鄭江

界 白慶興 柳慶源 李三水
同月 兩司合啓 右贊成尹根壽 判中樞洪聖民 驪州牧使李海壽 襄陽府使張
雲翼 黨付鄭澈引進奸邪 請削剛 從之 七月兩司合啓 兵判黃廷彧 戶判尹斗
壽 承旨黃赫 黃海監司李山甫 禮曹佐郎金權 高山郡守黃愼 黨付鄭澈 傷人
害物 請罷從之 同月兩司聯啓 請罪尹斗壽黃赫 又啓朴漸 黨付鄭澈 請削職
李誠中出入鄭澈之門 請罷並從之 尹斗壽洪聖民李海壽 皆遠竄 傳曰 奸臣
鄭澈 所搆陷排斥者 幷收叙擢用 自此東人用事 此辛卯西人之禍也

山海嗾其黨權愉上疏 誣松江搆殺永慶 李漢陰德馨 猶以山海之婿 而力救
松江

余於年前 見南益山泰輔曰 君見漢陰己丑後 救松江之疏乎 余曰未也 南曰
漢陰集開刊時 子孫刪去其疏云 可勝惜哉 余與其子孫某相親 而疏本尙在
其家云 早晚吾當得見 見之則亦當示君 未久南不幸 余不得見 尙今爲恨

仁弘嗾其黨朴惺文景虎等 上疏言 牛溪松江誣殺崔永慶 奇自獻鼓煽其論
以松江爲奸凶 以牛溪爲奸黨 金東岡宇顒 亦自救之

東岡集論己丑事 有歸咎於松江之語 盖己丑白惟咸疏論 李潑金宇顒與賊
親厚之狀 潑竟至死 宇顒竄 至是還朝 陽爲救解 而陰實擠之耶 眞有所救之
事 而不載集中 如漢陰之疏耶

漢陰東岡俱以東邊人 救之如此 則松江之不殺崔李之證 益可明矣 不攻西
崖與洪汝諄 而獨於松江攻之甚者 抑亦何心也
原曰 鵝溪與仁弘 俱是一時之人也 仁弘在鄕 其時事機 容或未詳知也 鵝溪
則在京 應無不細知之理 且與松江牛溪相親 豈有相害之理哉
余曰 其時事顚末之詳 亦莫如鰲漢 而鰲記漢疏 其言不誣 則子獨於鵝溪
信之如此 何也 山海於牛溪松江 有深憾之事 己丑之後 牛溪松江及沙溪相會
時 李希參同座 希參卽西南間中論者也 松江曰 汝立之黨 多在黃海道及金堤
縣 其時擬汝立於黃海都事及金堤倅者 不可無罪
沙溪曰 汝立本是欺世盜名者 其時銓曹之擬望者 自是例事 豈能逆睹彼賊

之凶也 牛溪曰 汝立果爲都事及金堤倅 以資其凶鋒 則其時銓長 似不爲無罪
也 因各罷歸 希參直至山海家 以告其說 山海大懼 言于宋龜峰翼弼曰 有一長
者 欲殺我 我必死也 盖其時銓長卽山海 而長者指牛溪也 自是大唧牛溪及松
江者 此也

　　山海以銓長 擬汝立於金堤倅 李陽元以銓長 擬黃海都事 時正言黃愼以此
　　論罪 出爲高山縣監 辛卯西人之禍 專由於此 山海主之

　其時又有宴會 滿朝畢至 山海有故未叅 作詩送之 年月下書鵝翁 松江見而
笑曰 此大監眞出自家聲 俗以鵝翁爲猫聲故也 山海聞而深憾之 常欲中毒
故暗害松江之事 非一二也
　山海爲領相 西崖爲左相 松江爲右相 時宣廟無適嗣而多王子 朝議多屬於
金淑儀所出光海君 上意則在於仁嬪所出定遠君矣 山海謂西崖曰 吾等爲相
日久 無所建白 慼負奈何 今有急務建儲一事也 與右相相議同叅如何 西崖見
松江告以山海之言 松江亦以爲聖壽已高 建儲一事爲今日急務也 遂約同入
啓請矣
　其前一日 山海密招仁嬪之弟公諒謂曰 新叅政方欲請立光海君爲世子 不
去仁嬪有不便者 故欲除去仁嬪云 汝得聞否 仁嬪被禍 汝亦不免矣 公諒大懼
入告仁嬪 仁嬪泣告於上曰 今聞新叅政欲立光海君爲世子 並殺小人及一族
云云 上曰 從何得聞 仁嬪曰 公諒細言其事矣 上曰 無識之人 浮浪之言 何可
取信也
　明日山海稱腹痛不來 松江獨與西崖入榻前 首言建儲不可不急 上旣聞仁
嬪之言 方此疑惑之際 遽聞此議 天怒震疊 松江遂出待罪 西崖不敢出一言而
退 此山海欲除松江之巧術也 自此松江不得於朝 而山海所以乘機攻西 至有
辛卯之禍者也 及光海之立 大惡山海 故山海亦懼 乃付仁弘爾瞻輩 投合廢母
之事 其實與仁瞻一而二也

2. 庚申換局

原曰 此等事 實遠莫詳知 今聞子言 崔李之事 果非西人之失矣 然庚申之獄 南人寃者甚多 所謂淸城金錫胄 光城金萬基 安得無罪也

余曰 所謂寃枉者何人 所謂不無有罪者何事也

原曰 社相許積 受先王之重托 當國大事 淸城以肺腑之臣 受國之重任 故兩間親密 所謂光城心懷 次骨之寃 欲售網打之計 離間兩人然後 可以逞其凶 故使所謂完寧李師命 鼓動淸城之心 淸城又使所謂光南金益勳 鼓煽其論 日以李立身 南斗北輩 譏察動靜 誘激淸風金佑明 誣罔上變 以做庚申之獄 堅雖作逆 何關於無罪之其父也

余曰 積與淸城 有何親密之理也 光城於積 又何有次骨之寃乎 當初淸風以隧道之事 深怨尤翁 請對斥之 又於鑴積楨柟等之 構成禍機也 不無有甘樂之心 不肯告發

明聖王后 雖知諸福等 潛奸宮女(業相貴禮輩也) 將有不利之漸 而末如之何矣 及鑴積勢焰 旣張縱恣 無君日以益深 楨柟又居於內 與其舅吳挺昌 及鑴積內外相應 窺覦不軌

淸風始懷 憂憤之際 長安大俠許挺 仁廟潛邸時友人 許啓之子也 一日突入淸風家曰 吾外南而內西也 公外西而內南也 今日吾與公 偏論可乎 仁祖氏吾父之別交也 仁祖之子孫 與吾父之子孫 乃爲世交 而今世交家子孫 如彼單弱孤危 難保朝夕 吾是以憂之 寢不成矣 遂涕泗滂沱

淸風忽思 聖體幼弱多疾 且無兄弟 及宿昔大臣 而彼諸福諸南 日與相結 將有不利之事 乃感悔因上疏 發楨柟等 紅袖之變 囚楨柟杖宮女 宮女遂各自服

時諸南 以淸風誣服宮女 欲殺王孫云云 而有反坐淸風之議 時積以首相入告諸福之曖昧 淸風之誣陷 明聖王后 時在帳後 聽積之奏 乃失聲痛哭 而數積曰 汝以累朝舊臣受恩 如何不思報效 敢以吾目睹之事 謂之曖昧耶

積惶恐乃請罪諸福而出 蓋楨柟兄弟 自孝顯兩朝出入禁中 肆爲驕淫 至大喪之初 柟代奠殯殿 居宿于內 盜竊威福 交亂宮人 明聖王后詳知其狀 而淸風之告發者也

翌日鑴之啓曰 管束慈殿 勿預朝政 又於榻前發牝鷄勘照等語 宇遠假家人
卦 爲內外正位之論 壽慶有上與慈殿異宮之疏 朴憲侵斥慈殿 誣及先朝 嗣基
則有比文定王后之疏 慈殿至有 閉口將死之教

若使此輩 遲延時日 安知不爲幽廢之事乎 堅藉其父勢 放恣無忌 掠奪良家
妻妾畜之家 其妻妬之 堅手以殺之 並歐其妻兄 妻兄卽淸風之妾也

淸風之妾弟 卽堅之妻也 堅奪良家妻畜之家 打殺其妻 淸風之妾 往而詰之
爲堅所歐 折齒毀傷 號哭而歸 其他堅之掠人妻妾 奸騙狙詐醜辱萬端者不
一 而足都城人人 無不怨毒憤罵 欲食其肉 故至有臺疏

時南九萬 上疏曰 閭閻賤婦 私自歐擊事 皆聽理以法推治 況淸風之妾 雖曰
賤人 慈殿之庶母也 乃敢歐打僇辱如此 此古今危國亂邦之所未聞也 又曰
盜人貨財猶謂之盜 況盜人妻妾者乎 請付捕廳治之

時捕將具鎰 驗治果得其狀 堅父積囑於他相 移於禁府 時禁判乃吳始壽也
遂爲飜案竄南九萬及具鎰 其時有九萬竄 堅卒無事之語 以此推之 堅之罪彰
已久矣 當時之議 孰不以堅爲逆也

故諸南輩 亦皆以堅謂之不道 以柟謂之將心 固人人之所欲食其肉者云云
渠輩已知堅柟之爲逆 而特恕其父者何也 諸南之言 又曰 積宿知其子之妖惡
若知其子之逆情 而不告則其罪與作逆者 如何也 其子作逆 而其父焉敢曰
在家不知耶

時鑴斫禁松千餘株 營其江上新舍 亦被九萬之疏皺 故嗾李有湞者 投書江
都 言築城將李藕 有推戴王孫之語 盖廢長立庶之說也 李藕送書于淸城 淸
城時在兵判也 淸白上 請捕投書之人 積以爲不可 杖殺李藕 竄王孫焜煌
等 盖歸其指嗾於西人 而一網打盡之計也 鑴請守宮城 又引武元衡事 護衛
公卿家 欲護衛積家也 乃是固其勢之意也 積與鑴 其罪不可二而言也

積與鑴等 假托大義 移設體府廳於社洞 乃積之家園也

余於年前 見權注書星彦 權曰 西人以體府廳事 歸罪社相於逆科 然則初設

體府者 其罪又如何 余曰 當初尤翁之設體府者 爲北伐之義也 已亥以後
北伐之義 歸之弁髦 而徒存體府之名 積移府於家園 外托大義 以掩人眼
內設陰謀 以圖不軌 前之體府 爲大義而設也 後之體府 爲諸賊假狹之所也
豈可以初設體府之義 謂之其非也 權因語屈

積爲都體察使 與楨柟等 日夜聚會 謀議[2]陰秘 又廣募力士 招納不軌 窺上
動靜 伺察朝紳 徒以淸城光城之在 未敢遽動 謀所以離間東宮 動撓長秋 嗾穆
建親耕親蚕之議 親蚕則當備嬪御 故欲進挺昌之女 以圖壺位之計 適以風雷
之變 議遂寢

遂使鄭之虎 發告廟之議 以禮論殺尤翁 則光城以下次第就戮 而及於國母
計也 此莫非堅之嗾 其父而使之也 當初堅登第 取其校書舘 故心嘗唧之 楨柟
語堅曰 今上如不幸 汝父使我爲嗣 我當兵判汝矣 遂與同謀

台瑞雖有文才 而以有世累 棄於世者也 欲生進身之計 附於楨柟 合心暗謀
折指揷血 祭天爲誓 此說出於其黨 萬松元老之招 積雖在今 不得以一言控白
也 况子以齟齬之聞 其欲訟寃可乎

積之賜几杖宴 欲鴆殺光城之事 及送刺客 欲殺淸城之事 亦各有明證 夫光
城之所以赴宴者 欲察其動靜也 把酒不飲 談笑不掇者 以恐其中毒也 及承命
招 托以不俟駕 擲盃而起 酒漬於席 火隨而起 一時宴會之人 皆所目睹者也
積卽地殺廚人 佯若白其心者

然於是日宴罷 獨留楨柟 堅獻盃於柟 稱以萬壽 此說出於萬鐵之口 其心所
在 豈可掩乎 又於一日昏夜 有人潛伏於淸城園外 淸城知其機 而欲探其詳
明燭於壁藏之中 與完寧同隱伏 房中假設人寢具 將以窺伺 果夜半刺客狹
劒而入 淸城推壁藏之門而叱之 賊乃惶惻 自言賊所以來此者 乃積之所使云
此則完寧及家人親賓 所共目睹也 故移寓闕門之外 以避其危鋒 則其實可知
而積送刺客之說 又出於元老之口 積安得發明者乎 元老本以術人 與申範
華相親 申範華與淸城內外從也 元老亦與淸城相知 元老又與堅柟相交情深
知其密謀 故申範華探其實 而上變故也 台瑞之招 亦以爲元老 果知密謀云
則賊情難掩 故午人疑其元老之爲淸城所使也

---

2)『아아록』에는 講義가 謀議로 되어있는데 이 용어가 타당한 듯하다.

元老之招曰 丁巳年間 與萬鐵會於堅之山亭 堅曰 南人早晚必敗 他日世子
誕生之後 光城得志 則如李選金萬重輩何 矣身曰 嘗聞吳挺昌之女 將有選
入之說 事勢如此 則何不選入 堅曰 前日揀擇時 吳女入闕 則容色甚美 自上
頗有向意 而張大妣以今中殿爲賢 故吳女不得預選 而楨栲之意 則每欲圖
入吳女云云 矣身曰 若選入吳女於後宮 則其女素美 必有寵而生子 因漸次
離間兩宮 可成放廢內殿之事矣 萬鐵亦曰 人君親耕 則王后親蠶例也 親蠶
則必備六宮 若行此擧 則可以圖入吳女 而事可成矣 矣身曰 此計固好 先爲
告廟 殺宋某然後 以逆黨處置光城 則其事易成矣 堅亦以爲然 使台瑞 激動
李元楨尹鑴 以至設計矣 其後矣身 以此言 言于申範華云

德遠則比積於思庵 黯則比之於藿光 玄紀則比之於蘇武 盖思庵之妾子 藿
光之孫 蘇武之子 皆犯逆而其父與祖無管故云云也 前後所言同一心腸耳 安
知子論 亦不爲出其餘耶

庚獄翻案之時 德遠之言曰 萬基則使立身譏察 錫胄則使斗北譏察 搆虛捏
誣 罔有紀極 台瑞雖有文才 爲人妖惡 栲則以同里而相親 堅則以其趨付而
相狎 莫非台瑞所祟也 伊時體府之復設 只爲陰雨之備 而錫胄輩憑藉此事
誣以謀逆 可謂巧且慘矣 萬基離間恐動之計 靡不用極做出 錫胄伏甲禁中
之說 傳播於賊堅之耳 故朝家 只爲邊備設體府 而堅台瑞元老輩 潛相謀議
欲藉此 爲他日防患之資而已 此何干涉於逆謀哉
黯之言曰 元老善於太乙數 申範華亦解推步 與元老相親 而範華卽錫胄內
弟也 錫胄知栲驕恣 堅不安分 故遣元老 使之交結引誘 以挑其私心 醞釀以
售其計矣 堅瞞其老父 稱病別處 如元老輩 以推命之術 中其不安分之心
居間而爲堅栲之謀矣云云 其時諸南之言 先斥堅栲中扶積鑴 觀其所言 則
皆陽斥陰救之意也 其所設計 巧且慘矣 憤痛憤痛

原曰 甚矣子之言也 吾豈以社相謂之斷然無罪也 但其謀逆云云 則以爲非
公案矣 今聞子之說 稍解前日之所疑矣 然吳始壽 則文谷金壽恒以私嫌殺之
柳赫然 則淸城金錫胄 誘引而殺之 兩人之死 果然冤矣 子亦知之乎
余曰 所謂私嫌 所謂誘引之事 則余未知也 然吳始壽則與鑴積同參體府之
謀 暗通胡國 潛釀禍機 則其罪與鑴積 不可謂之異也
夫吳之爲价於燕京 時有主弱臣强之說 此言傳播北譯之口 浪藉中外 及其

燕使之來 吳又爲伴接使

國法例 安胡勅於廳 潛發先看 有密啓其言之事 胡勅中 果有臣强主弱等語 有所詰責之事 而吳之密啓中 亦無此等語 及勅到之後 有是等語 其爲吳之造 此言 於彼國之狀 可知矣

然盖其獄起也 尤翁力爲救解曰 渠豈全然誣罔者乎 恐猶有活理也

閔驪陽維重 語人曰 迂哉大老也 以此推之 或有間於讎積耶

至於柳赫然事 則時以訓將 受積之指揮 擅設伊川土團屯兵 以爲相應之資 未知柳不知堅之謀逆 而置其屯兵耶 抑知其叛意 而設之者耶

若徒知體府之果爲大義 而設者 而不知 其中別有陰秘之逆謀 則赫然之死 果寃矣 然 不敢質言也

3. 壬戌三告變

原曰 柳死之寃 子其知之 是西人之公論也 金益勳之事 子亦知之其非耶 尤庵之前攻後扶 中間變論之由 子可詳言之乎

余曰 此事顚末 世人鮮能知之 故至今有南人之寃 而少論之疑矣

辛酉監試 有空皮封者 考官見之 則乃告變書也 其中所告卽南人十三家也 一考官曰 發匿名書有律 此當付火 一考官曰 此國家大事 不可火也 遂封密入 上卽招淸城付之 仍使密察 淸城受密托 而所告諸人 散在四方 無緣審察

時有金煥者 本以西人武弁 得官於南人者也 淸城招金煥謂之曰 國有大變 無路察識 汝須善爲密察以來 當有重賞 煥曰何以密察 淸城曰 今許璽 許瑛 方在龍山 汝稱以避接 往住其隣家 深交後 觀其色 密議共叛 可察其眞僞矣 煥曰彼無此心 反以我爲叛 則奈何 淸城曰 吾在勿憂也

遂資煥以納交之物 煥一如其言 璽瑛 果如應響 煥乃報淸城 淸城又使察柳 命堅 命堅則煥不能親 只與命堅之戚 全益戴 相交情深 使益戴以探 命堅動靜 而未詳知之際 淸城以不得已之事 爲使彼國 故乃以金煥事 付諸光南以去

光南使煥 急探命堅消息 則煥每潛問益戴 益戴答有殊常之事 盖製甲冑弓 矢等事也 然實無的實之事

且告書中 有李德周者 爲其魁首云 故亦使密察 而未及 忽有物議 以爲金煥 佯爲密察 實爲不軌 中外喧藉

光南招煥 以其說急急上變 煥大懼 乃請軍官 願執益戴 同爲告變 光南許之 煥乘昏 至益戴家 招出益戴 執以還家 囚之內室 脅之曰 與我同爲急急告變 可免大禍 益戴曰 柳也之事 吾未及詳知 何可誣告 堅拒不聽

煥乃告光南曰 吾當入告 而設鞫之後 卽招益戴 問其事 願牢囚以俟 光南遂 從之 於是煥乃告變 設鞫廳捉來 璽瑛不下一杖 而自服 煥卽爲勳官 升坐中階 煥疑益戴 亂語無實 則恐妨己事 遂不推來 光南方俟推來 而終無消息 故悶甚 難處 自詣鞫廳 告其事

時文谷爲委官曰 鞫廳之事 非出於御敎 又非罪人招辭 則不可擧論 光南悶 切莫知所爲 時淸城已還 同爲委官 故乃謂光南曰 往兒房密啓 則事下鞫廳 乃有可處也 光南卽詣兒房密啓 而事遂下鞫廳 卽推益戴 而問之 則益戴見金

煥爲勳臣 以爲我亦告變 當如煥也 乃告柳命堅謀逆之事 遂拿致命堅 面質本
無所驗 仍斬益戴 此其始末也

蓋考官密奏試卷之事 自上密付淸城之事 淸城密托光南之事 事機甚密 故
其時少輩不知委折 但聞光南資金煥以誘璽瑛 而終致叛逆 其所設心 甚於親
爲叛逆 將有致罪光南之議

尤菴時在驪州 上遣承旨 使之偕來 承旨卽趙持謙也 累日留待 密言其光南
誘致叛逆之事 尤菴聞之 亦以爲無狀也 少輩大喜 以爲長者所見 與吾輩同也

及尤菴入城 老峰文谷光城諸人 各言其本末事機 尤菴始知曲折 乃曰如此
則益勳非其罪也 淸城不無社稷之功 因白上曰 昔文純公李滉有弟子趙穆 文
純死後 視其子孫有若同氣 至誠戒飭 俾無過失 當世咸稱趙穆爲師盡誠矣
今臣少師文元公金長生而其孫益勳得罪 時論將陷大戮 而臣不能規戒 如趙
穆之視 文純子孫 臣卽穆之罪也云云 時少輩以爲長者亦有偏私 變其初見
伸救益勳 吳道一趙持謙韓泰東輩 自是各立 是謂少論之一派也

原曰然則 自己丑至壬戌 而西人皆是 南人皆非耶 南人之中 豈無君子 西人
之中 亦豈無小人耶

余曰非但至壬戌 至己巳戊申 而皆南人之罪也 子所云云之君子 如許穆尹
鑴尹善道輩 首起己巳禮訟 搆殺尤翁 其徒權大運睦來善閔黯等 暗結熙載
釀出廢母之議 其所謂禮訟者 是爲己巳之張本也

4. 己亥禮訟

原曰 禮論 子其知之乎 余亦粗讀儀禮 竊以爲三年之論是也 未知子之論以爲如何

余曰 己亥禮論 千古大訟也 非余識淺者 所敢卞者也 願聽子之高論也

原曰 儀禮 喪服斬衰章 曰父爲長子斬 爲長子三年者 何也

余曰 禮者 達天理 通人情者也 儀禮之爲書 周公立經 子夏立傳 鄭康成註之 賈公彦疏之 一句之中 或藏十節之意 一字之中 或兼數行之言 精微愼密莫如儀禮也

子能盡知其奧義乎 夫父爲長子三年者 傳所謂正體於上故也 正者嫡嫡相承之謂也 體者父子相傳之謂也 上者祖先之謂也 爲正爲體 而上承祖先者 是爲長子也 故服三年 三者缺一不服三年 爲正而不爲體者 長孫爲后是也 爲體而不爲正者 庶子爲后是也 爲正爲體 而不爲上承祖先者 稱嫡是也 故不服三年 爲長子斬者 其謂正體於上之意 可知矣

原曰 其下 又曰 第一子死 嫡妻所生 第二子爲后 亦名長子 此長子 亦服三年之謂耶

余曰 然 此亦 正體於上之長子 豈可不服三年乎

原曰 子所謂 爲體不爲正者 庶子爲后是也 是則 指妾子而言耶

余曰 次嫡以下 亦皆可謂庶子也 妾子何須論也

原曰 子之言 異乎前者 何也 前旣曰 次嫡爲后 不服三年 後爲第二子爲后 亦服三年 昭顯歿 孝廟爲后 則此非第一子死 而嫡妻所生第二子 爲后者耶 其下又曰 庶子雖承重 不服三年 若以所謂嫡妻所生第二子 爲庶子 則上曰 當服三年 下曰 不服三年 何也 上下文義 矛盾 古人 立疏之義 倘不必如是矣 且庶子承重 不服三年 章註曰 庶子妾子之號 然則下所謂庶子 是指妾子而言明矣 體而不正之庶子 又在此條下 則安知不爲妾子之稱也 果若以庶子承重 不服三年之庶子 謂之次嫡 則不服之不字 明是亦字之誤也 如此看 然後 上下疏說 似不逕庭矣 子所云云 不已疎乎

余曰 己亥禮訟 只在此兩節 第一子與長子之分 次嫡與妾子之別而已 今以此一款 又問於子 長子與第一子 同乎 異乎

原曰 第一子 是亦長子之稱 有何所異也

余曰 然則 首章 不曰 父爲第一子斬 而曰爲長子斬 何也 下章 不曰 長子死
而曰 第一子死 何也 果若是長子爲第一子之稱 則不曰第一子無后死 而只曰
第一子死 何也 不曰第一子死 嫡妻所生第二子 爲后亦名第一子 而曰 長子
何也 不曰 第一子死 第二子爲后 而必曰 嫡妻所生 何也

原曰 長子卽是第一子也 此所謂互言之文 上下之或言長子 或言第一子
有何所疑也 只曰 第二子 而不言嫡 則嫡庶不辨矣 故必曰 嫡妻所生四字
以明下節 庶子之爲妾子也 疏說之詳益無疑也

余曰 庶子之稱 果是妾子之稱 而次嫡以下 經無庶子之文乎

原曰 以衆子爲庶子云者 於禮 亦有之 今以庶子 非獨謂之妾子 而次嫡不與
也 但庶子承重不服三年之庶子 則必指妾子而言也 何者 上所謂 上下疏說
其意矛盾故也

余曰 精徵愼密 莫如禮也 則讀禮之法 必不如是乎 疎且淺也 愚請直之
長子之長字 有元字首字之義 第一子之爲長子 人孰不知 然但特言之長子者
有傳重之義也 故於禮 皆曰 長子 而不曰第一子者 長子與第一子 自有間矣

凡人之生子 序居第一者 是爲第一子也 或有未成人而死 或有成人而有廢
疾無后 不得傳重而死者 是爲第一子也 非長子也 下節所謂四種之正體 不得
傳重者 是也

首章 旣曰 爲長子斬 此長子 果若是第一子之稱 則必曰 第一子無后而死也
豈可 只曰第一子死而已也 又曰 第一子死嫡妻所生第二子爲后 亦名第一子
也 何必曰 長子也 然則此第一子死 其父斬乎 否乎 不論長子之有后無后
而其弟繼之 其父斬之 則禮所謂無二統之義 果安在哉

第一子死而斬 第二子爲后死 而亦斬 自第二第三 而無所限節 則一身之上
有三四斬 多則或至五六斬矣 禮所謂 不二斬之義 又安在哉

第一子成人死而斬 次嫡爲后 而若無后死則亦斬 次嫡之弟 爲后而死 又爲
斬 非但嫡統不嚴 以至尊之父 豈有二斬於子乎 故先王制禮 無二統 不二斬之
義 其甚截然矣 然則第一子死者 必指未成人而死 或成人而有廢疾無后而死
父不爲三年者也 又曰嫡妻所生者 若只以第一第二之序言之 則嫡妾不明 蓋
第一子死 而次嫡爲后 然後亦名長子而斬也 妾子爲后 則不得爲長子之義

亦明矣

假如前年 嫡子生 今年妾子生 明年嫡子又生 若言其序 則妾子爲第二也
故特言 嫡妻所生第二子者 以明妾子之不與其序也

且以嫡妻所生四字 又開下節之意 庶子 雖承重 不得服三年之註曰 庶子妾
子之號 嫡妻所生第二子 今同名 此今字之意 其意不過嫡妻所生第二子 今同
名於庶子之謂也

今之嫡妻所生第二子 此非下節之庶子 而其所謂庶子者 亦非指上節之嫡
妻所生第二子耶 其下 又曰 體而不正 庶子爲后 是也 此庶子 亦上章之庶子也
先儒之註 未見其妾子之明言 則豈可以兩節之庶子 斷然謂之妾子耶 其下四
種之說 曰傳重非正體 庶孫爲后 是也 體而不正 庶子爲后 是也

今若以庶子 爲妾子 則是庶孫 亦爲妾孫也 只言妾子妾孫之爲后者 而不論
衆子衆孫之爲后者 何也 抑亦不論第一子死 而斬與不斬 次嫡爲后 則皆服三
年 故不言衆子之服耶 曰正而不體 長孫爲后 是也 次孫爲后 則其服又如何
而於禮不言 只言妾孫爲后者 何也 抑或厚於妾子妾孫 而薄於衆子衆孫 故然
耶

曰正體不得傳重者 第一子而不爲后者 是也 正體不得傳重而死 其父不爲
服斬 故次嫡爲后 則亦爲正體傳重 而父爲之三年 此第一子死 第二子爲后
亦名長子 是也 正體傳重而死 其父爲之服斬 則雖次嫡爲后 爲體爲正 而父不
爲三年 此庶子 雖承重 不服三年 是也 蓋其不言之中 其義明矣

昭顯若早年而歿 仁廟不爲服斬 而孝廟爲后 則是第一子死 嫡妻所生第二
子 爲后也 仁廟若服斬於昭顯 而孝宗爲后 則是庶子 雖承重 不服三年也
其義不難辨也

今子徒謂第二子承重 而不斬者 不見於經 而不知第一子成人死 第二子承
重服斬者 亦不見於經 但以庶子 謂之妾子 而次嫡不與焉 若斷然無疑者 然今
必得次嫡不爲庶子之明證然後 子之說 可從矣

盖國制不論長子衆子 皆期年 故仁廟服昭顯期者 從國制也

期服疏 亦曰君之嫡夫人 第二子以下 及妾子 皆名庶子也 朱子又曰 正體在
上 下正猶爲庶也 正體謂祖之嫡也 下正謂禰之嫡也 雖正爲禰嫡 而於祖猶庶
故謂之庶也 嫡子之嫡子 是謂祖之嫡也 次嫡之嫡子 是謂禰之嫡也 嫡子故
於禰謂之正 而次嫡故 於祖謂之庶也

如以 本朝言之 仁宗是禰嫡 而明宗是禰庶也 仁宗 雖是禰嫡 於成宗猶爲祖
庶也 雖嫡 而以次故 至其嫡子 而猶爲庶也 况於次嫡 而不以庶稱之乎 今以疏
說及朱子說 觀之則此所謂庶子 必其爲獨稱妾子 而次嫡不與者耶

雖復有踏跡之嫌 請以上下疏說 條列言之 旣曰 第一子死 第二子爲后 亦名
長子 其下又曰 庶子承重不服三年註 又曰 第二子同名庶子 其下又曰 體而不
正 庶子爲后 是也 此三說 一人所言 一時所見也 同條共貫 不可主此 而攻彼
又不可是彼而非此也 正當反復叅考 使其上下 不相爲病 可也

夫所謂第一子死 而第二子爲后 則亦名長子 而服斬云者 必指第一子 死於
殤年 或有廢疾無后而死 其父不爲三年故 立第二子爲后 亦名長子 而服斬也
何以知其然耶 不曰長子死 而曰第一子死也 又不曰第一子無后死 而只曰第
一子死故也

夫所謂庶子承重 不服三年云者 若第一子傳重死 而其父爲之斬 則雖立第
二子爲后 亦爲之庶子 而不得三年也 何以知其然也 上章 旣不曰 第一子無后
而死 此章註曰 次嫡今同名於庶子 下章 又曰 體而不正 庶子爲后故也

夫所謂體而不正 庶子爲后云者 正體於上 則是爲長子也 旣爲長子斬 則次
嫡 雖承重 是爲體而不正故 不得三年也 何以知其然也 先言雖承重不得三年
有四種云云之說 以承上章 庶子 雖承重不服三年之條 此庶子與上所謂庶子
一串來歷故也

盖嫡妻所生第二子 欲別於妾子 則謂之嫡 而必加次字 故曰 次嫡也 欲別於
長子 則謂之庶 故次嫡以下 皆謂之庶子也 此庶子 果若是獨指妾子 而次嫡不
與焉 則賈氏於此必爲一轉說 以辨之 不當上下條 滾爲一款 以起後人之惑也
細考立文之本意 則愚說 亦有據矣

原曰 子之說是則是矣 然士大夫家禮 與帝王之家有異 士大夫之禮 惟以年

長者爲長 而天子諸侯 則不論年之長少 地之貴賤 只以爲后者 爲長爲統 人君
當以宗社生靈爲重 而不可以一人之情 一家之私視之也

故古公爲文王 而立季歷 文王舍伯邑考 而立武王 微子舍嫡孫 而立其衆子
旣立爲之太子世子 則雖是最末之衆子 最賤之孽子 當爲之嫡 爲之長 而服爲
之斬矣 長少嫡庶何須論也

余曰 帝王與士大夫之禮 誠有不同者 然禮曰 父子姑婦之義 無貴賤一也
大倫之所關故也 故孟子不云乎 齊衰之服 自天子 達于庶人一也 禮又曰 通上
下大夫士之子 承家主鬯 與天子諸侯 傳統受國同 今於禮之大節 豈有家國不
同之說也

盖帝王之家 以社稷爲重 故固有舍長 而立庶者 此聖人處義之大權也 制禮
立法 則未嘗不嚴於明分 故明其倫序 別其支宗 此聖人制禮之大經也 故文王
傳國 則舍伯邑考 而立武王 周公制禮 則必眷眷於長庶之分 今之所論 只是禮
節 則當以周公制禮之義 爲準可也

若文王在時 武王崩 則不爲武王斬 明矣 何者 禮有天子建國 諸侯奪宗之文
夫立國之君 雖衆子妾子 當立其廟 故曰 奪宗也 旣曰奪之 則其父不服斬
亦明矣 又有武王聖庶奪嫡之語 夫武王是爲太姒之子 實爲嫡妻所生第二子
也 謂之庶者 欲別於長子伯邑考也 嫡是長子之稱 而武王以次子 有其位故曰
奪也 旣曰庶 則非文王之長子 可知也 又曰奪 則非文王之正嫡 亦可知也

然旣有其位 則適統在此 而長子伯邑考 則爲絶統故也 文王之統 不歸於武
王 何哉 程子曰 旁枝達爲直幹 旣曰 旁枝 則非木之正幹 亦可知也 旣達爲直
幹 則木之正幹在玆 而非本然之正幹 亦可知也

若論文王傳國之統 則自在於武王矣 若論文王爲長斬之之禮 則不可以武
王爲適矣 故宗統服制 自有一貫者 亦各有一義者 嫡長傳重 其父服斬 則宗統
服制 是爲一貫也 武王崩 而文王不斬 則豈以不服三年之故 而其統不歸於武
王也 又豈以服斬於伯邑考之故 而其統將歸於已絶之邑考也 是爲宗統服制
各有一義者

擬之於今 則仁廟文王也 昭顯伯邑考也 孝宗武王也 雖若謂之孝宗聖庶奪
嫡 何害於義也 假使湯之皇后 在於仲壬之世 則旣服三年於太丁 更不必服斬
於外丙仲壬 明矣 以此推之 其義可知也 又若曰 無論長少貴賤 卽位者 爲長

而不得不爲之三年云 則此亂倫也 以次子 豈因卽位 而變爲長子 以妾子 豈因
傳國 而變爲嫡子也 假如太王之世 泰伯卒 則不爲之三年可乎 以我國言之
太宗之世 讓寧歿 則亦不爲之服斬耶 以服斬泰伯之故 而太王之統 其可不歸
於季歷乎 以傳國季歷之故 而泰伯不得爲太王之長子耶

　　泰伯讓寧 俱以狂易名之而廢之 則當用正體不得服斬之禮矣 與邑考昭顯
　　有異也 然泰伯讓寧 皆有至德 故假說

　假如呂后之時 漢文崩 則其可服三年乎 以我國言之 光海若終於初年 則仁
穆大妃 亦當服三年耶 以不斬文帝之故 而漢統不歸於文帝乎 以文帝受國之
故 而謂之高帝之嫡子耶 此固萬萬不當於理 不足卞者也
　原曰 然則統承宗廟君臨一國 不謂之爲長爲嫡可乎 此不爲長則長在何地
此不爲嫡則嫡在何地 長在於他 嫡在於他 則宗亦在他矣 抑有二宗乎 二統乎
　余曰 甚哉 子之言也 此將欲爲貶迫君父之說者也 今與子 論國統乎 論制禮
乎 若曰 論國統則仁廟之統 自在於孝宗 昭顯已絶統故也 今曰 傳國之統
不在乎孝宗云 則是不知聖賢處義之大權也 若曰 論禮制則孝廟不害爲仁廟
之庶子 已斬於昭顯故也 今曰 庶子雖卽位 當服三年云 則是不知聖人制禮之
大經也
　若以武王謂之非文王傳國之統 則是亂乎義者也 若以武王謂之文王之長
子 則是亂乎禮者也 今與子所論者 是只爲禮也 則國統自國統 長庶自長庶也
今以國統之說 渾並於禮論之中 將欲誣人於貶君之律 愚未知其可也
　原曰 子之言過則過矣 然尤庵所謂檀弓免子游衰之說何也 此皆不立嫡孫
之譏也 昭顯歿後 卽獻此言可也 孝廟君臨十年之後 尙有可以爲此言乎
　余曰 午人所以殺尤庵者此也 此不爲不立昭顯之子 而立孝宗故 有此言也
只明宗法爲重之證也
　其說曰 賈疏 只言第一子死 不言第一子無后而死 則恐是未成人而死者也
今許穆不細考 立文之本意 遽然立說 然則檀弓之免子游衰之說 果皆不足恤
乎云云 其意不過 長子之有后無后 宗法之大關也 第一子果是長子 則必曰
無后而死云也 若長子有后死 而立衆子則其不爲斬明矣 今若以此謂之 長子

有后死 而立次嫡亦服斬云云 則檀弓免子游衰不足恤乎 盖言宗法之嚴如此
以明第一子之分明爲未成人而死之意也 何乃有意於立孝廟而說者也

原曰 若使昭顯無后而歿 則此言無足怪也 昭顯旣是有后 則今發此言 無或
近於妄發者耶 然只論禮說之當否而已 豈可執此而罪之 陷人於不測之科哉
此南人之失也 子之所卞 誠可然矣 然吾之所疑者 猶未盡解 子其極言之可乎

余曰 尹鑴許穆尹善道南人之巨擘也 請卞其說 以解子未盡之疑也

善道之說曰 庶子承重 不爲三年之不字 恐是亦字之誤也 雖是妾子 旣立爲
太子世子 則當爲之長 爲之嫡 服當三年 此天理也 義理也 萬古不易之禮也

故余曰 此所謂不字 是亦字之誤也 又曰 名當隨位而改 禮當隨位而變者
有人昨日爲士而今日爲大夫 則當仍稱士 不以大夫待之乎 名與禮 隨位而異
大少何異也云云 不論長少貴賤 入承大統 則皆服三年 天下豈有以國統之在
己 次子爲長子 妾子爲嫡子之禮也 若庶子卽位 而國統不在兹 則是亂統也
庶子爲后 而服必三年 則是亂禮也

昔明宗之喪 退溪先生 定進恭懿服制 初定嫂叔之服 及聞奇高峰大升 駁定
之說 幡然改之 以繼體父子之服 曰服豈不止於期年之理乎 雖妾子承統 當服
三年 則況明宗承統 而退溪定之以期服 何也 以爲仁宗之統 不在於明宗 故不
定以三年耶 盖不爲嫂叔之服者 是明宗承仁宗之統 而繼體故也 以其期服者
是明宗以弟繼體 而非其嫡長繼體故也 然未聞以退溪謂之奪仁宗之統也 南
人尊頌退溪 自以爲異於他人 而今於論禮之大節 欲背其議者 何也

又昔貞熹王后 於睿宗大王之喪 亦服朞年 當時廷臣 亦有所考而然耳 未聞
後世以睿宗奪光廟之統也 其於喪禮 從先祖之義 亦不有可據者耶 且聖經文
字 隨一人之見 任自改削 雖周公孔子之言 固不足信也

至於名當隨位之說 今日之士 明日爲大夫 則固可曰大夫 不可曰士也 是則
然矣 然假如人之衆子妾子爲大夫 以爲大夫之故 而變爲嫡子長子乎 長庶自
長庶 大夫自大夫 於朝廷固可以大夫之禮待之也 於宗法固可以衆子妾子之
禮待之也 今若曰 人之衆子妾子爲大夫 不可以大夫之禮待之云 則其說之證
猶或可也 不然 無異齊東無知之說 又何足辨也

昨日之世子太子 今日爲王爲天子 則邸下當變爲殿下陛下矣 名當隨位而

改者是也 國統之傳在此 君父之禮在此 則禮當隨位而變者 亦是也 今若曰
以衆子妾子 爲王爲天子 而不可曰 殿下陛下也 又不可謂 國統在此也 又不
可以君父之禮待之云 則尹說 其果然矣 若又不然曰衆子妾子 因爲王爲天
子之故 而變爲嫡子長子也云 則天下亦有妾變爲妻 弟變爲兄之禮也 尹說
其果成證乎 然則漢文與南越書 何不曰 高皇帝嫡妻長子 而乃曰 側室子也
古之禮 異乎今之禮 而有是稱歟

鑴之說曰 禮有外宗猶內宗之文 又有大王之喪 雖緦麻婦女亦服斬之文 以
此知大妃之當服 三年之服也 又引武王臣文母之說 以爲大妃當以臣服君之
服服之云 其疏又曰 太王之宗 移於王季不得歸於泰伯 宗之所在卽服之所隆
也 服之所降卽宗之所替也 執長庶之說 而昧大統之重 以委巷之禮 論王朝之
典 不知其可也

又曰 天子爲天下之主 諸侯爲一國之宗 猶曰庶子降服云 則是不爲貳其宗
夷其尊乎

又曰 賈疏所言卽是士大夫家禮也 不可上推於天子諸侯也 旣繼序承統 受
宗廟社稷之重 則宗在於此 長在於此 爲繼體之服 爲至尊之服 武王旣爲天子
則伯邑考雖有嗣續 不得爲太子王季之嫡矣 武王死太姒尙在 則當爲繼體之
服 不得歸重於邑考也 若漢文武帝 皆側室子而旣登爲帝 而歿則爲其父母者
以嫡庶 不服繼體之服 至尊之服乎 繼體至重故當斬也云云

夫外宗猶內宗者 是內宗婦女皆臣子故 不敢以私戚 戚君而服斬之謂也 大
王之喪 雖緦麻婦女必服斬者 凡在臣子之位者 不敢以功緦之服 服君而亦斬
之謂也 太妃卽 孝廟之臣事者也 乃不服本服而反以臣服君之服 服大王乎
至於引 武王臣文母之說而證之 則尤有所大悖於義理者

亂臣十人 太姒其一也 太姒武王之母也 太姒豈列於武王之臣哉 故朱子引
劉侍讀之言 以爲子無臣母之義 蓋謂邑姜也 邑姜卽武王之妻也 朱子之說
若是分明 則何敢爲此言 謂之莊烈 可以臣於孝廟 而服臣服乎 欲背朱子之論
則亦不足較也

至於其疏欲辨之 則似疊前言 而不言子之所疑者 恐未釋 然當又逐條辨之
太王之宗 移於王季 不得歸於泰伯云者 則是矣 泰伯已絶統故 其宗其統
歸於王季 而其爲長子 則泰伯自如矣 泰伯若死 太王之世 則太王爲之斬乎否

乎 若以泰伯有廢疾 而不敢爲主 不服斬 則王季之爲長子固矣 不然則服泰伯
以斬 又服王季以斬乎 宗統自宗統 長庶自長庶 服制自服制 宗之所在 卽服之
所隆 服之所降 卽宗之所替云者 何所考也

天子諸侯 猶曰庶子而降服 則是貳其宗而夷其尊也 此與善道庶子雖承重
禮當三年之說 前旣辨矣 不足更辨也也 然先儒以武王爲之聖庶 庶則降服可
知也 是貳文王之統 而夷武王之尊乎

賈疏所言 是士大夫家禮 不可推於天子諸侯者也 何以知其必獨爲士大夫
家禮也 然則自天子達于庶人之說 不足法歟 繼序承統 受宗廟社稷之重 則宗
在於此云者 果是矣 然又謂之長在於此者何也 是亦善道之一說 以其宗統之
在此 次子變爲長子妾子變爲嫡子乎

武王旣爲天子 則伯邑考雖有嗣續 不可爲太王王季之適矣 此亦然矣 旣以
武王謂之奪嫡 則所奪者何物故 亦謂之嫡 而非其正嫡故 特服隨而降矣 旁枝
之繼統者 程子謂之嫡子 無子而以他人之子爲后故曰 陛下仁宗之嫡子者 是
也

養他子爲后 程子雖曰嫡子 古禮則以爲非嫡嫡相承 服與衆子同

長子死而次子爲后 則謂之次嫡可也 與程子所謂嫡子 所指者有異也 鑴亦
非不知此也 混滾說之 一以陷人爲主 其心所在 可知也 所謂繼體之說 其眞反
唱我歌者也

禮曰 天子諸侯絶旁期而猶爲之服周 則以其爲次子 而立后故服周 與衆子
不同矣 但知三年者繼體 而不知次嫡承統 則以其繼體故 服期之義 其亦可笑
也 漢文沒而亦服三年言云者 亦善道之說也 前已辨之 又何足言也 盖帝王家
以旁支承大統者何限 而旣已入繼大統 則是固大統矣 然特以初出於旁支 非
是適適之直出故 父母爲之服周 旁期則絶而惟其繼體故周耳 此豈難知之義
而又何必區區更辨者也

穆之說曰 庶子承重 不爲三年 妾子故也 又曰 君大夫 以尊降公子云云
庶子承重不服三年 是疏說也 妾子故三字 穆乃自下之說也 必欲以庶子歸之
於妾子故 加三字於下 以明妾子之意 然則疏釋只曰 庶子妾子之號足矣 何乃

又曰 嫡妻所生第二子今同名 庶子又欲別於長子故 與妾子同號也云云也 旣
曰今同名 則此所謂庶子 非上章之第二子耶 禮又果有君大夫以尊降 公子以
壓降之文 君大夫尊故 降其旁親之服 公子壓於君父故 亦降旁親之服也 今去
以壓降三字 只擧君大夫以尊降公子 八字爲句以爲妾子之證

　公子諸侯之妾子也 穆之意 以爲妾子然後 可以降服 非妾子則不可降服也
　故只擧八字爲證也

　若如其說 則君有公子 而大夫亦有公子耶 聖經文字 任自添增 隨意改削
其於誣聖經之律 如何也

　野說許觀雪厚 穆之從兄 以嚴師事之者也 一日穆往拜之坐 久不與言 穆先
　指庭前土蓮曰 何以種蓮於此也 觀雪厲聲答曰 君不能辨土蓮與蓮 而何以
　知宋英甫禮說乎 穆有慚色

　穆與善道 同聲相和 或作禮圖 或作禮說 一云妾子承重然後 不服三年 添字
爲證(妾子故是也) 一云雖妾子承重皆服三年 改字爲說(亦字誤是也) 言各
違礙 互相出入 亦甚可笑也
　今得次嫡不爲庶子之明文 及不論次嫡妾子 傳國受統者 爲長爲嫡之明證
不費一言 吾當服矣 不然雖以銅脣鐵舌 語之以千轉萬回 吾不爲之信也
　原愀然良久曰 十年之疑 今而後解矣 從此不復作 東人之禮說也

5. 甲寅禮訟

余曰 子但言己亥之禮 而不及於甲寅之禮者 何也 吾當畢之 盖甲寅 仁宣之昇遐也 賓廳諸臣 因己亥 期服之制 定進衆子婦大功之制 前後服制之爲期爲大功 一貫下來者也

凡長子之死 父母爲之三年 立庶子爲后 而長子妻死 則禮曰 嫡婦不爲舅后姑爲之小功 此服以庶婦之服也 庶子爲后之後 其妻死 則禮曰 舅姑於婦 將所傳重者 非適 服之如庶婦 此服以次子婦之服也 是故嫡婦 不爲舅后者 則禮直曰 小功 是爲嫡婦而如庶婦之謂也 非嫡而傳重者 則禮直曰 如庶婦 是雖承嫡而同庶婦之謂也 禮之立義 如是 則仁宣之爲次子婦之服 其義甚明矣

儀禮 衆子婦小功 而家禮大功故 禮曰小功者 據儀禮

及顯廟昇遐 慈懿殿服制 會議賓廳 鑴建議以爲當服三年 引周禮 凡喪爲天王之斬之說 五禮儀 外喪皆斬之語 儀禮 諸侯五屬之親 皆服衰之文而爲證 夫爲天王斬者 諸侯爲天子服之禮也 其疏曰 諸侯諸臣 皆爲天王斬衰之謂也 外喪皆斬者 大王之喪 外而群臣 內而王妃以下 至於守閣者 皆服斬衰之謂也 五屬之親 服衰者 喪服圖 親屬有五 父之屬 祖之屬 兄弟之屬 子之屬 孫之屬 其屬皆臣故 不敢戚君而爲之斬 盖父之屬 父之兄弟之親也 祖之屬 祖之兄弟之親也 非父與祖 而爲之屬也 故不言父母於五屬之中 不可加於父母 以上其義亦明矣

孝顯之於莊烈 乃子孫之倫 而子無臣母之義 則不可擬之於臣民之類也 其可捨本服 而豈可降服 其臣民爲君父之服也耶 鑴黨之穆與善道 唾手於前 綱及宇遠 鼓煽於後 假托禮論 搆捏善類 末乃釀成 己巳之變 可勝痛哉

甲寅以後 南天漢等 始發告廟之議 積穆大運 助成告廟之論 至己未 鑴使門客 李煥者 作匿名書 夜掛城門 其中列書者 皆一邊士類 爲謀逆云也 鑴上密箚 請盡殺匿名書中人 積與大運 因成大獄 其事遂歸於煥 煥就鞫承款 鑴上箚救之

於是 人皆謂有滇凶書 亦鑴所使也 人言藉藉 鑴嗾大運 乃捕有滇及煥 急急

誅之 以滅其口 乃誣謂尤庵 嗾成有滇之變 請告廟頒赦 至庚申 鑴積 伏法之後
告廟之議 少沮矣

6. 己巳換局

至戊辰 景宗誕降之後 南徒 柳緯漢者 上疏遽速定 元子位號之論 時中宮
春秋鼎盛 則此論之發 豈不太遽乎 元子誕降之辰 卽國本已定之日也 國本之
定不定 豈在於位號之定不定也 正后有慶 先事周詳之慮 古今不易之論也
尤翁亦上疏言之 此固義理之當然也 於是 李玄紀 睦林一 李沆 李允修
李濟民等 左右搆誣 睦來善 閔黯 權大運 沈梓 李觀徵 柳命天 兪夏益 金德遠
吳始復等 相與鼓煽 至有己巳四月二十四日之變 而纔有半日庭請 暫時伏閤
之擧

廢后頒敎文 閔黯撰進 語多凶悖 甲戌 臨鞫供辭曰 漢唐宋以下 人君廢妃者
何限 而未嘗歸罪於臣隣 廢妃殿下也 復位殿下也 前以臣爲忠臣 今以臣爲
逆臣 爲殿下之臣者 豈不難哉

先除文谷 次及尤庵

請尤庵文谷按律 疏頭閔黯 製疏閔宗道 疏色尹深 李觀徵 疏下權大運等三
十餘人 參判尹以濟 爲人所脅不得已參疏 後有悔歎之語 以此見斥云

盖己亥之禮 爲貶迫君父之罪 戊辰之疏 爲動搖國本之案 一人之禍 及於一
世之忠良 上延國母 又有吳斗寅 朴泰輔之死 伸雪庚申之獄 而光城淸城 次第
追削 栗牛兩賢 亦被黜享

儒生 柳溾安溦羅斗夏等 相繼投疏 誣辱罔極 都憲閔宗道 掌令朴紳 司諫金
澍等 鼓煽其論 大諫權瑎 亦上疏 以栗谷 爲早歲耽禪 棄親入山 毀體衣緇
以牛溪 爲君父播越 無意奔問 國讐未復 力主和議 云云
盖栗谷入山之事 柳成龍 雲巖雜錄3) 金時讓 涪溪記聞 皆謂之違親變形
語極謬妄 邪說久而不息 仍爲一邊 媚賢之大關捩
又至尹拯 亦曰 眞有入山之失 其徒洪受疇上疏 引谿谷張維之說 以沙溪爲

---

3)『雲巖雜錄』은『雲巖漫錄』이 타당한 듯하다.

證 以爲實有落髮之事云

尤翁亦上疏辨誣 其略曰 文成 天資極高 年纔五六 已知爲學之方 及十歲
盡通經書 而曰 聖人之道 只在此而已 於是 汎濫佛老諸書 其中最好楞嚴經
一書 逮其入山之時 留別朋友書曰 氣者 人之所共得 善養其氣者 莫如孟子
也 人之欲窮理 盡性者 舍此奚求哉 孔子曰 智者樂水 仁者樂山 仁智之所以
養氣者 舍山水而奚求哉 及入楓岳 悟其禪旨之非 遂棄而歸來 專心聖學
其自訟之疏 所謂髫年求道 仍耽禪敎 走入山門者 是也 而謂之入山者 亦不
過如此也 此皆印行文書 可考而知也 至於落髮之說 極其誣罔 其文集 有與
老宿問答 而稱之曰 措大 措大 非儒者號乎 林億齡詩集 亦有與李生某 遊山
生亦儒者之稱 此皆其時事也 設使 眞有落髮之事 金某證之 則是無異於證
父之攘羊也 況萬萬無此乎 云云

又抵金萬基書曰 昔在溪上 問金時讓日錄 有栗谷僧名義菴之說 此說有可
破之明證否 先生 少時妄請此事 於先生 則曰 此何足問也 雖不變形 何益
於其心之陷溺乎 未知谿谷所記 何以若是 程門諸子記其言行 行猶有大失
本旨 谿谷之不失其實 何可保也 此事無多說話 只以先生入山時 與老宿所
爭儒釋 詩序觀之可知也 云云

朴南溪世采 記事曰 栗谷入山之事 有李有慶封事 張谿谷維漫筆 已極明白
無事乎辨矣 且見鄭畸菴弘溟日錄 曺冕周記聞 鄭錄曰 先生庶母悖甚 與其
伯氏失和 先生周旋兩間 盡力規諫 終不得 遂泣告其事 於贊成公 留封冊匣
而去 其中有父兄 及庶母前三書 末言終不得底和 則寧有死而不知也 云云
曺記曰 先生見家道之乖 心事靡定 時外祖母 李夫人在江陵 乃請于贊成公
往省 去時留三書 與鄭錄同 適逢入楓岳之僧 因與偕往 自楓岳至江陵 時俺
之祖母 方在李夫人之側故 世傳其說 云云

李之封事曰 某少學於魚叔權 出山之翌日 往見叔權 叔權脫其冠 髮幾委地
叔權喜曰 可辨子之爲僧虛實 今學官李鵬 以同學於叔權者 同爲目睹云云
盖李卽先生之弟子也 鄭卽先生通家子也 曺卽先生外從妹之孫也 其不可
以違親落髮 目之者審矣

其時尤丈謂此事 只當以先生上疏爲主 如鄭曺之說 一皆掃去 盖恐岐論之
轉誤也 盖耽禪之事 實爲入山之源也 先生旣已 上籲於君父 戊辰一疏也
旁告於師友 與退溪書 不啻明揭於當世 厥後先輩頌之爲碑狀 辨之爲疏章
無不從此 一路反復 則鄭錄曺記 亦非不爲稔知也

李疏張錄 亦非不有所據也 盖耽禪之事 雖其主意適會 家道乖離 所憂者
庶母伯兄之事也 所省者外祖母之親也 所從者贊成公之命也 所言者一家

和協之道也 是皆人倫大體 至誠所發也 請省外祖母 而因緣入山 亦坐於耽
禪之願 不謀而相合 夫何爲而不可也 云云 以此數語 觀之 彼柳金兩錄 何所
據哉 記其誕妄之邪說 以惑後世 至有柳㴭 安溆輩之凶疏 又有尹拯之悖說
爲世道可勝歎哉

牛溪不護從 主和事 壬辰亂作之初 邪說洶洶 又有御駕 播遷之說 牛溪先生
遣其子文濬 往探消息 於京中 盖欲哭送大駕 於道旁之意也 文濬至臨津江
邊 逢自京來者山僧 問其消息 則僧言京中太平 文濬仍自中道而還 以此亂
作消息 漠然不知 及其大駕之播遷 而亦不聞消息 哭送道旁之意 果未遂焉
至大駕渡臨津後三日 始知其詳 先赴伊川 光海監軍所從 後覲王於西關行
在 此所以不得護從者也 牛溪之於臨津十里之地也 大駕渡臨津時 上曰 成
渾家 何在 其應來見我也 正言李弘老 指江邊小屋曰 此成某家也 當此蒼黃
之時 豈肯來謁上 頷之小人 乘間害正之計 可謂巧且凶矣

主和事 癸巳 天將沈惟敬 李宗誠等 力主和議 顧侍郎胡參將 亦迫脅 順其意
奏文之時 牛溪與天將有所酬酢之語 仍以此言 言於廷僚 又達榻前 時李廷
馣 奏語和事 左右聲罪嚴斥 先生謂李以忘身憂國之人 力救上前 不知其間
事端者 或以牛溪 亦付和議一邊 是非紛紜 至有自訟之章出 時疑稍釋 而東
人之論 尙有未已 至宣廟末年 仁弘以己丑事 劾牛溪而又發此言 至昏朝有
追削之擧 至癸亥卽命伸復 又至是而凶徒餘蘗 蹈襲仁弘之語 以爲口實之
資 世道人心良可寒心

國家禍變莫酷於此也

此鄕有權黠者 嘗稱積曰 社相 鑴曰 白湖 黯曰 鑄相 至論己巳事曰 宋之孔道
輔 呂夷簡 所執雖殊 同出於爲國之心 唐之李績[4] 雖有陛下家事之說 而朱
子錄其善行 於小學 未聞後世 以李呂謂之逆也 今以鑄相 謂之逆者 豈不冤
哉 云云 噫非獨權言如此 南論類皆如是 世道可謂寒心

天下之事 莫不此善則彼惡矣 彼是則此非矣 若以褚遂良 孔道輔 爲善爲是
則李勣 呂夷簡 爲非爲惡矣 當世雖不以李呂謂之逆也 史筆則嚴討 昭載簡
冊 豈可舍褚孔 大經之義 徒執李呂悖義之論 以誤世人如此也

不知女君齊體 於君父之義 有此分貳君后之論 安知此論 又不以爲人於國
母 無君臣之義云也耶 何不曰 朴元宗 柳順汀輩 猶不逆斷 則獨於黯而如是

---

4) 李績은 李勣이 타당한 듯하다.

乎云 而遠比於唐宋之李呂也 龍津人閔孝直 親聽權言傳于余

自是以後 南人之前輩 欲固其權勢 黨於希載 少論之少輩 如南九萬 柳尙運
尹趾完輩 稱以保護東宮 付於希載 自己巳 至甲戌 南人之心 不利於仁顯
自甲戌 至辛巳 少論之心 又不利於仁顯 以至于辛丑而極矣 其時事 尙忍言哉
當此之時 子不爲子 臣不爲臣 則雖四十年 父事之師 一朝背之 何足怪哉
然尼尹之背師 亦出於南人之所使 着處生梗 觸事爲害者 其眞南人之謂也

제3편 龍門問答 下

1. 懷尼是非

漢客 出言曰 子之言過矣 明齋之背師 實出於爲父之道 則何可爲南人之所使也

余曰 子徒知其爲父背師也 不知其所以爲父者 出於爲己之計也 當初諸福輩 當肅廟之初 數有違豫 陰畜不逞 窺覬非望 但其時西人當路 恐難售計 故投合諸南以鑴穆爲師 欲爲排擯西人之計 而無隙可乘 乃相與密謀 以爲尤翁 乃西人領首 若排尤翁 則諸西必盡起扶護 隨其扶護而次第擯去 可以盡逐西人矣 第去尤翁之道 乃是己亥禮論也

以此爲罪 則去尤翁如反手 而甲寅會議諸人 如金文谷壽恒 金光城萬基 閔老峰鼎重輩 亦當次第就戮也 乃與堅輩 至有祭天之誓 卒致庚申之獄 鑴黨則謂之士禍 而比諸淸城於袞貞 南人所以冤庚申者也

彼尹拯 是權諰之婿也 其弟推李焂之婿也 諰之子愭 焂之子三達 南人之傑者也 拯推與愭達 密好親切 其所相告者 莫如甥妹之密也

庚申之獄所聞者 皆愭達之傳也 淸城之事所聞者 亦愭達之言也 拯之本心虛弱 爲其說之誘陷 以爲淸城 後日大禍之魁也

尤翁自巨濟而還 詳聞其事 以爲不無社稷之功 拯乃大驚失魄曰 此爺所見何爲如此 若從此爺 則終陷坑塹 必如畢齊之於寒暄矣 欲生角立之計 而不得其援 及得朴玄石世采 然後遂決背師之心

盖是時老峰爲左相 白上遣承旨 招尤翁 尤翁不來 又招玄石 玄石曰 我雖欲入 但山野之人 無主人不可濟事 老峰曰 我當爲主人矣 玄石曰 山野之人 豈可倚戚臣 而能爲國事乎 老峰閔甚曰 若使尤翁 當在此則可以入來否 玄石曰 然則幸矣

老峰 又白上遣承旨 又招尤翁 且書於尤翁曰 雖不當位 願暫上來 以致和叔

如何 尤翁曰 吾雖嫌不行職 使我爲和叔主人 則吾豈不爲乎 遂自驪州 赴召至京江 邀玄石 玄石遂卽入來 執弟子之禮 玄石曰 子仁可招而來乎 尤翁曰 子仁肯來否 玄石曰 先生與小子 皆在此 渠安得不來也

仍白上招拯 拯來止 果川羅良佐家 辭職不來 玄石曰 吾當往見 與之偕入 遂往見拯 拯留宿謂曰 追錄勳削而後 可以爲事 兄能之否 玄石曰 不能 又曰 外戚之黨擯而後 可以爲事 兄能之否 玄石曰 不能也 又曰 今之時態 異己者斥之 順己者附之 此風除之而後 可以爲事 兄能之否 玄石曰 不能也

其所謂削勳者 完寧李師命 光南金益勳事也 外戚者 光城 老峯 淸城也 時態者 指尤翁也 拯曰 此三者 不除 則吾無可入之路矣 仍留 玄石三日 盡道其所聞 於愭達之言 以爲若隨尤翁 則大禍將至矣 玄石遂大惑生惻 仍無氣而入 乃不見尤翁 直入榻前 力排尤翁所建 太祖徽號之議 遂走坡山 尤翁見其事機之瓦解 乃知爲拯所中 亦入金剛 自是京中少輩 多附玄石

玄石與拯膠好 爲其倡寃鬼 而拯黨於是益盛 背師之跡 從此彰露 其所以請碣者 特其爲身之妙計 而背師之題目也 盖拯以西人之形殼 充以南人之臟腑 嘗爲怵禍之心所使故 以其父 把作免禍之欛柄 其不孝之罪可勝言哉

漢曰 甚哉 子之言也 美村(拯父宣擧號也)生時 尤菴許以道義之交 一無罪斥之語 及其死後亦有一星孤明之贊 至己酉擬書出 而攻擊如讎 以其攻己之過而攻其人 求過於無過之地 而驅之於不測之中 非係於心術之不正者乎

余曰 世無詳知 本末者 故攻之者 不能劈破源頭 使其救之者 爭辨紛紜 吾當爲子 原其始終而言之 子亦隨其所疑者 而問之也

夫宣擧尹八松煌之子也 八松當丁卯 力主尊周之義 至丙子 宣擧當其孽虜之僭號也 奮義氣 倡多士 自製疏文 請斬虜使 其言曰 寧將守義而斃 不可不義而存 虜使聞而逃走 時人以爲 一世義氣 都在尹家 實令人凜凜起敬矣

及其亂作之日 入於江都 上書分司 責其偸安曰 薪膽卽事 盃酒非時 又請前進 以爲勤王之擧 而分司不省 遂與士友 約爲義旅 分守城門 當時諸友 皆以宣擧推爲盟主 權順長 金益兼 隷於南門 宣擧隷於東門 各相勅勵 共爲死守 俄而城陷 賊兵亂入 權金二公 不負素志 死於所守之堞 李敦吾 亦以約中之人 縊於所次 宣擧之妻 又與宣擧約死之故 自決於目前 獨先倡義之宣擧 則不能辦命 不徒不死 又服從虜言 屈膝於前 仍附珍原君 奉使之行 變名以宣卜

爲奴脫身而歸 其狼狽苟且之狀 令人言之 而不覺代羞也

李草廬惟泰 中洞日記曰 與尹吉甫語 及江都事 尹曰 不意事急 諸友來問
將如何 答曰 古人有行之者 先殺妻子 後自殺云云 吾曰 今無後自殺三字如
何 吉甫不能對

與友約死 友死不死 與妻約死 妻死不死 則渠亦知其難洗之累 故亂定之後
退伏田廬 愍慎自廢 不復赴擧 不復再娶 乃就金愼齋集之門而受業 文敬(愼
齋諡號)憐其追悔 欲補前過之意 收而敎之

李完南厚源 以爲不可曰 過有可改之過 過有不可改之過 此人之過 豈以悔
責改之乎 雖以孔子之訓 言之赦少過 不曰赦大過 於事之或無大害者 則可赦
也 關係世敎者 則不可輕赦也 文敬終不忍謝却

一時諸賢 亦以爲彼能知過 改悔則善也 咸與相從 至於屢次被徵召 而宣擧
不敢當 自陳其處義無狀之罪 自稱死罪臣 以示痛迫刻責之意 當時朋儕皆信
其言 不復念其舊 而嘉其新矣

不幸有尹鑴者 改削中庸集註 自以己意別立新說 尤翁聞而驚駭 斥之以異
端 則鑴聞而笑曰 天下許多義理 豈朱子獨知而余不知耶 又曰 姑置朱子 只論
義理而已 朱子復起 則吾說屈 必須孔孟復起然後 吾說乃勝 悖說不一而足

宣擧以爲 此不過好新尙奇之致 豈可遽立標榜 只作爭端營救甚力 尤翁曰
朱子之訓 如日中天 敢有異義議者 是乃斯文之亂賊也 誨責宣擧 宣擧終不回
聽矣

兪市南棨及尤翁 與宣擧會於黃山書院 論鑴事 規責宣擧曰 繼孔子而生者
朱子也 自朱子以後 無一理不顯 無一書不明 而鑴敢自立己見 肆其胸臆 兄以
牛溪先生宅相 乃反黨助 自作朱門之反 卒何也

於是 宣擧略有非鑴之語 而至其緊要處 則必瞋目張瞻 極力稱贊 又曰 義理
天下之公也 今欲希仲不敢言何也 朱子以後 若不可有言 則北溪新安陳氏
或有論說之異 於朱子者 而附於經傳 何也

尤翁曰 陳氏諸儒之說 皆因緣朱子之說 而或有異同者也 曷嘗如鑴之掃去
章句 自爲新註 若與爭勝負者耶

宣擧曰 此則希仲高明之過也 尤翁 慎責曰 兄以朱子爲不能高明 而以鑴爲
反勝耶 以鑴之僭賊 謂之高明則莽卓操裕 皆是高明之過耶 鑴實斯文之亂賊
也 凡有血氣者 皆當聲罪致討 春秋之法 亂臣賊子 先治其黨與 今若有王者
作兄當先鑴 而伏法矣 宣擧曰 兄畏希仲 何乃太過耶 仍各罷歸

其後 又與李草廬惟泰及宣擧 會於東鶴寺 論及鑴事 宣擧以善道爲小人
以鑴爲君子 尤翁斥之曰 善道受鑴之嗾 襲其餘論 鑴爲本而善道末也 豈鑴爲
君子 而善道爲小人耶 况鑴乃朱門叛卒 一毛一髮 無非罪逆 今至手足盡露
兄安能扶護如是也 宣擧辭窮强言曰 希仲論以黑白則是黑也 論以陰陽則是
陰也 尤翁笑曰 兄始竪降幡 幸甚 自今與鑴交道 將如何 宣擧厲聲曰 豈可以爲
黑爲陰 而不絕其人乎 尤翁喜曰 從此洒然矣 宣擧先歸 草廬曰 吉甫外雖莊嚴
內實虛怯 其言未可信也 尤翁責之曰 朋友之道 何不信 乃爾吉甫 豈至此乎

宣擧旣歸 稍存形迹於鑴 則鑴乃大怒 擧江都事而罵之曰 吾以交渠爲辱矣
今若背余 則余甚淸快當極言 其時事也 宣擧聞之 懼其己過之彰露 大生惶怵
復與相厚

遂貽書尤翁曰 東鶴之會 所謂黑白陰陽之辨 只取論議上而言也 人品之鑑
又是別也 尤翁見書大駭 以書謝草廬曰 有智無智 奚止較三十里 云云 夫旣曰
黑 旣曰陰 而當絕不與友云 則其所斷決者 更無餘地 而氣死於江都之語 又發
人品論議之分 而爲此施泥帶水之說 前後變幻如此 究其情狀 可哀也 不可怒
也

> 宣擧死後 其次子推 往見草廬 問其鶴寺事虛實 草廬曰 英甫聰明 而吾則衰
> 鈍 實忘之矣 先公在時 吾輩有所質責 有甚於虛怯云者矣 吾能忘之 而彼不
> 忘之 忘者是賢乎 不忘者 是賢乎云云 宣擧旣有 黑白陰陽之論 尤翁亦有
> 有智無智之書 草廬之所以忘之云者 何其示弱之甚也

噫 尤翁平生尊信朱子 以爲言言皆是 事事皆當 其或悖於朱子者 則疾之如
仇 終始嚴斥 始見惡於尹鑴 再見惡於宣擧父子 末又見惡於朴世堂 其所務勝
於朱子者 安得不惡其最所尊信者也 此亦不足怪者耳

鑴乃又作理氣之卞 攻斥退溪栗谷而牛溪 不數也 悖惡之狀 至於如此 而宣
擧誤中其毒 無計回頭改心 故尤翁苦心力爭 或逢彼之怒 而不能止 是固爲

朋友歸正之義 而愛人至誠之意 可見也

漢曰尤菴之擬鑴於進善 同春之擬鑴於持平 皆在改註之後 尤菴之不絶 可知也 獨於魯西(宣擧號也) 而深責其不絶者 何也

余曰 此亦非尤翁之擬望也 乃宣擧之擬望也 何者 夫戊戌之秋 善擧貽書於尤菴曰 卽今人物 不過某某 希仲在京 其數相訊否 私憂過計 寢不能安云云

其年冬鑴閹母喪 尤翁在銓席 宣擧又有書 於尤翁曰 希仲 在喪許久 而上無問訊之敎 賻喪之擧 未免有不承權輿之嘆 在聖朝 先陳之義 可瑕有害 況我左右 方在上前 一言導達 似不可已 敢以有言者 非獨爲希也

尤春迫於宣擧 有此進善之擬 時雖改註之後 而惡言悖說 姑未彰著之前故耳 宣擧 又爲貽書 於春翁曰 希仲不欲循俗 欲以古道進者也 諸賢每以同條而共貫之 不可謂之相知也 今欲用希者 通其論議 希不自疏而靡以官爵 則希必遠走矣 尤兄以我爲欲爵希者 極好笑云云 蓋宣擧之意 欲使尤翁 白上 待鑴以賓師之義也

尤翁 答書曰 希之道德 固非淺陋 所可窺測 然三代後 人物莫如伊川 而當時呂馬諸賢 薦授說書 伊川或受或不受 其受不受在己而已 未聞以薦之授官者 爲非也 兄書以爲 不敢以待伊川者待希 惟昭王待隈然後乃宜 此則當初愚劣 識不到 見不透處也 當日 某已除服 諸候使人慰之耶 抑當築宮師事之親臨見之耶 此數者 非如弟所辨得 當初兄若指此數端 明以敎之 則力量雖挾 猶可奉行 而第三書 始責其授官之非 此實愚迷 不解人意之致 而兄之敎人亦不能明言善議[1]也云云

此豈非宣擧之所使 而擬望者耶 雖在改註之後 而惡言未彰 親友迫之 則薦之以官者 不亦宜乎 凡於朋友之間 有所戒之者 而不聽則斥之 斥之而不服則絶之 此固義理之當然也 況尤春之薦鑴 不在於己絶之時 則擬之於官 容何傷也

然完南李相公 嘗責尤翁曰 公以鑴謂之異端 而擬於進善 欲使世子 學其異端耶 尤翁曰 物議如此 且念朱子 嘗斥陸學 而猶使門人聽講 今之擬鑴 亦此意也 完南又曰 公撓奪浮謗之說 不得自由 乃引朱陸事 何也 尤翁笑而服其過 其所見迫於宣擧 而出於黽勉 不得已之意 可知耳 豈可以此謂之不絶鑴也

---

1) 원본은 善意이지만 문맥으로는 善議가 타당한 듯하다.

故愚所謂 非尤翁之擬望也 乃宣擧之擬望者 是也

己庚禮論之起也 鑴主三年之論 首發 貳宗卑主之說 穆與善道 祖述其餘 宣擧亦有厚情於鑴 知其危險之心 昭不可掩 而常加庇護 一時士類 亦疑其曲 爲鑴地 則其心 雖不敢舍鑴 而又恐其一邊之論 對人論議之際 左右兩間 對尤 翁所親則曰 期年 是也 對鑴所親則曰 三年 是也 人有責之者 則曰 處義之道 不可不然 其依違情跡 類似鄭國之厄於晉楚 犧牲玉帛待於兩境者也

左之而畏尤翁 春秋之討 則降色作謝曰 吾將絶彼矣 右之而怵鑴 把出江都 之事 則好言而調之曰 不能自主張矣 兩面說話 輿儓所耻 而况爲儒名者忍爲 是乎 其心所存 不過保全身名之計耳 良亦可憐也

禮禁之後 外爲斥鑴之言 矯飾欺人 是誠可欺之方也 人孰能知 其情僞也 尤翁所以見欺 而許與於生前者 是也 及其死也 鑴遣其子 致奠操文而祭之 其文曰 子謂我 妄攪世禍 吾謂子 不能自樹也 其曰 妄攪世禍者 謂尤翁 有禍 人之心 而鑴其妄攪之也 觀其語意 則宣擧平日之意 不以鑴有禍心 而以尤翁 有禍心也 此文出後 始知其心跡之著矣

尤翁平日 實有至誠 於宣擧 終始責勉 不止一再反復 開諭使之終悟 而惟其 掩翳於生前者 始露於死後 九原難作 無處戒誨 則不得不 以歎惜之意 申申於 祭文之中 其言曰 惟是江說 少有未契 兄若於海 幷加原貸 我之疑晦 片言卽解 夫宣擧以鑴爲君子 而以善道爲小人 若幷與善道 而許以君子 則我之所疑者 卽解之意也 此亦於朋友之義 不以死生有間也 是所謂 練時之祭文也

及其子拯 請其父墓文也 持其父 己酉擬書 而送之 其書曰 願與尹許 消融 保合 聚精會神 共濟國事 至於趙洪 則所論雖偏 誠不可不 蕩滌而用之云云 亂賊之鑴 國本之穆 宗統之字遠 左袒之網 彼此調停 以爲可用者 則義旗所 指 有不可共討 而反護之 如是 其形跡之所露者 又無餘矣 朱子所謂 賊一邊者 是也 噫 終始深染 於鑴穆之輩故 牛溪墓誌 亦受趙網之文 而篆用許穆之筆 此亦世道之一變怪也

宣擧牛溪之外孫也 以其外孫 而阿好於南 此何足怪也 其子成文濟 於壬辰 之亂 多有疎迁之事 以致時疑 於牛溪 時人目之 至己丑之後 與牛溪門人 申應榘[2] 附於仁弘 以緩牛溪之禍 專歸東人之冤 於松江 分貳牛松之間 多有不諱之語 嘗於爾瞻之座 逢仁弘之徒 曹次石 問先生安否 又問先生何

時造朝 夫仁弘者 旣論牛溪 擬之於秀吉之逆 則於滄浪(文澤號也) 不共戴
天之讎也 稱以先生 問其安否者 抑何心哉
李鰲城恒福 娑子箕男 見而鄙之 播傳於外 松江之子弘溟 聞而憤然 來告沙
溪 沙溪聞之 貽書滄浪 嚴責其得罪於父師 又責申應榘 不能善導 師門子弟
其後長老 熟聞此等議論 故尤翁與李草廬兄弟 及宣擧會作東鶴寺 語到其
時事 宣擧曰 沙溪之門 若無鄭弘溟 則道益尊 草廬弟惟益曰 牛溪之門 亦無
成文澤則道益高 宣擧怒批李頰甚猛 李亦怒而欲較之 尤翁曰 吉甫醉矣 力
止之 當時先輩之 不滿於滄浪 可知耳 其後 宣擧 請滄浪墓文 於尤翁 尤翁不
得已勉副 而略存褒貶之意 其銘曰 滄浪翁 讀父書 父曰 子於事疎 宣擧之恚
恨 尤翁者 亦由此

宣擧之死 在於己酉 而其後五年 癸丑 始呈擬書 請其墓碣 則拯之意 亦可
知矣 尤翁於此 旣知宣擧平日言行 皆是假飾 則其於墓文 豈有贊揚之義哉
　其文曰 諸賢 敍述之文 多且盛矣 惟朴和叔(玄石字也)之狀 該貫遍抱 據而
爲說 庶無僭率之咎矣 其狀曰云云 盖贊揚其美 而假辭於玄石 故拯所以怒
而反之者也
　昔朱子 贊張魏公行狀 專用敬夫文字 又與東萊 論其先學之不正 未聞 南軒
東萊 以此怒朱子也 未知 拯之孝過 南軒東萊而然耶 抑亦假托於此 作背師之
話柄而然耶
　及拯之抵史局書出 乃以其父之不死江都 爲十分道理 反以權金兩公之 堂
堂節義 謂無必死之義 且曰 其父之自稱苟免 痛自刻責者 乃爲孝宗 在莒之義
也 其終身不仕 實守量而後入之義 非江都事爲主之意也 其云死罪者 只以違
命爲大罪也 以爲奴 苟免之事 敢擬孔子之微服曰 固無不可也
　又因栗谷入山之事 與其父敢相比較曰 栗谷 眞有入山之失矣 先人 初無可
死之義也 又曰 康王實在軍前 以爲孝宗亦有藩行 誣世惑人 自謂父子之知己
則其父之心 其子當知之深矣
　旣曰 其不死 是十分道理 則其父本以不死 爲正當道理 而與友妻約死者
非其本情可知也 旣曰 其自責不死者 非以江都事爲主 則其父本無以江都事
有悔責之心 自廢之意 又可知也

---

2) 申應榘는 申應榘이 타당한 듯하다. 이하는 모두 신응구로 수정하였다.

以死罪 只爲違命 則亦知其父之無一毫自罪之意也 以爲奴苟免 敢擬孔子
之微服 而反加於栗谷之入山 則其心非但 不以不死 爲是而已也 又以實在軍
前之語 比其父之失身 於孝宗之藩行 則其意盖與其父.

句賤詐矣 延廣妄矣之說 同一軌轍 而皆出於不滿孝宗 嘲戲春秋之意也
其於誣君之罪 亦如何哉 宣擧 初上孝宗 疏曰 與妻約死 妻死而不死 與友約死
友死而不死 非爲友也 爲妻也 只恨臣身苟活耳

> 宣擧疏 又曰 江都事 臣不欲與言 而臣之深痛 實在於此 臣仲父炡 以宮官
> 致其命 而臣不得與之 相抱而死 士友權順長 金益兼 皆不負其志 而臣不得
> 與之 同日死 妻決子棄 而臣獨爲奴苟免 如臣此累 非獨擧世笑之 求之於古
> 志士仁人 所嘗恥惡也 云云 可笑 可笑

如此自責之辭 皆是假飾 而上自君父 下至師友之所取者 盡爲虛套也 以此
論之 果爲如何人也 黨惡之形迹 已著於自家之書 偸生之本心 已露於其子之
證 其父之不死 爲十分道理 則權金之死 爲十分不當之道理也 初無可死之義
而死之則是爲浪死耳

其父初無 可死之義 故不死 若死則同歸於浪死明矣 其母則初有 可死之義
而死之耶 其父初無 可死之義 則其母亦無 可死之義 可知也 無可死而死之
則亦可謂浪死矣 不曰 其母亦未免浪死 而獨指權金曰 浪死者 何也 徒知發明
其父之不爲浪死 而不知發明 其母之自歸浪死 爲父之地則可爲孝也 爲母之
地則吾未知 如何也

> 以權金 堂堂之節義 謂之無必死之義 而歸之浪死 則其後權金之子孫 當沫
> 血掩泣 請討不暇 而權之子孫 有黨於拯者 至誠悅服 或擧其祖之事 而問之
> 則亦曰 吾先子 雖不死 未害於義也 明齋之言 盖此意也 若曰 其不死 未害於
> 義則 其死之害於義 可知矣 噫 何厚於拯 而薄於祖耶 黨論之誤人 如此
> 世道之憂 良覺寒心

江都偸生之後 拂拭乎賢師之門 吹嘘乎群哲之手 生而有學問之名 死而有
俎豆之亨 爲幸於宣擧 有光於拯輩矣

爲拯之道 所當自足不暇 而乃反呼黨引類 舞辭文過 幷與江都事 而淸脫之 以致人心拂鬱 群議層出 舊愿新愆 露出無餘 拯之不孝固亦重矣

丙子以後 義理掃地 利欲滔天 宣擧 乃以偸生苟活 爲一大羞恥 終身自廢 不求榮達 則其志有足以植節扶義者 然故 尤翁以爲 與其忘廉喪恥者 觀之 可謂潔身不汚也 可謂一星孤明也

又曰 始雖不同 於取義之士 終能同歸於立懂之人 旣曰 不同 則相反 於取 義之謂也 又曰 中罹大難 非欲瓦全 是不如玉碎之意也 贊揚之中 亦自有褒貶 之意 何可謂前後相戾也 然前則見欺而贊之 後則覺悟而非之 其贊其非 皆出 於公心 庸何傷於義理也

先治黨與之說 出於宣擧 在世之日 先學可疑之敎 在於拯也 受業之日 碑文 之寓意 己酉書出之後也 練時之祭文 鑴也致奠之後也 皆在背叛之前 其果怒 拯之非己 而攻斥其宣擧者乎

鑴卽權秀夫之妹婿也 權卽尹宣擧之妹婿也 鑴之婚在 於甲戌乙亥之間 宣 擧之友鑴 似在此間 尤翁之知鑴 亦在乙亥 乙亥秋 場屋始知鑴也 斥鑴在丁 丑之後 見改註中庸 於宋基厚之家後也 斥宣擧之黨與 又在其後 拯之出入 尤門 又在其後 同春曰 拯之事 吾所不能爲也 尤庵每斥其父 爲異端 而今乃 屈膝受書 彼師弟 能保無事耶云 據此則尤翁之斥鑴 已在四十年前者 可知 之矣

宣擧之徒 羅良佐者 上疏累千言 專以辨其師之誣 攻斥尤翁爲主 而其所以 辨明者 無一可觀者 其疏曰 己亥以前 尤翁亦無 斥鑴之實 旋又曰 尤翁之謂鑴 異端 在於癸巳 癸巳 是豈非己亥前 七年之事乎 又曰守城堞 固是死所而所 與同事之人 亦有同死之義 是亦知當死之義矣 旋又曰 倉卒顚沛之間 或生或 死 其勢所然者 何也

又曰 宣擧戊辰之書 謂鑴英才 不可不用 是亦知 尤翁之用鑴 迫於其師之議 也 旋又曰 擢用尹鑴 出於尤翁之本意者 何也 又其所引孔子微服之喻 淸陰桐 溪之說 節節無據 若使 宣擧於城陷之時 身無所汚 而邂逅得免於難 則謂之不 甚 害於義理者 猶或可也 況與友背約 爲奴苟免 則其所辱身當如何哉 少論 皆以羅疏 以爲一大明 是非之文 甚可笑也

良佐所著 明村雜錄 專爲詬辱 尤翁之書也 言一事 則輒引某人言之 而爲證
以實其言之不誣 其所設心者 一何巧也 爲渠之師 則可謂誠且勤矣 然反助
尹拯 辱絶其師 渠則自謂爲師 而朋友則勸之背師 何其一厚於己 而太簿於
友耶
其書中 南有昌田沓事 金三淵昌翕 辨之詳矣 其他所誣者 則金副學鎭商
亦辨之盡矣 今不必更辨 而至於誣辱 姊氏之說 人而有是言 則孰不可忍也
辱其姊 猶如是也 況復有尤翁乎 其陰險凶譸之狀 有不可言也
昔與羅杰 論此事 羅云 此非吾從祖書也 世間怪怪輩 假名僞作 誣惑後世也
未知其言之信然否也 杰卽良佐 從曾孫也 或有家庭之所聞者 故其言如是
耶

韓全州聖輔 逐條卞明之疏 李芝村喜朝 指節證破之書 章章有據考之 則可
知其詳矣 子亦莫以羅疏 爲可信之文也

韓之所后子 配夏 悖甚 與其父異論 嘗於其父之座 攻斥尤翁 無所不至 其父
之壽宴 不請其父之僑友 盡會其類 皆是攻斥尤翁之徒 言到尤翁 則輒詬辱
萬端 其父坐於一邊 徒泫然無語而已 其悖惡之狀 不一而足 韓欲破養 而爲
尤翁力挽 而止之 其子孫輩 亦祖述其悖說之餘 自以爲少論峻派 亦可觀世
變也

蓋宣擧 所以見疑於世者 有兩事 偸生與黨惡也 所以取重於世者 亦有兩事
悔過與絶鑴也 方其偸生之時 人固疑之 及乎改過則賢之 黨惡之日 人亦疑之
後乃絶之則取之 宣擧之所以爲宣擧者 豈非悔前過 絶鑴惡乎 及拯出 以其父
己酉擬書 著之於年譜 以明其扶鑴之心 則黨惡之跡著 而絶鑴之言虛矣

尹譜云 希仲 妙年自悟 有志於學 立身制行 不泥古人 讀書講義 不拘註說
言論見識 實有超詣過人 據此 則擬鑴於生知 無疑矣

抵史局書 以其父之不死 爲十分義理 元無自責之意 則偸生之心露 而悔過
之說誣矣 拯之抵 尤翁書曰 先生之於鑴 是十分絶也 先人之於鑴 是未十分絶
也

尤翁答曰 郭忠孝 自黨禍之後 絶迹師門 伊川沒後 亦不致奠 彼人之絶於先
丈 自處郭如忠孝 則當時 豈有致奠之擧乎 以此 知鶴寺先訓 或是一時偶然見
敎 而非出於深商量慮 終始之言也 子仁如曰 吾先人 與其人 平日極厚 庚子以
後 終不忍以禍心 疑之至於鶴寺之語 不過一時偶然 酬酢 故己酉奠誄之日
吾亦不至斥退云爾 則豈不明白痛快乎云云

甲子 答尹拯書曰 來諭 先丈於某 實有至誠 足見先丈 盛德愛人矣 然本是至
誠 則本源實地 何故不言 而猶有待於後人耶 豈後人精義妙用 有跨越於前
人耶 妄意以爲先丈 至誠在於鑴 而不在於余也 今日 高明之怒 亦不專爲先
丈發也

然則 尤翁於宣擧 有何所取者 而不爲明斥之乎 尤翁今日之言 實因其子證
成之語也 拯若欲掩之父過 以爲虛誇之言 則其無狀之罪 有何可言也 他人尙
不可誣也 何敢誣其父乎 設使其父 不知背義之可恥 黨惡之爲非 其子之道
所當爲親者諱 況其父實有悔過之心 絶鑴之事 而乃爲誣妄之言 欲護其父
則拯非幼兒穉子也 獨不知 一世所共知之義乎 以愚料之 此乃宣擧之本意也
拯雖不肖 豈爲誣父之言乎

申丈景翰曰 尹宣擧 有功於國家 江都之罪 當赦之可也 君輩 何其攻斥之過
也 余曰 有功於國家者 何謂也 申曰 尹之丙子一疏 有光於天下 中朝之史
必書之日 朝鮮舘儒 尹宣擧上疏 請斬虜使 垂之於萬世 則朝鮮之義聲 豈不
彰著於天下乎 其江都爲奴 不過渠身上失節 此則不載於中朝史冊 何關國
家 但其自責自悔之辭 是皆欺世手段 而其子證成之言 歸其父於虛套 是可
笑也 云云 此言雖近詼謔 亦可觀 慨世之一端也

己巳禍作 玄石抵書於拯曰 今日尤丈 爲罪首 時議 求其異趣者 爲助人多爲
高明慮之 伸救驪尹之時 必因引兄家 爲證云云 及凶徒之伸鑴也 果以爲尹拯
亦謂之寃死 可見其公論也
拯欲掩其情迹上疏 略言 其父於禮訟之後 與鑴相絶云云 鑴之子 夏濟 亦上
疏 悉陳 善擧與鑴 符合之狀 祭宣擧後 與拯唱和之說 以明拯之父子 元無絶鑴

之事 拯乃無一言卞之 其宣擧 平日之本意 如此 亦可知也

今之論者 欲贊宣擧 則以爲拯之言 非其父之本意也 欲救拯 則以爲孝子之心 無所不用 其極也 周遮回互 而自稱公論 誠未滿一笑也

盖父生師敎 不可二而論之者也 其父眞有 可議之失 而以情外之言 斥之則師生之義 雖重 其在父子之道 亦不可晏然 惟當竭誠開諭 至於無奈何而後退而含恤 若窮人之無所歸 人雖問之 不敢以一毫 悲憤之辭加之 只待其師之覺悟而已 此古今不易之義理也

今拯則旣使其父 由己而疑之於尤翁 及其致疑而非之 則强迫而求譽之 不滿於其意 則乃反面倒戈 而攻之淩踏 詬辱無所不至 或曰機關 或曰權數 或曰僞學 或曰義利雙行 王霸並用 或曰本源心術之地 不能無疑 略無忌憚 顧護之意 此實從古 師生間 所無之變也

拯之言曰 師有恩義 輕重之分 不可與君父一般 至於有師輕父重之論 噫父師之間 豈有輕重之可言也 經有作之君 作之師之言 禮有生三事一之訓 顔子有子在 回安敢死也之說 伯牛有設南面 於北牖之事 其爲君師父一體之義明矣

昔孔子謂仲弓曰 犂牛之子 而未聞仲弓 有憾於夫子 若曰 父重於師 則仲弓亦必絕其師矣 今拯有賢於仲弓而然耶 父師有輕重 則末流之弊 又分輕重於君與父之間 以至於人 不爲人之境 其爲害於世道者 豈淺淺乎哉

尤翁之喪其夫人也 尹拯曾未升堂而入 哭靈筵 人有問其禮者 拯曰 禮有若喪父 若喪子之文 則父子師生 情義無間 今之入哭 是無於禮之禮也云 則其師生間 情義之篤 於斯可知矣 前有父師 無間之語 後有父師 輕重之論 前後所言 一何是不相符耶 謂師無間 於父而入哭 其師之妻 則又於其師 自以爲如何也 昔日 父視之師 今變爲讐視之怨 若使其君 有所罪於其父 則爲讐爲怨 亦如其師 天下豈有如此之理乎 只知有父 而不知有君師 則滅綱敦倫 至此極矣 豈不寒心哉

拯於尤翁 知其有如此之過 則猶且屈首服事 尊其人 學其道 而爲父請文欲爲泉道之賁者 抑何心哉 當求一世 無瑕之人 以爲傳後信筆 可也

果以此等事 疑之久矣 則何乃就尤翁 而求贊父之文乎 夫墓文之托 固當於

賢者 不可於匪其人之義 拯雖昏暗 亦知此矣

輒以墓文爲托 則固不以爲非君子也 及其文成 而猶嫌借重於玄石 則固亦
以尤翁之言 信乎來世 尤有重於玄石也 至其所望不副然後 本源心術之論
機關權數之說出 而尤翁遂爲無狀底小人 若使 墓文如其所望 則自如爲君子
矣 尤翁之爲君子 爲小人 在於宣擧墓文之善與不善 朝爲薰 而暮爲蕕 昔山斗
而今塗炭 何嘗有如尤翁者哉

金農巖昌協 所謂 尤翁三寸管 不能當 南無一聲 飽盡刀山劍水之苦者 是也
夫拯之事 尤翁之時 年紀已長 學文已熟 非幼眇蒙昧之時 可比也 苟不知尤翁
之不賢 而事之則是不智也 知而猶事之 則是不仁也

師生之道 果有恩義之深淺 所遭之輕重 則其道理事勢 細加參酌 擧措極當
從容處置 極當[3]分明不宜 有毫髮之差 然後可也

拯則不然以平生悅服之師 一朝視如血寃骨讎 一言之有及於尤翁者 則怒
目張膽 極意喝罵 一節深於一節 始自先生 而變爲函丈 函丈而又變爲門下
門下而又變爲懷川 懷川而又變爲宋相 宋相而末變爲斥呼姓名 宛然有恨 不
斬作萬段 爲一轍之意

君子絶交 不出惡聲 雖一時朋友間 猶當如是 況於四十年父事之師乎 曲藝
之師 猶曰 不敢以夫子之道 反害夫子也 又況儒者 平生尊仰者 乃如是耶
攻斥之不足 辱而絶之 辱絶之不足 終至於殺之 無所一分假借之意 此豈獨爲
一時世道之變也

背其一師而不足 又奪其一師之書 俞市南棨 亦拯之師事者也 市南之歿也
仍奪其所著 家禮源流 以作其父之書 此亦師生間 一變怪也 權遂庵尚夏 所謂
一則背師 二則背師者 是也

拯於市南 亦有師生之義 拯之祭 市南文曰 先生以子姪視拯 拯以父兄事先
生 云云 其情義之篤 可知也 家禮源流者 市南所著之書 而宣擧亦嘗共其彙
分者也
市南臨歿 托此於拯 而梳洗其書 宣擧亦撰 市南行狀曰 公以禮書多門 有難
領會 乃就文公家禮 立綱分目 取古禮經書 及先儒說 并東方諸儒 論著文字

---

3) 極當은 當極이 타당한 듯하다.(『정암집』 권20, 「管山問答」)

付逐條之下 名曰 家禮源流云云 然則其爲市南之書 亦可知也

其後 市南之孫 兪相基 將欲刊行 請還其付托之本 拯不肯送還 仍攘以爲其
父之書 謂之不記付托之語 又爲話言之狀 以其行狀語爲證 則亦曰 若使市
南 撰其父行狀 當曰 其父之書 云云 終不還之 源流初本 適在鄭瀁家 以此行
于世

盖源流初名 家禮輯解 其後改名曰 源流 以輯解較之 源流則同是一書 而規
模取舍之間 不能無少異者 輯解疎略 源流詳密 其爲後本可知也

尹家之人 只知其源流 不知有輯解 宣擧之初 不干於是輯解者 益明矣 輯解
一出之後 其實狀 愈露故白地做言曰 宣擧與尤翁 鄭瀁 會于遯巖書院 時宣
擧不書題目 而欲名源流 尤翁謂可以名輯解 又鄭瀁之謄出此書者 在於市
南已死之後云云

今以宣擧年譜考之 遯巖之會 凡五 而於鄭瀁 則不與焉 以鄭瀁日錄 參之
則丙戌壬辰之會 瀁在京供仕 其餘三會 瀁在比安任所 瀁之不得參會 亦明
矣 又考宣擧年譜 源流之成 在於壬午 遯巖之會 在於丙戌 成書五年 寧有不
定名之理乎

瀁之謄出 果在於市南死後 則源流之定名 已在於市南生前 不用其主編者
所定之名 而反書尤翁數十年前 語次間泛擬之題目哉 且於尤菴文字 多有
源流之稱 瀁獨稱之 以輯解者 何者 宣擧之市南狀 以爲源流屬之於市南矣
李糸參判廷夒書 皆以市南爲是書之主 今之明證 莫如此等說 而拯輩之言 莫
非疇張眩幻 節節生疑甚可笑也

故愚嘗曰 拯之一身 都是背師也 噫 宣擧所以護鑴者 恐鑴之提起 江都事也
拯之所以尊鑴者 喜鑴之欲禍 尤翁也 殺尤翁者南人 而使之遂之者 拯也 何者

戊辰年間 宋彝錫 爲省其姑 尹忠敎之妻 往尼城 時拯與諸尹 行飮酒禮
宋亦參其座 拯曰 益勳之命 止斯而已 宋某 亦安得免也 其中一尹 以肱止拯
微語曰 座有生客 拯回顧旋語曰 南徒太盛 士禍可慮也 彝錫歸告尤翁 尤翁責
之曰 勿復爲未信之妄言也

其後 金萬埈 又自尼城而來告 尤翁曰 尹拯 欲盡殺小子家 及先生矣 尤翁
又責止之 此其形迹之一也 朴泰晦日記曰 李元禎之子 枏命 以大諫 上來言於
渠輩曰 金壽恒 則吾輩之讐人 不可不殺 至於宋某 則金錫胄之起 庚申獄也
方在巨濟 安得與通謀乎

且渠輩 以宋某 爲儒宗 今若加律 則必謂之士禍 此亦苦悶處也 不如置之矣

一南曰 安知不與通謀乎 若使權憍問之 則尹拯必不諱矣 仍使憍問於拯 拯曰
其時 果與錫胄 有二度書矣 南人 以爲二度書 必是通謀之書 仍作己巳之禍
云云 此亦形迹之二也

二度書者 尤翁謫巨濟時 有瓜病 以病錄 送于尹以健 問藥下送 尹問于鄭維
岳 維岳 以爲重症 不可獨斷 往議於淸城 淸城亦以爲重症 製三十貼藥 送于
尹以健 傳于尤翁 尤翁服之見效 仍作書謝之 淸城見書又以蠟燭五十雙奉
送曰 聞謫中 每夜看書 恐致眼病 敢以代油 尤翁又書答之 是爲兩度書也

尤翁之歿也 玄石依栗谷 哭退溪之禮 服三月 抵書於尹拯 勸以武王伐紂後
封武庚之義 爲之望哭 拯曰 兄非栗谷 彼非退溪 其何服爲 情義已絶 便是路人
豈有望哭之義也 云云 玄石所證之言 雖極悖慢 果川4)以後 作一拯門之降卒
亦何足怪也

甲子年間 玄石勸尹 作書 摧謝於尤翁 拯曰 函丈之於先人 自碣文以來 實非
一言一事 而至木川事而極矣 人子之心 安能晏然 如他日由是 情不能不異
於前 義亦不得不異於前矣 以情以義 俱不能如前 不自知 其非是 則雖欲摧
謝 何以成說話乎 云云
前旣以情義不如前 示其相絶之意 而況於中間 詬罵凌辱 轉深百節 則今豈
有望哭之理哉 玄石 非不知尹意 而有此書者 何也 其心一則阿好於拯也
一則恐當世之議也
世以玄石謂之 三節人 甲寅後 尊慕尤翁 甲子後 譏斥尤翁 甲戌後 復尊尤翁
是爲三節也 甲戌之後 欲掩其跡 與拯往復書語 關尤翁者 一皆刪去於私稿
之中 諺所謂以鎌遮眼 雖欲防後世之公議 其可得乎 小人之情態 於斯可見
也

然以伐紂之語觀之 拯之殺尤翁 亦一證也 崔愼 所以祭尤翁之文 人言拯也
殺我先生 其迹雖微 其事甚顯云者 蓋謂此等事也 逢蒙之反射 邪恕之寢皮
乃其一串來心術耳 可勝痛哉
殺之不足 並與其所尊者 朱子而攻之 朴世堂 思卞錄 專爲侵斥朱子之書也

---

4) 果川은 木川이 타당한 듯하다.

拯也俯首聽講 乃蒙弁卷之屬 其所以厚於世堂 而薄於朱子 可知也 及其世堂
之死 贊之以孟子 孟子之浩氣 用於闢楊墨 世堂之浩氣 用於攻朱子 其來也果
相類乎

其父則見誤於鑴 子則阿好於世堂 黑水之初 改中庸 宣擧莊誦之不暇 世堂
之再改中庸 拯也隨喜而媚之 宣擧死 而鑴有生蒭之奠 世堂死 而拯有浩氣之
贊 其父子之相傳心法 良可怪也

漢曰 子誠雄辨也 以余之拙 不可辨 其當與不當也 然西溪思辨 豈爲侵斥朱
子之書也 而又豈與明齋混疑 並斥黨心 以議之耶 尹鑴之改中庸 全去集註
一掃朱子之言 則容或有罪也 至於西溪 則不然 不過於章句集註之間 辨釋其
所疑者也

饒胡兩陳諸儒 皆朱子之徒也 註解諸經 多有不從朱子之語 我國晦齋沙溪
亦有辨疑之書 未聞以侵斥朱子目之也 凡人之不可强同者 所見也 若以所見
之少差 於朱子 而輒驅之 於侮賢之律 雖以朱子之故 不敢發口 其心則豈宜肯
服也

且義理者 天下之公也 非朱子之私也 以天下公物 禁天下之無言[5] 可乎
解經不同 爲無妨 是先儒之言也 朱子之所學者 程子 而於程子說 亦未嘗皆從
以此謂之 朱子侮程子 則恐非公論也 朱子之心至公 其爲章句集註也 豈欲使
天下後世之人 不敢有言 於其間也哉 朱子之意 必不如是 而特後世之人 呵禁
太過耳

然只攻改註之人 則猶有可也 至於攻黑水 而並與魯西 斥西溪而渾之明齋
者 蓋不明於是非之眞 而實出於黨論之私也 竊爲子不取也

余曰 宣擧扶鑴之論 子亦祖述 其緖餘耶 若如子之言 孔孟曾思之道 至此蔑
矣 四聖之道 何在 在於論孟庸學之書 四書之旨 何在 在於章句集註之間

朱子所以明 孔顔曾思孟之道者 其不在於四書之集註乎 故先儒曰 前乎堯
舜之道 必待孔孟而後明 後乎孔孟之道 必待朱子而後顯 此三經四書之傳註
有功於後學者也 至於我東 退溪栗谷兩先生 亦嘗曰 孔孟之道 非朱子 不明乎
天下後世矣

蓋程朱之前 自漢唐以來 註疏者 殆百家 而無一人 得聖人之本旨者 至程子

---

5) 有言은 無言이 타당한 듯하다.

出 而一掃其訛謬 而發明之聖賢之本旨 義理之要領 於是乎光明彰著矣

至朱子作 本於程子所已發明者 且撮前古諸儒之說 採當時學者之言 集衆
說而折衷之 以定章句集註 而成書 則義理之精微 學問之蹊逕 益無餘蘊矣
與夫子 刪詩書 定禮樂 同其功矣 則雖謂之朱子之書 可也

是以 天下古今 未了之案 至是大定 爲不刊之典 布之於天下後世 四海同文
而無敢有異議於其間者 則亦謂之天下書 可也 儒家實法 孔顏曾思孟 及程朱
卽其宗也 天下古今之所共尊敬 而不敢慢 所共欽慕而不敢怠 敬之如神明
信之如父母 不敢忽焉 此春秋大一統之義 而爲天地之常經 古今之通義也

堯舜之道 至夫子而益顯於世 故有賢於堯舜之贊 而後聖不以爲過 孔孟之
道至朱子 而益明於世 故有孔孟後一人之語 而先儒不以爲非 若有一毫異議
於其間 則惟當嚴辭痛斥 絆之以異端之科 可也

況以輕侮之心 肆發叱罵之言 變改章句集註 無所持難曰 義理者 天下之公
也 豈朱子獨知之也 類若以朱子 爲己之相等 而與其爭其曲直者然 攻侮譏斥
不容少借 有以自家之書 欲作主人 於天下之意焉 此非斯文之賊 而何哉

余少時 見思辨錄 其爲書句訓章解篇釋 供成一家之書 而義理大處 無不背
馳於朱子 以中庸言之 如篇題中庸二字 及性道教之名義 愼獨中和費隱等
義理一切相反 而其他違悖者 不可勝數也 章句之上者下之 下者上之 合者分
之 分者合之 顚倒變幻 惟意所欲 逐段着圈 以辨章句集註之說 顯辭譏斥
不擇語言 大學亦然而論孟不出此套 其所變改者如此 其所譏侮者又如是 則
其爲朱子之徒者 豈不沫血 請討以正其法也

夫兩陳饒胡之說 以其編於四書所註[6]者視之 則是不過朱子註下之言也
雖或與朱子 有一二異同者 要之大體 皆不出於朱子 範圍之內也 至於晦齋之
異於朱子者 亦不過謂 格物之傳 未嘗亡以經之 知止物有二段 爲格物之傳而
已 未聞以格物之爲窮理 與朱子爲異也 何嘗與此書之 以格物不爲窮理 而并
與義理一切 背馳於朱子者耶

猶以晦齋之補遺 退溪功之以誣經 栗谷斥之以輕師 若使退栗 當鑴世堂之
時 豈不有沐浴請討之擧乎 若乃沙溪 經書辨疑 則只是以朱子之說爲主 而辨
諸子之異於朱子者也

---

6) 所註는 小註가 타당한 듯하다.(『정암집』 권20, 「管山問答」)

朱子或與 程子不同者 不過文義之間也 其於學問 義理之實 則未嘗有 毫忽
之不同者 此所謂無妨 而亦以朱子 對程子而言 故曰 無妨耳 今以此爲證
尤何可成說也

趙浦渚翼 亦有經書辨疑 而其說或有 證於思卞者 蓋其義理大體 則無所背
馳 於朱子 而言語遜順 不敢有自是己見之意 豈復有如鑴世堂之改註者耶
然尤翁 撰趙之碑 而猶爲疑之 與春翁 往復相議 然後 撰其文 其有所重之義
於此亦可見也

噫 我東 自圃隱以後 至于今 以儒爲名者 莫非謹守朱子之成法 一從朱子之
成說 規模之嚴 門路之正 三百年 如一日矣 不幸 有尹鑴者 敢改中庸 而侮辱
朱子 曾未幾何
朴世堂之思辨錄出而譏斥朱子 又未旋踵 崔錫鼎之禮書類篇 出而自比朱
子 又安知此後 有幾個如此等書耶
禮記之書 雖出於漢儒之所編 自古列之 於詩書易春秋之中 稱之以五經
雖程朱而未嘗少貶焉 則其禮亦重且大矣 何敢章分句釋 作爲類聚之文 還編
庸學 攙入孝經 亦甚無義 而况於大學 則割去本末章 中庸則掃除費隱註 孝經
則不用刊誤 深衣則深排家禮
以此作一家 隱然有較其得失 勝負於朱子之意 而又况以是 進之於君上
講之於法筵 頒于縉紳 行諸中外 欲將伸己說於一代 其爲世道之害者 當如何
哉
斯文之變 一轉爲黑水 再轉爲尼尹父子 三轉爲思辨禮類 其所爲思辨禮類
者 莫非原於鑴之改註中庸也 前凶後奸 同一心臟 而謂之無妨 扶之甚力者
尼之父子也 求其源流來歷 則鑴爲之本 而其實尼也 金三淵昌翁 所謂黑水餘
波 灌注於西溪 懷襄於尼城者 是也
噫 欲掩其父之過 而反彰其父惡 使萬世人人 無不知之 其不孝之罪一也
背其師 而假手殺之 並與所尊者 朱子 栗谷 而譏侮不暇 其不悌之罪二也
樹黨引類 暗結希載 初使南九萬 柳尙運 尹趾完輩 不利於仁顯 末乃使 輝㤜鏡
夢輩 沮戲國本 其不忠之罪三也
負此三大罪 豈可容於覆載之間哉 若王者作 治之以春秋之法 則先鑴黨而

伏法者 拯之父子 而後而黨扶其人者 亦安得無罪也

漢曰 甚哉子之言也 何若是過耶 輝耇鏡夢 不幸雖出於少論之中 明齋歿後 數十年之事也 豈嘗有明齋之所使者也 其言亦不無勒人底意思 竊爲子不取也

2. 辛壬士禍

余曰 辛壬之禍 莫非尼尹之所開端者也 己巳作禍之徒 無非鑴黨 而拯亦以
鑴邊親知 爲南人所扶 只及削黜而已 其時拯徒 締結南類 符合希載

至甲戌 群奸狼狽之後 希載無所逃死 則南九萬 柳尙運 尹趾完輩 稱以保護
東宮 唱出深長慮 三字(深長慮者 非爲國之深長慮也 實爲渠輩身上之深長
慮也) 以爲若殺希載 則禧嬪不安 禧嬪不安 則春宮不安 將有不利於仁顯之
漸 甲戌復位之日 九萬有今日諸臣之心 卽己巳諸臣之心之語 禧嬪廢黜7)之
後 又有定號中閤8)之說

至辛巳 大處分之日 又發六年母事之說 崔錫鼎 敢有謀國之義 宗社爲重
禧嬪無他 然後春宮乃安 春宮安 然後宗社乃安之疏 及其宮人之獄起 錫鼎又
上不必窮覈之疏 尹趾仁發 移鞫本府之請 以至有尹趾完 擧斧入闕之擧 末乃
使 趙重遇投 追崇禧嬪之疏 於肅宗因山之前 自此 輝耉鏡夢輩 次第而出
辛壬之禍 繼之以作 究其源頭 此豈非尹拯之所使者乎

噫 庚子大喪之後 李疏齊頤命 撰肅廟記實 而不敢書辛巳處分之事 館儒
尹志述 書進所懷曰 頤命 白首殘年 自爲身謀 隱掩先王之德 云云(所懷本文
頤命白首之年 顧瞻利害 費盡機巧 忘先王隆厚之恩 藉他日 讒賊之口 此豈人
臣所可忍哉 其不忠無狀之罪 又不可勝誅云) 以致誅戮 此其辛巳禍之所肇
也

深所痛恨者 彼流之疑 吾君父也 吾君之誣 尙未快辨 嗚呼 尙忍言哉

漢曰 惡是何言也 少論之中 元無致疑君父之事 吾君所以彼誣者 何事 所謂
痛恨者 何事也

余曰 今有一言而可知 其所以然者 景宗聖體 其果有疾耶 不然耶

漢曰 景廟患候 一國之所共知也 孰謂之無有也

余曰 然則雖有患候 猶有望嗣續之慶耶

漢曰 病患中 豈復有嗣續之望也

---

7) 廢出은 廢黜이 타당한 듯하다.
8) 中閤은 中閣으로 된 판본도 있다.(한국학중앙연구원, 『용문문답』, 청구기호
   K2-241)

余曰 其果無嗣續之望 則取三宗血脉 爲嗣可乎 以宗室之親 爲嗣可乎
漢曰 當以三宗血脉爲嗣者 正合於天理人情 我東土臣民 孰敢有異議也
余曰 子之言是則是矣 然子之所尊 光佐 何以諱疾於一世也 鳳輝 何以投忙
急之書也 泰耆 何以有潛入北門之舉也 泰億 何以有門生天子之文也 錫恒
何以有鍛鍊獄事也 一鏡 何以有渫血禁庭之文也 明誼 等七賊(一鏡疏下六
賊) 何以有金姓宮人之疏也(金姓宮人 指仁元慈聖之語)

尙險9)有道等 假造僞詔者 有誰所使之也 維賢 拔進銀籤子者 誰所使之也
虎龍之造變者 誰所使之也 至於三手之說 又出於誰人之口也

三手者 一則劒也 一則藥也 一則乘喪矯旨也 劒者 以常刀 謂之匕首也 藥者
以買之者 姓字違舛 用之者 日月錯盭 謂之毒藥也 矯旨者 做出宮城扈衛之
說 謂之矯旨也 又以出森爲忠兵 亦謂之矯旨也 凶徒以三手謂之 欲謀害景
宗之罪也

前有有龜 以中殿欲聞呼母之語 煽動群凶 於建儲之初 中有光恒億輝耆鏡
夢輩 危迫世弟 殺盡群良 於景宗寢疾之時 語逼慈聖 誣毀世弟 於景宗趙顯命
之日 後有顯命 把出復寢之語 脅制君父 使不得伸雪 寃死之人 於今上嗣位之
初 前後凶肚 一串貫來耳 其時事 尙忍言哉

更將前說 逐條10)詳辨 子亦靜聽 深思無復作 彼黨之餘論也

盖辛壬忠逆之分 在於聖疾之有與不有之辨耳 景宗答 金榰之疏曰 予素有
不潔之疾 有妨於齋明盛服之道 又備忘記曰 玉署諸臣 不知予之有疾耶 以病
不參祭之意 明示中外 其有倦勤之疾 可知矣

聖體安寧 早晚有嗣續之望 則建儲一事 果如輝疏之忙急 而果若是 聖疾沉
重 已斷螽斯之望 則建儲之疏 代理之請 其爲臣民之所可遲緩者耶

昔 宋眞宗 有疾 寇萊公 請太子監國 丁謂曰 卽日上體平 朝廷安 何以處此
李迪曰 太子監國 古制也 何不可之有也 謂力譖準 三貶道州 良以朝廷之上
小人俟釁 而眞宗有疾故耳

---

9) 尙險은 尙儉이 타당한 듯하다.
10) 逐條는 逐條가 타당한 듯하다.

仁宗連失三子 得疾不能御殿 韓魏公懷孔光傳進之日 成帝無嗣 立弟之子
彼中才之主 猶能如是 況陛下乎

司馬公 亦上疏曰 向者 臣進預建太子之說 意謂卽行 今寂無所聞 此必有小
人言 陛下春秋鼎盛 何遽爲此不祥之事 特欲倉卒之祭 援立其厚善者故耳

以此觀之 景宗不幸有疾 而已無螽斯之望 朝衆11)漸變 國勢危迫 則建儲代
理之請 宜爲次第汲汲事也 又況建儲之意 實由於肅宗之遺敎 代理之敎 亦出
於女中堯舜之命

而景宗亦有 左右可乎 世弟可乎之敎 則聖敎之丁寧 明白如日中天矣 彼鬼
蜮之徒 敢以無將之心 謀害宗社 何若是至此極也

建儲之疏出 而鳳輝 陰懷不滿之意 汲汲投疏 恣意扣撼 有忙急草率 疑惑人
心 無人臣等語 其心其語 已極凶慘 而及其一鏡得志之後 爲其窩主 陰謀秘計
至與泰耉潛入之擧 同一主張 而直下手 最易見者 無如鳳輝也

代理命下 而泰耉 危迫世弟 荆12)出冒嫌二字 不使政院知之 而突然進身
潛入北門 暗昧之迹 放肆之志 有浮於自點之熙仁 而虎龍之變上 敢請毋究梁
獄之說 欲置世弟於罔測之地 輾出 錫恒之鍛鍊 則群凶之巨魁 無出泰耉也

至於錫恒 則代理命下之初 先入 標信之輕下 又以代理 比諸傳禪 及其虎書
之上也 以爲語犯東宮者 只請勿書而已 其意欲置世弟於黯黮難明之地 而又
請賊虎錄勳 必欲奏聞於彼中 則其陰凶巧詐之狀 路人可知也

代理敎文之撰 大喪頒敎之文 皆出於泰億之手 而正策國老 門生天子 誰知
半夜遽承憑几之命 等語 實與一鏡之敎文 相爲表裡 而亦以一鏡爲是 則鏡億
果二身而一心者也

世良之天無二日 地無二王 陰移天位 國人疑惑之說 賊珪 皇天 必欲亂亡我
國家耶 何爲有此擧也之說 胤東危途閱歷千層浪 黼座13)依俙14)一夢場之詩
皆莫非實由於是矣 以賊珪謂之 奮忠忼慨15) 請加褒贈於景宗之時 又引 齊桓
用管仲之語 薦用輝耉 於今上之初 其心之凶慘 無忌憚 莫非輝耉之餘術也

---

11) 朝象은 朝衆이 타당한 듯하다.
12) 원 글자는 栁이다.
13) 寶座는 黼座가 타당한 듯하다.
14) 依俙는 『조선왕조실록』에 따르면 依俙가 타당한 듯하다.
15) 忼慨는 慷慨가 타당한 듯하다.

至若光佐 則代理名下之日 肆然 以國必亡無臣節等語 咆哮於廟堂之上 鏡賊敎文 逆節已著 而擢擬本兵 有若賞功酬勞者 然及至一鏡被鞫之日 强爲賊虎 切痛之說 顯示扶護之意

又當景宗 病革之日 以藥房提調 進用獨蔘湯 而朝紙上書 出蘇葉茶 秘諱聖疾 在朝之人 猶不知其聖候之重也 盖自甲辰七月 聖疾添加沈重 連進獨蔘湯 夜中急招醫官者數 而外人絶未聞 知其計實在於大漸之後 欲示其卒然賓天之意也 暗囑維賢 持入銀籤子 而外佯叱退 以作疑兵 以證鏡虎之言

丁未再入 悉復誣獄 以建儲代理 還置逆案 以實鏡虎之言 終之以唱戊申之逆 其凶譎之狀 有甚於輝耇16)而命敎輩 毁先王者 則曰 有疾 辨先王者 則曰無疾之說 要皆諱疾之手段 而泰徵思晟明彦益寬思孝有翼 皆有卵育 則戊申之巨魁 莫如光佐也

渫血17)禁庭 懷刃鍾巫 沙丘擁立之文 請復讐金姓人之疏 皆出於鏡賊之手而三手之說 又出於諸賊之口 尙儉有道石烈必丁等 謀害東宮 逞惡慈殿者豈無所挾而然也 謀逆事發 慈殿下諺敎於藥房 凶黨封還 人莫得見 及其再敎之下 不得已急急請誅 以爲掩迹之計 及其人情齊憤 衆口難防 則乃發鞫問之啓 而請出付有司

虎變之上 有關東宮 則明是大逆 而錫恒 請移鞫本府 有關於東宮者 請勿出於朝報

白望之上變也 按獄諸凶 出於告書 而猶且晏然 鍛鍊其獄 則無將無憚之心亦可知也 請覈金姓宮人 則鏡疏曰 禁闥肘腋之間 凶賊假息 杯觴飮啜之頃禍根莫除(弼夢 宗廈 明誼 思孝 聖時 巨源 是爲疏下六賊) 慈殿 旣有宮中元無金姓人 是謂未亡人也之敎 而明誼18) 猶有此賊之讐 爲必復之疏 弼夢直曰 殿下有何忌嫌 其指言之陰慘凶惡 皆所以要實 賊鏡之疏也

此一則致疑於世弟 二則致疑於慈殿 眩惑人心 籠絡朝廷 除去世弟 將售簒逆之計也 鏡虎 天海 肆辱於前 夢徵麟亮 移檄於後 輝耇19)光恒億 揣摩經營於其間 而精神所注 專在聖躬 建儲諸臣 還爲枝葉矣

---

16) 輝鏡은 輝耇가 타당한 듯하다.
17) 渫血은 蹀血이 타당한 듯하다.
18) 한국학중앙연구원 본에는 明彦으로 되어있다.
19) 輝鏡은 輝耇가 타당한 듯하다.

故上有予爲逆魁之敎 人君被誣者 古或有之 而未有若吾君之當辛壬者 豈但爲今上之逆也 實爲景宗之逆也 亦有景宗之逆也 是宗祀之逆也 萬世之逆也 一轉爲辛壬之群凶 再轉爲戊乙之凶逆 此莫非 輝耇鏡夢之餘孽 而輝耇輩亦莫非拯門之忠奴也

愚 所謂開端 辛壬之禍者 不亦宜乎 噫 衛護宗社 以致大辟者 四相 其首也(夢窩金昌集 疏齋李頤命 寒圃齋李健命 二憂堂趙泰采 是謂四大臣也) 李忠愍[20]健命 受禍之慘 視三大臣尤酷 爲其聯箚外 又有冊使準成之事也 保護東宮 而竟被誅戮者 六人其首也(金龍澤 李喜之 沈尙吉 鄭麟重 李天紀 徐德修)

金龍澤 李天紀 勒捧遲晩 於旣死之後 勘以極律 其逞毒之慘 視諸人尤酷 凶黨深怒之中 又有甚焉者故也 其餘 李晚成 金雲澤 民澤 金濟謙 趙聖復 洪啓迪 李弘述 尹慤 李宇恒 沈榗 白時耇 李尙馥 金časを 柳就章等 次第就戮 鄭澔 閔鎭遠 申銋等 或竄或逐者 不可殫記 李器之 金省行等 或坐或引而死者 計以百數 我朝士禍 不爲不多 而未有甚於辛壬者也

庚子 大喪之後 景宗聖疾添加 當時爲國之臣 咸憂其復寢後 無嗣續之望 上在潛邸時 金福澤 傳達此語 至丙午 趙顯命 以復寢二字 謂之誣辱 景宗之語也 高聲痛哭 誣殺福澤 顯命豈不知禮書 復寢之文 而以此脅制君父 使之不得伸雪 其冤死人之計也 故余曰 顯命之凶肚 是輝鏡[21]之骨子也

上在潛邸時 書肅宗御製詩一首 以賜金龍澤 其詩盖肅宗末年 題與今上者也 六人被禍之後 金之子遠材等 恐以此詩 禍延於後 將欲付丙 時閔翼洙過至 金泣告其詩之顚末 及欲付丙之事 閔止之曰 日後或因此 而有伸辨之道 金仍復藏之 閔歸傳其語 於從弟亨洙 亨洙又言於李周鎭 周鎭又言于趙顯命 顯命逢閔亨洙於稠中 引之靜處 從容問曰 聞有御製詩 於金龍澤家云 吾當白上 願聽其詳 閔心喜其或有伸辨之望 詳言其前後曲折

翌日 顯命白上曰 聞有肅宗御詩 於金龍澤家云 然否 上未及對 又厲聲曰 此是僞詩也 僞造御詩 希覬伸雪 不啻爲逆也 且聞其詩有關於景宗云 若非僞詩 殿下當知之

上曰 姑未思之耳 顯命擊地高聲曰 殿下若不殺此人 臣有子五人 必復此讐

---

20) 忠閔은 忠愍이 타당한 듯하다.
21) 輝鏡은 輝耇가 타당한 듯하다.

辭氣凶厲 白眼頻侵御座 上恐其威脅 亦敎以爲似是僞詩 杖遠材而竄 仍燒
其詩 顯命之無忌憚 險譎巧惡之狀 一至於此哉

鳴呼 忍復何言也 漢客默然 良久曰 子之言誠 或有過處 而以吾岨峿之見
不可辨也

3. 東西分黨

驪客 出言曰 南少之論 皆屈於子 而惟少北 則子不可得以疵之矣 君子哉 少北也

余笑曰 小人哉 小北也

驪曰 何相言之易也

余曰 大北領首 仁弘山海輩也 小北領首 柳永慶 崔天健 金藎國 閔馨男 南以恭輩也 宣祖末年 與仁弘山海輩 有所爭權 始有大小北之號 及永昌大君 之生 柳永慶 時以首相 窺上有易樹之意 率百官 陳賀 此豈非小人之態乎

仁弘 以謀危東宮 陳疏攻之 當時仁弘之言 其孰曰非也 光海登位之後 竟被 慘禍 是則冤矣 而小人之言名 烏可得免乎(當時所謂小北者 幾盡歸於滅類 而惟以柳希奮 亦以小北之故 力救而活焉 至今小北之遺種 是乃希奮之功 也) 今之小北 間於老少22) 觀勢趨附 吾未知其爲君子也

驪曰 李東皐浚慶 四朝元老 一世賢相 宣廟嗣立之初 鎭定物議 皆東皐之力 也 故中朝之人 亦有賢相之稱 而上而君父 下而士林 莫不恃而尊之 其臨歿一 疏 雖或曰 含糊 當時少輩之道不可毀而斥之 栗谷其言也惡之疏 不惟不遜之 甚也 其於道理上 亦未知其穩當也

余曰 東皐相公 固可謂之賢相矣 退溪亦曰 李浚慶 當危疑之際 不動聲色 而措國勢於泰山之安 誠柱石之臣也 當世之議 孰不以賢相謂之也 然而四朝 老臣 朝廷宿德 君上恃之 臣僚依之 則栗谷所以不得不有是疏也 不論人之賢 不肖 氣之將絶也 塵欲消盡 故其言皆善 古人所謂 人之將死 其言也善者 是也 況以元老臨死 告君之語 當明白痛快 某也賢可以用之 某也不肖可以遠 之 使其君父 不可一毫有疑 於君臣之間也 只言朝廷 有朋黨之漸 語甚糢糊 卒之以喪邦之言 遂失令名 惜哉 其言也 果善乎不善乎 若與善相反則曰 惡可 也 然寧曰 或恐其太露也 未知其不遜也

驪曰 其時 朝廷之氣色 不論某也 將有朋黨之漸 故其言如是耳 語意雖或疑 之糢糊 豈可使君父 有疑於君臣之間也 又豈至於喪邦之言哉

余曰 未見其黨論之漸 而告君之辭如是 則非君子進言之道也 見其幾微

---

22) 老小는 老少가 타당한 듯하다.

而若是其糢糊 則非大臣和解之言也 宣祖 以幼沖之年 初登寶位 難與群臣
相孚之時也 元老 臨終之言 不曰 某也 某也 有朋黨之私 可以斥之 而只曰
朝廷將有 偏黨之漸 請破之 疑惑天聽 其末流之害 當如何也

一人薦一人 則或疑其黨與 一人斥一人 則或疑其偏私 以致群下不和 至有
東西角立之弊 仍成國家難醫之疾 一言足以喪邦者 非此之謂耶

驪曰 東西之分 豈可由於東皐之疏也 此則子之言 得非過乎

余曰 君上疑臣 太過 故朝廷不靖 朝廷不靖 故士林不和 士林不和 故角立
之患生 盖無相疑之漸 則其害豈至於斯也 其源雖微 其流甚大 至於沈金之爭
而益見其東皐開端之失 栗谷防微之智矣

愚請言其槩 當初沈義謙爲舍人 時以公事到尹元衡家 元衡之婿 李肇敏
與沈相知 引入書室 多有人寢具 故沈問之 其一卽金孝元臥具也 義謙心鄙之
曰 孝元有文學之名 而乃從權門子弟而同接 決非介士也 其後孝元登第 律身
淸苦 才名日盛

金少時 與趙遜 李敬中 爲友 號金曰 玉無塵 號李曰 雪月 號趙曰 春風
三人相謂曰 士相友 不可無信 以竹作小牌 刻信字 各佩之 約曰 失此則失信
當絶 後金失之 趙以書責而絶之 李不絶之 趙又貽書於李而絶之

義謙有扶護 士林之力 故前輩士類 多許之 由是有當路之勢也

李樑用事 勢焰薰炙 一時嗜利之徒 靡然趨附 如李戡[23] 權信 高孟英 金百均
李翎等 爲其復心 如金明胤 鄭士龍輩 亦阿諛納交 元老之子 百源 怨其叔元
衡 殺其父 乃附於樑 將有謀害士林之機 如許曄 李文馨 朴素立 尹斗壽
奇大升等 以浮薄領首 爲李戡所劾削黜
義謙乃樑之甥也 初出仕路 交遊士類 欲反樑之所爲 與奇大恒 相議去樑之
計 大恒亦以樑黨 知沈鋼(義謙之父)之通 于內殿 得其慈旨 率舘儒 劾樑罪
惡 盡黜樑黨 士林賴而安之 此皆義謙之力也 然樑義謙之母弟也 逐其黨而
安士類於義可也 竄其舅而困死之 愚未知其必合於義否也

---

23) 『대동야승』 동각잡기, 「本朝璿源寶錄(2)」에는 李戩이 李戡으로 되어있는데 李
  戡이 타당한 듯하다. 아래도 이에 맞춰 수정하였다.

有薦金爲銓郞者 而義謙嫌前事 而輒沮遏 金居郞僚六年 乃爲銓郞 引進淸
流 臨事直行 故後輩士類 多推許之 孝元心短義謙 常語人曰沈心戀 而氣粗
不可柄用

於是 沈之儕輩 皆疑金有報復之意也 及義謙之弟忠謙 登第 孝元以戚臣
亦阻銓郞 自是 沈之儕輩 指金爲小人 金之儕輩 指沈爲害正士林 前後輩
不相和協 遂有分黨之漸

許草堂曄 以前輩 而推許孝元 故年少士類 尊以爲主 朴思菴淳 有淸名重望
而亦是前輩 故指之爲義謙之黨 主偏於攻金者 鄭松江澈也 甚於疾沈者許曄
也 沈金角立之說 自此紛紜

栗谷 見盧蘇齋守愼曰 兩人皆士類 非黑白邪正之可辨 而且非眞成嫌隙
必欲相害也 只是末俗囂囂 浮言交亂朝廷 不靖大臣 當鎭定浮議也 蘇齋仍達
筵席 補外兩人 以爲兩治之計 沈爲開城留守 金爲富寧府使 是宣廟之乙亥也

栗谷白上曰 邊圉重任 不可委於書生之手 而且孝元疾病深重 塞北霜雪之
中 不堪赴任 請補近邑 以緩其死 上意頗疑 栗谷有私於孝元 而不允 後知其不
然 移補三陟 盖栗谷惜其孝元之才 故累次建白者耳 自是 年少士類 危疑益深
前輩士類 駁激層加

扶金者 金東岡宇顒 柳西崖成龍 李潑 鄭仁弘諸人 許草堂曄 盖其窩主也
扶沈者 朴思菴淳 辛白麓應時 具栢潭鳳岭 李靑蓮後白 金黃岡繼輝 李藥圃海
壽 尹梧陰斗壽諸人 鄭松江澈 盖其領首也 上疑朝廷 有分黨結黨之漸 而不擬
孝元 於淸顯之職 有扶之者則疑之 有斥之者則亦疑之 朝論相乖 和氣日消
淸議漸微 士林洶洶

栗谷居中 撫安彼此 或以事則沈是 以人則金優之論調之 或以兩是兩非之
說解之 上說下話 極力調停 而終不成者 乃運數之所關耳

　　栗谷曰 天下固有兩是兩非 夷齊武王之不同 兩是也 春秋之時 無義戰 兩非
　　也 近日 沈金之事 不關國家 而乃相傾軋 至於朝廷不靖 是兩非也 雖是兩非
　　而俱是士類 但當和解消融可也 不可是此 而非彼 是兩是也
　　又曰 論其人 則皆可用也 語其失 則可謂兩非也 若必以一人爲君子 一人爲
　　小人 則愚未之信也 自古外戚之預政 鮮有不敗者 以竇武 長孫無忌之忠賢
　　膏身砧斧 義謙何人 敢以外戚 欲預政事乎 此義謙之非也 自古 君子鮮有不

避嫌 瓜田納履 李下正冠 古人所戒 只有大聖大賢 能不避嫌 孝元何人 乃不
避嫌 直抵義謙 自取報怨之名 以求交搆之名乎 此孝元之非也 此是調停和
解之說 而廢痼不入 至于永世之痼疾 乃爲國家之弊瘼 此豈非數運之大關
乎

東人指其和叔(思菴字也) 季眞(靑蓮字也) 以爲方叔(義謙字也) 門客 西
人目之 肅夫(東岡字也) 景涵(李潑字也) 以爲仁伯(孝元字也) 眤友 仁弘
有請竄 松江之疏 松江有醉罵 李潑之擧 轉相層激 相視讎敵 其爲病國之害
當如何哉

乙亥 兩治沈金之後 東西之論 轉相層激 至癸未 栗谷 以兵判 先行納馬之制
後聞其由 承召入闕 猝發眩症 通由政院 未得登對而出 兩司 許篈 朴謹元
以此爲罪 先行後聞 謂之擅權柄 旣入內曹 不得承命 謂之慢君上
時朴思菴 以領相 救解栗谷 副學權德興 玉堂洪進 論劾栗谷曰 朋比 分黨
有罔赦之罪 乘時伺釁 有莫大之惡 牛溪先生 亦爲上疏 伸救栗谷
大諫宋應漑 上疏 誣辱栗谷 無所不至 或曰 緇髡 棄其君親 得罪人倫 或曰
爲義謙所薦拔 得通淸顯 結爲腹心 死生之友 或曰 唱言 以調劑保合 陳疏
言義謙之短處 兼擧孝元之長處 以求至公之名 所以誣當世 而人不覺 上欺
殿下而莫之誤[24]也 或曰 列邑賂賄 輻輳其門 射利爭財 不遺錐刀 或曰 當國
半載 怨及蒼生 主銓一歲 濁亂仕路 眞所謂賣國之奸 或比之王安石
或曰 朴淳交口稱譽 矯誣殿下 成渾則爲淳等所薦揚 實與贊譽 互爲聲勢
若論義謙之罪 則珥出救之 若斥珥之失 則淳與渾 又爲營救 轉相引發 云云
大司成金宇顒 上疏 以三司謂之浮躁 微救栗谷 思菴 舘儒柳拱辰 上疏 論栗
谷牛溪之賢 儒生申磼 上疏 論三司奸惡之狀 且指洪渾 禹性傳 金應南 朴謹
元 金瞻 金晬 洪進倡爲邪說 云云 學儒朴濟 上疏 論金孝元 金應南 徐仁元
洪進 宋應漑 許篈 洪汝諄 洪渾 禹性傳 金瞻 鄭熙績 李景嵊 李徵 金宇宏
李山海 李棨 朴承任 朴謹元等 奸凶之狀 東西之戰 至是 紛紜
宣廟 答三司之啓曰 君子不患其黨 而患其黨之小也 予亦法朱某之說 願入
珥渾之黨也 自今以後 汝輩 以予爲珥渾之黨 可也
仍竄宋應漑 于會寧 朴謹元 于江界 許篈 于甲山 以金孝元 爲安岳郡守
權德興 爲星州牧使 洪進 爲龍潭縣令 洪汝諄 爲平昌縣令[25] 金瞻 爲知禮縣

24) 『대동야승』「混定編錄(2)」에 따르면 誤는 悟가 타당한 듯하다.

監 金應南 爲濟州牧使 栗谷思菴 次第還朝

至甲申以後 栗谷思菴 歿後 西人復困於東人 乙酉 兩司 論沈義謙之罪 植黨
朋比 貽禍士林 外而朝廷政令 內而宮壼擧措 無不指揮 與朴淳 鄭澈 李珥
朴應南 金繼輝 尹斗壽 尹根壽 朴漸 李海壽 辛應時等 結爲死友 權勢相依
濁亂朝廷 又如成渾者 亦受其籠絡 使朝廷携貳不靖 無非此人 釀成之罪
云云

時大憲李拭 執義李由仁 掌令韓顒 洪仁憲 持平沈岱 李時彦 司諫李養中
獻納鄭淑男 正言趙仁得 宋言愼也 大諫李潑 在外 從後來啓曰 義謙交結之
徒 諫官歷數無遺 而判書洪聖民 副學具鳳岭 皆是義謙之黨 而獨不歷數
云云

李延平貴 時以舘儒 上疏 辨之栗谷牛溪之誣 趙重峯憲 亦上疏 極陳栗牛學
術之正 皆被斥逐 自此西人 不得志 丁亥間 東論日盛 李貴又上疏 辨之曰
浮躁好進之徒 爭起而傅會之 前日附義謙之徒 一時納款於東人 倒戈而攻
之 又有相識 非珥之比者 李山海也 以識義謙爲罪 則何不攻山海 而攻珥也
云云

戊子間 趙憲又爲上疏 論盧守愼 鄭惟吉 柳㳉 李山海 權克禮 金應南 黨比病
國之罪 又論朴淳 鄭澈之賢 見棄遐鄉 宜速宣召 云云 宣廟以爲奸凶 焚其疏
(甲申 栗谷歿 戊子思菴歿)

至己丑 汝立獄起 東人之死者 甚多 自此 東人失勢 辛卯 柳成龍 以右相
兼吏判 東人多在三司 先斥柳拱辰 李春英 次及 黃廷彧 尹斗壽兄弟 李山甫
黃愼 西人名流 無一人安職者

自此 東人復爲 得志 有所爭權 始有南北之名 至壬辰死節之人 多出於西人
東人之氣 小沮 至昏朝 北論大盛 西人盡逐無類

至仁廟 癸亥 西人始用之 至孝宗己亥 以禮論 西南 仍成釁隙 爲國家難醫之
疾 可勝歎哉

栗谷所謂 論其事 則沈是而金非 論其人 則金優而沈劣者 是爲千古之公案
也 出身之前 出入權門 孝元之失身也 登第之後 報復私嫌 孝元之狹隘也
特有文才 喜進淸流 故爲一時年少士類 所推許者也

然己丑之後 西崖 東岡 緩於攻西 而謂之南人 李山海 鄭仁弘 峻於攻西
謂之北人 南人之名 又分於東人之中 人心世道之變 亦可怪也 其來之漸 豈一

---

25) 平昌은 昌平이 타당한 듯하다.

朝一夕之故哉

李延平貴 陷窣說曰 乙亥 西人 以孝元爲窣 而其窣在於優劣之間 不見其傷害者

丁丑 東人 以義謙爲窣 而優劣變而爲是非 其窣猶淺 故入之者 顚躓而已 己卯以後 是非又變而爲邪正 其窣已深險矣

至于癸未 李珥 以道學文章 爲一世宗匠 而亦未免落窣 幸賴先王 拔出於不測之坎窞 置諸靑雲之上 李珥 於是 以塡平東西兩窣 爲己任 不幸中道而歿 乙酉以後 東人秉柄 乃反以李珥爲窣 擧一國尊慕珥渾之士 驅而納諸窣中 其窣益大 然未有殺傷之患也

己丑 西人 始得奮迅 出窣交乘 積憤而發窣 其窣甚廣大 或指以逆黨 或指以護逆 大則誅戮 小則竄謫

庚寅 鄭澈又見落窣 東人效尤爲窣 其窣深險 不可測也

噫 己丑 東人 豈皆逆黨護逆之人 而西人疾之已甚斥之太過 盡驅於汝立之窣 而自取其禍敗 然此時 西人之峻論者 非必皆出於鄭澈 而東人得志 嫉斥鄭澈 甚於西人之爲 不惟知澈者斥之 其不知澈者亦斥之 收司之律 延及士林

而惟恐其窣之不深 復以崔永慶 新其窣 其阱極深 其禍終及於抱道守修身之成渾 朝廷之上 惟以傾軋爲發身之階梯 奇奇怪怪 日新月盛 自中之亂 又出其間 迭盛迭衰 四分五裂(甲午年間 爾瞻 仁弘 與柳成龍角立 而東人分而爲南北 己亥年間 李爾瞻 柳永慶 互相排軋 而分爲大北小北 無東之名) 以至于今 黨逆護逆之窣 視己丑益深險

其窣有三 一則以柳永慶爲窣 二則以臨海爲窣 三則以金悌男爲窣 而誣告之徒 爭起而傅會之 以小北爲永慶之黨 以南人全恩者 爲臨海之黨 以西人爲悌男之黨 吁 逆黨之多 遍滿一國乎

仁弘 每向人言曰 朝廷上 懷二心者 什七八 且以夜拜 宋昌之事告君 而自爲固忠 植黨之計 吁亦慘矣 號爲南人者 尹先覺 亦其一也 而先王朝 首發建儲之議 南人之翊戴 殿下允矣[26] 鄭述 洪可臣等 數人 全恩之說 不過欲引君於堯舜 豈有它哉 李好閔 吳億齡 有何失對之事 而論以不近之罪 假托討逆之名 報其私怨

欲搆陷小北 則輒爲永慶腹心 使被劾者 不得自明 永慶之誅逆[27] 與起兵者

---

26) 久矣는 允矣가 타당한 듯하다.
27) 『대동야승』「혼정편록(8)」에는 誅逆이 謀逆으로 되어있다.

有間 其禍心之包藏 一時從遊者 豈皆盡知乎 稍有往來之分者 莫不以逆黨
目之 至以罷職之類 并告宗廟 永塞復起之路

至於南以恭 朴彝叙 以與柳希奮 相好 初不敢論 到今希奮隔於時輩 而始以
二人 爲永慶之黨 而攻斥之 奇協 成時憲 未聞親密於永慶 而皆不免焉 此窜
之久且險 何至此極乎

金大來 先永慶而死 以其忤時議之重 於永慶也 李惟弘 往在嶺南 忤於仁
弘 因以禍及婚家 孫偲以徐羊甲之師長 初見劾罷 而付托時論 歷敭清顯 設使
惟弘 雖與永慶相厚 投降哀乞 如孫偲 則其被憎疾 豈至於此乎 據此數事
可見世變之無窮也

又以悌男 號爲西人 而欲盡陷西人 於其窜 悌男 非有才行之著聞 西人之希
望 權勢者 窺其國婚之幾 薦爲銓長 及其得志 西人之稍惜名義者 不肯相從
至若黃愼 非徒足迹 不到其門 悌男時或貽書 亦不答謝 愼之待悌男如此
其不爲凶賊窩主明矣

仁弘輩 素惡愼之正直 因此機窜必欲殺 而後已 殿下 以愼爲剛方正直 則猶
恐獄事之不成 又誣以判戶曹時 擅給逆賊綿布 與之謀逆 欲擠不測 臺官一
人 謂同僚曰 此事 必有文籍取考 則愼所不知 而郎官洪奉先 所出給也
旣知無實 則當以欲罪愼者 罪奉先 奉先其黨與 故掩置之 國家三尺之法
豈爲朴梓所愛 而輕重耶 又欲搆七臣之罪而殺之 其源有自來矣

徐渻 爲慶尙監司 仁弘與河渾 起大獄 欲殺無辜人命 渻執法不撓 仁弘痛入
骨髓 浚謙又以監司 見忤仁弘 嫉此二人 欲幷害七臣 仁弘之報怨 何其甚乎
金時言[28] 亦一代之佳士 積忤時論 以試題爲罪案 遠謫塞外 三人同議出題
而金廷睦 旣死謫所 時言未蒙宥放 而尹孝全 獨揚揚呼唱於道路 此朝廷不
養廉恥之致也

且李元翼 李德馨 李恒福 俱以一代賢相 秉心公平 不與於東西 其德望才行
足以坐鎭雅俗也 元翼 赤心憂國 老而不渝 淸苦一節 可以勵世 年垂八十
欲邀何利 而忍負殿下 如朴梓輩所論乎

德馨 氣度德望 爲一世所推重 愛君憂國之誠 出於天性 逮殿下被誣於天朝
乃與黃愼 跋涉黃泥 洞辨其誣 德馨之不負殿下 亦可見矣 頃日 愛君之章
反觸時忌

恒福 風度器局 非俗人所可比 且其凜凜氣節 足以砥柱橫流 可寄六尺之孤
者 求之當代 恒福亦不多讓 而三相之中 梓輩忌憚爲最 盖其智慮不淺 時輩
惡其不能籠絡 又不隨世俯仰 時輩以恒福在朝 爲虎豹在山 必欲殺之 而恒

---

28) 『대동야승』「혼정편록(8)」에는 金時言이 金時讓으로 되어있다.

福旣無建白之事 又無形見之過 亦不爲黨論 難於搆罪

嗾一儒生 隱然陳疏 有曰 茂林守 以速遞[29] 恒福 體察之意 言于仁弘 其功可
錄勳籍云 是公然 以恒福爲逆賊 而探上意也 恒福素惡仁弘 每以曹植之門
無仁弘 道益尊 斥之仁弘

旣知兵權一說 不能動撓 乃擧鄭俠[30]爲罪 期於必陷而後已 亦不甚乎盖賊
俠 壯元及第 又爲備邊司郎廳武士之極選也 六鎭判官亦左遷耳

仁弘 因盧守愼 薦汝立之事而陷之 守愼以賢才 薦汝立 恒福左遷鄭俠 不可
同日論也 且仁弘 許汝立 以佳士 劾李敬中 而其罪猶止於削板 恒福之左遷
顧可罪之耶 仁弘雖托跡 曹植之門 而發跡於軍功叅議 無曹植之氣節 有郭
解之武斷 而乃敢力詆先人 附托時議 日以殺害忠賢爲務 國事之壞敗 至此
通哉

金孝元 沈義謙時 只有東西二黨 其後 李潑 禹性傳 各立 李山海 右潑而爲北
人 柳成龍主性傳 而爲南人 北論 急於攻西也 南論 緩於攻西也

至己丑 東人多死 東怨專在松江 辛卯 東論始盛 兩司 玉堂 論松江之罪
李山海 鄭仁弘 力主其論 副學金晬 往議禹性傳 性傳 以爲不可 挽金不遂
大諫洪汝諄 劾禹削職 由是 南北之論 始岐

至癸巳 南以恭 金藎國 論劾洪汝諄 主洪及山海者 謂之大北 主金南者 謂之
小北 至庚子 李山海 復爲入相 洪汝諄爲兵判 有所爭權相攻 主洪者謂之骨
北 主李者謂之肉北 自此東人之號 遂絶 有西南北三色 北爲最盛

鄭仁弘 李山海 李爾瞻 金大來 奇自獻 許筠 洪汝諄 爲大北之首 柳永慶
南以恭 金藎國 柳希奮 朴承宗等 爲小北之首

當光海之初 永慶死 而希奮以戚臣 弄權 故小北不衰 與大北各立門戶 柳希
奮 朴承宗等 以攻永慶謂之上北 李元翼 鄭昌衍 李萼等 以救鄭蘊謂之中北
癸亥之後 大北 上北盡亡 中北以下 或附西南 或附小北 自是 無上大中
三北之號

西人至 顯宗 甲寅以後 尹拯 背其師宋尤庵時烈 右宋者謂之老論 主尹者謂
之少論 至肅宗 己巳 老論多死於南人 至景宗 辛丑之後 老論皆死於少論
自此 老與南少 仍成釁隙 少與南無嫌隙 南與少北親如同黨 今有老少南北
四色之號云

噫 栗谷 眞一世之大賢 宣廟 有吾當爲李珥黨之敎 柳西崖 亦有李文成

---

29) 速逮는 速遞가 타당한 듯하다.
30) 鄭俠은 鄭浹이 타당한 듯하다.

眞聖人之語 其爲公心無私之君子 於斯可知 而到今益見 其先見之明矣

豈有一毫私意於東皐 而有是言也 退溪子孫 作南論之故 南人以退溪類若
自家之退溪 而栗谷則謂之扶西而攻之 東皐子孫作北論之故 小北以東皐看
作渠輩之領首 而栗谷則謂之攻李而斥之 吁亦可笑也已

驪曰 偏黨之論 非國家之痼疾 乃子之痼疾也

四人仍與相笑而罷 余歸而記其語 名曰 龍門問答 以俟後世之公議焉

제4편 十二士禍

東西各立 老少分黨之由 余於龍門問答 言之略矣 至於國朝士禍
固不可不知者 而顧此病居 文獻不可得盡考 略記所聞於先輩者 自
端宗大王癸酉而始 終於景宗大王辛丑 凡十二士禍也 記雖疎略 可
知其概 覽者詳之

1. 癸酉士禍 節齋諸賢

端宗二年 領相皇甫仁 左相金宗瑞 右相鄭苯 吏判趙克寬 兵判閔伸 判尹尹
處恭 左贊成李穰 左參贊許詡 卽文廟顧命之臣也 此人在朝 則大事不可成矣
金節齊宗瑞 尤爲正直 且多智略 時人目之 爲大虎 光廟 欲先除之 使權擥
韓明澮等 守敦義門 戒以鐘盡勿閉(宗瑞之家 在門外故也)
親率 楊汀 柳洙 柳淑 及宮奴林芸等 乘昏往宗瑞之家 宗瑞迎拜 閒話畢
送至門 立庭中 又話良久 宗瑞子承珪 不離左右 光廟故落紗帽角 請借政承帽
角 宗瑞使承珪 入內取之 於是 汀芸等 擊宗瑞仆地 承珪奔救之 伏於宗瑞之上
又擊殺承珪
光廟馳還 預與巡將洪達孫 相約勿發巡卒 待之 遂領軍 詣端宗時御所 時上
出寓 鄉校洞 陽寧尉鄭悰家也 從門隙告政院 金宗瑞 謀反 事急未及啓 已誅之
且曰 金宗瑞 李穰 趙克寬 閔伸 尹處恭 李命敏[1] 元矩 趙潘等 連結 咸吉道節制
使 李澄玉 鐘城府使 李耕畎 平安監司趙遂良 忠淸監司安完慶 乘上幼冲
謀危宗社 宦侍金衍 韓松 又在上側 賊魁已除 其餘反黨 今欲啓討
承旨崔恒 出門迎光廟 携手同入 端宗驚起曰 惟叔父活我 光廟曰 是不難
臣當處之 卽出命牌招諸宰 分部禁軍 圍把入 又排立軍作三重門 韓明澮持生

---

[1] 李兪敏은 李命敏이 타당한 듯하다.

殺簿 坐門內

諸宰入第一門 去僕從 入第二門 名在死簿者 武士椎殺之 皇甫仁 李穰
趙克寬等 皆死(仁承召乘軺 過宗廟 不復下軺曰 已矣 已矣 執舍人李長禮手
囑以後事) 遣人 殺尹處恭 李命敏等 斬閔伸於顯陵碑石所

宗瑞復甦 使元矩叫城門 使告于政府 政丞爲人擊傷 速啓知于上 齎藥來救
終無應者 宗瑞裸瘡[2) 乘婦人轎 歷到崇禮門 門閉不得入 光廟亦慮其宗瑞之
還甦 翌朝 使禁府經歷李興商 往審之 宗瑞匿于承珪房中 曳出之 宗瑞曰
我何步往 將軺軒來 軍人遂斬之 亦殺元矩 趙藩等

　　光廟殺宗瑞之夕 使訓練主簿洪允成 託稟公事 往覘之 宗瑞在房內臥枕 三
　　妾在後 召允成 在前曰 問汝有力 吾有强弓 試彎之 允成連折二弓 宗瑞曰
　　樊噲不如也 使妾酌酒飲之

竄鄭苯于樂安 金淨于靈岩 趙遂良于固城 李石于延日 安完慶于梁山 許詡
柳仲門 李澄玉 李耕畩等 亦安置尋死

　　鄭苯 時巡撫嶺南 回至忠州 用安驛 有京官馳來喝云 有傳旨 鄭卽下馬 問曰
　　受刑於路中 不祥 可就驛館否 官曰 但有指押歸配所耳 鄭再拜曰 生我耶
　　遂上馬 與官行 赴樂安 不問京中消息 在謫所 奉其神主 一日睡起 謂其隨行
　　僧曰 精具一器飯來 吾祀吾祖 旣祭而盡焚其神主 俄而使來賜死 可謂有先
　　知

安平大君瑢 與宗瑞等 相從多 處西湖淡淡亭 以謀不軌 又築武夷精舍 陰懷
異志 以此聲罪 竄于江華

錦城大君瑜 以安平之坐 亦竄順興(一史 錦城之竄順興 在於端廟遜位之
後 云) 時朝廷 請誅瑢 上不允 鄭麟趾 使李季甸 白光廟 欲同辭更啓 光廟曰
諸相所陳 公論也 與非敢阻公論 但俟上裁耳 麟趾等 更請以大義斷之 仍賜死
安平 徙其子友直於珍島

光廟旣誅宗瑞等 拜領議政府事 判吏兵曹兼內外兵馬都統使 以鄭麟趾爲

---

2) 裸瘡은 裏瘡이 타당한 듯하다.

左相 韓確爲右相 鄭麟趾 確等 啓以慮或奸黨餘孼 乘間害光廟 請以軍衛之命
鎭撫二人 各率甲士 別侍衛 各五十銃筒 防牌 各三十 夙夜衛之 勳號 奮忠仗
義匡國補祚定策靖難功臣 賜食一千戶 奴婢六百口 歲別捧六百石 黃金三千
兩 白銀一百兩 以表其功 韓明澮 權擥 鄭麟趾 韓確等 亦皆有賞

　學士柳誠源 在玉堂 逃不得脫脅 撰敎書 其略曰 瑢居至親之地 陰蓄無君之
心 與奸臣 皇甫仁 金宗瑞等 稔成不軌 濁亂于朝 叔父率忠義之士 殲彼凶穢之
徒 不動聲色 措國勢於盤石之安 不以兵戈 奠生靈於康莊之樂 眞可謂托孤寄
命之臣也 昔周公誅管蔡 以安王室 推古較今 異世同符 旣以成王之責周公者
責叔父 當以周公之輔成王者 輔寡躬 云云

　誠源 製進敎書 出于家 終日痛哭 家人莫知其故也 其後 預三問之謀事敗
不脫冠帶 詣家廟 仰臥拔佩刀 刺頸 俄而吏來 取其尸磔之

　集賢殿南 有大柳樹 有白鶴 年年來巢其上 癸酉年 柳樹枯死 白鶴不來 或戲
誠元曰 禍必自柳 始六臣事出後 集賢殿罷
　端宗出慶會樓下 召光廟 讓位授大寶 光廟涕泣辭 不獲 是日 朴彭年 臨慶會
池 欲自隕 成三問止之曰 上爲上王 我輩不死 猶可爲也 遂相與謀 復魯山
魯山之遜于壽慶宮也 昏夜無擧火 只從五十餘人 而下鐘樓 時左右行廊 皆
哭止之 不得魯山之遜位 始於謀臣權擥 成於鄭麟趾 金自仁 時年十二 見其
議 胸如火焰云

2. 丙子士禍 六臣諸賢

六臣忠節 貫乎日星 當編之於忠臣烈士之傳 不宜列之於歷代士禍之類也
然其爲善行義 則同歸一轍 故今錄之於是 覽者詳之

世朝三年 端宗遜位之日 禮部承旨 成三問 抱璽痛哭 禮曹參判 朴彭年
欲投死於慶會樓池 三問止之曰 上王在 吾輩之不死 猶可爲也 仍與謀復古主
河緯地 李塏 柳誠源 兪應孚 諸公 同參其義 日夜密謀 不得下手之地 適丙子
春 有饗天使於南別宮 六臣約以擧事

於其日 世子及大君 以疾不會 命罷雲劍 使勿入侍 盖都摠成勝 副摠兪應孚
其差備也 事將不諧 兪欲拔劍突入 三問 以事非萬全 更圖他日 固止之 兪憤然
擊劍曰 時不可失 世子大君 雖不來參 當身及羽翼 皆在於此 若盡誅之後
以上王命 遣武士于宮中 以一草索足可縛來矣 三問執手留之

金礩 亦以同議中人 知其事不成 走告其妻父鄭昌孫 遂告變 上特赦金礩
枷繫六臣入廷

光廟 愛朴彭年之才 陰使人告之曰 汝降我 而諱其謀 可得生 朴笑而不答
東閣雜記 以此爲河公事 未詳

光廟問曰 汝等所欲爲者 何事 兪厲聲叱曰 以一劍除足下頭 欲復古主耳
上怒 煮鐵刺身 顏色不動 仍顧謂三問等曰 書生不足與謀大事 果然 今汝等
所謂萬全之計 安在 又曰 欲爲之事 可問彼書生

成笑而對曰 金礩之言 皆是也 上王春秋鼎盛 爲欲復立 此人臣之所當爲
更何問也 仍顧謂金礩曰 汝之所告 猶回互不直 我等之意 直欲如是耳 燒鐵置
臍 徐待鐵冷曰 此鐵冷 更煮來 又笑曰 進賜之刑 慘矣

上怒曰 余以我謂之進賜 汝不食我祿乎 成曰 自乙亥以後 書某某月之祿
封置別處 進賜之言 皆虛妄 無可取也

時申叔舟 立世祖之側 成厲聲數之曰 叔舟 吾與汝 在集賢殿 世宗抱元孫
顧謂吾輩曰 汝等善保此兒 言猶在耳 汝忍忘之耶 叔舟無以爲答 光廟命避之

申與成 終始同謀 其妻尹氏亦所稔知者也 至是朴成之變出 尹意謂其夫必
死 手執巾帨 避入後房 待其夫變至而自決 俄而有喝道聲 而其夫至入房中
不見其妻 搜之而至後房 其妻驚問曰 聞仁叟 謹甫死 意必君死 胡爲生來
愧無以見君 因自決 申救解而不能死 然以夫視其妻 能不愧乎

朴彭年 徐言曰 公每言 自比周公 周公乃如是乎(此一節 或云 成公言 未
詳) 使武士 擊其口曰 汝旣稱臣於我 今雖不稱臣 無益也 朴曰 我未嘗稱臣
公之言 皆虛妄也(考忠淸監司時 狀啓 則臣子皆以巨字書之也)
　李曰 灼刑而問此 何等刑也 河曰 人以叛逆爲名 厥罪應誅 何可復問也(光
廟愛河之才 故獨不施灼刑)
　柳在家 與妻酌酒 相訣 入祠堂自剄(俄而吏來 取尸磔之) 俱刑於魯湖之上
梅月堂金時習 葬其尸云

臨刑成公 有詩曰 食人之食衣人衣 素志平生[3]莫有違 一死固知忠義在 顯
陵松栢夢依依
　朴公詩曰 禹鼎重時生亦大 鴻毛輕處死猶榮 明發不寐出門去 顯陵松栢夢
中青 一史或云 李詩 未詳 朝野記聞 則非朴詩 乃李瑞詩 云

三問之父勝 弟三省 彭年之父仲林 弟大年 子憲 緯地之子珀 皆從容就死

大年執其兄手 而歌之曰 兄之死善矣 珀拜別其母氏曰 死不難矣 父旣被殺
子不可獨生 家屬當爲婢 妹將笄矣 婦人之義 當從一 勿爲狗彘之行也 遂再
拜而出去
可謂有是父有是子 有是兄有是弟也

權自新(端廟內舅) 金文起 尹令孫等 三十餘人 皆死之

昭陵之廢 前史但記 后之母崔氏 及弟自新 與三問等 謀復魯山 丙子 被極刑
后當坐 因政府之請 廢爲庶人云 不詳記始末
　世傳 光廟 畫寢有怪 卽命發昭陵暴尸三日 旋命以民禮葬 成宗朝 布衣南孝

溫 上疏 請復昭陵 中宗 癸酉 蘇世讓 首發復位之論 申用溉 張順孫等 皆主
其議 獨柳順汀 堅言其不可 其後 兩司玉堂 及太學力爭 得允遷葬 於顯陵同
塋 位號如初更定 云云

詳載 魯陵誌 姑不盡記

按 野史曰 河公退在善山 當丙子 賜死於其地 張旅軒顯光 撰河公碣文
曰 墓在善山云 據此 則河公結纓於善山 而墓在其地耶 魯湖塚 獨無河
公墓 墓在善山故耶 趙尙書觀彬 撰魯湖義塚碑曰 河公之墓疑在此間
或考之未詳耶
南秋江冷話 及魯陵誌 皆記河公言曰 人以叛逆爲名 厥罪應誅 復何問
也 光廟 猶不施烙刑 又曰 光廟受禪 就召而恥食綠 據此則六人同時被
刑 被禍可知 結纓於善山云者 何所據也 若同時被禍 於魯湖之上 則墓
在善山 云者 亦何以也
仁王山石壁中 得一 砂缸 中有成公神主 及成公外孫婦神主 時余之曾
王考 書問于宋尤齋 往埋于洪州雷雲洞 成公舊墟 蓋其時有成主之人
故有此神主也 以此推之 河公之尸 亦有家屬 運葬於善山耶 世移人遠
事莫可徵 良足於挹(仁旺所得神主 奉安於 魯隱洞 成公位板 後曾於尋
院 亦奉審其神主 則此何云 往埋耶)

策鄭昌孫等四十人 勳號佐翼 端宗 遜位之後 金東峰時習 南秋江孝溫 趙漁
溪旅 成處士聃壽 李耕隱孟專 元霧巷昊 或爲僧入山 或放跡江湖 避世不出
是爲生六臣也
金時習 讀書於三角山 聞端宗遜位 閉戶三日痛哭 盡焚其書 陷于溷厠 佯狂
逃走 仍削髮爲僧 後復長髮娶妻 妻死復爲僧
南孝溫 十九歲 上復昭陵疏 絶意斯世 每憤時事 或登山痛哭而反 危言激論
雖觸忌而莫諱也 至燕山 甲子禍及泉壤
元昊 端宗初 以直學 退居稚岳 端宗運訖服 方喪三年 不出戶庭 坐必東向
臥必東首 蓋寧越在東也
趙旅 歸咸安不起 端宗之喪 哭臨斂藏
成聃壽 退守坡州墓下 終身不至 京師

李孟專 以翰林 棄歸星州 隱居 終身不起

崔烟村德之 亦棄官歸鄉 世人比之生六臣 許詡 節齊之禍 幸免於死 自謫而還 李季甸告變 詡與其子慥及孫延齡 同時被禍 時人悲之

錦城大君瑜 安平之獄 謫順興 端宗遜位之後 與府使李甫欽 謀復古主 潛草檄文(挾天子 以令諸侯 一句傳於世) 爲本邑及唱 所竊聽誘 錦城侍女 偸出檄文 連夜上京

時豊基郡守 知其事 潛騎疾逐 奪其檄文 先爲告變 仍賜死錦城 都事至隱避 不知所去 俄而入見都事曰 吾終隱避 則雖一國之衆 不能獲也(世傳錦城知隱身法 故示知其法 而不爲之意云) 都事使之 北面四拜 錦城曰 吾君在寧越 西向仍飮藥而死

南中義士之死 於此禍者 甚衆 而不傳其名 可勝惜哉 屠其邑 投其尸於海 錦城之禍 視六臣尤可酷矣

李陰厓耔雜記曰 魯山墓 邑人至今哀痛 設祭 至於吉凶禍福 皆就祀 雖婦女分明傳說 爲鄭麟趾 奸賊輩所誤 致令我君不終 嗚呼 忠節之士 必不出於世 冑華族 當時販君規利 必置其君於陰禍 其視嚴君興道爲如何哉 而村婦里童 心不知君臣之義 目不睹凶變之事 而至今快鬱不平 不知其言之 出於口 發於聲 可知人性之難誣也

3. 戊午士禍 佔畢齋諸賢

燕山五年 柳子光者 府尹規之孼子也 勇力過人 上疏自薦 光廟 賜對 果如
其言 能彎三百斤弓 上壯之 特拜兵郎 李時愛之叛 子光自薦 討賊及還 光廟甚
寵任之

嘗往來 於佔畢齋金宗直之門 屢以告變 勳躋一品 封爲武靈君 佔畢齋責絶
之 子光惡之 欲害而不得 至于丙子4)年間 佔畢到咸陽 柳子光之詩 懸板於官
衙者 佔畢見之曰 何物 子光 敢爲懸板乎 命撤去之 子光聞而尤極切齒 時成宗
眷隆佔畢 故不敢售毒矣

當燕山殘忍之時 子光得佔畢弔義帝之文 因與盧思愼 尹弼商 韓致亨 俱詣
差備門 呼都承旨愼守勤 耳語良久 乃啓之曰 金宗直 作弔義帝文 以譏世祖
其文曰 祖龍弄牙角云者 指世祖比始皇也 其曰 求得王而從民望云者 指魯山
比義帝也 其曰 足觀其仁義云者 指魯山爲義帝 心附之謂也 其曰 羊狠狼貪
擅夷冠軍云者 指世祖不仁 如項羽 而殺金宗瑞之謂也 其曰 胡不收而膏諸斧
云者 指魯山何不殺 世祖之謂也 其曰 循紫陽之老筆云者 指世祖比於操卓之
類 而自比於朱子也 其門人曺偉稱曰 可以泣鬼神 金馹孫 爲史官 亦祖其師說
撰史多毁世祖 請以逆律斷之 云云 於是 佔畢門下諸人 盡被誅夷 佔畢已沒於
成宗之壬子 故禍及泉壤 凡其所藏詩文 不宜流傳於世 今於二日內 自首納
焚於賓廳前庭

　　成宗 嘗命佔畢 作環翠亭記 揭在楣上 子光又請 撤焚之 所以報以咸陽之怨
　　也

金馹孫 權五福 權景裕 稱美史草 欲垂不朽 罪與宗直同科 幷凌遲 李穆
許磐 處斬 姜謙 決杖爲奴 鄭一蠹汝昌 竄鐘城(癸亥卒 甲子追罪) 金寒暄宏弼
竄巨濟(甲子絶命)

其餘 曺梅溪偉(甲子禍及泉壤) 權睡軒弘5) 兪㵢溪好仁 李藏六鼇 朴訒拙

---

4) '丙子恐誤 當詳考'는 『아아록』에 추가된 내용이다.
5) 權雙塘弘은 權睡軒弘이 타당한 듯하다.

漢柱 李忘軒胄 皆竄極邊 竟死於甲子 策柳子光 李克墩 尹弼商 韓致亨 盧思
愼等爲功臣

> 韓致亨 製進賀箋文 略曰 豈意逆儔 敢肆反側 假托妖忘 用售不軌之心 傳播
> 文史 自速莫大之罪 大小共憤 臣民咸讐 覆載難容 豈天誅之可逭 雷霆旣震
> 致陰慝之旋消 云云 文意極爲巧惡矣

　盖李克墩 於成廟大喪之時 以全羅監司 不進香 載妓而行 金馹孫 書之於史
克墩私請改之 而不從
　又疏論克墩 與成俊 互相傾軋 將成李牛之黨 克墩 以此啣之 至戊午 撰成
宗實錄 克墩以史局堂上 見弔義帝文 心喜其報己之怨 請魚世謙議之曰 金馹
孫 祖其師說 誣毀先王 如此 臣子見此事 不聞於上可乎 封其史草以啓 則吾屬
無患矣 世謙愕然不答而去
　克墩又謀於子光 子光欲報己怨之際 聞此事 攘臂大言曰 此豈遲疑之事乎
卽與思愼 釀出此禍
　世傳 佔畢門人 一蠹寒暄傳其理學 梅溪濯纓傳其文章 虛菴鄭希良傳其數
學 慵齋李宗準傳其醫藥書畵 悒翠軒朴誾傳其詩學 秋江南孝溫 雲山洪裕孫
學爲處士之流云

> 子光欲乘上怒 爲一網打盡之計 目弼商曰 此人之惡 凡爲臣子者 不共戴天
> 當究其黨與 一切鋤去 然後朝廷方得淸明 不然餘黨復起 禍亂之作不少矣
> 思愼撓手止之曰 武靈 何至此言耶 獨不聞黨錮之事乎 禁網日峻 士類無所
> 容適 而漢隨以亡 武靈 何言之謬耶 子光少沮 然逮連獄事者必窮治
> 思愼又止之曰 吾輩當初所啓 只爲史事耳 今枝葉蔓延 不干於史事者 收繫
> 日衆 非吾輩本意也 子光作色 各以其意啓之 王皆從子光之議

4. 甲子士禍 揖翠軒諸賢

燕山十一年 佔畢門下諸人 聲名震世 一時奸黨惡之 將有戕害之心 領相愼
守勤 刑判愼守英 左相柳洵 左參贊任士洪 佔畢門人李長吉等(退溪嘗謂長
吉曰 長吉一身 是前後身 豈獨程門之邢恕也 云云) 附燕山寵姬及宦官
崔虔密啓曰 金宗直門人輩 含戊午之怨 作黨而謀逆 燕山大怒 盡命誅殺
戊午竄謫諸人 至是皆死 其餘挹翠軒朴誾 知足堂趙之瑞 校理權達手 李繼孟
司諫姜佰珍 朱溪正深源 直學沈順門 承旨鄭誠謹等 亦被慘禍

趙之瑞臨拿 與其妻鄭氏 相訣曰 吾之此行必死 於父祖神主何 鄭泣曰 當以
死自保 趙死後 籍沒其家 鄭無所歸 鄭之父言 歸本家 鄭辭曰 亡人托我
父祖神主 妾許之以死 豈宜中改 且亡人之妾 別有第舍 可以往依 遂懷神主
詣其家 終三年反正後 復舊家奉祀如常

南秋江孝溫 於成宗 上復昭陵疏 至是 禍及泉壤 鄭虛菴希良 於戊午 謫義
州 放還居豊德 庚申間 已知有甲子之禍 逃於江湖而免焉

虛菴母喪居廬 忽一日於江上沙場 脫置喪履二隻 不知去處 以示人溺水死
也 後於加川院壁上 有詩二絶 鳥窺頹垣穴 僧汲夕陽泉 山水無家客 乾坤何
處邊 風雨驚前夜 文明負此時 孤節遊宇宙 嫌鬧幷休詩 院主曰 有一衲衣
過此書之云 時人皆疑爲虛菴也

燕山 以其母死非命 其時侍從大臣 尹弼商 韓致亨 鄭昌孫 韓明澮 漁世謙
沈澮 李坡 李世佐 金承卿 李克均 成俊 權柱等 十二人謂之二六奸臣 生者
死者 一幷屠戮 碎骨飄風 其無罪而遭禍者 可勝慘哉 弼商 明澮 致亨 昌孫等
多害忠良者也 豈天生燕山 償其怨耶
任士洪之子 光載 崇載 俱爲睿成兩朝駙馬 二載奪人姬妾 納燕山 取寵
士洪泣訴曰 廢妃 以嚴鄭兩淑儀(成廟後宮)之譖 十二大臣之言 至於死 燕山
大怒 遂殺二淑儀 及二六大臣 大戮朝士數百人 甲子之禍 所以有甚於戊午者
也

中宗反正 子光因緣成希顔 首參密謀 有推戴之功 而士林則功齒
至于丁卯 柳崇祖 沈貞 南袞 金克成等 密啓曰 醫官金公著 庶孼朴耕 儒生趙
光輔等 欲謀害柳子光 朴元宗 盧公弼等 鞫于闕庭 用烙刑取服 以謀害大臣
變亂朝廷 斬公著及耕 拿致光輔於闕門 趙高聲讀書 見子光大呼曰 子光小
人也 何以居此地 戊午 誣陷賢良 如金宗直之類 盡爲被戮 今欲又爲何事也
願得尙方劍 斬此佞臣頭
又顧朴宗元曰 汝推戴聖主 功果大矣 然何爲家畜 廢主內人也 又數成希顔
曰 曩者 以汝爲名儒 今何以與子光同事乎 又指姜珙 李抹曰 汝等史官也
當以吾言 特書可也 杖下十餘 而但痛哭不言而已 元宗曰 眞狂人也 仍釋之
趙於燕山時 與朴松堂英 飮酒醉 趙把松堂之手 拔劍擬之曰 今士洪 濁亂朝
廷 國家將亡 汝以武夫 不能殺此賊耶 吾當先斬汝矣 松堂曰 吾非不欲殺此
賊 但於後史書曰 盜殺任士洪 奈何 趙亦笑而止之 盖戊午之禍 子光主之
甲子之禍 士洪主之 故趙言如此

5. 己卯士禍 靜庵諸賢

中宗十四年初(中宗乙亥) 章敬王后賓天 時議以爲依成宗舊例 以諸淑儀
中 陞爲正妃 人皆危懼 時金冲菴淨爲淳昌郡守 朴訥齋祥爲潭陽府使 合辭抗
疏曰 彼元宗輩 自爲身謀 刦制君父 放逐國母 犯天下之大分 追刑其身 以明其
罪 請復愼氏 以全舊恩 云云

　燕山之妃 愼守勤之妹也 中宗之妃 愼守勤之女也 當燕山淫荒之時 守勤爲
相 姜龜孫亦同爲相 有廢昏立明之意 從容語守勤曰 妹夫與婿 孰親 守勤曰
世子英明 只恃此耳 龜孫嘿然慮其言之 泄疽發背而死 及其反正之日 朴元
宗等 使力士 擊殺守勤 及其弟守謙
　中宗卽位之翌日 領相柳洵 右相金壽童 率柳子光 朴元宗 柳順汀 成希顔
金勘 李蓀 權鈞 宋軼 朴建 鄭眉壽 韓斯文 申浚等 啓曰 擧議之時 先除守勤
欲以成大事也 今者守勤之女 入侍大內 以正壼位 人心危疑 危疑則有關宗
社 請割恩出外 傳曰 糟糠之妻 何以爲之 不允
　再啓曰 臣等亦已料之矣 然於宗社大計何 請卽快決 無留 傳曰 宗社至重
何計私情 當從群議 卽夕愼妃 出外
　此中宗 迫於元宗輩之威脅 不得已行之者也 自古凶逆 何代無之 而如劫迫
君父 放逐國母者 前史所未見也 國人之懷寃者 久矣
　當章敬之薨 金朴之疏 出於堂堂義理 而彼權敏手 李荇輩 力沮其論 以起士
禍之漸 厥罪惟均於當初元宗輩矣 烏得免春秋之誅乎 撫念世道 良可心寒
骨冷矣

　大憲權敏手 大諫李荇 大言於朝曰 如復愼氏 置元子於何地 指爲邪說 擬以
死罪 元子卽 仁宗也 鄭文翼光弼 時以左相 率朝臣 救解 杖贖徒配
　安貞愍塘 愼大臣之議 不得行 啓曰 金朴竭誠盡言 今以一二臣之言 反加嚴
譴 此杜言路 沮士氣 胎萬世之譏云
　權李 反劾安塘 指以誤國 自是朝野喪膽畏縮 以言爲諱 趙靜菴光祖 時以正
言 疏斥權李 金安國 李長坤 右靜菴之論 柳溥 金希壽 李彦浩 右權李之論
金安老出兩是之說
　申光漢 尹自任 金正國 奇遵等 又爲力救金朴 出彦浩爲完伯 敏手爲湖伯

安老爲慶州府尹 荇爲水原府使

權李 深疾靜菴 使彦浩見金慕齋 大言曰 其時何以不除金朴 而使盼紅[6]至
此乎 云云 尤爲寒心

按 栗谷先生所撰 安貞愍神道碑銘 記容齋事 但曰 詆以妄言請罪 則擬
以死罪之說 固已爽實矣
又按 尤菴先生 所撰 五倫行實跋文曰(見宋子大全 跋文卷) 盖聞慎妃之
論 雖發於公 然實無稔惡之心 而終始力主 至有何不殺 冲訥之說 卒之
上誤其君 流毒士林者 實有其人 公之遇其人 盖不幸也 云云 其人指權
敏手 李彦浩也 盖權敏手 使李彦浩 往見金慕齋 大言曰 其時何不除去
金朴 而使紛紅至此乎 南公 所謂 以基士禍之漸者 指此爲言 然以容齋
並言之誤也(五倫行實 容齋所輯)

是時 鄭文翼 安貞愍 同在台輔 始定是非 招用善類 時有洪景舟者 附於權
李 嘗有害金朴之心 故爲士類所棄 至己卯春 爲贊成 靜菴駁之 景舟大懷憤恨
仍與袞貞等 謀殺靜菴諸賢 潛通敬嬪朴氏 布言於禁中曰 趙光祖 專爲國政
人皆稱善 欲立爲王 若使閭閭間說話
　景舟又使 其女熙嬪 造言曰 一國人心 悉歸趙光祖 日夕使疑上心 以甘汁
(杜冲汁也) 書走肖爲王 四字 於木禁苑葉上 山虫剝食 成痕似讖文 使宮人採
之 以見上 上惑之
　尤爲驚懼 下密旨于洪景舟等曰 走肖之輩 奸邪似莽卓 一國人心 悉歸於彼
則黃袍加身之事 必不可怪 而韓世忠 尹自任 有武藝可畏也 光祖言恭溫順
意其可人也 數年之間 超資擢用 予乃墮其術中也 今欲顯然 罪之三司 備局皆
言不可 則予不得施爲也 不知何以處之 近日以來 食不甘味 寢不安席 卿等必
先除 而後聞可也
　景舟 袞 貞等 與領中樞金銓 戶曹判書高荊山 洪淑 孫澍 尹希仁 金謹思
成雲等 密約期會 方欲擧事之際 袞以微服 着草笠 乘夜往見 鄭文翼 文翼驚怪
曰 公何以爲此也 袞直道 其所以由 且以甘言誘之 鄭曰 公以宰相 爲賤服

---

6) 盼紅은 紛紜이 타당한 듯하다.

歷都市而來 大是可愕事也 謀害士林 本非余心 可忍爲者 以我愚惑 計不及此
衰退語曰 首相固止 其將奈何

景舟 潛啓曰 親信近侍之臣 皆其腹心 事機危迫 請開神武門 乘夜入對
盖欲使政院不知也 因初昏 景舟 衰 貞等 與荊山 雲 銓 謹思輩 至神武門外
相會 兵判李長坤亦來會

景舟擧事時 以爲不可不使本兵知之 時李長坤爲兵判也 使急脚持小簡 招
之曰 國有大事 可卽入來 長坤蒼黃來到 于景舟等 所會之處 已列名入啓
莫知其曲折 至閤門外 始知撲殺靜菴之議 力諫以爲不可 仍爲衰貞輩所擠
去 時運也 奈何

列名7)啓曰 臣光弼 等(鄭時爲首相 故假名書之) 伏見 光祖 附己者進之
異己者斥之 專國爲政 動一世人心 國事日非 而在朝之臣 畏其勢焰 莫敢開口
事勢可謂寒心 請付有司 以明其罪 云

上卽依景舟啓 以金謹思 成雲 爲承旨 南衰爲吏判 且陳戎器於殿庭 將有拿
致撲殺之擧 景舟衰貞入對曰 事已急矣 不可鞫問 請命囚政院 時政院專然不
知 見勤政殿火光 始覺有變 直宿承旨孔瑞麟 尹自任 注書安挺 檢閱李構8)
詣門外 則勤政殿西庭 諸人明燭會坐

尹自任 進問曰 宰相入闕 不使政院知之 何也 諸人默默不言而已 沈貞
自內趨出曰 天威方盛 使閽人 禁雜人 小旋 成雲以紙 與長坤曰 此人等 急急
下獄 盖承旨孔瑞麟尹自任 注書安挺 檢閱李構 應敎奇遵 修撰沈達源等也

於是 景舟等 以可怖可愕事 恐動上意 速命金吾郎 宣傳官 捕參贊李耔
刑判金淨 大憲趙光祖 大成金湜 提學金絿 承旨柳仁淑 朴世熹 朴薰等 拿致闕
門 直欲誅之 李長坤至此 始知其撲殺之議 力諫曰 首相不知 不可行盜賊之事
願請首相 相議 景舟有不然之色

長坤固止之 上怒稍解 命召首相 鄭文翼 文翼始知其由 蒼黃入闕 反覆論啓
陳其不然 言辭甚切 至於牽裾涕泣 至黎明 先放孔瑞麟 柳仁淑 次放 安挺

---

7) 刑名은 列名이 타당한 듯하다.
8) 李搆는 李構가 타당한 듯하다.

沈達源 李構 最後放 李耔 俱削其職 其餘皆不放釋

　靜菴諸人 在獄中 上疏曰 臣等 俱以疎狂之身 幸遇聖朝 欲吾君爲堯舜
豈爲身謀 天日照臨 無他私意 君門阻隔 無由仰達 一許鞫問 萬死無恨 云云

　靜菴諸人 繫在禁府之夜 月色滿庭 諸人列坐空庭 酌酒相訣 冲菴有詩曰
重泉此夜長歸客 空留明月照人間 自菴詩曰 埋骨白雲長已矣 空餘流水向
人間 靜菴 獨不賦詩 但痛哭曰 欲見吾君 諸公相勉曰 當從容就義 何至哭泣
靜菴曰 從容就義 吾豈不知 但欲見吾君 吾君豈至如是耶 終夜痛哭 翌日聞
處死之議 始乃裕如也

　上命 趙光祖 金淨 賜死 其餘皆杖流 金謹思 奪史官之筆 奮然書之 蔡世英
(任眞堂)在傍 憤然進啓曰 雖有罪之人 國人皆曰 可殺然後 殺之 此等人
有何大罪 不與大臣論斷也 仍奪謹思筆曰 此史筆 他人不敢把 言甚慷慨 景舟
等亦不敢有言 判下旣下 鄭文翼 又力諫其不然 且館學儒生數百人 號哭闕門
聲徹大內

　儒生申命仁等 倡言曰 我儒生 日出而會 日中而不爲草疏 何也 命仁遂秉筆
草疏 諸生坌集書疏 將上達 爲門卒所拒 諸生慷慨發憤 排闥直入 朴光佑[9]
被傷血流滿面 諸生或脫巾 或被髮 號哭聲徹大內 上下敎曰 諸儒之排 闕門
直入 前古所無之事 仍命摘發治罪 命仁挺身 勵聲曰 古者 楊震被囚 太學生
三千餘人 守闕號哭 此則古有之 殿下今日之事 誠千古所無之事也 疏頭李
若水 被拿 諸生爭先被囚 恐其不及

　以是 上怒方解 乃命趙光祖等四人 杖流安置 朴世熹[10] 四人 減杖付處
鄭相 復啓曰 此人受刑 必無更生 請以輕律照之 因至七啓蒙允
　趙靜菴竄綾州 金冲菴竄錦山 金自菴絿竄開寧 金大司成湜竄善山 朴世熹
竄尙州 朴江叟薰竄星州 尹自任竄溫陽 奇服齊遵竄牙山
　景舟等 潛啓 罷首相 以金詮爲之 南袞 李惟淸 爲左右相 景舟 貞爲東西銓

---

9) 朴光祐는 朴光佑가 타당한 듯하다.
10) 朴世喜는 朴世熹가 타당한 듯하다.

以李蘋 李沆 爲諫官 自相面議 分等定罪 啓趙光祖賜死

靜菴之弟 崇祖 奔哭於路 傍有一老嫗 自山谷 哀哭而來問曰 郎君何事而哭
耶 答曰 吾喪吾兄故哭之 嫗則下哭 嫗曰 聞國家殺趙謀 賢人死矣 民不得爲
生 故是以哭之云 其賢可知也

金淨 金綠 金湜 流絶島 朴薰 奇遵 尹自任 流極邊 其餘五十餘人 或竄或逐
李陰崖耔 李灘叟延慶 鄭文翼光弼 金慕齋安國 金思齋正國 安貞愍瑭 金十清
世弼 申企齋光漢 李琴軒長坤 其首也

南袞 作子光傳 極言其惡 及己卯踵子光之事 其所爲甚於戊午 是袞自作己
傳 自書其惡也 小人情態 萬古難掩 如此

6. 辛巳士禍 安瑭諸賢

至辛巳秋 沈貞 嗾執義尹止衡 論削安瑭官職 及宋祀連 鄭瑞之告變也 賜死
安瑭 安氏一門盡被誅戮 盖貞愍之子 處謙與詩山正正叔 及權碩等 憤世開懷
有去權奸 慰士林之語 祀連聞此言 盜竊處謙弔客錄 告變以爲謀害大臣 陷入
大罪 且欲打盡一世之善類 而祀連卽安家之奴 欲良其妻女之計也

安貞愍之父 敦厚 年老喪耦 以兄寬厚之婢 重今爲妾 重今有女甘丁 乃家畜
前所生 牲狡黠 年十四歲 多有不道之語 敦厚恐其有離間之漸 杖逐于白川
渠之外家 其後 甘丁嫁白川 宋麟 生子祀連 祀連長而出入於安家 安家親視
祀連如子弟 祀連常懷毒害之心 聞處謙之言 自幸得計以其弔客錄 告變

按 栗谷先生所撰 安貞愍神道碑銘曰 其弟處諴 與其庶姑子宋祀連告
公 云云
沙溪先生 與鄭守夢 爲宋龜峰 訟冤疏曰 翼弼之父祀連 乃故相安瑭孽
妹之子也 祀連之母 旣從良 云云
尤菴先生 所撰 龜峰墓碣文曰 群憾欲甘心於先生 而無言可執 遂嗾安
貞愍子孫 謂先生祖母本安氏家婢 欲還其賤籍 而滅其家 蓋貞愍公叔
父監司寬厚有婢 侍貞愍考司藝公敦厚而生女 是生祀連 安氏子孫謂非
司藝女 卽前夫所生 而未良者也 云云[11]
以三先生說推之 則祀連明是貞愍庶妹之子 而此錄 所謂 安家奴之說
誤矣 蓋其弟處諴 與其庶姑子宋祀連 聞此言 告瑭 瑭大驚 乃率歸陰城
村舍 以沮散其謀 祀連恐事覺被禍 乃盜竊處謙弔客錄 告變 以爲謀害
大臣 陷入大罪 且欲打盡 一世之善類也

袞貞等 誣成大獄 追論己卯之人 沖菴謫濟州 賜死 金大成自善山移配 未及
謫所 賜死 醉酒爲奴所負逃 未得受命 醒後子絰死於居昌

按 野史 金老泉在逋也 抵三足堂金大有家 三足坐於廳事 老泉以賤服
拜於門外 三足知之 使奴傳語曰 子何以若是苟且 累及於人耶 終不納

11)『송자대전』권172,「귀봉선생송공묘갈」의 내용과는 글자의 이동異同이 있다.

之 南冥曺植 常語此事曰 天休此事 義則義矣 無乃於情忍乎 若使天休
見老泉則當握手 悲慰曉以道理 人情天理 方得幷行 以平日分誼 窮蹙
而來 安得不測然於心乎 天休之意 終是未解處 云云

尹自任謫北靑 朴世熹謫江界 皆忿懣而卒 奇遵謫牙山 時其兄逈 奉母還鄕
公與鄕人 登高望之 移配後事覺 以爲越境 賜死

至丙戌間 安老復用事 竄出沈貞 至壬辰 敬嬪之獄 賜死 杖流 李沆 景舟
銓 衰 惟淸 等已死 故不得施罪 盖安老非爲己卯諸賢也 與謹思有隙 故欲除此
輩 佯救己卯耳

至癸未 方赦己卯 流配之人 惟金絿謫南海 朴薰謫義州生還 自菴 其間母沒
歸拜墳墓 哀傷而卒 江叟亦居憂 哀毁而卒 陰崖 灘叟 終身不復起 文翼爲安老
所惡 又謫南海 丁酉安老 蔡無擇 許沆 等三凶 坐伏法誅之後 始得還朝而卒

至明廟 戊辰 李退溪滉 白上 雪己卯之寃 追罪袞貞之徒 嗚呼 五十年之後
天日復明於世也

7. 乙巳士禍 柳灌諸賢

明宗元年

中廟末年 仁宗在東宮無子 明宗幼爲大君 仁宗之舅尹任 明宗之舅元衡 馴成釁隙 時金安老 用事 以保護東宮爲名 有欲傾中壼之意 奏放元老 元衡兄弟[12] 及安老旣敗 元衡輩 復用元衡 謂任曰 謀危國母 任指元衡曰 必傾東宮 於是大小尹之說 盛行於世

元衡反復媒孽 外以易樹之說 傳播道路 內以不利之語 疑惑文定 時議莫不危懼也 至乙巳秋 文定下密旨 于元衡 使領相 尹仁鏡 領中樞府事 鄭順朋 戶判 林百齡 兵判 李芑 工判 許磁 大憲 閔齊仁 大諫 金光準 入侍 權撥 李彦迪 丁玉亨 申光漢 亦承命入來

文定 御於忠順堂 南向坐 明宗-坐於窓外 仁鏡等 入侍 許磁進曰 刑判尹任 自中宗-朝 素畜異志 到今 多不自安 左相柳灌 吏判柳仁淑 亦有形跡 兩司長官 欲爲會啓 而爲下僚所阻不果 臣等居宰相 不可不啓 請議處之

文定曰 任之凶謀 已著 於中宗-時 近於內間 亦有變 故罔知所措 長爲涕泣 今朝廷公議如此 此實天地祖宗之默佑也 洪彦弼啓曰 然則任可竄 仁淑可罷 灌可遞

彦弼在仁宗時 上累欲從公論 赦宥己卯諸人 而彦弼生忌嫉之心 每每防啓 又逢迎於慈殿 以大君疫疾 可廢大行王之祭 又勸以妖尼 出入於嬪殿 祈禱 至乙巳 外若扶尹任諸人 而其實陰附於元衡輩 云

仁鏡曰 朝議如此 則不可大罪 磁曰 任之罪 言之則死 固罔赦 大臣之啓 旣如此 請依之 文定曰 朝廷之議如此 豈可不從 灌與仁淑 罷職 任遠竄 使宣傳官 押送

時獻納 白仁傑 獨啓 密旨之非 且論元衡傳播 密旨于外朝 眩惑人心之罪 又曰 國有三公六卿 此事不出於此 出於密旨 其不正之甚矣 又曰 閔齊仁 金光準 於密旨之下 奔走於宰相家 此固傳令之軍卒也 云云

---

12) 元衡元衡兄弟는 元老元衡兄弟가 타당한 듯하다.

初大憲 閔齊仁 大諫 金光準 執義 宋希奎 司諫 朴光佑 掌令 鄭希登 持平
金磏 正言 柳希春 獻納 白仁傑 同會中學 齊仁 光準曰 二三大臣 爲慈殿所疑
下密旨于宰相某 雖知彼之曖眛 揆以時勢 不容不然 請與合啓 金磏奮然曰
此非徒爲尹任發也 忠賢魚肉 其基於此矣 宋希奎亦曰 雖使我割肉碎骨 不可
從也 諸人皆聲厲色莊 齊仁 光準 知其不可 爲附於順朋輩 助此禍焉

宋希奎諸人 約言密旨之非 以日暮皆退 至是 休庵獨留啓之 文定怒召 仁鏡
等曰 如無密旨 予之母子 孤立而待亡乎 兩司諫官盡爲罷職 命囚仁傑 任安置
絶島 仁淑與灌 遠竄極邊

兵判權撥 上疏曰 天炎時變 終歲不止 疾風大雨 連日不已者 此等人定罪
太重故耳 請還收輕處

鄭順朋上疏曰 殿下嗣位之日 灌與仁淑 附耳語曰 當立何人 旣有仁宗遺敎
則以何心 有此言也 仁淑問 殿下 賢否於李彥迪 彥迪言英明特異 仁淑不悅
任與三凶 謀害國母 豈有母廢子全之理哉 得保其首領足矣 今撥之疏 極爲寒
心 云云

文定召芑磁等 下順朋疏曰 宗社大逆 卿等何救之甚耶 向於內間有變 而吾
不言之 今陳之 任遺書於仁淑 誤失於內庭[13] 適爲宮人 所得其書曰 判書亦悶
其如此 欲移大位於公及之手 云(判書仁淑也 公及鳳城君也) 芑磁等曰 罪若
如此 則請以死律照之

百齡曰 三人之罪 不罪 臣等不敢輕議 請自上處分 權撥又啓救之

　　權公連夜草疏 趨早趁朝 家人泣諫 輒揮去詣闕 申企齋光漢 遇公於路 聞知
　　公意 愕然固止之 公不聽 詣座書啓 李晦齋彥迪 見其草 驚曰 勢已至此
　　言之徒惹不測 何益 盡抹去其危言 公却座抱膝 長欷曰 刪沒如此 不如不爲
　　之爲愈也 云 若使晦齋不刪 而因上其草 則至於何境耶 可畏也已

文定曰 卿等退去 予當決之 乃命尹任 柳仁淑 柳灌等 賜死 安置 李霖于義
州 前有政事不可歸於女主之語故也 罷權撥 策仁鏡等三十人

時京畿監司 金明胤 詣政院啓曰 桂林君瑠 任之甥也 必知任情 鳳城君岏[14]

<hr />

13) 仁誤淑失은 仁淑誤失이 타당한 듯하다.

臣妾之切親 年雖穉弱 人皆稱美 此與任最相親切 請鞫問得情 使洪彦弼 拿問
之 瑠逃 命三人家屬鞫問 任之妾玉梅香曰 任坐庭中語瑠曰 上幼冲且有眼疾
一眼有疾 尙不可 況兩眼有疾乎 當立汝爲王 云云

其子興義 其婿李德應 亦皆不勝杖 供曰 仁宗大漸時 任語鳳城君岏曰 若以
問安入內 卽使傳位 孰能禦之 云云 與灌及仁淑同謀 而其他不知

任之長子 興仁 叱責其弟 興義曰 以子誣父 尙如此 玉梅何足道也 仍不服
其弟興禮 興信 仁淑之子 希曾 希顔 希孟 希閔 灌之子 纘 桂林之弟珎 子諟調
誩 皆不服 盡爲梟首 於軍器寺前 是年冬 始捕桂林 初則不屈 亦不勝刑 末乃
服誅

桂林之逃也 兎山縣監李坎男 捕得桂林之奴跟尋 安邊黃龍寺土窟中獲之
坎男以功超三資升遷內班

鳳城以幼遠竄 任之父 汝弼以老亦爲遠竄 其餘尹汝諧 鄭磁 崔弘度 羅淑
鄭源 李若海 李霖 郭珣 林亨秀 金碏等 三十餘人 或以三人之親戚 或以朋友
亦皆遠竄

參奉成遇 言於相知之人曰 柳灌爲人 豈至謀逆耶 凶徒聞之 請鞫不服而死
朴光佑 鄭希登 以中學會議之事 拿鞫 皆死

朴鄭同被 拷掠 朴發聲痛哭曰 杖大如股 何以堪之 鄭不變顔色曰 宰宮在近
不可以痛楚之聲聞之 就訊必向 宰宮伏之 李芑張目叱之曰 若是則豈有赦
乎 連施二次 配龍川 卽日卒 盡沒家産 無以斂之 家人但哭於尸傍 夜半
都中人士 收合綿帛 三百餘匹 而遺之曰 勿問我誰某 及葬嶺南士子百餘人
來哭墓下 不言姓名而去

尹汝諧以下 元衡主張害之 桂林以下 明胤誣告害之 盖元衡與尹任 怨仇日
深 而得罪於士林 故爲芑磁之先鋒 謀殺忠良 明胤爲貪勳名 誣殺無罪 其罪有
甚於元衡輩也 爲元衡芑朋之鷹犬 戕殺群良者 陳復昌爲首 李無强[15]其次也

---

14) 岏은 岏이 타당한 듯하다.
15) 李無强은 李無疆이 타당한 듯하다.

8. 丁未士禍 圭菴諸賢

至丁未 副提學鄭彦愨 進啓曰 臣之女 從夫歸全羅道 臣送至良才驛 見壁上有以朱書之曰 女主執政於上 奸臣弄權於下 國之將亡 可立而待 云云 世傳彦愨 送其子書之 而有此啓 云云

文定 召仁鏡芑磁順朋元衡等 下彦愨 所進壁書示之 仁鏡等啓曰 此書非迷劣者 所爲也 近來 邪說飛騰 指人人爲誣 服斥勳臣爲無功 今見此書 必出於此等人也 仍列書應罪之人 分輕重入 啓曰 厥初定罪時 從輕而不依律 故邪說如此 禍根尙在耳

鳳城君岏 李若氷[16] 宋麟壽(圭菴號也) 林亨秀(錦湖號也) 一罪賜死 安置李彦迪于江界 盧守愼于珍島 丁璜(游軒號也)于巨濟 柳希春(眉庵號也)于鍾城 金鸞祥于南海 權撥于朔州 白仁傑于安邊 其餘 權應挺 鄭惟湛 李天啓 韓澍 安景佑 李湛 安世亨 尹忠元 宋希奎等 皆投遠方 許磁亦竄于此時

許磁 少學于金思齋之門 初有時望 未與朋衡芑輩 同事 魚肉士林 其罪與芑不可貳論 然罪任灌之時 獨以爲論 以謀危宗社 爲名過重云 則其心小與元衡異矣 其後漸萌悔心 常自歎曰 我其爲小人矣 多稱疾避事 與芑輩有隙及陳復昌爲司諫 多害士林 磁疏論復昌 又語其所親曰 以乙巳事 竟至錄勳 心尙恨之 芑聞而卿之 仍劾磁曰 托以憂國 陰護凶黨 加罪遠竄而死 容或有少赦 前罪之道耶

李晦齋 乙巳之禍 欲周旋 陰救士林 故不能直言 迫於權奸 作推官 栲訊善類 至於錄功 郭珣被刑 仰見晦齋曰 安知吾輩 死於復古之手乎 晦齋大悔仍與權奸立異 竟得罪削功 至是遠竄而卒

宋圭庵 林錦湖 乙巳指爲浮薄領首 宋削奪 林遠竄 至是竟死 李芑語人曰宋麟壽 豈不善人 但行大事 不可拘於小仁 如作大室 而修基 則雖有好花果不可不芟治也 人皆誹笑之[17] 林之死後 李退溪 常歎曰 天下奇男子 今不可

---

16)『명종실록』권6, 명종 2년 9월 18일(병인)에는 李若水가 아니고 李若氷으로 되어있다.

17) 非笑之는 誹笑之가 타당한 듯하다.

復見也

錦湖之受命也 公謂金吾郎曰 吾平生病不能飮藥 願請絞死 禁郎許之 公曰
吾在房內 引索於窓隙 使禁吏 自窓外牽之 乃以一木枕 納于索彄之中 禁吏
牽之久 而房中微有笑聲 禁郎驚怪 開戶視之 公高枕而臥 拊髀大笑 仍謂禁
郎曰 吾平生好詼諧 今則死矣 欲爲畢戲矣 遂飮藥而卒

丁游軒 盧蘇齋 柳眉庵諸人 以善類領首 乙巳削職 至是 皆竄 安命世 尹潔
亦死 乙巳丁未之間

安以史官 修乙巳日記 直言不諱 見者語芑 芑指爲護逆 修史不實 拏鞫 安裂
衣 書疏曰 自古無殺史官之事 復昌却而不受 遂至被誅
尹與具思顔 飮酒醉 多發時諱之言 思顔啓之 下獄杖死 盖復昌設宴 滿朝皆
會 尹亦不得已赴焉 嘔酒於復昌之衣 人問其故曰 奸人之酒 不可留於腹中
復昌聞而啣之 至於杖死 復昌實主之

至甲子 朴思庵淳 啓黜元衡 於交河

李芑 白上曰 元衡有莫大之功 他無可酬之事 以其良妾子女 許通爲嫡 上可
之 元衡仍出其妻 以其妾蘭英[18] 爲妻焉

百姓聚于街路 罵詈投石 至有欲射殺者 潛匿不出而死 李栗谷珥曰 元衡之
妬賢疾能 似李林甫 黷貨無厭 似元載 第宅奢侈 似梁冀 潛通宮掖 似韓侂冑
口蜜腹劒 似李義府 無君逼上 似賈似道 明胤少有善名 擢賢良科 及薦科罷後
復着儒巾 入場登第 不願是非 以發身爲急 初爲奴事於芑輩 有奴主之稱 後爲
父事於李樑 有父子之號
白休菴 嘗曰 明胤一身 百千億化身也 彦愨墜馬 足掛鐙間 肉破骨碎 成一
肉泥而斃 時人快之曰 報應之理速矣
芑其姪元禎 數諫曰 叔父之事 書於史冊 則後世之人 謂之如何 芑曰 世人

---

18)『조선왕조실록』에는 蘭英이 아니고 蘭貞으로 되어있어 이에 맞춰 수정하였다.

不讀古史 況豈獨東國通鑑乎 聞者莫不唾罵之 順朋其子礦 數諫不聽 後爲柳
灌之婢 蘭香所呪殺

宣廟丁丑 始雪乙丁之冤 芭朋輩 勿論存沒 并削勳職 竄逐諸人 惟盧守愼
金鸞祥 柳希春 生還 不次擢用 其時諸奸 不得數其罪而誅之 可勝歎哉

趙重峰憲 上疏曰 成運 遭其兄遇之病 而藏於報恩 李滉傷其兄瀣之禍 而隱
於禮安 林億齡見其兄百齡戕賢 而捿遲於外服 又如徐敬德 金麟厚之絶意
名宦 曹植 李恒之幽棲海隅 成悌元 身睹宋麟壽之慘禍 婆娑末班 詼諧終保
李之菡 目見安命世之赴市 周流海島 狂佯逃世 此莫非乙巳之禍 所激也
其禍之酷 可謂甚於己卯也 退溪於尹任 有所說話 在於黃江問答 覽者詳之

乙巳黨人 李若水之子 洪男 其父賜死之後 謫於寧越 其弟洪胤 放在忠州

9. 己酉士禍 李澄諸賢

己酉夏 洪男通書于舍人鄭惟吉 校理元虎變(鄭洪男之同壻 元妻兄也)曰
舍弟洪胤 性本剛戾 與咸昌術士 裵光義 往來相議 推占滿朝卿相 歷言吉凶
其言曰 廢朝之殺人 極於甲子 終有丙寅之禍 今上亦安能久耶 其怨懟之言
不可勝記 而且尹任之婚 其所締結者 皆乙巳逆黨也 自言與某某人 同謀擧兵
余欲親詰 而不肯來見 又不肯答書 人有若告變 則門禍必至於不測 如之何則
處之 合於理耶 欲以所聞 自達於朝 而君門遠如千里 此外有善處 無跡之道耶
不能盡於筆端 惟臨紙痛哭而已 云云

惟吉 持此書 詣政院 進啓 拿鞫洪胤 及辭連人 皆杖下自服 其與某某人
同謀擧兵 其孼弟浚丁 年十六 其所引同謀人 尤多不識 洪胤浚丁面目 而死者
甚衆 人皆痛惜

李輝 崔大觀 大臨 大受 李戊丁 寅丁 李彝 崔順鶴 崔洽 洪崙 洪峴 李惟成
李福基 康惟善 金義淳 茂松守彦成 四十餘人同死 惟吉等 幷給賞 以兄誣弟
禍及親知 足可觀世變也 宣廟丁丑 李栗谷白上 同乙巳幷雪焉

洪男 上變之後 忠州徙民 崔賀孫者 欲乘時冒功 竊取品官鄉會文書 將欲上
變 爲人所捕 告忠州牧使 李致 致捉囚 報于監司 李澄 澄杖殺之 司諫李無
疆[19] 遂劾爲護逆滅口 拿鞫李澄 澄死於杖下

---

19) 李無强은 李無疆이 타당한 듯하다.

10. 壬子士禍(癸丑禍附) 白沙諸賢

光海四年

宣廟乙亥之後 沈義謙 金孝元 分黨 右沈者 謂之西人 右金者 謂之東人 西人領首 李栗谷珥 成牛溪渾 鄭松江澈 朴思菴淳 諸人也 東人領首 許草堂曄 柳西崖成龍 金東岡宇顒 諸人也

己丑 汝立獄後 東人以崔永慶 李潑等 寃死 怨西日積 辛卯柳成龍 爲相 以緩於攻西 李山海 鄭仁弘 洪汝諄等 屏斥成龍之黨 自是以山海之黨 謂之北人 以成龍之黨 謂之南人 至宣廟末年 柳永慶 柳希奮 崔天健 金藎國 閔馨男 南以恭 以北人黨與 山海等 有所爭權 分爲各立 始有大小北之號

及永昌大君珚之生也 上頗有易樹之意 永慶等 窺伺上意 率百官陳賀 仁弘 上疏 言謀危東宮 宣廟怒竄仁弘 而永慶等 自此專權 六七年 宣廟賓天 光海登 位 復用仁弘等 以永慶 謀危宗社 竄而尋殺之 仁弘 爾瞻輩 自此用事

至壬子 鳳山郡守 申慄捕盜 鞫之甚酷 盜之首 金濟世者 本以行丏 飄泊於 兩西者也 欲以緩其死 誣告前博士金直哉 前監司鄭經世 前叅議丁好恕等 謀叛云云 監司尹暄 兵使柳公亮 聞于朝 繫送直哉

時判義禁朴東亮 詳辨好恕赴京月日 濟世語塞 鄭經世以下 得免 直哉則不 勝栲掠 誣招曰 黃赫謀欲推戴 晉陵君泰慶 盖晉陵黃赫之外孫也 宣廟壬辰之 後 黃赫退居海西 而直哉亦往來海西之人 故直哉出於濟世之口 而黃赫又出 於直哉之招也 及其獄成 黃赫祖孫 同時被禍 錄勳申慄 及公亮等

爾瞻山海輩 緣此獄起 復與 希奮希聃等 締結 鄭造 李惺爲外援 往嶺南嗾 仁弘 斥永慶而禍之 廢殺臨海 仁弘等 亦爲錄勳 自是專權 做成永昌之禍

癸丑春 有鄭浹者 與朴思菴淳之妾子 應犀 徐義州益之妾子 羊甲 沈承旨詮 之妾子 友英 李淸江濟臣之妾子 耕俊等 作黨爲盜 時市井行商者 往東萊貿銀 而來 至鳥嶺被失 其人追跟至驪州 尋應犀等 告于捕廳 捕將韓希吉 捕捉繫獄

鄭浹等 在獄求生 道於爾瞻 爾瞻等 把作奇貨 使李昌俊 說之曰 如此如此 則可以得生 使之告變曰 國舅金悌男 扶永昌大君 謀叛 又誣引一時士類 而武 夫之有名字者 亦甚衆

浹之招云 悌男曰 他日若有事 當與遺敎諸人 共議擧事 而節次 當某陵出行

時 將先犯東宮 次犯大王 傳國璽於大妃 其謀議曲折 從實直告 云云

前議政申欽 淵川君邊應星 判書李廷龜 檜原君黃愼 錦溪君朴東亮 判書徐
渻 韓應寅 護軍金尙容 佐郎趙希逸 判官趙緯漢 校理沈光世 皆因援引納招
時延興府院君金悌男 適設宴而叅會其席者 亦皆混入於誣引之中 諸人皆納
招 以與金悌男 元不相親 情誼不好之由 而得脫 獨朴東亮之招 言咀呪之事
因爲諸賊 藉口之資 以此有議於後世焉

朴招曰 潘城家婢 景春 侍衛懿仁王后 庚子 歸大君房 一日來言 於朴東彦之
妻曰 先王病崇 在於懿仁 妖巫數千人往裕陵(懿仁王后陵 初號裕陵) 大作
咀呪之事 作懿仁假像 面上書懿仁御諱 云云 聞極切齒腐心 非不欲小洩
一天之讎 而此事干涉於不敢言之地 故痛心隱默 度日忍與悌男 豈有一毫
相好之理 云云
東亮忽發 呪咀之說 以爲諸賊嚆矢 爾瞻之敕文曰 朴東亮兄弟 共證裕陵呪
咀之說 金尙寯父子 亦言之 皆尙寯之招曰 其子光煜 肅拜於西宮 責之曰
逆賊在傍 何以爲肅拜 云云 故爾瞻敕文 皆因此等說也

按 尤庵先生 所撰梧窓墓表 引沙溪先生說 發明備盡 盖朴東亮之招
以裕陵禳災之事 誤稱咀呪之事 未幾 宮中巫蠱發因 前援之偶失 竟爲
諸賊 藉口之資 時論惜之

叅議 柳潚 啓曰 悌男爲謀叛之首 當賜死而不可告於慈殿 李漢陰德馨 叅判
吳百齡 極言爭之曰 父子之恩 君臣之義 俱繫三綱 云云

傳曰 悌男之謀逆 與羊甲等 表裏相應 合如一身 悌男賜死 璜遠竄 永昌謫
喬桐 爲水使鄭沆 所逼而殺之 時年十二 嗚呼慘矣

朝論恟懼 皆以爲大妃 未必三年之制矣 時柳潚 當禮議 與叅判吳百齡 相討
曰 時議若此 恐難如例擧行 以不可獨斷 問于大臣李德馨 公曰 春秋子無讎母
之義 國舅雖罪死 大妃服制 豈可變更乎 朝廷當一番問安服制 則依吾言行之
可也 柳因大臣之言 啓以三年之制 自是 見忤於廢妃之輩凶[20]

李白沙恒福 李漢陰德馨 申象村欽 皆宣廟托孤之臣也 當永昌被禍之時

---

20) '朝論恟懼'부터 '見忤於廢妃之輩凶'까지는 『아아록』에 추가된 내용이다.

漢陰見白沙 欲合力爭之 白沙曰 大臣不可 爲一大君死也 爲永昌死則傷勇
不爲母后死則傷孝 漢陰獨入爭之 謫吉州

> 按 朝野會通 漢陰進告訃箚 三司至請按律 被削歸龍津墓舍 日上家園
> 北望痛哭 憂憤成疾而卒 未嘗竄謫

象村亦極諫而囚 其子東陽尉翊聖 依散宜生事 納美女寶玉 以緩其禍 放歸
田里 金沙溪長生 以不能善導其子 貽書責之 後謫春川

> 象村之謫春川 未幾 光海特指名而敎曰 當贖大臣 會議亦曰 當贖 東陽尉不
> 得已 而納銀五百 而贖其父 盖光海之獨爲指名者 以爲先有美女寶玉之納
> 故也

> 按 朝野會通 光海五年癸丑 朴應犀 獄中上變 鄭浹 又受爾瞻指亂招
> 卿大夫 及武士 辭連被逮 遺敎中七臣 並被拿 又曰 仁弘箚請 先除七臣
> 以折永昌羽翼 韓應寅 徐渻 韓浚謙 申欽 放歸田里 八年丙辰 申欽春川
> 韓浚謙忠原 朴東亮牙山 中道付處 從仁弘 除七臣計也 然則象村 初無
> 極諫之事 而又無納美女寶玉之說 所謂緩禍歸田 恐未免爽實之歸也
> 况徐韓諸公 同時被放 則皆有所納而然耶 又按 沙溪遺稿 有與象村
> 書責其納贖 明是春川放還時事 而今謂放歸田里 時責其納賂緩禍 則
> 已極爽實 而書中 又無不能善導其子之語[21]

鄭桐溪蘊 以吏議上疏 極言其骨肉之變 疏曰 殿下値人倫之變 終不得自由
未免假手於一武夫 其爲聖德之累 豈不大哉 鄭沆逼璜使死 使殿下不能 如大
舜之處象 不免爲漢唐以下 人君之處置 未盡合理之歸 若不斬鄭沆 恐殿下無
面目 入於先王之廟庭也 云云 謫南海
　以金悌男 柳永慶 韓應寅 許頊 謂之四凶 以李德馨 鄭蘊 李元翼 謂之三賊
盖梧里力救 桐溪故也
　至癸丑 李緯卿[22] 鄭造 尹訒等 首發廢母之論 緯卿之疏曰 母后內蠱 外通逆

---

21) 『정변아아록』에 추가된 부분이다.
22) 李緯卿은 李偉卿이 타당한 듯하다.

謀彰著 母道已自絶矣 瑋壬子爲賊 所推戴 凶謀敗露 同氣之情 亦自絶矣

造認之疏曰 巫蠱之說 傳播已久 外應之迹 顯出亦多 則得罪宗社 而母道絶矣 殿下雖有母子之恩 於宗社 顯有當絶之義 爲人臣者 豈以國母待之乎 云云 凶議紛紛 至於有以錮宮門之擧

凶疏之初出也 檢閱嚴惺 榻前啓達曰 疏語 極是凶悖 有不忍聞 不忍言之語 瑋雖出於賊口 至於慈殿 乃殿下之母也 渠何敢肆 其悖語 無所顧忌乎 辭氣慷慨 至於涕下 旣出李白沙諸公稱歎曰 所達極明正 但辭氣之間 未免有不平之意 爲君危之 嚴曰 憤激之辭 自致不平 禍福之來 有不暇念也

舘儒李安眞 上疏言 慈殿於殿下 有母子之恩 於臣民有君臣之義 子不可絶母 而臣不敢議之也 請治造認偉卿之罪 皆被遠謫

至戊午 韓孝純 閔夢龍 李爾瞻 鄭仁弘 韓基仁 李覺 柳希奮 李昌俊 金質幹 金闓 韓纘男 朴承宗 丁好寬等 五百四十七人 合名上疏 遂定廢母 西宮之議 (宗親之疏 仁城君珙爲首 定大妃十罪目 會罷下階 嘔血而死)23) 孝純率百官 庭請陳大妃十罪 爾瞻具草 李慶全書之 出置外處 奏於天朝之論 爾瞻主之 直加廢黜 而不必奏天朝之論 許筠金闓主之

廢黜節目 削去尊號 還出玉冊御寶 沒後 不擧哀 不服喪 以宦侍二人 別監四人 別武士八人 守之 嗚呼 豈忍言哉

　　爾瞻 纘男等 相議曰 西宮若在 吾輩必有後患 使白大珩 率賊黨 入慶運宮 謀害慈殿 其夜初昏 大妃夢 宣祖來告曰 賊黨今方入來 不避則死 大妃覺而涕泣 宮人問其由 具以言之 宮人曰 聖靈先喩 必有所以 小婢當替而待之 大妃從之 暫避苑中 賊果入宮 方搜而害之 君臣上下 皆不知 獨朴承宗 聞其事 急率下人 馳到西宮 盡爲追逐之 由此大珩不得窮探而出 大妃之免禍 承宗之力 云 光海心知 大妃之被害 及其放出時 見仁廟之告事西宮 潛謂侍者曰 其於大妃之不出 何云24)

收議於中外諸臣 李白沙恒福 極言其不然之理 其議曰 爲伋也妻 則爲白也

---

23) "定大妃十罪目 會罷卜階 嘔血而死"은 『아아록』에 추가된 내용이다.
24) "光海心知 大妃之被害 及其放出時 見仁廟之告事西宮 潛謂侍者曰 其於大妃之不出 何云"은 『아아록』에 추가된 내용이다.

母 天下無不是底父母 春秋無讎母之義 云云 謫北靑

　鄭弘翼25) 李愼義 金德諴 吳允謙 金權 李時彦 權士恭 李文蔚 亦獻議立異
而竄 諸人之中 鄭弘翼 李愼義 權士恭之議 尤爲正大

　洪漢雷 洪茂績 鄭澤雷 金孝誠 趙慶起 上疏請斬 偉卿造認三賊之首 皆被
遠流 諸人之中 金孝誠 鄭澤雷之疏 尤爲直切

　武僉知吳廷邦 獻議曰 臣一武夫 只讀史略初夛 其中有烝烝乂不格姦之文
云云

　幼學趙溭 獨疏言 大妃爲殿下之慈母也 母子恩情 天賦之常理 寂寞深宮
與鬼爲隣 離隔天日 三月于玆矣 先王所以 大妃托殿下者 不欲如是耳 臣求之
古史 以子廢母未之見聞也 云云 謫巨濟

　李梧里元翼 鄭寒崗逑 亦皆獻議立異 李竁 鄭削 鄭疏曰 大妃誠有罪矣
云云 人多惜之(一史 寒崗疏多有不滿 大妃之語 子孫 刊行文集時 皆爲刪去
云云)

　　　　按 朝野會通 寒崗爲永昌大君 上疏請全恩 繼陳致孝慈殿 別宮不可之
　　　　意 而未有有罪 云云之說 且文集刪拔之事 頗涉暗昧 又按 寒崗上箚
　　　　救永昌之獄 以周景王之殺佞夫爲喩 而其言曰 其稱昧無識 則又非但
　　　　佞夫之不知也 ○又按 及丁巳 西宮之禍 又擬疏曰 日以殺舜 爲事之父
　　　　母 而帝舜之所以處之者 則怨慕 號泣而已 唐之武曌之不母 而朱熹之
　　　　論 以爲在中宗 則決不敢爲黜母之事 前後累千言 橫截朝野 ○ 又按
　　　　仁宗賜祭文 兩箚 全恩之說 寒崗後一人 ○又按 申象村集 光海初年
　　　　彝倫斁絶 寒崗先生 追封事 天彝人紀 賴以不墜26)

　柳永慶 申欽 韓應寅 許筬 朴東亮 徐渻 韓浚謙 以受命七臣 謂之七賊
鄭昌衍 李廷龜 金尙容 柳根 尹昉 李時彦 吳允謙 宋英耈 以不叅庭請 謂之八
奸 李時發 金藎 李景稷 洪友敬 朴瀰 柳頔 申翊聖 金孝誠 朴東善 尹衡俊
亦以不叅庭請 謂之十邪

　義昌君珖 以宗室之親 抗議立異 故目之爲八奸十邪之首 其餘不參庭請者

---

25) 鄭洪翼은 鄭弘翼이 타당한 듯하다.
26) 5개의 按은 『정변야아록』에 추가된 내용이다.

具宬 吳百齡諸人 而不可盡錄

閔馨男 金藎國 自謂名流 而衆庭請之會 鄭廣敬 徐景霌 尹新之 其父不衆庭
請而衆之 李廷龜 李德泂 不衆庭請 衆定節目之會 人以是短之 柳根在墓鄕
不衆庭請 時議目之爲八奸 恐其禍及 促駕上來 衆定節目之會 人皆掩口
李白沙恒福 嘗與李月沙廷龜 相約先死者 撰其行狀 白沙謫北靑 見京報
知月沙之衆定節目之會 喟然嘆曰 知舊之難保如是 仍顧其子 星男曰 吾死
之後事實 請于敬叔 敬叔申象村欽也 月沙之兩子 皆呆於時論 次子昭漢
登光海母封陵科 主北議 及反正後 具宏 申景禛 相與救活 其奏天文字 多出
其兄弟之手 云

按 練藜記述 賓廳合議 左相韓孝純 工判李尙毅 禮判李爾瞻 同春李慶
全 右參贊李冲 戶判崔瓘 大司憲南瑾 工參曺倬27) 兵議鄭岦 副學鄭造
禮議尹壽民 禮參李命男 兵參李德泂 刑參朴自興 戶議鄭逵 臺諫尹訒
戶參慶暹等 同參議定廢削節目(明倫錄 亦云十七員)
又按 朝野會通 定節目 人員加 右相閔夢龍 爲十八人 朝野僉載 李尙毅
改以鄭仁弘 亦爲十八人而已 月沙則皆不與焉 然則月沙 參定節目之
說 已極無據矣
按 白沙墓誌墓表 皆月沙所撰也 並見於白沙月沙兩集 則白沙顧其子
云云 亦無據矣
按 白洲謚狀 尤庵所撰也 神道碑銘 淸陰所撰也 皆以時廢母之議益急
百僚咸造庭以請 文忠公與公斂迹 不出 凶人陳好善等 上疏 請罪文忠
公而公 亦坐罷 辛酉移校理 極論 孼臣盜國 柄亂朝廷 請論如法(本箚請
爾瞻 絶島圍籬安置) 言雖不用 物論稱快 云云 則月沙二子 呆時論
亦無據矣
按 朝野會通 光海母之祔廟封陵 在乙卯 而玄洲行狀 書登科 在辛酉
則乃是七年後事也 其日月相懸 而當昏朝政亂 二年不調 至癸亥後始
仕 則玄洲之登 光海母封陵科云者已誤 而其下諸說 亦皆無據矣
按 芸窓 朴文敬公性陽 答人書曰 我我錄云云 正如來示矣 野史之通行
有如朝野會通 靑野謾集 練藜記述等書 當時事狀 與定節目之參會人
員 指名昭載 歷歷數計 而月沙公則以前後 不參之故 至有兩司合辭

27) 曺偉와는 다른 인물이다.

請竄遠方 公江上待命者 二年矣 未知南錄 果何所依據也 且白沙 遺命
之說 尤令人可笑 觀於公祭白沙文 雖百世之下 可知 心肝相照 榮落略
同 而況白沙墓道不朽 諸文字皆在月沙集中 則白沙家子孫 豈不遵遺
命而然耶 此錄之難信類多 如是不足多辨 鄉曲之人 不曾博考前史 一
有片見 便卽輕口雌黃 是豈尊畏先輩 講明義理之道哉
柳西坰 亦不與於朝野會通 參定節目會 人員十八人中 恐其禍及 促駕
上來云者 無據
按 朝野輯要 尹新之 徐景霦 朴潣 權大任 柳頔 金克鑌 以儀賓(駙馬)
不與朝議托嫌 徐尹二公之 不參庭請 明矣

大妃出宮後 延興夫人 爲婢於濟州 其兄弟子姪 皆誅夷 延興之禍 可謂慘矣
癸亥反正 復位大妃 盡誅逆黨 韓孝純 閔夢龍 已死於其前 不得正其罪而誅之
可勝歎哉

朴承宗 逃走飲藥而死 正言洪鎬者 爲承宗請褒其節 又請壓膝永昌 成咀呪
之獄 請令軍兵圍守西宮 其罪之去 爾瞻幾希矣 洪鎬之請褒其節者 何意也
世間或有如此義理 良可寒心
癸亥之後 祭判柳夢寅 自謂守節 至戊辰 柳孝立斗立之獄起 以其子瀹辭連
拿問柳曰 近在西山 作孀婦詞誦 而供曰 七十老孀婦 難爲桃李顔 云云
李延平貴曰 武王伐紂 立箕子微子 則其可有伯夷叔齊乎 柳答曰 以孀婦詞
爲罪則死 且無恨矣 語屈仍死於獄中 於子父子禍變 在於癸亥八月 而以戊
辰孝立獄事 丁寧指日 實未可知也[28] 以洪鎬看 夢寅之節 又高於承宗也
東萊史評曰 揖生殉主 是忠貞 費石千秋 無令名 假使從昏 稱死節 蜚廉崇虎
亦堪 旋世人不知此義 可勝歎哉
仁祖反正之後 春坊尹知敬 求索東宮 蒼黃之際 爲衛卒所執 引至御前 知敬
長揖 不拜曰 爾爲宗社有此擧乎 爲富貴有此擧乎 仁祖曰 吾豈爲富貴 宗社之
亡 迫在朝夕 奉大妃命 不得已有此擧耳 知敬曰 若爾則放火宮中 何也 仁祖
曰 軍卒凍寒 自致失火於行閣耳 此則予所不知也 知敬曰 然則請以臣禮
見遂四拜
復請曰 舊時春宮 不可不尋 仍復索春宮 而終未得 痛哭而歸 云 士大夫處身

---

28) "於子父子禍變 在於癸亥八月 而以戊辰孝立獄事 丁寧指日 實未可知也"은 『아아
록』에 추가된 내용이다.

如此 然後 方可謂識君臣之大義也 都承旨李德泂 亦詳審其由 而後拜 云

其時竄逐諸人 亦皆被還朝 獨白沙漢陰 已死於其間 不復見天日之明 惜哉

東陽尉申翊聖日記曰 丁巳秋 李乾元 韓甫吉 相繼上疏 自斥大妃 是年冬
筠徒金闓元悰 入幕謀事 李覺 鄭造 尹認等 直發廢母之議
戊午春 光海 以諸疏封下 政府議義 首相 奇自獻 先爲獻議曰 母后不可廢
極言 前古已行之迹 明其不然 陳其利害成敗之義 諸議未竟 三司論 自獻忘
君叛逆之罪 請安置 自獻見吏報 收覽諸議 歎曰 廷臣若數十輩 持正論者
可以冀回天心 如金尙容一隊 不能抗義也耶 遂肩輿而出
是日 收議於百僚 惟金權 鄭弘翼 金德諴 李愼義 權士恭 諸人 力主廢黜之非
義 義昌君珖 鄭昌衍 李廷龜 尹昉 及翊聖 皆以病不得出 不能獻議 如李光庭
權盼 平居大言者 皆回互依阿 物議鄙之
李恒福 亦在田間 獻議極陳 廢論之非 時議大噪 請斬 奇李之疏 相繼而起
云云 以此觀之 奇之向日 鷹犬於山海之罪 到此可赦 而晩節極可尙也 渾入
於甲子亂 斬之中 可勝寃哉

11. 己巳士禍 尤庵諸賢

與龍門問答參看

肅宗十五年 己亥孝宗之喪 宋尤菴時烈 宋同春浚吉 議進莊烈王后之服 定以次子朞年之制 盖昭顯之喪 仁祖旣服之以長子 故孝宗雖入承大統 實爲 仁祖之次子故也

時首相鄭太和曰 於禮 亦有可證之文乎 尤菴以儀禮 賈疏 四種 體以不正之 說 禮記 父爲庶子不服三年之文 證之

鄭搖手止之曰 凡邦家之事 雖少 後必爲大 安知他日 不有小人乘機 害之也 尤菴曰 然則抑有一說 皇朝之制 不論長子衆子 皆服朞 以此爲定 則得無合於 時王之制乎 鄭喜曰 果若是則好矣 仍依皇朝禮定 進朞服制

> 甲寅以後 禮訟方起 尤翁爲罪首 時鄭相之子載嵩 上疏 言其父初無此等說
> 歸尤翁於造言之科 盖恐禍及於其父而然耳 然其父眞有是言 而其子掩之
> 歸虛 此皆彼輩之技能也 奈何奈何

不幸有尹鑴 乃發三年之論 其黨許穆 尹善道 和而唱之 將有網打一邊之計

至甲寅 仁宣之昇遐也 賓廳會議 諸臣因己亥之禮 定進衆子婦大功之服 金萬基 金壽興 閔鼎重 金錫胄 南龍翼等 以其所獻議者 皆被罷黜 於是 南徒 齊聲 幷起攻斥 己亥之禮 又發遷改寧陵之議

盖己亥大喪 玉體浮氣 異於凡喪 以國力猶不得廣板 不得已 議用附板 與首 相鄭太和 相議用之也 世之不知者 或曰 端拱而斂[29] 故用附板 其亦不知而妄 言者也

> 禮有諸侯 襲用一百二十八稱之文 故依禮 襲用古制耳

午人至是 有遷陵之議者 外雖托之以地理之不利 其實棺有附痕 則執此而

---

29) 斂은 斂이 타당한 듯하다.

罪 尤翁之計也

當肅廟嗣位之後 鑴穆積綱宇遠輩 專權締結楨枏 謀危宗社 竄尤菴於巨濟 旋發告廟之議 至庚申 鑴積伏法 午輩少沮 尤菴自巨濟還

至戊辰 景宗誕降 南徒復起 請速定元子位號 吏判南龍翼 以爲中宮春秋鼎盛 不可早定位號 被譴遠竄 尤菴亦上疏 言元子誕降之辰 卽國本已定之日 不在於位號之定 不定 正后有慶先事 周詳之慮也 云云 肅宗遽發天怒 尤翁遂有濟州之竄

先是有尹拯者 其父宣擧 身有江都之累 而悔過改跡 出入金愼齋集之門 末乃中毒於鑴 便成別人 尤菴責其交鑴曰 已絶之 及其臨死 抵書尤菴 薦用鑴穆 云矣

至是 南徒太盛 將有禍及於尤菴之慮 拯又出入尤門者 四十年 父以事之 恐其禍延於己 自生各立之計 請其父墓碣於尤菴 而幷呈其父之遺書 尤菴始知 宣擧之不絶鑴 撰碣不稱其意 拯怒絶尤菴 乃附南徒 以成尤菴之禍

南徒 自此用事 以己亥禮說 謂之欲奪仁祖之統 或曰 貶迫君父(善道之說) 或曰 卑主貳宗(鑴說) 以春秋大義謂之 誤覆宗社 或曰 孝宗之世 可謂亂代(穆說) 或曰 句賤詐矣 延光誤矣(宣擧之說) 以元子位號之事 謂之不滿於元子之生 或曰 動搖國本 謀危元子(己巳諸南之說)

律以死罪 卒至楚山之禍 以文谷金壽恒謂之 伺上動靜 竄於珍島 仍雪庚申之獄 而追罪光城金萬基 淸城金錫胄 如光南金益勳 完寧李師命 諸人 皆竄逐尋死之(盖文谷主 吳始壽之獄 光淸主 庚申之獄 故首被其禍者以是也)

以至有四月二十四日之變 又有黜享牛栗兩賢之擧 嗚呼 尙忍言哉

權大運 金德遠 閔黯 睦來善等 締結希載 欺蔽天聰於外 禧嬪蠱上心於內 釀出廢后之變 而只有暫時伏閤 半日庭請之擧 其罪有浮於戊午之爾瞻 可勝誅哉

判書吳斗寅 叅判李世華 應敎朴泰輔 上疏 極言不然 疏略曰 母后 先后之所親選 以托我殿下 而殿下之所共經 先后之喪者也 若念先后當日 撫愛之篤 則豈忍以廢黜之意加之哉 不意聖明之世 有此傷恩害義之擧也 云云

吳受刑三次 竄西至坡州而卒 朴壓膝火刑 竄南至果川而卒 文谷 尤菴 次第受禍 同春諸賢 亦皆追罪 敎官李箕洪 儒生李綽等 亦上疏辨誣 皆被竄逐

其時事復何言也

至甲戌 天日復明 還復坤位 伸雪己巳諸人 奸午狼貝 希載無所逃罪 則凶少之南九萬 柳尙運 尹趾完輩 繼踵而起 稱以保護東宮 力扶希載 至於辛巳獄起 而猶且衛護 多有不利 於仁顯之迹 自是以後 拯孼漸盛 殺忠良於辛壬 謀凶逆於戊乙 噫 時運所關 謂之何哉

12.辛壬士禍 寒圃齋諸賢

辛壬士禍 畧言於龍門問答 故此則畧而又略 覽者取而互看

景廟元年 自肅廟辛巳 景宗有疾

嬉嬪之罪死也 景宗就訣之 嬉嬪於景宗不覺之地 以尺擊其下曰 吾死汝生
何爲 景宗大加驚傷 崇源於此

至庚子 嗣位之後 聖疾添加 無復有蠡斯之望 故有予之有疾之意 明示中外
之敎 當此之時 三宗血脉 惟我今上在 宗社之托 舍而何適
臺閣(正言李廷熽) 建儲之疏 大臣[30](金昌集 李頤命 李健命 趙泰采) 聯劄
之請 實出於肅廟之遺意 而仁元大妃之下敎 代理之請(趙聖復疏) 亦出於景
宗 左右可乎 世弟可乎之敎
今謂之 景宗無疾 建儲不可 則其心所在 路人所知也 建儲命下之後 忙忙急
急 有若使令之疏 出於鳳輝 代理命下之後 潛入之擧 冒嫌之說 出於泰耉
標信輕下之說 比諸傳禪之語 出於錫恒 代理已定之後 定策國老 門生天子之
文 出於泰億 虎書之上 勿出朝報之言 宮人獄起 出付有司之請 又出於錫恒
聖疾沈重之時 欺諱朝廷 使人莫知之計 出於光佐 大漸之後 渫血[31]禁庭禁庭
懷刃鍾巫 沙丘擁立之文 又出於泰億 聖上登位之後 請復讎金姓人之疏 又出
於一鏡
噫 內以慈殿 歸之惡名 外以聖上 視作逆魁 其建儲諸臣 還爲枝葉也 嗚呼
其時事 尙忍言哉 人或曰 辛壬忠逆之分 在於聖疾有無之辨 此固似然矣 而未
然耳 景宗無疾 而有嗣續之望 則大妃之敎 誠過矣 大臣之請 眞妄矣 然旣以建
儲代理 而君臣之分已定 則其誣毀肆辱 少無顧藉者 是不爲忠逆之易睹者乎
豈但曰 在於聖疾之有無也 此事本末 苟欲詳言之 日亦不足矣 只記其大略
如斯而已

---

30)『아아록』에는 大臣이 추가되어 있다.
31) 渫血은 蹀血이 타당한 듯하다.

제5편 丙子事略

丙子事略

萬曆己未 經略楊鎬 分四路兵擊奴兒哈赤 敗績 潘宗顔[1] 竇永澄等
死之 都督劉綎 率我國之衆 擊之 綎及孫一琦[2] 劉松等 幷死 我國將
金應河 力戰亦死 天子詔贈 遼東伯 元帥姜弘立 與金景瑞 降虜而反
(景瑞 潛爲日記 欲送本國 爲弘立告發 被害於賊)

甲子 李适之亂 其黨韓明璉 誅其子㳖 逃入奴穴 以爲我國 盡殺弘立一門
誆誘弘立 丁卯 弘立 誘賊 入寇夜襲 義州府尹李莞 判官崔夢亮被殺 賊陷安州
兵使南以興 牧使金後 自焚死 上避江都 世子分朝全州 送弘立三寸姜絪 及其
妾子 於陣前 弘立 知其宗黨之俱存 始生悔意 虜亦爲弘立所誘而來 春夏之間
潦水大漲 進退維谷 出送弘立 及其所妾胡奴之女 講和而歸 主和者 叅判崔鳴
吉也 斥和者大諫尹煌也

己巳 上國以熊廷弼代鎬 鎬庚死獄中 是年 奴兒哈赤 僭稱後金國 汗 衣黃
稱朕 陷瀋陽遼東 朝廷以表崇煥[3] 代熊廷弼 大破奴酋 盡沒其軍 奴兒哈赤
憤恚疽背而死 庚午 奴賊入寇 以崇煥不能防禦 磔殺之 是年 奴兒哈赤 第二字
弘他時立

壬申 仁穆王后之喪 胡將稱以弔祭 來探國情 掌令洪翼漢 舘儒尹宣擧 上疏
請斬虜使 胡將聞而逃去 時崔鳴吉上疏 請送和使 校理吳達濟 修撰尹集 上疏
請斬崔鳴吉 領相金瑬 亦主和議 深排吳尹之疏

丙子春 同知李廓 僉知羅德憲 使於奴 往瀋陽 金汗弘他時 僭稱皇帝 國號

---

1) 『연려실기술』에는 潘宗顔으로 나온다.
   『명사』 권291, 열전179, 潘宗顔.
2) 『연려실기술』에는 喬一琦로 나온다.
   『명사』 권247, 열전135, 喬一琦.
3) 表崇煥은 袁崇煥이 타당한 듯하다.
   『연려실기술』 권25, 인조조 고사본말, 「정묘년의 노란」.(『일월록』 참고)

淸 劫廓等 衆賀 廓抵死不從 胡奴毆碎 廓等盡破衣冠 終不屈 漢人見之 至有
垂淚者 廓等將還 汗付答書 書稱皇帝 廓等稱以馬病任重 留胡書而來 平安監
司洪命耉 以廓等不以嚴辭峻斥 受來僭號之書 馳啓請梟 吏判金尙憲 姑請拿
來詳問 上從之

丙子冬 都元帥金自點 自請今冬虜必不來 或言賊來則怒 不來云則喜 送軍
官申橃於義州 察其形勢 到順安 賊已遍滿 平安監司 僅以單騎入慈母山城
橃回報所見 自點謂之妄言 欲斬之 追送軍官 又回報急 自點不得已 始啓之
盖賊之渡江 不顧城鎭 稱以講和 急如風雨 而邊臣狀啓 賊皆奪取 朝廷漠然不
知

元帥金自點 至兎山 賊兵大至 自點棄軍 以單騎上山而走 從事官鄭大和
蒼黃入衙中 使御營砲手 一時放丸 賊兵稍却

平安監司洪命耉 與兵使柳琳 欲同時進兵 琳不肯 命耉欲用軍律 琳不得已
從之(洪以覲王爲急 柳以直走潘陽爲計 以兵法言之 柳計得之 而洪之不從
只出忠憤而已 嗚呼惜哉) 兩人 自此分兵 至金化 欲與琳合陣 琳不從 又有逗
遛之意 命耉曰 君父迫在危城 寧進死 不可退生 拔軍前進 及其敗沒 琳及李一
元 坐視不戰

自點 狀啓來後 朝廷始知賊報 廟議將入江都 以沈器遠 爲留都大將 大駕出
南門 賊兵已到弘濟院 上還入 大將申景禛出慕華舘 先遣將軍李興業 領八十
騎 迎擊之 將官以下 皆與家屬 哭別過飮盃酒 無不沉醉 行到昌陵 越邊爲賊盡
沒 只餘數騎 大駕自水口門 入南漢山城 崔鳴吉自請 往見胡將 問其深入之意
答以貴國 無故渝盟 更爲約和而來 云云

賊兵隨後大至 圍城數重 中外不通 賊之始來 形色如鬼 馬皆疲困 諸將懷懼
不敢出戰 可勝痛哉 馬胡請送王子 加以爲和 朝廷以綾蜂守 爲假啣王子 以兵
曹判書沈諿 爲假啣大臣 出送虜陣 諿以爲雖蠻貊 不可欺也 謂胡曰 吾非大臣
彼非王子 馬胡怒曰 東宮若不來 不可爲和 領相金瑬 左相洪瑞鳳 及金藎國
李聖求 崔鳴吉 張維等 請送東宮 於虜陣 且請稱皇帝

上不從 禮曹判書金尙憲 大言於朝曰 吾當以手釖斬 此建議者 誓不與共戴
天日 金瑬 始覺其非 詣闕待罪

崔鳴吉 請以牛酒 送于虜陣 虜言軍中日擊牛飮酒 寶貝如山 何用 此爲汝之

君臣 久處石寶 飢餓已久 自可用之 遂不受

城中日望援軍 寂然無形 忠淸監司鄭世規 灑涙忘死而來 陣於廣州 爲賊所
敗 連山縣監金弘翼 藍浦縣監李慶善 俱死於賊 世規落於絶壁得生 江原監司
趙廷虎 聞變之初 卽與營將權井吉 來到於廣州黔丹山 後爲賊所敗 參議羅萬
甲 言於上曰 殿下之臣 只有鄭世規一人 趙廷虎其次也 外皆坐視 君父之危
無意觀王 聖上 亦豈無憤怒之心哉

體相金瑬 親率將士 往西城督戰 城下谿谷 虜騎處處藏匿 賊遂佯退 瑬督令
下擊 虜騎四面蹴之 盡戮我軍 且於接戰之際 多給藥丸 則恐或耗失隨告隨給
故請藥之聲紛紛 兩軍相接 何暇請藥 只以銃柄相搏而已 山坂峻急 勢難上來
而請藥未繼 至於盡死矣 力士趙陽 出死力戰 射殺甚衆 身被九矢 而生還
瑬自戰自敗 無所歸咎 托以北城將元斗杓不救 將置極刑 朝議以爲首將失律
歸罪副將 事甚未安 瑬不得已 詣闕待罪

留都大將沈器遠 狀啓虛報 擊殺阿峴賊四五百 朝廷卽以器遠爲諸道都元
首 及賊迫器遠 器遠仍棄城 徒步而逃往光陵 入陽根迷源 自點 亦自兎山逃來
仍與相會 避亂而圖生 終不觀王

丁丑 正月 初二日 左相洪瑞鳳等 往胡中 胡以黃紙所書 置床上 使左相以
下 先行四拜禮 奉書而來

其書曰 大淸皇帝 詔諭 朝鮮國 我軍先年東征 爾國邀擊 又助明朝 荼毒我
國 今朕親統大軍而來 爾何不令 智謀勇敢者 從而征之 縮頸不出 如女人之處
閨也 云云

吏判崔鳴吉 製進答書 書曰 朝鮮國王某 上書于大淸皇帝 至於出城之命
實出於仁覆之下 然念重圍未解 帝怒方盛 在此亦死 出城亦死 是以瞻望龍旅
分死自決 皇帝 方以天地生物爲心 則小邦 豈不當獲預於全活之中哉 云云

禮判金尙憲 見其書手自盡裂 失聲痛哭 謂崔鳴吉曰 台監何忍爲此等事也
鳴吉微笑曰 台監裂之 吾當拾之 遂收拾補綴 兵判李聖求怒曰 台監 從前斥和
使國事至此 台監 可往虜中 尙憲曰 若送虜中 得其死所 是台監之賜也 仍留寓
舍 逢人輒大哭 始却飮食 自期必死 聞有送虜中之議 始食之

鳴吉 傳國書於虜 虜不受 再傳而又不受 參贊韓汝稷曰 厥字不書 故不受之
其一字 眞骨字也 今尙憲已出 加以急急書送 所謂厥字 臣字也 鳴吉然之

答書卽稱臣 稱陛下 云云

前吏叅鄭蘊 上疏曰 竊聞外間 喧傳之說 昨日 使臣之行 有以稱臣 陳乞者 云 此語誠然乎 果若有之 必鳴吉之言也 未知 鳴吉稟白 定奪而往耶 抑亦私自 臆決 有如此言耶 臣聞之 心膽俱裂 嗚咽不能成聲也 前後國書 皆出於鳴吉之 手 詞極卑詔 乃一降書也 然猶不書一臣字 名分猶未定也 今若稱臣 則君臣之 分 已定矣 君臣之分已定 則惟命是從彼 若命之出降 則殿下 其將出降乎 彼若命之北去 則殿下 其將北去乎 彼若命之易服行酒 則殿下 其服行酒乎 不從則彼 必以君臣之義 聲罪致討 然則國已亡矣 到此地頭 殿下 其何以處之 乎 自古及今 天下國家 安有長存 而不亡者乎 若屈滕而生犬羊 曷若守正而死 社稷乎 況父子君臣 背城一戰 則萬無完城之理也 我國之於中朝 非如麗季之 於金元 父子之恩 其可忘乎 君臣之義 其可背乎 天無二日 而鳴吉欲二其日 民無二主 而鳴吉欲二其主 是可忍也 孰不忍也 臣身疲力弱 雖不能以手板擊 之 而不欲相容 於同席之間 伏願斥鳴吉之言 以正賣國之罪 云云

虜求斥和之臣 甚急 備局引見 以洪翼漢 爲斥和之首 自其平壤任所 押送胡 國 使甑山縣監邊大中 定差押去 結縛拘留 困之百端 如有一分人心者 豈忍如 是耶 校理吳達濟 修撰尹集 聯名上疏 以斥和自首

叅判鄭蘊 亦上疏曰 主辱已極 臣死當矣 臣雖非首 請斬使 裂書之人 終始 主戰 則臣實有之 請以臣應虜人之求 云云

洪翼漢 到義州 府尹林慶業 親解其縛 執其手 涕泣曰 君是天下大丈夫也 解其裘衣之 行裝一一備送之

金鎏 洪瑞鳳 李弘胄 入侍 金鎏請 以金尙憲 鄭蘊 尹煌 吳達濟 尹集 金益熙 金壽翼 尹文擧 鄭雷卿 李行遇 洪琢等 十一人 出送虜陣 盖虜以斥和臣 洪益 漢之外 更無所送 不可講和云 故鎏難於取舍 混以爲請 上亦許送

大諫朴潢 見金鎏曰 雖數人可以塞責 不須多至十餘人 吳尹亦主斥和 與其 多送 不若此少送之爲愈也 只送吳尹者 從朴潢之言也

吳尹 將出虜陣 略無憾容 上引見 痛泣賜酒曰 汝等父母妻子 余當顧恤 吳尹亦流涕拜謝

鳴吉領去 謂吳尹曰 若從吾言 君當無事云 盖詔誘伏罪 多引黨類之言也 吳尹不聽 到虜陣 鳴吉以帶縛兩人 親自獻之 汗賜鳴吉 貂裘又酒 嘉獎歸順之

意

執吳尹問之曰 汝何事敗 兩國之盟乎 吳曰 我國之於大明 臣事三百年 只知
有大明 不知有(淸國) 身爲臺諫 安得容斥之乎 尹亦從容直說 少無詔屈之辭
及起送藩中也

尹於路中 謂吳曰 備盡窘辱 死於虜地 曷若死於我地耶 吳曰 不可 人生斯
世 固有一死 死得其所 明我節義 豈非樂事 何必效匹夫之諒乎 尹公亦笑
而領之

洪瑞鳳 往虜陣 龍馬出示江都所獲 長陵守陵 宗室珍原君云 以二十二日
陷江都 擄大君兄弟 及淑儀嬪宮一行 到通津 持大君手書 及前相尹昉 狀啓傳
之 是夜 大臣入對 以出城

議定 東陽尉申翊聖 於上前 拔釖擊柱 失聲涕泣曰 請斬臣頭 如此然後
定此議 云云 出城之議已定 前禮判金尙憲 自縊將死 可謂忠臣烈士矣 羅萬甲
聞而馳往 則將至絶命之境 羅手自解之 盡去可繫之物 使人左右扶持 得不死

前吏叅鄭蘊 亦以死自決 作詩繫於衣帶曰 生也何險巇 三旬月暈中 一身無
足惜 千乘奈云窮 外絶勤王師 朝多賣國凶 老臣何所事 腰下佩雙鋒[4] 又有贊
曰 主辱已極 臣死何遲 一釖得仁 視死如歸節 以佩刀刺腹 幸而不死 羅萬甲
又馳往見之 則鄭大笑言曰 古人有伏釖而死 伏則犯五臟 臥則不犯五臟 今而
後 始知古人伏釖之義 略無憾容

前禮判金尙憲 上疏曰 臣之自決 正不忍見 殿下今日之事 一縷殘命 三日猶
存 臣實怪之 鳴吉旣使殿下 稱臣出降 君臣之分 已定矣 臣之於君 非徒承順之
爲恭 可爭則爭之可也 彼若求納 皇朝之印 殿下當爭之曰 祖宗受用此印 今將
三百年矣 當納之於明 不可納於淸國云 彼若求攻 天朝之兵 殿下當爭之曰
我國之於明朝 實有父子之恩 淸國亦知之矣 敎其子而攻其父 有關於倫紀
非但攻之者有罪 敎之者亦有罪云 則雖以彼之凶狡 亦必諒矣 伏願殿下 以此
二者爭之 不爲得罪 於天下後世 云云

正月 三十日 上與世子 衣藍戒服 出西門 汗陣於三田浦 設九層階 張黃幕
盛陳兵威 上行三拜九叩頭之禮 汗設酒饌 動軍樂 贈上貂裘兩襲 大臣及承旨

---

4) 『연려실기술』권25, 인조조 고사본말, 「병자년 노란과 정축년출성」. '雙' 자를
쓰지 않고 '霜' 자를 썼다. 『조선왕조실록』에서도 '霜' 자를 썼다.

各一襲 上服其一襲 行謝於庭中 是日 還京 亦許淑儀 麟平 及夫人 幷爲入城
東宮嬪宮鳳林與夫人 將入瀋中 故仍留陣中

上將行三拜九叩頭之禮 牽衣涕泣者 惟東陽尉申翊聖一人 汗賜饌於我君
臣 時群臣飢餒 皆莫不取食 獨不食者 亦申翊聖一人而已

二月 初一日 罷兵 初二日 汗乃歸 初三日 龍馬及鄭命壽 來闕下 領相金瑬
出待之 瑬曰 今則吾兩國 爲父子 何言不從 此後攻椵島 擊南朝 惟命是從
云云 仍抱鄭命壽曰 與判事 事同一家 判事所請 我豈不從 女子贖還事 判事須
十分宣力 命壽苦之 乃拂衣而去 盖瑬之妾女 被虜 故瑬之納媚 於命壽者如此
而胡俗以抱腰爲親切之故也

李聖求 謂命壽曰 吾子不久 當入質於瀋中 令須愛之如子也 問答之際 命壽
曰 台言之 出於口者 反不如我肛門出也 聖求不以爲恥也

大駕出城後 金尙憲 歸安東 鄭蘊 歸安陰 皆不隨駕 皆不告歸 時之主和者
非之 其後 柳碩 朴啓榮啓曰 金尙憲 方當君父 陷不測之日 抽身遠走 越視王
室 要名敗義 無君不道之罪 不可不懲 李汝翊 李道長 啓曰 鄭蘊刺刃 不死
義當來勤 而邁邁歸鄕 不念君父之罪 不可不懲云 世道人心 豈至此乎

前叅議鄭弘溟 起義於全羅之昌平 至公州 聞下城之報 痛哭罷兵 勤王而還
澤堂李植 於出城之後 亦不告而走 入永春 時其老母 避亂於此

去郊之初 以金慶徵 爲檢察使 其父瑬之所薦也 以李敏求 爲副使 以張紳
爲留守兼守舟師 往守江都 慶徵之入江都也 厥母及妻子 各乘彩驕 婢子皆着
剪帽 卜駄五十餘匹 盡用京畿夫馬 有一婢 騎馬足蹶 見落 慶徵以爲不善保護
杖京畿陪吏於路 左觀者 無不駭之

副使李敏求 從事洪命一 先入江都 原任大臣尹昉 主廟社主 與原任金尙容
等四十八 及奉嬪宮元孫淑儀兩大君夫人駙馬公翁主 皆入江都 嬪宮到甲串
津 不得渡兩 晝夜留在岸上 三日凍餒 檢察使之船 皆在越邊 不能相通 嬪宮親
自大呼曰 慶徵 慶徵 何忍爲此 張紳聞於慶徵 艱濟嬪宮以下 而其他士民避亂
者 一不得渡 賊奄至一蹴 殆盡無類

慶徵 運通津金浦國穀 名爲賑救島中 而慶徵親舊一家外 無一人得食者
慶徵自謂 賊不得渡 日與李敏求 朝夕宴樂 只以盃酒爲事 不以君父爲念 大臣
或有所言 則曰 避亂大臣 何故指揮 大君有言 則當此危疑之地 大君何可爲焉

以此大君大臣 莫敢開口

別坐權順長 進士金益兼 尹宣擧 上書於慶徵敏求曰 薪膽卽事 盃酒非時 慶徵盛怒 權順長等 知其事無奈何 作義旅 各守城堞 李惇吾 李尙吉 亦同爲守堞之議 而各分其門所(上書尹宣擧所製) 三道舟師 無一人來者 獨忠淸水使 姜晋昕5) 星夜入據

丁丑 正月 二十二日 通津守 堞報曰 賊方向都 慶徵曰 江水尙堅 何能運般 謂亂軍情 欲斬之 甲串津把守 亦報如此 慶徵始若驚動 自守甲串 軍卒不滿數百

張紳 爲舟師大將 向甲串 姜晋昕 率七船與賊力戰 身被數矢 張紳見賊無意進戰 晋昕 擊鼓揮旗 督促張紳 紳終不進 晋昕 太呼於船上曰 汝受國厚恩 何忍爲此 吾將斬汝 紳終不動 仍順流而下 本邑中軍黃善6) 身率哨官百餘 力戰而死 慶徵亦知 其無奈何 乘船而走

船上力戰 忠憤慷慨者 無如晋昕 而後以不能善戰 使賊渡江 遂爲被誅 張紳 使之自盡於家 而金吾郞亦不來見 人疑其逃生

李坰 尹新之 兪省曾 皆在禦所 賊至乘船而走 不過被刼而止 李敏求 罪同慶徵 而慶徵賜死 敏求安置 可謂國有公論乎 良可寒心 而憤痛也7)

賊兵四圍 前右相金尙容 已知事去 上南門樓据火藥櫃 以火落之而死 權順長 金益兼 亦至笑謂尙容曰 大監欲獨作好事耶 仍與同死

尙容妾孫 十三歲童子壽全 奴善承 順長奴義男在旁 而揮之不去 皆爲同焚8)

與權金 終始同事者 尹宣擧也 權金之將死也 宣擧謂以永訣其妻而來 見其妻謂以與友同死之意 往來友妻之間 忽爾苟免之計 改名宣卜 爲奴於珍原君 使行而歸 後其子拯以爲先人 初無可死之義 又云 權金兩姓未免浪死 世道至此 可勝寒心

5) 『조선왕조실록』과 『연려실기술』에는 昕으로 나온다.
6) 『조선왕조실록』 및 『연려실기술』에는 黃善身으로 나온다.
7) 필사본에는 '船上力戰'부터 '公論乎'까지 주 처리하였다.
8) 필사본에는 본문으로 처리하였다.

賊至城外 謂以講和而來 請開門 原任尹昉以廟社提調 開門納之 賊入城中
屠戮一城 投廟社主於汚溝 昉收拾 裏以空石 載之卜馬 使婢子乘其上 後以此
彼黜

> 尹昉之子新之 身以都尉 在防禦所 不能死於國 又棄其父而逃 其罪尙何言
> 哉 兪伯胄之疏 只擧尹昉 慶徵 而不及於新之者 何也 李坰 尙吉之子也
> 其父死於城中 其子在防禦所而走 以地則罪雖輕於新之 其於棄父 逃命之
> 罪 則所間於新之也9)

都正沈誢 謂其妻曰 君欲作忠臣婦耶 其妻曰 是吾志也 仍與同死 製疏納於
懷中 其疏曰 臣沈誢 東向百拜 上書于南漢城中 主上殿下 臣與妻宋氏 同日自
決 以報國恩
李時稷 作贊文付諸奴 使以遺其子而自決 其贊曰 長江失險 北軍飛渡 醉將
惶㤼 背主偸生 義不苟且 甘心自決 殺身成仁 俯仰無怍
閔垶 先殺其妻而自決 一門之內 十二人皆死

> 垶當此時 謂其妻禹氏曰 汝非士族 可以去矣 禹氏談笑 自如炊飯自喫曰
> 主君疑我 當先決於前 仍爲自決

李嘉相賊至 藏其母而身爲被擄 其妻負其母 而嘉相 意謂其母病 不能自運
必死於賊 冒刃逃歸來 見其母則母不在 病母萬無生理 不忍獨生 仍裁書付僧
使傳其父兄 以通必死之意 往來賊陣中 欲尋其母屍 終至被害
洪晬寅 賊刃其母 以身翼蔽 受刃而死 李淳吾 李尙吉 宋時榮 亦皆自決
尹棨守南陽 殉節
權順長之妻 李氏 其夫死後 先縊其三女而自縊 洪晬寅之妻 見其夫死於賊
自勁於父屍之傍 金槃 李昭漢 鄭百昌 洪命一 李一相之妻 皆死於節 其時婦女
之立節者 不可殫記(余之高祖姑李氏 殉節於甲串)
金鎏 李聖求 金慶徵 呂爾徵 韓興一 尹宣擧之妻 亦皆死節 其夫或詔於虜

---

9) 필사본에는 본문으로 처리하였다.

或降於虜 或背君而逃 或爲奴而歸 其妻以婦女 而能辨一命 爲其夫者 能無愧
於其妻乎

金鎏 李聖求 力主和議 末乃奴顔詔虜 金慶徵 城陷之日 棄其母與妻而逃走
韓與一 呂爾徵 虜至 更被新衣曰 初見他國之人 不可不整 先自入拜於賊曰
姜碩期 亦在此 欲招而混其跡也 姜托以足蹩 久而不出 賊竟舍去 尹宣擧
與妻友約死 妻友皆死 而獨不死 微服爲奴而生還

婦女之被虜者 非一 而李敏求之妻 及其兩子婦之事 人皆唾罵 時有 一鞭靑
驢兩耳生風之詩10) 敏求以爲其妻 死節於嘉山 作銘稱譽 求寫於東陽尉申翊
聖 聞者皆笑 其後妻妾之贖還者 無不依舊同居 獨張維 以爲失節之人 不可爲
配 其子善徵之妻 贖還之後 陳疏請令改妻 崔鳴吉 啓曰 如此 則怨女必多
不可不慮 遂防啓

汗歸後 立頌德碑 於三田浦 李景奭 撰文 吳竣書之 呂爾徵篆之 其銘曰
天子東征 百萬其師 有罪伐罪 知罪待罪 人或有議 故改而立之(谿谷張維
澤堂李植 亦皆作碑文 而以不合不用 用李文 云)

大駕 還城之後 南漢扈從之臣 皆受賞可秩 前判書金尙憲 上疏曰 駕住山城
也 執政大臣 爭勸出城 而臣敢以死守之義 妄陳榻前 臣罪一也 降書文字
有所不忍見者 手毁其書 痛哭屈堂 臣罪二也 兩宮 親詣賊營 臣旣不能碎首馬
前 病又不能從行 臣罪三也 臣負此三罪 尙逭刑章 豈敢與諸臣之終治羈鞿者
均蒙恩數也 嗚呼 無信一時之要盟 無忘前日之大德 無過恃虎狼之仁 無輕絶
父母之恩 每想先王奏文 萬折必東之語 不覺感涕之沾衣也 云云

洪翼漢 到瀋陽 汗招問斥和之由 翼漢脫衣赤立 抗言不屈 以文字書示之曰
四海之內 皆爲兄弟 而無父子之義也 金國渝盟稱帝 果若渝盟 則是悖兄弟也
果若稱帝 則是二天子也 門庭之內 豈有悖兄弟也 覆載之間 豈有二天子乎
金國之於朝鮮 新有交隣之約 大明之於朝鮮 舊有莫大之恩 忘深結之舊恩
守先背之空約 於理甚不可 於事甚不當 首建此議 欲守禮義 是臣職耳 雖被誅
戮 實所甘心 魂去飛天 歸遊故國 快哉 快哉 惟願速死 云云 與吳尹兩學士同

10) ‘一鞭靑驢兩耳生風之詩’는 필사본에 작은 글씨로 되어있다.

日就死 後許積 以三學士 謂之喜死釣名之輩[11] 云 世道之憂 豈不大哉

　賊還之時 留孔有德 耿仲明 與我國合勢 攻椵島 我國以柳琳爲首將 以林慶
業爲副將 攻之 島險難 攻問策于慶業 慶業畫之 賊用是計 而陷島 慶業以攻島
之功 受賊之爵 云 以慶業而乃如是耶 未可知也

　及其入島也 我國之人 殺掠漢人 甚於虜兵 嗚呼 人無人心 豈至於斯乎
都督沈世魁 率手下兵登山 賊誘之曰 若降則當富貴 沈曰 堂堂大明之臣 豈降
於犬羊乎 遂力戰而死 己卯 賊命助兵 攻天朝 以林慶業爲上將 以李浣爲副將
送之

　判書金尙憲 上疏曰 伏聞朝廷 從北使之言 將發兵五千 助瀋陽 犯大明
臣聞之 驚惑未定 夫臣之於主 有可從 不可從者 當國家勢弱力屈 姑爲目前圖
存之計 而以殿下撥亂反正之志 臥薪嘗膽 今已三年 雪恥復讎 庶幾指日依望
而豈意愈往愈甚 事事曲從 至於無所不至之地乎 自古 無不死之人 亦無不亡
之國 死亡加忍 從逆不可 爲有復於殿下者曰 人有助讎 攻父母 殿下必命
有司治之 其人雖善辭 而自解 必加王法 此天下之通道也 雖以利害論之 徒畏
强隣一朝之暴 不懼天子六師之移 非遠計也 闕下列此之兵 海上樓船之卒
雖不足於掃氛復疆 其於禁我國 爲梗則有餘矣 若聞我國爲倀鬼於虎前 問罪
之使 直到於海西 毋謂可畏者 獨在於瀋陽也 人皆曰 彼勢方强 違之必有禍
臣以爲名義至重 犯之必有殃 與其負義 而終不免危亡 曷若守正 而俟命於天
乎 今若棄義忘恩 忍此爲擧 則縱不顧 天下後世之議 將何以見先王於地下
亦何以使臣下 盡義於國哉 云云

　林慶業 李浣 率兵而赴 潛通天朝 密謀攻賊 每於接戰 去鏃而射之 爲賊所
覺 慶業 拘於虜中 浣 出送遠謫 砲手李士龍 星州土兵也 爲慶業部下卒 放砲
不丸 虜知之 擬刃於頸 士龍不動 虜釋之 士龍復如是者三 虜怒而殺之 士龍罵
賊 不屈而死 天將祖大壽 牒知之 大書旗上 揭示曰 朝鮮義士 李士龍

　　林慶業 李浣 領舟師至登州 密使投水人 諭意於天朝都督軍門 天朝付一封
　　書 遣還 備言壬辰東征之恩 又言目今中國危迫之勢 又言若縛虜賊以來 分

---

11) 『송자대전』 권213, 「삼학사전」에는 '喜死釣名'을 '喜事釣名'이라고 표현하였기
　　에 이에 맞춰 수정하였다.

天下封萬戶 云云 慶業垂涕大息 將欲捲甲歸還 浣以貽禍本朝止之 遙見天
兵 發砲揮軍 使天兵覺而避之 仍又去鏃射之 虜怒而詰之 慶業逐條以對
指天爲誓

浣只卞而不誓 又詰之 浣正色曰 士大夫不爲此 浣放還而謫元山 十年耕田
慶業拘虜中 從後還國 爲自點矯詔潛殺 浣至孝廟卽位 召還爲將 與儒臣宋
時烈 密謀復讐 己亥 孝廟 薨而事遂止 嗚呼痛哉

鄭雷卿 以春坊在藩中 時我國以生梨紅柿等 物送於汗 鄭命壽改其文書
減其半 雷卿欲因此事 除去命壽 與司書金宗一 漢人之被擄者 同心結約 欲幷
殺龍馬 事覺 龍馬怒先殺漢人 又詰責我朝 上欲遣使救解 相臣崔鳴吉曰 如此
則益致其怒 莫若先爲賜死之爲愈也 仍賜死 雷卿宗一拿來遠謫

盖朴篔 從前奉使虜中 與龍馬及鄭命壽 結爲兄弟 至於相視其妻子 其親切
可知也 篔入藩中 與雷卿同處舘中 雷卿見篔之行醜 心鄙之 不與之同坐 至是
雷卿之死 是篔之所嗾也

崔孝一 義州品官也 丁丑之後 慨然自廢閉門不出 府尹黃一皓 其志遇之甚
厚 忽一日盡賣家産田宅 浮海而去入于皇朝

鄭命壽者 本以宣川人 聞知其事 囑虜僞作 孝一之書 寄其甥 居義州者
其甥 答書以諺書 備盡曲折 又言黃府尹 亦歎服撫恤吾家 云云 虜見書 怒出送
差虜

崔族之名 在諺書中者 盡爲拿來 右相姜碩期 欲律以安置絶島 領相李聖求
力爭以處斬擬律 洪瑞鳳 密箚救解 而亦不得 聖求 阿於鄭命壽 而實主之也
鄭命壽 出坐南別宮 斬崔旅 張厚健等十一人 又殺黃一皓 仁廟於黃之死 尤有
所不忍 密以千金 援其禍而終不得 黃之臨死 其友李德洙 吟其字曰 平生欲爲
國死 今乃浪死 誠慘矣 黃笑曰 我雖浪死 猶勝於令輩之生 云云

崔孝一 車禮亮 車忠亮 車孟久 車元轍 張厚健 安克誠 此灣上七義士 與黃
一皓 同其謀者也 崔孝一 潛往南京 知本事之不成 仍亡命匿於毅宗陵下 七日
不食 嘔血而死 車禮亮 潛使瀋陽 事露爲胡所執 以竹籤刺十指 終不屈 罵賊而
死 車忠亮 禮亮之從弟也 車孟久 二車之族姪也 同與被禍於義州 車元轍
忠亮之子也 年十七 時我朝差官 爲刑官 欲有救活之意 問之曰 汝之姓名
元轍 云云 答曰 男兒死則死耳 豈變姓名而生乎 吾之姓車 名元轍 仍死於義州

張厚健 崔孝一之甥也 鄭命壽之潛修 孝一書者也 死於南別宮下 安克誠 同與
四車 死義州 崔旅 卽孝一之從叔也[12]

　　七義士外 連坐被禍者 亦十餘人 崔族諸人是也 姓名未傳 可惜 或死於南宮
　　或死於義州 忠亮 元轍死於南宮 云 未詳 可歎

　崔鳴吉 李聖求 至瀋陽 龍胡曰 貴國有斜陽者 不用大淸年號 下城之日
不隨駕 亦不受職 云 然耶 斜陽指 金尙憲 胡語如此也 申得淵 到灣上 被龍胡
嗔責 哀乞生道 於鄭命壽 命壽曰 若言橫議之人 可以得生 得淵卽書 金尙憲
曺漢英給之 龍胡聞此言 催促入來
　備局關子 到安東 金尙憲 卽爲發行言語動止如昔 到京城 上賜貂裘行資曰
善爲開陳 以解其怒 行到龍灣 着布衣皁冠 負於人而入 入則偃臥 胡輩亦不嗔
怒 龍胡問曰 國王下城之日 獨以爲淸國 不可事 不爲扈從 是何意也 答曰
老病不得從行 又曰 不受官爵 何也 答曰 國家以老病 不除職
　又曰 請舟師時 何沮撓乎 答曰 吾守吾志 告于吾君 國家不用吾言 微細之
言 何以至他國乎 又曰 何以謂他國 答曰 各有境界 安得不謂之他國乎 胡輩
別無怒色曰 此人 應答甚快 最難老人
　別定差使 使之扶護 且令乘轎而來入瀋中 一如灣上問答 行則必負於人
入則必偃臥 胡人不爲呵禁 及出若値路險 則胡將必下馬扶引 所乘之轎 醜虜
之尊敬 盖如此

　　後 東陽尉申翊聖 與其弟東江翊全 亦以斥和 被囚瀋中 而還[13]

　丁丑以後 上密使一二大臣 悉陳我國 爲中朝事情 及亂後事勢 纂書 以海路
潛送中朝 書入天子 大加褒賞 登來軍門 亦遣差報謝 後爲淸國所覺 平安監司
鄭太和 善言解之 竟得無事

---

12) 필사본에는 '崔孝一'에서 '從叔也'까지 주 처리하였다.
13) 필사본에는 본문으로 처리하였다.

崔鳴吉 前後賣國之罪 不可容誅 然潛送獨步之事 及纂書潛遣之擧 崔實周
旋 容或少赦 其前罪耶

申平城景禛 與崔相 謀得僧人獨步 潛入天朝 備陳理窮力屈 萬不得已之狀
步得報而歸

其回咨曰 貴國一段苦情 天人共鑑 轉達天廳 則惻念遐方 甚爲勤切 貴國歷
世 貞順勞不可泯 雖暫迫時勢 見窘於虜 中朝文武 方切齒軫念 豈復忍督過
權宜之計 甚不然矣 安心恊力 以效桑楡 賢王 以英明之資 遭陽九之會 文獻
名邦 竟爲犬羊所噬 胡爲猖獗 荐食屬國 而我不整旅剪滅 此亦貴藩之劫數
也 將來 願相與密商爲 云云

嗚呼 甲申 三月 胡虜竟入南朝 毅宗皇帝殉於稷 三月(十九日也)[14] 孝廟登
位 亟欲復雪 與儒臣宋時烈 日夜密謀 志業未成 中道薨殂天乎 千古志士之痛
也 肅廟 甲申 設大報壇 於苑中 以祀皇明 宋時烈亦以一間茅屋 祭昭王之義
祀神宗 毅宗 兩皇帝 於淸州之華陽洞 後廷臣 聞于上 建廟曰 萬東廟

---

14) 필사본에는 '十九日也'가 추가되어 있다.

찾아보기

※ 역사문화에서 나온 책

● 사상과 문화 시리즈

한국의 사상사 시리즈는 문화의 발전과정이 그 당시를 대표하는 사상과 철학의 조류 속에서 정치, 경제, 사회의 발전과 의례, 미술, 음악 등의 문화가 형성됨을 알리기 위한 기획 시리즈이다.

조선성리학과 문화
朝鮮性理學과 文化

2009년 5월 20일 초판 발행

값 15,000 원

조선시대 사상사의 재조명
朝鮮時代 思想史의 再照明

1998년 7월 11일 초판 발행
값 12,000 원
※ 제1회 대산문화재단·교보문고 양서발간 지원 사업의 지원대상 도서.

한국사상사
韓國思想史

1999년 9월 13일 초판 발행
2002년 9월 10일 2쇄 발행

값 15,000 원

조선시대 사상과 문화

1998년 3월 4일 초판 발행
2012년 3월 7일 2쇄 발행

값 7,000 원

조선시대 궁궐 운영 연구

2014년 5월 10일 초판 발행

값 20,000 원

- **한국의 인물 시리즈**

저자가 한국사를 연구하고 강의하면서, 조선의 왕실과 그 친인척들을 정리
하였고 다시 각각의 인물에 대한 정리를 좀더 심도있게 할 필요를 느껴 기획
한 인물 시리즈이다.

장희빈
張嬉嬪

2002년 12월 26일 초판 발행

값 8,000 원

최충과 신유학

崔冲과 新儒學

2014년 5월 50일 초판 발행

값   20,000 원

● **정치사 시리즈**

조선의 정치사를 정리하는데 필수적인 요소가 되는 국왕 친인척을 조사하면서 정치사를 정리하기 시작하고, 이렇게 정리한 것을 강의하면서 일반 사람들은 정치사를 배우면서 역사에 흥미를 느끼고 역사가 중요하다고 평가를 하고 있다는 것을 알게 되었다. 왕위계승이나 왕실친인척과 연결하여, 그동안 왕조사관이라 하여 부정적으로 보아만 왔던 국왕 왕실 관계와 연결하여 설명해보려 하였다.

왕실 친인척과 조선정치사

2014년 5월 9일 초판 발행

값   15,000 원

조선시대 정치사 1 · 2 · 3 (전체 3권)

2013년 9월 25일 초판 발행

값   각권 15,000 원

조선전기 정치사
朝鮮前期 政治史

2001년 9월 9일 초판 발행
2003년 9월 9일 개정 발행

값 8,000 원

조선의 왕비 가문

2014년 8월 29일 초판 발행

값 20,000 원

● 지리학 시리즈

조선시대 지리서와 지도, 지명에 대한 연구 성과를 담았다.

여암 신경준과 역주 도로고

2014년 10월 20일 초판 발행

값 25,000 원

● 조선의 왕실 시리즈

　조선의 왕실 시리즈는 한국학이나 역사를 연구하는데 있어 인물 연구가 중
요하면서도 기초적인 것이라는 것을 알면서도 연구의 작업량이 워낙 방대하
여 누구나 손쉽게 접근하지 못한 면이 많았다. 이에 역사의 중심이자 핵심인
왕실의 인척 관계를 정리하고, 역사 속에서 커다란 역할을 했던 각 인물에 대
한 정리를 하기 위한 기획 시리즈이다.

연번	도서명	출간일	가격	비고
1	태조대왕과 친인척	1999년 2월 23일	8,000	
2	정종대왕과 친인척	1999년 9월 21일	10,000	
3	태종대왕과 친인척 1	2008년 8월 14일	15,000	
4	태종대왕과 친인척 2	2008년 8월 14일	15,000	
5	태종대왕과 친인척 3	2008년 8월 14일	15,000	
6	태종대왕과 친인척 4	2008년 8월 14일	18,000	
7	태종대왕과 친인척 5	2008년 8월 14일	15,000	
8	태종대왕과 친인척 6	2008년 8월 14일	15,000	
9	세종대왕과 친인척 1	2008년 8월 8일	15,000	
10	세종대왕과 친인척 2	2008년 8월 8일	15,000	
11	세종대왕과 친인척 3	2008년 8월 8일	15,000	
12	세종대왕과 친인척 4	2008년 8월 8일	15,000	
13	세종대왕과 친인척 5	2008년 8월 8일	15,000	
14	문종대왕과 친인척 1	2008년 8월 8일	15,000	
15	문종대왕과 친인척 2	2008년 8월 8일	15,000	

16	단종대왕과 친인척	2008년 8월 8일	15,000	
17	세조대왕과 친인척	2008년 10월 6일	18,000	
18	예종대왕과 친인척	2008년 11월 7일	15,000	
19	성종대왕과 친인척 1	2007년 5월 23일	15,000	
20	성종대왕과 친인척 2	2007년 5월 11일	14,000	
21	성종대왕과 친인척 3	2007년 2월 26일	15,000	
22	성종대왕과 친인척 4	2007년 2월 26일	14,000	
23	성종대왕과 친인척 5	2007년 2월 26일	13,000	
24	연산군과 친인척	2008년 11월 7일	18,000	
25	중종대왕과 친인척 1	2001년 6월 23일	8,000	
26	중종대왕과 친인척 2	2001년 7월 11일	10,000	
27	중종대왕과 친인척 3	2001년 7월 27일	12,000	
28	인종대왕과 친인척	2008년 11월 7일	15,000	
29	명종대왕과 친인척	2002년 2월 28일	10,000	
30	선조대왕과 친인척 1	2002년 10월 17일	11,000	
31	선조대왕과 친인척 2	2002년 10월 11일	12,000	
32	선조대왕과 친인척 3	2002년 8월 24일	11,000	
33	광해군과 친인척 1	2002년 11월 25일	9,000	
34	광해군과 친인척 2	2002년 11월 25일	9,000	
35	인조대왕과 친인척	2000년 11월 30일	10,000	
36	효종대왕과 친인척	2001년 3월 26일	10,000	
37	현종대왕과 친인척	2009년 1월 24일	18,000	
38	숙종대왕과 친인척 1	2009년 1월 24일	15,000	
39	숙종대왕과 친인척 2	2009년 1월 24일	15,000	
40	숙종대왕과 친인척 3	2009년 1월 24일	13,000	
41	경종대왕과 친인척	2009년 1월 24일	13,000	
42	영조대왕과 친인척 1	2009년 1월 24일	15,000	
43	영조대왕과 친인척 2	2009년 1월 24일	12,000	
44	영조대왕과 친인척 3	2009년 1월 24일	15,000	
45	정조대왕과 친인척 1	2009년 1월 24일	15,000	
46	정조대왕과 친인척 2	2009년 1월 24일	12,000	
47	순조대왕과 친인척	2009년 2월 14일	18,000	
48	헌종대왕과 친인척	2009년 2월 14일	12,000	
49	철종대왕과 친인척	2009년 2월 14일	13,000	
50	고종황제와 친인척	2009년 2월 14일	15,000	
51	순종황제와 친인척	2009년 2월 14일	12,000	
52	부록 - 색인집	2009년 2월 27일	15,000	

이 책을 옮긴 사람들

임병수
부산대학교 사학과 및 역사교육과 졸업(석사)
대동고등학교 교사

이순구
경북대학교 역사교육과 졸업
금정고등학교 교사

권윤수
부산대학교 치의학과 졸업
광안美치과의원 원장

이성호
부산대학교 사학과 및 역사교육과 졸업(박사)
덕문여자고등학교 교사
저서 :『최충과 신유학』(역사문화, 2014)

김준은
부산대학교 경제학과 졸업
GS칼텍스 부장

류명환
부산대학교 지리교육과 및 동대학원 졸업(박사)
한국학중앙연구원 전임연구원
저서 :『여암 신경준과 역주 道路考』(역사문화, 2014)